Genus – Sexus – Gender

Linguistik –
Impulse & Tendenzen

Herausgegeben von
Susanne Günthner, Klaus-Peter Konerding,
Wolf-Andreas Liebert und Thorsten Roelcke

Band 95

Genus – Sexus – Gender

Herausgegeben von
Gabriele Diewald und Damaris Nübling

DE GRUYTER

Die freie Verfügbarkeit der E-Book-Ausgabe dieser Publikation wurde durch
35 wissenschaftliche Bibliotheken und Initiativen ermöglicht, die die Open-Access-
Transformation in der Germanistischen Linguistik fördern.

ISBN 978-3-11-135853-6
e-ISBN (PDF) 978-3-11-074639-6
e-ISBN (EPUB) 978-3-11-074652-5
ISSN 1612-8702
DOI https://doi.org/10.1515/9783110746396

Dieses Werk ist lizenziert unter einer Creative Commons Namensnennung 4.0 International
Lizenz. Weitere Informationen finden Sie unter https://creativecommons.org/licenses/by/4.0.

Library of Congress Control Number: 2021951178

Bibliografische Information der Deutschen Nationalbibliothek
Die Deutsche Nationalbibliothek verzeichnet diese Publikation in der Deutschen
Nationalbibliografie; detaillierte bibliografische Daten sind im Internet über
http://dnb.dnb.de abrufbar.

© 2023 bei den Autorinnen und Autoren, Zusammenstellung © 2022 Gabriele Diewald und
Damaris Nübling, publiziert von Walter de Gruyter GmbH, Berlin/Boston
Dieser Band ist text- und seitenidentisch mit der 2022 erschienenen gebundenen Ausgabe.
Dieses Buch ist als Open-Access-Publikation verfügbar über www.degruyter.com.
Einbandabbildung: Marcus Lindström/istockphoto
Satz: Meta Systems Publishing & Printservices GmbH, Wustermark
Druck und Bindung: CPI books GmbH, Leck

www.degruyter.com

Open-Access-Transformation in der Linguistik

Open Access für exzellente Publikationen aus der Germanistischen Linguistik: Dank der Unterstützung von 35 wissenschaftlichen Bibliotheken und Initiativen können 2022 insgesamt neun sprachwissenschaftliche Neuerscheinungen transformiert und unmittelbar im Open Access veröffentlicht werden, ohne dass für Autorinnen und Autoren Publikationskosten entstehen.

Folgende Einrichtungen und Initiativen haben durch ihren Beitrag die Open-Access-Veröffentlichung dieses Titels ermöglicht:

Dachinitiative „Hochschule.digital Niedersachsen" des Landes Niedersachsen
Universitätsbibliothek Bayreuth
Staatsbibliothek zu Berlin – Preußischer Kulturbesitz
Universitätsbibliothek der Humboldt-Universität zu Berlin
Universitätsbibliothek Bochum
Universitäts- und Landesbibliothek Bonn
Staats- und Universitätsbibliothek Bremen
Universitätsbibliothek Chemnitz
Universitäts- und Landesbibliothek Darmstadt
Technische Universität Dortmund, Universitätsbibliothek / Universitätsbibliothek Dortmund
Sächsische Landesbibliothek – Staats- und Universitätsbibliothek Dresden
Universitätsbibliothek Duisburg-Essen
Universitäts- und Landesbibliothek Düsseldorf
Universitätsbibliothek Johann Christian Senckenberg, Frankfurt a. M.
Albert-Ludwigs-Universität Freiburg – Universitätsbibliothek
Bibliothek der Pädagogischen Hochschule Freiburg
Niedersächsische Staats- und Universitätsbibliothek Göttingen
Universitätsbibliothek Greifswald
Staats- und Universitätsbibliothek Hamburg Carl von Ossietzky
Gottfried Wilhelm Leibniz Bibliothek – Niedersächsische Landesbibliothek, Hannover
Technische Informationsbibliothek (TIB) Hannover
Universitätsbibliothek Kassel – Landesbibliothek und Murhardsche Bibliothek der Stadt Kassel
Universitäts- und Stadtbibliothek Köln
Universitätsbibliothek der Universität Koblenz-Landau
Zentral- und Hochschulbibliothek Luzern
Universitätsbibliothek Magdeburg
Bibliothek des Leibniz-Instituts für Deutsche Sprache, Mannheim
Universitätsbibliothek Marburg
Universitätsbibliothek der Ludwig-Maximilians-Universität München
Universitäts- und Landesbibliothek Münster
Universitätsbibliothek Osnabrück
Universitätsbibliothek Vechta
Universitätsbibliothek Wuppertal
ZHAW Zürcher Hochschule für Angewandte Wissenschaften, Hochschulbibliothek
Zentralbibliothek Zürich

Inhalt

Einleitung

Gabriele Diewald und Damaris Nübling
„Genus – Sexus – Gender" – ein spannungs- und ertragreiches Themenfeld der Linguistik —— 3

Abteilung I: Genus und Geschlecht im Lexikon

Carolin Müller-Spitzer und Henning Lobin
Leben, lieben, leiden: Geschlechterstereotype in Wörterbüchern, Einfluss der Korpusgrundlage und Abbild der sprachlichen ‚Wirklichkeit' —— 35

Kristin Kopf
Ist Sharon Manager? Anglizismen und das generische Maskulinum —— 65

Miriam Lind und Lena Späth
Von *säugenden Äffinnen* und *trächtigen Elefantenkühen* – Zum Geltungsbereich der Genus-Sexus-Korrelation —— 105

Andreas Klein
Wohin mit Epikoina? – Überlegungen zur Grammatik und Pragmatik geschlechtsindefiniter Personenbezeichnungen —— 135

Abteilung II: Genus und Geschlecht in Syntax und Textkohärenz

Anja Binanzer, Sarah Schimke und Silke Schunack
Syntaktische Domäne oder lineare Distanz – welcher Faktor steuert semantische Kongruenz im Kontext von Hybrid Nouns und Epikoina in stärkerem Maß? —— 193

Berry Claus und Aline Willy
Inkongruenz von Genus und Geschlecht in Nominalellipsen: Akzeptabilität und Asymmetrie —— 219

Magnus Breder Birkenes und Jürg Fleischer
**Genus- und Sexuskongruenz im Mittelhochdeutschen:
eine Paralleltextanalyse zum Lexical hybrid** *kint* —— 241

Anne Rosar
Mann und Frau, Damen und Herren, Mütter und Väter – Zur (Ir-)Reversibilität der Geschlechterordnung in Binomialen —— 267

Abteilung III: Genus und Geschlecht in Soziopragmatik und Diskurs

Simone Busley und Julia Fritzinger
Das Emma und *der Hänsli*: Genus-Sexus-Diskordanzen in Dialekten des Deutschen als Spiegel sozialer Geschlechterrollen —— 295

Lidia Becker
Ideologeme und Argumentationsmuster gegen genderneutrale Sprache in der spanischsprachigen und deutschen Linguistik —— 319

Ronja Löhr
„**Ich denke, es ist sehr wichtig, dass sich so viele Menschen wie möglich repräsentiert fühlen**"
Gendergerechte Sprache aus der Sicht nicht-binärer Personen —— 349

Stichwortregister —— 381

Einleitung

Gabriele Diewald und Damaris Nübling

„Genus – Sexus – Gender" – ein spannungs- und ertragreiches Themenfeld der Linguistik

Hintergrund

Dass Sprechen, Denken und Handeln in höchst komplexer Weise zusammenhängen, ist ein Allgemeinplatz. Ein Gegenstand, anhand dessen dieses Dreiecksverhältnis in jüngster Zeit besonders häufig und heftig diskutiert wird, ist der Komplex „Sprache und Geschlecht" bzw. „geschlechtergerechte Sprache". Debattiert wird die Rolle der Sprache bei der Repräsentation und Veränderung von Wirklichkeit und die damit verbundene Frage, ob der sprachlich explizite Einbezug von Frauen (z. B. *Kolleginnen und Kollegen*) Auswirkungen auf die Wahrnehmung der damit assoziierten Personen hat. Obwohl von der Linguistik empirisch längst bestätigt, dringt das Wissen nicht in die Öffentlichkeit. Ein anderer, ähnlich prominenter Topos betrifft die Bewertung des Gebrauchs neuer bzw. vom Gewohnten abweichender Mittel der Personenbezeichnung (z. B. *Kolleg*innen*), oft verbunden mit der Debatte um Motive und Faktoren von Sprachwandel und die Legitimität von Veränderung der Gebrauchskonventionen durch bestimmte gesellschaftliche Gruppen. Ein weiterer Topos besteht in der immer wieder vorgebrachten Behauptung, Genus und Geschlecht hätten nichts miteinander zu tun. Diese und weitere damit verbundene Fragen betreffen Kernthemen der Sprachwissenschaft, deren Positionen und Erkenntnisse allerdings bislang nur sehr zögerlich und selektiv Eingang in die öffentliche Debatte gefunden haben. Auch innerhalb der Linguistik, insbesondere der germanistischen Linguistik, war der Schwerpunkt „Sprache und Geschlecht" bislang, trotz vielfältiger Forschungen und einer langjährigen Tradition, ein Bereich, der kaum wahrgenommen bzw. sogar bewusst ignoriert wurde – möglicherweise wegen des Sprengstoffs, den er in der Öffentlichkeit immer noch darstellt.

An dieser Stelle setzt der vorliegende Band an. Zu großen Teilen hervorgegangen aus den Vorträgen der Arbeitsgruppe „Kontraste und Oppositionen bei Genus und Geschlecht" auf der 41. Jahrestagung der Deutschen Gesellschaft für Sprachwissenschaft an der Universität Bremen vom 6. bis 8. März 2019, versammelt er Beiträge, die sich auf höchstem wissenschaftlichen Niveau unter Anwendung empirischer Methoden mit „Sprache und Geschlecht" bzw. – in der präzisierenden Formulierung des Buchtitels – mit „Genus, Sexus, Gender" befassen. Damit wird einerseits verdeutlicht, dass diese Schwerpunkte genuine Forschungsgegenstände der Sprachwissenschaft sind. Andererseits soll ein Signal gesetzt werden, das die Relevanz der Linguistik bei der aktuellen gesellschaftlichen Debatte um die Rolle der Sprache bei emanzipatorischen gesellschaftlichen Veränderungen hervorhebt und demonstriert, dass viele Wissenschaftlerinnen und Wissenschaftler aus der Sprachwissenschaft diese Relevanz erkannt haben und das Themenfeld intensiv beforschen.

Dies war in der germanistischen Linguistik lange überfällig, weshalb dem Verlag und insbesondere den Herausgeberinnen und Herausgebern dieser Reihe ein expliziter Dank gebührt, dass sie das Thema aufgegriffen und den vorliegenden Band ermöglicht haben. Damit wird der linguistischen Erforschung der Interdependenz von Sprache und Geschlecht ein fachwissenschaftliches Forum eröffnet, das auch für die Zukunft dazu beitragen kann, das immer noch lückenhafte Wissen in diesem Arbeitsfeld der germanistischen Linguistik und der Genderlinguistik aufzufüllen und – über die selbstgenügsamen Interessen der Fachdisziplinen hinaus – wichtige Impulse für die wissenschaftliche Grundierung der mehrheitlich laienhaft geprägten öffentlichen Diskussion anzubieten.

Da die meisten der folgenden Beiträge inhaltlich stark auf die Themen abheben, die in den Stichworten des Bandtitels erscheinen, seien die drei Kernbegriffe Genus, Sexus und Gender knapp skizziert. Diese drei Kategorien sind strikt voneinander zu unterscheiden: Genus stellt eine rein innersprachliche grammatische Kategorie dar, Sexus dagegen ein außersprachliches, biologisches Phänomen. Gender als soziale Kategorie, die durch *doing gender* interaktiv hervorgebracht wird, ist außersprachlich fundiert und prinzipiell unabhängig von Sexus als genital bestimmter Geschlechtsklassenzuweisung. Allerdings korrelieren Gender und Sexus in vielfältiger Weise. In der Genderlinguistik kommt als weitere Ebene die der Bedeutung von Sprachzeichen (v. a. Wortsemantik, lexikalische Semantik) hinzu, so dass wir insgesamt vier Ebenen unterscheiden:

a) das natürliche Geschlecht (Sexus)
b) die gesellschaftlich geltenden Gendervorstellungen
c) das semantische Geschlecht (Bedeutungsmerkmale von Sprachzeichen)
d) das grammatische Geschlecht (Genus)

Die Ebenen a) und b) betreffen außersprachliche Erscheinungen, c) und d) hingegen innersprachliche Unterscheidungen und Kategorien. Hierzu einige Erläuterungen:

Ad a. Das natürliche Geschlecht existiert prototypischerweise in der binären Unterscheidung zwischen männlich und weiblich. Dass darüber hinaus verschiedene andere Ausprägungen existieren, ist bekannt. Für letztere gibt es im Deutschen bislang kaum lexikalische Ausdrucksmöglichkeiten, es liegt eine Benennungslücke vor.

Ad b. Genderrollen sind soziale Konzepte, typischerweise darüber, wie Frauen und Männer jeweils ‚sind', denken, sich verhalten, sich kleiden, was sie konsumieren, beruflich tun etc. Der biologische Unterschied zwischen Frauen und Männern wird mit zusätzlichen, willkürlichen Zuordnungen aufgebläht. Genderrollen sind sozial konstruiert. Ihre Konstruiertheit bedeutet jedoch nicht, dass sie keine gesellschaftliche Realität hätten. Im Gegenteil: Genderrollen üben auch in unserer modernen Gesellschaft eine stark normierende Kraft aus. Menschen, die sie nicht befolgen, z. B. röcketragende Männer, gelten als lächerlich, jedenfalls nicht als ‚echte Männer'. Kurz: Genderrollen sitzen dem natürlichen Geschlecht auf und sind für die Geschlechtswahrnehmung wichtiger als Geschlechtsorgane. Da bei der Geschlechtsidentität einer Person die somatische Sachlage sekundär und auch nicht immer erkennbar ist, sprechen wir im Folgenden, angelehnt an die Soziologie, vereinfachend, d. h. a) und b) zusammenfassend, von *Geschlecht*, wenn wir auf die persönliche Geschlechtszugehörigkeit eines Menschen referieren.

Ad c. Das semantische Geschlecht gilt nur für Personen- und manche Tierbezeichnungen. Semantische Merkmale, die sich auf Geschlecht beziehen, sind fester Bestandteil der Wortbedeutung. So enthält *Tante* u. a. das semantische Merkmal ‚weiblich', *Onkel* das semantische Merkmal ‚männlich'. Gleiches gilt für *Mutter – Vater, Schwester – Bruder, Stute – Hengst* usw. Das semantische Geschlecht ist in diesen Personen- und Tierbezeichnungen prinzipiell unabhängig vom grammatischen. Wenn das Deutsche die Genuskategorie aufgegeben hätte – wie beim (nominalen) Genus im Englischen der Fall –, so würde das der Wortbedeutung und ihren Unterscheidungsmerkmalen keinen Abbruch tun (vgl. engl. *the mother – the father*). Die jeweilige Geschlechtskennzeichnung ist ein inhärentes semantisches Merkmal des Lexems, das Genus ist nicht notwendig zum Ausdruck dieser Bedeutung. Dies erkennt man an hybriden Nomina, also Personenbezeichnungen, deren semantisches Geschlecht nicht mit dem grammatischen Genus übereinstimmt, genauer, deren Zuordnung von der prototypischen Korrelation abweicht (s. u.). Prominente Beispiele sind *Mädchen* und *Weib*, die die Information ‚weiblich' enthalten, aber grammatische Neutra sind. Bei vielen Personenbezeichnungen wird der semantische Geschlechtsunterschied durch Suffixe (z. B. *-er* für ‚männlich' und *-in* für ‚weiblich') erzeugt:

Männliches Suffix *-er*: *Hexe – Hexer, Witwe – Witwer, Schlampe – Schlamper*
Weibliches Suffix *-in*: *Student – Studentin, Hund – Hündin.*

Viele Funktionsrollen werden so gebildet, dass an die männliche Endung *-er* zusätzlich die weibliche *-in* angehängt wird: *Fahrer – Fahrerin*.

Ad d. Die Kategorie Genus ist im Deutschen bei allen Substantiven im Singular in einer ihrer drei Ausprägungen Maskulinum, Femininum oder Neutrum vorhanden. Für sich genommen hat sie keinerlei geschlechtliche Bedeutung, was man bei Gegenständen sehr gut erkennt (*der Becher, die Tasse, das Glas*). Nichtsdestotrotz nimmt das Genus bei Personenbezeichnungen und selbst bei manchen Tierbezeichnungen sekundär geschlechtliche Bedeutung an. Dies belegt, dass auch Genus und Sexus in enger Wechselbeziehung stehen (s. u.).

Diese vier Schichten sind prinzipiell nur bei Personenbezeichnungen relevant und wirksam, auch wenn sich bei metaphorischen Übertragungen, d. h. Personifikationen von unbelebten Entitäten, die Bahnung von Genus zu Sexus überaus deutlich bestätigt, s. etwa die Flüsse *Rhein* (m.) und *Mosel* (f.), wo genus-sexus-konform von *Vater Rhein und Mutter Mosel* die Rede ist (Köpcke & Zubin 2012, Nübling 2020). Insbesondere bei Personenbezeichnungen ist die Verbindung zwischen Genus und Geschlecht am engsten. Nicht zufällig sind fast alle semantisch weiblichen Bezeichnungen feminin und alle männlichen maskulin: *die Tante, die Mutter – der Onkel, der Vater*, ebenso *die Fahrerin – der Fahrer, die Hexe – der Hexer*. Diese Regel greift zu fast 100% und belegt, dass Genus auf Geschlecht verweist. Und gerade dann, wenn das Lexem kein semantisches Geschlecht enthält, leistet Genus diese Zuweisung. Dies ist bei substantivierten Adjektiven und Partizipien der Fall, die ursprünglich – als Adjektive und Partizipien – kein inhärentes Genus aufweisen, vgl. *die* vs. *der Arbeitslose, Angestellte, Vorsitzende*. Hier zeigt einzig der Artikel als Genusträger das persönliche Geschlecht an.

Dieses sog. Genus-Sexus-Prinzip (dieser Terminus hat sich in der Linguistik verfestigt) wird mit Blick auf einige Genus-Sexus-Diskordanzen immer wieder in Abrede gestellt, denn bei *das Weib, das Mädchen* (s. o.) aber auch *die Schwuchtel* – so der häufig vorgebrachte Einwand – sehe man, dass Genus nichts mit Geschlecht zu tun haben könne. Aus linguistischer Sicht und unter Einbezug unserer mehrfachen Unterscheidung trifft das nicht zu, im Gegenteil: Betrachtet man nämlich diese vermeintlichen Ausnahmen genauer, dann tritt Gender als dritte Kategorie auf den Plan. Neutrale Frauen sind nämlich entweder solche, die ihre Genderrollen nicht erfüllen (*das Weib* als Schimpfwort, *das Mensch* in Dialekten als liederliche Frau, *das Merkel* als versagende Politikerin) oder solche, die noch ‚unfertig' sind im Sinne von entweder unreif oder unverheiratet (*das Mädchen, Fräulein*). Nur die Bezeichnungen für erwachsene, möglichst verheiratete, sozial arrivierte Frauen bekommen das ‚richtige' (sexusbasierte) Genus (*die Braut, Frau, Mutter*). Ebenso werden homosexuelle Männer aus ihrer passenden Genusklasse ausgeschlossen, was ihre (historische) gesellschaftliche Verachtung spiegelt: Indem sie das gleiche Geschlecht begehren, wie dies Frauen typischerweise tun, werden sie grammatisch feminisiert (*die Schwuchtel, Tunte, Tucke*). Gleiches gilt für männliche ‚Versager', deren Verhalten als unmännlich betrachtet wird (*die Memme, Lusche*). Damit verweist Genus nicht nur auf Sexus (a), sondern vielmehr und subtiler auf soziale Genderrollen (b) (s. Nübling 2020). Das Prinzip, sozial deviant bewerteten Menschen ein ‚falsches', deviantes Genus zuzuweisen, findet sich übrigens in vielen (Genus-)Sprachen der Welt, wie Aikhenvald (2016) zeigt.

Diese Zusammenhänge bilden die Basis für die hier versammelten Arbeiten. Vor die Synopse der Beiträge stellen wir einen kurzen Überblick über den Verlauf der linguistischen Erforschung des Zusammenhangs von Sprache und Geschlecht in der germanistischen Linguistik, der keinesfalls den Anspruch hat, umfassend zu sein, sondern vielmehr einen selektiven Blick auf einige tradierte Topoi wirft, die die Zielrichtung des vorliegenden Bandes aus der Forschungsgeschichte heraus verdeutlichen.[1]

Aspekte bisheriger Forschung

Als bahnbrechende frühe Veröffentlichungen, die im letzten Viertel des 20. Jahrhunderts die Debatte in der germanistischen Linguistik angestoßen haben, sind die Arbeiten von Pusch und Trömel-Plötz zu nennen (Pusch 1979, 1984, Trömel-Plötz 1978, 1980). Die beiden Autorinnen gelten zurecht als Pionierinnen und erste Repräsentantinnen der feministischen Linguistik in der Germanistik. Während Pusch den Fokus auf die sprachlichen Strukturen und ihre historisch verankerte Betonung des Männlichen als Norm legt, befasst sich Trömel-Plötz vorwiegend mit Fragen des Sprachgebrauchs, also u. a. mit Sprechhandlungen als diskriminierenden Akten und Gesprächsstilen.

Den Aufschlag der Debatte machte Trömel-Plötz mit ihrem Beitrag „Linguistik und Frauensprache", der 1978 in den *Linguistischen Berichten* erschien (Wiederabdruck 1982). Als übergeordnete Zielsetzung wird die Etablierung der feministischen Linguistik in der Germanistik genannt, wobei eine Anknüpfung an die bereits weiter fortgeschrittene Entwicklung in den US-amerikanischen, interdisziplinär ausgerichteten *women's studies* erfolgt. Das Themenspektrum ist breit und legt Pfade für mehrere Richtungen der feministischen Linguistik. Bearbeitet werden sprachstrukturelle und textlinguistische Problempunkte wie Kongruenzphänomene bei Pronomina (z. B. grammatisch inakzeptable Sätze wie **Jeder Passagier möge ihren Platz identifizieren*) und Wortbildung durch Femininmovierung. Die in diesem Kontext angeführte Beobachtung, dass bei *Pas-*

---

[1] Überblicke über die bisherige Forschung finden sich in Bußmann (1995), Spieß, Günthner & Hüpper (2012) und Kotthoff & Nübling (2018); für eine Darstellung der Bemühungen um die Umsetzung geschlechtergerechter Sprache im Deutschen s. Diewald & Steinhauer (2020).

sagier keine weibliche Form existiere (S. 39 f.), zeigt – nebenbei bemerkt –, wie stark die sprachlichen Gewohnheiten sich in den letzten Jahrzehnten verändert haben, da die *Passagierin* heute selbstverständlich in Korpora präsent und in Wörterbüchern verzeichnet ist.[2] Darüber hinaus werden aus dem Bereich der Lexik und Idiomatik abwertende Bezeichnungen und Bewertungen von Frauen sowie Schimpfwörter diskutiert (1978: 44 f.). Auch geschlechtsspezifische Gesprächsstile kommen mit Bezug auf den grundlegenden Beitrag von Lakoff (1973) zur Sprache. Der mit Frauen assoziierte Gesprächsstil (bezeichnet als „Frauensprache" oder auch „weibliches Register", S. 51) wird durch Merkmale wie Abschwächung, Relativierung, Indirektheit charakterisiert. Abschließend wird eine Veränderung des Sprachgebrauchs bzw. eine Flexibilisierung der Gesprächsstile angeregt, um eine Modifikation des Sprachsystems hin zu mehr Geschlechtergerechtigkeit zu bewirken (S. 53 f.). Insgesamt ist die Argumentation in Trömel-Plötz (1978) aus heutiger Sicht eher behutsam. Manche Problemstellungen werden erstmalig tentativ skizziert und mögliche Forschungsfragen aufgezeigt.

Die darauf folgende Kritik – einflussreich vor allem Kalverkämper (1979) – beanstandet unter vielen anderen Punkten eine angebliche Unkenntnis der Rolle und der Strukturen des Sprachsystems; dementsprechend werden die in Trömel-Plötz gebotenen Analysen, insbesondere diejenige des „generischen Maskulinums" als sexistisch, zurückgewiesen. Die vorgebrachten Einwände wurden und werden noch heute in völlig analoger Weise wiederholt, ungeachtet aller bisher erworbenen gegenteiligen Erkenntnisse. Sie werden im nächsten Abschnitt zusammenfassend besprochen. Pusch (1979) und Trömel-Plötz (1980) reagieren auf die Kritik von Kalverkämper (1979). Das Themenheft 69 der *Linguistischen Berichte* (1980), das zahlreiche inzwischen „klassische" Aufsätze (u. a. Trömel-Plötz 1980) vereint, sowie die Sammlung früherer Aufsätze und Glossen von Pusch (1984) können als eine Art Zwischenstand nach der ersten Phase der germanistisch-linguistischen Beschäftigung mit „Sprache und Geschlecht" betrachtet werden. Diese Phase der Etablierung der feministischen Linguistik hat bewirkt, dass das Thema als linguistisch relevanter und gesellschaftlich brisanter Gegenstand diskursfähig wurde, wenn auch nur als Randgebiet und unter anhaltendem Widerstand. Dennoch ist seither eine nicht abreißende Tradition an wissenschaftlicher Forschung festzustellen. Das schon damals adressierte Themenspektrum wurde vertieft und in jüngster Zeit um Fragen nach dem Stellenwert der tradierten Geschlechterordnung und um Positionen aus den Genderstudies, insbesondere unter dem Stichwort *undoing gender*, erweitert. Im

---

2 Siehe z. B. den Eintrag „Passagierin", bereitgestellt durch das Digitale Wörterbuch der deutschen Sprache, <https://www.dwds.de/wb/Passagierin>, abgerufen am 05.08.2021.

Folgenden seien drei Bereiche angesprochen, die sich als zentral und notorisch strittig erwiesen haben: das sogenannte generische Maskulinum, die Verbindung von Genus und Sexus sowie das Konzept des *Undoing gender*.

Das sogenannte generische Maskulinum. Von Beginn der feministischen Linguistik an haben alle Forschenden, die sich intensiv mit dem Thema auseinandersetzen, das Problempotenzial des sogenannten generischen Maskulinums, also der geschlechtsübergreifenden Verwendung der Maskulinformen bei paarigen Personenbezeichnungen, thematisiert. Im Anschluss an die oben beschriebenen ersten Debatten wird die Problematik ausführlich in Schoenthal (1989) und Bußmann (1995) sowie in vielen weiteren Studien behandelt. Wichtige – quasi persistente – Aspekte der Debatte seien hier kurz rekapituliert. Bereits Trömel-Plötz formuliert das Dilemma (konzeptuell noch auf dem suchenden Standpunkt des Jahres 1978 mit der Prämisse, dass diese Form neben dem spezifisch männlichen Gebrauch, sprachstrukturell auch als geschlechtsindefinit bzw. als „Archilexem" zu verstehen ist):

> Wir sehen also, daß für ausschließlich weibliche Referenten komplizierte Umformungen nötig sind, während für männliche Referenten die geschlechtsindefiniten Formen dienen können. Umgekehrt weist auch die Wahl der maskulinen Form für geschlechtsunspezifische Zwecke, obwohl es feminine Formen wie *die Kundin, die Käuferin, die Leserin* durchaus gibt, darauf hin, daß Frauen oft ausgeschlossen sind. Weder die Wahl einer solchen Form in der Sprache ist zufällig noch der Effekt unbeabsichtigt: Der generische Gebrauch des Nomens wird oft mit dem Gebrauch des maskulinen Nomens mit männlichen Referenten identifiziert – man redet generell über Männer und Frauen, man benutzt die Form, die für den generischen geschlechtsindefiniten Gebrauch zur Verfügung steht, und man meint dabei nur Männer. (Trömel-Plötz 1978: 40)

Bei der linguistischen Diskussion um das sogenannte generische Maskulinum sind, wie erwähnt, nur Personenbezeichnungen relevant, die in Paarformen vorliegen und die durch morphologische Ableitungsprozesse miteinander verbunden sind: also *Kunde-Kundin, Autor-Autorin, Student-Studentin, Erzieher-Erzieherin*. Ein Beispiel für den Gebrauch der Maskulinform mit der Absicht, geschlechtsübergreifend zu referieren, ist folgender Satz, wenn mit *Kunden* nicht nur Männer angesprochen werden sollen:

> *Sehr geehrte Kunden, wir wünschen Ihnen einen angenehmen Aufenthalt in unseren Ausstellungsräumen.*

Das Problem der Maskulinformen besteht in ihrer semantischen Unschärfe, also darin, dass sie einerseits verwendet werden, um spezifisch männlich zu referieren, andererseits aber auch verallgemeinernd auf „alle" bezogen werden. Ein

Beispiel für diese durchgängige semantische bzw. referentielle Mehrdeutigkeit ist ein Satz wie (s. Diewald & Steinhauer 2020: 81–88)

In den Kitas fehlen Erzieher.

Ohne weiteren Kontext bleibt offen, ob *Erzieher* ein „generisches Maskulinum" darstellen soll oder nicht. Eine Monosemierung kann durch eine entsprechende Textumgebung erfolgen. Ein möglicher Kontext, der die geschlechtsübergreifende Lesart dominant setzt, ist zum Beispiel:

In den Kitas fehlen Erzieher. Da sich zu wenige qualifizierte Personen bewerben, kann ein Viertel aller Stellen nicht besetzt werden.

In anderen Kontextualisierungen hingegen erfolgt eine Monosemierung zugunsten der spezifisch männlichen Leseart. Dies ist in folgendem Beispiel der Fall:

In den Kitas fehlen Erzieher. Laut Statistik gibt es nur ca. 2 % Männer in diesem Berufsfeld,

Frauen sind hier ausgeschlossen. Während also Männer mit dieser Form immer angesprochen werden, wissen Frauen – allein anhand der Form der Personenbezeichnung selbst – nie, ob sie sich angesprochen oder ausgeschlossen fühlen sollen. Sie müssen in jedem Fall (mehr oder weniger akut) damit rechnen, dass ihre Interpretation ein Missverständnis sein könnte und sie sich entweder fälschlicherweise als mitgemeint oder fälschlicherweise als ausgeschlossen verstehen. Eine ähnliche Einschätzung dieser Sprachverwendung als kommunikativ ungünstig findet sich im Übrigen auch in der Dudengrammatik. Dort heißt es zum „generischen Maskulinum":

> Am sexusindifferenten (generischen) Gebrauch wird kritisiert, dass er sich formal nicht vom sexusspezifischen Gebrauch unterscheidet. So können inhaltliche und kommunikative Missverständnisse entstehen, z. B. der Eindruck, dass Frauen gar nicht mitgemeint sind. Experimente stützen diese Annahme. Aus diesem Grund wird der sexusindifferente Gebrauch der Maskulina oft vermieden. Stattdessen werden Paarformen gebraucht. (Duden 2016: 160)

Die Linguistik hat längst empirisch belegt, dass das sogenannte generische Maskulinum im Sinne einer geschlechtsübergreifenden Bedeutung keine neutrale Bezeichnung ist, sondern stereotypisch die männliche Lesart begünstigt; diese mehrheitlich männlichen Lesarten werden dabei, wie Experimente immer wieder bestätigen, von weiblichen wie männlichen Versuchspersonen gleichermaßen vollzogen (s. jüngst Gygax et al. 2008, 2009; Kusterle 2011, Pettersson 2011; zu einem Überblick s. Kotthoff & Nübling 2018: 91–127, Diewald & Steinhauer 2020: 81–88, Diewald 2018). Diejenigen, die ungeachtet des Erkenntniszuwachses die Beibehaltung dieser Gebrauchsgewohnheit fordern, vertreten meist weiterhin die Auffassung, dass die Maskulinformen an sich semantisch geschlechtsneutral seien bzw. nach dem Prinzip der binären Oppositionen vom Typ *Tag/Nacht* sowohl als Archilexem, d. h. als Oberbegriff (z. B. *Der Sturm dauerte vier Tage*), wie auch als Oppositionsglied gegenüber dem markierten Begriff (z. B. *Der Wind pfiff bei Tag und bei Nacht*) auftreten könne. Ihr Gebrauch als geschlechtsübergreifende Bezeichnung sei daher dem Sprachsystem inhärent, grammatisch die einzig korrekte Form und in keiner Weise diskriminierend.

Dies ist die Argumentation, mittels derer Kalverkämper (1979) in seiner Besprechung Trömel-Plötz Unwissenschaftlichkeit bzw. Unkenntnis der Grundlagen der strukturalistischen Linguistik vorwirft (z. B. Kalverkämper 1979: 60). Da Trömel-Plötz (1978) zwar die pragmatische Funktion bzw. Dysfunktionalität der sogenannten generischen Maskulina klar erkennt und benennt (siehe Zitat oben), jedoch – in diesem ersten einschlägigen Aufsatz im Jahr 1978 – die damals im Fach gängige Interpretation als binäre Opposition noch nicht zurückweist, ist eine solche Kritik wohlfeil, im Grunde aber ein Ablenkungsmanöver. Unerwähnt bleibt nämlich bei Kalverkämper (1979) und vielen weiteren, dass neben dem binären Oppositionstyp auch der Typus der äquipollenten Opposition ein übliches Strukturmuster des Wortschatzes darstellt, das als Analyseschema genutzt werden kann. Bei äquipollenten Oppositionen liegen sowohl für den Oberbegriff wie auch für die Unterbegriffe distinkte Lemmata vor, wie z. B. beim Oberbegriff *Baum* (unspezifiziert bzgl. der Art der Belaubung) und den äquipollenten Unterbegriffen *Tanne, Buche, Lärche* usw. Auch das Substantiv *Mensch* fungiert als Oberbegriff für äquipollente Unterbegriffe wie *Mann, Frau, Kind*; im Falle der Opposition *Kunde* vs. *Kundin* kann *Kundschaft* als Oberbegriff gelten usw. Wie die neueren Untersuchungen zum sogenannten generischen Maskulinum zeigen, ist es sprachstrukturell und pragmatisch sinnvoll, bei Personenbezeichnungen eine äquipollente Merkmalsopposition anzunehmen, als deren „Archilexem" (Oberbegriff) eben nicht ein mit einem Oppositionsglied identisches Lemma angesetzt wird (Diewald 2018).

Wie bereits erwähnt, werden Positionen wie die Kalverkämpers (1979) noch heute vertreten bzw. in zum Teil leicht abgewandelter Form wiederholt. Da dieser Diskurs in jüngster Zeit meist im öffentlichen Raum, in Zeitungsartikeln und Interviews, stattfindet und die dort präsentierten Positionen auf diese Weise eine große Reichweite erhalten, wird hier aus diesen Medien zitiert.[3] Beim fol-

---

[3] Unseres Wissens gibt es keine linguistische Studie, die unter Berücksichtigung und Auswertung der einschlägigen Forschung zu dem Ergebnis käme, dass die „generische" Verwendung der Maskulinformen zuverlässig und an sich eine geschlechtsneutrale Personenreferenz herzustellen vermöchte oder dass daher die lexikalische Bedeutung dieser Nominalphrasen ge-

genden Zitat handelt sich um einen Auszug aus einem Interview von Peter Eisenberg am 8. März 2017 im Deutschlandfunk. Es geht um die Frage, welche Bedeutung Beidnennungen wie *Bäcker und Bäckerin* (oder auch *Arzt und Ärztin*) anstelle des sogenannten generischen Maskulinums haben:

> Das [*Bäcker und Bäckerin*, die Verfasserinnen] ist eine Redeweise, die ist grammatisch vollkommen in Ordnung. Sie ist von der Bedeutung her nicht vollkommen in Ordnung, weil die Frauen hier zweimal auftauchen. Mit Bäcker ist ja das Handwerk gemeint und alle Mitglieder des Handwerks. Da sind natürlich Männer und Frauen gemeint. [...] Aber der Bäcker hat, was das natürliche Geschlecht betrifft, keine spezielle Bedeutung. Er ist in der Beziehung neutral, genauso wie etwa Person eine neutrale Bedeutung hat und sich nicht nur auf Frauen bezieht. Deswegen haben wir bei Bäcker und Bäckerin Frauen besonders sichtbar ... (Eisenberg, Interview Deutschlandfunk, 8. März 2017, unsere Hervorhebung).

Es wird behauptet, dass in Beidnennungen wie *Bäcker und Bäckerin* Frauen jeweils zweimal genannt würden – und zwar in der Femininform *Bäckerin* und in der Maskulinform *Bäcker*, da letztere als „generisches Maskulinum" Frauen immer mitmeine. Weiter wird behauptet, dass ein Maskulinum wie *Bäcker* an sich keine geschlechtsspezifische Bedeutung aufweise und den gleichen semantischen Abstraktionsgrad wie das Nomen *Person* habe und somit wie letzteres ein geschlechtsunspezifischer Ausdruck (Epikoinon) sei.

Dass die Instabilität eines möglicherweise vorhandenen „Mitmeinens" keineswegs als Geschlechtsneutralität aufgefasst werden kann, wurde oben schon ausgeführt und ist, wie ebenfalls oben erwähnt, durch entsprechende Studien belegt. Daher sei an dieser Stelle nur die im Zitat vollzogene Gleichsetzung von „Bäcker" mit „Person" besprochen.

Geschlechtsunspezifische Nomina zeichnen sich gerade dadurch aus, dass sie grundsätzlich keine zweite (feminine oder maskuline Form) bilden können, da das semantische Merkmal des Geschlechts bei ihnen nicht vorhanden ist. Zum Substantiv *Person* existiert keine zweite, abgeleitete Form, die das „andere Geschlecht" bezeichnen könnte (weder **der Personer* noch **die Personin)*, auch zum Substantiv *Pferd* existieren keine geschlechtsspezifischen Ableitungen (weder **der Pferder* noch **die Pferdin)*. Geschlechtsunspezifische Nomina – wie *Person* und *Pferd* – bringen das Geschlecht einfach nicht zum Ausdruck (zu solchen Epoikoina s. den Beitrag von Andreas Klein in diesem Band).

Bei Nomina mit zwei Formen – wie *Bäcker* – liegt der Fall völlig anders. *Bäcker* ist im Unterschied zu *Person* kein geschlechtsindifferentes Substantiv.

---

schlechtsneutral sei. Doch ergeben einige Studien Numeruseffekte, d. h. im genusoverten Singular ist die männliche Lesart deutlich stärker ausgeprägt als im genuskoverten Plural. Auch Konexteffekte konnten festgestellt werden.

Hier stehen zwei durch Wortbildungsprozesse verbundene Lexeme zur Verfügung: ein Lexem mit dem Genus Maskulinum, das semantisch das Merkmal ‚männlich' enthält (*der Bäcker, der Hexer*) und ein Lexem mit dem Genus Femininum, das semantisch das Merkmal ‚weiblich' enthält (*die Bäckerin, die Hexe*). Die Maskulinformen in Paaren der Art *Bäcker/Bäckerin* sind nicht geschlechtsindifferent wie *Person*, sondern geschlechtsspezifisch ‚männlich'. Dieser Tatsache hat unlängst der DUDEN in seinem online-Wörterbuch Rechnung getragen.

Die Arbeiten von Doleschal (2002) und Irmen & Steiger (2005), jüngst auch von Müller-Spitzer (2021), befassen sich mit der diachronen Entwicklung von Personenbezeichnungen, ein wichtiges Feld, das auch heute noch viele unbearbeitete Forschungsfragen bereithält. Diese Untersuchungen zeigen auf, dass das vermeintlich jahrhundertalte sog. generische Maskulinum keine Grundlage hat – im Gegenteil: Es ist Reflex alter patriarchaler Ordnungen, in denen *Wissenschaftler, Wähler, Ärzte* faktisch ausschließlich männlich waren. Wenn denn historische Grammatiken sich zum Verhältnis von Genus und Geschlecht äußern, negieren sie ein solches Inklusionsverhältnis, so etwa Gottsched (1748) in seiner *Grundlegung einer deutschen Sprachkunst*:

> Wörter, die männliche Namen, Ämter, Würden, oder Verrichtungen bedeuten, sind auch männliches Geschlechts [gemeint: Genus maskulinum]. Z. E. der Mann, der Graf, der Herr, der Fürst [...]; imgleichen [...], Bürger, Bauer, Bettler, u. s. w. ; [...]. (Gottsched 1748: 161)

> Alle Namen und Benennungen, Ämter und Titel, Würden und Verrichtungen des Frauenvolkes, sind weibliches Geschlechts [gemeint: Genus femininum]. Z. E. [...] Benennungen, Frau, Mutter, Tochter, Schwester [...], Ämter, Kaiserinn, Königinn, Herzoginn [...], Würden, Prinzessinn, Feldmarschallinn, Oberstinn, Hauptmanninn, [...]," (Gottsched 1748: 167)

Genus und Sexus. Die BefürworterInnen des „generischen Maskulinums" werfen der Gegenseite immer wieder und in alter Tradition vor, sie sei nicht in der Lage, Genus von Sexus zu unterscheiden. Weiter wird behauptet, dass sobald man die Unterscheidung von Genus und Sexus treffe und erkenne, dass das Genus Maskulinum nichts mit dem natürlichen Geschlecht zu tun habe, sich das Problem der angeblich geschlechtsübergreifenden Maskulinformen auflöse. Man erkenne dann, dass diese Maskulina (*der Kunde, der Bäcker* usw.) sprachsystematisch gegebene Neutralformen seien.

Bereits Kalverkämper urteilt in diesem Sinne über Trömel-Plötz (1978): „Sie [Trömel-Plötz] vermischt die außersprachliche Kategorie „Sexus" mit der sprachlichen Kategorie „Genus", indem sie von Gegebenheiten beim Genus auf Gegebenheiten des Sexus schließt" (Kalverkämper 1979: 60). Vierzig Jahre später ist ein Beitrag von Peter Eisenberg in der FAZ vom 28. Februar 2018 (S. 9) mit der Frage überschrieben „Wann begreifen die Leute endlich, dass das grammatische Geschlecht mit dem biologischen nichts zu tun hat?" Im Weiteren wird unmissverständlich klar, dass mit „die Leute" derzeit aktive Forscherinnen und Autorinnen im Feld der Genderlinguistik gemeint sind. Unterschlagen wird von Eisenberg jedoch, dass die schon im letzten Abschnitt zitierte Unterscheidung von vier analytisch zu isolierenden Ebenen (Genus, semantisches Geschlecht, Gender, Sexus) seit langem zu den Standardannahmen der Genderlinguistik gehört (vgl. Bußmann 1995, Bußmann & Hellinger 2003) und dass der Erklärung dieser Ebenen und ihrer Interdependenzen in einschlägigen Veröffentlichungen viel Aufmerksamkeit entgegengebracht wird (z. B. Diewald & Steinhauer 2017, 14–25, Diewald & Steinhauer 2020: 69–81, Kotthoff & Nübling 2018: 69–89, Nübling 2020).

Insgesamt ist die Debatte um die Kategorie Genus im Deutschen älter als der Diskurs über geschlechtergerechte Sprachverwendung, und sie ist keineswegs an Personenbezeichnungen gebunden. Sie greift auf die letztgenannten Punkte über, insofern als Genus vielfach sekundär mit zusätzlichen Bedeutungen bzw. Funktionen versehen ist (s. o.). Zu fragen ist also: Welche sprachliche Funktion hat die Kategorie Genus im Deutschen? Welche der entdeckten Funktionen ist ihre „ursprüngliche" und welche sind sekundär und abgeleitet?

Was die sprachgeschichtliche Entwicklung betrifft, so wird aus heutiger Sicht allgemein angenommen, dass die Kategorie Genus primär nicht der Geschlechtsunterscheidung diente, sondern dass diese Funktion sich sekundär (bzw. parasitär) in manchen Bereichen an die Oppositionen der Kategorie Genus angelagert hat. Diese Position weist eine alte Vorstellung der Sprachwissenschaft zurück, die davon ausging, dass die Kennzeichnung der Geschlechterunterscheidung – und zwar eine Unterscheidung im Sinne der tradierten Geschlechterordnung, die binär und zugunsten des Männlichen hierarchisiert ist – die „ursprüngliche" Funktion der Genuskategorie sei. Als einflussreicher Vertreter dieser Auffassung ist Jacob Grimm zu nennen (Grimm 1831, kritisch: Leiss 1994, Bußmann 1995). Kurz zusammengefasst lautet die These Grimms, dass i. die Oppositionen der grammatischen Kategorie Genus direkt aus den biologischen Geschlechtern abgeleitet und dass ii. letztere mit natürlich gegebenen Geschlechtseigenschaften bzw. -charakteren befrachtet seien (d. h. es werden angeborene Genderrollen angesetzt). Bei allen Substantiven, die nicht Personen oder andere Lebewesen bezeichnen, werde – dies ist Punkt iii. der grimmschen Auffassung – das passende Genus in einem metaphorischen Übertragungsprozess entsprechend den jeweiligen Objekteigenschaften, die somit das *tertium comparationis* bilden, zugewiesen.

Gegen diese Auffassung standen schon im 19. Jahrhundert Ansätze, die eine innergrammatische Funktion der Genuskategorie favorisierten, jedoch keine Verbreitung fanden (s. Leiss 1994; dort auch die entsprechende Literatur). Leiss (1994) knüpft an diese Tradition an mit dem Ziel, die universalgrammatische

Funktion der Genuskategorie (in Sprachen, die diese Kategorie aufweisen) zu ermitteln. Sie macht deutlich, dass Genus nicht durch biologische, angeblich naturgegebene Geschlechtseigenschaften motiviert ist, sondern mit den grammatischen Oppositionen der Definitheit und Indefinitheit und der unterschiedlichen Quantifizierbarkeit bzw. Individuierbarkeit von Entitäten zu tun hat. Mit Verweis auf typologische Erkenntnisse zeigt sie, dass das Genus Femininum eng mit Abstrakta und Kollektiva sowie mit der Kategorie Plural korreliert. Darauf beruht die ausgeprägte Tendenz zur grammatischen Homonymie von Nomina mit dem Genus Femininum im Singular und Kollektiv- und Abstraktbildungen; so gehören viele singularische Kollektivbildungen und Abstrakta im Deutschen dem Femininum an (*die Verwandtschaft, die Jugend, die Christenheit*).

Da Leiss auf eine andere Begründung der Genusfunktion zielt, die nicht auf biologischen Geschlechtseigenschaften als primärer Motivation aufsetzt, kritisiert sie ausführlich die grimmsche Auffassung, der sie zurecht eine Sexualisierung der Grammatik vorwirft. Dies mündet in der Feststellung, „daß im metasprachlichen Bewußtsein tatsächlich die Gleichsetzung von sogenanntem natürlichen und grammatischen Geschlecht, von Sexus und Genus sehr verbreitet ist" (Leiss 1994: 283). Dem ist entgegenzusetzen, dass sich die grimmsche Gleichsetzung von Genus und Sexus in der Linguistik nicht durchgesetzt hat, eher im Laiendiskurs. Vielmehr erforscht die Linguistik subtile Verweisbezüge zwischen diesen unterschiedlichen Kategorien. Dass die Kategorie Genus im Deutschen in vielfacher Weise mit Sexus interagiert und in diesem Sinne zum Transport geschlechtlicher Inhalte genutzt wird, zeigt Nübling (2018a) (auch 2017a) in Bezug auf zahlreiche Phänomene. Ein (oben schon erwähntes) Beispiel für die sekundäre Semantisierung von Genus ist der Ausdruck *das Mensch* statt *der Mensch*, der durch die Wahl des Neutrums eine abwertende Bedeutung erhält, ähnlich sexualisierend-abwertende Bezeichnungen junger Frauen wie *das Girl, das Pin-up, das Playmate* etc., die als Entlehnungen aus dem genuslosen Englischen noch heute den engen Zusammenhang zwischen Genus und Gender bestätigen (vgl. auch Diewald & Nübling 2020).

Hinweise auf solche Genus/Sexus-Zusammenhänge auch bei Tieren lieferten bislang Untersuchungen von Kinderbüchern: Bei der Personifizierung von Raupen, Bienen, Käfern und Hunden folgt deren Geschlechtszuweisung, die man an deren Namen oder den Illustrationen erkennt, zu über 90 % dem Genus ihres Substantivs: „die Biene Maja", aber „der Käfer Manfred", „Frau Elster", aber „Herr Fuchs". Genus bahnt damit auch weitgehend die Vergeschlechtlichung bei Tieren – wenngleich weniger konsequent als beim Menschen. Der Beitrag von Miriam Lind & Lena Späth in diesem Band weist erstmals korpuslinguistisch fundiert nach, dass die Reichweite des Genus/Sexus-Verweises über die Tier/Mensch-Grenze hinausgeht, und zwar bis in die Domäne der Säugetiere: *der Löwe* und *die Giraffe* haben einen engeren Bezug zu Sexus, als der Forschung, die allzu oft noch auf Introspektion setzt, bislang bekannt war. Dieses Sexuierungspotential von Genus erstreckt sich sogar weit jenseits von Mensch und Tier: Wenn Pflanzen oder gänzlich unbelebte Objekte, Flüsse oder Gestirne personifiziert werden, dann ebenfalls in überproportionalem Ausmaß genussexus-konform: *die Sonne* wird stets als Frau, *der Mond* als Mann dargestellt (in der Romania umgekehrt, s. span. *el sol – la luna*), die oben erwähnte Vergeschlechtlichung von *Mutter Mosel* und *Vater Rhein* setzt sich fort in *Frau Welt* und *Gevatter Tod*. Heinrich Heine transferiert für die Liebesbeziehung zwischen einer weiblichen *Palme* und einer *Fichte* letztere sogar in das ‚passende' Maskulinum *Fichtenbaum*, und in einem Gedicht von Christian Morgenstern treten „Frau Gabel und Herr Löffel" auf. In der sekundären Nutzung der grammatischen Kategorie Genus erhält das Genuszeichen des Artikels eine abgeleitete, zweite Bedeutungsschicht (s. Köpcke/Zubin 2012).

Die Arbeiten von Köpcke & Zubin (1984; 1996; 2009) befassen sich intensiv mit sekundären Anlagerungen an die Kategorie Genus. Es wird gezeigt, dass in bestimmten lokalen Domänen des Wortschatzes im Deutschen die Genuszuweisung teilmotiviert ist. Neben morphologischen und phonologischen Kriterien spielen auch semantische Faktoren eine Rolle, insofern als einige semantische Felder eine Affinität der Lexeme zu bestimmten Genera hervorrufen: z. B. haben Bezeichnungen für Früchte eine Neigung zum Femininum, Bezeichnungen für Spiele und Sprachen eine Neigung zum Neutrum. Aus diesen Beobachtungen ergeben sich für den Sprachunterricht wichtige Schlussfolgerungen, da es aufgrund der genannten Korrelationen selbst bei unbekannten Lexemen teilweise möglich ist, Schlüsse auf deren korrektes Genus zu ziehen. Dabei erweist sich das sog. natürliche Geschlechtsprinzip (Genus-Sexus-Prinzip) als die verlässlichste semantische Genuszuweisungsregel des Deutschen.

Die Zusammenschau der neueren Forschungen in diesem Spannungsfeld zeigt, dass in der Genderlinguistik kein Zweifel darüber besteht, dass Genus und Sexus grundsätzlich verschiedene Gegenstände der Beschreibung und Analyse sind. Die Bearbeitung und Bewertung der zugleich vorliegenden engen Verbindungen zwischen Genus und Sexus in verschiedenen Feldern geschieht hingegen mit unterschiedlicher Durchdringungskraft und scheint gelegentlich doch Anlass zu Verwirrung zu geben. Dies betrifft auch den Artikel von Leiss (1994), wenn sie die feministische Linguistik davor warnt, in „eine gefährliche Falle" zu gehen, nämlich die grimmsche Motivierungsrichtung der Funktion von Genus, nämlich „Sexus > andere Funktionen", zu übernehmen (Leiss 1994: 281) und die Befürchtung äußert, „daß die Hervorhebung von Frauen, d. h. die explizite Bezugnahme auf ihr Geschlecht als deren angeblich wesentliches Merkmal den Frauen mehr geschadet als genützt hat, und daß dies auch für die sprachliche Hervorhebung von Frauen gilt" (1994: 282). Hier wird ganz offenkundig nicht unterschieden zwischen den metaphorischen Sekundärnutzungen der grammatischen Kategorie Genus zur (bewussten oder unbewussten) semantischen Anreicherung einerseits und der Forderung nach sachlich korrekter und gerechter sprachlicher Repräsentation von Personen andererseits. Im Deutschen sind die meisten Personenbezeichnungen systematisch nach Geschlecht differenziert (morphologisch und grammatisch); entsprechend sind diese Mittel auch zu verwenden, wenn dies sachlich angemessen ist. Es handelt sich hierbei (also z. B. bei der Verwendung von Beidnennungen wie „Lehrerinnen und Lehrer") nicht um „die explizite Bezugnahme auf ihr [d. h. der Frauen] Geschlecht als deren angeblich <u>wesentliches</u> Merkmal". Die korrekte Verwendung existierender sprachlicher Mittel zur Bezeichnung von Personen kann aus heutiger Sicht nicht als „Sexualisierung der Grammatik" betrachtet werden.

Diese Fehleinschätzung kann man wohl mit der Beobachtung erklären, dass die Debatte im Jahr 1994 noch in den Anfängen stand und zahlreiche Äußerungen von verschiedenen Seiten nachzuweisen sind, die Genusdistinktionen bei nichtbelebten Objekten einerseits und die sekundäre Nutzung der Genusoppositionen bei Personenbezeichnungen andererseits nicht hinreichend klar unterschieden bzw. diese ironisierend überspielten. Dass Leiss der Bestrebung nach diskriminierungsfreier Sprache eher positiv gegenüber steht, lässt sich aus folgender Reflexion ableiten: „Vielleicht sollten wir uns selbst künftig bei unserem Sprachgebrauch zugestehen dürfen, fallweise einmal mehr bequem als gerecht und dann wieder mehr gerecht als bequem sein zu dürfen, in Abhängigkeit von der Textsorte und der Situation. In jedem Fall sollte aber eine Verwechslung von Genus und Sexus vermieden werden" (Leiss 1994: 297).

Bei genauerer Lektüre erschließt sich somit sehr klar, dass Leiss (1994) keineswegs eine strikte Gegenposition gegen das Streben nach einer fairen Behandlung aller Menschen in der Sprache vertritt, die diesem Aufsatz gerne nachgesagt wird. Leiss geht es um die Herausarbeitung universaler kognitiv-semiotischer Grundlagen sprachlicher Oppositionen. Sie scheint der Tatsache keine Rechnung zu tragen, dass es bei der Auseinandersetzung um sprachliche Gleichbehandlung um den Sprachgebrauch geht, also nicht um abstrakte Universalien, sondern darum, wie wir uns selbst, unser kommunikatives Gegenüber und unsere Gesellschaft durch unser kommunikatives Verhalten darstellen und formen. Das Sprachsystem und seine Veränderung ist nicht Ziel der Bestrebungen nach geschlechtergerechter Kommunikation. Das Sprachsystem ist das Material, das diesem Vorhaben teils entgegenkommt, teils aber auch entgegensteht.

Zusammenfassend seien als wesentliche Erkenntnisse zur Kategorie Genus festgehalten: Genus ist primär nicht geschlechtlich motiviert. Genus wird jedoch oft sekundär zum Verweis auf sexuierte Objekte genutzt, z. B. bei den prototypischen Korrelationen von Genus und Sexus bei Personenbezeichnungen (*die Tante, der Onkel*) und einigen Tierbezeichungen (*die Stute, der Hengst*), ferner bei der metaphorischen Übertragung im Falle unbelebter Entitäten (*die Sonne, der Mond, Frau Gabel, Herr Löffel*) und bei Gattungsbezeichnungen höherer Tiere (*die Giraffe, der Löwe*) sowie schließlich bei der pejorisierenden Aufladung durch „Fehlzuweisungen" (*das Mensch, die Lusche*). Vieles davon wird in den folgenden Beiträgen differenziert beforscht.

Undoing Gender. Über reine Sprachfragen zum Deutschen hinaus führt das Thema Sprache und Geschlecht von Anfang an in interdisziplinäre Bereiche. Dies wurde oben schon angedeutet mit dem Verweis auf die Impulse, die sich aus den frühen Arbeiten u. a. von Trömel-Plötz (1978) im Bereich der Pragmatik und der Genderstudies ergaben. Die daraus sich formierende Genderlinguistik vereint sprachstrukturelle, pragmatische und interdisziplinäre Perspektiven. Ein Schwerpunkt liegt auf der Untersuchung der (Re-)Produktion und (De-)Konstruktion von Genderrollen im Sprachgebrauch und in der Sprachstruktur. Der Band von Günthner, Hüpper & Spieß (Hrsg.) (2012) gibt einen Überblick über die Breite und Zielrichtung des Gebiets.

Eine Schnittmenge des hier vorliegenden Bandes mit seinem Fokus auf linguistischen Fragestellungen und den weiter ausgreifenden Genderstudies fällt unter das Stichwort „Undoing gender" und fußt auf folgendem grundlegenden Gedankengang: Wenn „Geschlecht" ein permanenter Anlass zu Sortierung, Diskriminierung und Hierarchisierung ist, dann besteht der Weg aus diesem negativen Zustand darin, Geschlechter- bzw. Genderkonzepte aufzulösen, indem diese in der sozialen und sprachlichen Repräsentation aufgehoben werden. Dabei impliziert *Undoing gender* die Neutralisierung bzw. Irrelevantsetzung von Geschlecht (Hirschauer 2001). Hierbei ist zwischen unterschiedlichen Aktivitätsniveaus zu differenzieren: Wenn man statt der geschlechtsbinarisierenden Begrüßung „Sehr geehrte Damen und Herren" auf „Sehr geehrtes Publikum" ausweicht, betreibt man aktives *Undoing gender*, ebenso wenn man Fragen vom Schlage „Was meinen Sie als Frau (bzw. als Mann) dazu?" zurückweist bzw. unterläuft. Von hohem Aktivitätsniveau zeugt auch die namenrechtliche Neuregelung im Jahr 2008, Kinder mit einem geschlechtsneutralen Namen (Unisexnamen) benennen zu dürfen (bis dahin war ein geschlechtsdefiniter Erstname Pflicht mit der Erlaubnis, einen Unisexnamen als Zweitnamen nachstellen zu können). Die Änderung des Personenstandsgesetzes im Jahr 2013 mit der dritten Option, den Geschlechtseintrag freizulassen (seit 2018 kann er mit „divers" gefüllt werden), fördert die Vergabe von Unisexnamen (Schmidt-Jüngst 2014, Nübling 2017b). Ein eher passives *Undoing gender* besteht darin, wenn – durch entsprechende elternseitige Vornamenpräferenzen – sich der lautlich-prosodische Abstand zwischen weiblichen und männlichen Vornamen im Laufe der Zeit verringert, indem Mädchennamen kürzer und häufiger initialbetont werden, Jungennamen dagegen länger und vokalreicher werden und – wie seit der Jahrtausendwende vermehrt der Fall – auf -*a* als einem vormals exklusiven Weiblichkeitsmarker auslauten können, vgl. *Luca* und *Noah* (Nübling 2012, 2018b). Hier wird auf materieller Ebene die onymische Geschlechtertrennung unterlaufen, wenngleich die Benennung von Mädchen mit Jungennamen und umgekehrt in Deutschland immer noch untersagt ist (im Unterschied zu Schweden). Das Konzept des *Undoing gender* adressiert der Beitrag von Anne Rosar.

Die bewusste Absicht der sprachlichen Irrelevantsetzung von Geschlecht impliziert einen Verzicht auf jegliche semantische und morphologische Markierung von Geschlecht in Personenbezeichnungen. Bezogen auf die Bemühungen um geschlechtergerechte Sprache geht es um Neutralisierung statt Sichtbarmachung. Schon in frühen Arbeiten macht Pusch hierzu Vorschläge, relativiert und ironisiert diese jedoch selbst (Pusch 1984: 64). Ihr ausführlich und strikt linguistisch argumentierender Vorschlag, das Genus Neutrum für geschlechtsindifferente Personenbezeichnungen (*das Student*) zu verwenden, die weiter differenziert werden können in eine spezifisch männliche und eine spezifisch weibliche Variante (*der Student – die Student*), hat sich nicht durchgesetzt (Pusch 1984: 61–64). Analoges gilt für die zahlreichen, stark experimentell ausgerichteten Vorschläge der Arbeitsgruppe um Lann Hornscheidt, AG Feministisch Sprachhandeln 2014/2015, denen von Kotthoff (2017) eine gruppendynamisch identifikatorische Funktion zugesprochen wird. Der aktuelle öffentliche Diskurs über den Genderstern und vergleichbare Vorschläge zeigt – unabhängig von der zusätzlich stark emotionsbeladenen Thematik „Geschlecht" – wie problematisch es ist, wenn sprachkritische Reflexionen direkt in konkrete Anweisungen zur pauschalen Verwendung oder Nichtverwendung ganz bestimmter Sprachzeichen übersetzt und verengt werden.

Die Forderung nach sprachlichem *Undoing gender* als der Beseitigung jeglicher Geschlechtsmarkierung in der sprachlichen Kommunikation hat auch zu Vorschlägen geführt, die die Rehabilitierung der Maskulinformen von paarig vorhandenen Personenbezeichnungen im Stil des „generischen Maskulinums" fordern – oft fälschlicherweise begründet mit Verweis auf das Englische, das sich sprachstrukturell vom Deutschen so grundlegend unterscheidet, dass sich ein Vergleich erledigt.

Die empirisch orientierte Linguistik kann zeigen, dass der aktuelle Anwendungsskopus von Maskulin- und Femininformen (bei paarigen Personenbezeichnungen) erwartbarerweise komplex ist, da textsortenspezifische, referenzsemantische, syntaktische und morphologisch-lexikologische Parameter zu berücksichtigen sind und somit sorgfältig differenzierte und relativierte Interpretationen erfordern. Die Studie von Schröter, Linke & Bubenhofer (2012) zeigt, dass die Maskulinformen gerade bei jüngeren Menschen als geschlechtsneutralisierende Formen interpretiert und verwendet werden (siehe hierzu auch Günthner 2019); allerdings befasst sich dieser Beitrag nur mit nicht-referenziellen Verwendungen solcher Formen im Prädikativum („ich als Physiker, Student" etc.), in denen das Geschlecht durch das Subjekt *ich* als Selbstbezeichnung der Versuchsperson schon gesetzt ist. In anderen syntaktischen Positionen verhält sich dies anders. Die Studie von Kopf in diesem Band untersucht dagegen den Wirkungsbereich von Femininmovierungen bei Anglizismen und kommt zu dem Schluss, dass im Deutschen mit seinem starken derivationsmorphologischen Potential die Tendenz, geschlechtsmarkierende Oppositionen bei Personenbezeichnungen zu bilden, auch bei Fremdwörtern sehr hoch ist, sobald der Integrationsgrad es zulässt. Auch die Beiträge von Müller-Spitzer & Lobin, Berry & Willy in diesem Band bieten vielschichtige Datenpunkte und Interpretationsangebote. In Bezug auf die deutsche Sprache ist die Praktik des *Undoing gender* mit divergierenden Tendenzen konfrontiert: das Deutsche ermöglicht Neutralisierungen und andere Löschungen der Geschlechtsinformation ebenso wie Sichtbarmachungen, für die zahlreiche, hochproduktive Verfahren bereitstehen.

Zwischenfazit. Ohne die jahrzehntelange, oft außerhalb der Disziplin kaum wahrgenommene Forschung der Genderlinguistik wäre die Differenziertheit und Qualität des heutigen Wissensstands kaum vorstellbar. Zugleich zeigt dieser Band, in welch vielfältiger Weise die enormen Fortschritte, die die Sprachwissenschaft vor allem in methodischer Hinsicht erzielt hat, zu neuen, vertiefenden und präzisierenden Fragestellungen und Erträgen im Bereich von Sprache und Geschlecht führen. Die Beiträge in diesem Band sind Zeugnis einer dynamischen Entwicklung der Forschungsaktivitäten und verdanken sich auch den Schubkräften, die aus Widersprüchen alter Theorien und aus Kontroversen neuerer Debatten entstehen.

Zu den Beiträgen in diesem Band

Die Beiträge dieses Bandes befassen sich aus linguistischer und immer auch empirischer Perspektive mit dem Spannungsfeld zwischen sprachinternem Genus und sprachexternem Geschlecht, das sich in Sexus und Gender aufgliedert. Dass eine solche Aufgliederung gerechtfertigt ist, zeigt etwa der Beitrag von Lind & Späth zur Reichweite des Genus-Sexus-Prinzips bei Bezeichnungen für

Tiere; hier wäre ein umfassender Gender-Begriff, der immer wieder vorgeschlagen wird, deplatziert. Diese Interdependenzen manifestieren sich auf unterschiedlichen Sprachbeschreibungsebenen, denen die interne Gliederung der Beiträge folgt, indem sie von kleineren (wortbezogenen) zu größeren (diskursbezogenen) Einheiten voranschreitet:
- Abteilung I: Genus und Geschlecht im Lexikon
- Abteilung II: Genus und Geschlecht in Syntax und Textkohärenz
- Abteilung III: Genus und Geschlecht in Soziopragmatik und Diskurs

Der erste Themenblock befasst sich auf Basis umfangreicher Korpora vorwiegend auf der Wortebene mit geschlechtsrelevanten Distinktionen: a) genderstereotypen Wortbedeutungs- und -verwendungsangaben in modernen einsprachigen Wörterbüchern als Kontext- und Textsorteneffekte; b) den Faktoren, die die (anfänglich reduzierte) Movierungsaffinität von Anglizismen steuern und fördern; c) der Reichweite des Genus-Sexus-Prinzips über die Humanaußengrenze hinweg in den tierlichen Bereich, also der Frage, ob *eine Giraffe* als feminine Tierbezeichnung ebenso *Junge säugt* wie *ein Elefant* als Maskulinum; schließlich wird d) die zentrale Frage adressiert, was Epikoina als von Geschlecht abstrahierende Substantive (wie *Person*) genau sind, welche Kriterien an sie anzulegen sind und ob es sie in dieser Reinform überhaupt gibt. Diesem Komplex sind die Beiträge von MÜLLER-SPITZER & LOBIN, KOPF, LIND & SPÄTH und KLEIN zugeordnet.

Der zweite Themenblock enthält ebenfalls vier Aufsätze. Sie widmen sich mit unterschiedlichen Schwerpunkten Fragen der Bedeutungskonstitution syntaktischer (An-)Ordnung und den Regeln von Kohärenz und Kohäsion. Diesen Komplex bestücken die Beiträge von BINANZER, SCHIMKE & SCHUNAK, CLAUS & WILLY, BIRKENES & FLEISCHER sowie ROSAR.

Der dritte Komplex umfasst drei Studien, die auf unterschiedliche Weise die Wirkung und Funktion sprachlicher Repräsentation von Geschlechterkategorien im gesellschaftlichen Austausch thematisieren. Dies leisten die Beiträge von BUSLEY & FRITZINGER, BECKER und LÖHR.

Abteilung I: Genus und Geschlecht im Lexikon

Mit der vermeintlichen Objektivität von aus Korpora gewonnenen Daten befassen sich CAROLIN MÜLLER-SPITZER & HENNING LOBIN in „Leben, lieben, leiden: Geschlechterstereotype in Wörterbüchern, Einfluss der Korpusgrundlage und Abbild der sprachlichen ‚Wirklichkeit'". Die meisten linguistischen Korpora bestehen aus Zeitungstexten, die allgemein Erwartbares und damit Normalitäten eher unterdrücken, da diese keinen Nachrichtenstatus innehaben. Diese Tatsache hat großen Einfluss auf korpusbasierte Wörterbücher (wie Duden, elexico), in denen typische Verwendungskontexte von Lexemen korpusanalytisch extrahiert und beschrieben werden. Damit gelangen spezifische Geschlechterstereotype ins Wörterbuch, gerade in den Artikeln zu „Mann" (der z. B. oft mit Gewalt in Verbindung gebracht wird) und „Frau" (die häufig als Opfer von Gewalt erscheint). Auch ermittelt Duden online automatisch „typische Verbindungen", die bei „Mann" u. a. die Adjektive „reich, bewaffnet, richtig, mächtig, alt, stark" umfassen, bei „Frau" „schön, groß, nackt, schwanger, jung, alt, berufstätig". Zudem gelangt die „Frau" öfter in die Patiens-, der „Mann" in die Agensrolle. Das ändert sich grundlegend, wenn man Publikumszeitschriften oder belletristische Texte zugrundelegt. Hier erscheint die „Frau" z. B. deutlich agentiver, und generell werden sich beide Geschlechter ähnlicher. Die Perspektive auf ,die Wirklichkeit' erweist sich somit als stark korpusabhängig. Durch die Zeitungskorpora erfolgt ein übermäßig starkes *doing gender*.

Die konstruktionsspezifische Movierung von Anglizismen wie *Manager/in* oder *Influencer/in* untersucht KRISTIN KOPF in „*Ist Sharon Manager?* Anglizismen und das sog. generische (geschlechtsübergreifende) Maskulinum", indem sie über eine Fragebogenstudie (Produktionsexperiment) sechs native und sechs englischstämmige Personenbezeichnungen (sämtlich *er*-Derivate) als Prädikativum zu einem weiblich spezifizierten Subjekt elizitiert. Auch wenn Movierung sich als der Normalfall erweist, ergibt sich gerade bei den Anglizismen Variation. Einfluss darauf haben der Fremdwortstatus per se (der movierungshemmend wirkt), die Gebrauchsfrequenz (frequentere Lexeme werden eher moviert als weniger frequente) und die Länge des Lexems (kürzere Lexeme werden eher moviert als längere). Diese Faktoren bestätigen sich auch im Detail: So bleiben Komposita mit fremdem Erstglied wie *Travelblogger/in* eher unmoviert als solche mit nativem Erstglied, z. B. *Reiseblogger/in*. Keine signifikante Auswirkung haben Geschlecht, Alter und Herkunft der Teilnehmer/innen, ebenso wenig mit dem Lexem verbundene Geschlechterstereotype.

Um Movierung geht es auch in dem Beitrag von MIRIAM LIND & LENA SPÄTH, die in „Von *säugenden Äffinnen* und *trächtigen Elefantenkühen* – Zum Geltungsbereich der Genus-Sexus-Korrelation" den Blick über die Humanaußengrenze ins Tierreich lenken. Wurde bislang unhinterfragt davon ausgegangen, dass feminine und maskuline Tierbezeichnungen wie *Katze* oder *Hund* Epikoina sind, also kein Geschlecht ausdrücken, gelangen die Autorinnen über eine korpuslinguistische Studie zu neuen Einsichten, die die angeblich geschlechtsübergreifende Leistung von Maskulina und Feminina auch bei Tieren widerlegt – zumindest bei Säugetieren. Dies erfolgt über die Analyse der Subjektbesetzungen zu den sexusspezifischen Verben *säugen*, *Eier legen* und *brüten* sowie des Bezugsnomens zum Adjektiv *trächtig*. Tatsächlich erweist sich, dass eine *Katze* oder *eine Giraffe* eher *säugt* oder *trächtig* ist als ein *Hund* oder ein *Elefant*. Bei Maskulina ist dann eher von einer *Hündin* bzw. einer *Elefantenkuh* oder *Elefantin* die Rede, während bei Feminina wie *Giraffe* nur selten eine weitere Sexusspezifizierung erfolgt. Damit vermessen LIND & SPÄTH erstmals die Reichweite des Genus/Sexus-Prinzips, das bei Personenbezeichnungen außer Frage steht. Auf der weiteren Belebtheitsskala schließt es die menschenähnlicheren Säugetiere ein, um bei den Vögeln, Reptilien usw. zu versiegen.

Wenn sich echte Geschlechtsindefinitheit schon bei Bezeichnungen für Säugetiere als kritisch erweist, wie stellt sich dies dann bei solchen für Personen dar? Dieser Frage geht konsequent und erstmals empirisch basiert ANDREAS KLEIN in „Wohin mit Epikoina? – Überlegungen zur Grammatik und Pragmatik geschlechtsindefiniter Personenbezeichnungen" nach. Menschliche Epikoina erweisen sich dabei als typologische Ausnahmen. Der Beitrag liefert ein mehrdimensionales Genusmodell, das u. a. zwischen lexikalischem und referentiellem Genus unterscheidet, leistet Terminologiekritik im Bereich der sog. Epikoina (die Rede ist von „Pseudo-Epikoina") und des „generischen Maskulinums" im Deutschen und zeigt auf, wie stark auch hier Genus die Wahrnehmung von Geschlecht bahnt. Empirische Basis ist eine Online-Studie zu Epikoina unterschiedlicher Genuszugehörigkeit bei spezifischer Referenz (anhand einfacher, kontextfreier Sätze mit *Mensch* oder *Person*) mit der Aufgabe, Vornamen für diese zu vergeben. Dabei schlägt Genus stärker durch als bislang bekannt: Das Maskulinum *Mensch* ruft kaum Frauen auf, während das Femininum *Person* dominant weiblich vergeschlechtlicht wird; die ca. 30 % männlichen Vornamen sind einem generellen *male bias* geschuldet.

Damit stellen gleich drei dieser Beiträge Bezüge zu Epikoina her: Wenn neue Anglizimen wie *Blogger* zunächst nicht moviert werden, stellt sich die Frage, ob sie epizön als von jeglichem Geschlecht abstrahierend interpretiert werden oder ob ihr maskulines Genus eher eine männliche Lesart nahelegt. Dagegen wurde den Bezeichnungen von Tieren bislang fast prototypisch epizöner Status unterstellt, was auch im öffentlichen Diskurs immer wieder geschieht, indem man *einem Esel* oder *einer Maus* jeglichen Geschlechtsbezug abspricht. Diese Annahme war bislang so unstrittig, dass sie nicht einmal überprüft wurde. Zumindest für Säugetierbezeichnungen kann dieser Status mit den Erkenntnissen von Mirjam Lind & Lena Späth nicht mehr aufrechterhalten werden. Noch weniger epizön verhalten sich die menschlichen Epikoina, von denen es bei genauerem Hinsehen und bei Zugrundelegung strenger Kriterien keine gänzlich unproblematischen Fälle gibt, wie Andreas Klein detailliert zeigt. Doch spielen Epikoina auch in einigen der anderen Beiträge eine Rolle, die sich syntaktischen Fragen widmen.

Abteilung II: Genus und Geschlecht in Syntax und Textkohärenz

ANJA BINANZER, SARAH SCHIMKE & SILKE SCHUNAK greifen mit der Studie „Syntaktische Domäne oder lineare Distanz – welcher Faktor steuert semantische Kongruenz im Kontext von Hybrid Nouns in stärkerem Maß?" eine klassische syntaktische Fragestellung auf, indem die Einflussfaktoren für semantische oder grammatische Kongruenz bei hybriden Nomina wie z. B. *Mädchen*, *Fräulein* und *Weib* und (kindlichen) Epikoina wie *Baby* und *Kind* untersucht werden. Als relevante Faktoren sind in früheren Studien neben pragmatischen Faktoren die syntaktische Domäne des genussensitiven Targets, die lineare Distanz zwischen Bezugsnomen und Target und der Typus des Pronomens in Anschlag gebracht und untersucht worden, wobei jedoch diese Faktoren nicht separat auf ihre je spezifischen Effekte untersucht wurden (s. Corbett 1991 zu *agreement hierarchy*, für Ergebnisse aus der germanistischen Forschung s. Köpcke, Panther & Zubin 2010). Im vorliegenden Beitrag wird darauf abgezielt, die Wirkung der beiden Faktoren syntaktische Domäne und lineare Distanz getrennt zu untersuchen. Hierzu werden zwei Experimente vorgestellt, die gleichermaßen die syntaktische Domäne variieren, die lineare Distanz jedoch konstant halten. Das erste Experiment, ein Multiple-Choice-Test mit monolingual deutschsprachig aufgewachsenen Kindern, bestätigt den Einfluss der syntaktischen Domäne – unabhängig von der linearen Distanz – auf das Auftreten semantischer versus grammatischer Kongruenz, neben dem Typus der Nomina, der ebenfalls eine Rolle spielt. Dabei erweist sich, dass bei der Pronominalisierung von Hybrid Nouns eher semantische Kongruenz stattfindet als bei den neutralen Epikoina, die allerdings Kleinkinder bezeichnen. Das zweite Experiment, eine Self-paced-Reading-Studie mit monolingual deutschsprachig aufgewachsenen Erwachsenen, erbringt keine eindeutigen Ergebnisse, bietet jedoch Beobachtungen, die orientierend für den Aufbau zukünftiger Studien sind, die es ermöglichen, die relevanten Faktoren zu isolieren.

In ihrem Beitrag „Inkongruenz von Genus und Geschlecht in Nominalellipsen: Akzeptabilität und Asymmetrie" untersuchen BERRY CLAUS & ALINE WILLY mit experimentellen Methoden Faktoren, die zu unterschiedlichen Akzeptabilitätsurteilen von Satzfolgen mit Ellipsen im zweiten Satz führen. Die Experimentalitems sind Satzfolgen wie i. *Herr Saki ist Japaner. Frau Kobo auch* und ii. *Frau Kobo ist Japanerin. Herr Saki auch.* Überprüft wird die sogenannte Asymmetriethese, die davon ausgeht, dass ein maskulines Prädikatsnomen als Antezedenz für einen elliptischen Satz mit weiblichem Subjekt fungieren kann (wie in i.) aber nicht umgekehrt (wie in ii.) und dass dies auf die Geschlechtsneutralität von maskulinen Nationalitäts- und Berufsbezeichnungen (wie *Japaner, Pilot* etc.) zurückzuführen ist. Im durchgeführten Ratingexperiment kann eine höhere Akzeptabilität von Satzfolgen wie i. gegenüber ii. bestätigt werden, jedoch wird nachgewiesen, dass und warum dies kein experimenteller Beweis für die Geschlechtsneutralität der Maskulinformen ist. Hierbei werden u. a. der Effekt von Numerusvariation sowie die beobachtete interindividuelle Variabilität bei den Versuchspersonen in Anschlag gebracht, da derartige Erscheinungen nicht auftreten dürften, wenn, wie die Asymmetriethese voraussetzt, Geschlechtsneutralität eine Bedeutungskomponente der Maskulinformen wäre. Es werden mehrere weiterführende Erklärungsansätze geboten, die eine überzeugendere Interpretation der beobachteten Daten ermöglichen.

Der Beitrag von MAGNUS BREDER BIRKENES & JÜRG FLEISCHER „Genus- und Sexuskongruenz im Mittelhochdeutschen: eine Paralleltextanalyse zum Lexical hybrid *kint*" kann als diachrones Pendant zum ersten Beitrag in dieser Abteilung verstanden werden. Ebenfalls mit Bezug auf die Corbett'sche *agreement hierarchy* und im Anschluss an frühere diachrone Korpusstudien zu hybriden Nomina, die auf weibliche Personen referieren (u. a. *Mädchen, Fräulein*, siehe Fleischer 2012, Birkenes, Chroni & Fleischer 2014), untersuchen die Autoren das mittelhochdeutsche neutrale Epikoinon *kint* mittels einer Paralleltextanalyse der Kaiserchronik mit Texten vom Ende des 12. bis Ende des 16. Jahrhunderts. Es wird aufgezeigt, dass das Substantiv nhd. *Kind*, das sich auf weibliche wie männliche Personen beziehen kann, insbesondere in anaphorischer Wiederaufnahme in starker Abhängigkeit vom Kontext semantische Kongruenz bevorzugt. Eine Maskulin-Pronominalisierung wird insbesondere dann vorgefunden, wenn sich der Referent als junger Heranwachsender erweist (*kint* konnte früher auch junge Männer bezeichnen). In der frühen Phase des untersuchten Zeitraums kann selbst NP-intern das Maskulinum beim Artikel erscheinen (*der kint*). Insgesamt wird nachgewiesen, dass semantische Kongruenz im Mittelhochdeutschen häufig auftritt und dass die Genusvergabe teilweise durch soziopragmatische Kriterien geregelt ist.

Die ersten drei Beiträge dieses Komplexes zu morphosyntaktischen bzw. semantischen Kongruenztypen beschränken sich nur auf die Sexuskategorie, zumindest stehen Genderfragen nicht im Vordergrund. Während hier textuelle Kohärenz- und Kongruenzphänomene auf der Ebene der Satzverknüpfung und verschiedener elliptischer Wiederaufnahmen innerhalb eines Satzes untersucht werden, befasst sich die Studie von ANNE ROSAR mit dem Titel „*Mann und Frau, Damen und Herren, Mütter und Väter* – Zur (Ir-)Reversibilität der Geschlechterordnung in Binomialen" mit Serialisierungsoptionen innerhalb koordinierter nominaler Konstituenten. Untersucht wird die Abfolge gegengeschlechtlicher Personenbezeichnungen bei sog. Gender-Binomialen vom Typ *Mann und Frau, Mädchen und Junge* auf Basis schriftlicher Korpora diachron über ca. 60 Jahre hinweg. Dabei werden Momente des Sprachwandels sichtbar, die sowohl *De-*

genderings wie auch *Regenderings* betreffen und die insgesamt veränderte bzw. sich verändernde Geschlechterordnungen von den 1950-er Jahren bis heute reflektieren. Insbesondere Binomiale mit Pluralen wie *Männer und Frauen* oder *Väter und Mütter* erfahren eine Aufweichung bzw. gar Umkehr ihrer internen Abfolgen, da Plurale weniger auf Paardyaden Bezug nehmen im Gegensatz zu den bzgl. der *male-first*-Ordnung deutlich persistenteren Singularen *Mann und Frau* sowie *Vater und Mutter*. Dabei fördert die Komponente der Elternschaft eine *female-first*-Abfolge, insbesondere bei Koseformen wie *Mami und Papi* oder *Oma und Opa*, die die kindliche Perspektive auf die (Groß-)Eltern reflektieren.

Damit adressiert und exponiert dieser letzte Beitrag die Kategorie Gender, indem es gesellschaftliche Rollenerwartungen sind, die die interne Ordnung von Binomialen zu steuern scheinen. Gemeinsam mit dem vorangehenden Beitrag zur Pronominalisierung von mhd. *kint* integriert er auch eine diachrone Perspektive, die die Interdependenz von syntaktischem und gesellschaftlichem Wandel sichtbar macht.

Im nächsten Beitrag, der den Auftakt zum dritten Themenkomplex bildet, markieren Diskordanzen zwischen (femininem) Genus und (weiblichem) Geschlecht soziale Rollenerwartungen und soziopragmatische Beziehungsfunktionen, die auffälligerweise nur bei Frauen und Mädchen gelten.

Abteilung III: Genus und Geschlecht in Soziopragmatik und Diskurs

Um Gender als soziopragmatische Kategorie geht es in dem Beitrag „*Das Emma* und *der Hänsli*: Genus-Sexus-Diskordanzen in Dialekten des Deutschen als Spiegel sozialer Geschlechterrollen" von SIMONE BUSLEY & JULIA FRITZINGER. Sie befassen sich mit dem aus standardsprachlicher Sicht irritierenden Phänomen, dass sowohl deutsche Dialekte als auch das Luxemburgische auf bestimmte Frauen und Mädchen mit Namen im Neutrum referieren (z. B. *das Emma*), zu dem das Femininum in Opposition tritt. Vereinfacht gesagt gelangen vertraute (verwandte, junge, ortsansässige) Frauen und Mädchen ins Neutrum, während ein distanziertes Verhältnis das Femininum evoziert (z. B. Respektpersonen, fremde Frauen). Genus fungiert damit als Beziehungsanzeiger. Historische Belege zeigen indessen, dass Genus als Statusanzeiger fungierte, indem die Neutra früher auf sexuell unreife, ledige und abhängige Frauen referierten, die sich erst als Ehefrau und Mutter für das sexuskongruente Femininum qualifizierten. Bei Männern fehlt diese Doppelkategorisierung, sie werden ungeachtet ihres Familienstands sexuskonform maskulin klassifiziert – in einigen Dialekten sogar dann, wenn ihre Namen diminuiert sind (*der Hänsli*), womit die morphologisch konditionierte Neutrumzuweisung zugunsten des Genus-Sexus-Prinzips zurückgewiesen wird. Dies offenbart umgekehrt die desexuierende Funktion des Neutrums beim weiblichen Geschlecht.

Der Beitrag von LIDIA BECKER mit dem Titel „Ideologeme und Argumentationsmuster gegen genderneutrale Sprache in der spanischsprachigen und deutschen Linguistik" greift schließlich auf Diskurse über geschlechtergerechte Sprache aus und bietet eine diskurslinguistische Erörterung zu typischen Argumentationsmustern bei der Abwehr genderneutraler Sprache in der spanischsprachigen und in Teilen der deutschsprachigen Linguistik. Dabei liegt der Fokus auf der öffentlich geführten Diskussion in Pressetexten und auf der Analyse der bevorzugt verwendeten metaphernbasierten Bildlichkeit. Ungeachtet der sprachsystematischen Unterschiede zwischen dem Spanischen und dem Deutschen, die im Sprachgebrauch zu unterschiedlichen Problemstellungen führen, zeigen sich in beiden Diskursen auffällige Parallelen in den Argumentationsfiguren. Als zwei typische Ideologeme werden die Naturgegebenheit der Sprache identifiziert (was etwa zu Vergleichen mit dem Erbgut führt) und die Radikalisierung der GegnerInnen zu ignoranten SprachverderberInnen. Im spanischsprachigen Bereich ist außerdem eine starke Ähnlichkeit der in Europa und auf dem amerikanischen Kontinent geführten Diskurse zu verzeichnen. Prominent thematisiert werden im öffentlichen Disput in allen Fällen das Verhältnis von Genus und Geschlecht, die Spannung zwischen Sprachwandel und zu bewahrendem Standard und die Legitimität der Anliegen verschiedener Gruppen von Beteiligten in diesem Diskurs, wobei die sprachpolitische Motivierung durchgehend erkennbar ist.

Im letzten Beitrag nimmt RONJA LÖHR nicht-binäre Personen und deren Haltung zu sprachlichen Inklusionsstrategien in den Blick. Unter dem Titel „,Ich denke, es ist sehr wichtig, dass sich so viele Menschen wie möglich repräsentiert fühlen' – Gendergerechte Sprache aus der Sicht nicht-binärer Personen" kann sie auf Basis einer Online-Umfrage mit 324 Teilnehmenden zeigen, dass ein Großteil die sprachliche Repräsentation von nicht-binären Personen als wichtig einstuft. Dabei schneiden neutrale Formen, gefolgt von Schreibweisen mit Genderstern, insgesamt besonders gut ab, während die Befragten den *Gender gap* weniger präferieren und noch weniger Sondersuffixe wie *-x* oder *-ecs*. Dezidiert abgelehnt werden binarisierende Beidnennungen und die Variante mit der Binnen-I-Schreibung, vor denen sog. generische Maskulina rangieren. Dies konfligiert wiederum mit Forderungen von feministischer Seite. Große Herausforderungen stellen sich noch bei der Frage nach einem geschlechtsneutralen Pronomen in der 3. Person Singular, wo das ‚dritte Genus'– neutrales *es* – in Übereinstimmung mit den Befunden von BUSLEY & FRITZINGER zu deutschen

Dialekten als dehumanisierend empfunden und abgelehnt wird. Eine konsensuelle Lösung steht noch aus. Momentan greifen manche zu Entlehnungen aus Sprachen, die dieses Problem bereits gelöst haben, etwa zu engl. *they* oder schwed. *hen*.

Fazit: Die Trias Genus – Sexus – Gender eröffnet ein anspruchsvolles Forschungsfeld und berichtet viel über die – auch historische – Humanklassifikation, die sich tief in der deutschen Grammatik einschließlich dem Genussystem abgelagert hat. Gleichzeitig wird dieses Klassifikationssystem durch seinen täglichen Gebrauch subtil und beständig reaktiviert und perpetuiert. Meist sind es alte, heute teilweise überkommene Geschlechterordnungen, die sich in diesen Strukturen verfestigt und erhalten haben. Im Fall der Binomiale und auf dem Gebiet der syntaktischen Verweisungsbeziehungen finden Aufweichungen und Differenzierungen statt, die gesellschaftliche Realitäten reflektieren. Auch in der Adressierung von Personen zeigen sich Tendenzen zur Veränderung und Flexibilisierung. Weniger gilt dies jedoch für den festeren Aggregatzustand des Genussystems, also für Merkmale und Relationen auf Wortebene. Insgesamt können sprachpolitische Aktivitäten mit verschiedenen Zielsetzungen konstatiert werden – etwa nach Sichtbarmachung von Frauen oder nach Unsichtbarmachung von Geschlecht *per se*, was eher den Belangen nicht-binärer Personen entgegenkommt. Diese Vorschläge werden sehr kontrovers diskutiert und bestimmen den derzeitigen öffentlichen Diskurs. Umso wichtiger ist es, das Gefüge dieser Trias besser zu durchdringen und zu verstehen. Dazu einen substanziellen Beitrag zu leisten ist Hauptanliegen dieses Bandes. Je tiefer man dabei in die Materie vordringt, desto mehr Forschungsfragen eröffnen sich, was als bestes Zeichen fortschreitender Forschung zu verstehen ist.

Literatur

AG Feministisch Sprachhandeln der Humboldt-Universität zu Berlin (Hrsg.) (2014/2015): *Was tun? Sprachhandeln – aber wie? W_Ortungen statt Tatenlosigkeit! Anregungen zum antidiskriminierenden Sprachhandeln*, 2. Aufl. Berlin. https://feministisch-sprachhandeln.org/ (letzter Zugriff 12. 08. 2021).
Aikhenvald, Alexandra (2016): *How gender shapes the world*. Oxford: University Press.
Birkenes, Magnus Breder, Kleopatra Chroni & Jürg Fleischer (2014): Genus- und Sexuskongruenz im Neuhochdeutschen. Ergebnisse einer Korpusuntersuchung zur narrativen Prosa des 17. bis 19. Jahrhunderts. *Deutsche Sprache* 42, 1–24.
Bußmann, Hadumod (1995): Das Genus, die Grammatik und – der Mensch: Geschlechterdifferenz in der Sprachwissenschaft. In Hadumod Bußmann, Renate Hof & Elisabeth Bronfen (Hrsg.), *Genus. Zur Geschlechterdifferenz in den Kulturwissenschaften*, 114–160. Stuttgart: Kröner.

Bußmann, Hadumod & Marlis Hellinger (2003): Engendering female visibility in German. In Marlis Hellinger & Hadumod Bußmann (Hrsg.), *Gender across languages. The linguistic representation of women and men*. Band 3 (IMPACT: Studies in Language and Society, 11), 141–174. Amsterdam [u. a.]: Benjamins.

Corbett, Greville G. (1991): *Gender*. Cambridge: University Press.

Diewald, Gabriele (2018): Zur Diskussion: Geschlechtergerechte Sprache als Thema der germanistischen Linguistik – exemplarisch exerziert am Streit um das sogenannte generische Maskulinum. *ZGL* 46, 283–299.

Diewald, Gabriele & Damaris Nübling (2020): Genus und Sexus. Es ist kompliziert. *NZZ*, 17. 12. 2020. https://www.nzz.ch/feuilleton/gendern-genus-und-sexus-sind-eng-miteinander-verbunden-ld.1578299 (letzter Zugriff 01. 09. 2021).

Diewald, Gabriele & Anja Steinhauer (2017): *Richtig gendern. Wie Sie angemessen und verständlich schreiben*. Berlin: Duden.

Diewald, Gabriele & Anja Steinhauer (2020): *Handbuch geschlechtergerechte Sprache*. Berlin: Duden.

Doleschal, Ursula (2002): Das generische Maskulinum im Deutschen. Ein historischer Spaziergang durch die deutsche Grammatikschreibung von der Renaissance bis zur Postmoderne. *Linguistik online* 11, 2/02. https://www.linguistik-online.net/11_02/doleschal.pdf (letzter Zugriff 01. 09. 2021).

Dudenredaktion (2016): *Duden. Die Grammatik. unentbehrlich für richtiges Deutsch* (Der Duden in zwölf Bänden, 4), 9. vollständig überarbeitete Aufl. Berlin: Dudenverlag.

Eisenberg, Peter (2017): *Interview des Deutschlandfunks mit Britta Fecke vom 8. März 2017*. http://www.deutschlandfunk.de/linguist-kritisiert-geschlechtergerechte-sprache-ein.691.de.html?dram:article_id=380828 (letzter Zugriff 04. 01. 2018).

Eisenberg, Peter (2018): Wenn das Genus mit dem Sexus. *FAZ*, 28. Februar 2018, 9.

Fleischer, Jürg (2012): Grammatische und semantische Kongruenz in der Geschichte des Deutschen: eine diachrone Studie zu den Kongruenzformen von ahd. *wīb*, nhd. *Weib*. *Beiträge zur Geschichte der deutschen Sprache und Literatur* 134, 163–203.

Gottsched, Johann Christoph (1748): *Grundlegung einer deutschen Sprachkunst*. Leipzig.

Grimm, Jacob (1831): *Deutsche Grammatik*. 3. Teil. Göttingen: Dieterich.

Günthner, Susanne (2019): Sprachwissenschaft und Geschlechterforschung: Übermittelt unsere Sprache ein androzentrisches Weltbild? In Beate Kortendiek, Birgit Riegraf & Katja Sabisch (Hrsg.), *Handbuch Interdisziplinäre Geschlechterforschung*, 571–580. Wiesbaden: Springer.

Günthner, Susanne, Dagmar Hüpper & Constanze Spiess (Hrsg.) (2012): *Genderlinguistik. Sprachliche Konstruktion von Geschlechtsidentität* (Linguistik – Impulse & Tendenzen, 45). Berlin: De Gruyter.

Gygax, Pascal, Ute Gabriel, Oriane Sarrasin, Jane Oakhill & Alan Garnham (2008): Generically intended, but specifically interpreted: When beauticians, musicians and mechanics are all men. *Language and Cognitive Processes* 23 (3), 464–485.

Gygax, Pasca, Ute Gabriel, Oriane Sarrasin, Jane Oakhill & Alan Garnham (2009): Some grammatical rules are more difficult than others: The case of the generic interpretation of the masculine. *European Journal of Psychology of Education* 24, 235–246.

Hirschauer, Stefan (2001): Das Vergessen des Geschlechts. Zur Praxeologie einer Kategorie sozialer Ordnung. In: Bettina Heintz (Hrsg.), *Geschlechtersoziologie*, 208–235. Opladen: Westdt. Verlag.

Irmen, Lisa & Nadja Steiger (2005): Zur Geschichte des Generischen Maskulinums: Sprachwissenschaftliche, sprachphilosophische und psychologische Aspekte im historischen Diskurs. *ZGL* 33, 212–235.

Kalverkämper, Hartwig (1979): Die Frauen und die Sprache. *Linguistische Berichte* 62, 55–71.
Köpcke, Klaus-Michael & David Zubin (1984): Sechs Prinzipien für die Genuszuweisung im Deutschen: Ein Beitrag zur natürlichen Klassifikation. *Linguistische Berichte* 93, 26–50.
Köpcke, Klaus-Michael & David Zubin (1996): Prinzipien der Genuszuweisung im Deutschen. In Ewald Lang & Gisela Zifonun (Hrsg.), *Deutsch typologisch. Jahrbuch des Instituts für Deutsche Sprache 1995*, 473–491. Berlin: De Gruyter.
Köpcke, Klaus-Michael & Zubin, David (2009): Genus Elke Hentschel & Petra Maria Vogel (Hrsg.): *Deutsche* Morphologie, 132–154. Berlin: De Gruyter.
Köpcke, Klaus-Michael, Klaus-Uwe Panther & David Zubin (2010): Motivating grammatical and conceptual gender agreement in German. In Hans-Jörg Schmid, Susanne Handl (Hrsg.), *Cognitive Foundations of Linguistic Usage Patterns*, 171–194. Berlin, New York.
Köpcke, Klaus-Michael & David Zubin (2012): Mythopoeia und Genus. In Susanne Günthner, Dagmar Hüpper & Constanze Spieß (Hrsg.), *Genderlinguistik: Sprachliche Konstruktionen von Geschlechtsidentität* (Linguistik – Impulse & Tendenzen 45), 381–411. Berlin, Boston: De Gruyter.
Kotthoff, Helga (2017): Von Syrx, Sternchen, großem I und bedeutungsschweren Strichen. Über geschlechtergerechte Personenbezeichnungen in Texten und die Kreation eines schrägen Registers. *Obst* 90, 91–116.
Kotthoff, Helga & Damaris Nübling (2018): *Genderlinguistik. Eine Einführung in Sprache, Gespräch und Geschlecht*. Tübingen: Narr.
Kusterle, Karin (2011): *Die Macht von Sprachformen. Der Zusammenhang von Sprache, Denken und Genderwahrnehmung*. Frankfurt: Brandes & Apsel.
Lakoff, Robin (1973): Language and Woman's Place. *Language in Society* 2, 45–80.
Leiss, Elisabeth (1994): Genus und Sexus. Kritische Anmerkungen zur Sexualisierung von Grammatik. *Linguistische Berichte* 152, 281–300.
Müller-Spitzer, Carolin (2021): Geschlechtergerechte Sprache: Zumutung, Herausforderung, Notwendigkeit? In *Sprachreport* 37 (2), 1–12.
Nübling, Damaris (2012): Von *Elisabeth* zu *Lilly*, von *Klaus* zu *Nico*: Zur Androgynisierung und Infantilisierung der Rufnamen von 1945 bis heute. In Susanne Günthner, Dagmar Hüpper & Constanze Spieß (Hrsg.), *Genderlinguistik: Sprachliche Konstruktionen von Geschlechtsidentität* (Linguistik – Impulse & Tendenzen 45), 319–357. Berlin, Boston: De Gruyter.
Nübling, Damaris (2017a): Funktionen neutraler Genuszuweisung bei Personennamen und Personenbezeichnungen im germanischen Vergleich. *LB, Sonderheft* 23, 173–211.
Nübling, Damaris (2017b): Personennamen und Geschlechter/un/ordnung – Onymisches *doing* und *undoing gender*. In Stefan Hirschauer (Hrsg.), *Un/doing Differences. Praktiken der Humandifferenzierung*, 307–335. Weilerswist: Velbrück.
Nübling, Damaris (2018a): Und ob das Genus mit dem Sexus: Genus verweist nicht nur auf Geschlecht, sondern auch auf die Geschlechterordnung. In: *Sprachreport* 34 (3), 44–50.
Nübling, Damaris (2018b): *Luca* und *Noah* – Das phonologische Degendering von Jungennamen seit der Jahrtausendwende. In Damaris Nübling, Stefan Hirschauer (Hrsg.), *Namen und Geschlechter – Studien zum onymischen Un/doing Gender*, 239–269. Berlin, Boston: De Gruyter.
Nübling, Damaris (2020): Geschlecht in der Grammatik: Was Genus, Deklination und Binomiale uns über Geschlechter(un)ordnungen berichten. *Muttersprache* 130, 17–33.
Pettersson, Magnus (2011): *Geschlechtsübergreifende Personenbezeichnungen. Eine Referenz- und Relevanzanalyse an Texten*. Tübingen: Narr.

Pusch, Luise F. (1979): Der Mensch ist ein Gewohnheitstier, doch weiter kommt man ohne ihr. *Linguistische Berichte* 63, 84–102.

Pusch, Luise F. (1984): *Das Deutsche als Männersprache: Aufsätze und Glossen zur feministischen Linguistik.* Frankfurt am Main: Suhrkamp.

Schmidt-Jüngst, Miriam (2014): Von der Öffnung der Zweigeschlechtlichkeit zur Öffnung des Namensrechts? *Studia Anthoponymica Scandinavica* 31/2013, 111–113.

Schoenthal, Gisela (1989): Personenbezeichnungen im Deutschen als Gegenstand feministischer Sprachkritik. *Zeitschrift für Germanistische Linguistik* 17, 296–314.

Schröter, Juliane, Angelika Linke & Noah Bubenhofer (2012): „Ich als Linguist" – Eine empirische Studie zur Einschätzung und Verwendung des generischen Maskulinums. In Susanne Günthner, Dagmar Hüpper & Constanze Spieß (Hrsg.), *Genderlinguistik: Sprachliche Konstruktionen von Geschlechtsidentität* (Linguistik – Impulse & Tendenzen 45), 359–380. Berlin, Boston: De Gruyter.

Spieß, Constanze, Susanne Günthner & Dagmar Hüpper (2012): Perspektiven der Genderlinguistik – eine Einführung in den Sammelband. In Susanne Günthner, Dagmar Hüpper & Constanze Spieß (Hrsg.), *Genderlinguistik: Sprachliche Konstruktionen von Geschlechtsidentität* (Linguistik – Impulse & Tendenzen 45), 1–27. Berlin, Boston: De Gruyter.

Trömel-Plötz, Senta (1978): Linguistik und Frauensprache. *Linguistische Berichte* 57, 49–69. [Abdruck In Senta Trömel-Plötz (1982): *Frauensprache – Sprache der Veränderung*, 35–58. Frankfurt a. M.: Fischer.]

Trömel-Plötz, Senta (1980): Sprache, Geschlecht und Macht. *Linguistische Berichte* 69, 1–14.

Abteilung I: **Genus und Geschlecht im Lexikon**

Carolin Müller-Spitzer und Henning Lobin
Leben, lieben, leiden: Geschlechterstereotype in Wörterbüchern, Einfluss der Korpusgrundlage und Abbild der sprachlichen ‚Wirklichkeit'

Zusammenfassung: Wissenschaftlich basierte allgemeine Wörterbücher des Deutschen werden heute meist korpusbasiert erarbeitet, d. h. die in ihnen beschriebene Sprache wird vor der lexikografischen Beschreibung empirisch erforscht. Diese Korpora sind allerdings, wie die großen linguistischen Textsammlungen zum Deutschen allgemein, durch Zeitungstexte dominiert. Daher beruhen die in Wörterbüchern beschriebenen Kollokationen und typischen Verwendungskontexte zumindest teilweise auf dieser Textsorte. Wir untersuchen in unserem Beitrag anhand einer Fallstudie zu *Mann* und *Frau*, wie stark sich die Beschreibung solcher Kollokationssets ändern würde, wenn als Korpusgrundlage nicht Zeitungen, sondern Publikumszeitschriften oder belletristische Texte herangezogen würden und wie unterschiedlich demnach Geschlechterstereotype dargestellt würden. Damit diskutieren wir auch die Frage, ob Zeitungstexte in diesem Fall ein adäquates und vielseitiges Abbild des Gebrauchsstandards zeigen. Auf einer allgemeineren Ebene wird dadurch ein grundlegendes Problem korpuslinguistischer Forschungsarbeiten tangiert, nämlich die Frage, inwieweit durch Korpora überhaupt ein ‚objektives' Bild der sprachlichen Wirklichkeit gezeichnet werden kann.

1 Einleitung

Die psychologische Forschung legt nahe, dass Einordnungen von Personen schnell und abhängig von der unmittelbar verfügbaren Information gefällt werden (vgl. z. B. Baum et al. 2018). Das Erfolgskriterium dieses von Kahnemann sogenannten ‚schnellen Denkens' ist „die Kohärenz der Geschichte, die es erschafft. Die Menge und die Qualität der Daten, auf denen die Geschichte beruht, ist weitgehend belanglos" (Kahnemann 2011: 112). Gleichzeitig kann dieses

---

Anmerkung: Wir danken unseren Kolleg*innen Frank Michaelis, Alexander Koplenig, Sascha Wolfer, Annette Klosa-Kückelhaus, Stefan Engelberg und Petra Storjohann sowie Kathrin Kunkel-Razum für wertvolle Diskussionen zu diesem Beitrag.

∂ Open Access. © 2022 Carolin Müller-Spitzer und Henning Lobin, publiziert von De Gruyter.
(CC) BY Dieses Werk ist lizenziert unter der Creative Commons Namensnennung 4.0 International Lizenz.
https://doi.org/10.1515/9783110746396-002

schnelle Denken über Personen sehr stark, aber gleichzeitig unbewusst von Stereotypisierungen beeinflusst werden.

> Stereotype dienen als einfache Entscheidungsregeln – Faustregeln –, die uns erlauben, Informationen leichter zu verarbeiten, aber oft treffen sie nicht zu. Schlimmer noch: Stereotype, die beschreiben, wie wir glauben, dass die Welt sei, verwandeln sich häufig in Vorschriften, wie die Welt sein sollte. Es gibt viele Belege aus der psychologischen Forschung, dass wir gar nicht anders können, als Menschen (und andere Beobachtungen) in Kategorien einzuordnen. Selten ist das ein bewusster Denkprozess, der uns Aufschlüsse über demografische Gruppen gibt. (Bohnet 2017: 15)

Stereotype verstehen wir hier allgemein als ein Denken in Gruppenkategorien, wohl wissend, dass dieses Thema in der Sozialpsychologie sehr viel ausdifferenzierter behandelt wird:

> Indeed, individuals and groups can be said to be the central facts of society. Without individuals there could be no society, but unless individuals also perceive themselves to belong to groups, that is, to share characteristics, circumstances, values and beliefs with other people, then society would be without structure or order. These perceptions of groups are called stereotypes. (McGarty, Yzerbyt & Spears 2002: 1)

Solche Gruppenbeschreibungen bezüglich des Geschlechts finden sich auch in Wörterbüchern. Sehr zugespitzt und amüsant hat das Luise Pusch anhand der Beispielsätze des Duden-Bedeutungswörterbuchs aus dem Jahr 1970 gezeigt: Der Mann, also „er", „zeigt eine akrobatische Beherrschung seines Körpers", „seine Seele vermag das All zu umfassen" und „große Wirkung ging von ihm aus". „Sie" dagegen „ist immer adrett gekleidet", „hat das Baby täglich ausgefahren", „erwartet mit großer Angst seine Rückkehr" und „sie sah zu ihm auf wie zu einem Gott". Sie resümiert dazu:

> Im Vorwort schreibt die Redaktion, dass der ‚Grundwortschatz des Deutschen in seinen Grundbedeutungen' dargestellt werden soll. Viel mehr gelingt ihr: Sie vermittelt einen tiefen, unvergesslichen Einblick in die Seele des Deutschen, in seinen Grundempfindungs- und Grundgedankenschatz. (Pusch 1984: 144; vgl. ausführlicher zu verschiedenen Wörterbüchern zum Deutschen Nübling 2010)

An diesem Beispiel und vielen anderen zeigt sich, dass Wörterbücher oft ein Spiegel ihrer Zeit, somit auch eine der wichtigen „Bühnen für Genderinszenierungen" (Nübling 2010: 594) darstellen. So stellen Hu, Xu & Hao (2019) in Parallele zu Nübling (2010) bei einer Analyse eines gegenwartsprachlichen chinesischen Wörterbuchs fest:

> Women are often constructed in peripheral and domestic roles, as daughter, mother or grandmother. Their experiences are mostly restricted to themselves and their adjacent environment. When they act, their actions rarely bring noticeable changes to other partici-

pants or to the environment. Women are described as sensitive, loving and emotional, particularly preoccupied with familial, marital and domestic matters. On the other hand, men are mostly constructed in their central and social roles, as the prototypical adult men. [...] Men are described as strong in physical strength, versatile in skills and noble in their actions. In other words, men are represented as valuable, active social members. (Hu, Xu & Hao 2019: 28)

Unabhängig davon, ob man dies als eine adäquate Beschreibung der ‚Wirklichkeit' betrachtet oder als eine zu stereotype Darstellung von Männern und Frauen, stellt sich die Frage, ob solche Darstellungen von Geschlecht in Wörterbüchern gewollt sind oder sein können. So führt beispielsweise John Sinclair im Vorwort zum *Collins Cobuild English Language Dictionary* von 1987 aus, dass sie im Team „have abandoned the convention whereby *he* was held to refer to both men and women" (Sinclair 1992: XX). Dies habe man aus verschiedenen Gründen gemacht, u. a. weil „it is a very sensitive matter for those who have pointed out the built-in sexism of English" (Sinclair 1992: XX). Diese bewusste Positionierung sei bei Wörterbüchern insbesondere deshalb relevant, weil sie als Norminstanzen aufgefasst werden können, auch wenn sie vor allem deskriptiv intendiert sind:

This brings up the question of usage and authority. These concepts must support each other or no-one will respect either of them. If their close relationship breaks down, and authority is not backed up by usage, then no-one will respect it. [...] Similarly, no-one will respect usage if it is merely an unedited record of what people say and write. [...] Any successful record of a language such as a dictionary is itself a contribution to authority. (Sinclair 1992: XX–XXI; vgl. auch Hidalgo Tenorio 2000: 225; Barnickel 1999: 171; Ripfel 1989: 204; Kotthoff & Nübling 2018: 180)

Vor diesem Hintergrund haben Lexikografinnen und Lexikografen eine besondere Verantwortung. In der Duden-Redaktion wurde daher nach dem Erscheinen des oben zitierten Aufsatzes von Pusch versucht, an vielen Stellen das Wörterbuch zu verbessern, um möglicherweise unnötig stereotype Beispielsätze zu vermeiden und systematisch weibliche Berufsbezeichnungen aufzunehmen, wenn sie üblich sind etc. (Kunkel-Razum 2004 und 2012; Eickhoff 2012; allgemein dazu s. Westveer, Sleeman & Aboh 2018). Dabei geht es v. a. darum, eine Bewusstheit mit der Thematik zu zeigen:

Selbstverständlich sollen Wörterbücher keine asymmetrischen, im Sprachsystem verfestigten Gegebenheiten „begradigen". Dass beim Eintrag *Mädchen* immer auch auf das *leichte Mädchen* und beim Eintrag *Junge* auch auf den *schweren Jungen* einzugehen ist, ist unbestritten und in der deutschen Sprache (im Lexikon) verankert. Es geht nicht darum, ein *schweres Mädchen* oder einen *leichten Jungen* einzufordern [...]. Ebenso wenig geht es um schwangere Männer und weibliche Machos. Es geht hier um lexikografisches *doing gender*. [...] [D]ie Frage, welche Position auf einer Skala von *undoing gender* über *doing gender* bis hin zu hyperritualisiertem *gender* die Wörterbücher beziehen, mit anderen Worten, welchen „Dramatisierungsgrad" sie übernehmen – und ob sie womöglich ihrerseits eine solche Dramatisierung betreiben. (Nübling 2010: 595)

Die Darstellung von Geschlecht in Wörterbüchern scheint also in einem Spannungsfeld zwischen Sprachgebrauch und lexikografisch-moralischer Verantwortung zu liegen. Später werden wir darauf eingehen, wie sehr auch die Auswahl des Sprachgebrauchs, d. h. die Auswahl der Korpusgrundlage, einen Einfluss hat. Doch zunächst werden wir im folgenden Abschnitt einen Blick auf die aktuelle Praxis gegenwartssprachlicher Wörterbücher werfen.

2 Ein Blick in die aktuelle lexikografische Praxis

Den Anfang oder Anlass dieser Untersuchung bildete ein eher abseitiges Wörterbuch: das Langenscheidt-Wörterbuch *100 % Jugendsprache* (Langenscheidt 2017), in dem klar sexistische Ausdrücke wie *Einwegtussi* oder *Standgebläse* aufgeführt werden, die – bezogen auf Mädchen bzw. Frauen – nicht als abwertend eingeordnet wurden. Der einzige abwertende Ausdruck, der sich auf Jungen bzw. Männer bezieht (*Dein Penis ist nur auf Englisch dick!*), wird dagegen als „beleidigend" gekennzeichnet. Hier kurze Auszüge aus dem Wörterbuch *100 % Jugendsprache* (Langenscheidt 2017):
- „*Einwegtussi* Frau, die ausschließlich One-Night-Stands hat
- *Fotzen glotzen* Mädchen nachschauen
- *Jungschwanz* Anrede unter Jungs, Kompliment und Respekt für die Potenz des Anderen
- *Spermienator* Mann, der viele One-Night-Stands hat
- *Ständerstimmung* gute Laune
- *Standgebläse* kleines Mädchen"

Nun ist dieses Wörterbuch wahrscheinlich keines der zentralen Produkte im Langenscheidt-Programm und sicher auch keine wichtige Ressource zum Sprachenlernen. Trotzdem ist es vorstellbar, dass Deutschlerner*innen ein solches Buch zur Hand nehmen würden mit dem Ziel, sich besser unter Jugendlichen verständigen zu können. Da ein renommierter Verlag Herausgeber ist, könnte man gleichzeitig davon ausgehen, dass die darin verzeichnete Information verlässlich ist. Wie würde ich aber als Mutter reagieren, wenn z. B. ein Gastschüler meine Tochter als „Standgebläse" bezeichnen würde (von ihm aus in dem Glauben, dies wäre ein anderer Ausdruck für ein „kleines Mädchen")? Auf die Frage an den Verlag, ob sie die oben gezeigten Paraphrasen unter den Umständen als angemessen einstufen würden, kam die Antwort:

Bitte seien Sie versichert, dass wir bei Langenscheidt keineswegs Diskriminierungen oder verbale Entgleisungen jedweder Art gutheißen. Beim Titel „100 % Jugendsprache" handelt es sich um eine Abbildung des Ist-Zustandes der Sprachverwendung Jugendlicher im Sinne einer (nicht wertenden) „Übersetzungshilfe", ein Wörterbuch gewissermaßen. [...] Die Auswahl neuer Begriffe (wie auch deren „Übersetzung") orientiert sich an aktuellen Gegebenheiten [...], ohne dass wir als Verlag Einfluss auf das Ergebnis nehmen würden. (Mail einer Mitarbeiterin im Product Management, Langenscheidt GmbH & Co. KG)

Bei allen bekannten Zweifeln, ob die Wahl des Jugendwortes des Jahres und damit auch das Wörterbuch überhaupt etwas mit diesem „Ist-Zustand" zu tun hat (vgl. Földes 2019), ist die Argumentation interessant: Der Verlag bzw. die Mitarbeiter*innen, die das Wörterbuch zu bearbeiten haben, übernehmen mit dieser Argumentation keine Verantwortung für die lexikografischen Inhalte, da sie nur den „Ist-Zustand abbilden".

Dieser „Ist-Zustand" liegt aber natürlich nicht offen zutage, sondern muss empirisch ermittelt werden. Welche Daten die Grundlage für das Jugendsprach-Wörterbuch und v. a. für die oben gezeigten Paraphrasen analysiert wurden, ist von außen nicht nachvollziehbar. Im Gegensatz dazu beruhen die wissenschaftlich basierten gegenwartssprachlichen Wörterbücher zum Deutschen wie das *Digitale Wörterbuch der deutschen Sprache*[1] oder *elexiko*[2] auf digitalen Korpora, die die empirische Basis für die Wörterbucharbeit bilden. Bei elexiko ist die Korpusgrundlage zumindest partiell auch öffentlich abrufbar, d. h. es ist für Nutzer*innen transparent, auf welchen Daten die Wörterbuchartikel beruhen (Storjohann 2005),[3] das gleiche gilt für das DWDS. Besonders im Fall von elexiko wurde dieser Prozess auch ausführlich metalexikografisch dokumentiert (u. a. Klosa 2011a). Die Duden-Wörterbücher beruhen auch auf einer eigenen Korpusgrundlage, dem „Dudenkorpus", das aber nur verlagsintern genutzt werden kann.[4]

Sowohl das Dudenkorpus als auch das elexiko-Korpus sind von Zeitungstexten dominiert.[5] Dass die große Masse an schriftsprachlichen Daten, die in

---

1 Digitales Wörterbuch der deutschen Sprache: www.dwds.de (zuletzt eingesehen am 8. September 2020).
2 elexiko (2003 ff.), in: OWID – Online Wortschatz-Informationssystem Deutsch, hg. v. Institut für Deutsche Sprache, Mannheim, http://www.owid.de/wb/elexiko/start.html (zuletzt eingesehen am 8. September 2020).
3 S. die Übersicht zum elexiko-Korpus: https://www.owid.de/wb/elexiko/glossar/elexiko-Korpus.html (zuletzt eingesehen am 8. September 2020).
4 S. z. B.: „Wie kommt ein Wort in den Duden?": https://www.duden.de/ueber_duden/wie-kommt-ein-wort-in-den-duden (zuletzt eingesehen am 8. September 2020).
5 Die Zusammensetzung des Duden-Korpus ist nicht öffentlich einzusehen (allgemeine Informationen s. https://www.duden.de/ueber_duden/Partner, zuletzt eingesehen am 8. September 2020). Die Information entstammt einer mündlichen Kommunikation mit Kathrin Kunkel-Razum, der Leiterin der Dudenredaktion.

den linguistischen Korpora zum Deutschen enthalten sind, Zeitungstexte sind, hat vor allem urheberrechtliche und prozessökonomische Gründe. Zum einen muss nur ein Vertrag mit einem Rechteinhaber geschlossen werden und trotzdem können regelmäßig neue Daten hinzukommen (im Gegensatz z. B. zu Rechteverhandlungen in der Belletristik), zum anderen müssen Verarbeitungsketten nur einmalig aufgebaut werden, die dann bei der Lieferung neuer Ausgaben automatisiert wieder durchlaufen können. Vor diesem Hintergrund ist ein „Zeitungswort" um ein Vielfaches billiger als ein „belletristisches Wort". Gleichzeitig gibt es auch inhaltliche Gründe, die Zeitungstexte zu einer interessanten Datengrundlage machen (vgl. Abschnitt 3).

Zunächst soll jedoch gezeigt werden, wie die Artikel zu *Mann* und *Frau* in den korpusbasierten Wörterbüchern elexiko und Duden online aussehen. Der Artikelteil der „Beispiele" in Duden online zeigen keine Stereotypisierungen in dem Sinne, dass Frauen allein mit dem Thema Schönheit und äußere Merkmale, Männer dagegen mit Macht oder Gewalt assoziiert werden. Demgegenüber sieht man insbesondere den Beispielen zu „Frau" eine bewusste, moderne Überarbeitung an, wohingegen bei „Mann" feste Verbindungen stehengeblieben sind, die vielleicht heute weniger Relevanz haben („junger Mann", „der gemeine Mann", „der dritte Mann"). Trotzdem finden sich nur bei „Frau" Beispiele zu Patiens-Rollen („eine Frau lieben, begehren, heiraten"), die bei „Mann" fehlt (vgl. Tab. 1). Außerdem ist auffällig, wie eine der Herausgeberinnen dieses Bandes angemerkt hat, dass die *Frau* mit deutlich mehr beschreibenden Adjektiven versehen ist. So kann der Eindruck entstehen, dass der *Mann* die unmarkierte, neutrale Hintergrundfolie bildet, von der sich „andere" Geschlecht abhebt und daher zahlreicher beschreibender Attribute bedarf. Ein noch stärkeres *doing gender* (i. S. v. Kotthoff & Nübling 2018: 26–39) hin zu festgelegten Rollenklischees zeigen dagegen die Bildauswahl sowie die automatisch generierten typischen Verbindungen in den Artikeln *Mann* und *Frau* in Duden online[6] (vgl. Abb. 1).

Zusammen mit der Auswahl der Bilder ergeben sich, um es wertfrei auszudrücken, sehr kontrastreiche Beschreibungen. Typische Adjektive zu *Mann* sind *jung, alt, reich, stark, erwachsen, mächtig, bewaffnet* und *richtig*, die typischen für *Frau* dagegen *jung, alt, schön, groß, nackt, schwanger, gnädig* und *berufstätig*. Die Illustration zu *Mann* zeigt eine Person männlichen Geschlechts im Anzug vor digitalen Zahlenreihen, d. h. vermutlich in einem beruflichen Kontext, z. B. an der Börse. *Frau* wird dagegen illustriert durch eine Frau mit offenem, wehenden Haar inmitten der Natur in eher freizeitorientierter Kleidung. Durch die Hintertür der automatisch ermittelten Kollokationen sowie die Bildauswahl

---

[6] Duden Online: www.duden.de (zuletzt eingesehen am 25. Oktober 2019). In der aktuellen Version in Duden online (Januar 2022) sind die Bilder bei beiden Einträgen entfernt.

Tab. 1: Beispiele zu *Mann* und *Frau* in Duden online.

Mann: „erwachsene Person männlichen Geschlechts" (Beispiele *Duden online*)	Frau: „erwachsene Person weiblichen Geschlechts" (Beispiele *Duden online*)
– ein alter Mann – er ist ein ganzer Mann – (umgangssprachlich) typisch Mann! (das entspricht ganz der männlichen im Unterschied zur weiblichen Art; so kann auch nur ein Mann denken, handeln, fühlen) – sei ein Mann! (zeige dich als mutiger Mann!) – (umgangssprachlich; als Anrede) junger Mann, können Sie mir mal helfen? – (veraltet) der gemeine Mann (der Durchschnittsbürger) – der dritte Mann (Mitspieler) beim Skat – ein Mann von Geist (jemand, der Geist hat) – er ist für uns der geeignete, richtige Mann (Mitarbeiter) – ein Mann des Volkes (jemand, der mit dem Volk eng verbunden ist und in seiner übergeordneten Stellung dessen Vertrauen hat)[7]	– eine junge, kluge, starke, reife, faszinierende, gebildete, emanzipierte, berufstätige, verheiratete, schwangere Frau – die Frau von heute (*die moderne Frau*) – die Frau seiner Träume (*sein weibliches Idealbild*) – eine Russin war die erste Frau im Weltall – sie war die Chefin und damit die wichtigste Frau in der Firma – sie hatte sich als einzige Frau der Freiheitsbewegung angeschlossen – eine Frau lieben, begehren, heiraten – er hat viele Frauen (*Freundinnen, Geliebte*) gehabt – für die Gleichberechtigung der Frau kämpfen – die Rolle der Frau in der Gesellschaft hat sich gewandelt[8]

kommen also stark stereotype Beschreibungen von Geschlechterrollen ins Wörterbuch, die in den Beispielsätzen etwas weniger ins Auge fallen. Bei den automatisch ermittelten Verbindungen stellt sich die Frage, inwieweit die Zeitungslastigkeit des Korpus einen Einfluss hat, denn diese Angaben werden aus dem aktuellen (zeitungslastigen) Dudenkorpus gewonnen, wohingegen der Angabebereich der Beispiele stärker von früheren Bearbeitungen des Wörterbuchs und manueller lexikografischer Analyse geprägt sind. Aus diesem Grund lohnt sich ein Blick auf die entsprechenden Einträge in elexiko, dessen zugrunde liegendes Korpus ausschließlich aus Zeitungen besteht, und dessen wichtiges Prinzip bei der Erarbeitung, alle Angaben korpusgestützt neu zu erarbeiten:

---

[7] „Mann". In: Duden Online: https://www.duden.de/node/93398/revision/93434 (zuletzt eingesehen am 25. Oktober 2019).
[8] „Frau". In: Duden Online: https://www.duden.de/node/50185/revision/241603 (zuletzt eingesehen am 25. Oktober 2019).

Abb. 1: Bildauswahl sowie automatisch ermittelte Adjektiv-Verbindungen zu *Mann* und *Frau* in Duden online.

> *elexiko* wird grundsätzlich **korpusgestützt** erarbeitet, d. h. alle Erkenntnisse, die in die Angabebereiche einfließen, werden aus dem zugrunde gelegten Wörterbuchkorpus gewonnen: In *elexiko* gibt es keine lexikografische Angabe, die nicht im elexiko-Korpus belegt werden kann, es werden keine Angaben aus anderen Wörterbüchern einfach übernommen. (Klosa 2011b: 16; vgl. auch Haß 2005a: 7; Storjohann 2005)

Auch hier führt die Auswahl der frequentesten Kollokationspartner zu stark unterschiedlichen Beschreibungen von *Mann* und *Frau* (vgl. Tab. 2 und Abb. 2). Insbesondere fällt auf, dass im Artikel *Mann* die Agens-Rolle das zweite Kollokationsset bildet („Was macht ein Mann?"), hingegen bei der Frau die Patiens-Rolle („Was geschieht mit einer Frau?") als zweites aufgeführt wird; eine Schieflage, die schon einige Forscher*innen als *doing gender* kritisiert haben (u. a. Nübling 2010; Hu, Xu & Hao 2019; Hidalgo Tenorio 2000). Dass dies hier im Wörterbuch so dargestellt wurde, liegt an der Frequenz der Gruppen, d. h. bei *Frau* wird in den Korpustexten des elexiko-Korpus die Patiens-Rolle wesentlich stärker thematisiert als die Agens-Rolle.[9] Bei Männern ist es umgekehrt.

---

9 Information der beteiligten Lexikograf*innen.

Tab. 2: Kollokationsset „Was wird im Zusammenhang mit *Mann* bzw. *Frau* thematisiert?" aus elexiko.

Was wird im Zusammenhang mit *Mann* thematisiert?	Was wird im Zusammenhang mit *Frau* thematisiert?
Auto	Alter
Erektionsstörung	Beruf
Feuerwehr	Brustkrebs
Fußball	Emanzipation
Gleichberechtigung	Erwerbstätigkeit
Gleichstellung	Geburt
Handball	Kinder
	Sex
	Wechseljahre

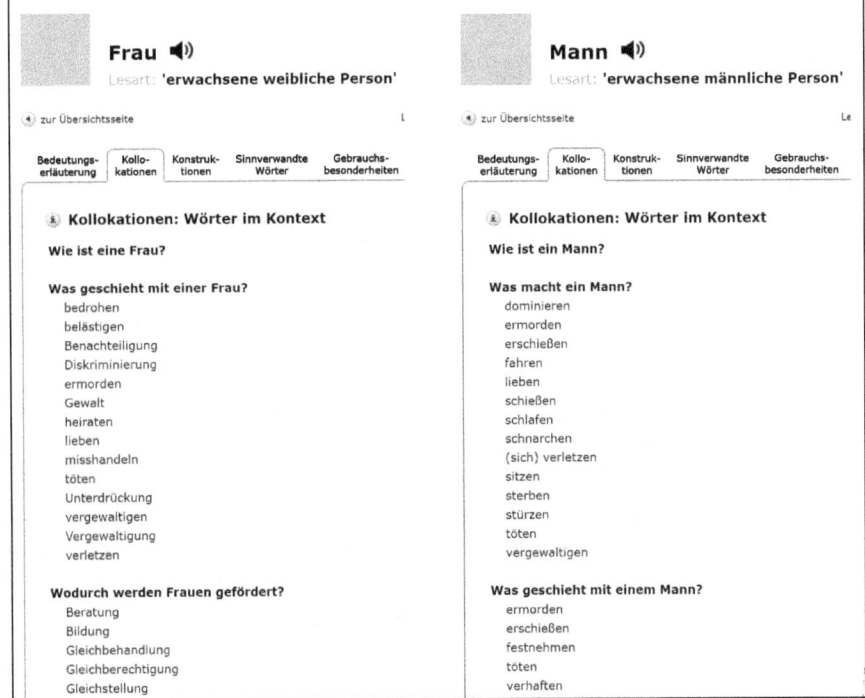

Abb. 2: Kollokationen zu *Mann* und *Frau* in elexiko (zuletzt eingesehen am 8. September 2020).

Auch das Team von elexiko sieht diese stereotype Darstellung kritisch:

> Es fällt bei Frau auf, dass hier relativ häufig auf den gesellschaftlichen Status der bezeichneten Person Bezug genommen wird (z. B. *alleinerziehend, arbeitslos, berufstätig, geschieden, unverheiratet*). Solche Charakterisierungen fehlen bezogen auf Männer praktisch völlig. Dafür zeigen Adjektive wie *bewaffnet, maskiert, verdächtig, vermummt*, die nur im Wortartikel Mann erscheinen, wie sich auch hier wieder das zeitungssprachliche elexiko-Korpus, das naturgemäß relativ viel Berichterstattung über Kriminalität bzw. militärische Einsätze enthält, auswirkt. Auf der anderen Seite spiegelt es aber auch die gesellschaftliche Realität, dass Männer häufiger kriminell werden als Frauen. (Klosa & Storjohann 2011: 64)

So wirkt sich

> die Korpuszusammensetzung gerade auf den Angabebereich der lexikalischen Mitspieler manchmal negativ aus, weil bestimmte Themen im (zeitungssprachlichen) Korpus so stark dominieren, dass das allgemein Erwartbare unterdrückt wird. (Klosa & Storjohann 2011: 58)

Interessant wäre deshalb zu sehen, ob andere Korpuszusammensetzungen andere Ergebnisse hervorbringen würden.

> Sprachliches Handeln ist immer in einen kulturellen Kontext eingebettet. Sprache existiert nur in ihrer Verwendung und diese ist stets kulturell gerahmt; zugleich werden kulturelle Fakten, kulturelle Gewohnheiten, Konzeptualisierungen und Werte durch Sprache und in der Sprache konstruiert und sedimentiert – ja archiviert (Günthner & Linke 2007: 19).

Die empirische Wörterbuchbasis, die die Grundlage der lexikografischen Arbeit bildet, bringt diesen sprachlich-kulturellen Kontext und damit auch eine bestimmte Perspektive auf die Welt ins Wörterbuch. Zwar sind Männer tatsächlich laut Kriminalstatistik krimineller als Frauen und Frauen können von Männern vergewaltigt werden, doch ob genau diese Aspekte der in den Wörterbüchern beschriebenen ‚Wirklichkeit' die Hauptperspektive darstellen sollten, ist zu diskutieren. In der Fallstudie in Abschnitt 4 werden wir daher untersuchen, wie stark sich die Zeitungsperspektive von anderen Textsorten unterscheidet. Zunächst wollen wir jedoch kurz ausführen, warum Zeitungstexte als besonders geeignetes Abbild des schriftlichen ‚Gebrauchsstandards' gelten.

3 Zeitungstexte als Abbild des ‚Gebrauchsstandards'

Die Hinwendung zur korpusbasierten Arbeit war für die Lexikografie von entscheidender Bedeutung:

> Anyone who worked on the COBUILD project in the early 1980s – the dawn of corpus lexicography in English – will recall the sense of excitement that accompanied the daily revelations which the corpus delivered. The concordances gave access to the core of the language, to the typical patterning and behaviour of its most frequent words, and yielded insights that the largest bank of citations could never match. This marked the beginning of a fundamental change in the lexicographic method, and now, a generation later, the notion of embarking on a serious dictionary project without a corpus at its heart is almost unthinkable. (Rundell & Atkins 2013: 1136)

Den ‚Kern der Sprache' zu erfassen ist allerdings ein sehr hoher Anspruch, denn die Sprache ist in ihrer tatsächlichen Vielfalt sehr schwer zu erforschen (Arppe & Järvikivi 2007; Koplenig 2017: 327–338). Bestimmte Bereiche der mündlichen Kommunikation entziehen sich aus prinzipiellen Gründen, z. B. weil sie zu privat sind, aber auch andere Bereiche der mündlichen Kommunikation und der nicht-normgerechten Schreibproduktion stehen der Forschung nicht in großen Massen zur Verfügung, auch wenn sich die Lage auch in diesen Bereichen durch den Aufbau von Korpora gesprochener Sprache oder nicht-standardnaher Texte wie Chats verbessert hat. Die große Masse an Sprachdaten in linguistischen Korpora, z. B. dem Deutschen Referenzkorpus (Kupietz et al. 2018), bestehen aus Zeitungstexten. Prinzipiell kann ein Korpus, egal wie groß es ist, auch nie die Sprache abbilden oder repräsentativ für sie sein:

> Since electronic corpora became possible, linguists have been overburdened by truisms about the relation between a corpus and a language, arguments which are as irrelevant as they are undeniably correct. Everyone seems to accept that no limits can be placed on a natural language, as to the size of its vocabulary, the range of its meaningful structures, the variety of its realisations and the evolutionary processes within it and outside it that cause it to develop continuously. Therefore no corpus, no matter how large, how carefully designed, can have exactly the same characteristics as the language itself. (Sinclair 2004; vgl. auch Leech 2007)

Trotzdem gelten Zeitungstexte neben den pragmatischen Vorteilen der ökonomischen Verarbeitungsketten auch als besonders geeignete Textsorte, um den öffentlichen Sprachgebrauch bzw. den geschriebenen Standard zu untersuchen: Sie eignen sich deshalb „sehr gut, weil sie an eine Sprachgemeinschaft insgesamt adressiert und daher stark von standardisierter Sprache geprägt sind" (Klosa 2011b: 14). Außerdem werden Zeitungen auch hinsichtlich der Textsortenbreite als vielfältig angehen: „Zusammengenommen enthalten Zeitungen also die unterschiedlichsten Texte, die amts-, gebrauchs-, alltags-, bedingt fachsprachlicher, wissenschaftlicher und journalistischer Natur sind und somit ein sehr vielseitiges Bild der Sprache bieten" (Storjohann 2005: 63). Eisenberg stellt dementsprechend fest:

> Als geschriebener Standard ist der Sprachgebrauch der überregionalen Presse anzusehen. [...] Daraus folgt, dass der geschriebene Standard im Prinzip statistisch durch eine Auswertung umfangreicher Zeitungskorpora zu ermitteln ist. (Eisenberg 2007: 217; vgl. auch Schierholz 2001: 97–98)

Einschränkend bemerkt hingegen Klosa, dass man nicht „generell davon ausgehen" sollte, dass „Zeitungstexte die deutsche Sprache insgesamt sehr gut repräsentieren" (Klosa 2011b: 14, Fußnote 5). Rundell und Atkins stellen explizit fest, dass für ein allgemeinsprachliches Wörterbuch eine breite Bandbreite an Texten im zugrundeliegenden Korpus vorhanden sein sollte:

> Since a dictionary has to give an account of all the main meanings and uses of every headword it includes, it follows that a lexicographic corpus needs to include evidence for all these uses. This in turn argues for a corpus whose constituent texts cover the full repertoire of mainstream text-types. (Rundell & Atkins 2013: 1339)

In der folgenden Fallstudie wollen wir nun untersuchen, wie vielseitig das in der Zeitungssprache gezeichnete Bild von *Mann* und *Frau* ist, wie sehr es sich von anderen Sprachausschnitten, z. B. Texten der Belletristik oder von Publikumszeitschriften, unterscheidet und wie anders daher die im Wörterbuch gezeigte „Wirklichkeit" aussehen würde, wenn das Korpus anders zusammengesetzt wäre.

4 Fallstudie: Einfluss der Korpusgrundlage auf Kollokationskandidaten zu *Mann* und *Frau*

Zwei Forschungsfragen standen am Anfang dieser Fallstudie:
– Würden sich die Inhalte der Kollokationssets zu *Mann* und *Frau* erheblich ändern, wenn die Korpusgrundlage sich ändert, d. h. nicht nur Zeitungstexte analysiert werden?
– Bieten Zeitungstexte (im Fall von *Mann* und *Frau* und auch grundsätzlich) ein vielseitiges Bild der Sprache und ein adäquates ‚Abbild des Gebrauchsstandards'?

Im Folgenden stellen wir die Methode (4.1) für die Fallstudie vor, berichten die Ergebnisse (4.2) und diskutieren sie (4.3).

4.1 Methode

Zunächst wurden für die Fallstudie zusätzlich zum elexiko-Korpus zwei virtuelle Korpora[10] in Cosmas-II, der Korpusanalyseplattform des IDS, gebildet: zum einen ein virtuelles Korpus mit belletristischen Texten, zum anderen eines mit Publikumszeitschriften, die in den Archiven für geschriebene Sprache vorhanden waren (vgl. Tab. 3).[11]

Wie in Tabelle 3 zu erkennen ist, sind die drei Vergleichskorpora sehr unterschiedlich, sowohl von der Anzahl der Texte als auch von der Anzahl der Wörter. Das elexiko-Korpus ist um ein Vielfaches größer als die anderen (162mal größer als das zur Belletristik und 92-mal größer als das Zeitschriften-Korpus). Das Belletristik-Korpus ist zudem diachron ganz anders ausgelegt, da nur sehr wenige belletristische Texte in den IDS-Korpora vorhanden sind und eine Beschränkung nur auf neuere Texte eine zu kleine Textsammlung dargestellt hätte. Die Publikumszeitschriften wie *Beef!*, *Brigitte Woman*, *Chefkoch* oder *Living at Home* sind jedoch wie das elexiko-Korpus neueren Datums. Im Folgenden wird das elexiko-Korpus nur als Zeitungskorpus bezeichnet, da es ausschließlich aus Zeitungen besteht.

Um abschätzen zu können, ob sich die Kollokationssets für die Wörterbuchartikel in elexiko zu *Mann* und *Frau* ändern würden, wurden die lexikografischen Arbeitsschritte vollzogen, die für eine Erarbeitung der Kollokationen in elexiko vorgesehen waren, allerdings ohne die Kollokationen nach Lesarten zu gliedern (Klosa & Storjohann 2011; Haß 2005b).[12] Im ersten Schritt wurden in Cosmas-II Kookkurrenzanalysen für die Lemmata *Mann* und *Frau* auf allen drei virtuellen Korpora durchgeführt, die dann manuell ausgewertet wurden. Wie in elexiko wurden dabei die ersten 250 Kookkurrenzpartner analysiert. In der

---

10 „Unterschiedliche sprachwissenschaftliche Fragestellungen können sich aber auf sehr unterschiedliche Sprachausschnitte beziehen – insofern ist das Deutsche Referenzkorpus als eine Art *Ur-Stichprobe* zum Gebrauch der deutschen Schriftsprache konzipiert, aus der je nach Fragestellung und zugehöriger Grundgesamtheit gezielt eine ausgewogene Stichprobe zusammengestellt werden kann. Ein solches aus Texten eines bestehenden Korpusarchivs zusammengestelltes Korpus wird auch als ein *virtuelles Korpus* bezeichnet" (https://de.wikipedia.org/wiki/Deutsches_Referenzkorpus, zuletzt eingesehen am 14. Januar 2020).
11 COSMAS-II $_{web}$ Version 2.3.3, https://cosmas2.ids-mannheim.de/cosmas2-web/ (zuletzt eingesehen am 25. Oktober 2019).
12 Ich (CMS) danke Petra Storjohann für die Einweisung in diese Arbeitsschritte.

Tab. 3: Übersicht über die drei virtuellen Korpora, die für die Fallstudie gebildet bzw. verglichen wurden.

	Belletristik	Publikums-zeitschriften	Zeitungen (elexiko-Korpus)
Zusammensetzung	Div. Romane 2001–2006 (Mona Misko: Kindsblut, Claudia Puhlfürst: Dunkelhaft, Heinrich G. F. Schneeweiß: Aus Sternenstaub), Siegfried Lenz (Romane, Essays und Erzählungen), Thomas Mann (Romane und Erzählungen)	art, Beef!, brand eins, Brigitte, Brigitte Woman, Chefkoch, Couch, Eltern family, Eltern, Essen und Trinken, Gala, Geo, Geo Saison, Living at Home, Nido, Neon, Psychologie Heute, Schöner Wohnen	Diverse Tages- und Wochenzeitungen (Deutschland, Österreich, Schweiz)
Zeitraum	1909–2011	2010–2018	1999–2012
Anzahl Texte	1.020	54.200	11.494.400
Anzahl Dokumente	209	811	2.654
Anzahl Wörter	16.718.000	29.348.000	2.713.864.000

Artikelarbeit wurden allerdings auch Kookkurrenzpartner in niedrigeren Rängen betrachtet, wenn das aus lexikografischer Sicht sinnvoll erschien. Die Auswertung richtete sich nach den elexiko-Kollokationssets für Gattungsprädikatoren für die Untergruppe der Individuativa,[13] z. B. „Wie ist ein X", in das Adjektive eingeordnet werden können oder „Was macht man bzw. was geschieht mit X?" bzw. „Was macht X?" für Verben. In dieser Weise wurden die nach dem Wert der Log-Likelihood-Ratio (LLR-Wert) geordneten 250 ersten Kookkurrenzen nach der jeweiligen Liste ausgewertet und als Kandidaten für ein jeweiliges Kollokationsset eingeordnet. Die Kookkurrenzen wurden nach LLR-Wert und geordnet nach Korpus und Frageset in Tabellen übertragen.[14] Ein Ausschnitt aus der Gesamtauswertung ist in Tabelle 4 zu sehen.

---

[13] Vgl. den Eintrag „Gattungsprädikator" im Glossar zu elexiko: https://www.owid.de/wb/elexiko/glossar/Gattungspraedikator.html (zuletzt eingesehen am 25. Oktober 2019).
[14] Die CSV-Tabellen können per Mail bei mueller-spitzer@ids-mannheim.de angefragt werden.

Tab. 4: Ausschnitt aus den Auswertungstabellen der Kookkurrenzlisten, eingeordnet nach Kollokationssets. Hier: Wie ist eine *Frau*?

Wie ist eine *Frau*? Belletristik	LLR-Wert	Wie ist eine *Frau*? Zeitschriften	LLR-Rang	Wie ist eine *Frau*? Zeitungen	LLR-Rang
jung	7.453	jung	6.371	jung	7.499
alt	1.620	unabhängig	657	alt	1.326
arm	516	selbstbewusst	502	älter	482
älter	422	stark	464	schwanger	464
lieb	361	schön	466	verletzt	297
schön	317	schwanger	464	vergewaltigt	271
tot	305	erwachsen	448	berufstätig	245
fremd	280	älter	448	blond	225
hübsch	262	zierlich	373	betroffen	206
schlank	239	blond	360	nackt	203
blond	229	emanzipiert	359	interessiert	177
geschieden	213	berufstätig	353	zierlich	171
attraktiv	206	alt	350	engagiert	163
zierlich	195	jünger	345	arbeitslos	135
dunkelhaarig	187	toll	243	geschieden	130
gekleidet	140	kinderlos	242	sexuell missbraucht	130
schwanger	139	kurvig	235	tot	113
klein	139	engagiert	234	resolut	113
verheiratet	131	geschieden	210	gekleidet	105
jünger	130	lesbisch	204	hübsch	100

Um diese Ergebnisse besser auf einen Blick vergleichen zu können, wurden die Listen als WordClouds visualisiert, der LLR-Wert bestimmt dabei die Größe der Wörter.[15]

In dieser Weise wurden Kollokationskandidaten basierend auf den drei virtuellen Korpora für die Beschreibung von Eigenschaften sowie zur Agens- wie zur Patiens-Rolle ausgewertet, d. h. Filler für folgende Kollokationssets ermittelt:
- Wie ist eine *Frau*/ein *Mann*?
- Was macht eine *Frau*/ein *Mann*?
- Was geschieht mit einer *Frau*/einem *Mann*?

---

[15] Zum Generieren der WordClouds wurde „Worditout" verwendet: https://worditout.com/word-cloud/create (zuletzt eingesehen am 8. September 2020).

Da nicht alle Kookkurrenzen Kandidaten für eines der drei Fragesets sind, wurden auch nicht alle der 250 ermittelten Kookkurrenzen auf diese Sets verteilt, d. h. nur ein Teil der Gesamtlisten floss in die Fallstudie ein.

4.2 Ergebnisse

Was *macht* eine Frau? In den belletristischen Texten agiert sie sehr viel: sie *überlegt, schreit, unterbricht, bemerkt, antwortet, schluchzt, nimmt* sich etwas, *erwidert* oder *lacht*. In den Zeitschriften *sorgt* sie für die Zukunft *vor*, sie *lebt* und *fühlt, fühlt* sich zu jemandem *hingezogen, trägt* ein *Kopftuch*, macht Karriere oder *verdient Geld*. In den Zeitungen kommen Handlungen einer Frau in den Top-250-Kookkurrenzen deutlich weniger vor, sie *trägt* ein *Kopftuch, stirbt, hinterlässt* etwas, *meldet sich arbeitslos, hilft* und *erzählt* (vgl. Abb. 3).

Was *macht* dagegen ein Mann? In den belletristischen Texten macht er ähnliche Dinge wie die Frau, er *nickt, fragt, lächelt, schließt* die *Augen, starrt, schaut, fragt* oder *schüttelt* den *Kopf*. In den Zeitschriften *lebt* er, *verdient Geld, trägt Anzüge, sitzt, redet, schläft* mit jemandem, *verlässt* jemanden, *belästigt* aber auch *sexuell* oder *vergewaltigt*. In den Zeitungen ist sein Handlungsspielraum deutlich kleiner, er *bewaffnet sich, überfällt* etwas oder jemanden, *maskiert sich, tötet* oder *flüchtet* (vgl. Abb. 4). Während sich also die Kollokationssets zur Agens-Rolle von *Mann* und *Frau* in der Belletristik sehr ähnlich sind, haben sie

Abb. 3: Kookkurrenzen zur Agens-Rolle: Was macht eine *Frau*?

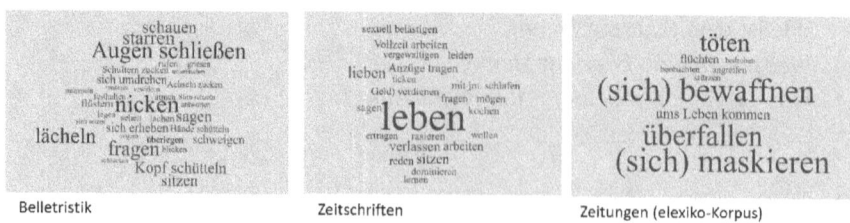

Abb. 4: Kookkurrenzen zur Agens-Rolle: Was macht ein *Mann*?

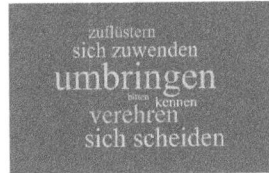  

Belletristik　　　　　　　　Zeitschriften　　　　　　　　Zeitungen (elexiko-Korpus)

Abb. 5: Kookkurrenzen zur Patiens-Rolle: Was geschieht mit einer *Frau*?

Belletristik　　　　　　　　Zeitschriften　　　　　　　　Zeitungen (elexiko-Korpus)

Abb. 6: Kookkurrenzen zur Patiens-Rolle: Was geschieht mit einem *Mann*?

in den Zeitungen nichts gemeinsam. In der Belletristik handelt es sich dabei hauptsächlich um Sprechaktverben bzw. um solche, die in dieser Weise verwendet werden können in Mustern wie „‚Lass uns gehen', lächelte er". Sie bezeichnen also eher Handlungen des Interagierens oder Kommunizierens, und dies für *Frau* und *Mann* anscheinend in eher ähnlicher Weise.

Nun zur Patiens Rolle: Was geschieht mit einer *Frau* bzw. einem *Mann* (vgl. Abb. 5 und 6)? In den belletristischen Texten *bringt* man sie *um* (es sind einige Kriminalromane im Korpus), *verehrt* sie, *wendet sich* ihnen *zu*, *flüstert* ihnen etwas *zu* oder *lässt sich scheiden*. In den Zeitschriften werden Frauen *befragt*, man *lernt* sie *kennen*, *verliebt sich* in sie, *heiratet* sie, *belästigt* sie aber auch, oder *unterdrückt* sie. In den Zeitungen werden Frauen *vergewaltigt*, *erleiden Verletzungen*, *sterben an Brustkrebs*, werden *getötet*, *überfallen* und *missbraucht*. Männer werden in belletristischen Texten *angeblickt*, an sie wird *gedacht*, sie werden *gemustert* oder *angehört*, *betrachtet* und *beobachtet*. In Zeitschriften *verliebt* man *sich* in sie wie in Frauen, man *lernt* sie *kennen*, *heiratet* sie vielleicht, *liebt* und *bewundert* sie und *wohnt* mit ihnen. In den Zeitungen werden sie *festgenommen*, *verletzt*, *angegriffen* und *niedergestochen*.

Und *wie* ist eine *Frau* bzw. ein *Mann* (vgl. Abb. 7 und 8)? In der Belletristik ist eine Frau *jung*, *alt*, *arm*, *hübsch*, *lieb*, *schön*, *schlank*, *fremd* oder *attraktiv*, ein Mann wird in belletristischen Texten genauso als *jung* und *hübsch* wie auch als *hochgewachsen*, *mittelgroß* oder *schmächtig*, *kräftig*, *groß* und *gutaussehend* oder *gebrochen* beschrieben. In den Zeitschriften sind Frauen *jung* und *unab-*

Abb. 7: Kookkurrenzen zu Eigenschaften: Wie ist eine *Frau*? (ohne *jung* und *alt* in allen drei Korpora).[16]

Abb. 8: Kookkurrenzen zu Eigenschaften: Wie ist ein *Mann*? (ohne *jung* und *alt* in allen drei Korpora).

hängig, stark, selbstbewusst, berufstätig, schön, schwanger, engagiert und *emanzipiert,* Männer dagegen als *jung, alt, bärtig, drahtig, reich* und *klein, verheiratet, fremd* oder *untherapiert* beschrieben. In Zeitungen erscheinen Frauen auch als *jung* und *alt,* aber auch als *blond, berufstätig, vergewaltigt, nackt, betroffen, engagiert, interessiert* und *arbeitslos*. Männer dagegen als *stark, richtig, verletzt, bewaffnet, unbekannt, mächtig* und *maskiert*.

Wie unterschiedlich stark sich die einzelnen Kollokationssets aus den verschiedenen Textsammlungen überlappen, soll abschließend an zwei Beispielen verdeutlicht werden, und zwar an den Kollokationskandidaten für „Wie ist ein Mann?" und „Was macht eine *Frau*?" (eine visuelle Darstellung der Überschneidung der Kollokationssets zur Agens-Rolle findet sich in Abb. 9).

In allen drei virtuellen Korpora werden Männer als *jung, alt, älter, klein* und *reich* beschrieben. Nur in Belletristik und Zeitschriften sind sie *fremd, hager, erwachsen, jünger, klug, bärtig, gebrochen.* In Zeitschriften und Zeitungen sind sie *verheiratet, nackt, mächtig, richtig, verstorben* und *gut aussehend.* Alle ande-

---

16 *Jung* und *alt* (nur Zeitungen) heben sich vom LLR-Wert so stark ab von den anderen Kollokationskandidaten, dass in der Wortwolke die anderen Wörter nicht mehr zu erkennen gewesen wären, wenn sie in der entsprechenden Größe dargestellt worden wären (vgl. auch Tab. 4).

ren Kollokationskandidaten verteilen sich auf die einzelnen Korpora. Neben *Kopftuch tragen* ist das einzige, was eine Frau sowohl in den Zeitungen wie in den Zeitschriften macht: *leben*, *lieben* und *leiden*. Dagegen teilen Belletristik und Zeitschriften die Handlungen *sagen*, *sitzen* und *denken*, Belletristik und Zeitungen dagegen haben keine Schnittmengen in der Agens-Rolle. Ausschließlich im kleinen belletristischen Korpus kommen verba dicendi wie *fragen*, *rufen*, *antworten*, *unterbrechen*, *erwidern* oder *bemerken* vor. Das Bild, das die einzelnen Korpora in Hinsicht auf die verschiedenen Rollen und Eigenschaften von Männern und Frauen vermitteln, unterscheidet sich demnach sehr stark. Trotzdem sich dieser Vergleich nur auf die wichtigsten Kookkurrenzen bezieht, kann man an den oben gezeigten Beispielen sehen, dass die Kollokatoren im elexiko-Wortartikel zu den Fragen „Wie ist ein Mann?" bzw. „Wie ist eine Frau?", und vergleichbar auch bei anderen Frage-Antworten-Sets, deutlich anders aussähen, wenn ein belletristisches oder ein Zeitschriftenkorpus zugrunde gelegt worden wäre.

Dabei sollte man sich immer vergegenwärtigen, dass diese Kookkurrenzverbindungen wenig über Häufigkeiten aussagen, sondern mehr über Verbindungsstärken. Dass „Frau" in der Belletristik so stark mit „schluchzen" kookkurriert, bedeutet dementsprechend nicht, dass oft über schluchzende Frauen berichtet wird, sondern dass ein (vermutlich niedrigfrequentes) Wort wie „schluchzen" signifikant affin zu „Frau" ist, d. h. bestimmte Tätigkeiten oder Eigenschaften in den Texten stark mit Frauen bzw. Männern assoziiert sind. Genauso sagen die Kollokationen noch allein nichts darüber aus, in welchen genauen Kontexten sie vorkommen, ob sie vielleicht auch in Negationen stehen etc. *Schluchzen* könnte z. B. auch als verbum dicendum vorkommen wie in folgendem Beleg:

> „Wir sind gar nicht verheiratet", schluchzte die Frau plötzlich, „es hat keinen Sinn mehr, irgendwas zu leugnen, Sie finden es ja doch heraus!" (Balàka, Bettina: Eisflüstern. – Graz, Österreich, 2006)

Diese genaue Analyse ist Teil der lexikografischen Arbeit, wie sie z. B. in einem Wörterbuch wie elexiko gemacht wird (Klosa & Storjohann 2011). Automatische Einordnungen, z. B. nach syntagmatischen Positionen, bieten auch korpusbasierte Wortprofile, wie sie z. B. das DWDS[17] (Didakowski & Geyken 2014) oder Korpustools wie die Sketch Engine[18] anbieten. In diesem Beitrag geht es v. a.

---

[17] https://www.dwds.de/d/wortprofil (zuletzt eingesehen am 10. September 2020).
[18] https://www.sketchengine.eu/guide/word-sketch-collocations-and-word-combinations/ (zuletzt eingesehen am 10. September 2020).

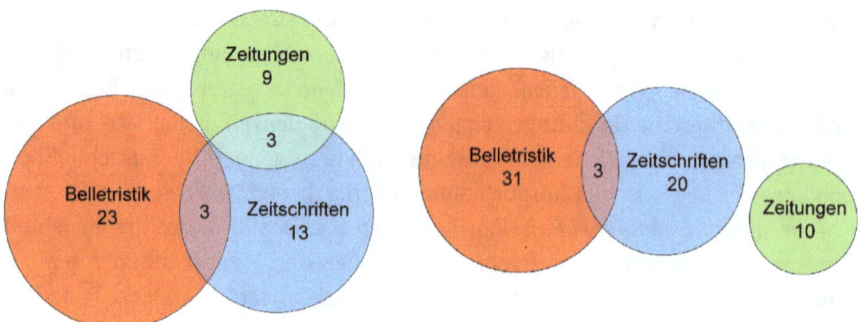

Abb. 9: Überlappungen der Kollokationssets der Agens-Rolle zu Frau (links) und Mann (rechts).[19]

jedoch darum zu zeigen, wie groß die Unterschiede im Bereich der Kollokationen sind, wenn man die verschiedenen Subkorpora vergleicht.

4.3 Diskussion

Im kontrastiven Vergleich zwischen *Mann* und *Frau* wird sowohl bei der Agens- wie der Patiens-Rolle deutlich, dass die Unterschiede zwischen Mann und Frau in der Belletristik nicht besonders stark sind. Zwar sind die beschriebenen Rollen zum Teil unterschiedlich versprachlicht, aber das Handlungsspektrum deutet mehr auf einen gemeinsamen Rahmen. Bei Zeitschriften sind Unterschiede in der Patiens-Rolle weniger deutlich, in der Agens-Rolle dagegen schon klarer vorhanden, allerdings mehr auf gesellschaftliche Unterschiede bezogen, z. B. dass bei Frauen die Vorsorge ein wichtigeres Thema ist. Bei beiden scheinen aber viele Handlungsverben auf, die mit Beziehungen zu tun haben. Bei Zeitungen dagegen sind die Unterschiede zwischen *Mann* und *Frau* bei beiden Rollen sehr stark und deutlich durch Gewaltkontexte bestimmt. Schaut man sich die Wortwolken zu den Kollokationskandidaten der Patiens-Rollen an, so würde bei den Belletristik-Übersichten kaum zu erkennen sein, ob es sich um Kandidaten für *Mann* oder *Frau* handelt, bei den Zeitungen ist dies dagegen auf den ersten Blick zu erkennen. Das, was Mann und Frau als Menschen gemeinsam haben, dass sie miteinander reden, streiten, sich kennenlernen oder verlieben, wird in

---

19 Das Venn-Diagramm wurde erstellt mit dem Paket: Larsson, Johan (2019). *Area-Proportional Euler and Venn Diagrams with Ellipses*. R package version 6.0.0. https://cran.r-project.org/package=eulerr, zuletzt eingesehen am 25. Oktober 2019). Wir danken Sascha Wolfer für die Erstellung der Diagramme.

Zeitungen anscheinend nicht prominent thematisiert, sodass diese Handlungen in der statistischen Analyse auch nicht als relevante Kookkurrenzpartner erkannt werden.

Auch bei den Kollokationssets zu den Eigenschaften von *Mann* und *Frau* treten diese Unterschiede sehr deutlich zutage. Während in der Belletristik Frauen wie Männer in ihrem äußeren Erscheinungsbild beschrieben werden, werden diese Beschreibungen in den Zeitschriften auch aufgegriffen, aber auch gesellschaftliche Diskurse wie z. B., dass Männer *untherapiert* und Frauen *unabhängig* sind oder sein wollen. Bei Zeitungen wiederum treten ‚normale' oder eher alltägliche Eigenschaften eher in den Hintergrund. Hier werden mehr die Störungen des Alltags beschrieben, wie dies auch Lautenschläger beschreibt:

> Deutlich wird, dass der mediale Fokus generell problemorientiert ist, dass man also, wie erwähnt, „in einer Zeitung nicht den funktionierenden Alltag findet, sondern dessen kurzzeitige Störung" (Rüskamp 2008, 100). Daher greifen Pressetexte besonders die als problembehaftet wahrgenommenen Situation von Frauen auf, da die traditionelle Rollenverteilung mitsamt Stereotypen in beruflichen Kontexten primär Frauen zum Nachteil gereiche. (Lautenschläger 2017: 233)

Durch diese Beispiele wird deutlich, wie sehr sich die Perspektiven auf die ‚Wirklichkeit' in den drei Textsammlungen unterscheiden. Lexikografische Einträge zu Mann und Frau würden damit sehr unterschiedlich ausfallen, je nachdem, welche Texte als empirische Grundlage für die Wörterbucharbeit herangezogen würden.

> Sprache vermittelt also nicht nur Wirklichkeit [...], sondern trägt maßgeblich zu deren Formung und Konstruktion bei und hat somit bedeutenden Einfluss darauf, wie Geschlecht ‚gemacht' und wahrgenommen wird. Gerade die Massenmedien sind an der Verbreitung und Verfestigung stereotyper geschlechtsspezifischer Zuschreibungen beteiligt, wobei diese nicht nur explizit, sondern auch implizit vermittelt werden. (Lautenschläger 2017: 219)

Besonders vor dem Hintergrund der eingangs dargestellten Auffassungen von stereotypen Beschreibungen und der potentiell normativen Kraft deskriptiver Wörterbücher sind die auf Zeitungstexten beruhenden Beschreibungen kritisch zu hinterfragen. Wenn die Wortartikel nicht nur so gelesen werden, wie Frauen und Männer *sind*, sondern auch, wie sie sein *sollen* oder was sie *tun* sollen, dann ist der problemorientierte Fokus der Zeitungstexte dem Anspruch einer vielseitigen Beschreibung wenig dienlich.

Außerdem treten in den Zeitungstexten die Gemeinsamkeiten von Frauen und Männern als Menschen, die viele Eigenschaften und Handlungen teilen, vor den Unterschieden zu stark zurück. Im Grunde bringt die Korpusgrundlage ein – im Vergleich zu den anderen Textsorten – unnötig starkes *doing gender* in das Wörterbuch (vgl. dazu auch Nübling 2010: 620). Gerade für Wörterbücher ist das kritisch zu sehen:

> In fact, the question is to what extent a dictionary can involve a linguistic change; or, simply, whether its role in that process must be only one of perpetuation of what is actually supported by textual evidence; in other words, why a dictionary is allowed to repeat values which imply a biased representation of reality [...]. (Hidalgo Tenorio 2000: 227)

Auch wenn man davon ausgeht, dass eine sprachliche Perspektive immer eine „biased representation of reality" in sich birgt, hat die Fallstudie deutlich gezeigt, dass man sich mit der Auswahl der Korpusgrundlage für eine dieser sprachlichen Sichten entscheidet und dass sich diese sprachlichen Perspektiven auf die ‚Wirklichkeit' stark unterscheiden.[20] In Zeitungstexten scheinen Geschlechterstereotype besonders stark auf. Dies sind aber wiederum Differenzen, die nicht ‚an sich' bestehen:

> Es gibt in der Realität nicht „die" Geschlechterdifferenzen. [...] Damit geht es weder darum, reale Verhältnisse zu begradigen noch zu idealisieren noch *political correctness* zu betreiben, sondern zu bestimmten Punkten einfach keine Stellung zu beziehen – ebenso wie Wörterbücher zu (in der Realität wie in Korpora ja durchaus ebenso auffindbaren) Rassismen und Antisemitismen keine Stellung beziehen (indem sie sie nicht reproduzieren). (Nübling 2010: 628)

Im Grunde ist es ein normaler Vorgang in der Wissenschaft, dass man zunächst die Chancen neuer Möglichkeiten in den Fokus rückt, z. B. dass Sprachgebrauch überhaupt intersubjektiv nachvollziehbar an großen Datenmengen untersucht werden kann. Dies war auch für Wörterbücher ein großer, wichtiger Schritt weg von der „Armchair-Linguistik" (vgl. Fillmore 1992). Zeitungstexte schienen dafür eine besonders attraktive Textgrundlage, da sie mit überschaubarem Aufwand in großer Menge in linguistische Korpora integriert werden konnten. Ein wichtiger nächster Schritt ist es dann aber auch, die Ergebnisse dieses vielleicht zunächst etwas positivistischen Herangehens wieder zu hinterfragen. Unseres Ermessens muss noch genauer untersucht und intensiver diskutiert werden, welche Implikationen damit einhergehen, wenn z. B. ein Medium wie Zeitungen für die empirische Beschreibung des Wortschatzes dominiert.

Eine Möglichkeit könnte sein, die Methoden zur Analyse von Wortschatz für ein allgemeines Wörterbuch zumindest zu verfeinern, beispielsweise indem

---

20 Annette Klosa-Kückelhaus, die sowohl beim Duden als auch im IDS als praktische Lexikografin arbeitet(e), wies bei der kritischen Lektüre dieses Beitrags darauf hin, dass sie als Lexikographin neben der Korpusgrundlage den Einfluss redaktioneller Richtlinien sowie persönlicher Bearbeitungsstrategien und -vorlieben beim Entstehen und der Redaktion einzelner Artikel nicht unterschätzen würde.

Kookkurrenzanalysen an unterschiedlichen Korpora mit unterschiedlichen Textsorten durchgeführt werden, um die daraus entstehenden Listen dann vergleichen zu können. So könnte man eher ein möglichst vielfältiges Bild erreichen, zumindest deutet unsere Fallstudie darauf hin. Da die Korpora so unterschiedlich groß sind, macht es u. E. wenig Sinn, kleine belletristische Anteile einem großen zeitungsdominierten Korpus beizumischen. Besser wäre es vermutlich, die Korpora separat statistisch zu analysieren und so die Befunde besser den unterschiedlichen Verwendungskontexten zuordnen und sie entsprechend einschätzen zu können. Dann könnte man auch genauer rückschließen, von welchen Texten welche Einflüsse ausgehen. Deshalb plädiert z. B. Sinclair auch für eine sehr feinkörnige Dokumentation aller Korpusdaten, um die Ergebnisse von Korpusanalysen besser interpretieren zu können:

> Also at any time a researcher may get strange results, counter-intuitive and conflicting with established descriptions. Neither of these factors proves that there is something wrong with the corpus, because corpora are full of surprises, but they do cast doubt on the interpretation of the findings, and one of the researcher's first moves on encountering unexpected results will be to check that there is not something in the corpus architecture or the selection of texts that might account for it. (Sinclair 2004)

Die Zeitungstexte allein bieten auf jeden Fall in Bezug auf *Mann* und *Frau* kein vielgestaltiges Bild der möglichen Versprachlichung ihrer sprachlich-kulturellen Rollen. Und ob es genau dieses problemorientierte Bild ist, das die öffentliche Sprachverwendung oder die Gemeinsprache wirklich angemessen und hinreichend komplex zeigt, scheint vor dem Hintergrund der hier dargestellten Ergebnisse diskussionswürdig.

5 Auswirkungen auf die Korpusnutzung

Es stellt sich die Frage, wie unsere Untersuchungsergebnisse, die in den vorangegangenen Abschnitten dargestellt worden sind, für die korpuslinguistische Erkenntnisgewinnung in einem übergreifenden Sinne zu deuten sind. Gerade für das Leibniz-Institut für Deutsche Sprache (IDS) mit seinem Forschungs- und Dokumentationsauftrag bildet dies eine essentielle Frage, denn die starke Beeinflussung von Kookkurrenzdaten durch die Eigenschaften der zugrunde liegenden Korpora kann auch zu Verzerrungen in Hinsicht auf die daraus abgeleiteten Modelle führen. Es wird an dieser Stelle deutlich, dass der Ansatz, einen möglichst großen Umfang für die Korpora, auf denen eine linguistische Theoriebildung basiert, anzustreben, an seine Grenzen stößt.

Was bedeutet dies etwa für das „Deutsche Referenzkorpus" (DeReKo) mit seinen ca. 50 Mrd. Wörtern, die vorwiegend aus Zeitungen und Zeitschriften stammen und nur zu einem vergleichsweise geringen Teil aus Belletristik oder den Sozialen Medien? DeReKo wird am IDS für verschiedene Wörterbuchprojekte eingesetzt, etwa die laufende Ermittlung von Neologismen, für die die Verfügbarkeit eines „lebenden", ständig auf den neuesten Stand gebrachten Korpus von ausschlaggebender Bedeutung ist.[21] Auch verschiedene eher experimentelle lexikografische Anwendungen basieren weitgehend auf DeReKo, so dass das ‚Signal', das die Korpuszusammenstellung in die statistische Auswertung sendet, ganz erhebliche Auswirkungen besitzen kann (vgl. auch Kopf in diesem Band, Abschnitt 5.3.2). Der Rat für deutsche Rechtschreibung, dessen Geschäftsstelle am IDS ihren Sitz hat, greift ebenfalls auf ein aus DeReKo abgeleitetes Ratskernkorpus zurück, das zwar entsprechend der Einwohnerzahl der verschiedenen deutschsprachigen Länder und Regionen gewichtet ist, jedoch ebenfalls fast ausschließlich auf Zeitungs- und Zeitschriftentexten beruht. Das Ratskernkorpus wird gegenwärtig etwa für die Ermittlung häufiger rechtschreibschwieriger oder irregulärer Wörter genutzt oder für die Erfassung unterschiedlicher Formen gendergerechter Schreibungen.

Einen Ausweg bietet nur die Abkehr von der Vorstellung, dass ein Korpus ein homogenes, für den Sprachgebrauch repräsentatives Gebilde ist, das man ‚befragt' und das sodann objektive Einsichten in quantitative Strukturen einer Sprache oder in die Verwendung einzelner Lexeme bietet. Eine alternative Vorstellung beruht auf der Möglichkeit, aus einem sehr großen Korpus nur solche Teile herauszuziehen, deren Texte eine bestimmte Eigenschaft teilen, und diese wiederum zu einem eigenständigen Korpus zusammenzufassen. Im vorliegenden Beitrag ist dies für die Textgenres Belletristik, Publikumszeitschriften und Tageszeitungen aus DeReKo geschehen. Auch andere Zusammenstellungen sind denkbar, je nachdem, welche Metadaten im Gesamtkorpus erfasst sind oder welche anderen Eigenschaften schlüssig aus jedem Korpustext als Parameter abgeleitet werden können. In diesem Fall spricht man von „virtuellen Korpora", die nicht als solche angelegt sind, sondern nach Bedarf und im Idealfall *ad hoc* gebildet werden.

An die Verwaltung von virtuellen Korpora in Textdatenbanken sind besondere Ansprüche zu stellen, die in einem ganzheitlichen Korpuskonzept nicht zum Tragen kommen. Auch auf *ad hoc* gebildete Korpora müssen die üblichen korpuslinguistischen Auswertungsverfahren effizient angewandt werden können, was hohe Anforderungen an die Indizierung des Gesamtbestandes stellt.

---

21 S. https://www.owid.de (zuletzt eingesehen am 10. September 2020).

Am IDS wird deshalb seit einiger Zeit ein solches für die Erstellung und Auswertung virtueller Korpora optimiertes Korpussystem entwickelt, das auf DeReKo basiert und damit alle laufenden Erweiterungen einer differenzierten Auswertung zugänglich macht. Dieses System, KorAP,[22] repräsentiert eine neue Generation von Korpuszugangssystemen, die den neueren Entwicklungen der korpuslinguistischen Theoriebildung, wie sie auch in dem vorliegenden Beitrag exemplarisch dargestellt worden sind, Rechnung trägt. Trotzdem bleibt die Schwierigkeit bestehen, dass Korpora unterschiedlicher Größe schlecht zu vergleichen sind (vgl. z. B. Koplenig, Wolfer & Müller-Spitzer 2019), sodass die quantitative Schieflage hin zu Zeitungen im Gesamtbestand ein nicht zu vernachlässigendes Problem darstellen kann. Damit die Konsultation unterschiedlicher virtueller Korpora für die praktische Wörterbucharbeit mit angemessenem Aufwand geschehen kann, braucht man darüber hinaus eine entsprechende Arbeitsumgebung, die ein solches Vorgehen unterstützt.

6 Schlussbemerkung

Im Juni 2019 schrieb die britische PR-Managerin Maria Beatrice Giovanardi einen Blogpost mit dem Titel *Have you ever googled ‚woman'?*, in dem sie sich vor allem über die Beschreibung von Frauen in lexikografischen Auszügen von Oxford University Press beschwerte:

> The first search involved googling 'woman synonyms' and boom – an explosion of rampant sexism. I thought to myself, 'What would my young niece think of herself if she read this?' [...] Should data about how language is used control how women are defined? Or should we take a step back and, as humans, promote gender equality through the definitions of women that we choose to accept? [...] We talked about how the dictionary is the most basic foundation of language and how it influences conversations. Isn't it dangerous for women to maintain these definitions – of women as irritants, sex objects and subordinates to men? (Giovanardi 2019)

Sie startete darauf eine Petition bei change.org, die 30.000 Unterschriften bekam (vgl. auch Vahabzadeh 2019). Interessant ist für unser Thema die Reaktion von Katherine Connor Martin von Oxford University Press, die sie gegenüber der Tageszeitung *The Guardian* folgendermaßen formulierte: Die Wörterbuchredaktion "are taking the points raised in the petition very seriously [...] As ever, our dictionaries strive to reflect, rather than dictate, language so any changes

---

[22] S. https://korap.ids-mannheim.de/ (zuletzt eingesehen am 10. September 2020).

will be made on that basis" (Flood 2019). Dass die Korpusgrundlage einen erheblichen Einfluss darauf haben kann, was bei einer solchen ‚Reflexion' des Sprachgebrauchs herauskommen kann, hat die vorliegende Fallstudie angedeutet. Auch wenn es verführerisch ist, aus pragmatischen Gründen die am leichtesten anfallenden Daten zur Grundlage vieler wissenschaftlicher Untersuchungen und Referenzwerke wie Wörterbücher heranzuziehen, und auch wenn für viele linguistische Forschungen Zeitungstexte eine sehr sinnvolle Grundlage sein können, muss die Korpusauswahl und die Implikationen, die damit einhergehen, in unserem Fach noch intensiver diskutiert und v. a. empirisch untersucht werden.

7 Literatur

Arppe, Antti & Juhani Järvikivi (2007): Take empiricism seriously! – In support of methological diversity in linguistics [Commentary of Geoffrey Sampson 2007. Grammar without Grammaticality.]. *Corpus Linguistics and Linguistic Theory* 3(1), 99–109.

Barnickel, Klaus-Dieter (1999): Political correctness in learners' dictionaries. In Thomas Herbst & Kerstin Popp (Hrsg.), *The Perfect Learners' Dictionary (?)*, 161–174. Reprint 2011. Berlin, Boston: De Gruyter. doi:10.1515/9783110947021.161.

Baum, Julia, Milena Rabovsky, Sebastian Benjamin Rose & Rasha Abdel Rahman (2018): Clear judgments based on unclear evidence: Person evaluation is strongly influenced by untrustworthy gossip. *Emotion* 20(2), 248–260. doi:10.1037/emo0000545.

Bohnet, Iris (2017): *What works: Wie Verhaltensdesign die Gleichstellung revolutionieren kann*. (Trans.) Ursel Schäfer. 1st edn. München: C. H. Beck.

Didakowski, Jörg & Alexander Geyken (2014): From DWDS corpora to a German word profile – methodological problems and solutions. *OPAL – Online publizierte Arbeiten zur Linguistik* 2 (2014), 39–47.

Dudenredaktion (2019): Frau. Dudenonline. https://www.duden.de/node/50185/revision/241603 (letzter Zugriff 25.10. 2019).

Dudenredaktion (2019): Mann. Dudenonline. https://www.duden.de/node/93398/revision/93434 (letzter Zugriff 25. 10. 2019).

Dudenredaktion (2020): Wie kommt ein Wort in den Duden? Dudenonline. https://www.duden.de/ueber_duden/wie-kommt-ein-wort-in-den-duden (letzter Zugriff 08. 09. 2020).

Eickhoff, Birgit (2012): „Frauen in den Duden" – Werkstattbericht I aus der Dudenredaktion. In Susanne Günthner, Dagmar Hüpper & Constanze Spieß (Hrsg.), *Genderlinguistik. Sprachliche Konstruktionen von Geschlechtsidentität*, 195–212. Berlin / Boston: De Gruyter.

Eisenberg, Peter (2007): Sprachliches Wissen im Wörterbuch der Zweifelsfälle. Über die Rekonstruktion einer Gebrauchsnorm. *Aptum* 3, 209–228.

Fillmore, Charles J. (1992): "Corpus linguistics" or "Computer-aided armchair linguistics." In Jan Svartvik (Hrsg.), *Directions in Corpus Linguistics*, 35–60. Berlin: De Gruyter.

Flood, Alison (2019): Thousands demand Oxford dictionaries 'eliminate sexist definitions'. *The Guardian*, sec. Books. https://www.theguardian.com/books/2019/sep/17/

thousands-demand-oxford-dictionaries-eliminate-sexist-definitions (letzter Zugriff 13. 01. 2020).

Földes, Csaba (2019): "Jugendwort des Jahres": kommunikative Realität oder mediale Konstruktion von Jugendsprache? *Wirkendes Wort* 69, 121–139.

Giovanardi, Maria Beatrice (2019): Have You Ever Googled 'Woman'? *Medium*. https://medium.com/@mbgiovanardi/have-you-ever-googled-woman-sexist-oxford-63afb87ee731 (letzter Zugriff 13. 01. 2020).

Günthner, Susanne & Angelika Linke (2007): Linguistik und Kulturanalyse – Ansichten eines symbiotischen Verhältnisses / Linguistics and cultural analysis – aspects of a symbiotic relationship. *Zeitschrift für Germanistische Linguistik* 34 (1–2), 1–27. doi:10.1515/ZGL.2006.002.

Haß, Ulrike (2005a): elexiko – Das Projekt. In Ulrike Haß (Hrsg.), *Grundfragen der elektronischen Lexikografie. elexiko – das Online-Informationssystem zum deutschen Wortschatz*, 1–18. Berlin: De Gruyter.

Haß, Ulrike (2005b): Semantische Umgebung und Mitspieler. In Ulrike Haß (Hrsg.), *Grundfragen der elektronischen Lexikografie. elexiko – das Online-Informationssystem zum deutschen Wortschatz*, 227–234. Berlin: De Gruyter.

Hidalgo Tenorio, Encarnación (2000): Gender, Sex and Stereotyping in the Collins COBUILD English Language Dictionary. *Australian Journal of Linguistics* 20(2), 211–230.

Hu, Huilian, Hai Xu & Junjie Hao (2019): An SFL approach to gender ideology in the sentence examples in the Contemporary Chinese Dictionary. *Lingua* 220, 17–30. doi:10.1016/j.lingua.2018.12.004.

Kahnemann, Daniel (2011): *Schnelles Denken, langsames Denken*. 11th edn. München: Siedler.

Klosa, Annette (Hrsg.) (2011a): *elexiko. Erfahrungsberichte aus der lexikografischen Praxis eines Internetwörterbuchs*. Tübingen: Narr Francke Attempto. https://ids-pub.bsz-bw.de/frontdoor/index/index/docId/5154 (letzter Zugriff 13. 01. 2020).

Klosa, Annette (2011b): Einleitung. In Annette Klosa (Hrsg.), *elexiko. Erfahrungsberichte aus der lexikografischen Praxis eines Internetwörterbuchs*, 10–26. Tübingen: Narr Francke Attempto. https://ids-pub.bsz-bw.de/frontdoor/index/index/docId/5154 (letzter Zugriff 13. 01. 2020).

Klosa, Annette & Petra Storjohann (2011): Neue Überlegungen und Erfahrungen zu den lexikalischen Mitspielern. In Annette Klosa (Hrsg.), *elexiko. Erfahrungsberichte aus der lexikografischen Praxis eines Internetwörterbuchs*, 49–80. Tübingen: Narr Francke Attempto. https://ids-pub.bsz-bw.de/frontdoor/index/index/docId/5154 (letzter Zugriff 13. 01. 2020).

Koplenig, Alexander (2017): Against statistical significance testing in corpus linguistics. *Corpus Linguistics and Linguistic Theory* 15(2), 321–346. doi:https://doi.org/10.1515/cllt-2016-0036.

Koplenig, Alexander, Sascha Wolfer & Carolin Müller-Spitzer (2019): Studying Lexical Dynamics and Language Change via Generalized Entropies: The Problem of Sample Size. *Entropy* 21(5). 464. doi:10.3390/e21050464.

Kotthoff, Helga & Damaris Nübling (2018): *Genderlinguistik: Eine Einführung in Sprache, Gespräch und Geschlecht* (Narr Studienbücher). Tübingen: Narr Francke Attempto.

Kunkel-Razum, Kathrin (2004): Die Frauen und der Duden – der Duden und die Frauen. In Karin M. Eichhoff-Cyrus (Hrsg.), *Adam, Eva und die Sprache: Beiträge zur Geschlechterforschung*, 308–315. Mannheim: Dudenverlag.

Kunkel-Razum, Kathrin (2012): „Er sah zu ihr auf wie zu einer Göttin" statt „Sie sah zu ihm auf wie zu einem Gott" (Luise Pusch)? – Werkstattbericht II aus der Dudenredaktion. In Susanne Günthner, Dagmar Hüpper & Constanze Spieß (Hrsg.), *Genderlinguistik. Sprachliche Konstruktionen von Geschlechtsidentität, 213–220*. Berlin / Boston: De Gruyter.

Kupietz, Marc, Harald Lüngen, Paweł Kamocki & Andreas Witt (2018): The German Reference Corpus DeReKo: New Developments – New Opportunities. In Nicoletta Calzolari, Khalid Choukri, Christopher Cieri, Thierry Declerck, Sara Goggi, Koiti Hasida, Hitoshi Isahara, et al. (Hrsg.), *Proceedings of the Eleventh International Conference on Language Resources and Evaluation (LREC 2018)* 8, 4353–4360. Miyazaki: European Language Resources Association (ELRA).

Langenscheidt, Redaktion (2017): *Langenscheidt 100 Prozent Jugendsprache 2018 – Das Buch zum Jugendwort des Jahres*. München, Wien: Langenscheidt.

Lautenschläger, Sina (2017): (Stereotype) Männlichkeit und Weiblichkeit im Pressetext. *Osnabrücker Beiträge zur Sprachtheorie* 91, 217–236.

Leech, Geoffrey (2007): New resources, or just better old ones? The Holy Grail of representativeness. In M. Hundt, N. Nesselhauf & C. Biewer (Hrsg.), *Corpus Linguistics and the Web*, 133–149. Leiden: Brill | Rodopi.

McGarty, Craig, Vincent Y. Yzerbyt & Russell Spears (2002): Social, cultural and cognitive factors in stereotype formation. In Craig McGarty, Vincent Y. Yzerbyt & Russell Spears (Hrsg.), *Stereotypes as Explanations: The formation of meaningful beliefs about social groups*. Cambridge: Cambridge University Press. doi:10.1017/CBO9780511489877.

Nübling, Damaris (2010): Zur lexikografischen Inszenierung von Geschlecht. Ein Streifzug durch die Einträge von Frau und Mann in neueren Wörterbüchern. *Zeitschrift für Germanistische Linguistik* 37(3), 593–633. doi:10.1515/ZGL.2009.037.

Pusch, Luise F. (1984): „Sie sah zu ihm auf wie zu einem Gott". Das Duden-Bedeutungswörterbuch als Trivialroman. *Das Deutsche als Männersprache: Aufsätze und Glossen zur feministischen Linguistik*, 135–144. Frankfurt a. M.: Suhrkamp.

Ripfel, M. (1989): Die normative Wirkung deskriptiver Wörterbücher. In Hugo Steger & H. E. Wiegand (Hrsg.), *Wörterbücher – Dictionaries – Dictionnaires. Ein Internationales Handbuch zur Lexikographie* (Handbücher Zur Sprach- Und Kommunikationswissenschaft), vol. 5.1, 189–207. Berlin, New York: De Gruyter.

Rundell, Michael & B. T. Sue Atkins (2013): Criteria for the design of corpora for monolingual lexicography. In Rufus Hjalmar Gouws, Ulrich Heid, Wolfgang Schweickard & Herbert Ernst Wiegand (Hrsg.), *Dictionaries. An International Encyclopedia of Lexicography: Supplementary Volume: Recent Developments with Focus on Electronic and Computational Lexicography*, 1336–1343. Berlin, Boston: De Gruyter.

Rüskamp, Wulf (2008): Journalistisches Schreiben. In Thomas Hauser (Hrsg.), *Zeitung machen – Zeitung lesen. Journalismus und Didaktik im Gespräch*, 98–102 Freiburg u. a.: Rombach.

Schierholz, Stefan J. (2001): *Präpositionalattribute. Syntaktische und semantische Analysen*. Tübingen: Niemeyer.

Sinclair, John (1992): Introduction. *Collins Cobuild English Language Dictionary*, XV–XXI. 4th dn. London: HarperCollins.

Sinclair, John (2004): *Developing Linguistic Corpora: a Guide to Good Practice*. http://users.ox.ac.uk/~martinw/dlc/chapter1.htm (letzter Zugriff 13. 01. 2020).

Storjohann, Petra (2005): Das elexiko-Korpus. Aufbau und Zusammensetzung. In Ulrike Haß (Hrsg.), *Grundfragen der elektronischen Lexikografie. elexiko – das Online-Informationssystem zum deutschen Wortschatz*, 55–70. Berlin: De Gruyter.

Vahabzadeh, Susan (2019): Definiere: Frau. *Süddeutsche Zeitung*. https://www.sueddeutsche.de/kultur/geschlechtergerechtigkeit-definiere-frau-1.4605718 (letzter Zugriff 13. 01. 2020).

Westveer, Thom, Petra Sleeman & Enoch O Aboh (2018): Discriminating Dictionaries? Feminine Forms of Profession Nouns in Dictionaries of French and German* | International Journal of Lexicography | Oxford Academic. *International Journal of Lexicography* 31(4), 371–393. doi:10.1093/ijl/ecy013.

Wikipedia: Deutsches Referenzkorpus. In Wikipedia – die freie Enzyklopädie. https://de.wikipedia.org/wiki/Deutsches_Referenzkorpus (letzter Zugriff 14. 01. 2020).

Kristin Kopf
Ist Sharon Manager? Anglizismen und das generische Maskulinum

Zusammenfassung: Die Integration englischer *er*-Personenbezeichnungen ins System der deutschen Nomina agentis geht aufgrund struktureller Parallelen scheinbar schnell vonstatten. Auffällig, aber in bestehenden Untersuchungen unberücksichtigt, ist jedoch die (Nicht-)Movierung der Entlehnungen (*Sharon ist Manager* neben *Managerin*). Eine Fragebogenstudie mit zwölf prädikativen Konstruktionen, die sich auf weibliche Individuen beziehen, zeigt zunächst, dass Movierung für die meisten Teilnehmenden (ca. ¾) der Normalfall ist. Nur zwei Personen movieren nie. Bei den Teilnehmenden mit schwankender Movierung lässt sich kein Einfluss der Faktoren Geschlecht, Alter und Herkunft der Teilnehmenden sowie Geschlechterstereotyp des Lexems nachweisen. Einfluss auf die Variation haben dagegen der Fremdwortstatus (native Lexeme werden tendenziell eher moviert als Anglizismen), die Gebrauchsfrequenz (frequentere Lexeme werden tendenziell eher moviert als weniger frequente) und die Länge des Lexems (kürzere Lexeme werden tendenziell eher moviert als längere). Die statistische Untersuchung wird von kleineren qualitativen Beobachtungen aus den erhobenen Antworten und aus anderen Datenquellen (v. a. Korpora) ergänzt.

1 Einleitung

Ausgangspunkt der vorliegenden Untersuchung bilden Funde wie der folgende:

(1) *Ich will lieber wieder **Journalistin** sein – und kein **Influencer** in der Marketingmaschine, dem permanent droht, von ihr zermalmt zu werden.* (Wirtschaftswoche, 23. 5. 2017)[1]

---

[1] https://www.wiwo.de/erfolg/trends/nicht-nackig-genug-der-schwere-weg-zum-social-media-star/19819542-all.html (archiviert am 4. 10. 2020).
 Hinweis: Alle angegebenen Internetseiten wurden im Internet Archive gesichert, dort (https://web.archive.org/) kann durch Eingabe der hier angegebenen Adresse eine dauerhafte Kopie abgerufen werden.

Danksagung: Wertvolles Feedback bei der Konzeption des Fragebogens habe ich Andreas Klein (Mainz) zu verdanken. Der Austausch mit ihm hat außerdem die hier vertretene Auffassung von geschlechtsübergreifenden Maskulina stark geprägt (vgl. auch Klein in diesem Band). Für weitere Unterstützung danke ich Mehmet Aydın (Mainz), Felix Bildhauer (Mannheim), Simone Busley (Mainz), Julian Jarosch (Mainz) und Susanne Flach (Zürich).

∂ Open Access. © 2022 Kristin Kopf, publiziert von De Gruyter.
 Dieses Werk ist lizenziert unter der Creative Commons Namensnennung 4.0 International Lizenz.
https://doi.org/10.1515/9783110746396-003

Die Journalistin Eva Fischer verwendet in (1) zwei Personenbezeichnungen für sich selbst, von denen aber eine im Maskulinum (*Influencer*) und eine im Femininum steht (*Journalistin*). Auf den ersten Blick scheint die Erklärung naheliegen, dass der Anglizismus *Influencer*, der 2017 sehr neu im Deutschen ist, noch so wenig ins morphologische System integriert ist, dass die Movierung unterbleibt, während *Journalist* schon so lange Teil des Deutschen ist, dass es auch die Basis für ein *in*-Derivat bilden kann. Tatsächlich gebraucht Fischer an einer anderen Stelle im selben Artikel allerdings auch die movierte Form *Influencerin*:

(2) *Harte Arbeit, aber ich will ja in den folgenden Monaten groß herauskommen in den sozialen Medien,* **Influencerin** *werden.* (Wirtschaftswoche, 23. 5. 2017)

Außerdem werden im Gegenwartsdeutschen unter vergleichbaren Umständen mitunter auch für native Lexeme Maskulina verwendet, obwohl von weiblichen Personen die Rede ist:

(3) *meine Große wird im Dezember 13 und ist in der 6. Klasse G 8. [...] Sie jammert immer über Schule, wie blöd die wäre und so, stürzt sich nur noch auf ihr Sozialleben (***sie** *ist* **Klassensprecher***, hat viele Freunde).* (Rund ums Baby, 2011)[2]

Es handelt sich hier um einen Sonderfall des sog. generischen Maskulinums (das im Folgenden als geschlechtsübergreifendes Maskulinum bezeichnet wird, vgl. Abschnitt 2.2): Wird ein Prädikativum gebraucht und das Subjekt oder Objekt referiert auf eine spezifische Frau, so kann das Prädikativum sowohl im Femininum als auch im Maskulinum erscheinen.

Es muss also unterschieden werden zwischen der prinzipiellen, kontextunabhängigen Movierbarkeit eines Lexems und dem konstruktionsspezifischen Movierungsgebrauch. Das erste ist eine Aussage über die Produktivität des *in*-Suffixes, beim zweiten gestalten sich die Verhältnisse komplexer. Obwohl das *in*-Suffix heute fast uneingeschränkt produktiv ist (Abschnitt 2.1), werden die entsprechenden Wortbildungsprodukte nicht immer verwendet, wenn sie möglich wären. Die vorliegende Studie folgt der Annahme, dass hier Restriktionen auf die Wahl einwirken, die einmal für das Lexem generell galten, aber in anderen Kontexten, in denen ein größerer Movierungsdruck bestand, abgebaut wurden. Die Prädikativa erlauben also einen Blick in die Vergangenheit der *in*-Movierung (Abschnitt 2.2 und 2.3).

---

[2] https://www.rund-ums-baby.de/forenarchiv/zehn-bis-dreizehn/Wie-war-fuer-Eure-Kinder-der-Schulartenwechsel-Gym-RS_1475.htm (archiviert am 7. 8. 2020).

Eine besonders interessante Restriktion betrifft die eingangs erwähnten Anglizismen: In der älteren Literatur werden immer wieder englische Entlehnungen angeführt, die als nicht movierbar gelten, z. B. *Interviewer* bei Hansen & Rajnik (1982: 13–14), es aber heute zweifelsfrei sind. Gleichzeitig existieren parallel native *er*-Derivate, für die keine entsprechenden Restriktionen berichtet werden. Dieser Unterschied bildet den Ausgangspunkt für die vorliegende Untersuchung. In einer Fragebogenstudie wurden native und entlehnte Berufsbezeichnungen mit *er*-Suffix in prädikativen Kontexten mit Bezug auf spezifische weibliche Personen erhoben (Abschnitt 3). Die Ergebnisse zeigen einen deutlichen Trend zur Movierung, aber auch einen nicht zu vernachlässigenden Variationsbereich. Für ihn werden neben dem Entlehnungsstatus noch weitere inner- und außersprachliche Einflussgrößen geprüft (Abschnitt 4). Ergänzende Analysen von zusätzlichem Fragebogenmaterial und aus Korpora vervollständigen schließlich das Bild und bieten Anknüpfungspunkte für Anschlussforschung (Abschnitt 5).

2 Grundlagen und Forschungsüberblick

Im Folgenden werden zunächst aus der Wortbildungsperspektive Überlegungen zur Produktivität des Movierungssuffixes *-in* seit Mitte des 20. Jahrhunderts angestellt (Abschnitt 2.1). Produktivität wird dabei als Verlust von Wortbildungsrestriktionen gefasst. Es zeigt sich, dass heute kaum mehr strukturbedingte Restriktionen bestehen, wenn man einfach nur auf die Existenz einer *in*-movierten Form prüft. Dennoch wird nicht immer moviert, wenn das prinzipiell möglich wäre: Abschnitt 2.2 identifiziert Prädikativa mit weiblichem Subjekt oder Objekt, deren unmoviertes Auftreten sich im größeren Bereich der geschlechtsübergreifenden Maskulina verorten lässt, als hochgradig variabel. Sie können ein Reservoir für das Weiterwirken von Restriktionen bilden, die anderswo längst keine Rolle mehr spielen, und stellen damit einen idealen Kontext für die vorliegende Untersuchung dar.

2.1 Wortbildung: Produktivität des Movierungssuffixes *-in*

Insbesondere in der älteren Literatur finden sich zahlreiche Hinweise darauf, dass das Movierungssuffix *-in* nur beschränkt produktiv war: Häufig werden bestimmte Suffixe, semantische Typen oder Einzellexeme noch in der zweiten Hälfte des 20. Jahrhunderts als nicht movierbar bezeichnet (z. B. umfassend bei Doleschal 1992: 36–38) und Oksaar (1968: 183) konstatiert: „Die Distribution von

-*in* ist in grossen [sic] Maße auch von der morphologischen Struktur des Grundwortes abhängig". Movierbarkeit diachron empirisch zu bestimmen, stellt allerdings eine enorme korpuslinguistische Herausforderung dar (vgl. Abschnitt 5.3). An dieser Stelle werden potenzielle strukturelle Restriktionen daher auf Basis der Literatur erschlossen, die i. d. R. eigene (und mitunter fremde) Akzeptabilitätsbeurteilungen zugrunde legt.

Tab. 1 gibt einen Überblick über Maskulina oder Gruppen von Maskulina, die in der Literatur der jeweiligen Zeit als nicht movierbar genannt werden. In der linken Spalte finden sich Lexeme, die auch heute noch unmoviert sind (also als Epikoina gelten) oder inzwischen ausgestorben sind, in der rechten Spalte Lexeme, die mittlerweile moviert werden können. Lexeme, deren weibliches Pendant mit einem anderen Verfahren als der *in*-Derivation gebildet wird (z. B. *Kauffrau*), wurden nicht aufgenommen.

Tab. 1: Nicht movierbare Maskulina in der zweiten Hälfte des 20. Jahrhunderts nach Ausweis der Literatur: Henzen (1965: 116–117), Oksaar (1968), Oksaar (1976), Hansen & Rajnik (1982: 13–14), Schoenthal (1989: 303–304), Doleschal (1992: 36–37).

Jahr	Heute noch unmoviert	Heute movierbar
1965		*Direktor, Referendar;* *Spezialarzt, Verwalter, Vertreter*
1968	*Portier, -ikus* (z. B. *Syndikus, Musikus*); *-ling*	*-on* (z. B. *Diakon*)
1976	*Star*	*Kapitän*
1982	*Portier, Bankier, Syndikus;* *Star, Snob, Hippie*	*Hauer, Schuster, Steiger, Steinmetz, Gießer, Schlosser, Schmied;* *Gangster, Teenager, Manager, Interviewer;* *Gastronom, Astronom, Agronom, Kalfaktor, Pionier, Polier*
1989	*Star;* *Gast, Mensch, -ling*	*Kapitän, Offizier, Passagier;* *Torwart, Laie, Vormund*
1992	*Gourmand, Potagier* (†); *Star, Typ;* *Gast, Lump, Schuft, Macker, -ling, -erich, -ian* (z. B. *Wüterich, Dummian*); *Indio, Papua, Nazi;* *Wildfang, Trotzkopf, Geizhals, Rotschopf;* *Fuchs, Kauz, Schatz, Spaßvogel, Augenstern*	*Vorstand, Beistand, Vormund*

Hier fallen mehrere Gruppen auf (grob orientiert an Doleschal 1992: 36–37):
- Lexeme mit Vollvokalauslaut (*Hippie* [i], *Bankier* [e:], *Indio* [o], *Nazi* [i])[3]
- Metonyme (z. B. *Trotzkopf, Vorstand*)
- Metaphern (z. B. *Schatz*)
- bestimmte Suffixe: *-ling, -ian* (*Flüchtling, Dummian*), *-us* (*Syndikus, Musikus*)
- Fremdwörter
  - Anglizismen wie *Star, Gangster*
  - Gräzismen und Latinismen wie *Syndikus, Gastronom*
  - Gallizismen wie *Portier, Kapitän*

Bei genauerer Prüfung zeigt sich, dass nicht alle dieser Gruppen noch heute geltende Beschränkungen darstellen. Tatsächlich unmovierbar sind Lexeme mit vollvokalischem Auslaut. Hier würde ein Hiatus entstehen, der vermieden wird (**Hippiein*), die Fremdstruktur kann zusätzlich hinderlich wirken. Dennoch können für einige dieser Lexeme weibliche Formen gebildet werden: So setzt z. B. der Rechtschreibduden (2020) *Indiofrau* als Pendant zu *Indio* an. *i*-auslautende Kurzwörter werden mitunter mit *-(i)ne* deriviert (*Azubine, Hiwine* inkl. Akzentverlagerung/Längung des *i*-Lauts), allerdings stark lexemabhängig (**Studine, *Schirine*). Für das *in*-Suffix selbst lässt sich auf jeden Fall von einer noch andauernden Restriktion sprechen.[4] Auch einzelne morphologisch bedingte Restriktionen wirken noch heute, am prominentesten sind hier wohl aufgrund der Gebrauchsfrequenz einzelner Bildungen die *ling*-Derivate (vgl. Klein in diesem Band), auch *ian*-Bildungen werden nicht moviert. Bei den (seltenen) lateinischen Maskulina auf *-us* (*Musikus, Syndikus*) wird mitunter auf die lateinische Form ausgewichen (*Syndika*).[5] Das Suffix bzw. den Wortausgang *-el* ordnet Do-

---

[3] Die Gruppe könnte um *Laie* mit vollvokalischem Auslaut der Derivationsbasis ([aɪ̯]) erweitert werden, s. aber unten.
[4] Eine Ausnahme stellen Gallizismen auf *-ier* [je:] dar. Hier wird heute mitunter das graphische <r> durch Leseaussprache als Hiatustilger reaktiviert, wie bei *Sommelier* → *Sommelierin* [-jeːʁɪn] (daneben auch frz. *Sommelière*), die Lexeme verhalten sich also wie gleich geschriebenes *-ier* [iːɐ̯] (*Pionier* → *Pionierin*).
[5] In Texten des 19. Jahrhunderts finden sich allerdings einzelne *in*-Movierungen wie das wahrscheinlich scherzhafte *Physikussin* ‚Ehefrau eines Physikus' in (i) oder *Musikussin* ‚Ehefrau eines Musikus' unter einem Brief, der zwischen verschiedenen Stilebenen springt, um komische Effekte zu erzeugen, in (ii):
(i) Endlich schwenkte sich als Voressen oder Vorbericht der Suppe **die rosabackige Physikussin** in die Stube herein mit 3 oder 4 Esprits oder Federstutzen, mit einer scheckigen Hals-Schürze, in einem rothen Ballkleide, dem die Walzer die Farbe ausgezogen, die sie ihr aufgelegt – und mit einem durchbroch'nen Putzfächer. (Jean Paul: Titan. Bd. 1. Berlin, 1800, S. 311. Via DTA.)
(Fortsetzung auf der nächsten Seite)

leschal (1992: 36–37) zwar noch als nichtmovierbar ein, sie nennt aber bereits selbst Gegenbeispiele (*Kumpelin, Krüppelin*), weshalb es in der obigen Aufstellung nicht enthalten ist.

In den übrigen Fällen bleiben zwar teilweise Lexeme oder Lexemgruppen unmoviert, es handelt sich aber nicht um systematische Restriktionen: So kann *Laie* als Maskulinum mit vollvokalischem Auslaut der Derivationsbasis (und damit einem Hiatus) heute ebenso moviert werden wie andere *e*-Derivate, *Bote, Erbe, Kunde* etc. (*Laiin, Botin, Erbin, Kundin*). Dass Metaphern und Metonyme i. d. R. „exozentrisch sind, das heißt, das semantische und das syntaktische Haupt nicht übereinstimmen" (Doleschal 1992: 37) mag die Movierung zwar behindern, verhindert sie aber nicht konsequent (vgl. *Vorständin, Beirätin*; *Schlaufüchsin*). Letztlich erweisen sich also viele Restriktionen als temporär und vom Bezeichnungsbedarf für Frauen überschreibbar (vgl. Kotthoff & Nübling 2018: 139; schon Henzen 1965: 116). Interessant ist also nicht, ob Restriktionen fallen, sondern wann, in welchem Umfang (Movierungsanteile) und in welcher Reihenfolge.

An diesem Punkt ist der Fremdwortstatus von besonderem Interesse: Dass er auch im 20. Jahrhundert keine generelle Restriktion für die *in*-Movierung darstellte, ist evident. Dennoch enthalten die Auflistungen zahlreiche Lehn- und Fremdwörter, deren Nichtmovierung nicht mit vokalischem Auslaut o. ä. begründbar ist. Dabei wird unterschieden in einfache und derivierte Lexeme (Oksaar 1976: 84): Erstere werden i. d. R. nicht moviert (was sich bis heute in vielen Fällen hält, vgl. *Star*), letztere (insbesondere englische *er*-Derivate) schon, wobei hier oft eine gewisse Verzögerung nach der Entlehnung besteht (vgl. Oksaar 1976: 210). Doleschal (1992: 37) bezeichnet „[n]icht integrierte Fremdwörter" als systematisch von der Movierung ausgeschlossen (ihre Beispiele sind *Gourmand, Potagier, Star, Typ*). Allerdings bleibt unklar, ob Integration hier über andere Merkmale als die Movierbarkeit selbst bestimmt wird. Hansen & Rajnik (1982: 13) heben hervor, dass von Nichtmovierbarkeit im Fremdwortbereich besonders Anglizismen betroffen sind. Begünstigend für die Movierung wirkt eine morphologische Struktur, die zum deutschen System passt (z. B. das *er*-Suffix). Dass

---

(ii) *[I]ch bin seine unterthänig gehorsamste Dienerinn. Katharine Kratzerl,* **Musikussin!** (Joseph Aloys Gleich: Die Musikanten am Hohenmarkt. Erster Theil. Eine lokale Posse mit Gesang in drey Aufzügen. Wien, 1816, S. 67.)

Weitere Belege sind *Chirurgussin* (1855), *Politikussin* (1802), *Vikariussin* (1795; ebenfalls bei Jean Paul, der insgesamt sehr movierungsfreudig ist, vgl. auch *Grobianin*). Die Tatsache, dass für diese Zeit auch Formen wie heute unmoviertes *Gästin* oder *Fremdlingin* belegt sind, sollte allerdings davor warnen, die Aussagekraft solcher historischen Belege für das heutige System überzubewerten. Fraglich ist zudem, ob die entsprechenden Lexeme heute nicht sowieso zu veraltet sind, um der Nichtmovierung eine Bedeutung beizumessen.

Anglizismen seltener moviert werden als andere Fremdwörter, könnte auf einen Einfluss des Entlehnungsalters oder der spezifischen Entlehnungszeit hinweisen (vgl. Abschnitt 5.2 und 5.3).

Neben den strukturellen, innersprachlichen Beschränkungen wird häufig bei männlich dominierten Berufen weniger Movierung beobachtet (vgl. Oksaar 1976: 85; Hansen & Rajnik 1982: 13–14; Doleschal 1992: 37). So sprechen Hansen & Rajnik (1982: 13–14) davon, dass sich bei alten Handwerksberufen (*Kalfaktor, Hauer, Schuster, Schmied, Polier, Steiger, Steinmetz, Gießer, Schlosser*) „in der Regel keine movierten Feminina bilden" lassen, d. h., dass Frauen mit unmovierten Formen bezeichnet werden. Variation zeigt sich bei „vielen höheren Berufen" (Oksaar 1976: 85; speziell für die DDR auch Diehl 1992: 387). Allerdings stammen die Beispiele hier aus Prädikativkonstruktionen und Appositionen (vgl. Abschnitt 2.2), wo heute noch unmovierte Formen verwendet werden können. Nur auf Basis der Literatur lässt sich daher nicht bestimmen, ob die Lexemgruppe prinzipiell (auch in Fällen spezifischer Referenz) nicht movierbare Mitglieder beinhaltete.

Seine heute fast universelle Anwendbarkeit rückt das Movierungssuffix *-in*, wie die Diminution, auf den ersten Blick in die Nähe der Flexion. Maskuline Personenbezeichnungen, die die Sprachgemeinschaft habituell moviert oder für die sie sich entsprechende Gegenstücke gebraucht (z. B. *Mönch/Nonne*), werden daher im Folgenden als „paradigmatisch maskuline Lexeme" bezeichnet.[6] Damit werden sie von solchen Lexemen unterschieden, die kein Gegenstück haben (linke Spalte in Tab. 1, vgl. Klein in diesem Band). Während über Movierbarkeit bei Simplizia im Einzelfall entschieden werden muss (**Starin*, aber *Coachin*), ist sie für *er*-Derivate strukturell immer gleichermaßen möglich: Der Kopf der Wortbildung ist identisch, jedes *er*-Derivat verfügt also über dieselbe Möglichkeit, als Basis einer *in*-Derivation zu dienen. Hieraus erklärt sich auch, warum sich die vorliegende Studie auf sie beschränkt: Die grundsätzliche Movierbarkeit muss nicht mehr nachgewiesen werden bzw. kann nicht angezweifelt werden und die Lexeme sind untereinander strukturell vergleichbar. Damit werden zahlreiche Störfaktoren ausgeschlossen, deren Untersuchung in Folgestudien jedoch hochgradig wünschenswert wäre (z. B. die Frage, ab welcher Gebrauchsfrequenz man ein Lexem überhaupt als movierbar anerkennt).

---

[6] Die Übertragung des flexionsmorphologischen Paradigmenbegriffs auf die Wortbildung wurde in den vergangenen Jahren zunehmend diskutiert (z. B. Hathout & Namer 2019) und bietet sich aufgrund der fast unbeschränkten Anwendbarkeit insbesondere für die *in*-Movierung an, obwohl natürlich weiterhin deutliche Unterschiede zur Flexion bestehen (u. a. Genus- und Flexionsklassenwechsel, geringere Obligatorik). Diewald (2018: 291) spricht von „semantische[n] Minimalpaare[n]".

2.2 Gebrauchskontexte für geschlechtsübergreifende Maskulina

Der Terminus „generisches Maskulinum" wird im Bereich der personenbezeichnenden Substantive häufig für jede Art von paradigmatisch maskuliner Form gebraucht, die sich (auch) auf Frauen bezieht oder beziehen kann.[7] In der vorliegenden Studie wird das Phänomen, Kotthoff & Nübling (2018: 91) folgend, als „geschlechtsübergreifendes Maskulinum" bezeichnet, um es klar vom ebenfalls gebrauchten Terminus „generisch" im allgemeinlinguistischen Sinn zu trennen.

Diewald (2018: 286) fasst das geschlechtsübergreifende Maskulinum als Fall, in dem man „grammatisch maskuline Personenbezeichnungen [...] zur Bezeichnung ‚gemischter Gruppen' oder zum Ausdruck allgemeiner, d. h. geschlechtsunspezifischer Referenz auf Personen" verwendet, Doleschal (2002: 39) als „die Fähigkeit maskuliner Personenbezeichnungen, geschlechtsabstrahierend verwendet zu werden, insbesondere wenn es nicht um konkrete Personen geht." Tatsächlich ist es sinnvoll, genauer danach zu unterscheiden, über wen mit welcher sprachlichen Struktur gesprochen wird, weil Geschlecht in Abhängigkeit davon unterschiedlich relevant sein kann (vgl. Kotthoff & Nübling 2018: 92–95). Im vorliegenden Fall wichtig sind die folgenden semantischen Dimensionen, die in unterschiedlichen Kombinationen auftreten:

Tab. 2: Semantische Dimensionen des Denotats, die geschlechtsübergreifende Maskulina befördern oder behindern.

	← eher Femininum		eher Maskulinum →
Geschlecht	weiblich	gemischt	unbekannt/inexistent
Personenmenge	Einzelperson		Gruppe
Spezifizität	spezifisch, bekannt	spezifisch, unbekannt	generisch

Mit den Dimensionen Personenmenge und Spezifizität verbinden sich unterschiedliche grammatische Strukturen: Die Menge schlägt sich im Numerus nieder. Die Verhältnisse bei der Spezifizität sind komplexer: Spezifische Personen

---

[7] In der Regel bezieht er außerdem maskuline Pronomina mit ein, die kein feminines Gegenstück haben (z. B. *jemand*, *wer*; so bei Klann-Delius 2005: 26; Kotthoff & Nübling 2018: 91). Klein (in diesem Band) verweist darauf, dass man, wäre man konsequent, auch im Substantivbereich maskuline Epikoina wie *Gast* als generische bzw. geschlechtsübergreifende Maskulina bezeichnen müsste; das Vorhandensein eines femininen Gegenstücks dürfte nicht bei der einen Wortart ein Kriterium sein, bei der anderen nicht. Der vorliegende Beitrag umgeht das, indem er sich auf *er*-Derivate beschränkt.

treten eher in definiten Nominalphrasen auf, insbesondere, wenn sie bekannt sind, generische (im allgemeinen linguistischen Wortsinn) eher in indefiniten. Hier besteht allerdings keine 1:1-Korrelation (z. B. definit, aber generisch: *Wir tun alles für den Kunden*). Auf spezifische Personen wird eher referiert, während prädikative Konstruktionen nur generische Personen beinhalten – dazu aber gleich mehr.[8]

Sind geschlechtsübergreifende Maskulina ganz oder teilweise im Sprachgebrauch einer Person vorhanden, so treten sie in den weiter rechts stehenden Dimensionsausprägungen häufiger oder regelmäßiger auf als in den weiter links stehend: Auf eine bekannte weibliche Einzelperson wird fast ausnahmslos mit einer movierten Form referiert (*Deine Steuerberaterin hat angerufen!*), Becker (2008: 66) ordnet eine maskuline Form bei weiblichem Referens sogar als Lüge ein. Sobald eines der Merkmale in diesem Bündel (weiblich, Einzelperson, referierend) sich ändert, wird das Maskulinum möglich (Änderung jeweils unterstrichen):

(4) a. weiblich, <u>Gruppe</u>, spezifisch   *Unsere Sachbearbeiter stellen sich vor.*[9]

b. <u>unbekannt</u>, Einzelperson, spezifisch   *Heute war ein Brief vom Jugendamt in der Post. Der Sachbearbeiter hat sich damit offenbar viel Mühe gegeben.*

c. weiblich, Einzelperson, <u>generisch</u>   *Lydia ist Sachbearbeiter.*[10]

---

8 Da für diese Studie nur Konstruktionen relevant sind, in denen das Nomen Kopf einer Nominalphrase mit einer syntaktischen Funktion ist, bleibt adressierender Gebrauch (vgl. Kotthoff & Nübling 2018: 93) ebenso unberücksichtigt wie Substantive, die als Appositionen (*Richter·in Susanne Baer*), als Genitivattribute (*der Zuständigkeitsbereich der Richterin*) und Nicht-Köpfe von Wortbildungen (*der Richterbeschluss*, *richterlich*; vgl. Kotthoff & Nübling 2018: 94) gebraucht werden.
9 Vgl. z. B. die Seite „Unsere Erzieher stellen sich vor...." des Naturkindergartens Zwergenwald e. V., auf der vier Frauen porträtiert werden, die in den Texten individuell als *Erzieherin* bezeichnet werden (https://www.zwergenwald-nortorf.de/%C3%BCber-uns/erzieher/, archiviert am 29. 8. 2020) oder das Beispiel bei Sobotta (2002: 149), wo zwei Deutschlehrerinnen einen Elternbrief mit „die Tutoren" unterschreiben. Nicht alle Sprecherinnen und Sprecher, die die maskuline Form für gemischte Gruppen verwenden, gebrauchen sie auch für weibliche Gruppen.
10 Hier beeinflusst die Konstruktion die Variation zusätzlich: Unmovierte Formen sind bei prädikativen Nomen gebräuchlicher als in Subjekt- oder Objektposition (aber z. B. bei Erläuterungen zu einer Software speziell für gynäkologische Praxen, das beschriebene Feature heißt *Gyn-Arztbrief*: *Es soll immer **der Patient** als Adressat vorbelegt sein und sein Hausarzt eine Kopie erhalten*; https://www.aceto-online.de/fachgebiete/gynaekologie/, archiviert am 16. 1. 2021).

Dabei variieren Gebrauch und Akzeptanz geschlechtsübergreifender Maskulina für die unterschiedlichen Ausprägungskombinationen, aber auch für verschiedene Lexeme. Das Prädikativum stellt einen interessanten Sonderfall dar: Es weist einer oder mehreren Person(en) (dem Satzsubjekt oder -objekt) eine generische Rolle zu, ohne selbst zu referieren, weshalb es auch streng genommen kein eigenes Geschlecht hat („inexistent" in Tab. 2).[11] Diese geschlechtsneutrale Rollenzuweisung ist besonders stark, wenn das Prädikativum undeterminiert ist (schwächer dagegen also: *Frau Aydın ist unser neuer, aber schon gut eingearbeiteter Sachbearbeiter*). Allerdings ist es Teil einer geschachtelten Struktur: Auch die Merkmale der Personen, auf die das Subjekt oder Objekt referiert, lassen sich wieder bestimmen. Ihr Geschlecht kann ebenfalls unbekannt/inexistent sein (**Man weiß das als Segler**) – aber auch gemischt (*Das sind Heide und Erich Wilts.* **Die Wilts** *sind als Segler bekannt geworden*) oder rein weiblich (**Sie** *ist als Segler bekannt geworden* / **Diese Frauen** *sind als Segler bekannt geworden*). Das Geschlecht des Subjekts- oder Objektsreferens wirkt sich auf die Ausdrucksmöglichkeiten für das Prädikativum aus, es ermöglicht das Femininum (*Sie ist als* **Seglerin** *bekanntgeworden*). Anders als bei anderen geschlechtsübergreifenden Maskulina ist hier die Beidnennung keine mögliche Alternative, obwohl das Prädikativum selbst nur auf eine geschlechtslose Rolle verweist (**Sie ist als Segler oder Seglerin bekanntgeworden*, aber: *Man weiß das als Seglerin oder Segler*).

Damit stehen zwei Prinzipien im Konflikt: Streng genommen müsste das Prädikativum so beschaffen sein wie andere Rollenbezeichnungen mit unbekanntem/inexistentem Geschlecht auch. Dennoch bezieht es sich, wenn auch indirekt, auf eine spezifische weibliche Person, ein Fall, in dem sonst die movierte Form gebraucht wird, sofern sie für das entsprechende Substantiv existiert. Häufig wird das Geschlecht am Subjekt oder Objekt sprachlich sichtbar: Es ist ein feminines Pronomen, ein weiblicher Eigenname oder eine weibliche Personenbezeichnung. (Wird nur der Familienname genutzt, kann allerdings nur durch Kenntnis der Person die Referenz auf eine Frau erkannt werden, z. B. *(Dr.) Merkel ist Physiker/in*; die hierdurch entstehenden korpuslinguistischen Probleme werden in Abschnitt 5.3 angesprochen.) Entsprechend kann die Movierung hier auch als eine Form von Kongruenz aufgefasst werden (so auch die Dudengrammatik 2016: 1006), die Nichtmovierung als Monoflexion (also Beseitigung von Redundanz, vgl. Oksaar 1976: 84). Beides ist mit der Struktur des Deutschen prinzipiell vereinbar und beides führt dazu, dass Geschlecht erkennbar wird, sei es auch am Prädikativum (*Sie ist Seglerin*) oder nur am Subjekt/

---

[11] Dieser Unterschied wird aber auch in der Forschung häufig nicht gemacht, so sprechen Schröter, Linke & Bubenhofer (2012: 367) davon, dass „die generische Form auf eine einzelne Person oder eine gemischtgeschlechtliche Personengruppe referiert".

Objekt bzw. dessen Referens (*Sie ist Segler*)[12] (s. auch die Überlegungen bei Schröter, Linke & Bubenhofer 2012: 375).

Prädikative Personenbezeichnungen, deren indirektes Referens weiblich ist, bieten damit den idealen Rahmen zur Untersuchung der *in*-Movierung als Zeichen der Fremdwortintegration: Im Gegensatz zu referenziellen Personenbezeichnungen erlauben sie Variation.[13] Die Sprecherinnen und Sprecher haben hier nicht die Wahl zwischen Maskulinum und Beidnennung (oder einer anderen Variante geschlechtergerechter Sprache), die starker Sprachreflexion unterliegt und deren Gebrauch massiv von Textsorte, Adressatenkreis etc. gesteuert wird, sondern die wesentlich unauffälligere Wahl zwischen movierter und nichtmovierter Form. Wenn also in Abschnitt 2.1 dargestellte Movierungsrestriktionen, insbesondere der für die vorliegende Studie zentrale Fremdwortstatus, heute noch weiterwirken oder Reflexe zeigen, dann höchstwahrscheinlich in dieser Konstruktion.

2.3 Movierung in prädikativen Konstruktionen: Forschungsstand

Die Verwendung maskuliner Personenbezeichnungen für Frauen in prädikativen Konstruktionen wird von der Allgemeinheit und innerhalb der Sprachwissenschaft unterschiedlich bewertet. In einer Anekdote berichtet Pusch (1984: 103–104) von der Vorsitzenden der Frauenpartei, die 1979 bei einem Vortrag im Rahmen einer Frauensommeruni für den Satz *Ich bin Tierarzt* ausgelacht wird, verweist aber gleichzeitig darauf, dass dieser Sprachgebrauch anderswo der Normalfall ist (als „patriarchalische Grammatik" bezeichnet). Die Dudengrammatik (2016: 1006–1007) beschreibt das Maskulinum für artikellose Berufs-

---

12 Anders verhält es sich bei Selbstreferenz. Hier ermöglicht das Pronomen (*Ich bin Segler*) keine Identifikation des Geschlechts, es ist aber zumindest in gesprochener Sprache zumeist durch andere Formen der Geschlechtsperformanz (Stimme, Kleidung etc.) erschließbar.
13 Ob bei Fremdwörtern anfangs auch bei spezifischen Personen in referierenden Konstruktionen Variation besteht (also so etwas wie *Der Trainer trägt blaue Turnschuhe* mit Bezug auf eine Frau), ist ebenfalls untersuchenswert, aber im Erhebungsdesign hochgradig problematisch und mit sehr komplexen Aufgabenstellungen verbunden. (Denkbar wäre z. B. ein Foto, dazu ein Lückentext wie „___ trägt blaue Turnschuhe" und die Aufforderung, auf die Personen mit ihrem vermuteten Beruf zu referieren.) Dass so etwas vorkommt, ist z. B. für *Teenager* bekannt. Das Lexem bildet allerdings insofern einen Sonderfall, als es ursprünglich fast exklusiv als Bezeichnung für adoleszente Mädchen gebraucht wurde. Ähnlich verhält sich *Babysitter*, das ebenfalls fast nur Mädchen und Frauen bezeichnet und dessen Movierung auch verzögert eintritt (vgl. Oksaar 1976: 84, 210).

bezeichnungen als „zulässig", setzt jedoch nach: „[v]iele beurteilen diesen Gebrauch aber als veraltet". Kotthoff & Nübling (2018: 92) versehen *meine Nachbarin ist Bäcker/wird Bäcker* mit Fragezeichen. Bei Doleschal (1992: 52) heißt es: „Im Prädikat wird [ebenfalls] stets die movierte Personenbezeichnung verwendet: *Sie ist von Beruf Säuglingspflegerin/*Säuglingspfleger*". Auch Diewald (2018: 290) bezeichnet die Sätze *Anna ist ein* [...] *eloquenter Redner/ein geschäftstüchtiger Bäcker/ein echter Diplomat* als „semantisch abweichend" und markiert sie mit * als ungrammatisch.

Die letzten beiden Einschätzungen entsprechen jedoch weder dem Sprachgebrauch noch dem Akzeptabilitätsurteil vieler Sprecherinnen und Sprecher. Das zeigt zum Beispiel die Studie von Schröter, Linke & Bubenhofer (2012). Sie analysieren Fragebogendaten zum geschlechtsübergreifenden Maskulinum in prädikativen Konstruktionen und finden mittlere Werte für die drei Dimensionen Akzeptabilität (2,6),[14] geschätzte Üblichkeit unmovierter Formen (2,7) und Aussage zum eigenen Gebrauch (3,0). Die Befragten sehen und akzeptieren unmovierte Formen also etwas mehr als sie sie selbst gebrauchen würden,[15] verwenden sie aber durchaus. Den größten Unterschied macht dabei aus, ob das Satzsubjekt ein Individuum oder eine Gruppe ist: Für Gruppen liegen die drei Einschätzungen zwischen 1,4 und 1,7, für Individuen dagegen zwischen 2,6 und 3,2. Die Studie prüft weitere potenzielle Einflussfaktoren, allerdings jeweils getrennt voneinander. Beim Geschlecht der Teilnehmenden lässt sich kein Einfluss nachweisen, beim Alter dagegen schon: Die jüngere Gruppe (unter 26) zeigt eine höhere Affinität zu unmovierten Formen als die ältere.[16] Schröter, Linke & Bubenhofer (2012: 374–375) sehen hier entweder einen Einfluss der Lebensphase (die Einstellung verändert sich im Verlauf der der eigenen Biografie) oder einen Generationenunterschied (und damit eine „Renaissance des generischen Maskulinums"). In Deutschland werden unmovierte Formen als etwas üblicher eingeschätzt und die Bereitschaft zum Gebrauch ist etwas höher als in der Schweiz (nicht aber der tatsächliche Gebrauch, vgl. Schröter, Linke & Bubenhofer 2012: 370), bei der Akzeptabilität zeigen sich keine Unterschiede.

---

14 Auf einer Skala von 1 bis 5, wobei 1 = vollkommen akzeptabel/üblich/selbstverständlich verwendet.

15 In einem vorhergehenden Teil des Fragebogens wurden von den weiblichen Teilnehmenden auch Produktionsdaten erhoben (Kurzbeschreibung einer Tätigkeit mit der Frage „Wie würden Sie Ihre berufliche Tätigkeit selbst bezeichnen?" und dem Satzanfang „Ich bin ___"). Hier zeigt sich, dass die später geäußerte Bereitschaft zum Gebrauch unmovierter Formen (im Lexemdurchschnitt 26 %) deutlich unter ihrer realen Verwendung (32 %) liegt (Schröter, Linke & Bubenhofer 2012: 369).

16 Die Differenzen zwischen den Altersgruppen reichen von 0,2 bis 0,49, sind also nicht massiv.

Eine Auswertung nach Lexemen zeigt, mit denen beginnend, die die Befragten am ehesten unmoviert für ein Individuum gebrauchen würden, die Reihenfolge *wissenschaftlicher Mitarbeiter/Manager* (2,4) vor *Konsument/Mechaniker* (3,0) vor *Kosmetiker/Angestellter* (4,0). Hieraus ergeben sich eine Vielzahl von Vermutungen, so z. B. zum Sonderstatus von substantivierten Adjektiven, die keine Movierung erfahren, sondern adjektivisch nach Genus flektieren (Schröter, Linke & Bubenhofer 2012: 368–369), aber auch zum Einfluss davon, dass eine Tätigkeit als typischer Frauenberuf wahrgenommen wird (*Kosmetikerin*) bzw. eben nicht (*Manager, Mechaniker*) (hierzu anhand anderer Daten auch Schröter, Linke & Bubenhofer 2012: 371–372; keinen Einfluss eines Geschlechterbias zeigt eine Akzeptabilitätsstudie von Trutkowski 2018: 89).

Schröter, Linke & Bubenhofer (2012: 369) äußern sich auch zum Fremdwortstatus von *Manager*:

> *Manager* dagegen sticht durch seine Entlehnung aus dem Englischen hervor. [...] Die Movierung der Form durch Suffixbildung (*Managerin*) ist im Deutschen zwar möglich und auch nicht völlig ungebräuchlich, das Lehnwort selbst mag jedoch durch seine englische Aussprache für die Ohren von Deutschsprachigen trotz der Endung auf *-er* weniger maskulin konnotiert sein, als dies bei sonstigen Personenbezeichnungen auf *-er* der Fall ist.

Hier wird also vermutet, dass die unmovierte Form die Verhältnisse des Englischen bewahrt, die Teilnehmenden also wissen, dass engl. *manager* geschlechtsneutral ist und deshalb der Movierungsbedarf im Deutschen geringer ist. Tatsächlich neigen Sprecherinnen und Sprecher des Deutschen allerdings dazu, englische *er*-Derivate auch in der Gebersprache als Männerbezeichnungen zu interpretieren (so z. B. eine Studie von Günther 2019 mit Studierenden). Das würde eher für einen erhöhten Movierungsbedarf sprechen. Entsprechend liegt es näher, die Nichtmovierung als einen Reflex der Fremdheit, also als verzögerte Integration ins morphologische System des Deutschen zu betrachten.

Claus & Willy (in diesem Band) untersuchen in einer Akzeptabilitätsstudie inkongruente prädikative Ellipsen vom Typ *Herr Saki ist Japaner. Frau Watanabe auch.* Sie zeigen, dass ein weibliches Subjekt nach unmoviertem Prädikatsnomen besser akzeptiert wird, wenn die Nomen im Plural stehen, was zu den Ergebnissen von Schröter, Linke & Bubenhofer (2012) passt. Insgesamt erreichen Items mit unmoviertem Prädikatsnomen jedoch nur mittlere Werte auf der Akzeptabilitätsskala (Median für Plural 4, für Singular 3 bei 7 = „sehr gut"). Für die gegenläufig inkongruente Struktur (*Frau Watanabe ist Japanerin. Herr Saki auch.*) liegt der Median numerusunabhängig bei 2, was nahelegt, dass unmovierte Formen auch bei elliptischem Bezug eher geschlechtsübergreifend fungieren können als movierte.

Quantitative Daten zu den Verhältnissen in der ehemaligen DDR und zu dort sozialisierten heutigen Sprecherinnen und Sprechern fehlen weitgehend.

Insbesondere im amtlichen Sprachgebrauch, aber auch darüber hinaus waren unmovierte Formen gebräuchlicher als in der BRD (vgl. Diehl 1992; Gorny 1995: 555–556; Trempelmann 1998; Polenz 1999: 331). In der Regel erfolgt in der Literatur allerdings keine Differenzierung der grammatischen Strukturen, die angeführten Beispiele sind unsortiert auf spezifische und generische Individuen und Gruppen bezogen, sowohl direkt referierend als auch prädikativ (so z. B. bei Sobotta 2002), zu Gebrauchsfrequenz oder Verhältnissen liegen keine Zahlen vor. Es lässt sich lediglich feststellen, dass es Unterschiede gab (die jedoch eher graduell als kategorisch waren, vgl. Sobotta 2002) und dass sie, zumindest dem persönlichen Eindruck nach, auch mit der Wiedervereinigung nicht plötzlich verschwanden:

> Aus der zeitlichen Perspektive des Jahres 2000 lässt sich sagen, dass Frauen und Männer mit DDR-Sozialisation zu einem großen Teil das so genannte generische Maskulinum weiterhin bevorzugen. Das ist insofern bemerkenswert, als im öffentlichen und nicht-öffentlichen Sprachgebrauch des geeinten Deutschlands – also mittlerweile seit über zehn Jahren auch im Osten des Landes – immer wieder gegen dieses generische Maskulinum debattiert und seine Verwendung als ein Verstoß gegen die politische Korrektheit im Sprachgebrauch bewertet wird. Dennoch scheinen sich die Ostdeutschen nur schwer von dieser ihrer sprachlichen „Unsitte" trennen zu können bzw. zu wollen. (Sobotta 2002: 149)

Es bleibt also festzuhalten, dass prädikative Nomen im Deutschen generell unmoviert sein können, obwohl sie sich auf weibliche Personen beziehen. Dabei legen die unterschiedlichen Bewertungen in der Literatur nahe, dass es verschiedene individuelle Grammatiken geben dürfte, auch solche, in denen Nichtmovierung in prädikativen Konstruktionen als ungrammatisch betrachtet wird. Bisherige Untersuchungen zeigen eine Vielzahl möglicher Einflussfaktoren auf die Wahl einer movierten oder unmovierten Form wie bezeichnete Personenmenge (Individuum vs. Gruppe), morphologische Eigenschaften des Nomens (z. B. *er*-Derivat, nominalisiertes Adjektiv), Entlehnungsstatus des Nomens, Geschlechterbias von Berufsgruppen bzw. Tätigkeiten, Sprecheralter und Sozialisierung (BRD vs. DDR). Auf die meisten von ihnen wird in Abschnitt 4 zurückzukommen sein.

3 Methode und Datenerhebung

Im Rahmen einer Produktionsstudie mittels Onlinefragebogen wurden im Februar 2019 Daten zur Movierung in Prädikativkonstruktionen erhoben. Das Prädikativum war eine *er*-derivierte Berufsbezeichnung im Singular, das Subjekt ein weibliches Pronomen der dritten Person. Der Fragebogen wurde über Twitter,

Facebook und persönliche Netzwerke verbreitet, wobei die Resonanz auf Twitter am größten war (72 Retweets). Insgesamt wurde er 810 mal ausgefüllt, davon waren 802 Bögen auswertbar.[17]

Die Aufgaben bestanden daraus, eine kurze Beschreibung eines Berufs durchzulesen, den eine fiktive Person ausübt (z. B. *Sharon*, 5a). Im Anschluss folgte ein Satz mit Lücke, in dem der Beruf als Prädikativum ergänzt werden sollte (5b). Das Geschlecht der Person wurde also durch den Rufnamen und durch das Pronomen angezeigt. Als Distraktor wurde abschließend das geschätzte Alter der Person erfragt (5c).

(5) a. Sharon übernimmt die geschäftliche Betreuung von Stars und regelt ihre Branchenkontakte.

b. Sie ist _____

c. Wie alt schätzen Sie Sharon? _____

Im gesamten Fragebogen enthalten waren 12 Items (wie 3b, alle Sätze s. Anhang 7.1) gekoppelt mit 12 Distraktorfragen nach dem Alter (wie 3c), 12 Distraktoren, die wie die Testitems strukturiert waren, aber Männernamen nutzten, sowie weitere Distraktoraufgaben (z. B. Zuordnung eines Rufnamens zu einem Bild). Distraktoren für diese Studie bildeten auch die gleichzeitig erhobenen Items für die Studie von Klein (in diesem Band), bei denen Personen benannt werden sollten. Die Bearbeitung des Fragebogens nahm ca. 20 Minuten in Anspruch.

Gefordert waren 6 native (*Autohändler·in, Busfahrer·in, Kindergärtner·in, Lehrer·in, Schneider·in, Stadtführer·in*) und 6 englischstämmige Berufs- bzw. Tätigkeitsbezeichnungen (*Babysitter·in, Barkeeper·in, Blogger·in, Influencer·in, Manager·in, Trainer·in*) in Form von *er*-Derivaten. In den Definitionen wurde für Lexeme, die keine klassischen Berufe oder eher typische Nebenjobs sind, hervorgehoben, dass es sich um eine Tätigkeit handelt, mit der die Person Geld verdient (z. B. *beruflich*; *Geld* [...] *verdienen*) oder die sie einen großen Teil ihrer Zeit lang ausübt (z. B. *den ganzen Tag*; Baeskow 2002: 76–78 bezeichnet das als habituellen Aspekt). In der statistischen Auswertung wurden alle gesuchten Items berücksichtigt, egal bei welcher Frage sie angegeben wurden. So wurden z. B. *Influencer·in* und *Blogger·in* oft vertauscht. Zusätzlich wurden drei nicht

---

[17] Ausgeschlossen wurden Fragebögen, bei denen die Teilnehmenden angaben, Deutsch nicht auf muttersprachlichem Niveau zu beherrschen (3), die konsequent nicht mit Berufsbezeichnungen ausgefüllt wurden (3), bei denen das Ziel der Untersuchung erkannt wurde (Angabe im Kommentarfeld, 1) und bei denen konsequent der Genderstern verwendet wurde (1).

erwartete, aber sehr häufig genannte Berufe mit aufgenommen (*Erzieher·in*, *Schüler·in*, *Bartender·in*), sodass final 15 Items analysiert wurden, 8 native und 7 fremde.

Hinzu kommt eine Vielzahl weiterer, nicht-intendierter Formen, einige von ihnen werden in Abschnitt 5.2 betrachtet. Sie entstanden durch Nennung von (Teil-)Synonymen (z. B. *Pädagogin* oder *Studienrätin* bei *Lehrer·in*), weil eine Definition nicht eindeutig war oder Berufe verwechselt wurden (z. B. *Taxifahrerin* bei *Busfahrer·in*), teilweise aber auch dadurch, dass die Teilnehmenden kreativ sein wollten (z. B. *Rosstäuscherin* bei *Autohändler·in*, auch andere abwertende Bezeichnungen traten regelmäßig auf) oder den in der Definition gegebenen Beruf nicht für den „eigentlichen" Beruf der Person hielten (z. B. *Kunsthistorikerin* für *Blogger·in*, *Grundschullehrerin* für *Trainer·in*, eigentlich *Studentin* für *Influencer·in*).

Alle analysierten Berufsangaben wurden zusätzlich zur Originalangabe normalisiert (Korrektur offensichtlicher Tippfehler, Entfernung von Bindestrichen und Leerzeichen) und „lemmatisiert". Letzteres bedeutet, dass als Lemma für Komposita das einfache Lexem angesetzt wurde (z. B. *Änderungsschneiderin* zum Lemma *Schneider·in*), dass bedeutungsgleiche Komposita mit gemeinsamem Letztglied zusammengefasst wurden (z. B. *Fremdenführerin*, *Reiseführerin*, *Gästeführerin* zum Lemma *Stadtführer·in*) und dass komplexe Antworten auf ihr gesuchtes Lexem reduziert wurden (z. B. *Persönliche Managerin* zum Lemma *Manager·in*). Bei Mehrfachangaben wurde das intendierte Lexem gewählt (z. B. *Babysitterin* bei *Babysitterin/Schülerin*).

Im Anschluss an den Hauptteil wurden als Sozialdaten Alter, Geschlecht (Freitextfeld) und Bundesland bzw. Land (Dropdownmenü) erfasst. Der über-

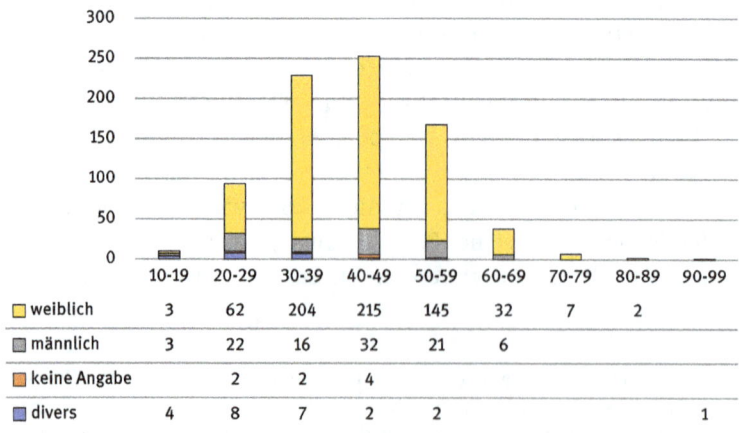

Abb. 1: Verteilung der Teilnehmenden nach Alter und Geschlecht ($n = 802$).

wiegende Teil der Teilnehmenden ist weiblich (84 %), 12 % der Bögen wurden von Männern bearbeitet, 3 % machten eine Angabe, die als divers zusammengefasst wurde (z. B. „enby", „nicht-binär"). Das Durchschnittsalter beträgt 42,2 Jahre. 72,9 % der Teilnehmenden leben in den alten Bundesländern, 8,4 % in den neuen, der Rest verteilt sich auf Berlin (8,2 %, keine Trennung in Ost und West), Österreich (5,1 %) und die Schweiz (1,5 %). Die Daten sind damit nicht repräsentativ für die Gesamtbevölkerung, sondern vor allem für westdeutsche Frauen zwischen 30 und 60 mit (wegen des Verteilungswegs) einer gewissen Internetaffinität.

4 Ergebnisse

Die Ergebnisse lassen sich auf Sprecher- und auf Lexemebene auswerten, also danach, ob und wie viel einzelne Teilnehmende variieren (Abschnitt 4.1) und danach, welche Faktoren Variation bei konkreten Lexemen bedingen (Abschnitt 4.2).

4.1 Sprecherbezogene Analyse

4.1.1 Schwankende vs. immer/nie movierende Personen

Auf individueller Ebene zeigt sich, dass Movierung der Normalfall ist: 589 Personen movieren alle Berufsbezeichnungen für Frauen. Nur zwei Personen movieren keine einzige. 215 Personen weisen Schwankungen auf, haben also mindestens eine unmovierte Form unter sonst movierten oder umgekehrt.

Trennt man die Daten nach fremden und nativen Lexemen, so zeigt sich, dass es mehr Teilnehmende gibt, die fremde Lexeme nie oder gelegentlich nicht movieren (205) als Teilnehmende, die native Lexeme nie oder gelegentlich nicht movieren (47, Abb. 2).[18]

---

18 Bei Männernamen (d. h. bei den 12 Distraktoren) wird zweimal moviert, obwohl hier keine movierten Formen zu erwarten sind:

(i) *Hakan bringt bald ein neues Album raus. Er ist ... **Sängerin**.* (w, 41, BW)

(ii) *Leonard arbeitet in einem Altenheim. Er ist ... **Altenpflegerin*** (w, 33, NRW)

Bei beiden Teilnehmerinnen sind im Rest des Bogens keine Auffälligkeiten zu beobachten.

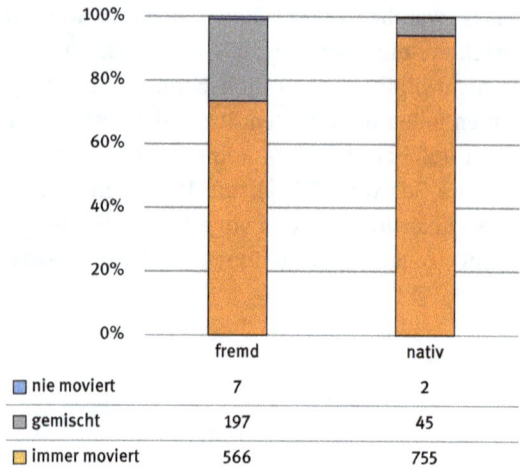

Abb. 2: Movierungsverhalten nach Personen und Lexemgruppe (fremd/nativ) (χ^2 = 124,69, df = 2, p < 2,2e−16, Cramérs V = 0,28). Jeder der Balken umfasst alle Personen, für die entsprechende Daten vorliegen.[19]

4.1.2 Regression: Personen

Bevor auf die Eigenschaften einzelner Lexeme Bezug genommen wird, soll die Frage beantwortet werden, ob sich die Aufteilung auf die Gruppen „schwankende Personen" und „immer movierende Personen" durch die Sozialdaten erklären lässt. (Die Zahl der nie movierenden Personen ist mit 2 zu gering für eine Auswertung.) Basierend auf der Literatur lassen sich zu diesen außersprachlichen Einflussfaktoren die folgenden Hypothesen aufstellen:

- **Alter** der Teilnehmenden: Weniger Movierung bei Jüngeren (Schröter, Linke & Bubenhofer 2012: 369).
- **Herkunft** der Teilnehmenden: Weniger Movierung in der ehemaligen DDR (Gorny 1995: 555–556, vgl. aber für ein differenzierteres Bild Diehl 1992; Sobotta 2002), kein Unterschied im Sprachgebrauch zwischen Deutschland und der Schweiz (Schröter, Linke & Bubenhofer 2012: 370).
- **Geschlecht** der Teilnehmenden: Bei einfachen Auswertungen bisher kein Einfluss (Schröter, Linke & Bubenhofer 2012), eine erneute Überprüfung in einer komplexeren Statistik erscheint aber geboten.

---

19 Während das Movierungsverhalten im nativen Bereich für alle Teilnehmenden bestimmbar ist, haben im Fremdwortbereich einige Teilnehmende keinen oder nur einen der Anglizismen produziert. Da Variation frühestens bei zwei Belegen festgestellt werden kann, sind diese Personen nicht im linken Balken enthalten.

Für diese drei potenziellen Einflussfaktoren wurde eine logistische Regression mit festen Effekten durchgeführt. Herkunft wurde dabei unterschieden nach Wohnort in den neuen Bundesländern vs. Rest,[20] Geschlecht wurde in männlich, weiblich und divers gruppiert.[21] Die Ergebnisse der logistischen Regression (Details s. Anhang, Abschnitt 7.1) zeigen keine nachweisliche Auswirkung der drei Faktoren darauf, ob eine Person zur schwankenden oder zur stets movierenden Gruppe gehört. Die entsprechenden Hypothesen lassen sich also nicht erhärten.

4.2 Lexembezogene Analyse

Begrenzt man die weitere Analyse auf die 215 Personen mit gemischtem Movierungsverhalten, so zeigen sich deutliche lexembezogene Unterschiede (Abb. 3).

Hier deuten sich bereits bei den meisten Anglizismen deutlich geringere Movierungsanteile an als im nativen Bereich, es wird jedoch auch sichtbar, dass es sich um eine heterogene Gruppe mit großen internen Unterschieden handelt.

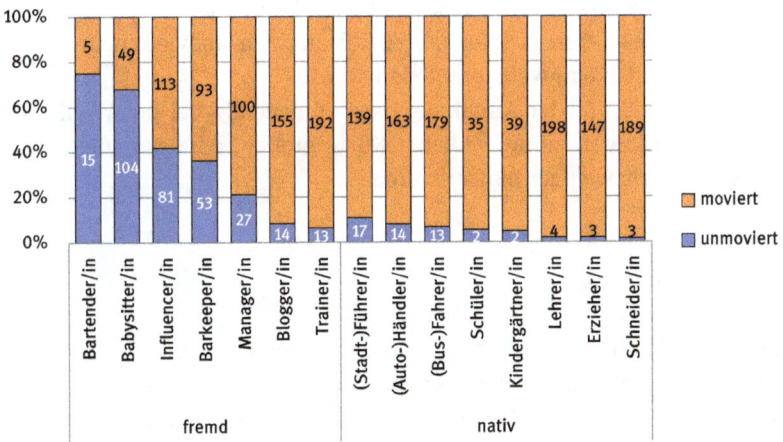

Abb. 3: Verteilung movierter und unmovierter Formen nach Lemma und Entlehnungsstatus.

---

20 Inklusive Berlin, weil hier im Fragebogen nicht nach Ost und West getrennt wurde.
21 Dabei wurden auch die wenigen Teilnehmenden ohne bzw. mit nicht interpretierbarer Geschlechtsangabe (z. B. „Eichhörnchen", „bin nicht adelig", „egal") der Gruppe „divers" zugewiesen, in der Annahme, dass hinter der Verweigerung eine zumindest teilweise Ablehnung/Irrelevantsetzung einer Geschlechtereinteilung steht.

4.2.1 Potenzielle Einflussfaktoren und Hypothesen

Um zu ermitteln, welche Faktoren die Verteilung beeinflussen und ob sich Anglizismen tatsächlich anders verhalten als native Lexeme, wurde mit den Daten eine logistische Regression mit gemischten Effekten für eine Vielzahl potenzieller Einflussfaktoren durchgeführt. Als mögliche außersprachliche Einflussfaktoren lassen sich aus der Literatur ableiten:
– **Alter, Herkunft, Geschlecht** (Angaben zu den Hypothesen wurden bereits in Abschnitt 4.1.2 gemacht.)
– **Bias** der bezeichneten Berufsgruppe: Weniger Movierung bei traditionellen „Männerberufen" (Oksaar 1976: 85). (Aber: Kein Einfluss von Bias bei Trutkowski 2018: 89.)

Mögliche innersprachliche Einflussfaktoren sind:
– **Entlehnungsstatus** fremd (= Anglizismus) vs. nativ: Weniger Movierung bei Anglizismen (Hansen & Rajnik 1982: 13; Doleschal 1992: 37; für das Lexem *Manager* Schröter, Linke & Bubenhofer 2012).
– **Gebrauchsfrequenz**: Basierend auf der Annahme, dass Movierung grammatische Integration ins Sprachsystem zeigt und die Integration für frequentere Lexeme schneller voranschreitet, wird vermutet, dass bei niedriger Frequenz des Lemmas (hier bestehend aus dem movierten und dem nicht-movierten Lexem) weniger moviert wird.
– **Länge**: Basierend auf der Annahme, dass Sprechende bei der Wahl zwischen zwei Varianten zu sprachlicher Kürze greifen, wird vermutet, dass bei längerer Basis weniger moviert wird.

4.2.2 Operationalisierung

Alle potenziellen Einflussfaktoren aus Kap. 4.2.1 wurden als feste Effekte in die logistische Regression aufgenommen, Lexem und Teilnehmer·in stellen zufällige Effekte dar. Angaben zur Operationalisierung von Alter, Herkunft und Geschlecht wurden bereits in Abschnitt 4.1.2 gemacht. Die weiteren Prädiktoren wurden folgendermaßen operationalisiert:
– **Bias**: In einer getrennten Erhebung wurde ermittelt, wie groß die Teilnehmenden den Männeranteil an den erfragten Berufen einschätzen. Hier wurde bewusst nach der gefühlten Verteilung gefragt, statt die reale Verteilung anhand von Statistiken zu ermitteln. Die Teilnehmenden dieser Befragung sind mit denen der Hauptstudie in Alter und Geschlecht vergleichbar, die Verbreitung erfolgte ebenfalls über Twitter. Die prozentualen Werte für den Männeranteil aus dieser Zusatzbefragung wurden in die Regression für die

Hauptbefragung einbezogen, d. h. jedem Datensatz wurde der Männer-Prozentsatz seines Lexems zugewiesen. Für Details und Ergebnisse der Zusatzbefragung s. Anhang, Abschnitt 7.3.

- **Gebrauchsfrequenz:** Die Tokenfrequenz der Lexeme wurde anhand des DECOW16B-Korpus ermittelt (Schäfer & Bildhauer 2012; Schäfer 2015). Dazu wurden jeweils die movierten und unmovierten Vorkommen als ein Lexem zusammengefasst (also z. B. *Lehrerin, Lehrerinnen* mit *Lehrer, Lehrers, Lehrern*). Wo im Fragebogen ein Kompositum oder eine abweichende Form angegeben wurden (z. B. *Handballtrainer·in* statt *Trainer·in* oder *Straßenbahnfahrer·in* statt *Busfahrer·in*), wurde aus praktischen Gründen dennoch die Frequenz des normalisierten Lexems (also die von *Trainer·in* und *Busfahrer·in*) aufgenommen. Die Zahlen gehen, wie bei Frequenzklassenangaben üblich, in logarithmierter Form in die Statistik ein. Da die Daten aus dem Jahr 2014 stammen, war das Lexem *Influencer·in*, das sich erst in den letzten Jahren stärker verbreitet hat, eventuell zum Befragungszeitpunkt frequenter als in DECOW. Eine Übersicht über die Frequenzen findet sich im Anhang, Abschnitt 7.4.
- **Länge:** Die Länge wurde als Silbenzahl (ohne das Movierungssuffix) operationalisiert und für jede eingetragene Form, die zu einem relevanten Lexem gehört, manuell bestimmt. Das hat zur Folge, dass z. B. Datenpunkte für das gesuchte Lexem *Busfahrer·in* je nach angegebener Form 2 (*Fahrer*), 3 (*Busfahrer, Tramfahrer*), 4 (*U-Bahn-Fahrer, Trambahnfahrer, Taxifahrer*), 5 (*Straßenbahnfahrer, BVG-Fahrer*) oder 6 Silben (*Berufskraftwagenfahrer*) haben können. Die Silbenzahl ist also nicht zwingend eine Eigenschaft des Lexems.

4.2.3 Regression: Lexeme

Für die Statistik wurden die Datensätze aller Teilnehmenden ausgeschlossen, die invariant movierten – sie können keinen Aufschluss über die Variation geben. Es verblieben 2161 Datensätze von 215 Personen, mit denen eine gemischte logistische Regression durchgeführt wurde.[22] Das Ergebnis zeigt, dass die Vari-

---

[22] Das bedeutet, dass neben festen Effekten (für die es Hypothesen dazu gibt, dass und warum sie einen Einfluss auf die Variation haben) auch zufällige Effekte einbezogen werden. Im vorliegenden Fall sind die zufälligen Effekte Teilnehmer·in und Lexem: Sowohl die individuelle Person als auch das Einzellexem können Eigenschaften haben, die die Variation beeinflussen, aber idiosynkratisch, unberücksichtigt oder nicht bekannt sind (vgl. Gelman & Hill 2017: 251–278). Das muss berücksichtigt werden, damit das Modell den Einfluss der anderen Effekte zuverlässiger einschätzen kann.

anz zwischen den Teilnehmenden (0,947) wesentlich höher ist als zwischen den Lexemen (0,472; zufällige Effekte). Im Folgenden werden die Ergebnisse für die festen Effekte anhand einer Visualisierung (Abb. 4) präsentiert.[23] Dargestellt werden die geschätzten Koeffizienten (Punkte) und die zugehörigen 95 %-Konfidenzintervalle (Linien). Positive Koeffizienten zeigen Tendenz zur Movierung, negative zur Nichtmovierung. Dabei handelt es sich nicht um eine absolute Tendenz: Die Faktoren (Wohnort, Geschlecht, Status) werden verglichen mit anderen Ausprägungen desselben Faktors. Wenn ein Lexem nativ ist („Status nativ" in Abb. 4), tendiert es stärker zur Movierung, als wenn es fremd ist. Bei den numerischen Variablen Länge, Frequenz, Bias und Alter bezieht sich der Koeffizient auf den Zuwachs: Je mehr Silben, desto eher Nichtmovierung („Länge" in Abb. 4), je höher die Gebrauchsfrequenz des Lexems,[24] desto eher Movierung („Frequenz" in Abb. 4). Für Koeffizienten, deren Konfidenzintervall Null einschließt, lässt sich kein Einfluss auf die Movierung nachweisen.

Die Statistik zeigt also, dass, wie erwartet, Länge (in Silben), Gebrauchsfrequenz und Status als Anglizismus oder natives Wort einen guten Teil der Variation erklären: Wenn ein *er*-Derivat ein Anglizismus, tendenziell lang oder tendenziell infrequent ist, ist mit weniger Movierung zu rechnen, als wenn es ein kürzeres, frequenteres oder natives Lexem ist. Was häufig gebraucht wird, wird also systematischer in die paradigmenartige Beziehung zwischen *er*-Derivat und movierter Form einbezogen. Anglizismen, die lediglich in unmovierter Form entlehnt werden können, sind etwas weniger stark in dieses Paradigma und damit das Wortbildungssystem des Deutschen integriert. Hier muss allerdings bedacht werden, dass Movierung für *er*-Derivate insgesamt der Normalfall ist (s. sprecherbezogene Analyse in Abschnitt 4.1) und dass im vorliegenden Fall nur prädikative Fälle erhoben wurden. Eine Untersuchung referenzieller Formen wie ___ *hat einen Presseausweis* mit Bezug auf eine konkrete Frau würde z. B. für *Blogger·in* oder *Influencer·in* mit hoher Wahrscheinlichkeit zu movierten Formen führen. Die geringere Movierungstendenz besteht wahrscheinlich vor allem dort, wo auch im nativen Bereich für einen Teil der Sprecherinnen und Sprecher Variation möglich ist. Es handelt sich also vermutlich nicht um eine generelle Eigenschaft eines Lexems – eine Überprüfung steht aber noch aus.

Die Statistik zeigt außerdem, dass es große individuelle Unterschiede gibt und auch zwischen den Einzellexemen viel Varianz besteht. Für Bias, Wohnort

---

[23] Tabellarische Darstellungen der Regressionsanalyse und Angaben zur Modellgüte finden sich im Anhang (Abschnitt 7.5).
[24] Die Gebrauchsfrequenz zeigt nur dann einen Einfluss, wenn sie (wie bei Wortfrequenzen auch üblich) logarithmiert wird, der Effekt verschwindet, wenn man absolute Frequenzen einsetzt. Das könnte darauf hindeuten, dass dieser Faktor in künftigen Studien anhand von mehr Lexemen (und entsprechend auch mehr verschiedenen Frequenzen) untersucht werden sollte.

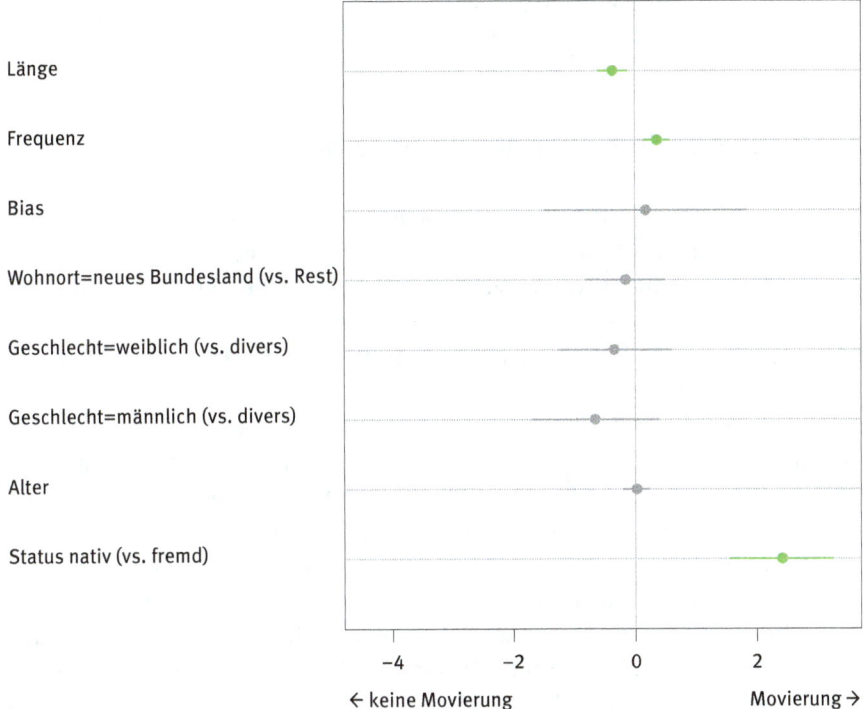

Abb. 4: Geschätzte Koeffizienten für die Movierung ($n = 2.161$).

und Alter ließ sich, anders als erwartet, kein Einfluss zeigen. Hier könnten künftige Studien ein ausgewogeneres Personensample und eine bessere Messung der Herkunft (nicht via aktuellem Wohnort) anstreben. Dass Geschlecht für das Modell keine Rolle spielt, bestätigt den Befund von Schröter, Linke & Bubenhofer (2012).

5 Ergänzende Analysen

Im Folgenden werden Daten ausgewertet, die Beifang der Fragebogenstudie darstellen bzw. korpuslinguistisch erhoben wurden. Im Fokus steht eine differenziertere Untersuchung von fremd und nativ: Zunächst wird überlegt, ob unterschiedliche Fremdheitsgrade bei Anglizismen einen Einfluss auf die Movierung haben können (Abschnitt 5.1), dann, ob das Sonderverhalten sich auch im älteren, nicht-englischen Fremdwortschatz beobachten lässt (Abschnitt 5.2) und schließlich, wie eine diachron-korpuslinguistische Untersuchung der Movierbarkeit aussehen könnte (Abschnitt 5.3).

5.1 Gradierte Fremdheit bei Komposita

Für drei englische Lexeme (*Blogger·in*, *Manager·in*, *Trainer·in*) wurden mitunter auch Komposita angegeben, deren Erstbestandteil sich ebenfalls im Status unterscheiden kann (nativ vs. fremd). Der hier angestellte Vergleich beruht auf der Vermutung, dass eine Steigerung von fremdem Material auch zu weniger Movierung führt, die Unterscheidung in fremd und nativ also nicht binär ist. Er hat lediglich explorativen Charakter.

Die meisten Komposita, darunter fast alle mit fremdem Erstglied, finden sich bei *Manager·in* (Tab. 3). Hier dominiert die Nichtmovierung (Dominantes grau hinterlegt), während bei Komposita mit nativem Erstglied und Nicht-Komposita die Movierung dominiert. Auffällig ist die Nichtmovierung aller getrenntgeschriebenen und damit auch graphematisch fremden Formen (*A&R Manager, Account Manager, Marketing Manager, Event Manager*). Bei *Trainer·in* und *Blogger·in* treten insgesamt fünf fremde Erstglieder auf, drei der entsprechenden Komposita werden nicht moviert (*Personal Trainer, Fashionblogger, Crowdfunded Blogger*), zwei schon (*Fitnesstrainerin, Travelbloggerin*). Unter den nativen ist nur eine unmovierte Form (*Reiseblogger*).

Da mit der Ausdifferenzierung durch Erstglieder auch eine geringere Gebrauchsfrequenz einhergeht und sich Gebrauchsfrequenz in der Regressionsanalyse als Einflussfaktor erwiesen hat, sollte dieser Trend mit Vorsicht interpretiert werden, er kann aber Anregungen für künftige Untersuchungen bieten.

Tab. 3: Wortbildungsstatus und Fremdheitsstatus des Erstglieds (nur Teilnehmende mit generell schwankendem Movierungsverhalten). Angabe links: moviert vs. Angabe rechts: unmoviert. Dominanter Typ grau hervorgehoben, wo genug Belege vorhanden sind.

	natives Erstglied		kein Erstglied		fremdes Erstglied	
Manager·in	1	vs. 0	77	vs. 15	13	vs. 22
Trainer·in	20	vs. 0	172	vs. 12	1	vs. 1
Blogger·in	22	vs. 1	133	vs. 11	1	vs. 2

5.2 Movierung von älterem Fremdwortschatz

In vielen Fällen wurde im Fragebogen keines der erwarteten Lexeme verwendet. Auch diese Daten lohnen einen Blick, weil hier auf eine ältere Fremdwortschicht zugegriffen werden kann: Die meisten dieser nicht-nativen Lexeme stammen aus dem Lateinischen, Griechischen oder Französischen (Tab. 4).

Auch hier dominiert also die Movierung, wobei rund die Hälfte der Lexeme Schwankungen aufweist oder sogar ausschließlich unmoviert auftritt. Unter diesen unmovierten sind zwei englischer Herkunft (*Coach*, *Mixologist*, grau hinterlegt). Bei allen anderen Lexemen mit mehr als einem Beleg dominiert die movierte Form. Die Nichtmovierung bei den Gräzismen, Latinismen und Romanismen (10 %) liegt sogar unter der im nativen, nicht *er*-derivierten Wortschatz, für den allerdings nur sehr wenige Daten vorliegen (von den 22 Belegen treten 3 unmoviert auf: *Anwalt*, *(Ober-)Studienrat* (2 ×)). Daraus lässt sich die vorsichtige

Tab. 4: Nicht erwartete fremde Lexeme bei Teilnehmenden mit Schwankungsverhalten. Anglizismen grau hinterlegt.

	(auch) unmoviert[25]		nur moviert
-ent/ant	Agent·in (6, 45) Assistent·in (3, 7) Student·in (1, 38)		Referentin (1) Praktikantin (3)
-ist	Journalist·in (1, 8) Mixologist (1, 0) Spezialist (1, 0)		Juristin (2)
-or			Autorin (2)
-ar/är			Missionarin (1) Sekretärin (3)
-eur			Redakteurin (1)
Konfixkompositum	Pädagog·e/in (1, 7)		Fotografin (1)
Anderes	Coach (5, 0) Nomad·e/in (1, 1)		Chefin (3) Pilotin (1) Expertin (2)
	unmoviert	moviert	moviert
Tokens gesamt	21	106	20

---

25 Die erste Zahl ist die Menge unmovierter Belege, zweite die movierter Belege, d. h. z. B. bei *Agent·in* wurde sechsmal *Agent*, 45-mal *Agentin* verwendet.

Hypothese ableiten, dass ältere Entlehnungen kein Sonderverhalten in prädikativen Konstruktionen aufweisen, sondern so moviert werden wie der Großteil des Wortschatzes auch.

5.3 Diachrone Aspekte

Wie Abschnitt 5.2 nahelegt, ist es denkbar, dass es eine Rolle für die Movierbarkeit spielt, wie lange ein Fremdwort bereits Teil des Deutschen ist. Was sich für die ältere Entlehnungsschicht gegenüber der jüngeren andeutet, könnte auch innerhalb der Anglizismen eine Rolle spielen. Im Folgenden werden zunächst einige Überlegungen zum Verhältnis von Zeit und Movierbarkeit aus genereller Wortbildungsperspektive, also unabhängig vom syntaktischen Kontext angestellt (Abschnitt 5.3.1). Im Anschluss werden Konzeption und Ergebnisse einer Korpusuntersuchung für einzelne Lexeme in prädikativen Konstruktionen vorgestellt (Abschnitt 5.3.2). Dieser Abschnitt bietet erste Ansätze für dringend nötige Anschlussforschung, ohne selbst bereits verallgemeinerbare Erkenntnisse zu liefern.

5.3.1 Entlehnungsalter und Entlehnungszeit

Zunächst soll die Frage danach gestellt werden, ob früh entlehnte Anglizismen langsamer oder schneller moviert werden als spät entlehnte Anglizismen. Werden sie langsamer moviert, so könnte das auf Restriktionen hinweisen, die diachron schwächer werden.[26]

Der Entlehnungszeitpunkt eines relevanten Lexems lässt sich entweder über Angaben aus der Literatur (Anglizismenwörterbuch, Neologismenwörterbuch) oder über eine direkte Korpusrecherche ermitteln (Tab. 5, „unmoviert"). Die Angaben stimmen (außer bei *Barkeeper·in*) recht genau überein. Da movierte Formen in den verwendeten Wörterbüchern i. d. R. nicht verzeichnet sind, können hier nur Korpora genutzt werden.

Die wenigen Ergebnisse sind nur schwer interpretierbar. Die großen Abstände zwischen moviertem und unmoviertem Erstbeleg bei *Manager·in* und *Trainer·in*

---

[26] In die logistische Regression konnte das Entlehnungsalter nicht einbezogen werden, da auch native Lexeme im Datensatz enthalten sind, deren Entstehungsjahr sich zumeist nur grob ermitteln lässt. Hinzu kommt, dass die sieben Anglizismen sehr unregelmäßig über die Zeit verteilt sind. Bei einer statistischen Überprüfung könnte man entsprechend den Einfluss des Entlehnungsalters nicht von idiosynkratischen Lexemeinflüssen trennen. Um diesen Aspekt sinnvoll zu untersuchen, bedarf es eines umfassenderen Samples an gut datierbaren Anglizismen.

Tab. 5: Untersuchte Anglizismen nach Entlehnungsalter, Zusatzangabe männlicher Bias (2020, s. Anhang Abschnitt 7.3).[27]

	unmoviert			moviert		männl. Bias 2020
	Literatur	DWDS Kern	DWDS Zeit	DWDS Kern	DWDS Zeit	
Manager·in	Erstbeleg 1909	1902	1946[28]	1985	1955	79,0 %
Trainer·in	Erstbeleg 1909	1905	1948	1957	1962	71,5 %
Barkeeper·in	Erstbeleg 1960	1925	1952	NA	1964	69,3 %
Babysitter·in	Erstbeleg 1956 (moviert: 1959)	1967	1953	NA	1961	11,8 %
Bartender·in	NA	1984	1962	NA	NA	67,8 %
Blogger·in	Anfang 2000er	NA	2001	NA	2005	51,0 %
Influencer·in	Mitte 2010er	NA	2016	NA	2017	32,2 %

müssen nicht unbedingt damit zu tun haben, dass Anglizismen Anfang des 20. Jahrhunderts schlechter movierbar waren als heute (quasi sofortige Movierung bei *Blogger·in* und *Influencer·in*): Hier dürfte vielmehr entscheidend sein, ob überhaupt Frauen vorhanden waren, die so bezeichnet werden konnten – dass sie das noch heute kaum sind, zeigen auch die hohen Werte für männlichen Bias, während das Geschlechterverhältnis bei den beiden neusten Anglizismen viel ausgewogener bzw. sogar dominant weiblich gesehen wird. Um zu sinnvollen Aussagen zu gelangen, müsste man also bestimmen, wann der erste (movierte oder unmovierte) Beleg auftritt, der sich auf eine Frau bezieht. Zu entsprechenden Versuchen s. Abschnitt 5.3.2.

Hier zeigt sich schon, dass sich Entlehnungsalter nicht ohne Entlehnungszeit denken lässt: Anglizismen werden nicht unter gleichbleibenden gesell-

---

27 Als Literatur konsultierte Wörterbücher sind: Carstensen & Busse (1993–1996), Herberg, Kinne & Steffens (2004), Institut für Deutsche Sprache (2006–). In allen Fällen außer *Babysitter* ist hier lediglich die unmovierte Form verzeichnet, die Definition ist aber stets geschlechtsneutral (selbst bei unmoviertem *Babysitter* Beidnennung: „jüngere männliche oder häufiger weibliche Person", Carstensen & Busse 1993–1996).

28 Das Korpus der Wochenzeitung „Die Zeit" beginnt erst 1946, ist also für die Ermittlung von Erstbelegen aus der ersten Hälfte des 20. Jahrhunderts ungeeignet. Die Jahreszahlen für die entsprechenden Lexeme sind daher ausgegraut. Das Korpus zusätzlich heranzuziehen ist nötig, weil das DWDS-Kernkorpus für das 21. Jahrhundert noch nicht groß genug ist.

schaftlichen Umständen entlehnt, ihr Verhalten wird also von den Verhältnissen der Entlehnungszeit beeinflusst. Tätigkeiten, die mit heute entlehnten *er*-Derivaten bezeichnet werden, werden viel ausgeglichener von Frauen und Männern ausgeführt. Heute sind mehr Frauen erwerbstätig,[29] was höhere Frauenanteile in den einzelnen Berufsgruppen nach sich zieht. Schon aus diesem Grund sind schnelle Movierungen plausibler als bei den lange Zeit rein männlichen Tätigkeiten, deren Bezeichnungen Anfang des 20. Jahrhunderts entlehnt wurden.

Das heute größere Gleichgewicht führt zu einem sofortigen Benennungsbedarf, lässt also mehr Movierung erwarten. Auf der anderen Seite, und hier kommt der Faktor Entlehnungsalter ins Spiel, haben frühere Entlehnungen mehr Zeit für die Integration ins Deutsche und es besteht offensichtlich andauernder Verwendungsbedarf. Daher könnte man erwarten, dass ältere Anglizismen heute mehr Movierung aufweisen. Allerdings hat sich nicht nur die Berufstätigkeit von Frauen über die Zeit verändert, sondern auch die Rolle des Englischen: Der Beherrschungsgrad und die Relevanz ist stark angestiegen (IfD Allensbach 2020; Ammon 2009). Die ansteigende Relevanz könnte für eine geringere morphologische Integration sprechen, also weniger Movierung, weil die Vertrautheit mit englischen Strukturen wächst. Andererseits könnte sie auch zu einer schnelleren Integration führen, weil es immer mehr Analogievorlagen mit strukturellen Fremdheitsmerkmalen im Deutschen gibt. Um diese Faktoren voneinander zu trennen, bräuchte es ein anderes (und größeres) Set an Anglizismen, darunter früh belegte mit ausgeglichenerem Geschlechterverhältnis und rezent entlehnte mit unausgeglichenem.

5.3.2 Korpusanalyse: Erstmovierung bei prädikativem Bezug auf Frauen

Ob bestimmte Basen movierbar sind, kann nur bestimmt werden, wenn Kontexte, die sich nicht auf Frauen beziehen, ausgeschlossen werden können. Aussagekräftig sind die Anteile movierter Formen an allen Formen, die sich auf Frauen beziehen. Um Vergleichbarkeit mit den Ergebnissen der Fragebogenstudie zu ermöglichen, wurden für drei Lexeme prädikative Belege im W-Archiv des Deutschen

---

29 Dabei unterscheidet sich der Anstieg in der zweiten Hälfte des 20. Jahrhunderts deutlich zwischen BRD und DDR. Die Anteile erwerbstätiger Frauen in Voll- oder Teilzeit stiegen in der DDR von 44 % (1950) auf 75 % (1975) und schließlich 81 % (1989; Trappe 1995: 52–53). In der BRD stiegen sie dagegen nur von 44 % (1950) auf 53 % (1980) (Müller, Willms & Handl 1983: 35), wo sie stagnierten (1989: 51 %; Wippermann 2015: 10). 2018 betrug die Erwerbstätigenquote bei Frauen in Gesamtdeutschland 72 % und lag damit nur noch 7,5 Prozentpunkte unter der der Männer (Hobler et al. 2018: 12).

Referenzkorpus erhoben (*ist (ein) X-er/(eine) X-erin, als X-er/ X-erin*). Es handelt sich um zwei neuere und ein älteres Lexem (*Influencer·in, Blogger·in, Barkeeper·in*). Bei der Nachanalyse der Belege zeigen sich die folgenden Schwierigkeiten:
- Insgesamt geht es vielmehr um Männer, die Daten sind also in der allergrößten Zahl falsch positiv und müssen manuell bereinigt werden (*Der alte Herr lächelt und sagt, er sei Architekt. Barkeeper sei er nicht*).
- In der *als*-Konstruktion treten zudem viel Plurale auf, die ausgeschlossen werden müssen, weil meist nicht entscheidbar ist, ob ein geschlechtsübergreifendes Maskulinum vorliegt oder tatsächlich eine reine Männer- oder Frauengruppe gemeint ist (*... wurden sie von Abwehrleuten bespitzelt, die sich als Barkeeper oder Friseure tarnten*).
- Auch im Singular können geschlechtsübergreifende Maskulina auftreten, die identifiziert und ausgeschlossen werden müssen (*„Jeder kann sich selbständig machen. Das geht leichter als Barkeeper zu werden", kritisiert er*).
- Zahlreiche Belege lassen keine in vertretbarer Zeit zu treffende Entscheidung darüber zu, ob Frauen oder Männer gemeint sind (*„Ich hatte als Barkeeper immer Probleme mit dem Bierumsatz", erinnert sich Diehl*), in vielen Fällen müssen z. B. die Träger·innen bestimmter Familiennamen recherchiert werden.
- Bei movierten Belegen müssen solche, bei denen nur aus der Movierung ersichtlich wird, dass es sich um eine Frau handelt, ausgeschlossen werden, da sie bei den unmovierten Belegen ebenfalls nicht mitgezählt werden können (man erkennt sie dort ja überhaupt nicht) und das Verhältnis sonst zugunsten der movierten Formen verzerrt würde (*... liessen wir den Abend mit Tanzen, Singen oder auch als Barkeeperin ausklingen*).

Diese manuelle Datenkorrektur und -annotation ist so zeitintensiv, dass die ursprünglich angestrebte Erhebung nicht für alle 15 Fragebogenlexeme durchgeführt wurde. So lagen z. B. für unmoviertes *Barkeeper* 1114 Belege vor. 189 waren keine Singulare. Von den Singularen bezogen sich 781 sicher auf Männer oder waren geschlechtsübergreifend, für 126 ließ es sich nicht entscheiden. Damit verblieben 15 *Barkeeper*, die sich sicher auf eine Frau bezogen. Für moviertes *Barkeeperin* lagen 85 Belege vor, von denen sich der Bezug auf eine Frau in 63 Fällen eindeutig feststellen ließ. Zusammengenommen liegen damit 78 Belege vor, die sich auf eine Frau beziehen (Abb. 5).

Dass Frauen erst ab 1990 auftreten, dürfte vor allem der Tatsache geschuldet sein, dass das Korpus in der Zeit davor einen vergleichsweise geringen Umfang hat[30] und ausschließlich Prädikativkonstruktionen erhoben wurden. Als

---

[30] Die Tokens für die Jahre 1900 bis 1989 machen in DeReKo-2018-II, W-gesamt gerade einmal 3 % der gesamten Korpustokens aus (1990er: 15 %; 2000er: 37 %; 2010er: 45 %).

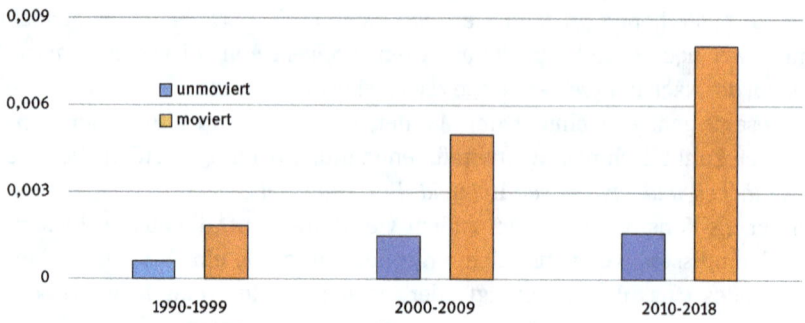

Abb. 5: *Barkeeper·in* in prädikativen Konstruktionen bei eindeutig weiblichem Subjekt oder Objekt pro Mio. Tokens (DeReKo-2018-II, W-gesamt, *n* = 78).

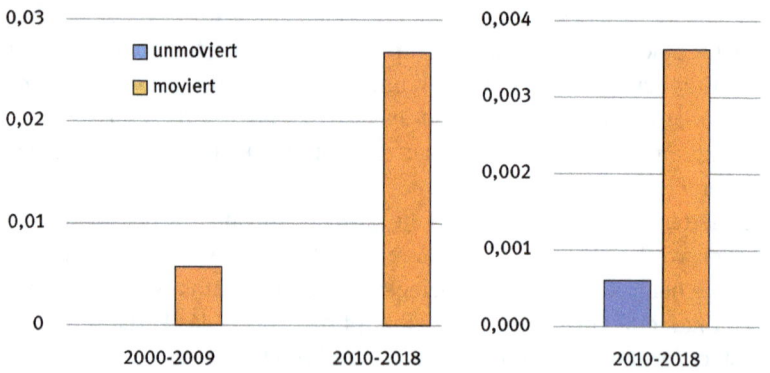

Abb. 6: *Blogger·in* in prädikativen Konstruktionen bei eindeutig weiblichem Subjekt oder Objekt pro Mio. Tokens (DeReKo-2018-II, W-gesamt, *n* = 156).

Abb. 7: *Influencer·in* in prädikativen Konstruktionen bei eindeutig weiblichem Subjekt oder Objekt pro Mio. Tokens (DeReKo-2018-II, W-gesamt, *n* = 21).

Barkeeperinnen tätige Frauen sind nachweislich schon in den 1960er-Jahren vorhanden.[31] Ein älteres Lexem, das schon seit einigen Jahrzehnten auch für Frauen gebraucht werden konnte, wird also heute in prädikativen Kontexten größtenteils moviert (insgesamt 81 % der Belege). Bei *Blogger·in* sind im Korpus trotz relativ hoher Belegfrequenz keine unmovierten Formen für Frauen vorhanden (Abb. 6), bei *Influencer·in* sind 18 von 21 Belegen moviert (Abb. 7).

---

[31] *Also zahle ich, gebe noch schnell der **Barkeeperin** einen Whisky-Soda aus – die Schiffsglocke über der Theke scheppert wieder – und schiebe mich gerade hinaus, als Silke 50 Pfennig – wer hatte sie ihr gegeben? – für die Musikbox opfert.* (Die Zeit, 9. 10. 1964, S. 57; Gammeln und jobben)

Tab. 6: Movierungsanteile aus Fragebogen (alle Teilnehmenden) und Korpus (1990 bis 2018) im Vergleich.

Lexem	Movierungsanteil Fragebogen	Movierungsanteil Korpus
Barkeeper·in	89,6 % (n = 510)	80,8 % (n = 78)
Blogger·in	97,6 % (n = 631)	100,0 % (n = 156)
Influencer·in	88,0 % (n = 608)	85,7 % (n = 21)

Im Vergleich zu den Movierungsanteilen im Fragebogen zeigen sich nur geringe Unterschiede, wobei die Prozentwerte für die niederfrequenten Korpusbelege mit Vorsicht zu interpretieren sind (Tab. 6).

Es zeigt sich also, dass in den Korpora insgesamt nur geringe Belegmengen für Prädikativa gefunden werden können, die sich eindeutig auf Frauen beziehen. Insbesondere im Fall weniger frequenter, aber früh entlehnter Lexeme wie *Barkeeper·in* lassen sich über die Zeit vor 1990 keine Aussagen treffen, was die Idee einer diachronen Korpusanalyse ad absurdum führt. Die Movierungsanteile aus Fragebogen und Korpus ähneln sich stark. Auffällig ist die extrem frequente Movierung bei *Blogger·in*. Hier könnte der Faktor Länge/Komplexität die niedrigeren Movierungsanteile von *Barkeeper·in* und *Influencer·in* erklären. Für verlässliche Aussagen ist aber umfassenderes Datenmaterial nötig.

6 Zusammenfassung und Fazit

In der zweiten Hälfte des 20. Jahrhunderts unterliegt das *in*-movierende Wortbildungsmuster einigen strukturellen Restriktionen, die nach und nach abgebaut werden. Im Bereich der *er*-Derivate wird in der Literatur wiederholt beobachtet, dass die Movierung bei Anglizismen zunächst nicht möglich ist (z. B. *Gangster*, *Manager*), wobei nicht alle Lexeme gleichermaßen betroffen sind, obwohl sie dasselbe Suffix aufweisen. Der Entlehnungsstatus stellt also keine absolute Movierungsrestriktion dar, schränkt die Movierbarkeit aber ein. Werden englischstämmige *er*-Derivate heute referierend gebraucht, so wirkt diese Restriktion nicht mehr – im Gegenteil, hier ist i. d. R., wie beim nativen Wortschatz, nur die movierte Form denkbar (**Der Manager/Verwalter, Lydia Diepenbrock, hatte seine Unterlagen mitgebracht*). Dagegen stellen die Prädikativa ein Reservoir dar, in dem sich Restriktionen länger erhalten können. Grund dafür ist ihre Sonderstellung bei der Bezugnahme auf eine Person: Das Prädikativum schreibt dem Subjekt oder Objekt eine Rolle zu, dieses wiederum referiert auf eine Person weiblichen Geschlechts. Während das Subjekt oder Objekt bei Referenz auf ein spezifisches Individuum Geschlecht fast immer qua Genus oder lexikalisch markiert, kann das Prädikativum entweder kongruieren (und damit *in*-movieren) oder Redundanz vermeiden (also nicht movieren). Übliche Verfahren zum geschlechtergerechten Sprachgebrauch greifen hier nicht (**Sie ist Managerin oder Manager*).

Die Movierung hat sich in diesen Fällen in der Fragebogenstudie allerdings als Normalfall erwiesen: Nur 27 % der Teilnehmenden gebrauchen auch unmovierte Formen, und sogar nur zwei Personen ausnahmslos. Dabei lassen sich keine außersprachlichen Faktoren ausmachen, die darüber bestimmen, ob eine Person stets oder nur manchmal moviert: Alter, Wohnort und Geschlecht haben keinen nachweisbaren Einfluss. Dass geschlechtsübergreifend maskuline Prädikativa für die Mehrheit der Sprecherinnen und Sprecher nicht zu ihrer aktiven Grammatik gehören, ist auf Basis der vorliegenden Daten unumstritten. Dennoch sind unmovierte Formen in dieser Konstruktion bei weitem nicht selten genug, um auf das Deutsche insgesamt bezogen als ungrammatisch oder fragwürdig zu gelten.

Eine detaillierte Analyse von Daten derjenigen Sprecherinnen und Sprecher, die in ihrem Gebrauch zwischen movierter und unmovierter Form schwanken, zeigt starke lexem- und sprecherspezifische Variation. Für außersprachliche Faktoren (Alter, Wohnort, Geschlecht; Geschlechterbias des Lexems) lässt sich kein Einfluss nachweisen. Dagegen spielen Entlehnungsstatus, Gebrauchsfrequenz und Länge eine Rolle: Es wird weniger moviert, wenn das entsprechende Lexem ein Anglizismus ist, eine geringere Gebrauchsfrequenz hat und länger/komplexer ist. Hier zeigt sich also, dass die im referenziellen Bereich bereits abgebaute Movierungsrestriktion für Anglizismen weiterwirkt. Eine Detailanalyse von einzelnen *er*-derivierten Anglizismen, die als Zweitglieder von Komposita auftreten, deutet darauf hin, dass weiteres englisches Material im Erstglied zusätzlich movierungshemmend wirkt. Besonders auffällig ist das in Fällen, die auch graphematisch nicht integriert werden (Getrenntschreibung wie in *Account Manager*). Unsystematisch erfasste Gräzismen, Latinismen und Gallizismen, die bereits länger Teil des deutschen Wortschatzes sind, scheinen keine Sonderrolle bei der Movierung einzunehmen. Für Anglizismen lässt sich ein möglicher Einfluss des Entlehnungsalters und der -zeit nur schwer bestimmen, da umfangreiche Korpora für die Zeit vor 1990 fehlen und die Identifikation von Fällen, die sich auf weibliche Personen beziehen, sehr aufwändig ist.

Die vorliegende Studie fügt damit ein Puzzlestück zum komplexen Gebrauch geschlechtsübergreifender Maskulina hinzu, wirft aber neben den schon genannten zahlreiche weitere Desiderate auf: Ein Vergleich zwischen verschiedenen Konstruktionstypen könnte zeigen, ob und wenn ja welche Anglizismen unmoviert auf Frauen referieren können. Sicher lässt sich das für die älteren

Lexeme *Teenager* und *Babysitter* sagen (*Lisa$_i$ ist 16. Der aufgeweckte Teenager$_i$ liest gerne Physikbücher*), denkbar erscheint es aber auch z. B. für *Influencer*. Neben *er*-Derivaten interessieren außerdem eine Vielzahl weiterer Personenbezeichnungen, insbesondere solche, die erst spät Restriktionen abgebaut haben (z. B. *Laie*). Dabei sollte auch die Beschränkung auf Berufe, die hier aus Gründen der Vergleichbarkeit erforderlich war, aufgegeben werden. Eine Wiederholung der vorliegenden Studie in einigen Jahrzehnten könnte zudem eine diachrone Komponente hinzufügen, die einerseits Hinweise darauf gibt, ob sich die Movierungsanteile von Prädikativa mit der Zeit verschieben und andererseits zeigt, ob der Unterschied zwischen Anglizismen und nativem Wortschatz weiter bestehen bleibt.

7 Anhang

7.1 Regression: Personen

Tab. 7: Regression auf Basis des Variationsverhaltens von Individuen.
(Negativer Koeffizient: eher unmoviert, positiver Koeffizient: eher moviert.) Anpassungsgüte: Nagelkerkes R^2 = 0,004 (Nagelkerke 1991, implementiert in Nakazawa 2013).

		Koeffizient	Standard-fehler	z	p
(Intercept)		−0,845	0,458	−1,889	0,059 .
Alter		0,005	0,007	0,676	0,499
Bundesland = neu	(vs. alt/andere)	0,278	0,280	0,994	0,320
Geschlecht = W	(vs. D)	−0,415	0,389	−1,070	0,285
Geschlecht = M	(vs. D)	−0,290	0,438	−0,662	0,508

7.2 Items

Im Folgenden sind die Untersuchungsitems und Distraktoren, die im Fragebogen im Wechsel präsentiert wurden, getrennt aufgelistet. Für die Untersuchungsitems sind in eckigen Klammern die Ziellexeme angegeben.

Untersuchungsitems:
- Sharon übernimmt die geschäftliche Betreuung von Stars und regelt ihre Branchenkontakte. Sie ist ... [Manager·in]
- Anya näht und nimmt auf Kundenwunsch Änderungen an Kleidern vor. Sie ist ... [Schneider·in]

- Jana passt nachmittags und abends auf die kleinen Kinder ihrer Nachbarsfamilie auf. Sie ist ... [Babysitter·in]
- Ayse arbeitet in einer Kita mit Kindern zwischen 1 und 6 Jahren. Sie ist ... [Kindergärtner·in]
- Maria veröffentlicht auf ihrer Website mehrmals in der Woche Berichte von ihrer Reise durch Südamerika und bekommt dafür Spenden von ihrer Leserschaft. Sie ist ... [Blogger·in]
- Chantalle befördert Fahrgäste für die Berliner Verkehrsgesellschaft. Sie ist ... [Busfahrer·in]
- Lara hat ein hohes Ansehen auf der Plattform Instagram. Sie nutzt es dazu, Produkte in ihren Beiträgen zu taggen und damit Geld zu verdienen. Sie ist ... [Influencer·in]
- Mandy kauft gebrauchte Autos und verkauft sie weiter. Sie ist ... [Autohändler·in]
- Melanie hat eine Lizenz, die es ihr erlaubt, beruflich eine Handballmannschaft anzuleiten. Sie ist ... [Trainer·in]
- Irmtraut unterrichtet Mathe und Musik an einem Gymnasium. Sie ist ... [Lehrer·in]
- Natascha mixt Cocktails und Drinks in einer Kneipe. Sie ist ... [Barkeeper·in]
- Doreen führt den ganzen Tag Touristengruppen durch Berlin und erklärt ihnen die Sehenswürdigkeiten. Sie ist ... [Stadtführer·in]

Distraktoren:
- Armin fährt jeden Tag für Foodora Essen mit dem Fahrrad aus. Er ist ...
- Hans kontrolliert Fahrkarten in der Bahn, und oft muss er aufgebrachte Fahrgäste beruhigen. Er ist ...
- Hassan verlegt Stromleitungen auf dem Bau. Er ist ...
- Franz-Josef stellt Möbel aus Holz her. Er ist ...
- Kevin macht beruflich Bilder für die Lokalzeitung. Er ist ...
- Leonard arbeitet in einem Altenheim. Er ist ...
- Ali wurde in den hessischen Landtag gewählt. Er ist ...
- Hakan bringt bald ein neues Album raus. Er ist ...
- Oskar arbeitet bei der Müllabfuhr. Er ist ...
- Vladimir spielt Schlagzeug in einer bekannten Band. Er ist ...
- Per kontrolliert Autos und LKW an der Grenze zur Schweiz. Er ist ...
- Sven fährt mit einem Boot aufs Meer hinaus und fängt Makrelen, um seinen Lebensunterhalt zu bestreiten. Er ist ...

7.3 Bias

In einer zweiten, unabhängigen Fragebogenuntersuchung wurde die wahrgenommene prozentuale Verteilung der Geschlechter bei den untersuchten Berufen und Tätigkeiten ermittelt. Die Teilnehmenden sollten die Frage „Wie viele männliche [Lexem] gibt es Ihrem Gefühl nach gegenüber weiblichen?" beantworten, indem sie einen Regler auf einer Skala von 0 bis 100 % platzierten. Das Lexem wurde in der unmovierten Form präsentiert. Die Teilnehmenden wurden gebeten, nach ihrem Gefühl zu gehen und dabei eine reale, keine ideale Einschätzung abzugeben. Da die Lexeme kontextfrei präsentiert wurden, wurde für das sehr vielseitige *Trainer·in* das verdeutlichende Kompositum *(Sport-)Trainer* gewählt. Die Umfrage wurde im September 2020 online durchgeführt und über Twitter verbreitet.

Tab. 8: Statistisch analysierte Lexeme, sortiert nach aufsteigendem männlichem Bias („gefühlter Männeranteil").

Lexem	gefühlter Männeranteil	Standardabweichung	n =
Kindergärtner·in	9,9 %	8,5	176
Babysitter·in	11,8 %	9,7	176
Erzieher·in	12,1 %	10,5	175
Influencer·in	32,2 %	15,1	165
Schneider·in	40,0 %	18,3	173
Lehrer·in	41,5 %	9,7	176
Schüler·in	48,2 %	4,1	176
Stadtführer·in	49,9 %	19,6	176
Blogger·in	51,0 %	17,1	173
Bartender·in	67,8 %	17,1	154
Barkeeper·in	69,3 %	15,2	171
Trainer·in	71,5 %	14,6	175
Busfahrer·in	74,2 %	11,8	176
Manager·in	79,0 %	12,1	175
Autohändler·in	88,5 %	9,2	175

7.4 Gebrauchsfrequenz

Tab. 9: Gebrauchsfrequenzen nach DECOW16.

Lexem	absolut	logarithmiert
Influencer·in	1.383	7,232
Bartender·in	2.512	7,829
Kindergärtner·in	14.082	9,553
Autohändler·in	17.350	9,761
Barkeeper·in	17.373	9,763
Stadtführer·in	23.926	10,083
Babysitter·in	31.281	10,351
Busfahrer·in	45.066	10,716
Erzieher·in	216.977	12,288
Blogger·in	284.252	12,558
Schneider·in	498.844	13,120
Manager·in	585.008	13,280
Trainer·in	1.148.977	13,954
Lehrer·in	1.410.735	14,160
Schüler·in	3.079.434	14,940

7.5 Regression: Lexeme

Tab. 10: Zufällige Effekte (n = 2161, 215 Personen (ID), 15 Lemmata (Lemma)).

Gruppen	Name	Varianz	Standardabweichung
ID	(Intercept)	0,947	0,973
Lemma	(Intercept)	0,472	0,687

Tab. 11: Feste Effekte. Bei positiven Koeffizienten steigt die vorhergesagte Wahrscheinlichkeit für die Movierung, bei negativen sinkt sie.

		Koeffizient	Standardfehler	z	p	
(Intercept)		−1,541	1,389	−1,110	0,267	
Status = nativ	(vs. fremd)	2,410	0,428	5,625	1,85e−08	***
Alter		0,022	0,103	0,213	0,831	
Bundesland = neu	(vs. alt/andere)	−0,152	0,329	−0,461	0,645	
Geschlecht = W	(vs. D)	−0,341	0,474	−0,720	0,472	
Geschlecht = M	(vs. D)	−0,656	0,530	−1,237	0,216	
männlicher Bias		0,175	0,846	0,207	0,836	
Frequenz Lemma		0,361	0,101	3,565	0,0004	***
Silbenzahl		−0,364	0,120	−3,035	0,002	**

Die Modellgüte wurde mit einem Pseudo-R^2-Maß bestimmt (Nakagawa & Schielzeth 2013; Nakagawa, Johnson & Schielzeth 2017, implementiert in Bartoń 2019). Das marginale R^2 beträgt 0,38, es gibt die Varianz an, die durch die festen Effekte erklärt wird. Das konditionale R^2 beträgt 0,57, es gibt die Varianz an, die durch die festen und zufälligen Effekte gemeinsam erklärt wird. Die festen Effekte tragen also innerhalb des Modells erheblich dazu bei, die Varianz zu erklären, das Modell insgesamt kann jedoch nur etwas über die Hälfte der Varianz erklären.

8 Literatur

Ammon, Ulrich (2009): Wird die deutsche Sprache (von anderen Sprachen, vor allem Englisch) verdrängt? *Der Deutschunterricht* 61 (5), 14–21.

Baeskow, Heike (2002): *Abgeleitete Personenbezeichnungen im Deutschen und Englischen: Kontrastive Wortbildungsanalysen im Rahmen des Minimalistischen Programms und unter Berücksichtigung sprachhistorischer Aspekte* (Studia linguistica Germanica, 62). Berlin, New York: De Gruyter.

Bartoń, Kamil (2019): *MuMIn: Multi-Model Inference*. R package version 1.43.6.

Becker, Thomas (2008): Zum generischen Maskulinum: Bedeutung und Gebrauch der nichtmovierten Personenbezeichnungen im Deutschen. *Linguistische Berichte* 213 (1), 65–75.

Carstensen, Broder & Ulrich Busse (1993–1996): *Anglizismen-Wörterbuch*. Berlin, New York: De Gruyter.

Diehl, Elke (1992): ‚Ich bin Student'. Zur Feminisierung weiblicher Personen- und Berufsbezeichnungen in der früheren DDR. *Deutschland Archiv* 25 (4), 384–392.

Diewald, Gabriele (2018): Zur Diskussion: Geschlechtergerechte Sprache als Thema der germanistischen Linguistik – exemplarisch exerziert am Streit um das sogenannte generische Maskulinum. *Zeitschrift für Dialektologie und Linguistik* 46, 283–299.

Doleschal, Ursula (1992): *Movierung im Deutschen: Eine Darstellung der Bildung und Verwendung weiblicher Personenbezeichnungen* (Edition Linguistik, 1). Unterschleissheim, München: Lincom Europa.

Doleschal, Ursula (2002): Das generische Maskulinum im Deutschen. Ein historischer Spaziergang durch die deutsche Grammatikschreibung von der Renaissance bis zur Postmoderne. *Linguistik Online* 11 (2), 39–70.

Dudengrammatik = Wöllstein, Angelika (Hrsg.) (2016): *Duden – die Grammatik: Unentbehrlich für richtiges Deutsch*, 9. Aufl. Berlin: Dudenverlag.

Gelman, Andrew & Jennifer Hill (2017): *Data analysis using regression and multilevel/hierarchical models*, 16. Aufl. Cambridge: Cambridge University Press.

Gorny, Hildegard (1995): Feministische Sprachkritik. In Martin Wengeler & Georg Stötzel (Hrsg.), *Kontroverse Begriffe: Geschichte des öffentlichen Sprachgebrauchs in der Bundesrepublik Deutschland* (Sprache, Politik, Öffentlichkeit, 4), 517–562. Berlin: De Gruyter.

Günther, Christine (2019): *Sprachübergreifende Interaktionen von Genus und Geschlecht – Effekte im Englischen als Fremdsprache* (41. Jahrestagung der Deutschen Gesellschaft für Sprachwissenschaft, 06. 03. 2019). Universität Bremen.

Hansen, Erik & Eugeniusz Rajnik (1982): *Movierung der Personenbezeichnungen im Deutschen und Dänischen* (Kontra Arbeitsbericht Nr. 5). København: Inst. for Germansk Filologi.

Hathout, Nabil & Fiammetta Namer (2019): Paradigms in word formation: what are we up to? *Morphology* 29 (2), 153–165.

Henzen, Walter (1965): *Deutsche Wortbildung* (Sammlung kurzer Grammatiken germanischer Dialekte B, Ergänzungsreihe, 5), 3. Aufl. Tübingen: Niemeyer.

Herberg, Dieter, Michael Kinne & Doris Steffens (Hrsg.) (2004): *Neuer Wortschatz: Neologismen der 90er Jahre im Deutschen* (Schriften des Instituts für Deutsche Sprache, 11). Berlin, New York: De Gruyter.

Hobler, Dietmar, Yvonne Lott, Svenja Pfahl & Karin Schulze Buschoff (2018): *Stand der Gleichstellung von Frauen und Männern in Deutschland* (WSI Report 56). Düsseldorf: Wirtschafts- und Sozialwissenschaftliches Institut (WSI) der Hans-Böckler-Stiftung.

IfD Allensbach (2020): Bevölkerung in Deutschland nach Einschätzung der eigenen Englischkenntnissen [sic] nach Altersgruppen im Jahr 2020 (in Prozent). https://de.statista.com/statistik/daten/studie/804875/umfrage/einschaetzung-zu-eigenen-englischkenntnissen-nach-alter/ (archiviert am 02. 10. 2020).

Institut für Deutsche Sprache (2006–): Neologismenwörterbuch. In Institut für Deutsche Sprache (Hrsg.), *OWID – Online Wortschatz-Informationssystem Deutsch*. Mannheim.

Klann-Delius, Gisela (2005): *Sprache und Geschlecht: Eine Einführung* (Sammlung Metzler, 349). Stuttgart: Metzler.

Kotthoff, Helga & Damaris Nübling (2018): *Genderlinguistik: Eine Einführung in Sprache, Gespräch und Geschlecht*. Tübingen: Narr.

Müller, Walter, Angelika Willms & Johann Handl (1983): *Strukturwandel der Frauenarbeit 1880 – 1980*. Frankfurt am Main: Campus.

Nagelkerke, Nico J. D. (1991): A note on a general definition of the coefficient of determination: A note on a general definition of the coefficient of determination. *Biometrika* 78, 619–692.

Nakagawa, Shinichi, Paul C. D. Johnson & Holger Schielzeth (2017): The coefficient of determination R2 and intra-class correlation coefficient from generalized linear mixed-effects models revisited and expanded. *Journal of the Royal Society Interface* 134 (14), 1–11.

Nakagawa, Shinichi & Holger Schielzeth (2013): A general and simple method for obtaining R^2 from Generalized Linear Mixed-effects Models. *Methods in Ecology and Evolution* 4, 133–142.

Nakazawa, Minato (2013): *fmsb: Functions for Medical Statistics Book with some Demographic Data*. R package version 0.6.3.

Oksaar, Els (1968): Zu den Genusmorphemen bei Nomina Agentis. *Studier i modern språkvetenskap. Ny Serie* 3, 173–184.

Oksaar, Els (1976): *Berufsbezeichnungen im heutigen Deutsch: Soziosemantische Untersuchungen; mit deutschen und schwedischen experimentellen Kontrastierungen* (Sprache der Gegenwart, 25). Düsseldorf: Pädagogischer Verlag Schwann.

Polenz, Peter von (1999): *Deutsche Sprachgeschichte vom Spätmittelalter bis zur Gegenwart: Band III: 19. und 20. Jahrhundert*. Berlin: De Gruyter.

Pusch, Luise F. (1984): *Das Deutsche als Männersprache: Aufsätze und Glossen zur feministischen Linguistik* (Edition Suhrkamp N.F., 217). Frankfurt am Main: Suhrkamp.

Rechtschreibduden (2020): *Duden. Die deutsche Rechtschreibung: Auf der Grundlage der aktuellen amtlichen Rechtschreibregeln* (Der Duden in zwölf Bänden, 1), 28. Aufl. Berlin: Dudenverlag.

Schäfer, Roland (2015): Processing and Querying Large Web Corpora with the COW14 Architecture. *Proceedings of the 3rd Workshop on Challenges in the Management of Large Corpora (CMLC-3)*, 28–34.
Schäfer, Roland & Felix Bildhauer (2012): Building Large Corpora from the Web Using a New Efficient Tool Chain. *Proceedings of the Eighth International Conference on Language Resources and Evaluation (LREC'12)*, 486–493.
Schoenthal, Gisela (1989): Personenbezeichnungen im Deutschen als Gegenstand feministischer Sprachkritik. *Zeitschrift für germanistische Linguistik* 17 (3), 296–314.
Schröter, Juliane, Angelika Linke & Noah Bubenhofer (2012): „Ich als Linguist" – Eine empirische Studie zur Einschätzung und Verwendung des generischen Maskulinums. In Susanne Günthner, Dagmar Hüpper & Constanze Spieß (Hrsg.), *Genderlinguistik: Sprachliche Konstruktionen von Geschlechtsidentität* (Linguistik – Impulse & Tendenzen, 45), 359–380. Berlin, Boston: De Gruyter.
Sobotta, Kirsten (2002): Sprachpraxis und feministische Sprachkritik. Zu einer sprachlichen Sonderentwicklung in Ostdeutschland. *Zeitschrift für germanistische Linguistik* 30 (2), 147–168.
Trappe, Heike (1995): *Emanzipation oder Zwang? Frauen in der DDR zwischen Beruf, Familie und Sozialpolitik.* Berlin: De Gruyter.
Trempelmann, Gisela (1998): Leserinnen/LeserInnen Ost wie West. Zu Bezeichnungen und Anredeformen in den östlichen Bundesländern. In Gisela Schoenthal (Hrsg.), *Feministische Linguistik – linguistische Geschlechterforschung: Ergebnisse, Konsequenzen, Perspektiven* (Germanistische Linguistik, 139/140), 33–48. Hildesheim: Olms.
Trutkowski, Ewa (2018): Wie generisch ist das generische Maskulinum? Über Genus und Sexus im Deutschen. *ZAS Papers in Linguistics* 59, 83–96.
Wippermann, Carsten (2015): *25 Jahre Deutsche Einheit. Gleichstellung und Geschlechtergerechtigkeit in Ostdeutschland und Westdeutschland.* Berlin: Bundesministerium für Familie, Senioren, Frauen und Jugend.

Miriam Lind und Lena Späth
Von *säugenden Äffinnen* und *trächtigen Elefantenkühen* – Zum Geltungsbereich der Genus-Sexus-Korrelation

Zusammenfassung: Die Genus-Sexus-Korrelation bei Personenbezeichnungen ist vielfältig diskutiert worden. Insbesondere die Verfechter*innen des generischen Maskulinums nutzen dabei gern Verweise in die Tierwelt, um anhand epizöner Tiergattungsbezeichnungen (*der Hund*, *die Katze*) zu zeigen, dass eine Relation zwischen Genus und Sexus inexistent sei. Der vorliegende Aufsatz setzt sich zum Ziel, diese postulierte Zusammenhanglosigkeit zwischen Genus und Sexus im Tierreich korpusbasiert zu untersuchen. Anhand von DeReKo-Daten werden die Agensrollen zu den sexusspezifischen Verben *säugen*, *Eier legen* und *brüten* sowie die Bezugsnomen des Adjektivs *trächtig* analysiert, um aufzuzeigen, inwieweit potenzielle Mismatches zwischen dem Genus der Tiergattungsbezeichnung und der Sexusinformation des Verbs bzw. Adjektivs dazu führen, dass Genus-Sexus-Konsistenz durch Komposition, Derivation oder syntaktisch hergestellt wird.

1 Einleitung

Die in den Medien unermüdlich geführte Diskussion um geschlechtergerechte Sprache und den Zusammenhang von grammatischem Genus und natürlichem Sexus[1] fokussiert in aller Regel auf Personenbezeichnungen und somit auf die Sphäre des Menschlichen. Während es im wissenschaftlichen Diskurs inzwischen außer Frage steht, dass bei der substantivischen Personenreferenz in aller Regel eine Übereinstimmung zwischen Genus und Sexus hergestellt wird (z. B. Gygax et al. 2008, Kotthoff & Nübling 2018, Stahlberg & Sczesny 2001) – sei es durch sexusspezifische Lexik wie bei *Mann/Frau*, *Tante/Onkel* oder durch Wortbildungsverfahren wie z. B. Movierung (*Lehrer/Lehrerin*) oder Komposition mit sexusdistinktivem Zweitglied (*Bürokaufmann/Bürokauffrau*) – wird genau

---

[1] Wir verwenden in diesem Aufsatz den in der Debatte üblichen Begriff *Sexus*, um das außersprachliche Geschlecht von grammatischem Genus abzugrenzen. Wir unterscheiden dabei also nicht zwischen einem traditionellen Verständnis von „biologischem" *Sex* und sozialem *Gender*, da dies für unseren Gegenstand nicht weiter relevant ist.

Open Access. © 2022 Miriam Lind und Lena Späth, publiziert von De Gruyter.
Dieses Werk ist lizenziert unter der Creative Commons Namensnennung 4.0 International Lizenz.
https://doi.org/10.1515/9783110746396-004

diese Korrelation in der öffentlichen Diskussion nach wie vor bestritten, insbesondere unter Beteiligung und Zusammenarbeit von FAZ, dem Verein Deutsche Sprache e.V. (VDS) und Peter Eisenberg.[2] Die vehemente Zurückweisung eines Zusammenhangs zwischen außersprachlichen Geschlechtsrealitäten und einem grammatischen Ordnungssystem wie Genus erfolgt gerne mit dem Verweis auf die arbiträre Genuszugehörigkeit unbelebter Substantive (*Löffel* (m.), *Gabel* (f.), *Messer* (n.) u. ä.) oder aber unter Hinweis auf die geschlechtsindifferente Lexik in der Tierwelt, wie etwa bei Heringer (1995: 208): „Oder glaubt einer, Igel seien männlich und Fliegen weiblich?" Ganz ähnlich schreibt Engel noch 2004 in seiner *Deutschen Grammatik*:

> Man muss Genus und Sexus strikt auseinanderhalten. Zwar entsprechen sich Genus und Geschlecht bei vielen Personenbezeichnungen, aber relativ selten bei Tierbezeichnungen; so ist das Pferd (n.) männlich oder weiblich, ebenso das Rind (n.) und die Schnecke (f.). (Engel 2004: 272)

Einen Verweis auf die Sexusindifferenz bei Tierlexemen findet man auch im tausendfach unterschriebenen offenen Brief des VDS mit dem Titel „Schluss mit Gender-Unfug!" von 2019: „Der Generalirrtum: Zwischen dem natürlichen und dem grammatischen Geschlecht bestehe ein fester Zusammenhang. Er besteht absolut nicht. *Der* Löwe, *die* Giraffe, *das* Pferd." (VDS 2019). Dass Lexeme wie *Löwe*, *Giraffe* und *Pferd* grundsätzlich als sexusindifferente Gattungsbezeichnungen (Epikoina) sowohl weibliche als auch männliche Exemplare bezeichnen, soll hier nicht bestritten werden. Vielmehr interessiert sich dieser Beitrag dafür, inwiefern Tierbezeichnungen im konkreten Sprachgebrauch tatsächlich als geschlechtsübergreifend verstanden und verwendet werden und ob es nicht vielleicht doch auch beim Sprechen über Tiere zu nachweisbaren Interaktionen von Genus und Sexus kommt. Ein Blogbeitrag von Luise Pusch, in dem sie einen Marktbesuch schildert, lässt darauf schließen, dass Inkongruenzen zwischen grammatischem Genus und sexusspezifischen biologischen Merkmalen zumindest für Verwunderung sorgen können: „An dem Stand für den Bauernkäse aus Eilte wurde als besondere Spezialität des Hauses Büffelkäse angeboten, Käse aus Büffelmilch. [...] Büffelmilch – das war zu viel. Seit wann geben denn Büffel

---

2 Z. B. https://www.faz.net/aktuell/feuilleton/gendergerechte-sprache-wenn-das-genus-mit-dem-sexus-15470481.html, https://www.faz.net/aktuell/feuilleton/debatten/eine-kleine-sex-grammatik-das-grammatische-geschlecht-15568596.html, https://uepo.de/2019/10/31/kulturpreis-deutsche-sprache-fuer-peter-eisenberg-tonbandgeraet-und-kaukasische-post/, https://vds-ev.de/gegenwartsdeutsch/gendersprache/gendersprache-unterschriften/schluss-mit-dem-gender-unfug/ (letzter Zugriff 13. 05. 2020).

Milch?"[3] Das maskuline Genus von *Büffel* scheint für Pusch inkompatibel zu sein mit der Fähigkeit, Milch zu geben, die i. d. R. weiblich klassifizierten Säugetieren vorbehalten ist.

Dieser Aufsatz setzt sich erstmals gebrauchsbasiert mit dem Zusammenhang von Genus und Sexus jenseits des Humanbereichs auseinander, indem anhand von Korpusdaten überprüft wird, wie bei geschlechtsexklusiven Aktivitäten und Zuständen im Tierreich (z. B. *trächtig sein, brüten, säugen*) mit verschiedenen Formen von Genus(in)kongruenz umgegangen wird: Sprechen wir ähnlich häufig von *trächtigen Elefanten* (m.) oder *trächtigen Nashörnern* (n.) wie von *trächtigen Giraffen* (f.)? Oder neigen wir im Fall von „sexusinkongruentem" Genus dazu, eine Übereinstimmung von Genus und Sexus durch lexikalische, syntaktische oder morphologische Verfahren herzustellen, indem wir z. B. von *trächtigen Elefantenkühen* oder *säugenden Elefantenmüttern* sprechen bzw. sexusinhärente Lexik wählen (*säugende Ricke*)? Korpusbasiert wird anhand der Verben *säugen, Ei(er) legen* und *brüten*, die eine sexusspezifische Agensrolle erfordern und dem Adjektiv *trächtig*, das ebenso ein sexusspezifisches Bezugsnomen bedingt, überprüft, ob und wenn ja, wie und in welchen Fällen eine Übereinstimmung von Genus und Sexus hergestellt wird. Dabei werden Tierart und Belebtheit als Parameter berücksichtigt, die die Herstellung von Genus-Sexus-Korrelation sowie das dafür genutzte Verfahren (Lexik, Movierung, Komposition, Attribution) potenziell beeinflussen.

Im Folgenden soll zunächst die – recht übersichtliche – Literatur zum Zusammenhang von Genus und Sexus im nichtmenschlichen Bereich diskutiert werden (Kapitel 2). Kapitel 3 schildert das methodische Vorgehen der Studie, deren Ergebnisse im Punkt 4 präsentiert und diskutiert werden. Kapitel 5 gibt ein kurzes Fazit.

2 Genus, Sexus und die Tiere

2.1 Die Genus-Sexus-Relation bei Tierbezeichnungen

Der enge Zusammenhang von Genus und Sexus im menschlichen Bereich wurde bereits angesprochen und soll im Folgenden im weiteren Zusammenhang von Genus und Animatizität kontextualisiert werden. Dass gerade in der hochbelebten Sphäre des Menschlichen eine starke Übereinstimmung von Genus

---

3 https://www.fembio.org/biographie.php/frau/comments/bueffelmilch-oder-die-dominante-kuh/ (letzter Zugriff 17. 05. 2020).

ANIMAT						INANIMAT
Genus-Sexus-Relation:						
engstens	eng			locker stereotyp		nicht vorhanden/ arbiträr
benannte Personen	Verwandt-schaft	Personen	Nutztiere	Säuge-tiere	andere Tiere	Pflanzen
m.: *Rolf*	*Bruder*	*Mann, Mönch*	*Stier, Hahn*	*Hund*	*Spatz, Dorsch*	*Sellerie*
f.: *Ronja*	*Schwester*	*Frau, Nonne*	*Kuh, Henne*	*Katze*	*Taube, Spinne*	*Möhre*
n.: (*s Anna*)	–	(*Weib*), *Kind*	*Rind, Huhn*	*Pferd*	*Krokodil*	*Kraut*

Abb. 1: Genus-Sexus-Relation und Belebtheit nach Kotthoff & Nübling (2018: 74).

und Sexus vorliegt, lässt sich durch das semantische Prinzip der natürlichen Genuszuweisung erklären, bei dem sich das grammatische Genus aus der lexikalischen Bedeutung ergibt. Die Stärke der Übereinstimmung von Genus und Sexus folgt offenbar der Belebtheitshierarchie (Silverstein 1976). Belebtheit (Animatizität) als linguistisch relevantes Konzept ist noch nicht annähernd erschöpfend erforscht, einschlägig sind Yamamoto (1999) und für das Deutsche etwa Kasper (z. B. 2012, Kasper & Werth 2015). Der Animatizitätsgrad eines Lebewesens/einer Entität ist historisch und kulturell wandelbar und ergibt sich aus einem komplexen Zusammenspiel verschiedener Kriterien, allen voran der Agentivität, d. h. dem Handlungsvermögen in der Welt. Da die Animatizitätsskala anthropozentrisch organisiert ist, stehen bei Tieren insbesondere Menschenähnlichkeit und -nähe als Einflussfaktor an der Spitze, aber auch Gefährlichkeit, Körpergröße oder zugeschriebene Intelligenz dürften Einfluss darauf haben, als wie belebt ein Tier wahrgenommen wird. Linguistisch interessant sind auch grammatische Faktoren wie Numerus: So ist bspw. Singular agentiver als der Plural. Kotthoff & Nübling (2018: 74) veranschaulichen die sehr enge Relation von Genus und Sexus im Bereich höchster Animatizität und deren zunehmende Lockerung bei niedrigerer Belebtheit (Abb. 1).

Bei Bezeichnungen, die auf Personen referieren, folgt das grammatische Genus dem Sexus des Referenten, d. h. es liegt eine sogenannte natürliche Genuszuweisung vor. Besonders deutlich lässt sich dies an Rufnamen illustrieren, die in den meisten Kulturen (Alford 1987) geschlechtsdefinit sind: Eine weibliche Person erhält einen entsprechenden Vornamen und es wird mit femininen Pronomen und Artikeln auf sie verwiesen (*Anna/sie/die*); gleiches gilt umgekehrt für Männer (*Paul/er/der*). Ähnlich sexusdefinit wie Personennamen zeigen sich Verwandtschaftsbezeichnungen, die stets das Geschlecht der jeweiligen Person (*Mutter/Vater, Neffe/Nichte* etc.) ausdrücken, meist ohne dass geschlechtsabstrahierende Überbegriffe zur Verfügung stehen; Ausnahmen davon bilden die lediglich pluralisch verwendbaren *(Groß-)Eltern* und *Geschwister*. Auch im Bereich der allgemeinen Personenbezeichnungen besteht eine recht enge Genus-Sexus-Relation, bei der es allerdings zu Ausnahmen kommt (z. B. *Weib*[4] (n.), *Kind* (n.)). Auffällig ist, dass es bei tatsächlich generischen Personenbezeichnungen, sogenannten Epikoina, zu einer Übertragung von Genus auf Sexus zu kommen scheint: so wird *die Person* deutlich häufiger als *der Mensch* als weiblich aufgefasst (s. hierzu ausführlich Klein in diesem Band).

Die enge Verbindung von Genus und Sexus endet nicht unmittelbar, sobald die Sphäre des Menschlichen verlassen wird, sondern reicht bis ins Tierreich hinein: Auch bei solchen Tieren, die in engem Bezug zur menschlichen Lebenswelt stehen, sei es, weil sie als Nahrungsquelle gehalten und gezüchtet (Nutzvieh wie *Rind > Kuh/Stier, Schwein > Sau/Eber*) oder gejagt (*Reh > Ricke/Bock, Wildschwein > Bache/Keiler*) werden oder weil sie als Gefährten in und um den menschlichen Wohnraum leben (*Hund > [Hündin]/Rüde, Pferd > Stute/Hengst*), haben sich regelmäßig sexusdistinkte Lexeme neben den generischen Artbezeichnungen ausgebildet. Darüber hinaus bestehen in diesem Bereich spezifische Lexeme für Jungtiere (*Kalb, Ferkel, Kitz, Frischling, Welpe, Fohlen*), allerdings ohne jeglichen Sexusbezug, da i. d. R. nur geschlechtsreife Tiere für den Menschen relevant sind.[5, 6]

Bei den Säugetieren lockert sich der Genus-Sexus-Nexus sukzessive; Einflussfaktoren für die Genus-Sexus-Korrelation sind u. a. Geschlechtsdimorphismus/Sichtbarkeit, die Ähnlichkeit zum Menschen (z. B. bei Primaten) sowie ihre Agentivität, d. h. insbesondere, inwieweit sie als potenzielle Bedrohung für den Menschen gelten (z. B. Raubkatzen, Bären). Bei kleineren Säugetieren, Reptilien, Vögeln, Fischen und Insekten, deren Geschlecht für den Menschen i. d. R. weder sichtbar noch relevant ist, wird der Zusammenhang von Genus und Sexus zunehmend arbiträr und verliert spätestens im Übergang zu Pflanzen jegliche Bedeutung.

---

4 Solche Inkongruenzen von Genus und Sexus werden regelmäßig funktionalisiert, um „mangelnde" Geschlechtskonformität zu markieren (z. B. *der Vamp, das Weib, das Mensch, die Tunte, die Schwuchtel*).
5 Die Bedeutung von Geschlecht im Nutztierbereich setzt sich darin fort, dass Fachsprachen regelmäßig eigene sexusinhärente Lexeme hervorbringen, etwa für Fischweibchen, die fachsprachlich als *Rogner* (Derivat zum *Rogen*, dem Laich) bezeichnet werden.
6 In diesen Zusammenhang fällt auch die Vermutung Puschs (1979: 95), dass bei Nutztieren jeweils das nützlichere Geschlecht zum „Archilexem", d. h. zur generischen Tierartbezeichnung, werde (z. B.: *Huhn/Hahn, Kuh/Stier*). Zu ergänzen ist hier das Stichwort Sichtbarkeit bzw. Präsenz: Auf Weiden und in Hühnerställen befinden sich in der Hauptsache weibliche Tiere, da zur Befruchtung vieler weiblicher Tiere wenige männliche ausreichen.

maximal menschenähnlich						geringste Ähnlichkeit mit Menschen	
m	m	m(f)		m*/f			f(m)
Mensch gener.	Affen Raubtiere	Säugetier	Vögel/ Fische	Reptilien	Schlangen	Insekten	Weichtiere
Zeuge Nachbar Athlet	Schimp. Makak Orang-U.	Elephant Hamster Fuchs	Fasan Specht Barsch	Alligator Lurch Frosch	Viper Python Kobra	Hummel Laus Fliege	Assel Schnecke Krake (m/f)
		Giraffe	Lerche Taube	Unke Echse		Käfer	Egel

Abb. 2: Ethnozoologisches bzw. anthropozentrisches Kontinuum nach Köpcke & Zubin (1996: 484).

Bei der Explizierung von Sexus bei Tieren ist auffällig, dass die Nähe bzw. der Fusionierungsgrad von Wortstamm und Sexusinformation im hochbelebten, menschennahen Bereich sehr groß ist und abnimmt, je weiter man sich vom Menschen als Epizentrum von Geschlecht entfernt: Der für den Menschen landwirtschaftlich wichtigen *Sau* sind die semantischen Merkmale [+zur Tierart Schwein gehörig] und [+weiblich] inhärent, ein weibliches Exemplar der Katzenart *Löwe* partizipiert unproblematisch als *Löwin* an der *in*-Movierung, während von einem weiblichen Fisch im allgemeinen Sprachgebrauch explizit als solchem gesprochen oder auf Komposita wie *Fischweibchen* zurückgegriffen werden muss, um die Sexusinformation zu kommunizieren. Das Genus-Sexus-Prinzip, das im Übrigen ikonisch sinnvoller als *Sexus-Genus-Prinzip* bezeichnet werden sollte, reflektiert das große Bedürfnis, im hohen Belebtheitsbereich Geschlecht fortwährend zu versprachlichen.

Diese Ausführungen zeigen bereits, dass die Annahme, Tierbezeichnungen seien per se epizön und Genus und Sexus im animalen Bereich dementsprechend völlig entkoppelt, nicht haltbar ist. Dass sich die menschliche Konzeptualisierung von Geschlecht als primär humandifferenzierender Kategorie durchaus auch im tierlichen Genussystem niederschlägt, zeigt außerdem das ethnozoologische bzw. anthropozentrische Kontinuum, das Köpcke & Zubin (1996) aufgestellt haben (Abb. 2). Aus ihren Analysen lässt sich ableiten, dass das male-as-norm-Prinzip (MAN), das unsere (männliche) Vorstellung vom Menschen prägt, auch die Genuszuweisung bei Tierbezeichnungen beeinflusst, indem solche Tiere, die menschen- (und damit männer-)ähnlicher sind, vorwiegend maskulines Genus aufweisen,[7] wohingegen die zunehmende Menschenunähnlichkeit die

---

[7] Hier vermutet Pusch (1979: 95) in Bezug auf Raubtiere, dass der „männliche Gegner des Mannes (das starke Geschlecht?)" zum „Archilexem" wird.

Wahrscheinlichkeit von femininem Defaultgenus deutlich erhöht. Während also Primaten und Raubtiere fast ausschließlich Maskulina umfassen und erst bei weniger agentiven Säugetieren gelegentliche Feminina auftreten (deren prosodische Struktur zudem feminines Genus begünstigt, z. B. *Giraffe, Katze*), stellen diese im niedrigbelebten Bereich der Schlangen, Insekten und Weichtiere die Mehrzahl dar. Da maskuline Personenbezeichnungen mindestens historisch in der Regel auch tatsächlich exklusiv Männer bezeichnen, lässt sich das anthropozentrische Kontinuum demnach durchaus als androzentrisches Kontinuum verstehen. Das Zustandekommen dieses Kontinuums wird mit dem tendenziell vermehrten Vorkommen handlungsfähiger Entitäten in grammatischen Agensrollen und singularischen Subjektpositionen erklärt, die i. d. R. dem hochbelebten, d. h. (männlich-)menschlichen und menschennahen Bereich vorbehalten sind (Becker 2014, Krifka 2009).

2.2 Die Herstellung von Genus-Sexus-Kongruenz

Während die Interaktionen von Genus und Sexus im Humanbereich Gegenstand vielfältiger Untersuchungen sind (z. B. Gygax et al. 2008, Stahlberg & Sczesny 2001), gibt es bislang nur drei Studien, die sich explizit mit dem Einfluss des Genus von Tierbezeichnungen auf die Sexuswahrnehmung der bezeichneten Tiere beschäftigen. Diese sollen im Folgenden etwas ausführlicher wiedergegeben werden.

Die Studie von Imai et al. (veröffentlicht in 2010 und 2014) versucht in experimentellen Settings zu elizitieren, ob und in welchem Umfang die Geschlechtswahrnehmung bei Tierbezeichnungen von ihrem grammatischen Genus geprägt ist. Hierfür wurden 21 deutschsprachigen und als Kontrollgruppe 17 japanischsprachigen[8] VPn Sätze vorgelegt. Den auf einzelne Tierarten abzielenden Testfragen lag folgende Aussage zugrunde: „Alle männlichen, und ausschließlich männliche Tiere haben Merkmal X" bzw. „Alle weiblichen, und ausschließlich weibliche Tiere haben Merkmal X". Die Autoren lassen in beiden Aufsätzen die Formulierung dieser Testsätze vage und spezifizieren nie, ob, und wenn ja, wie der Slot *X* in den Aussagen gefüllt wird, sodass das exakte Design der Studie leider sehr abstrakt bleibt (Imai et al. 2010, 2014). Auf der Basis dieser Aussagen wurden in Frage 1 Tierbezeichnungen verschiedener Genera abgefragt („Hat der Elefant dieses Merkmal?", „Hat die Maus dieses Merkmal?"), in Frage 2 wurden die Tierbezeichnungen mit attribuierten Geschlechtsangaben kombiniert („Hat

---

[8] Die japanischsprachigen VPn dienten als Kontrollgruppe, da Japanisch kein grammatisches Genus kennt und es daher nicht zu einer Interferenz kommen dürfte.

der männliche Elefant dieses Merkmal?", "Hat die männliche Maus dieses Merkmal?"). Die Fragen wurden einmal im Singular (Test 1) und einmal im Plural (Test 2) formuliert, sodass das grammatische Genus in Test 2 nicht mehr an der Oberfläche sichtbar war. Während die korrekte Antwort auf Frage 1 stets "nein" lauten müsste, da in der Frage auf die gesamte Gattung abgezielt wird und nicht nur auf ihre männlichen bzw. weiblichen Mitglieder, die zugrundeliegende Aussage aber nur ein Geschlecht spezifiziert, kann die korrekte Antwort auf Frage 2 entweder "ja" oder "nein" lauten, je nachdem, ob das in der Frage attribuierte Geschlecht mit dem in der Grundaussage genannten übereinstimmt oder nicht. Die Hypothese war, dass bei Frage 1 dann mehr falsche Antworten gegeben werden, wenn ein Mismatch zwischen dem in der Grundaussage angegebenen Geschlecht und dem Genus der Tierbezeichnung in Frage 1 vorliegt (weibl. Merkmal + mask. Tierbez. und umgekehrt), und dass bei Frage 2 dann mehr falsche Antworten gegeben werden – und es zu größerem Zögern bei der Beantwortung kommt –, wenn das explizit genannte Geschlecht nicht mit dem Genus der Tierbezeichnung übereinstimmt (*die männliche Giraffe* also zu mehr falschen oder verzögerten Antworten führt als *der männliche Elefant*). Die Autoren gehen außerdem davon aus, dass sich dieser Effekt nivelliert, wenn die Testitems im Plural stehen und das Genus am Definitartikel nicht länger angezeigt wird. Zur Kontrolle wurde in einem dritten Versuch die Tierbezeichnung durch nicht näher spezifizierte Ausdrücke für Unbelebtes ersetzt.

Die Ergebnisse der Studie (Imai et al. 2010) bestätigen die Hypothesen: Falsche Antworten werden von den deutschen VPn signifikant häufiger dann gegeben, wenn in Frage 1 das Genus der Tierbezeichnung mit dem in der Grundaussage genannten Sexus übereinstimmt. Lautet die Basisaussage also z. B. „Alle weiblichen, und nur weibliche Tiere haben Merkmal X", wird deutlich häufiger fälschlicherweise dann mit „ja" geantwortet, wenn die Frage genus-sexus-kongruent „Hat die Giraffe dieses Merkmal" gefragt wird, als wenn ohne Konkordanz zwischen Sexus und Genus „Hat der Elefant dieses Merkmal" gefragt wird. Bei den japanischsprechenden VPn wird, wenig überraschend, kein vergleichbarer Effekt festgestellt. Wird in Frage 2 ein sexusspezifisches Adjektiv attribuiert („Hat die weibliche Giraffe dieses Merkmal?", „hat der weibliche Elefant dieses Merkmal?"), werden häufiger falsche Antworten gegeben, wenn Genus und Sexus in der Frage nicht übereinstimmen, *der weibliche Elefant* führt also häufiger zu falschen Antworten als *die weibliche Giraffe*. Bei unbelebten Artefakten werden keine vergleichbaren Tendenzen festgestellt. Außerdem stellen Imai et al. (2010, 2014) interessanterweise fest, dass die Effekte von Genus-Sexus-Interaktionen verschwinden, wenn die Fragen statt im Singular im Plural formuliert werden, sodass Genus nicht mehr am Artikel ablesbar ist. Dieser Befund deutet daraufhin, dass der Plural tatsächlich als weniger geschlechtsgeladen aufgefasst wird als der Singular und Genus eventuell darüber hinaus weniger lexeminhärent verstanden, sondern vorrangig als semantisches Merkmal des Artikels aufgefasst wird. In einer ganz ähnlich konstruierten Studie (Saalbach, Imai & Schalk 2012) überprüfen die Autoren, inwieweit die Befunde der vorangegangenen Untersuchung auch für deutschsprachige Kinder im Vorschulalter gelten und stellen fest, dass diese ähnlich zu Erwachsenen von Genus auf Sexus schließen.

Eine weitere Studie, die sich mit dem Einfluss von Genus auf die Sexuswahrnehmung von Tierbezeichnungen beschäftigt, wurde 2010 von Bickes & Mohrs durchgeführt. In ihrer zweiteiligen Untersuchung widmen sie sich der Namenvergabe an Tiere als Protagonist*innen in Geschichten. Dabei analysiert der erste Teil der Studie die Vergeschlechtlichung von Tieren in 74 deutschsprachigen Kinderbüchern; als Geschlechtshinweise dienen vergebene Namen und Illustrationen in den Büchern. Auffällig ist die absolute Geschlechtsverteilung der Figuren: 116 Tierbezeichnungen sind maskulin, 50 feminin und 21 neutral. Die Autorinnen stellen dies in Bezug zu Köpcke & Zubins (1996) anthropozentrischem Kontinuum, da tendenziell eher menschenähnliche Tiere als Figuren auftreten, die, wie im vorangegangenen Abschnitt beschrieben, prädominant maskulines Genus aufweisen (s. Bickes & Mohrs 2010: 265). Der Zusammenhang von Genus und Sexus zeigt sich eindrücklich in ihren Daten: In 89,9 % der Fälle geht das grammatische Genus mit einem entsprechend vergeschlechtlichen Rufnamen oder anderen entsprechenden Geschlechtsmarkern einher (wie z. B. die titelgebenden Figuren *Herr Fuchs* und *Frau Elster* illustrieren). Dabei liegt die Zahl der Übereinstimmungen bei maskulinen Tierbezeichnungen etwas höher (93,1 %) als bei den femininen (82 %). Bei den Neutra, die keine direkte Genus-Sexus-Korrelation ermöglichen, scheint das bereits erwähnte MAN-Prinzip zu wirken: zu 66,7 % werden Tiere mit neutralem Genus männlich benannt, 33,3 % tragen einen weiblichen Namen. Eine Ausnahme bilden die konsequent weiblich benannten Hühner, was Bickes & Mohrs (2010: 265) damit begründen, dass das „prototypische Huhn [...] weiblich [ist] und die Bezeichnung *Huhn* [...] weniger als neutraler Gattungsoberbegriff, sondern eher synonym zur weiblichen Form *Henne* wahrgenommen" wird.

Im zweiten Teil ihrer Studie baten Bickes & Mohrs (2010) 171 VPn, in einer als Lückentext konzipierten Geschichte tierische Protagonist*innen zu benennen. Die Ergebnisse sind nahezu deckungsgleich zur Analyse der Kinderbücher: In 88,3 % der Fälle ergab sich eine Übereinstimmung zwischen dem Genus der Tierbezeichnung und dem Namengeschlecht. Auch die höhere Übereinstimmung von Genus und Sexus bei Maskulina als bei Feminina und die mehrheitlich männliche Interpretation neutraler Tierbezeichnungen wurde anhand des Lückentextexperiments bestätigt. Dass die Genus-Sexus-Kongruenz bei Maskulina auf allen Stufen der Belebtheitshierarchie gleichbleibend konsequent durchgeführt wurde, interpretieren die Autorinnen als Beleg für die Wirkmächtigkeit von Genus auf die Sexuierung:

> Dass *der Spatz* trotz seiner im Allgemeinverständnis wenig männlichen Eigenschaften (klein, niedlich, singt ...) zu fast 87,9 % männliche Assoziationen bei der Wahl des Vornamens auslöst, spricht für den dominanten Einfluss seines Genus, das offensichtlich die Vorstellungen der Versuchsteilnehmer*innen wesentlich stärker beeinflusst als außersprachliche Faktoren. (Bickes & Mohrs 2010: 268)

Sowohl die Studie von Imai et al. (2010, 2014) als auch die Untersuchung von Bickes & Mohrs (2010) zeigen also, dass der Zusammenhang von Genus und Sexus mitnichten so arbiträr ist und dass Oberbegriffe für Tiergattungen weit weniger epizön verstanden werden als im populären Diskurs angenommen. Während diese beiden Studien experimentelle Daten elizitiert haben bzw. auf stark anthropomorphisierenden Tiererzählungen in Kinderbüchern basieren, wollen wir im Folgenden anhand von Korpusdaten zeigen, wie im allgemeinen Sprachgebrauch sexusspezifische Verrichtungen und Zustände bei Tieren abgebildet werden und inwiefern auch in diesen Daten eine Übertragung von Genus auf Sexus festzustellen ist.

3 Methodik

Um die Reichweite der Genus-Sexus-Relation im Sprachgebrauch über die Belebtheitshierarchie hinweg datenbasiert analysieren zu können, wurden im Deutschen Referenzkorpus (DeReKo) vier sexusspezifische, genauer: spezifisch weibliche Tätigkeiten bzw. Zustände abgefragt (*trächtig, säugen, Ei(er) legen, brüten*) und die auftretenden Bezugsnomina daraufhin analysiert, inwiefern bei potenziellen Genus-Sexus-Mismatches (*trächtiger Elefant* = weibl. + mask.) eine Genus-Sexus-Kongruenz hergestellt wird (*trächtige Elefantendame* etc. = weibl. + fem.). Dass der umgekehrte Fall, d. h. spezifisch männliche Handlungen/Zustände, nicht abgefragt wurde, liegt daran, dass Fortpflanzung zumindest im Tierreich nahezu ausschließlich mit Blick auf das weibliche Exemplar perspektiviert wird, sodass Verben wie *befruchten, zeugen, decken* u. ä. nur sehr geringe Belegzahlen im Korpus erlangen.

Verwendet wurde das Korpus W-öffentlich im W-Archiv des DeReKo, das ca. 9,8 Mio Wortformen umfasst. Da die morphologisch annotierten Subkorpora in Testabfragen zu wenige Treffer aufwiesen, wurde auf eine morphologisch getaggte Suche verzichtet. Stattdessen wurden im Korpus W-öffentlich Flexionsformen der relevanten Lexeme abgefragt. Bei *trächtig* wurde die Grundform ausgeschlossen, um die bei prädikativer Verwendung unterschiedlichen Distanzen zwischen Attribut und Bezugsnomen nicht beachten zu müssen (*Der Elefant, der im vergangenen Jahr sein renoviertes Gehege im Frankfurter Zoo einweihen durfte, ist nach längerer Wartezeit mit im Mai erwarteten Zwillingen trächtig.*) Gleiches gilt für das Partizip II von *brüten* und *Eier legen*; bei *säugen* wurde das Partizip II eingeschlossen, um die Treffermenge zu erhöhen. Bei *Eier legen* wurde mit Wortabstandsoperatoren gearbeitet, um die syntaktische Trennbarkeit des Verbs zu berücksichtigen; ausgeschlossen wurden Treffer für *Eier legende Wollmilchsau*. Insgesamt wurden in einer Zufallsauswahl 1/5 der Belege für *Eier legen* ausgewählt. Für *brüten* wurde per Zufallsauswahl 1/4 der Präsensformen und 1/7 der Partizip I-Formen berücksichtigt; ausgeschlossen wurde *Hitze* als Bezugsnomen. Durch den unterschiedlichen Wortartstatus (Adjektive vs. erweiterte und nicht erweiterte Verben) sind die vier abgefragten Ausdrücke nicht vollkommen vergleichbar. Es wurde versucht, eine Balance zwischen Vergleichbarkeit und bearbeitbarer Treffermenge herzustellen. Deshalb wurden die großen Treffermengen durch Zufallsauswahl beschränkt. Durch die Abfrage der Partizipien I der Verben ist eine Mindestvergleichbarkeit mit dem Adjektiv gewährleistet (attributive Verwendung). In einem zweiten Schritt wurden die Ergebnisse händisch gesäubert und die bereinigten KWIC-Daten in Excel exportiert. Anschließend wurden die Daten nach den folgenden Gesichtspunkten annotiert:

1. Inhaltlich:
    a) Tierart (unter Berücksichtigung des Genus der etwaigen Artbezeichnung: *Bulldogge* → „Hund: Bulldogge", sodass das tatsächlich gebrauchte Genus beachtet werden konnte und nicht fälschlicherweise das Genus der Tierart annotiert wurde)
    b) Genus der Tierart (*trächtige Elefantendame* → maskulin; *Bulldogge* → feminin)
    c) Belebtheitsgrad[9] (sehr hoch – Raubtiere, Primaten; hoch – große Säuger, Hund und Katze; mittel – mittelgroße bis kleine Säuger, große Raubvögel; niedrig – Kleintiere, Mittelgroße und kleine Vögel, Kriechtiere, Amphibien, Reptilien; sehr niedrig – Insekten, Bakterien)
2. Art der Sexusspezifizierung
    a) Lexikalisch (*Stute*)
    b) Derivationell: *in*-Movierung (*Hündin*)

---

9 Die Einteilung der Belebtheitsgrad erfolgte im Grunde nach den in 2.1 genannten Kriterien: Agentivität/Gefährlichkeit/Körpergröße, Menschennähe und -ähnlichkeit, auch: Funktion für den Menschen (Heimtiere > Nutztiere). Auch sollten die Tiere im Verhältnis zueinander sinnvoll stehen, die *Boa* und der/die *Python* als Schlangen nicht unter der *Maus* (Säugetier) etc.

c) Kompositionell, untergliedert in: kompositionell humanisierend/humanisiert (*Froschdame*) und kompositionell nicht humanisierend/humanisiert (*Fischweibchen*)
   d) syntaktisch (*weibliche Rehe*)
   e) keine Spezifizierung (*trächtige Elefanten*)
3. neues Genus, d. h. das tatsächliche Genus im Beleg (*trächtige Elefantendame* → feminin; streng grammatisch annotiert, daher: *Fischweibchen* → neutral)

Einige Belege wurden aus der Analyse herausgenommen: Erstens wurden die zahlreichen Rinder, (Wild-)Schweine und Hühner insgesamt von der Auswertung ausgeschlossen. Zum einen bildeten sie eine quantitative Unwucht, zum anderen konnte weder bei *Kuh* noch bei *(Wild-)Sau* mit Sicherheit gesagt werden, ob damit die weiblichen Tiere oder aber in einem zunehmend so verwendeten epizönen Gebrauch das Tier ohne Sexusinformation gemeint ist. Der spiegelbildliche Fall liegt beim prototypisch weiblichen *Huhn* vor. Zweitens wurde darauf verzichtet, die ebenfalls zahlreichen Wölfe mit zu analysieren, da sie in der überwiegenden Mehrheit der Belege in der mythologischen Gestalt der Romulus und Remus *säugenden Wölfin* auftreten.

Insgesamt wurden 2508 Belege analysiert, die sich wie folgt auf die drei Genera und die vorab festgelegten Animatizitätsgrade verteilen: ca. 42 % der Tierbezeichnungen sind Maskulina, ungefähr 32 % sind Feminina, die Neutra sind mit 26 % am wenigsten vertreten. Von den belegten Tierarten sind 10 % der höchsten Animatizitätsstufe zuzuordnen, 11 % sind dem zweiten Belebtheitsgrad zugeordnet; die Mehrheit der Belege gehört den Animatizitätsgraden 3 (36 %) und 4 (36 %) an und nur ca. 8 % der niedrigsten Belebtheitsstufe. Dass die Stufen 3 und 4 so stark vertreten sind, ist mit der umfangreichen Berichterstattung zu Nutztieren (zu denen wir auch Labortiere wie Ratten und Mäuse zählen) und deren Haltung zu begründen, die in diesen Stufen eingeordnet sind. Zwischen Genus und Animatizität kommt es, wie bereits Köpcke & Zubin (1996) zeigen, zu starken Interferenzen (Abb. 3).

Der hochanimate Bereich ist fast ausschließlich durch Maskulina besetzt. Stufe 2 ist relativ ausgewogen von Maskulina und Feminina besetzt, wobei letztere fast ausschließlich durch *Katzen* (126 der 131 Treffer) repräsentiert werden. Der mittlere Animatizitätsgrad wird vorrangig von Neutra vertreten, bei denen die Nutztiere, die häufig einen neutralen Oberbegriff und sexusinhärente Lexeme für weibliche und männliche Exemplare aufweisen (*Rind/Kuh/Stier*; *Pferd/Stute/Hengst*), überwiegen. Damit ist Belebtheitsstufe 3 tatsächlich die einzige mit einer belastbaren Anzahl an Neutra. In den benachbarten Stufen 2 und 4 machen sie jeweils knapp 6 % aus, im höchst- und niedrigstbelebten Bereich

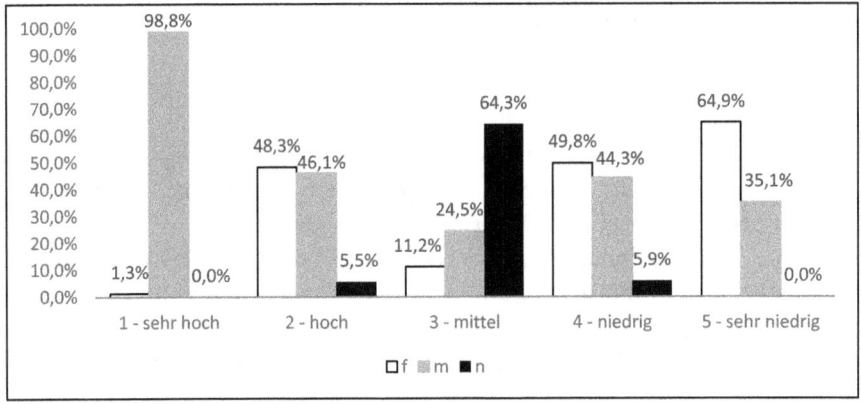

Abb. 3: Verteilung der Genera auf die Animatizitätsstufen.

sind gar keine neutralen Tierbezeichnungen zu finden. Ebenso wie in Stufe 2 halten sich maskuline und feminine Tierbezeichnungen auch auf der Stufe 4, die vor allem kleinere Säugetiere, kleine Vogelarten, Amphibien und Reptilien umfasst, grob die Waage (knapp 50 % Maskulina, ca. 44 % Feminina), im Animatizitätsgrad 5, der also die maximal menschenunähnlichen Tierarten umfasst, dominieren die Feminina, wie auch das anthropozentrische Kontinuum von Köpcke & Zubin (1996) nahelegen würde.

4 Ergebnisse

Im Folgenden stellen wir die Ergebnisse der Korpusstudie vor. Zentral sind dabei zwei Fragen: Erstens interessiert uns, ob – und wenn ja, wie häufig und in welchem Verhältnis zu Genus und Animatizität – der Sexus des Tiers in Kombination mit spezifisch weiblichen Aktivitäten und Zuständen expliziert wird. Zweitens fokussiert die Studie darauf, welchen Einfluss Genus der Tierbezeichnung und Animatizität auf die Wahl der Kongruenzverfahren haben, wenn ein solches Verfahren genutzt wird. Unter 4.1 widmen wir uns der quantitativen Auswertung der Kongruenzherstellung unter Berücksichtigung von Genus und Belebtheit, im anschließenden Abschnitt 4.2 nehmen wir eine qualitative Analyse der Verfahren zur Kongruenzherstellung vor.

4.1 Häufigkeit der Kongruenzherstellung

4.1.1 Kongruenz und Genus der Tierart

Insgesamt zeigen die Daten eine Tendenz zur Spezifizierung von Sexus: In gut 41 % der Belege wird das Geschlecht des genannten Tiers explizit gemacht. Diese Sexusspezifizierung ist klar von Genus abhängig (s. Abb. 4): Während bei femininen Tierbezeichnungen nur in knapp 14 % der Fälle das weibliche Geschlecht an die Oberfläche gebracht wird (*trächtige Kätzinnen*; *ein Zeckenweibchen legt bis zu 3000 Eier*), ist es mit 53 % bei den Maskulina und 56 % bei den Neutra jeweils bei mehr als der Hälfte der Belege der Fall, dass das – genusinkongruente – Geschlecht sprachlich explizit wird (z. B. *eine Walkuh, die ein Kalb säugt*; *die Falterweibchen legen ihre Eier*; *trächtige Kamelkühe, die trächtige Kaninchendame*) (Abb. 4).

Die Häufigkeit, mit der Genus-Sexus-Konkordanz hergestellt wird, unterscheidet sich dabei deutlich bei den vier abgefragten Handlungen und Zuständen (Tab. 1).

Während bei den Feminina bei allen abgefragten Verben und Adjektiven die Sexusspezifizierung überwiegend ausbleibt, zeigt sich bei den Maskulina und Neutra ein deutlicher Unterschied zwischen *trächtig* und *säugen* einerseits und *Eier legen* und *brüten* andererseits: bei *trächtig* und *säugen* überwiegt die Herstellung von Genus-Sexus-Kongruenz in beiden Genera gegenüber der nicht modifizierten Tierbezeichnung, bei *Eier legen* und *brüten* verhält sich dies umgekehrt – wobei die geringen Belegzahlen bei den Neutra für diese beiden Verben (7 bzw. 8 Vorkommen) keine valide Aussage erlauben (daher Graudruck).

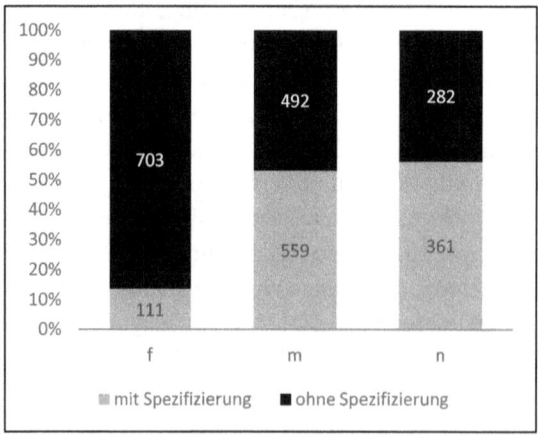

Abb. 4: Geschlechtsspezifizierung bei Tierbezeichnungen in Abhängigkeit von deren Genus.

Tab. 1: Sexusspezifizierung nach Genus, differenziert nach Handlung/Zustand.

	Sexus spezifiziert				Sexus nicht spezifiziert			
	trächtig	säugen	Eier legen	brüten	trächtig	säugen	Eier legen	brüten
f	13 %	31 %	15 %	3 %	87 %	69 %	85 %	97 %
m	76 %	87 %	34 %	6 %	24 %	13 %	66 %	94 %
n	55 %	78 %	0 %	25 %	45 %	22 %	100 %	75 %

Grau hinterlegte Felder zeigen den dominierenden Typ (sexusspezifiziert/nicht sexusspezifiziert) an, ausgegraute Prozentangaben basieren auf Belegzahlen, die zu gering sind, um belastbar zu sein.

Hierin deutet sich bereits der Einfluss der Animatizität an: *trächtig* und *säugen* beziehen sich primär[10] auf Säugetiere, die ganz überwiegend als stärker belebt konzeptualisiert werden als die als Agens von *Eier legen* und *brüten*[11] vorkommenden Vögel, Reptilien, Amphibien, Insekten u. ä. Die auffällig höheren Prozentwerte in allen drei Genera für die Sexusspezifizierung bei dem Verb *säugen* kann auf zwei Arten erklärt werden: Zum einen ist das Säugen des Nachwuchses tatsächlich Säugetieren vorbehalten, während Trächtigkeit zwar ganz überwiegend ein Merkmal von Säugetieren ist, aber sprachlich durchaus auch in Bezug auf andere Tierarten verwendet wird, z. B. bei Vögeln (kurz vor der Eiablage) und einigen Hai- und Rochenarten – in unseren Daten findet sich sogar ein Beleg für *trächtiges Schildlausweibchen*. Dadurch ist *säugen* als Handlung eventuell kognitiv als stärker belebt abgespeichert, als dies bei *trächtig* der Fall ist, was eine stärkere Tendenz zur *Genus*-Sexus-Kongruierung bewirken könnte. Zum anderen könnte der Unterschied zwischen *trächtig* und *säugen* auch damit zu erklären sein, dass nur letztgenanntes Verb auf einen Zustand verweist, in dem die Jungen bereits auf der Welt sind, was dazu führt, dass die Geschlechtsangabe besonders häufig durch Verweis auf Mutterschaft (*Gorillamama, Antilopen-Mutter, Walrossmutter*) erfolgt.

---

[10] Seltene Ausnahmen sind hier, und zwar ausschließlich bei *trächtig*, Haie, Schlangen, Seepferdchen, sowie einige einzeln vorkommende Vögel und Insekten wie *trächtige Läuseweibchen*.

[11] Zu beachten ist, dass bei diversen Vogelarten sowohl Weibchen als auch Männchen brüten; da es jedoch bei beiden Geschlechtern zu Sexusspezifizierung kommt (Belege für männliches Brüten sind u. a. *der brütende Nandu-Hahn*; *Vogelmann muss brüten*; *männliche Kaiserpinguine beim Brüten*), haben wir uns entschieden, das Verb nicht vollständig auszuschließen. Dass insgesamt nur selten Sexus spezifiziert wird, ist also vermutlich auch darauf zurückzuführen, dass beide Geschlechter am Brüten teilhaben.

Es wird insgesamt bereits hier deutlich, dass Genus nicht losgelöst von Belebtheit betrachtet werden kann. Daher widmet sich der folgende Abschnitt dem Einfluss von Animatizität auf die Sexusspezifizierung.

4.1.2 Kongruenz und Belebtheit

Neben Genus scheint auch die Animatizität einer Tierart Einfluss darauf zu haben, ob Sexus zum Ausdruck gebracht wird oder nicht (Abb. 5).

Die Graphik veranschaulicht, dass mit sinkender Belebtheit auch die Häufigkeit der Sexusangabe zurückgeht: Auf der höchsten Animatizitätsstufe, die Raubtiere und Primaten umfasst, wird in 87 % der Belege das Geschlecht spezifiziert. Die niedrigste Belebtheitsstufe weist nur 23 % Sexusangaben auf. Der starke Rückgang in der Geschlechtsangabe zwischen den Stufen 1 und 2 (von 87 % auf 45 %) lässt sich durch die hohe Anzahl von Katzen in Stufe 2 erklären, die kulturell ohnehin weiblich konzeptualisiert werden und dadurch nur sehr selten explizit als weibliche Exemplare benannt werden.[12] Dass es in der mittleren Belebtheitskategorie zu mehr expliziter Bezeichnung von Geschlecht kommt, liegt wohl an der großen Zahl der Nutztiere (Schafe, Ziegen, auch Pferde), die hier enthalten sind, und die, wie unter 2.1 bereits beschrieben wurde, häufig eine sexusinhärente Lexik ausgebildet haben.

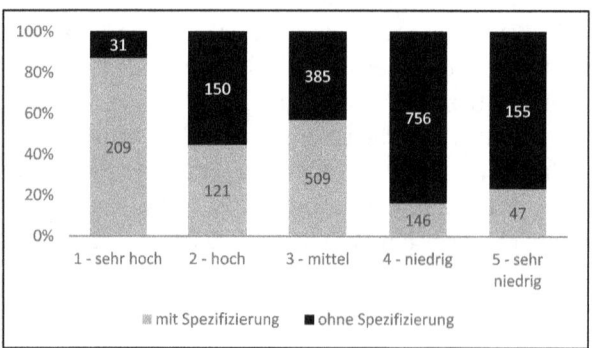

Abb. 5: Geschlechtsspezifizierung bei Tierbezeichnungen in Abhängigkeit von Animatizität.

---

12 Bereits im Deutschen Wörterbuch (Grimm 1854–1961) heißt es „Katze f. ist Gesamtname für beide geschlechter [...]. doch bezeichnet auch katze allein das weibchen", s. http://woerter buchnetz.de/cgi-bin/WBNetz/wbgui_py?sigle=DWB&mode=Vernetzung&lemid=GK02468#XGK 02468 (letzter Zugriff 31. 05. 2020).

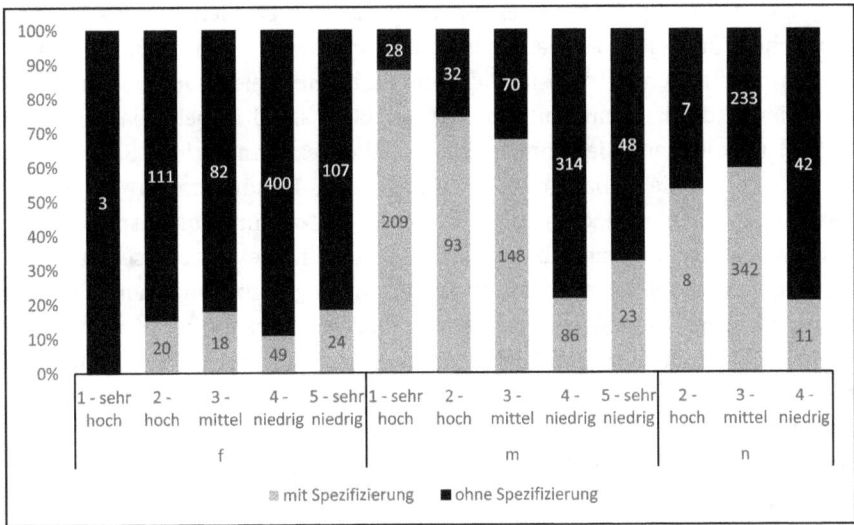

Abb. 6: Interaktion der Parameter Genus und Animatizität bei der Sexusspezifizierung.

Selbstverständlich muss bei der Interpretation dieser Daten das anthropozentrische Kontinuum, das in Abschnitt 2.1 besprochen wurde und das ebenso wie Abb. 3 die enge Verzahnung von hoher Belebtheit und maskulinem Genus zeigt, berücksichtigt werden, um auszuschließen, dass Belebtheit nur insofern einen Einfluss hat, als dass Tierbezeichnungen höherer Animatizitätsstufen primär Maskulina sind und solche niedrigerer Belebtheitsgrade vorrangig Feminina umfassen. Um Verzerrungen durch diese Interaktion von Genus und Animatizität zu überprüfen, haben wir beide Parameter in Abb. 6 zueinander in Beziehung gesetzt.

Die Abbildung zeigt die einzelnen Animatizitätsgrade getrennt für die drei Genera. Während die Belebtheit bei den femininen Tierbezeichnungen relativ wenig Einfluss zu haben scheint und über alle Animatizitätsgrade hinweg der Anteil der expliziten Sexusnennung bei unter 20 % liegt, zeigen sich insbesondere bei den Maskulina klare Einflüsse des Parameters Belebtheit: Im hochbelebten Bereich, dem vor allem Primaten, Raubtiere und größere Säugetiere angehören, wird das mit dem Genus konfligierende Geschlecht ganz überwiegend (85 % bzw. 75 %) sprachlich spezifiziert (*die Menschenäffin säugt*; *trächtige Elefantenkuh*). Im niedrigbelebten Bereich scheint die Inkongruenz von Genus und Sexus wie z. B. *der Borkenkäfer legt Eier* oder *der trächtige Fischsaurier* als weniger störend empfunden zu werden, da sie in deutlich geringerem Umfang korrigiert wird: auf Stufe 4 sind 79 % der Belege nicht sexusspezifiziert, auf – der wegen der geringen Belegzahlen mit Vorsicht zu analysierenden – Stufe 5 weisen 68 % der Belege Mismatches zwischen maskulinem Genus und spezifisch weiblicher Tätigkeit bzw. spezifisch weiblichem Zustand auf. Neutrale Tierbezeichnungen lassen sich hinsichtlich dem Parameter Belebtheit nur schwerlich analysieren, da diese nur im mittleren Belebtheitsgrad in belastbaren Zahlen (> 100) vorkommen. Hier kommt die explizite Bezeichnung des Sexus etwas häufiger vor als die Beibehaltung von Genus-Sexus-Diskordanz (60 % vs. 40 %). Diese Daten legen nahe, dass es bei der expliziten Nennung von Geschlecht vorrangig darum geht, Mismatches zwischen Genus und Sexus zu beseitigen, und dass Belebtheit vor allem dann, wenn eine Inkongruenz von grammatischem und natürlichem Geschlecht vorliegt, darüber bestimmt, ob die Kongruierung explizit über sprachliche Mittel hergestellt wird: Dies geschieht vorrangig bei hochbelebten Tiergattungen, die größere Menschennähe bzw. -ähnlichkeit aufweisen, wohingegen widersprüchliche Genus- und Sexusinformation eher akzeptiert wird, wenn es sich um Tiere handelt, die weit von der menschlichen Sphäre entfernt sind.

4.2 Verfahren der Genus-Sexus-Kongruierung

Im Vorangegangenen wurde bereits deutlich, dass ein klarer Zusammenhang besteht zwischen der Häufigkeit der Sexusspezifizierung, dem Genus der Tierbezeichnung und der Animatizität der jeweiligen Spezies. In diesem Abschnitt wird nun der Blick auf die qualitativen Verfahren der Sexusspezifizierung gelenkt, darauf also, mit welchen sprachlichen Mitteln das Geschlecht bezeichnet wird. Aufgrund der bereits in Abb. 3 gezeigten engen Relation von Genus und Animatizität werden in diesem Kapitel die beiden Parameter nicht getrennt besprochen. Stattdessen folgt die Datenauswertung vorrangig dem Parameter Animatizität und setzt Genus stets dazu in Bezug.

Die Verfahren der Sexusspezifizierung wurden in fünf Kategorien unterschieden: syntaktisch (*weiblicher Elefant*), kompositionell nicht humanisierend (*Elefantenkuh*), kompositionell humanisierend (*Elefantendame*), derivationell (*Elefantin*) und lexikalisch (*Geiß, Ricke, Fähe*). Dabei nimmt die Überlagerung von Basisbedeutung und Sexusinformation graduell zu: bei syntaktischen und kompositionellen Verfahren sind Basislexem und Sexusinformation klar getrennt, bei derivationeller und lexikalischer Sexusmarkierung sind beide Informationen zunehmend ineinander verschränkt.

Abb. 7 zeigt eine klare Korrelation zwischen Animatizität und dem Grad der formalen Überschneidung von Basislexem und Sexusinformation auf: Je niedriger die Animatizität einer Tierart, desto eher wird die Sexusinformation über expandierende Verfahren markiert; sie wird vorrangig über Syntax (Attribution)

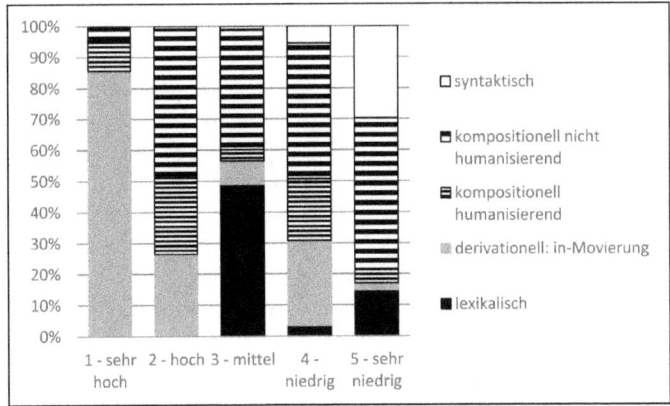

Abb. 7: Verfahren der Sexusmarkierung nach Belebtheit.

und Komposition zum Ausdruck gebracht.[13] Umgekehrt dominiert im höchstanimaten Bereich die derivationelle Sexusspezifizierung. Der starke Rückgang der Movierungen von Stufe 1 auf Stufe 2 lässt sich vermutlich durch den ebenfalls stark rückläufigen Anteil maskuliner Tierbezeichnungen von 1 zu 2 erklären: In Stufe 2 befinden sich die zahlreichen nicht modifizierten *Katzen*. Die mittlere Klasse ist durchmischt mit hohen Anteilen von Komposita und lexeminhärenten Sexusmarkierungen. Dies ist insofern interessant, als dass das synthetischste Verfahren nicht etwa vorrangig für den höchstbelebten Bereich genutzt wird, sondern mit den Nutztieren genau dort auftritt, wo Geschlecht als marktwirtschaftlicher Faktor der Nutzung (Milch- vs. Schlachtvieh, Legehennen vs. Masthähnchen) eine besonders wichtige Rolle spielt.

Im Folgenden werden die einzelnen Verfahren der Kongruierung von Genus und Sexus noch einmal ausführlicher dargestellt. Abb. 8 zeigt die deutliche Dominanz der derivationellen Sexusspezifizierung im hochbelebten Bereich. Besonders frequent ist dieses Verfahren beim Lexem *Hund*, das in 139 Belegen moviert als *Hündin* erscheint.

Die Dominanz dieses Verfahrens geht, wie die bereits gezeigte Verschränkung von Genus und Animatizität nahelegt, damit einher, dass die *in*-Movierung fast ausschließlich bei Maskulina auftritt: in 97 % der Fälle tritt die derivationelle Markierung weiblichen Geschlechts mit dem Suffix *-in* bei Maskulina auf – die restlichen 3 % bestehen aus den Feminina *Katze* und *Maus*, die sporadisch zu *Kätzin* und *Mäusin* moviert werden. Man kann aus diesen Daten also

---

13 Ausgenommen werden müssen hier die zahlreichen *Königinnen* der Insekten (meist: Ameisen und Bienen), die aufgrund ihres unverhältnismäßigen Vorkommens aus den Darstellungen ausgeschlossen wurden. Auch sie bestätigen jedoch den Einfluss dieser Parameter.

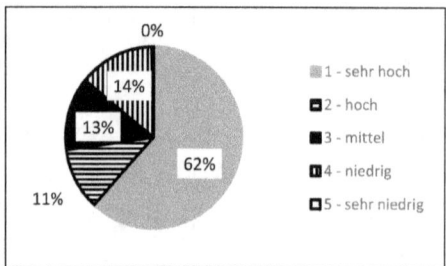

Abb. 8: Derivationelle Herstellung von Genus-Sexus-Kongruenz nach Belebtheitsgrad.

schließen, dass die *in*-Movierung primär als „humanweibliches" Verfahren des Geschlechtsausdrucks verstanden wird, die weibliche Exemplare aus den männlichen ableitet. Dementsprechend tritt sie auch hauptsächlich dann an Tierbezeichnungen, wenn die entsprechenden Tiere hochanimat sind und dadurch in Menschen- und somit Männernähe stehen. Die Affinität zum Maskulinum zeigt sich auch in den niedrigeren Animatizitätsstufen 4 und 5: Der Anteil derivationeller Kongruenzherstellung von Genus und Sexus besteht hier mit Ausnahme zweier Belege für Feminina (2 × *Mäusinnen*) ausschließlich aus Maskulina, und zwar aus 2 Belegen für *Häsinnen*, 7 *Störchinnen* und jeweils einer *Igelin*, einer *Schwänin* und einer *Schwärmerin* (der Schwärmer ist eine Schmetterlingsart). Nahezu alle dieser Treffer entfallen also auf Säugetiere, die Belege für Vogelarten – wobei der Storch kulturgeschichtlich als Babybringer stark anthropomorphisiert ist – und der für *Schwärmer*[14] scheinen auffällige Ausnahmen zu sein, die zeigen, dass die *in*-Movierung von Nichtsäugetieren (die hier genannten Belege sind tatsächlich die einzigen, bei denen das Movierungssuffix an eine Bezeichnung für ein Nicht-Säugetier tritt) zwar sehr selten, aber nicht unmöglich ist.

Genus und Animatizität korrelieren auch, wie einleitend in diesem Abschnitt schon angesprochen wurde, bei Neutrum und mittlerem Belebtheitsgrad: 93 % aller lexikalischen Sexusspezifizierungen entfallen auf Neutra, ebenso wie 95 % von ihnen im mittleren Belebtheitsbereich zu finden sind (s. Abb. 9). Die Tiere, die diesen Bereich vorrangig besetzen, umfassen nicht nur landwirtschaftliche Nutztiere, sondern auch Jagdwild, wobei in der Jagd trächtige Tiere und solche, die Junge haben, häufig unter besonderem Schutz stehen und daher Erwähnung finden (vor allem *trächtige/säugende Ricken*). Im

---

14 Bei diesem Beleg ist zu vermuten, dass das Lexem als *er*-Derivat, die prototypisch Nomina agentis bilden und somit vorrangig menschliche Akteure bezeichnen, einen Einfluss auf dessen Movierbarkeit hat.

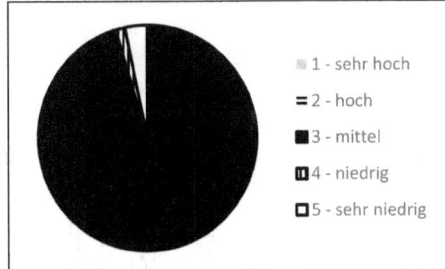

Abb. 9: Lexikalische Herstellung von Genus-Sexus-Kongruenz nach Belebtheitsgrad.

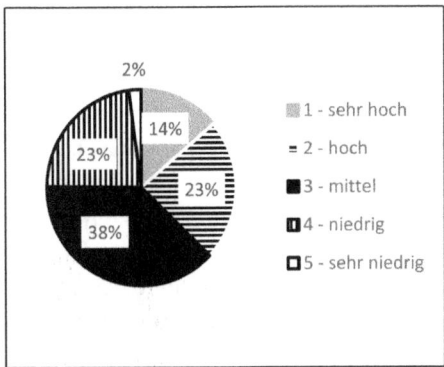

Abb. 10: Humanisierende Komposita als Verfahren der Sexusspezifizierung.

weitesten Sinne zu diesen Nutztieren zählen lässt sich auch die *Biene*, die dem niedrigsten Belebtheitsgrad zugeschlagen wurde und deren *Königin* (5 ×) hier als lexikalische Sexusspezifizierung gewertet wurde.

Die zwei verschiedenen Formen der Komposition (humanisierend/nicht humanisierend) kommen in allen fünf Belebtheitsstufen vor, sind aber am häufigsten im mittleren Bereich. Der Vergleich von Abbildung 10 und 11 zeigt allerdings, dass vermenschlichende Kompositionsglieder deutlich stärker im hochbelebten Bereich vorkommen als dies bei den nicht anthropomorphisierenden Komposita der Fall ist.

Zu den humanisierenden Kompositionsgliedern wurden neben den bei Frauen auf Sozialstatus verweisenden *-dame* und *-lady* auch das kosende *-mama* und seine unmarkierte Entsprechung *-mutter* gezählt. Zwar ist *Mutter* keine exklusiv menschliche Rolle – auch der Duden[15] inkludiert in der Begriffs-

---

15 „Mutter" auf Duden online. URL: https://www.duden.de/node/100190/revision/100226 (letzter Zugriff 31. 05. 2020).

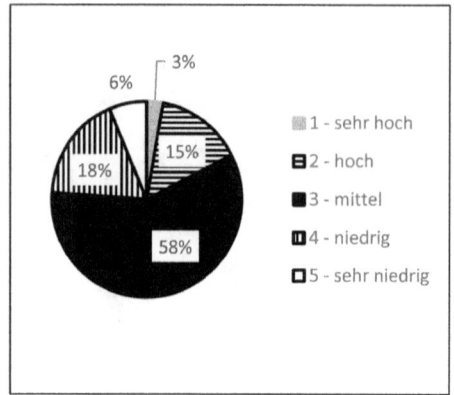

Abb. 11: Nicht humanisierende Komposita als Verfahren der Sexusspezifizierung.

definition ein „weibliches Tier, das [gerade] geworfen hat"[16] –, aber das häufige Auftreten dieser *Mutter*-Komposita mit ebenfalls anthropomorphisierenden Rufnamen (*Bärenmutter Onni, Giraffenmutter Bettina, Känguru-Mutter „Naddel"*) spricht stark dafür, dass der Begriff nicht nur als Quasi-Synonym für *Gebärende* verwendet wird, sondern auf die soziale Rolle abzielt. Insbesondere bei Nutztieren (*Mutterkuh, Mutterschaf*) kommt es zudem vorrangig zu Kompositionen, in denen *Mutter-* das Erstglied bildet, die hier jedoch nicht berücksichtigt wurden. Auffällig ist, dass der einzige Beleg für eine neutrale Tierbezeichnung (*Känguru-Mutter „Naddel"*) in einem humanisierenden Kompositum mit einer Neutrum evozierenden Namenkurzform mit Diminutivsuffix einhergeht. Trotz dieser Hinweise auf den vermenschlichenden Charakter der Komposition mit *Mutter* findet sich diese sogar am menschenunähnlichsten Ende des anthropozentrischen Kontinuums, in Form vereinzelter *Spinnenmütter* und *Käfermütter* (je 1 ×). Eine semantische Blockierung für den geringbelebten Bereich liegt also offenbar nicht vor.

Unter den nicht humanisierenden Komposita ist insbesondere dasjenige mit *-kuh* als Zweitglied frequent im hochbelebten Bereich. In diese Kategorie fällt neben *-kuh* auch das Zweitglied *-weibchen*, das zwar als Diminutiv grammatisch neutral ist, aber natürlich semantisch exklusiv auf weibliche Entitäten verweist. Im niedrigbelebten Bereich findet Komposition ausschließlich mit dem Zweit-

---

[16] Interessant ist dabei, dass die zeitliche Nähe der Geburt – auch wenn sie „nur" in geschweiften Klammern angegeben wird ([gerade]) – nur beim Tier als relevant für die Bezeichnung als Mutter genannt wird. Tiere können offenbar nach einiger Zeit aufhören, Mütter zu sein, während Menschen diese Zuschreibung anscheinend ein Leben lang anhaftet.

glied *-weibchen* statt, *-kuh* scheint hier nicht möglich, auch wenn eine klare Definition, bei welchen Tierarten das Weibchen als Kuh bezeichnet werden kann, offenbar schwierig ist (vgl. die recht vage gehaltene Duden-Definition: „weibliches Tier von Rindern, Hirschen, Elefanten, Giraffen, Flusspferden u. a."[17]). Das Universal-Lexikon von Pierer (1835) beschreibt die Beschränkung von *-kuh* auf „Hornthiere", zu denen aber sicherlich weder die in der Duden-Definition genannten *Giraffen* und *Flusspferde* noch die mehrfach in unseren Daten belegten *Walkühe* zu zählen sind. Eine mögliche Beschränkung von *-kuh* als ‚weibliches Exemplar der Tierart' könnten also größere Säugetiere umfassen.

Der syntaktische Verweis auf Geschlecht ist mit nur 28 Belegen mit Abstand das am wenigsten genutzte Verfahren zur Sichtbarmachung des Tiersexus, weshalb dieses nicht separat visualisiert wird. Wie bereits erwähnt ist diese Form der Geschlechtsmarkierung besonders im menschenfernsten Bereich vertreten und tritt dort sowohl mit Feminina (*weibliche Schlupfwespen, weibliche Laus*) als auch mit Maskulina auf (*der männliche Falter, männlicher Floh*).

4.3 Diskussion

Die Ergebnisse unserer Korpusstudie zeigen, dass der Zusammenhang von Genus und Sexus bei Tierbezeichnungen bei weitem nicht so arbiträr ist, wie es sich die Gegner*innen geschlechtergerechter Sprache wünschen. Nicht nur zeigt sich in unseren Daten ganz grundlegend die von Köpcke & Zubin (1996) festgestellte enge Verzahnung von Genus und Animatizität. Ebenso deutlich zeigen die Ergebnisse, wie Genus unsere Vorstellungen von Sexus beeinflusst: Werden geschlechtsspezifische Eigenschaften in Bezug auf Fortpflanzung thematisiert – hier wurden *trächtig, säugen, Eier legen* und *brüten* analysiert –, wird grammatisches Genus offenbar als Verweis auf natürliches Geschlecht interpretiert, da ganz überwiegend in den Fällen, in denen maskulines oder neutrales Genus und spezifisch weibliche Handlungen und Zustände aufeinandertreffen, das weibliche Geschlecht der Tiere explizit wird. Bestünde nun, wie gerne postuliert wird, kein Zusammenhang zwischen grammatischem Genus und natürlichem Geschlecht, müssten wir entweder annehmen, dass Geschlecht gar nicht erwähnt wird, weil völlig selbstverständlich sein sollte, dass *der Elefant* ebenso trächtig sein kann wie *die Giraffe* und dass *der Käfer* ebenso Eier legt wie *die Fliege*, oder aber dass in allen drei Genera ähnlich häufig explizite Angaben zum Geschlecht gemacht werden. Beides ist jedoch nicht der Fall.

---

[17] „Kuh" auf Duden online. URL: https://www.duden.de/node/85217/revision/85253 (letzter Zugriff 31. 05. 2020).

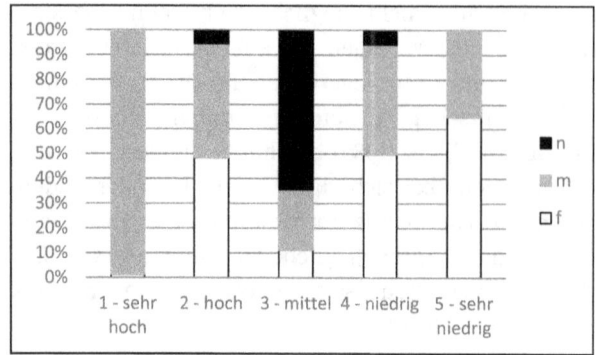

Abb. 12: Verteilung der Genera der Basislexeme auf die Animatizitätsstufen.

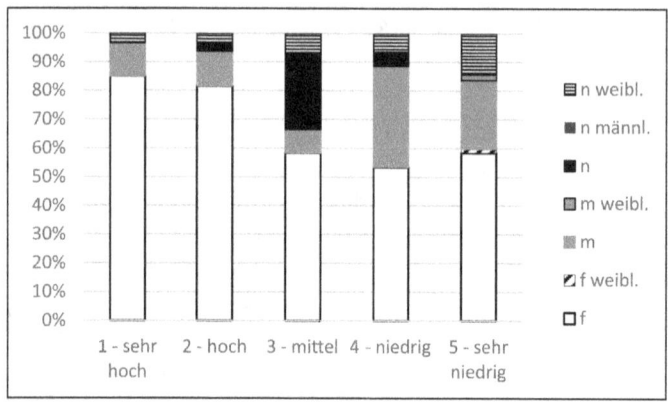

Abb. 13: Verteilung der Genera der Textbelege auf die Animatizitätsstufen.

Stattdessen finden wir eine signifikant ungleiche Verteilung der Nennung von Geschlecht bei femininen, maskulinen und neutralen Tierbezeichnungen: nur bei ungefähr 14 % der femininen Tierbezeichnungen in unseren Belegen wird Geschlecht explizit benannt, dagegen in jeweils über 50 % der Maskulina und Neutra. Dabei kommt es zu deutlichen Interaktionen zwischen Geschlecht und Animatizität: Geschlecht wird besonders häufig dann spezifiziert, wenn es sich um hochbelebte, d. h. menschennahe Tierarten handelt, und ist offenbar weniger relevant, wenn es um niedrigbelebte Spezies geht. *Der trächtige Wurm* stört uns also weniger als *der trächtige Hund*. Dieser Befund lässt sich auch noch einmal verdeutlichen, wenn wir das Genus der Basislexeme, d. h. der Gattungsepikoina, und das tatsächliche Genus, das vielfach zur Sexusspezifizierung modifiziert wurde, der Textbelege vergleichen (Abb. 12, 13).

Abb. 12 ist identisch zu Abb. 3: Bezeichnungen für hochbelebte Tierarten zeigen nahezu ausschließlich maskulines Genus, der mittlere Belebtheitsgrad umfasst vorrangig Neutra, Feminina dominieren in Stufe 5, sind jedoch auch an den Stufen 2 (vor allem durch *die Katze*) und 4 jeweils knapp hälftig vertreten. Abb. 13 kontrastiert diese Genusverteilung der den Textbelegen zugrundeliegenden Tierbezeichnungen mit den Genera der Formen, die tatsächlich in den Korpusdaten auftreten. *F*, *m* und *n* beziehen sich in der Grafik jeweils auf das grammatische Genus der Belege. *F weibl.*, *m weibl.* und *n weibl.* stellen Belege mit syntaktischer Genusspezifizierung im jeweiligen Genus dar, also z. B. *weibliche Katze*, *weiblicher Hirsch* und *weibliches Kamel*, um so der Tatsache Rechnung zu tragen, dass Geschlechtsspezifikation nicht immer mit dem entsprechenden Genus einhergeht. Zu *n weibl.* zählen außerdem Komposita mit dem Zweitglied *-weibchen*, die weibliches Geschlecht spezifizieren, aber neutrales Genus zuweisen. Der Vergleich von Abb. 12 und 13 zeigt ganz deutlich, wie der spezifisch weibliche Fortpflanzungskontext zu einer ausgeprägten Zunahme des Femininums insbesondere in den Stufen 1–3 führt. Hier werden also ganz überwiegend maskuline und neutrale Tierbezeichnungen durch Movierung und Komposition feminisiert oder Hyperonyme in Maskulinum oder Neutrum (*Fuchs*, *Pferd*) werden durch feminine Hyponyme ersetzt (*Fähe*, *Stute*). In den Stufen 4 und 5 bleibt der Anteil der grammatischen Feminina relativ konstant, hier steigt dagegen der Anteil der Komposita auf *-weibchen* deutlich an, die zwar nicht grammatisch femininmovieren, jedoch semantisch klar weibliches Geschlecht markieren.

Neben dem Befund, dass auch im Tierreich regelmäßig Genus-Sexus-Kongruenz hergestellt wird, grammatisches Genus und natürliches Geschlecht also auch in diesem Bereich stark miteinander interagieren, wenn der sprachliche Kontext geschlechtsspezifisch ist, hat die Korpusstudie zu zwei weiteren interessanten Ergebnissen in Bezug auf Belebtheit geführt:

Erstens scheint Genus stärker mit Sexus zu interagieren als Animatizität, was die Kontrastierung von Abb. 5 und Abb. 6 verdeutlicht: Zwar geht die explizite Sexusspezifizierung mit sinkender Belebtheit zurück, dies gilt jedoch nur für Maskulina und Neutra. Bei den Feminina bleibt der Anteil der expliziten Geschlechtsnennungen über alle fünf Animatizitätsstufen hinweg konstant. Dies dürfte nicht der Fall sein, wäre Animatizität der einflussreichere Faktor.

Zweitens zeigt sich, dass Animatizität nicht nur auf die Quantität der Herstellung von Sexus-Genus-Kongruenz einwirkt, sondern dass Belebtheit auch einen qualitativen Einfluss darauf hat, auf welche Weise die Sexusspezifizierung erfolgt. Im hochbelebten Bereich dominiert die *in*-Movierung, die auch bei Personenbezeichnungen den Regelfall zur Geschlechtsspezifizierung bildet. Die hohe Frequenz dieses Verfahrens im höchsten Animatizitätsbereich lässt also darauf schließen, dass die *in*-Movierung nicht nur dem Ausdruck von Weiblichkeit dient, sondern auch Menschenähnlichkeit zum Ausdruck bringt. Zwar finden sich auch vereinzelte Belege in den niedrigeren Belebtheitsstufen, diese sind jedoch als absolute Ausnahmen zu werten (vgl. auch Nübling im Druck). Bildungen wie **Fischin* oder **Käferin* scheinen blockiert zu sein.

Dass die Ausbildung geschlechtsspezifischer Lexik vor allem im mittleren Belebtheitsbereich stattfindet und nur selten in den höchsten Animatizitätsstufen, lässt sich möglicherweise über die Gebrauchsfrequenz der Begriffe und die Vorkommenshäufigkeit der entsprechenden Tierarten in unserem Lebensraum erklären: Nutztiere, die hauptsächlich Stufe 3 unserer Belebtheitsskala besiedeln und für die sich eine stark ausdifferenzierte sexusunterscheidende Lexik ausgebildet hat, leben seit vielen Jahrtausenden eng mit dem Menschen zusammen und sind dadurch kommunikativ von hoher Relevanz. Die Geschlechtsunterscheidung ist bei vielen dieser Tiere entscheidend für ihre Nutzung als z. B. Milch- oder Schlachtvieh, Legehennen oder Masthähnchen. Es ist also wenig überraschend, dass sich in diesem hochrelevanten und im Sprachgebrauch häufig vorkommenden Bereich eine suppletive Lexik zur Geschlechtbezeichnung entwickelt hat: Die Ökonomietheorie (Werner 1987) sagt genau eine solche Entwicklung voraus. Gerade im höchsten Belebtheitsgrad finden wir dagegen vorrangig solche Tierarten, die hier nicht heimisch und kommunikativ daher nicht übermäßig relevant sind: Gorillas, Löwen und Tiger, selbst Wölfe und Bären spielen in unserem Alltag eine untergeordnete Rolle, für die Ausbildung einer geschlechtsspezifischen Lexik sind sie im Deutschen nicht frequent genug. Einzig der Hund, den wir dieser Stufe zugeschlagen haben, ist für uns von größerer kultureller Bedeutung; es überrascht nicht, dass wir bei dieser Tierart zumindest für männliche Tiere das Lexem *Rüde* gebildet haben; das DWB listet noch *Zaupe* ‚Hündin', das im Standard jedoch heute ausgestorben ist.[18] Es lässt sich also für den hochbelebten Bereich festhalten, dass dieser hinsichtlich der Form des Sexusausdrucks mit der *in*-Movierung an die Personenbezeichnungen andockt, der Nutzvieh-geprägte mittlere Bereich weist dagegen eher Ähnlichkeit

---

18 Interessanterweise haben die skandinavischen Sprachen beim *Hund* kein spezifisch männliches Lexem, sondern nur solche für weibliche Hunde entwickelt, vgl. norw. *tispe* und *bikkje* ‚Hündin', aber *hannhund* ‚Rüde', wörtl. ‚er-Hund'. Der norwegische Språkrådet, der sich mit Fragen rund um die norwegische Sprache beschäftigt, erklärt das Fehlen einer suppletiven Form für männliche Hunde im Kontrast zur Existenz spezifisch männlicher Lexeme bei anderen Tieren (z. B. *hingst* ‚Hengst', *okse* ‚Ochse', *råne* ‚unkastriertes männliches Schwein') mit der größeren ökonomischen Bedeutung der letztgenannten Tiere in der norwegischen Gesellschaft; https://www.sprakradet.no/svardatabase/sporsmal-og-svar/hannhund--annet-ord/ (01. 06. 2020).

zu menschlichen Verwandtschaftsbezeichnungen auf, indem hier distinkte Lexeme zur Sexusspezifizierung zur Verfügung stehen.

Der niedrigbelebte Bereich, der hauptsächlich aus kleineren Lebewesen besteht, die für den Menschen eher von geringer Bedeutung sind, macht vorrangig Gebrauch von expandierenden Verfahren zur Geschlechtsspezifizierung, indem das weibliche Geschlecht im Kontext von *trächtig, Eier legen, brüten* und – in sehr begrenztem Umfang – *säugen* über Komposition oder Attribuierung ausgedrückt wird. Wir können also feststellen, dass die Distribution der unterschiedlichen Verfahren zur Sexusspezifizierung entlang des anthropozentrischen Kontinuums und von sprachökonomischen Faktoren gesteuert zu werden scheint.

5 Fazit

Die hier präsentierte Korpusstudie kann datenbasiert bestätigen, dass Genus und Sexus auch jenseits des Humanbereichs miteinander interagieren: auch hier bahnt Genus Vorstellungen von Sexus, sodass explizite sprachliche Verfahren zur Spezifizierung des Geschlechts in eindeutig vergeschlechtlichten biologischen Kontexten genutzt werden. Darin zeigt sich eine eindeutige Parallele zu Rita Süssmuths Weigerung 1987, ein Gesetz zu unterschreiben, dass den Wortlaut „Wenn der Arzt im Praktikum schwanger wird [...]" enthielt, da sie das Paradox von männlichem Genus und der gesellschaftlich weiblich assoziierten Schwangerschaft für nicht vertretbar hielt (vgl. hierzu Kotthoff & Nübling 2018, 105). Ganz ähnlich scheint es vielen Deutschsprecher*innen zu gehen, die es vorziehen, von einer *trächtigen Hündin* statt von einem *trächtigen Hund* zu sprechen. Die Ergebnisse unserer Studie decken sich also mit den Befunden von Bickes & Mohrs (2010) und Imai et al. (2010, 2014), dass Genus entsprechende Sexusvorstellungen bahnt.

Bei der Interaktion von Genus und Sexus spielt auch Belebtheit eine große Rolle: nicht nur erhöht sich mit zunehmender Animatizität die Häufigkeit der expliziten Sexusmarkierung, auch der Komprimierungsgrad der Sexusinformation mit dem Wortkörper variiert je nach Belebtheit und reflektiert damit sprachökonomische Faktoren bei der Wahl sexusmarkierender Verfahren.

Unsere Studie erbringt also eindeutige Belege für den starken Nexus von Genus und Sexus. Nichtsdestotrotz bildet die Untersuchung nur einen ersten Vorstoß in ein Feld, das noch umfangreicher Erforschung bedarf – so sollten sich künftige Arbeiten unbedingt dem Einfluss von Individuierung und Generizität auf die Vergeschlechtlichung von Genus widmen. Imai et al. (2010, 2014) haben bereits deutliche Unterschiede bzgl. des Numerus der Begriffe aufgezeigt. Neben Singular und Definitheit könnte auch die Namengebung als individuierender Faktor berücksichtigt werden. Auch ist Animatizität nach wie vor eine multidimensionale Größe, die trotz ihrer vielfältigen linguistischen Untersuchung (z. B. Kasper 2012, Sealey 2018, Yamamoto 1999) noch viele Fragen aufwirft und gerade hinsichtlich ihrer Interaktion mit Genus auch in diachroner Perspektive ein weites Untersuchungsgebiet darstellt. Abschließend wäre natürlich auch eine Studie erstrebenswert, die unsere Daten mit Belegen in männlichen Kontexten kontrastiert, auch wenn die Belegmenge in den Referenzkorpora leider dürftig ist. Eventuell wäre daher das Ausweichen auf Fachtexte ebenso wie die Berücksichtigung von geschlechtsspezifischen Körperteilen wie *Penis* und *Hoden* eine Überlegung wert.

6 Literatur

Alford, Richard (1987): *Naming and identity: a cross-cultural study of personal naming practices.* New Haven: HRAF.

Becker, Thomas (2014): Der Löwe und die Kellerassel: Gender im Reich der Tiere. *IDS Sprachreport* 3, 10–12.

Bickes, Christine & Vera Mohrs (2010): Herr Fuchs und Frau Elster – Zum Verhältnis von Genus und Sexus am Beispiel von Tierbezeichnungen. *Muttersprache* 4, 254–274.

Dudenredaktion (o. J.): „Mutter" auf Duden online. https://www.duden.de/node/100190/revision/100226 (letzter Zugriff 31. 05. 2020).

Dudenredaktion (o. J.): „Kuh" auf Duden online. https://www.duden.de/node/85217/revision/85253 (letzter Zugriff 31. 05. 2020).

Engel, Ulrich (2004): *Deutsche Grammatik. Neubearbeitung.* München: Iudicum-Verlag.

Grimm, Jacob und Wilhelm (1854–1961): *Deutsches Wörterbuch,* 16 Bände. Leipzig: Hirzel.

Gygax, Pascal, Ute Gabriel, Oriane Sarrasin, Jane Oakhill & Alan Garnham (2008): Generically intended, but specifically interpreted: When beauticians, musicians and mechanics are all men. *Language and Cognitive Processes* 23, 464–485.

Heringer, Hans-Jürgen (1995): Prinzipien der Genuszuweisung. In Heidrun Popp (Hrsg.), *Deutsch als Fremdsprache. An den Quellen eines Faches,* 203–216. München: Iudicum.

Imai, Mutsumi, Lennart Schalk, Henrik Saalbach, Hiroyuki Okada (2010): Influence of Grammatical Gender on Deductive Reasoning About Sex-Specific Properties of Animals. *Proceedings of the Annual Meeting of the Cognitive Science Society* 32, 1160–1165.

Imai, Mutsumi, Lennart Schalk, Henrik Saalbach, Hiroyuki Okada (2014): All Giraffes Have Female-Specific Properties: Influence of Grammatical Gender on Deductive Reasoning About Sex-Specific Properties in German Speakers. *Cognitive Science* 38, 514–536.

Kasper, Simon (2012): *Grounding the Linking Competence in Culture and Nature. How Action and Perception Shape the Syntax-Semantics Relationship.* Dissertation, Universität Marburg.

Kasper, Simon & Alexander Werth (2015): Fundierung linguistischer Basiskategorien (LingBas). Agens-Defokussierung und Diathese in den deutschen Regionalsprachen. In Roland Kehrein, Alfred Lameli & Stefan Rabanus (Hrsg.), *Areale Variation des Deutschen – Projekte und Perspektiven,* 349–377. Berlin: De Gruyter.

Köpcke, Klaus M. & David Zubin (1996): Prinzipien für die Genuszuweisung im Deutschen. In Ewald Lang & Gisela Zifonun (Hrsg.), *Deutsch – typologisch*. IDS-Jahrbuch 1995, 473–491. Berlin, New York: De Gruyter.

Kotthoff, Helga & Damaris Nübling (2018): *Genderlinguistik. Eine Einführung in Sprache, Gespräch und Geschlecht*. Tübingen: Narr.

Krifka, Manfred (2009): Case syncretism in German feminines. Typological, functional and structural aspects. In Patrick Steinkrüger & Manfred Krifka (Hrsg.), *On Inflection*, 141–172. Berlin, New York: De Gruyter.

Nübling, Damaris (im Druck): Linguistische Zugänge zur Tier-Mensch-Grenze. In Miriam Schmidt-Jüngst (Hrsg.), *Menschen – Tiere – Maschinen. Sprachliche Praktiken an und jenseits der Außengrenze des Humanen*. Bielefeld: Transcript.

Pierer, Heinrich August (1835): *Universal-Lexicon, oder vollständiges encyclopädisches Wörterbuch*, Band 12. Altenburg: Pierer.

Pusch, Luise (1979): Der Mensch ist ein Gewohnheitstier, doch weiter kommt man ohne ihr. Eine Antwort auf Kalverkämpers Kritik an Trömmel-Plötz' Artikel über Linguistik und Frauensprache. *Linguistische Berichte* 63, 84–102.

Saalbach, Henrik, Mutsumi Imai & Lennart Schalk (2012): Grammatical Gender and Inferences About Biological Properties in German-Speaking Children. *Cognitive Science* 36, 1251–1267.

Sealey, Alison (2018): Animals, animacy and anthropocentrism. *International Journal of Language and Culture* 5 (2), 224–247.

Silverstein, Michael (1976): Hierarchy of features and ergativity. In Robert Dixon (Hrsg.), *Grammatical categories in Australian languages*, 112–171. New Jersey: Humanities Press.

Stahlberg, Dagmar & Sabine Sczesny (2001): Effekte des generischen Maskulinums und alternativer Sprachformen auf den gedanklichen Einbezug von Frauen. *Psychologische Rundschau* 52 (3), 131–140.

VDS (2019): Schluss mit Gender-Unfug. https://vds-ev.de/gegenwartsdeutsch/gendersprache/gendersprache-unterschriften/schluss-mit-dem-gender-unfug/ (letzter Zugriff 13. 05. 2020).

Werner, Ottmar (1987): Natürlichkeit und Nutzen morphologischer Irregularität. In Norbert Boretzky, Werner Enninger & Thomas Stolz (Hrsg.), *Beiträge zum 3. Essener Kolloquium über Sprachwandel und seine bestimmenden Faktoren*, 289–316. Bochum: Brockmeyer.

Yamamoto, Mutstumi (1999): *Animacy and Reference. A cognitive approach to corpus linguistics*. Amsterdam, Philadelphia: Benjamins.

Andreas Klein

Wohin mit Epikoina? – Überlegungen zur Grammatik und Pragmatik geschlechtsindefiniter Personenbezeichnungen

Zusammenfassung: Dieser Beitrag widmet sich sog. Epikoina, Begriffen wie *Mensch* oder *Person*, die lexikalisch zwar einem bestimmten Genus zuzuordnen sind, die aber keinen festen Geschlechtsverweis leisten. In der Literatur wird das Konzept nicht einheitlich verwendet und jede Typologie hat mit gewissen Abgrenzungsproblemen zu kämpfen. Während die genustypologische Sicht von Corbett (1991) den Begriff in erster Linie syntagmatisch definiert (konsequente, kontextunabhängige Kongruenz), wird er in der Genderlinguistik eingesetzt, um eine paradigmatische Unterscheidung zu benennen (Lexeme ohne geschlechtsspezifisches Gegenstück). Gemeinsam ist den Ansätzen, dass sie das Epikoinon i. d. R. als weniger komplexe Kategorie unterthematisieren. Der vorliegende Beitrag zeigt dagegen, dass etablierte Einteilungen des humanen Nominalbereichs in verschiedene Klassen zu hinterfragen sind und Epikoina dabei eine besondere Herausforderung darstellen. Unter den Personenbezeichnungen existieren allenfalls „Pseudoepikoina", die nicht vollkommen geschlechtsneutral auf konkrete Personen referieren, wofür sowohl theoretisch als auch auf empirischer Basis argumentiert wird. Aus genustheoretischer Sicht knüpft die Studie an die Unterscheidung zwischen lexikalischem und referentiellem Genus nach Dahl (2000) an. Empirische Befunde ergeben sich aus einem Online-Fragebogen und einer Korpusanalyse. Beide deuten darauf hin, dass genusinduzierte Geschlechterassoziationen bei Epikoina maßgeblich vom Referenzmodus bestimmt werden.

Anmerkung: Für ihre Unterstützung bei diesem Beitrag danke ich Kristin Kopf recht herzlich, die auch an der Fragebogenkonzeption beteiligt war. Simone Busley gebührt ebenfalls besonderer Dank für inhaltliche Diskussionen und Literaturhinweise. Tanja Ackermann und Christian Zimmer danke ich ebenso wie den beiden Herausgeberinnen des Bandes für ihre kritische Lektüre und hilfreiche Anmerkungen.

Open Access. © 2022 Andreas Klein, publiziert von De Gruyter.
Dieses Werk ist lizenziert unter der Creative Commons Namensnennung 4.0 International Lizenz.
https://doi.org/10.1515/9783110746396-005

1 Problemaufriss

Das Verhältnis zwischen Genus und Geschlecht in der Personenreferenz wird von der germanistischen Linguistik seit Jahrzehnten verstärkt diskutiert und problematisiert. Jenseits des Diskurses bewegen sich häufig solche Personenbezeichnungen, die zwar eindeutig einem Genus angehören, deren gegenwartssprachliche Geschlechtsneutralität aber von verschiedenen Seiten postuliert wird. So werden *Mensch* und *Person* zusammen mit einigen weiteren Substantiven zuweilen als Epikoina („gemeinsame" Begriffe) des Deutschen gelistet (z. B. Kotthoff & Nübling 2018: 75, 117; Ott 2015).[1] Exhaustiv sind die Nennungen dabei in aller Regel bewusst nicht, trotzdem wird an den betreffenden Stellen stets auf die Mitgliederarmut der Gruppe verwiesen.[2] Sie fristet damit ein Schattendasein als schlecht quantifizierbare, aber verschwindend geringe Ausnahme sonst geltender Verhältnisse. Die Scheu vor der Vollständigkeit mag sich daraus speisen, dass zwischen den obengenannten Musterbegriffen und dem Prototyp des umstrittenen „generischen Maskulinums" (Typ *Lehrer*) eine Grauzone liegt, in der Intuitionen und Definitionen zuwiderlaufen können. So halten vor allem maskuline Substantive wie *Laie*, *Passagier* und *Flüchtling* heute längst nicht mehr so selbstverständlich als epizöne Beispiele her wie noch bei Schoenthal (1989: 304). Solche Unsicherheiten sind allerdings nichts völlig Neues. Schon die ersten Erwähnungen des Konzepts in der Antike sind auffällig distanziert. Dionysios Thrax, der Verfasser der ersten griechischen Grammatik, macht deutlich, dass er das *genos epikoinon* nur von anderen übernommen habe. In der römischen Rezeption von Aelius Donatus werden Epikoina schließlich nur noch am Rande (mit Bezug auf Tiere) erwähnt (zu diesen Autoren s. Montanari 2010: 163). Das Problem mag darin bestehen, dass an den „Rest", den Epikoina in verschiedenen Typologien bilden, hohe Ansprüche geltend gemacht werden. Man erwartet, dass sich diese Lexeme vom restlichen Genussystem abheben bzw. sich ihm gegenüber vollkommen ignorant verhalten. Dieser Beitrag wird gegen eine solche Vorstellung argumentieren und den Platz sog. Epikoina im deutschen Genussystem bestimmen.

---

1 Solche Substantive unterscheiden sich von geschlechts- und im Wesentlichen auch genuslosen Pluraliatantum (wie *Eltern* oder *Leute*), die nicht Gegenstand dieses Beitrags sind.
2 Charakteristisch ist die Fußnote bei Ott (2015: 27): „Die Menge der Lexeme [...] fällt für das Deutsche insgesamt klein aus; diese Lexeme stellen insofern eine Ausnahme dar." „Echt generisch" sind solche Wörter für Okamura (2012: 414), der ebenfalls nachsetzt: „Die Zahl dieser Wörter ist im Deutschen jedoch sehr begrenzt." Kotthoff & Nübling (2018: 75) zufolge verlässt man mit ihnen „den Kernbereich".

Den Ausgangspunkt der Überlegungen bildet ein mehrdimensionales Genusmodell, das an die Unterscheidung zwischen lexikalischem und referentiellem Genus bei Dahl (2000) anknüpft (Abschnitt 2). Die Übertragung gängiger Termini der Genus- und Genderforschung in diesen theoretischen Rahmen erlaubt präzisere Grenzziehungen und Abstufungen zwischen Epikoina und verschiedenen Kontrastbegriffen der Literatur (v. a. hybrid nouns und sog. generischen Maskulina). Dies geschieht in Abschnitt 3, der gleichzeitig dafür argumentiert, dass das Genus von Epikoina weder arbiträr noch frei von Geschlechtsimplikationen ist. Der Beitrag geht dabei von zwei unterschiedlichen bedeutungsbasierten Teilsystemen aus, erstens von einem referentiellen, binären und symmetrischen System (männlich → Maskulinum, weiblich → Femininum) sowie zweitens einem asymmetrischen, lexikalischen System (human → Maskulinum, weiblich → Femininum). Zwischen diesen Polen laufen bestimmte Synchronisierungsprozesse ab, von denen auch diejenigen Lexeme, die die Literatur als Epikoina führt, nicht ausgeschlossen sind. Die theoretischen Annahmen werden in Abschnitt 4 von zwei empirischen Fallstudien gestützt und liefern darüberhinausgehende Anknüpfungspunkte für weitere Forschung.

2 Die Organisation von Genussystemen

Seit der empirischen Arbeit von Corbett (1991), die über zweihundert Sprachen der Welt betrachtet, ist hinreichend bekannt, dass jedes Genussystem semantische Grundprinzipien kennt. Manche Systeme basieren ausschließlich auf semantischen Klassen, andere – so auch das deutsche – kennen daneben auch rein formale Regelmäßigkeiten. Es ist jedoch weder beliebig, zu welchem dieser beiden Typen eine Sprache gehört, noch welches Prinzip innerhalb des zweiten Typs im Einzelfall greift. Ausschlaggebend dafür sind weitere Eigenschaften des Systems.

Dahl (2000) schlägt vor, die Organisation von Genussystemen grundsätzlich dreidimensional zu beschreiben. Dabei geht er zunächst von einer Kernunterscheidung zwischen belebten und unbelebten Entitäten aus, die stark verschiedene Präferenzen bezüglich der beiden weiteren Dimensionen zeigen. Das sind erstens die Zuweisung (semantisch ↔ formal) und zweitens die Quelle (referentiell ↔ lexikalisch) von Genus. Dahl selbst behandelt in erster Linie die binären Werte, die hier um passende Termini für die Dimensionen ergänzt wurden (Abb. 1).

Was die erste Dimension angeht, so ist über ihre Ausprägungen zunächst nichts weiter auszuführen; hier geht es um die Pole der klassischen Belebtheitshierarchie (s. Silverstein 1976 u. a.). Klarzustellen ist allerdings, dass auch sie

Dimension	Ausprägungen		
Entität	belebt	↔	unbelebt
Zuweisung	semantisch	↔	formal
Quelle	referentiell	↔	lexikalisch

Abb. 1: Dimensionen im Genussystem basierend auf Dahl (2000: 113).

(wie die beiden anderen Dimensionen) sprachübergreifend angenommen wird. Denn gemäß Dahl (2000: 101) findet sich auch im Korpus von Corbett (1991) keine Ausnahme von der folgenden Universalie:

> In any gender system, there is a general semantically-based principle for assigning gender to animate nouns and noun phrases. [...] The domain of the principle [...] may be cut off at different points of the animacy hierarchy.

Die zitierte Passage setzt die verschiedenen Dimensionen bereits in charakteristische Beziehungen zueinander. Entsprechend sind die Ausprägungen in Abb. 1 auch vertikal, als prototypische Kombinationen zu lesen. Zuweisung auf semantischer Basis findet regelmäßig bei belebten Entitäten Anwendung (i. d. R. als Geschlechterunterscheidung, *der Knabe* m. – *die Tante* f.). Im unbelebten Bereich kommen häufiger formale Kriterien zum Tragen, die Zuweisung erfolgt dann beispielsweise anhand von Affixen und phonologischen Schemata (*die Kirsche, die Bombe, die Wanne*), oder sie ist arbiträr (*die Hand, der Fuß, das Bein*).

Beide Zuweisungsarten können auch im jeweils anderen Belebtheitssektor wirken, dabei gelten indes bestimmte Einschränkungen. So beobachten Köpcke & Zubin (1996: 480) vereinzelt sehr spezifische unbelebte semantische Cluster im Deutschen. Bezeichnungen für Früchte sind etwa bis auf die Lexeme *Apfel* und *Pfirsich* sämtlich Feminina (*die Pflaume, Apfelsine, Birne* etc.). Bemerkenswert ist allerdings, dass die beiden Ausnahmen zugleich konsonantisch auslauten, während alle anderen nativen (bzw. phonologisch nativierten) Bezeichnungen für Früchte den charakteristischen Femininauslaut -*e* tragen. Entsprechend verhält es sich mit maskulinen und neutralen Bedeutungsclustern: Hier bleibt der feminine *e*-Auslaut aus, etwa bei alkoholischen Getränken (*der Schnaps, Wein, Sekt*). Die Mitglieder dieser unbelebten Gruppen bewegen sich also bevorzugt innerhalb formaler Regelmäßigkeiten für die Zuweisung bzw. verstoßen nicht wesentlich gegen sie. Oder anders: Die semantischen Cluster sind formal stark gestützt. Das gilt für belebte Entitäten keinesfalls. Die phonologische Zuweisung ist hier häufig der semantischen untergeordnet (*der Junge, Matrose* etc.). Dieser Punkt spielt in Abschnitt 3 noch eine wichtige Rolle.

Die gleichen Beispiele helfen dabei, den prototypischen Bezug zwischen den beiden behandelten und der dritten Dimension, der Quelle der Genuszuweisung, zu illustrieren. Sie ist im unbelebten Sektor i. d. R. lexikalisch. In Anbetracht der bisher angenommenen Korrelationen ist das wenig überraschend, da formale Merkmale stets lexeminhärent sind. Von der anderen Möglichkeit machen belebte Entitäten regen Gebrauch. Sie besteht darin, dass nicht die lexikalischen Eigenschaften eines Substantivs, sondern die konkrete Referenz der Nominalphrase im Äußerungskontext Quelle für die Zuweisung ist. Das ist beispielsweise in dieser Sequenz der Fall: *Wie geht es [dem Kind]$_N$? – [Der Kleine]$_M$ ist krank.* Hier wird ein Maskulinum semantisch zugewiesen, das sich nicht aus lexikalischen Merkmalen speist. Seine Quelle ist referentiell (das Geschlecht des Referenten). Das semantische Prinzip „männlich → maskulin" kann also in beiden Ausprägungen der Dimension aktiv werden. Bei den oben angeführten, unbelebten Clustern ist das hingegen nicht möglich. Es gibt keine referentielle Quelle für das semantische Femininum von Früchten (*Möchtest du einen Apfel? – *Ja, die Grüne*). Diese Gruppe ist rein lexikalisch, weshalb ihr Genus kaum unabhängig von bzw. insbesondere nicht im Konflikt mit vorausgehenden Substantiven auftreten kann. Das ist von großer Bedeutung. Ein semantisches Feld im Lexikon entspricht nicht immer auch einer referentiell wirksamen Semantik.[3]

Die Bezüge zwischen den drei Dimensionen sollten damit hinreichend deutlich geworden sein. Sie reichen allerdings noch nicht aus, um ein Genussystem vollständig zu modellieren. Dies verdeutlicht etwa das gesprochene Niederländisch besonders gut, für das Audring (2006) (neben einer lexikalischen) zwei referentielle Genusunterscheidungen beschreibt: Erstens die Differenzierung zwischen männlichen und weiblichen Referenten mittels Maskulinum und Femininum und zweitens diejenige zwischen individuierten und vereinheitlichten Referenten mittels Maskulinum und Neutrum. Letztere betrifft den unbelebten Sektor und wirkt damit eher untypisch im Sinne der oben hergestellten Regularitäten. Es gibt jedoch zwei einfache Erklärungen dafür: Zum einen teilen sich beide Systeme das referentielle Maskulinum, das in sich geschlossen zur Referenz auf Männer, jede Art von Tieren und bis hin zu individuierten Konkreta gebraucht wird. Die Grenze zum Unbelebten liegt für dieses Genus also schlicht sehr tief.[4] Zum anderen – und das ist der entscheidende Punkt – liegt im Niederländischen das vor, was Audring (2008: 110) als partiell pronominales Ge-

---

3 Umgekehrt dürfte hingegen zu erwarten sein, dass referentielle Systeme auf semantische Felder oder das lexikalische Genus eines Archetyps zurückgehen. (Zur Frage, wie Geschlecht in ein solches System gelangen kann, s. Abschnitt 3.2.3.)
4 Hier ist an die oben zitierte Universalie zu erinnern: „The domain of the principle [...] may be cut off at different points of the animacy hierarchy." Dahl (2000: 111–112) führt ein ähnliches Beispiel für das gesprochene Schwedisch an und bemerkt, dass Individuation typischerweise ein Merkmal ist, das mit Belebtheit einhergeht.

Dimension	Ausprägungen		
Entität	belebt	↔	unbelebt
Zuweisung	semantisch	↔	formal
Quelle	referentiell	↔	lexikalisch
Exponent	pronominal	↔	adnominal

Abb. 2: Erweiterte Dimensionen im Genussystem basierend auf Dahl (2000: 113).

nussystem bezeichnet. Damit kommt eine vierte Dimension ins Spiel, um die Dahls Darstellung zu ergänzen ist, nämlich der Exponent von Genus (Abb. 2).

In einem Modell, das die Quellen von Genuszuweisungen benennt, sind ihre Ziele („targets" in der Terminologie von Corbett) eine notwendigerweise zu füllende Leerstelle. Gemeint sind damit nach Genus flektierende Einheiten (Pronomina, Artikelwörter etc.), die Zugehörigkeiten erst sichtbar werden lassen. Um welche Kategorie es sich bei einem solchen Genus-Exponenten handelt, interagiert maßgeblich und sehr konsequent mit allen bereits beschriebenen Dimensionen.[5] In Sprachen wie dem Englischen, die Genus nur an Personalpronomina (*he*, *she*, *it*) markieren, erfolgt die Zuweisung aus referentieller Quelle, sie ist rein semantisch und Binnendifferenzierungen erfolgen bevorzugt im belebten Bereich (männlich → he_M, weiblich → she_F). Solche Sprachen sind also vor allem auf der linken Seite von Abb. 2 zu verorten. Für das Niederländische gilt ähnlich, dass die Unterscheidung zwischen Femininum und Maskulinum auf Personalpronomina beschränkt ist. In den übrigen, adnominalen Wortarten teilen sich die beiden Genera heute die gleichen Formen, die geschlossen (als Utrum) dem Neutrum gegenüberstehen. Dieser Synkretismus hat die Ausbildung der oben beschriebenen semantischen Konditionierungen befördert (vgl. Audring 2008: 112). Verliert ein Genussystem Exponenten, wird es zunehmend bedeutungsbasiert. So stellt Audring (2009, 2014: 14) für ein Sample aus zwanzig rein pronominalen Genussprachen fest, dass die Zuweisung immer auf einfachen semantischen Regeln basiert.[6]

Das typische Verhältnis des Exponenten zu den übrigen Dimensionen ist ebenfalls innerhalb einer einzelnen Sprache zu beobachten. Genau das beschreibt die empirisch fundierte Kongruenzhierarchie, die von Corbett (1979:

---

5 Unter Exponenten sind der Einfachheit halber nicht die genustragenden Flexive (oder ihre Paradigmen) zu verstehen (z. B. *dies-er*, *dies-e*, *dies-es*), sondern die Wörter als Ganze. Das erspart Unterscheidungen zwischen suppletiven und additiven Verfahren, die für die Argumentation nicht relevant sind.
6 Was das Niederländische anbetrifft, so ist im Einklang mit Abb. 2 außerdem zu beobachten, dass die Kongruenz im adnominalen Bereich bei unbelebten Substantiven weiterhin formal/arbiträr und lexikalisch erfolgt.

204) universell formuliert, seitdem aber vielfach für das Deutsche modifiziert wurde.[7] Die folgende entspricht der ursprünglichen Version, sie wurde lediglich gespiegelt, um sich in der Darstellung mit Abb. 2 zu decken:

Personalpronomen – Relativpronomen – Prädikat – Attribut

Diese Hierarchie wird in der Literatur häufig nur in einen eindimensionalen Bezug gesetzt. Für Corbett selbst bildet sie von links nach rechts die unterschiedliche Wahrscheinlichkeit ab, mit der die einzelnen Einheiten „semantische" (constructio ad sensum) oder „syntaktische/formale" (constructio ad formam) Kongruenz zeigen (s. dazu ausführlicher den Beitrag von Binanzer, Schimke & Schunack in diesem Band, der dabei auch auf Steuerungsfaktoren wie lineare Distanz und syntaktische Domäne eingeht). Der vorliegende, mehrdimensionale Ansatz beschränkt den Einfluss der Kongruenzhierarchie hingegen nicht auf diese Einzelebene. Denn eine Dichotomisierung der corbettschen Skala führt zu genau den beiden Werten, die in Abb. 2 bereits bestimmt wurden: Zu unterscheiden sind pronominale Exponenten (eigenständige Konstituenten) von adnominalen (das Kernsubstantiv erweiternde Satzgliedteile und Determinierer).[8] Dass Letztere ihr Genus häufiger aus lexikalischen Quellen beziehen als Erstere, die auch exophorische Verweise zulassen, bedarf keiner weiteren Erklärung. Was den einzig ausstehenden Zusammenhang (den zwischen Exponent und Entität) angeht, so ist darauf hinzuweisen, dass unbelebte Lexeme ungleich seltener überhaupt pronominalisiert, sondern eher renominalisiert werden. Dies stellt schon Fraurud (1996) fest (s. auch Busley 2021).[9] Folglich kommt Genus hier in erster Linie durch adnominale Exponenten zum Vorschein. Personalpronomina bilden hingegen nicht nur einen äußersten Pol auf der Kongruenzhierarchie, sondern werden auch regelmäßig in die Spitze der Belebtheitsskala implementiert (z. B. von Silverstein 1976 selbst). Tatsächlich sind Pronomina der dritten Person, wenn sie nicht auf Menschen referieren, meist in mehrfacher Hinsicht defektiv (dazu insb. Cardinaletti & Starke 1999: 51). Dieser Umstand wird in Abschnitt 3.1. noch relevant und dort genauer erläutert.

---

7 Es handelt sich dabei um Präzisierungen, die speziell an die Exponenten des Deutschen angepasst sind (dazu im Detail Köpcke & Zubin 2009, Fleischer 2012 sowie Nübling 2015). Die empirische Gültigkeit ihres Vorbilds wird durch sie nicht eingeschränkt.
8 Prädikate lassen sich eher dem rechten Pol zuordnen. Sie flektieren im Deutschen in aller Regel nicht nach Genus. Eine mögliche Ausnahme wird jedoch in Abschnitt 3.2 thematisiert.
9 Auch Dahl (2000: 114) selbst adressiert diesen Punkt, ohne jedoch den direkten Bezug zum Exponenten herzustellen.

Die Kenntnisnahme der nun dargelegten Dimensionen ist unerlässlich für die folgenden Analysen, da es sich einerseits um unabhängig zu beschreibende, andererseits um stark interagierende Ebenen handelt. Sie alle können miteinander in Konflikt geraten. In solchen Fällen mag das bevorzugte Resultat der Genuszuweisung abhängig von der Einzelsprache sein. Schwer vorstellbar ist allerdings, dass ein konkreter Einzelwert auf einer dieser Ebenen (bspw. ein Lexem) die Dynamik eines Genussystems auf anderen Ebenen stilllegt. Genau das wird von sog. Epikoina allerdings häufig erwartet.

3 Was sind Epikoina?

Der Begriff „Epikoinon" (engl. epicene noun) taucht in Abgrenzung zu „hybrids", „double-gender nouns" oder auch „generischen Maskulina" auf. Solche Kategorisierungen entsprechen der immer wieder zitierten Genusdefinition von Hockett (1958: 231): „Genders are classes of nouns [!] reflected in the behaviour of associated words." Dargelegt wird diese lexemzentrierte Perspektive wohl am konsequentesten in den einschlägigen Arbeiten von Corbett. Er beschreibt Epikoina darin wie folgt:

> Epicene nouns are **not problematic as far as assignment systems are concerned. [...] epicene nouns take only one [gender].** Male and female **individuals can be specified by circumlocution.** Epicenes **normally denote non-humans**, though a few denote humans, like Russian *osoba* 'person', which is feminine. Epicene nouns are therefore those which **denote sexed beings but which do not differentiate them according to sex**, in a given language. They are below the threshold of sexdifferentiability. This **threshold varies from language to language.** In many languages, for example in Archi, only nouns denoting humans take their gender according to sex. [Corbett 1991: 67, Hervorhebungen AK]

Was sofort auffällt, ist die Beobachtung, dass menschliche Epikoina typologische Ausnahmen sind. Denn Sprachen, die Geschlecht durch Genus differenzieren, tun dies bei Personenbezeichnungen (und oft nur bei diesen) sehr strikt. Typische Epikoina sind dagegen Begriffe wie *Schlange* f. oder *Käfer* m., deren Denotate rein biologisch zwar ein Geschlecht haben, die sprachlich aber ein einziges, davon unabhängiges Genus tragen. Dieser Regelfall ist nicht verwunderlich. Es wäre absurd, zu erwarten, dass biologische Fakten sich ausnahmslos in der Sprache wiederfinden. Stattdessen geht es hierbei nur darum, wo die Grenze zwischen den Ausprägungen (belebt ↔ unbelebt) auf der Belebtheitshierarchie gelagert ist. Die in diesem Sinne „belebte Domäne" kann exklusiv human sein, sie kann aber auch Tiere zu unterschiedlichen Graden einschließen. Sogar Gegenständliches und Abstraktes kann von ihr erfasst sein, da es prinzipiell zwei Möglichkeiten gibt, wie die gleichen semantischen Genusunterscheidungen jenseits des Menschlichen wirken: Die erste besteht darin, dass auch Tiere nach ihrem Geschlecht klassifiziert sind. Die andere Möglichkeit ist, dass alle oder nur bestimmte Tierarten und Gruppen von Gegenständen einer Kategorie zugeschlagen sind, die im Humanbereich zu einem der Geschlechter gehört.[10] Was Corbett als „threshold of sexdifferentiability" bezeichnet, ist also nur eine Art und Weise, wie semantische Grundprinzipien generell zugeschnitten sein können.[11]

Ganz strikt von Tierbezeichnungen zu unterscheiden sind dagegen Epikoina, die Menschen denotieren (z. B. *Mensch* m. oder *Person* f.). Sie fallen nicht aus der belebten Domäne, sondern bewegen sich mitten darin. Das macht die zitierte Definition schwierig, die gleich im ersten Satz annimmt, dass solche Begriffe unproblematisch für Genussysteme seien. Gerade für Corbetts lexemzentrierten Ansatz, der keine referentiellen Genusquellen vorsieht, sind sie hochproblematisch. Denn referentielles Genus ist bei humanen Entitäten im Deutschen – wie auch in vielen anderen Sprachen – rein binär. Bei der Referenz auf Menschen kann ohne Bezugsnomen mit *er* also nur eine männliche Person und mit *sie* nur eine weibliche Person gemeint sein. Folgen solche Pronomina auf ein Substantiv, so kann ihre Quelle entweder lexikalisch oder referentiell sein. Mit Corbett müsste man nun erwarten, dass dieses System vollständig außer Kraft gesetzt ist, wenn ein Epikoinon vorausgeht. Es überrascht nicht, dass sich bei Corbett & Fedden (2016: 507) eine relativierende Fußnote findet:

> Genuine epicene nouns denoting humans are hard to find: typically, those cited in the literature have different possible agreements, at least for the personal pronoun, and so are hybrids in our terms.[12]

Und auch schon in den Analysen von Corbett (1991), denen das Zitat am Abschnittsanfang entstammt, werden Probleme mit Epikoina evident. Die komplexeste Genusquelle in seinen Ausführungen (russ. *vrac* ‚Arzt' m.) wird als Mischform gleich mehrerer besonderer Substantivtypen beschrieben (Corbett 1991:

---

10 Das wäre (z. T. in Überlappung mit der ersten Variante) der oben vorgestellte Zustand im gesprochenen Niederländischen, wo das referentielle Maskulinum nicht nur Männer, sondern auch Tiere und individuierte Konkreta fasst. Siehe auch die Genussysteme, die Dahl (2000: 104–105) beschreibt. Diese rein deskriptiven Beobachtungen haben ausdrücklich nichts mit der grimmschen Sexualisierungstheorie zu tun und implizieren auch keine Diachronie der Verhältnisse in den einzelnen Sprachen (s. auch Abschnitt 3.3).
11 Hinweise darauf, wie dehnbar diese Grenze im Deutschen unter bestimmten Voraussetzungen sein kann, gibt der Beitrag von Lind & Späth in diesem Band.
12 Oelkers (1996) gelangt im Rahmen einer Fragebogenstudie zu der Einschätzung, dass eine sexuskonvergente (also referentielle) Pronominalisierung im Deutschen auch nach Epikoina sogar die Regel ist (s. auch Thurmair 2006).

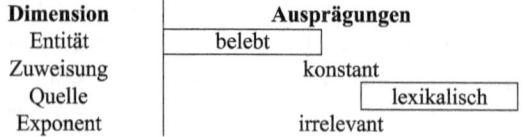

Abb. 3: Humane Epikoina nach Corbett (1991) im Genussystem.

184), obwohl sie sich bezüglich der Kongruenz genau wie das deutsche *Mensch* (also epizön) verhält.[13] Das kanonische Ideal, das Corbett definiert, zeichnet sich durch zwei fixe Werte aus, die für Konflikte prädestiniert sind: Ein belebtes Lexem soll völlige Konstanz auf allen anderen Ebenen erzwingen. Das wäre indes ein massiver Eingriff in das Genussystem selbst (Abb. 3).

Solche theoretischen Probleme sind zwar leicht zu beseitigen, indem man attestiert, dass es unterschiedliche Quellen für Genuszuweisungen (neben lexikalischen eben auch referentielle) gibt. Es ist allerdings allein schon bemerkenswert, dass Lexeme zu existieren scheinen, die regelmäßig zu Konflikten zwischen den beiden Seiten führen können. Das ist insbesondere dann auffällig, wenn sie (wie etwa *Mensch*) noch dazu keine genusfestigenden Suffixe tragen. Die corbettsche Tradition ist nicht die einzige, der dieser Umstand Probleme bereitet. Tatsächlich ergeben sich auch ganz ähnliche – im Prinzip die gleichen – Schwierigkeiten bei der Abgrenzung von maskulinen Epikoina gegenüber sog. generischen Maskulina in aktuellen Diskussionen. Bevor diese Parallele näher erläutert werden kann, bedarf es in den folgenden Abschnitten allerdings erst einmal einer Übersetzung der eingangs erwähnten Termini (hybrid, double-gender noun, generisches Maskulinum) in das vierdimensionale Modell. Gleichzeitig stellen sich zwei bedeutende Fragen, die dabei diskutiert werden müssen:
– Ist das Genus von Epikoina vollkommen arbiträr?
– Sind Epikoina vollkommen geschlechtsneutral?

Über die anfallenden Diskussionen wird dieser Abschnitt zu einer graduellen Typologie gelangen, die Bezeichnungen für belebte Entitäten zwischen einem epizönen und einem geschlechtsspezifischen Extremum verorten lässt. In eini-

---

13 Das Maskulinum *vrac* kann sowohl auf Frauen als auch auf Männer referieren. Referenzidentische Pronomina können im ersten Fall auch feminin sein. Corbetts sehr aufwändige Analyse wird hier nicht weiter erläutert, eine Darstellung mit Kritik findet sich bei Dahl (2000: 106–112). Zu erwähnen ist, dass *vrac* und *Mensch* verschieden starke männliche Stereotypen bergen, die hier allerdings für die grundsätzlich möglichen Genuskonflikte irrelevant sind.

gen Fällen kann ein Abschnitt dieser Skala auch als diachrone Abfolge einzelner Stadien verstanden werden.

4 Epikoina und Hybride

Unter „hybrid" (Corbett 1991: 225; 2006: 163 u. a., im Folgenden eingedeutscht als „Hybrid") wird ein Substantiv verstanden, von dem Kongruenzbrüche ausgehen können (z. B. *Das*$_N$ *Mädchen ... Sie*$_F$). Damit dieser Begriff nicht inflationär verwendet wird, ist es sinnvoll, ihn bzgl. Genus auf Fälle zu beschränken, in denen sich der Konflikt tatsächlich auf lexikalischer Ebene abspielt. Nun gibt es unterschiedliche Meinungen dazu, welche Genuswechsel auf lexeminhärente Konflikte zurückzuführen sind. Nach Corbett sind es schlichtweg alle und damit wären auch humane Epikoina ausnahmslos Hybride. Für Geyer (2010: 414) gibt es im Deutschen zwei Arten von lexikalischen Hybriden, die er selbst nicht konsequent trennt: Sexusdefinite Personenzeichnungen, deren Genus nicht dem Prinzip (männlich → maskulin, weiblich → feminin) entspricht (z. B. *Mädchen*$_N$, *Memme*$_F$), und sämtliche Neutra, die Personen bezeichnen (z. B. *Mitglied*, *Opfer*). Lediglich Kongruenzbrüche, die von Maskulina und Feminina wie *Gast*$_M$ oder *Person*$_F$ ausgehen, sind gemäß Geyer referentiell bedingt. Das Gegenstück zu Corbetts Ansicht bildet schließlich die Meinung von Dahl (2000: 112). Für ihn ist referentielles Genus für alle Konflikte ursächlich, was den Hybridbegriff redundant machen würde.

Tab. 1: Unterschiedliche Konfliktsituationen im Deutschen.[14]

	lexikalisch (adnominal)	↔	referentiell (pronominal)
a.	*das*$_N$ *Mädchen*	↔	*sie*$_F$
b.	*das*$_N$ *Mitglied*	↔	*er*$_M$ / *sie*$_F$
c.	*der*$_M$ *Mensch*	↔	*er*$_M$ / *sie*$_F$

---

14 Einen vierten Typ, der hier nicht zur Diskussion steht, bilden geschlechtsspezifische Bezeichnungen wie *Tunte, Memme* f. In solchen Fällen (hauptsächlich Beleidigungswörter) werden durch eine gegengeschlechtliche Konzeption über Genus meist bewusste Effekte erzeugt. Das macht es schwierig, dabei ein eindeutiges referentielles Genus zu bestimmen. S. Aikhenvald (2016: 99), die von den „effects of gender reversal" spricht.

Es erscheint nicht sinnvoll, diese Frage ein für alle Mal sprachübergreifend klären zu wollen. Für das Deutsche jedenfalls sind mit Sicherheit mindestens vier Konfliktszenarien klar voneinander zu trennen. Drei von ihnen beschreibt Tab. 1. Neben den typischen Vertretern ist links jeweils dasjenige Genus aufgeführt, das ohne jede Frage lexikalisch ist, und rechts dagegen diejenigen Genera, die bei einer referentiellen Pronominalisierung infrage kommen.

Es ist naheliegend, a. und b. ähnlich wie Geyer (2010) von c. abzugrenzen. Denn in diesen beiden Fällen kann sich das (in der Anlage binäre) referentielle Genus nie mit dem lexikalischen Neutrum decken. Es gibt bislang kein referentiell-pronominales Neutrum für Personen im Standarddeutschen (*Die Tochter... *Es*).[15] Das einzige Szenario, in dem *es* auf eine Person referieren kann, ist der endophorische Bezug auf ein neutrales Lexem. Folglich birgt in a. und b. jede spezifische, singularische Referenz das Potential für einen Genuskonflikt. Dieses Konfliktpotential ist höchstwahrscheinlich der Grund, aus dem heraus Geyer (2010) hier lexikalische Hybridität ansetzt.

Darin kann allerdings nicht das entscheidende Kriterium bestehen. Damit ein Hybrid klar lexikalisch ist, ist vielmehr ausschlaggebend, ob Kongruenzbrüche bei jeder Art von Referenz auftreten können. Das ist beim Typ *Mädchen* höchstwahrscheinlich der Fall. Es ist jedenfalls nicht auszuschließen, dass feminine Pronomina selbst bei unspezifischer Referenz mit einer gewissen Wahrscheinlichkeit auftreten (z. B. *Kein Mädchen sollte sich darum sorgen müssen, dass sie später zu wenig Rente bekommt*).[16] Im Fall b. dürften dagegen schon Quantifikatoren genügen, um für einheitliche Kongruenz zu sorgen (z. B. *Jedes Mitglied des Germanistischen Instituts hat eine Stimme, die es/*sie/*er nur persönlich abgeben kann*). Somit ist nur Typ a. ein echtes Hybrid.

Man könnte nun den Einwand vorbringen, dass Typ c. (*Mensch* oder wahlweise auch *Person*) sich nicht grundsätzlich von den Neutra in b. unterscheidet. Auf den ersten Blick ist das eindeutig lexikalische Genus hier nur zufällig mit einem der beiden referentiellen Genera identisch. Doch genau das sorgt für an-

---

15 Es gibt sehr wenige neutrale (kopflose) Adjektive wie *Kleines* oder *Liebes*, die Frauen adressieren können. Sie sind, soweit bekannt, aber weder in referentieller Verwendung üblich, noch produktiv (**Da wohnt ein Nettes/Blondes/Kluges*). Da sie sich auf die zweite Person beschränken (*Du Liebes*), ist auch die für Genus definitorische Kongruenz in anderen Wörtern/Wortarten extrem begrenzt. Es spricht daher alles dafür, diese in keiner Hinsicht kategorialen Fälle nur als kosende neutrale Lexeme (und nicht als referentielles Genus) zu fassen.

16 Soweit mir bekannt ist, gibt es allerdings keine empirischen Studien, die den Referenzmodus bei der Kongruenz von Hybriden berücksichtigen. Audring (2013: 44) nimmt an, dass feminine Pronominalisierung bei *Mädchen* immer möglich ist, aber wahrscheinlicher wird, wenn das Mädchen im Äußerungskontext bekannt ist. Diese Hypothese sollte referenzlinguistisch überprüft werden.

dere Verhältnisse. Im Unterschied zum Neutrum stellt das Maskulinum nämlich (wie im Wesentlichen auch das Femininum) vollintakte Exponenten zur Verfügung. Wie in Abschnitt 2 erwähnt, sind nicht alle Pronomina morphologisch gleich ausgestattet. Das ist ein Umstand, der bei Untersuchungen zu Hybriden meines Wissens bisher nicht systematisch verfolgt wurde, obwohl er durchaus bekannt ist. So heißt es etwa in der Dudengrammatik (2016: 267–270) zum neutralen Personalpronomen:

> Die Akkusativform *es* wird standardsprachlich nach Präposition vermieden [...] Die Form *es* (Nominativ/Akkusativ) kommt in der Standardsprache nur unbetont vor. Entsprechend ist sie in allen Konstruktionen ausgeschlossen, die mit Betontheit einhergehen – auch bei Bezug auf eine Person oder ein Lebewesen [...]. Dass das Pronomen *es* nicht betonbar ist, dürfte der Grund dafür sein, dass *es* als Objekt nicht im Vorfeld stehen kann.

In der Typologie von Cardinaletti & Starke (1999), auf die dabei auch verwiesen wird, sind dies klassische Eigenschaften defektiver Pronomina.[17] Normalerweise verfügen Paradigmen über mindestens zwei Formensätze. Neben reduzierten Formen stehen akzentuierbare Vollformen, die bei der Referenz auf Belebtes zum Einsatz kommen können.[18] Letztere fehlen dem standarddeutschen Neutrum konsequent. Es ließe sich als Variable auch von der „Integrität der Exponenten" sprechen. Sie ist hier gering, sodass die Literatur eine besondere Aversion gegen das Neutrum in Kontexten wie den folgenden vermuten lässt:

(1) ?*Ein Mädchen ist zu spät, wir warten nun schon drei Stunden auf es.*

(2) ?*Das Mädchen freut sich immer, wenn es der Vater abholt.*

(3) ?*Das Mädchen ist immer noch nicht da. Nur es fehlt noch.*

Ein feminines Pronomen dürfte durchweg weniger problematisch sein. Indes spricht aus morphologischen Gründen nichts gegen (reduzierte) Neutra als Subjekt in der sog. Wackernagelposition (= mittelfeldinitial: *Nicht jedes Mädchen freut sich, wenn es zum ersten Mal zur Schule geht*). In Positionen wie (1–3) ist die feminine Pronominalisierung für das Hybrid *Mädchen* mit dem vergleichbar, was Pronominaladverbien im unbelebten Bereich leisten (z. B. *ich warte darauf*

---

17 Es gibt allerdings mit Sicherheit mindestens regionale Variation, was die Symptome der Defektivität angeht. Die Behauptung, dass *es* nicht von Präpositionen regiert werden kann, geht insb. auf Helbig (1974) zurück und wird seitdem diskutiert. Pittner (2008) führt relativierende Korpusbelege an, die allerdings überwiegend aus der Schweiz stammen. Auch die Dudengrammatik (2016: 270) weist darauf hin, dass der Hauptton nach Präposition „zumindest im Norden" die Regel ist und einen Einfluss auf das Phänomen haben könnte.
18 *Ich habe eine Lampe und einen Tisch gekauft. ?Sogar er war bezahlbar.*

Tab. 2: Pronominale Anapher bei Hybriden und Epikoina.

		Hybrid		Epikoina			
		a. Mädchen		b. Mitglied		c. Mensch	
Exponent (Pronomen)		voll	reduziert	voll	reduziert	voll	reduziert
Quelle	lexikalisch	SIE	*es/sie*	–	*es*	ER	*er*
	referentiell	SIE	*sie*	SIE/ER	*sie/er*	SIE/ER	*sie/er*

statt *?ich warte auf es*). Systemlücken können aufgefangen werden.[19] Das pronominale Femininum ist immer möglich, während gerade das Neutrum Beschränkungen unterliegt. Damit spricht ein zweites Argument dafür, den Typ *Mädchen* (dazu gehören dann etwa auch *Fräulein* und Maskulina wie *Bübchen*, *Kerlchen* etc.) als lexikalisches Hybrid zu fassen. Er qualifiziert sich – mithilfe genusdivergierender Exponenten – kontextunabhängig als Ziel endophorischer Referenz. Der epizöne Typ b. (*Mitglied*) leistet das nicht. Solche Substantive sind ohne Unterstützung durch eine bestimmte referentielle Quelle, die *er* oder *sie* lizensiert, keine vollwertigen Antezedenzien.[20] Das unterscheidet sie grundsätzlich von allen anderen Personenbezeichnungen im Deutschen. Ihnen fehlt die referentielle Autonomie.

Kongruenzbrüche sind zwar auch bei Substantiven wie *Mensch* und *Person* – dem zweiten Typ von Epikoinon – referenzabhängig, aufgrund ihrer Genuszugehörigkeit qualifizieren sich Mitglieder dieser Gruppe jedoch referenzunabhängig als Antezedenzien. Sie partizipieren immer an den gleichen Pronomina, die auch Exponenten semantisch geschlechtlicher Genusquellen sind. Dieser Synkretismus ist in Tab. 2 zusammen mit den anderen Typen nochmals dargestellt.

Die referentielle Ebene verhält sich in allen Fällen regelhaft und ist unproblematisch. Vielmehr stellt sich die Frage, weshalb sich das lexikalische Genus nicht mit dem referentiellen synchronisiert. Für einen entsprechenden Ausgleich gäbe es bei Maskulina wie *Mensch* theoretisch zwei Möglichkeiten:

---

[19] G. Müller (2000) modelliert Pronominaladverbien entsprechend als Reparaturphänomen. Diese Analyse ist auch für die hybride Kongruenz bei *Mädchen* in den beschriebenen Fällen vorstellbar.
[20] Daneben auftretende, expletive Verwendungen von *es* erschweren eine Anaphernresolution wahrscheinlich zusätzlich.

1. Lexikalisches dominiert referentielles Genus: In diesem Fall würde *Mensch* aufgrund des Maskulinums nicht mehr zur Referenz auf Frauen gebraucht und männlich lexikalisiert.
2. Referentielles dominiert lexikalisches Genus: Dabei würde eine Spaltung in zwei homophone Lexeme *der Mensch* und *die Mensch* eintreten. Corbett (1991) spricht dann von einem „double -gender noun". Das Deutsche kennt diesen Typ bei einigen vokalisch auslautenden Bezeichnungen für Angehörige von Glaubensgemeinschaften und Völkern (*der/die Hindu, Papua, Aborigine*) sowie bei einzelnen Kurzwörtern (*der/die Azubi*).[21] (Historisch ist dieser Typ noch produktiver, s. auch Abschnitt 3.2.)

Es gibt höchstwahrscheinlich einen Grund, warum diese Szenarien nicht eintreten. Das lexikalische Genus muss in irgendeiner Weise gestützt sein. Darin besteht noch keine hinreichende, aber eine notwendige Bedingung für den Ist-Zustand.

Für die Musterbeispiele der Typen a. und b. ist diese Stütze schnell gefunden: Hier lösen Morpheme (*-chen, -glied*) das Neutrum aus.[22] Corbett & Fedden (2016: 522) halten daran fest, dass Genuskonflikte immer solche formalen Marker involvieren.[23] Und auch für Geyer (2010: 413) gibt es stets einen lexikalisch/ formalen Konfliktpartner. In vielen Fällen – und dazu gehört insbesondere Typ c. (z. B. *Gast, Laie*) – ist allerdings nicht klar ersichtlich, wie von der Form auf ein Genus geschlossen werden könnte.

Dadurch kann der Eindruck entstehen, die Genuszugehörigkeit von Epikoina sei arbiträr. Wie Diewald (2018: 291) feststellt, sind epizöne Substantive zunächst tatsächlich „in jedem der drei grammatischen Genera anzutreffen: *die Person, die Waise, der Mensch, der Star, das Kind, das Genie.*" Das bedeutet nun jedoch nicht gleichzeitig, dass ihr Genus willkürlich zugewiesen ist. Dies wäre nicht nur ein Problem für den Ansatz von Corbett, sondern ließe sich ebenfalls nicht mit der in Abschnitt 2 skizzierten Genussystematik vereinbaren.[24]

---

21 Manche Darstellungen erweitern den ursprünglichen Epikoina-Begriff auch auf solche Fälle (z. B. Aikhenvald 2016).
22 Das Diminutivsuffix *-chen* ist bei *Mädchen* zwar nicht mehr segmentierbar, aber dennoch salient.
23 Die einzige Ausnahme davon, die die Autoren benennen und als solche akzeptieren, sind neutrale Rufnamen (z. B. *das Anna*), die in deutschen Dialekten auftreten. Mit diesem Phänomen beschäftigt sich der Beitrag von Busley & Fritzinger in diesem Band. (Selbst die feminin-neutrale Kongruenz von *Weib* beschreibt Corbett als Form-Bedeutungskonflikt, s. Abschnitt 3.1.3 zu seiner Argumentation mit Flexionsklassen.)
24 Und das gilt auch für andere Auffassungen. So betrachten Köpcke & Zubin (2017) Genuszuweisung als synchron-dynamischen Aushandlungsprozess verschiedener Prinzipien und damit generell als nicht-arbiträr.

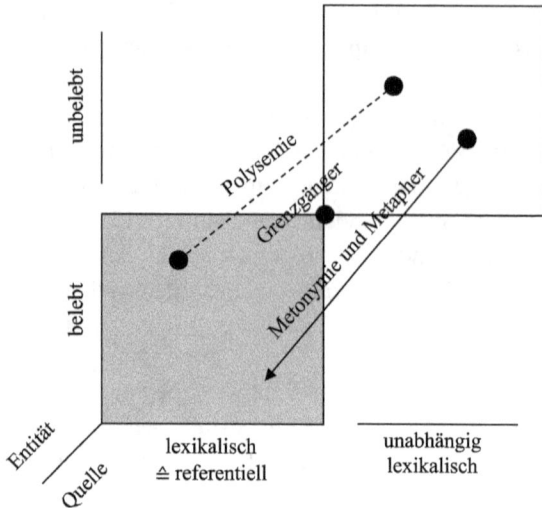

Abb. 4: Temporäre (Metonymien, Metaphern) und partielle (Grenzgänger, Polysemien) Mitglieder der belebten Domäne.

Erwartungsgemäß erweist ein genauerer Blick auf das Genus von Epikoina, dass von völlig arbiträrer Zuweisung nicht die Rede sein kann.[25] Dafür gilt es nun abermals zu differenzieren und bestimmte Fälle auszuschließen. Denn wann immer ein Konflikt zwischen lexikalischem und referentiellem Genus entsteht, kommen schließlich auch einfache Ursachen infrage:

Zum einen muss die Domäne, in der referentielle Unterscheidungen aktiv sind, so klar wie möglich bestimmt werden. So wie epizöne Tierbezeichnungen nicht außergewöhnlich sind, kann es durchaus auch bestimmte (keine willkürlichen) Menschengruppen geben, die regelmäßig von diesem Prinzip ausgenommen sind. Es geht also um die Ebene der Entitäten, auf der sich auch systematische Grenzgänger zwischen belebt und unbelebt finden können.

Zum anderen spielt die Quellebene selbst auch eine Rolle. Eine simple Erklärung für die Konflikte oben liegt ebenfalls immer dann vor, wenn der Begriff zwar zur Referenz auf Entitäten innerhalb der „belebten" Domäne verwendet wird, seine Extension aber deutlich weiter ist. So können Begriffe wie *Wesen* oder *Opfer* zwar auf Menschen referieren, sind aber hochgradig polysem.[26] An

---

25 Feminine Epikoina sind beispielsweise eine Seltenheit (s. dazu Motschenbacher 2010).
26 Neben beliebigen Lebewesen fällt sogar Abstraktes unter diese Begriffe (z. B. *ein Opfer bringen, ein ruhiges Wesen haben* etc.).

diese Stelle gehören auch Metonymien (*ein kluger Kopf*) oder Metaphern (*eine große Leuchte*). Gemeinsam lassen sich solche Fälle als „sekundäre" (= nicht-exklusive) Personenbezeichnungen fassen.

Auf diesen verschiedenen Wegen können Substantive partiell oder temporär an demjenigen Bereich teilhaben, in dem sonst eine Übereinstimmung zwischen referentiellem und lexikalischem Genus zu erwarten ist. Dieser Bereich ist in Abb. 4 grau hinterlegt. Es ist schon jetzt vorwegzunehmen, dass alle neutralen Epikoina (Typ b. in Tab. 2) im Deutschen durch diese Phänomene greifbar werden. Dadurch erklären sich auch die beobachteten Defizite in der pronominalen Anapher. Das Neutrum ist im Standarddeutschen kein gleichwertiges Personengenus.[27]

5 Grenzgänger

Zunächst sind Grenzgänger zu bestimmen. Nicht zufällig enthalten exemplarische Nennungen von Epikoina sehr häufig Kinderbezeichnungen wie *Waise*, *Säugling* oder eben den Begriff *Kind* selbst. Während es sich bei den Denotaten rein intuitiv und selbstverständlich auch biologisch um belebte Entitäten handelt, erfahren diese nicht unbedingt eine gesellschaftliche und sprachliche Gleichbehandlung mit Erwachsenen. Wie auch Comrie (1989: 196) bemerkt, ist eine Grenzziehung nach Alter keine Seltenheit: „The treatment of children as lower in animacy than adults is found in several languages." Tatsächlich ist Alter als ein Merkmal zu verstehen, das Belebtheit im linguistisch relevanten Sinne greifbar macht. Es ist ein indirektes Maß für die Handlungsfähigkeit und das Ich-Bewusstsein einer Entität.

Als Beispiel dafür, wie sich Alter auf Genuszuweisungen auswirken kann, dient das Hybrid *Mädchen*. Die einschlägige Studie von Braun & Haig (2010) kommt zu dem mittlerweile öfter beobachteten Ergebnis, dass feminine Pronominalisierungen dann wahrscheinlicher werden, wenn es sich bei der Referentin von *Mädchen* um eine Jugendliche (und nicht mehr um ein Kind) handelt. Dieser Befund ist vor dem Hintergrund des vorherigen Abschnitts (insb. Tab. 2) folgendermaßen zu deuten: Nicht nur die unspezifische Referenz, sondern auch diejenige auf ein junges Kind gehört zu den Kontexten, in denen nur der lexikalisch zugewiesene Anteil an femininen Pronomina zurückbleibt. Oder anders gesagt: Es gibt im Kindesalter eine erhöhte Wahrscheinlichkeit, dass sich Genus formal/lexemzentriert und damit typisch unbelebt verhält.

---

27 Anders in Dialekten (s. dazu Busley & Fritzinger in diesem Band).

Die Formtreue von Kinderbezeichnungen wird auch bei Epikoina deutlich. So ist etwa das ursprüngliche Maskulinum *Waise* (ahd. *weiso*) heute lexikalisch feminin, so wie es der Schwa-Auslaut erwarten lässt. Damit verhält es sich wie eine ganze Reihe niedrig belebter Substantive (*Traube, Hefe, Schlange* etc.), für die sich in der Standardsprache das formkonforme Femininum durchgesetzt hat. Bezeichnungen für Erwachsene, die historisch zur gleichen Klasse gehören, haben sich diesem Trend widersetzen können (*der Laie, Insasse* usw., vgl. Abschnitt 2 und 3.1.3).

Einige (der im Deutschen insgesamt wenigen) Kinderbezeichnungen zeigen noch heute eine hohe Genusvariabilität: Etwa *der/die/das Mündel, der/das Balg, das Gör/die Göre, das Blag/die Blage*. Auffällig ist auch hier, dass die monosyllabischen Substantive im Femininum um ein charakteristisches Schwa erweitert sind. Form und Genus sind maximal verzahnt, anpassungsfähig und asemantisch. Letzteres zeigt sich auch bei der Bezeichnung *Racker*, die das einzige Beispiel für ein belebtes Maskulinum auf *-er* sein dürfte, das zweifelsfrei weiblich referieren kann und gleichzeitig movierungsresistent ist.

Damit ist hinreichend deutlich, dass es sich bei Kinderbezeichnungen nicht um einzelne Ausnahmen in der belebten Domäne handelt, sondern um den erwartbaren Grenzbereich, in dem Prinzipien aus der unbelebten Domäne nur greifen können, es aber nicht müssen.[28]

6 Sekundäre und primäre Personenbezeichnungen

Unter sekundären Personenbezeichnungen sind nicht nur polyseme, metonymisch und metaphorisch gebrauchte Simplizia zu verstehen. Zu ihnen müssen auch Wortbildungen gezählt werden, die ein entsprechendes Morphem als Basis haben (z. B. *Mitglied*). Die Mitglieder dieser Gruppen sind oft nicht lexikalisiert. Um ihren Anteil an dem zu messen, was üblicherweise als Epikoinon klassifiziert wird, sind die Übersichten bei Schoenthal (1989: 302–304) hilfreich. Sie ist eine der wenigen, die für geschlechtsneutrale Personenbezeichnungen nicht nur einzelne Beispiele aufführen. Ihre Nennungen sind in Tab. 3 um Kinderbezeichnungen bereinigt und nach dem Status des Begriffs sortiert:

---

[28] Ein anderes Cluster im Grenzbereich bilden möglicherweise (gegenwartsprachlich) abwertende Neutra für erwachsene Frauen (z. B. *das Luder, das Weib*), die Köpcke & Zubin (2003) sammeln.

Tab. 3: Epikoina nach Schoenthal (1989: 302–304).

	Polysemie/Metonymie/Metapher	Restbestand
Neutra	Wesen, Oberhaupt, Opfer, Geschöpf, Lebewesen, Mitglied, Individuum, Gegenüber	
Feminina	Figur, Person, -kraft, -hilfe	Geisel
Maskulina	Vormund	Mensch, Gast, Laie, Passagier, Star, -ling

Auf den ersten Blick wird deutlich, dass der Anteil an exklusiven Personenbezeichnungen, die Schoenthal nennt, von Neutrum zu Maskulinum zunimmt. Die aufgeführten Neutra sind sehr klare Fälle sekundärer Personenbezeichnungen. Einzig die Entlehnung *Individuum* ‚Einzelexemplar' ist diskutabel. Obwohl die humane Lesart die dominante sein dürfte, ist ähnlich wie bei dem Femininum *Person* Polysemie zu konstatieren (vgl. abstrakte Lesarten wie *Ich mochte seine Person, Angaben zu Ihrer Person* etc. **Ich mochte seinen Menschen/Angaben zu Ihrem Menschen*). Beide Lexeme sollten auch schon deshalb nicht als Ausnahmen überbewertet werden, weil sie ein Genus aus der Gebersprache mitbringen, das im Falle von *Individuum* auch immer noch formal gestützt ist.

Der erklärungsbedürftige Restbestand (eindeutig primäre Personenbezeichnungen) hält sich in der strengen Auswahl von Schoenthal in Grenzen und ist fast ausnahmslos maskulin.[29] Deshalb wird dieses Genus nun fokussiert.

7 Das Maskulinum als Personengenus

Dass geschlechtsindefinite Personenbezeichnungen im Deutschen maskulin klassifiziert werden, ist eine verbreitete Ansicht. Köpcke & Zubin (1996: 481–484) argumentieren dafür aus zwei Perspektiven. Zunächst betrachten die Autoren Personenbezeichnungen geschlossen und postulieren für sie das „Prinzip des perzipierten Geschlechts", das verschiedene, in Abb. 5 dargestellte Unterprinzipien umfasst.

---

[29] Nur für *Geisel* (historisch, aber gegenwartssprachlich nur noch selten auch ein Maskulinum) setzt sich aktuell hingegen das Femininum durch. Überdies ist anzumerken, dass Derivate auf *-ling* (ähnlich wie solche auf *-er*) nicht ausnahmslos belebt sind. Im Einzelfall ist der Status allerdings i. d. R. eindeutig (*Feigling* [+human], *Setzling* [-human]).

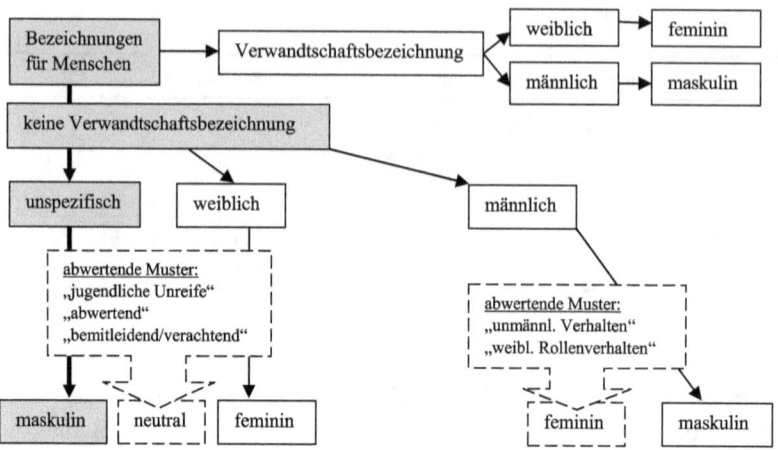

Abb. 5: „Genuszuweisung bei Menschen" nach Köpcke & Zubin (1996: 482).

Die Genuszuweisung im Personenbereich wird hier systematisch semantisch motiviert. Damit dürfte insgesamt eine recht zuverlässige Zuordnung von Personenbezeichnungen zu einem lexikalischen Genus gelingen. Ähnlich wie im vorangehenden Abschnitt bleibt ein maskuliner Rest (grau hinterlegt). Bis auf diesen geschlechtsneutralen Pfad finden sich alle abgebildeten Konzepte auch in den Arbeiten von Nübling (2018, 2019), die sie im Sinne von sozialen Geschlechterrollen (Gender) deutet.[30] Klammert man abwertende Neutra aus, so lässt sich Abb. 5 auf eine simple Gleichung herunterbrechen: Bezeichnungen für weibliche/als weiblich empfundene Entitäten sind hier Feminina, alle anderen Maskulina.

Das zweite Postulat von Köpcke & Zubin (1996: 484) ist das sog. „ethnozoologische Kontinuum" (s. dazu auch den Beitrag von Lind & Späth in diesem Band, der es empirisch stützt). Gemeint ist damit die Beobachtung, dass eine maskuline Genuszuweisung von geschlechtsneutralen Bezeichnungen für Primaten und Säugetiere über solche für Vögel, Fische und Reptilien bis hin zu Weichtieren sukzessive zugunsten des Femininums abnimmt. Die stärkste Ballung an Maskulina sehen die Autoren im menschlichen Zentrum.[31]

---

30 In jedem Fall ist wichtig, dass die gestrichelt umrahmten Gruppen keine Ausnahmen von den bisherigen Beobachtungen bilden, sondern dass hier semantische Prinzipien entweder auf Grundlage von sozialem Geschlecht angewendet werden (unmännlicher Typ *Tunte* f.) oder der Grenzbereich/sekundäre Personenbezeichnungen gemeint sind (*das Kind/das Schwein*).

31 Für den generellen Zusammenhang zwischen Maskulinum und Belebtheit sei hier auch auf Krifka (2009) verwiesen.

Sowohl inner- als auch außerhalb der Personenbezeichnungen bestünde damit Evidenz für ein synchron semantisches, aber geschlechtsloses Maskulinum. Nun ist allerdings auch die stark umstrittene Geschlechtslosigkeit von Maskulina wie *Forscher*, *Nachbar* oder *Spion* für Köpcke & Zubin eine Selbstverständlichkeit, die eine wesentliche Rolle in ihren Darstellungen spielt. Kotthoff & Nübling (2018) tragen verschiedene Studien zusammen, die die vorwiegend männliche Assoziation solcher Begriffe belegen. In der Konsequenz sprechen sie nicht von einem anthropozentrischen, sondern stattdessen von einem „androzentrischen" Kontinuum und gehen von einer strikteren Korrelation zwischen Genus und Geschlecht aus, die den menschlich-maskulinen Default obsolet machen würde. Eine Diskussion der schwierigen Frage, wie und ob sich die Begriffe oben von solchen wie *Mensch* oder *Gast* sinnvoll unterscheiden lassen, steht in diesem Beitrag noch aus (dazu Abschnitt 3.2). Zuvor ist es allerdings gewinnbringend, die Produktivität des Maskulinums für Personenbezeichnungen möglichst losgelöst von dieser Debatte in den Blick zu nehmen.

Schon in der kurzen Liste von Schoenthal (1989), die im vorangehenden Abschnitt als Bestandsaufnahme diente, fallen auch im Maskulinum Entlehnungen (*Star*, *Passagier*) auf. Substantive wie diese sind dann als Produktivitätsmaß interessant, wenn sie im Deutschen keine direkte lexikalische Entsprechung haben, sodass die Genuszugehörigkeit eines deutschen Einzelwortes nicht einfach auf das Fremdwort übertragen werden kann, und sie zudem kein Genus aus der Gebersprache mitbringen. Es finden sich gegenwartssprachlich einige solcher Substantive wie *Freak*, *Fan*, *Nerd*, *Newbie*, *Boss*, *Clown*, *Jockey*, *Junkie* oder *Geek*. Obwohl die sozialen Stereotype, die mit ihnen verbunden sind, einzelfallabhängig schwanken dürften, haben sie alle das Maskulinum gemeinsam. Systematische Entlehnungen geschlechtsneutraler Begriffe in das Femininum oder Neutrum kommen hingegen nicht vor.

Einen anderen Hinweis auf den maskulinen Default geben sekundäre Personenbezeichnungen, die Übergangstendenzen vom Neutrum in das Maskulinum zeigen. Besonders betroffen scheinen davon pseudosuffigierte Substantive auf *-er* zu sein (wie *Gegenüber* oder *Semester*).[32]

(4) *Dabei findet man seinen Gegenüber so schlau, dass er plötzlich auch in einem sexy Licht erscheint.* (Die Zeit, 28. 05. 2015, online)

---

32 Es gibt einige Laiendiskussionen zu diesen Substantiven. Hier fordern User die Aufnahme der maskulinen Variante *der Erstsemester* für ‚Student/in' in den Duden: https://dict.leo.org/forum/viewGeneraldiscussion.php?idForum=4&idThread=1209864&lp=ende&lang=de&fbclid=IwAR3Tk35Ey8kl5E-aUirbp93zns6H4pc8BRY3- pbPI7gwGZ0_hayOLvpfgSU (archiviert auf web.archive.org am 08. 11. 2020).

(5) *Als letzte Chance für <u>einen süchtigen Erstsemester</u> gilt das erste Date der Uni-Karriere: Wenn der oder die Angebetete beim Rendezvous im Pommesdunst entrüstet das Weite sucht, stellen einige wegen des sozialen Drucks ihre Ernährungsgewohnheiten um.* (Die Zeit, 12. 10. 2006, online)

In den beiden Belegen werden die Substantive geschlechtsneutral verwendet und es offenbart sich wie bei der Entlehnung eine semantische Produktivität von Genus.[33] Allerdings muss dabei beachtet werden, dass der Übergang von Neutrum zu Maskulinum durch formale Überschneidungen erleichtert wird. Sämtliche Exponenten der beiden Genera sind im Dativ formgleich, einige sind es auch im Nominativ (*ein, kein, sein*). Hinzu kommt, dass Neutra kein exklusives Flexionsverhalten am Substantiv zeigen, sondern nur Paradigmen kennen, die auch im Maskulinum auftreten. Das mag zusätzlich erklären, warum das Maskulinum bei solchen Reanalysen präferiert wird, nicht aber, weshalb es zu Reanalysen kommt. Die Formseite ist also sekundär. Trotzdem ist sie einer kurzen Vertiefung wert. Denn es gibt durchaus Meinungen in der Literatur, die anderes nahelegen. Letztlich leiten sie allerdings nur zu einem weiteren Argument für die Relevanz der Semantik über, wie nun gezeigt wird.

Folgt man Corbett, sind alle bisher diskutierten Maskulina (inkl. *Mensch*) auch formal – und zwar durch ihre Flexionsklassenzugehörigkeit – zu motivieren. Solche Gedanken mögen sich insbesondere für einige slawische Sprachen mit formenreichen Substantivparadigmen plausibilisieren lassen. Ein entsprechendes Implikationsverhältnis postuliert Corbett allerdings (in älteren wie auch neueren Arbeiten) ebenfalls für das Deutsche (z. B. Corbett 1991: 49,78; Corbett & Fedden 2016: 522). Gemeint ist damit, dass Wortformen wie etwa *des Menschen* und *die Menschen* (hier schwache Deklination) die Genuszuweisung steuern.[34] Das ist allerdings weniger überzeugend. Die Frage nach der Hierarchisierung der beiden Klassifikationssysteme wird für das Deutsche schon lange differenziert betrachtet und in aller Regel im Widerspruch zu Corbett beantwortet: Deklination folgt eher Genus als umgekehrt.[35]

---

33 Vor diesem Hintergrund ist ebenfalls auffällig, dass sich umgekehrt für *Genie*, das Diewald (2018) als epizönes Bsp. anführt, das Neutrum (statt des Maskulinums) gemäß Pfeifer (1993) erst mit der Entlehnung der abstrakten Zusatzbedeutung durchgesetzt hat.
34 Diese Einschätzungen lässt sich beispielsweise auch bei Köpcke & Zubin (1996: 479) herauslesen, wenn sie schreiben: „Es ist allgemein bekannt, daß mit einem auslautenden Schwa, sofern die obliquen Kasus nicht auf /n/ gebildet werden, [...] fast immer das Femininum assoziiert wird."
35 S. Bittner (2000) zur generellen Diskussion, Nübling (2008) für die Diachronie, N. Müller (2000) für den Spracherwerb und Eisenberg (2018: 230) für die Fremdwortintegration.

Tab. 4: Synchronisierungen zwischen Genus und Deklination vom Mhd. zum Nhd. und der belebte Sonderweg.

Mittelhochdeutsch	Genus	Maskulinum		
	Plural	*niere-n*	*kerne-n*	*mensche-n*
		unbelebt		belebt
Neuhochdeutsch	Genus	Femininum	Maskulinum	
	Plural	*Niere-n*	*Kern-e*	*Mensch-en*

Interessant ist allerdings, dass belebte Substantive häufig mit der Interaktion zwischen Genus und Deklination brechen. Das ist insbesondere in gesprochenen Varietäten des Deutschen zu beobachten, in denen sich Deklinationsklassenzugehörigkeit meist nur noch in der Pluralallomorphie manifestiert.[36] Doch auch im Standard gilt, dass sich die schwache Klasse nicht als maskuline Norm, sondern als Irregularität herausgebildet hat, deren zentrale Zugangsbeschränkung in der Belebtheit ihrer Mitglieder besteht. Semantik dominiert in diesem Fall beides: Genus und Deklination. So haben Personenbezeichnungen wie *Mensch-en*, *Laie-n* oder *Insasse-n* gleichzeitig maskulines Genus und den (*e*)*n*-Plural bewahrt, der gegenwartssprachlich typisch feminin ist. Die meisten unbelebten Maskulina haben hingegen eine dieser beiden Eigenschaften abgelegt und verhalten sich dadurch formal unauffällig (vgl. Köpcke 2000: 108; Nübling 2008: 305). Diese (bei Personenbezeichnungen i. d. R. ausbleibenden) Synchronisierungen zwischen Genus und Flexion sind in Tab. 4 grau hinterlegt.

Während Entlehnungen und Genuswechsel die Produktivität des Maskulinums als Personengenus bezeugen, stellen die gerade gemachten Beobachtungen seine Persistenz unter Beweis. Selbstverständlich sind schwache Maskulina nicht per se geschlechtsneutral, dennoch hatten und haben die Epikoina unter ihnen, wie z. B. *Mensch*, hinreichende Möglichkeiten, das Maskulinum über die Form abzulegen oder auf diesem Weg feminine Homophone zu entwickeln. Gegenwärtig sind keine entsprechenden Tendenzen zu beobachten. Diese Evidenzen sprechen für den maskulinen Default und die Darstellung von Köpcke & Zubin (1996) (Abb. 5). Es gibt im Deutschen also eine systematische Schieflage zwischen referentiellem und lexikalischem Genus. Während ersteres binär und symmetrisch ist (männlich → Maskulinum, weiblich → Femininum), ist die lexi-

---

[36] Humane schwache Maskulina flektieren in den meisten Dialekten vollkommen identisch mit einer femininen Klasse. In manchen Dialekten sind sie in diesem Zustand sogar produktiv, wie Anglizismen im Schweizerdeutschen zeigen, z. B. Pl. *Chefe*, *Sheriffe* (schwach mit lautgesetzlichem *n*-Abfall). Dazu Klein & Kopf (2019: 34, 44).

Tab. 5: Semantische Genuszuweisung bei Personenbezeichnungen im Deutschen.

Zuweisung	semantisch		
Quelle	referentiell		lexikalisch
Genera	Maskulinum	Femininum	Maskulinum [Femininum]

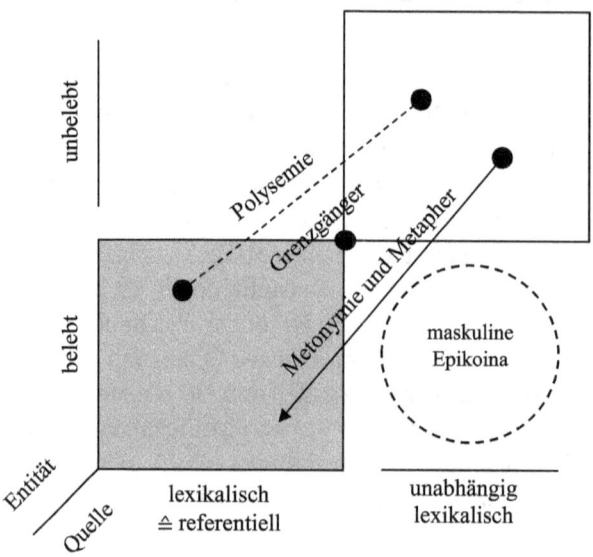

Abb. 6: Zusammenfassung der bisherigen Befunde.

kalische Ebene asymmetrisch organisiert (human → Maskulinum, weiblich → Femininum).

Dieser Befund (s. auch Abb. 6) hat zwar eine systemkonforme Seite, da auch das Genus menschlicher Epikoina semantisch und nicht arbiträr zugewiesen ist. Es ist außerdem daran zu erinnern, dass semantische Cluster im Lexikon sehr häufig keine referentiell wirksame Semantik mit sich bringen (vgl. Abschnitt 2). Andererseits ist aber nicht damit zu rechnen, dass – wie es hier dennoch der Fall zu sein scheint – zwei semantische Systeme regelmäßig miteinander in Konflikt geraten, weil sie sich auf die gleichen Entitäten beziehen. Genau das ist der Fall, wenn auf eine Frau mit einem typischen (d. h. maskulinen) Epikoinon referiert wird. Naheliegend wäre der Schluss, dass dieses Szenario in der Praxis selten auftaucht. An diesem Punkt ist die ausstehende und nun folgende Grenzziehung zwischen geschlechtsspezifischen und geschlechtsneutralen Maskulina unumgänglich. Es sei hier bereits vorweggenommen, dass keine klare Grenze zu erwarten ist.

8 Epikoina und generische Maskulina

Was hier bisher unter maskulinen Epikoina verstanden wurde, fällt in der Genderlinguistik in die weite Definition „generischer Maskulina", womit so viel wie „geschlechtsübergreifende Maskulina" gemeint ist. Im Kontext geschlechtergerechter Sprache spielt es häufig eine Rolle, ob im gegenwärtigen Sprachgebrauch zu einem generischen Maskulinum ein geschlechtsspezifisches Femininum gehört (*der Lehrer – die Lehrerin*) oder nicht (*der Mensch, der Feigling*). Letztere werden beispielsweise vom Zweifelsfälle-Duden ([8]2016: 393) unter dem Stichwort „Generische Nomen ohne Movierung" als geschlechtergerechtere Formulierungsalternative zu ersteren genannt. Gelegentlich ist in solchen Kontexten von Epikoina die Rede (so z. B. bei Doleschal 2002, Diewald 2018). Dann wird die Begriffsopposition verwendet, um zwischen movierbaren (generischen Maskulina i. e. S.) und nicht-movierbaren Personenbezeichnungen (Epikoina) zu unterscheiden.

Es herrscht in den Debatten um das generische Maskulinum allerdings kein Konsens darüber, ob nun beide Gruppen bezüglich ihrer Geschlechtsneutralität problematisch sind, nur eine von ihnen oder gar ein anders zu bestimmender Teilbestand einer oder beider Gruppen. Die weite Perspektive kritisiert selbst genusfeste Pronomina wie *wer* aufgrund ihrer maskulinen Kongruenzträger, die „zu irritierenden Formulierungen führen" könnten und daher einen männlichen Geschlechtsbias mit sich brächten (Elsen 2020: 76). Wer diese Position vertritt, muss zwangsläufig auch Epikoina wie *Mensch* problematisieren. Dabei eröffnet sich eine interessante Parallele zum Epikoina-Begriff bei Corbett (s. Abschnitt 3). Zur Erinnerung: Corbett unterscheidet nicht zwischen referentiellen und lexikalischen Genusquellen. Für ihn sind geschlechtsübergreifende Begriffe nur dann epizön, wenn sie in jedem Kontext konstante Kongruenz zeigen (müssen), womit er keinen Raum mehr für menschliche Epikoina lässt. Während Corbett dabei referentielles Genus ausblendet, konzentriert sich diese Kritik auf die referentielle Semantik des Maskulinums. Der eine Ansatz postuliert die Dominanz von Lexemen über referenzidentische Exponenten, der andere tendiert zur umgekehrten Perspektive. Beide sind pauschalisierend und in ihrer Reinform nicht zielführend.

Der Gedanke, danach zu differenzieren, wo eine Wahl (also ein feminines Gegenstück) besteht und wo nicht, ist ebenfalls nicht unproblematisch, aber zunächst durchaus erwägenswert. Bisher hat der Beitrag Genus vor allem (seiner Definition entsprechend) syntagmatisch, als Kongruenzphänomen, betrachtet und Nominale auf dieser Basis klassifiziert. Es lohnt sich, den Fokus einmal auf den paradigmatischen Charakter von Genus zu verlagern. Denn Substantive, die in genusspezifischen Paaren auftreten, nehmen formal eine interessante Position zwischen Genusquelle und -exponent ein, die im Unterabschnitt (3.2.1) zu diskutieren ist. Dabei wird die Auffassung vertreten, dass maskuline Lexeme bei der Referenz auf konkrete Personen generell eine männliche Lesart (d. h. aus referentieller Quelle zugewiesenes Genus) implikatieren. Das macht sie anfällig für den Ausbau flexionsähnlicher Verhältnisse, die diese Lesart wiederum verstärken, aber für eine mögliche Lexikalisierung der Implikatur nicht notwendig sind. In Abschnitt 3.2.2 folgen konkrete Beispiele für solche Implikaturen bei spezifischer Referenz. Dass man es dabei nicht mit einem neuen, sondern in der Sprachgeschichte wiederkehrenden Phänomen zu tun hat, beleuchtet ein Exkurs in Abschnitt 3.2.3.

9 Paradigmatische Personenbezeichnungen

Insbesondere Verwandtschaftsbezeichnungen bilden im Deutschen regelmäßige, semantisch gleichrangige Paare aus jeweils einem maskulinen und einem femininen Substantiv (z. B. *die Schwester – der Bruder*, *die Mutter – der Vater*). Dies mag dazu verleiten, Formsymmetrien generell als definierende Eigenschaft von sprachlicher Geschlechtsspezifik zu deuten. Diewald (2018: 291–293) äußert sich ausnehmend explizit in diesem Sinne:

> Diese Opposition wird entweder durch zwei etymologisch voneinander unabhängige Lexeme gebildet (*Frau – Mann, Hengst – Stute* usw.) oder durch zwei Lexeme, die bei Stammgleichheit durch Wortbildungsprozesse miteinander verbunden sind (Konversion bei Partizipien und Adjektiven wie *der/die Studierende, der/die Schlaue*; Ableitungen mit *-er, -in* usw.). [...] Geschlechtsunspezifische Nomina treten per definitionem NICHT paarig im Sinne der Opposition ‚weiblich'/‚männlich' auf – weder als eigenständige Lexeme noch als Ableitungen. Geschlechtsspezifische Personenbezeichnungen (und Tierbezeichnungen) hingegen verhalten sich – ebenfalls per definitionem – genau gegenteilig: **Sie treten paarig auf, wobei jedes der beiden Elemente des Paares ein spezifisches semantisches Merkmal hat.** [...] Nun zeichnen sich aber, wie ausgeführt, geschlechtsunspezifische Nomina dadurch aus, dass **sie eine zweite (feminine oder maskuline Form) grundsätzlich nicht bilden können, da das semantische Merkmal des Geschlechts bei ihnen nicht vorhanden ist.** [Hervorhebungen AK]

Hier erfahren Derivate wie *Kundin* eine theoretische Gleichbehandlung mit Nominalphrasen, deren Genus flexivisch ausgedrückt ist (*die Schlaue*). Entsprechendes gilt dann auch für ihre maskulinen Basen (die Basis *Kunde* wie die

Form *Schlauer*), sodass sich von „paradigmatisch maskulinen Lexemen" sprechen ließe (so auch Kopf in diesem Band). Sie sind gemäß Diewald immer geschlechtsspezifisch männlich, wie es auch schon Doleschal (1992) für Movierungsbasen annimmt.

Diese Perspektive erlaubt es, Substantive wie *Kunde* oder *Lehrer* als Exponenten – und nicht mehr als Quellen – von Genus zu fassen. Sie würden dann gemeinsam mit ihren movierten Formen ein einziges Lexem bilden und für die Wahl zwischen den Formen wäre die Referenz der konkreten NP im Äußerungskontext ausschlaggebend.[37] Damit gelänge eine sehr einfache Integration dieser Fälle in die binäre, referentielle Komponente des deutschen Genussystems. Es stellt sich indes die Frage, ob das wirklich legitim ist. Es gibt sowohl Argumente für diese Position als auch gegen sie. Dafür spricht:

1. Wie in Kapitel 3.1.3. erwähnt, ergeben die vorhandenen empirischen Studien zu paradigmatisch maskulinen Substantiven, dass ihre Referenz überwiegend männlich verstanden wird (s. Kotthoff & Nübling 2018: 99–115 für eine Übersicht).
2. Zumindest das Suffix *-er* findet sich auch in maskulin-movierender Funktion (*Hexer, Witwer*), sodass eine gewisse semantische Symmetrie zu *in*-Derivaten gegeben ist. Bemerkenswert ist überdies, dass Movierung heute auch dort auftritt, wo im Mittelhochdeutschen Geschlecht noch über eindeutig referentielles Genus kodiert war, z. B. mhd. (*der/diu*) *gemahel* > nhd. *Gemahl/in* (s. Klein, Solms & Wegera 2018: 166).
3. Es gibt rezent gewisse Tendenzen, auch Prädikatsnomina zu nicht-menschlichen Feminina zu movieren, z. B. *Die Partei ist die Siegerin* (vgl. Szczepaniak 2014, die Dudengrammatik 2016: 1006 spricht dabei von Genuskongruenz). Anders als die ersten beiden Argumente stützt dies die grundsätzliche Analyse von paradigmatischen Lexemen als Genusexponenten.

Von diesem Standpunkt aus müsste man Kontexte, in denen paradigmatisch maskuline Lexeme bzw. nach Genus flektierbare Maskulina auch weibliche Personen einschließen sollen, schlicht und immer als direkten Sexismus deuten. Eine eigentlich männlich referierende Form würde unberücksichtigte Frauen nur beliebig mitmeinen. Dass es dieses Phänomen grundsätzlich auch gibt, ist unbestreitbar. Der von Pusch (1990) im Titel ihrer feministischen Sprachkritik aufgegriffene Satz aus Schillers Ode an die Freude *Alle Menschen werden Brüder* ist ein Paradebeispiel dafür.

---

[37] Verwandtschaftsbezeichnungen wie *Bruder* und *Schwester* wären dann als suppletive Formen zu fassen.

Es spricht jedoch auch einiges dagegen, solche Paradigmen zur definitorischen Grundlage von Geschlechtsspezifik zu machen. Zu diesen Argumenten lässt sich sehr gut mit der Position Beckers (2008) überleiten. Er trennt ebenfalls zwischen movierbaren und nicht-movierbaren Maskulina. Letztere hält auch er für geschlechtsneutral. Die Movierungsbasen sind gemäß Becker jedoch nicht automatisch männlich, sondern bergen nur ein Potential für die Lexikalisierung einer konversationellen Implikatur. Das soll heißen, dass sie nur aufgrund einer spezifischeren (weiblichen) Formulierungsalternative implikatieren, dass mit ihnen keine Frau gemeint ist. So nimmt Becker beispielsweise auch an, dass spezifische Lexeme mit der Bedeutung ‚Frau' dazu beigetragen haben, dass das ursprünglich unspezifische MANN ‚Mensch' häufig männlich gelesen wurde und diese Gebrauchsbedeutung schließlich lexikalisiert ist. So ein Pfad muss nicht immer vollständig beschritten werden, sodass die Männlichkeit vieler paradigmatisch maskuliner Lexeme nur ex negativo und pragmatisch bestünde. Das relativiert die obigen Punkte und eröffnet zugleich die Frage, welcher Systematik die Movierung folgt, wenn sie die Spezifik der Basis nicht erfordern, sondern erst erzeugen sollte. Wie Doleschal (1992: 35) selbst anmerkt, ist die Basis für die *in*-Movierung „hauptsächlich ein morphologischer Prototyp". Damit beginnen die wesentlichen Probleme der Paarigkeitsthese:

1. Es gibt maskuline Strukturen (wie diejenigen auf *-er*), die kategorial movierbar sind und auch dann moviert werden, wenn historisch keine Männerbezeichnung zugrunde liegt. Am deutlichsten ist das zu beobachten für Anglizismen wie *Babysitter*, *Teenager* oder *Influencer*, die sich aufgrund ihres Schemas [_er, +MASK] – nicht unbedingt aus geschlechtsspezifisch semantischen Gründen – movieren lassen (s. zu solchen Anglizismen Kopf in diesem Band).

Ähnlich verhält es sich mit femininen Bildungen zu usualisierten Metonymien wie *Vorständin* ‚weibliches Mitglied eines Vorstandes' oder *Beirätin*, wo sich die Kollektivbedeutung der Basis pragmatisch genauso gut auch auf eine einzelne, zugehörige Frau beziehen ließe. Vergleichbar mit dem hier zugrundeliegenden Maskulinum sind Feminina wie *Aushilfe* oder *Bedienung*, die umgekehrt nicht maskulin moviert werden. Auch feminine Metonymien, die eindeutig für Männer (mit)verwendet werden (z. B. *Wache*, *Hoheit*), zeigen anders als semantisch vergleichbare Maskulina keinen entsprechenden Spezifizierungsbedarf. Maskulines Genus ist also wichtiger als (männliche) Gebrauchsbedeutung.[38]

---

38 Da, wo sich heute noch eine semantische Beschränkung demonstrieren ließe, ist die Ableitung zugleich lexikalisch blockiert (bei *Mensch* durch *Frau*) oder von der Wortstruktur erschwert (s. unter 2.). In allen anderen Fällen gibt es (mehr oder minder starke) Movierungs-

2. Komplementiert wird das erste Argument von Maskulina, die aus strukturellen Gründen nicht movierbar sind. Das betrifft unter anderem Derivate auf *-ling*, die also nicht in Paaren auftreten, z. T. aber eindeutig geschlechtsspezifisch sind, wie *Jüngling* oder *Schönling*. Zudem ist unklar, ob andere unter ihnen (z. B. *Feigling, Flüchtling* oder *Lehrling*) immer geschlechtsneutraler verstanden werden als movierbare Maskulina wie *Kunde* oder *Einwohner*. Historisch sind *ling*-Derivate bekanntermaßen sogar als Movierungsbasen belegt (vgl. auch Kotthoff & Nübling 2018: 318). Gleiches gilt für nahezu alle anderen humanen Maskulina.[39] Dass feminine Formen sich nicht durchgesetzt haben, kann nicht bloß an der Semantik dieser Wörter liegen, zumal sie sich gegenwartssprachlich nicht nur gegen die Movierung, sondern auch gegen andere hochproduktive Wortbildungsprozesse wie die Diminution sperren (?*Feiglingchen*). Ebenfalls nur der Wortstruktur geschuldet ist die häufig ausbleibende Movierung, wenn die Basis auf einen Vollvokal auslautet (sowohl Typ *Hippie* – ??*Hippie-in* als auch *Lai-e* – ?*Lai-in*). Für Übersichten zu solchen Beschränkungen sei auch auf Doleschal (1996: 36–37) und den Beitrag von Kopf in diesem Band verwiesen.
3. Tatsächlich könnte man auch davon ausgehen, dass sich gerade zu stark geschlechtsspezifischen Personenbezeichnungen am schlechtesten eine zweite Form bilden lässt. Das lassen hochstereotypisierte Substantive wie *Diva, Amme* oder *Macker* vermuten, die nicht moviert werden, sondern bei Bedarf über einen metaphorischen Gebrauch Geschlechtergrenzen überwinden. Wird ein Mann als *Diva* bezeichnet, geht damit auch eine weibliche Konzeptualisierung einher. Das Stereotyp ist so stark, dass eine Movierung (z. B. *Divo* oder *Mackerin*) dem Konzept des Lexems selbst zuwiderlaufen würde.
4. Viele movierbare Maskulina können spezifiziert werden, ohne dass Tautologien entstehen. Während sich für einen *männlichen Mann* allenfalls eine intensivierende Lesart (,besonders männlich') ergibt, ist ein *männlicher Arzt* wahrscheinlich ebenso akzeptabel wie *ein männlicher Mensch*.[40] Damit erfüllen diese Personenbezeichnungen das in Abschnitt 3 zitierte Kriterium von Corbett (1991: 67) „individuals can be specified by circumlocution".

---

tendenzen, sodass der Input gegenwartssprachlich mit [−FEMININ, +HUMAN] und den morpholexikalischen Ausnahmen einfacher beschrieben ist als mit [+MÄNNLICH].
39 Es finden sich Movierungen aller morphologischen Typen im Deutschen Wörterbuch der Grimms. Selbst die Form *Menschin* war nach Ausweis dieser Quelle mehr als nur eine okkasionelle Bildung.
40 Die Sätze *Es wäre mir unangenehm, damit zu einem Arzt zu gehen* und *Es wäre mir unangenehm, damit zu einem männlichen Arzt zu gehen* sind m. E. noch nicht synonym. Wenn der Fokus bewusst auf dem Geschlecht liegen soll, ist eine Spezifikation unumgänglich.

Diese Punkte sollten ausreichen, um die grundsätzliche Problematik zu verdeutlichen. Es ist zwar reizvoll, Personenbezeichnungen paradigmatisch und als Exponenten von Genus zu analysieren, es lässt sich allerdings nur schwer behaupten, dass die Genuswahl dann immer referentiell (im Sinne einer binären Geschlechteropposition) zu deuten ist. Gleichzeitig ist nicht ausgeschlossen, dass bzgl. ihres Paradigmas defektive (d.h. genusinvariable, nicht paarige) Maskulina eine männliche Lesart aufweisen.

Sinnvoll ist es, mit Becker (2008) zwischen einer männlichen Pragmatik und einer männlichen Semantik zu differenzieren. Man sollte dabei jedoch nicht nur von einer spezifischen Gebrauchsbedeutung movierbarer Maskulina ausgehen, sondern auch von einer allgemeineren Implikatur maskulin → männlich, die sich aus der Paradigmatik von Genus – und nicht bloß aus der einzelner Lexeme – ergibt. Die Bildung einer spezifisch weiblichen Form ist wahrscheinlich in vielen – nicht in allen – Fällen als ein Symptom dieser konversationellen Implikatur zu fassen, das sie seinerseits verstärkt. In anderen Fällen unterbleibt die Movierung aus formalen Gründen oder tritt womöglich erst ein, wenn die Implikatur bereits lexikalisiert ist, d.h. lexikalisches mit referentiellem Genus schon synchronisiert ist.

10 Geschlechtsspezifik als referenzabhängige Implikatur

Selbstverständlich gibt es Kontexte, in denen die Implikatur sehr schwach oder gar nicht vorhanden ist. Das prominenteste Beispiel dafür ist das Interrogativpronomen *wer*, das häufig herangezogen wird, um eine Neutralität des Maskulinums zu veranschaulichen (s. insb. Harnisch 2009). Becker (2008: 68) erklärt auch diesen Fall in erster Linie mit dem Fehlen einer femininen Form. Dass dieser Faktor zwar wichtig, aber allein noch zu kurz gegriffen ist, lässt sich anhand typischer Sequenzen demonstrieren. Das soll nun schrittweise geschehen: Man stelle sich zunächst ein Gespräch zwischen einem heterosexuellen Paar vor. Sehr stark ist die männliche Implikatur in Beispiel (6), das Becker selbst anführt. Sollte *Kollege* hier auf eine Frau referieren, ließe sich in der Tat – wie Becker es tut – von einer Irreführung sprechen, die einer Lüge gleicht.

(6) Mann: *Ich gehe heute Abend mit einem Kollegen zum Essen.*

Dieser Ansatz lässt sich mit Bezugnahme auf die Arbeiten von Meibauer (2014, 2015) sehr gut vertiefen. Er spricht von „lying while saying the truth" (auch

„absichtlich falsches Implikatieren"). Für den Fall, dass die Partnerin des Sprechers in (6) Näheres erfahren sollte, lässt dieser sich noch einen gewissen Spielraum, die Implikatur als Missverständnis zu deklarieren, also die Lüge von sich zu weisen. Vollkommen aufheben kann er sie allerdings nicht mehr, da die Lüge im Erzeugen und Aufrechterhalten der Implikatur bestand. Damit ist sie durchschaubar. Er hätte direkt von einer *Kollegin* sprechen, also die spezifische Formalternative wählen müssen.

Mit der Wahrheit lässt sich allerdings auch in anderen Kontexten lügen, in denen keine derivationelle oder lexikalische Alternative besteht. Das ist bei diesem Paargespräch der Fall:

(7) Mann: *Ich nehme einen netten Flüchtling für ein paar Nächte in meinem WG-Zimmer auf.*
    Frau: *Schön. Wann kommt er?*

In (7) implikatiert bereits die erste Äußerung, dass es sich bei dem *Flüchtling* um einen Mann handelt. Das liegt nicht am Maskulinum allein, sondern mitunter auch an bestimmten Erwartungen der Partnerin. Hätte der Mann stattdessen allerdings von einer *geflüchteten Person* gesprochen, würde durch die Paraphrase offenbart, dass er das Geschlecht – das in diesem Kontext relevant sein kann – verschweigt, und es könnten Nachfragen entstehen. Obwohl die maskuline Anapher in der nun folgenden Frage streng grammatisch interpretierbar ist, macht sie dennoch deutlich, dass die Hörerin eine schon vorher bestehende Implikatur als Wahrheit angenommen hat. Um einen späteren Konflikt auszuschließen, wäre der Partner nun gezwungen, die Implikatur aufzulösen, d. h. die grammatische Kongruenz zu korrigieren. Eine ursprüngliche Täuschungsabsicht könnte ihm allerdings auch dann noch angelastet werden.

Und schließlich lässt sich auch mit genusspezifizierten Pronomina lügen, die keine männliche Lesart erlauben. Dabei handelt es sich sogar um die eindeutigsten Fälle. In Sequenz (8) kann sich der Mann unmöglich auf eine referentielle Interpretation des Maskulinums berufen. Falls eine Frau bei ihm war, ist seine Aussage trotz des Maskulinums (und der theoretischen, aber kaum einsetzbaren Alternativform *keine* sowie dem vermeintlich neutraleren *niemand*) unwahr. Es handelt sich um ein lexikalisches, geschlechtsindefinites Maskulinum, daran ändert auch das Flexiv nichts. Hier wird schlicht kein Referent etabliert, der Genus steuern könnte.

(8) Frau: *Wer war gestern Abend bei dir?*
    Mann: *Keiner.*

Kontexte mit spezifischer Referenz sind deshalb der wichtigste Nährboden für die männliche Implikatur. Sollte ein Maskulinum nur oder vor allem nicht-referentiell gebraucht werden, bleibt es wahrscheinlich lange resistent gegen die Lexikalisierung einer geschlechtsspezifischen Lesart. Bei dem noch nicht usualisiert movierten Substantiv *Gast* könnte es sich um einen solchen Fall handeln. Da die meisten Leute wohl nur temporär *Gäste* sind, liegt hier eher eine Eigenschafts- als eine Identitätsbezeichnung vor. Das äußert sich auch in der Idiomatisierung verschiedener Prädikativkonstruktionen (*zu Gast sein, zu Gast bitten*, die Abkürzung *a.G.* für *als Gast, Sei mein Gast!*). Diese nicht-referentiellen Verwendungen wirken einer Annäherung von lexikalischem und referentiellem Genus entgegen (s. auch Doleschal 1992, Kotthoff & Nübling 92–95 und Kopf in diesem Band zum Zusammenhang zwischen Referentialität und Movierung, der auf genau diesem Prinzip beruht). In spezifisch referierenden Kontexten dürfte dagegen bei *Gast* ebenfalls eine Präferenz für eine männliche Lesart bestehen (was sich im empirischen Abschnitt 4 auch ergeben wird).

Dass sich bei Verwandtschaftsbezeichnungen hingegen eine völlige Konvergenz von referentiellem und lexikalischem Genus zeigt, ist vor diesem Hintergrund nicht verwunderlich.[41] Der überwiegend referentielle Gebrauch solcher Begriffe ist bekannt und äußert sich nicht nur in onymischen Verwendungsweisen (*Großmutter ist da*). Für Evidenzen und empirische Befunde sei auf Dahl & Koptjevskaja-Tamm (2001) verwiesen. Die beiden machen unter anderem auf die in vielen Sprachen beobachtbare Redundanz von Definitheitsmarkern im Kontext von Verwandtschaftsbezeichnungen aufmerksam.[42] Eine Abweichung vom Referentengenus wäre für diese Substantive höchst unökonomisch und würde regelmäßig mit Implikaturen brechen.

Das skizzierte System gilt nicht nur für Substantive. Die gesamte von Corbett (1979: 204) formulierte Kongruenzhierarchie basiert im Grundsatz darauf. Schon Panther (2009) motiviert die unterschiedlichen Genuspräferenzen der einzelnen Wortarten pragmatisch. Ihre Funktionen reichen von der Spezifikation (Adnominale) bis hin zur Verortung von Referenten (Pronomina). Außersprachlich saliente Merkmale des Referenten (wie Geschlecht) in grammati-

---

41 Ebenso wenig erstaunt die Tatsache, dass Rufnamengenus referentiell (*der/die Kim*) funktioniert.
42 Wie etwa im Italienischen, wo Possessiva in anderen Kontexten mit dem Definitartikel kombiniert werden (*la mia casa* ‚mein Haus', aber: *mia madre* ‚meine Mutter', *mio fratello* ‚mein Bruder' vgl. Dahl & Koptjevskaja-Tamm 2001: 205). Erwähnenswert ist auch, dass Verwandtschaftsbezeichnungen gelegentlich mit Personaldeiktika verschmelzen (z. B. lb. *Monnonk* aus fr. *mon* ‚mein' und *oncle/Onkel*). Beide Befunde sind auf die hohe Frequenz solcher referentiellen Verwendungen zurückzuführen.

schen Kategorien zu kodieren, ist für das sog. reference tracking profitabler als die grammatische Kongruenz zu einzelnen Lexemen. Letztere ist nur über kurze Distanzen verfolgbar und lohnt sich deshalb lediglich für temporäre Diskusreferenten (d. h. vor allem Inagentiva), nicht für konstante Handlungsträger im Redeuniversum. Sie ist ein ineffektiver Dreischritt (Exponent → Substantiv → Referent) gegenüber dem direkten Weg (Exponent → Referent).

Man darf nicht aus den Augen verlieren, dass Genus in erster Linie dabei hilft, Informationen zu verorten. Alle bisher gemachten Beobachtungen sind darauf zurückzuführen. Ein Gegenüber wird vermutlich einen kooperativen Umgang mit diesen Verhältnissen voraussetzen, d. h. ggf. Verständnislücken über die Verarbeitung von Genus schließen. Es ist daher wahrscheinlich, dass Epikoina in diesem System langfristig nur dann epizön bleiben, wenn sie überwiegend in Kontexten auftreten, in denen sie keinen konkreten Referenten etablieren. Begänne eine Erzählung mit *der junge Gast öffnete das Fenster*, wäre es fast schon eine narrative Spielart, wenn *er* sich einen Absatz weiter als Frau entpuppen sollte. Zu glauben, dass zwischen Epikoina und geschlechtsspezifischen Bezeichnungen eine kategorische Grenze verläuft, wäre also ein Irrtum. Es ist vielmehr nötig, graduelle Abstufungen zwischen Extrema auszumachen. Eine entsprechende – in Teilen auch diachron lesbare – Typologie wird unter Berücksichtigung aller diskutierten Aspekte in Abschnitt 3.3 vorgeschlagen. Damit die Argumentation nicht zirkulär erscheint, sind vorher allerdings noch Überlegungen zu einer wichtigen Grundsatzfrage anzustellen: Was ist der Ursprung des nun beschriebenen Systems und was sind nur seine Folgen?

11 Wie wird Genus zum Wirt von Geschlecht?

Beiträge zur Geschichte des generischen Maskulinums setzen häufig einen (sehr ertragreichen) Fokus auf Metadiskurse um Maskulina oder die Genese spezifischer Maskulina wie die von *er*-Derivaten (z. B. Doleschal 2002, Irmen & Steiger 2005). Sie dokumentieren dadurch aber in erster Linie den Umgang mit schon existierenden Reflexen von Geschlecht in der Morphologie. Nach welchem übergeordneten Prinzip diese Reflexe entstehen, kann zwar nicht endgültig bewiesen, mittlerweile aber sehr gut plausibilisiert werden. Für die erweiterte Sprachgeschichte des Deutschen und seiner Varietäten lassen sich zwei Fälle rekonstruieren, in denen ein Genus zum Wirt von Geschlecht wurde. Wohlgemerkt: Ein Genus. Die jeweilige Opposition formierte sich jedes Mal ex negativo.

Es geht chronologisch erstens um die Übertragung des Femininums auf weibliche Personen im Indogermanischen. Zweitens geht es um die Entstehung eines weiblichen Neutrums in westdeutschen Dialekten. Dieser jüngeren Entwicklung widmet sich der Beitrag von Busley & Fritzinger (in diesem Band) ausführlich, weshalb sie hier vorgezogen und nur grob (mit ausdrücklichem Verweis auf die Arbeiten der Autorinnen, insb. auf Busley 2021) beschrieben wird:

In den betroffenen Dialekten gibt es Pronomina und Eigennamen, denen bei der Referenz auf Frauen das Neutrum zugewiesen wird (*Das Anna … Es*, auch: *die Schwester … Es*). Im Standard sind weibliche Neutra dagegen – wie in 3.1 thematisiert – auf das Lexikon beschränkt (*das Mädchen*, *das Weib*, dazu vor allem Köpcke & Zubin 2003). Es wird angenommen, dass insbesondere das Lexem *Mädchen*, das in vielen Dialekten an die Stelle von *Tochter* getreten ist, eine Rolle bei der Semantisierung des Neutrums gespielt hat. Als zweite, nicht minderwichtige Quelle kommen diminuierte Namen (*das Gretchen*) infrage, die unverheirateten und damit von ihrer Familie (in erster Linie dem Vater) abhängigen Frauen über das Kindesalter hinaus anhafteten. Daraus entstand eine Geschlechterrollenklassifikation, die letztlich auf die Position der betroffenen Frauen in einer bestimmten Sozialform – der ländlichen Familie – zurückgeht. Das Femininum bezeichnete weiterhin Frauen im Allgemeinen, vor allem aber das weibliche Familienoberhaupt, das Neutrum hingegen rangniedrigere Frauen ohne eigenen Hausstand. Die neue Subklasse hat über die Assoziation (Neutrum → rangniedrig) auch einen Umkehrschluss für die ältere Klassifikation mit sich gebracht (Femininum → ranghoch). Folgeerscheinungen waren Synchronisierungen bzw. Symmetrisierungen. Aus der Hochsprache entlehntes *Fräulein* wurde in den Dialekten zu *die Fräulein* und gebietsweise wandelte sich umgekehrt *die Schwester* zu *das Schwester*. Noch heute nicht vom Neutrum betroffen sind hochgeachtete Personen wie die Mutter oder die Großmutter. Das feminine Personalpronomen war nun ein Sozialdeiktikum und die Unterscheidung *es* vs. *sie* noch kategorischer als die lexikalisch-semantische Trennung der Genera. Aus einer einzigen Humankategorie, die man in einem rein weiblichen Bezugssystem „epizön" nennen könnte, sind zwei geworden. Die Spezifikation der älteren war zunächst eine Implikatur, die sich aus der jüngeren ergab.[43]

Die Entstehung des Femininums für Frauen ist weitaus hypothetischer. Bestehende Ansätze gewinnen aber durch ihre Parallelen zur gerade dargestellten Entwicklung an Plausibilität. Konsens herrscht mittlerweile darüber, dass sich das Femininum selbst als drittes Genus nach dem Ausscheiden der anatolischen Sprachen herausgebildet haben muss und auf derivationsähnliche, kollektivierende Bildungen zurückgeht. Belebte Individuen wurden ursprünglich im „genus distinctum"[44] (dem heutigen Maskulinum) bezeichnet. Feminine Kollektiva übertrugen sich dann wahrscheinlich im Spätindogermanischen auf Einzelkon-

---

43 Heute hat sich das System zur Beziehungsanzeige gewandelt, was hier allerdings nicht wesentlich ist.
44 Die Unterscheidung in „distinctum" (Maskulinum) und „indistinctum" (Neutrum) bezieht sich in der Indogermanistik auf grammatische Verhältnisse, die in den beiden Ursprungsgene-

zepte, insbesondere auch auf Frauen. (Für einen Literaturüberblick eignen sich die einschlägigen Arbeiten von Litscher 2009, 2014, 2015.) Es ist anzunehmen, dass familiäre Abhängigkeitsverhältnisse hier ebenfalls eine nicht zu unterschätzende Rolle gespielt haben. Ein prominentes Beispiel für die Entwicklung eines Kollektivs zu einer Frauenbezeichnung ist die von Tichy (1993: 15–19) ausführlicher nachgezeichnete Etymologie von idg. *u̯idheu̯o- ‚zum Gefallenen gehörig' über die Kollektivierung *u̯idheu̯ā ‚Angehörige/Familie des Gefallenen' zu *u̯idheu̯ā ‚Frau des Gefallenen/Witwe'.[45] Hackstein (2012: 146) baut darauf auf und schlussfolgert:

> For females, the family affiliation was so prominent as to become a distinguishing mark in the identification of individual feminine family members [...] This formation exemplifies a sociological frame for Proto-Indo-European which assigns greater prominence to the group affiliation of females than to their individuality.

Spuren sieht er auch in den Namen- und Anredesystemen indogermanischer Sprachen: In Rom hatten Männer üblicherweise drei Namen, für Frauen hingegen war nur ein einziger Name gebräuchlich, derjenige der *gens* (ihrer Familie). So hießen Töchter aus der *gens Iulia* in der Regel schlicht *Iulia*.[46] Generisches ὦ γύναι ‚Oh (Ehe-)Frau' war im antiken Griechenland die Anrede für sämtliche Frauen inner- und außerhalb des familiären Kontextes, als ἄνερ konnte ein Mann dagegen nur im intimen Kreis der Familie angesprochen werden. Im Rumänischen setzt sich im Basisbegriff *femeie* ‚(Ehe-)Frau' sogar das lat. *familia* ‚Hausstand' fort (vgl. Hackstein 2012: 147).

Litscher (2015: 127) gelangt über rein formale Rekonstruktionen ebenfalls zu dem Schluss, dass soziale Abhängigkeitsverhältnisse für die Semantisierung des Femininums verantwortlich zu machen sind. Die männliche Assoziation des (vorher epizönen) Maskulinums beschreibt er (2015: 131) als den erwartbaren Umkehrschluss:

> Daher werden Wörter aus dem alten belebten Genus mit weiblicher Referenz ins neue Femininum überführt, und umgekehrt solche mit deutlich maskuliner [meint: männlicher] Referenz aus diesem entfernt. Sowohl aus formalen als auch aus semantischen

---

ra herrschten (den Nominativ-Akkusativ-Synkretismus im Neutrum bzw. die Unterscheidung der beiden Kasus im Maskulinum).
45 Die altgriechische Rückbildung ἠΐθεος ‚junger Mann im heiratsfähigen Alter' weist darauf hin, dass *Witwe* evtl. auch im weiteren Sinne von ‚verfügbarer/nicht vergebener Frau' verstanden werden konnte (vgl. Tichy 1993: 15).
46 Dies interpretiert bereits Wackernagel (1912): „Das Weib wird mehr als Gattungswesen, der Mann mehr als Individuum behandelt; vgl. *Tullia* : *Marcus*." (*Marcus* ist in der Familie ein monoreferenter Pränomen, *Tullia* die gebräuchliche Referenz auf jede einzelne Schwester.)

Gründen landen letztere im alten belebten Genus und dieses wird durch den rasch abnehmenden Anteil der weiblichen Referenz und den zunehmenden Anteil der männlichen Referenz parallel zum Feminin als Maskulin semantisiert.

Die geschlechtsspezifischen Verwandtschaftsderivate auf *-ter- (idg. Entsprechungen von *Mutter, Tochter, Vater* und *Bruder*) haben sich wahrscheinlich früh und aus rein semantischen Gründen auf die Genera verteilt.[47]

Wie bereits erwähnt, folgen diese beiden Fälle von Humanklassenspaltung m. E. einem einheitlichen Muster. Es gibt spezifischere Parallelen (und natürlich auch Unterschiede), die es sich in einem anderen Beitrag anzuschauen lohnte. Kollektiva sind beispielsweise nicht nur als Quelle femininer Frauenbezeichnungen im Indogermanischen, sondern zuweilen auch als Quelle neutraler Frauenbezeichnungen im Deutschen auszumachen. In manchen Dialekten findet sich *das Leut* ‚Mädchen', in dem sich mhd. *liut* ‚Volk' fortsetzt. Auch *das Frauenzimmer* beschritt im relevanten Zeitraum einen vergleichbaren Weg (‚Raum der Herrin' > ‚weibliche Dienerschaft' > ‚einzelne Frau').[48] Es könnte auch ergiebig sein, sich anzusehen, welche individuellen Frauenbezeichnungen das Indogermanischen kannte (lat. *anus* ‚alte Frau' ist etwa der Form nach zu urteilen kein vollgenuines Femininum[49]). Die entscheidende Gemeinsamkeit der Entwicklungen besteht jedenfalls darin, dass ein für belebte Entitäten untypisches Genus über sekundäre Personenbezeichnungen (seien es Ableitungen oder Metonymien wie die beschriebenen Totum-Pro-Parte-Bildungen) zum Marker einer sozialen Geschlechterrolle wird.

Wichtig ist, dass diese Systeme von Anfang an asymmetrisch sind, indem die neue Klasse zunächst eine semantische Subkategorie der alten darstellt. Eine symmetrische Opposition ergibt sich erst nach und nach durch Implikatu-

---

[47] Ob sie nun älter oder jünger als das Femininum selbst sind, spielt dafür m. E. keine Rolle. Da es allerdings auch in anatolischen Sprachen, die kein Dreigenussystem entwickelt haben, Reste dieser Gruppe gibt (s. Milanova 2019 zu TOCHTER im Luwischen), ist sie, sofern ich das beurteilen kann, wahrscheinlich älter.

[48] S. den Worteintrag bei Pfeifer (1993). Dieses Beispiel führt auch schon Tichy (1993: 11) auf. Hackstein (2012: 145) akzeptiert es aufgrund der metonymischen Gesamtentwicklung nicht als Beispiel für den Kollektivweg. Trotzdem zeigt sich der relevante Schritt (Kollektivum > Singulativum).

[49] Es gibt keine männliche Entsprechung. Die Unterscheidung in *ana* f. ‚Großmutter' und *ano* m. ‚Großvater' (> nhd. *Ahne*) ist althochdeutsch. Bei den Kognaten in anderen Zweigen der indogermanischen Sprachfamilie handelt es sich ebenfalls um Frauenbezeichnungen, was vielleicht auf die erhöhte Relevanz von Alter bzw. Biologie für die Klassifikation von Frauen schließen lässt, die auch in den deutschen Dialekten eine Rolle spielte.

Abb. 7: Entwicklung eines maskulinen Epikoinons zu einem Geschlechtsspezifikum am Beispiel lat. *agnus*.

ren und kann nicht in allen Fällen erwartet werden.[50] Selbstverständlich ist dann auch dieser Prozess maßgeblich von kulturellen Geschlechterkonzepten abhängig. Es ist deshalb einfacher, seine Stufen dort nachzuzeichnen, wo sich Geschlecht im Wesentlichen auf biologische Zustände herunterbrechen lässt. Das ist bei der gelegentlichen Vergeschlechtung von vormals epizönen, maskulinen Tierbezeichnungen in den indogermanischen Einzelsprachen der Fall. Dem lateinischen Wörterbuch von Georges (1998: 260) ist etwa zu entnehmen, dass das Erbwort *agnus* m. ‚Bocklamm' in der älteren Opfersprache noch ‚Lamm (unbestimmten Geschlechts)' bedeutete, wie es auch für seine altgr. Entsprechung ἀμνός gilt. Noch bevor das Femininum *agna* ‚weibliches Lamm' üblich wurde, konnte *agnus* zur Geschlechtsspezifikation allerdings auch schon feminin kongruieren (z. B. *agnus parva*$_F$ ‚kleines (weibliches) Lamm'). Es lässt sich also eine Diachronie wie in Abb. 7 annehmen.

Diese Entwicklung kommt für eine ganze Reihe an Tierbezeichnungen infrage, die der Indogermanistik bekannt sind (z. B. auch idg. *$h_2\acute{r}tk\acute{o}s_M$ ‚Bär/in' – altgr. ἄρκτος$_{M/F}$ – lat. *ursus*$_M$/*ursa*$_F$, s. Litscher 2015: 36–40 zusammenfassend zu den frühen diesbezüglichen Arbeiten von Meillet). Das altgr. Wort für ‚Gott/Göttin' (θεός) reflektiert diese Stufen ebenfalls. Während es durchaus noch mit femininer Kongruenz belegt ist und dann ‚Göttin' meint, existiert daneben schon exklusiv weibliches θεά$_F$ (wie im Neugriechischen) als Kontrastform (s. Liddell & Scott 1940). Für ähnlich graduelle Übergänge im Humanbereich müsste man Personenbezeichnungen finden, die tatsächlich immer für Männer wie

---

50 Es ist interessant, welche Rolle ein drittes Genus für Symmetrisierungen spielen kann. In manchen Regionen Deutschlands wird bei unspezifischer Referenz das Neutrum statt des Maskulinums verwendet (*jedes* statt *jeder*, *keins* statt *keiner*). Im Bundesland Hessen handelt es sich dabei auffälligerweise um Dialekte, in denen für Frauen gerade kein Neutrum verwendet wird (s. Birkenes & Fleischer 2017 zu diesem „areal nahezu vollständig komplementär[en]" Auftreten). Hier kann das Neutrum also entweder zwischen die semantisierten Genera treten oder asymmetrische Strukturen erneuern, indem es zur Humanklassifikation nachrückt. In anderen Dialekten (etwa im Berndeutschen des 19. Jhs.) stehen beide Systeme nebeneinander. Für diesen Hinweis danke ich Jürg Fleischer.

auch für Frauen infrage kamen (evtl. das lat. double-gender noun *heres* ‚Erbe/ Erbin', das sich im Katalanischen in *hereu*$_M$ und *hereva*$_F$ gespalten hat). Ansonsten ist hier mit abrupteren Sprüngen zwischen einzelnen Stufen zu rechnen. Das ändert jedoch nichts an der Tatsache, dass diese Typen bei Personenbezeichnungen lexemübergreifend existieren und sich dort ebenfalls nach ihrem Grad an Geschlechtsspezifik anordnen lassen. Die angeführten Beispiele sind vielmehr als diachrone Evidenzen für die Gültigkeit eines Teilabschnitts der nun folgenden, synchronen Skala zu verstehen.

12 Synopse: Abstufungen von Epikoina

Unterschiedliche Ansätze haben nun zu verschiedenen Klassifikationskriterien für Epikoina geführt. Während die genustypologische Sicht von Corbett den Begriff in erster Linie syntagmatisch definiert (konsequente, kontextunabhängige Kongruenz), wird er in der Genderlinguistik eingesetzt, um eine paradigmatische Unterscheidung zu benennen (Lexeme ohne geschlechtsspezifisches Gegenstück). Diese Klassifikationen basieren indes insofern auf dem gleichen Gedanken, als sie sich nur in der Domäne voneinander unterscheiden, in der das Paradigma abgerufen wird: Im einen Fall sind es referenzidentische Exponenten, die geschlechterkongruent alternieren oder nicht, im anderen Fall ist es das Kernsubstantiv selbst. Was das Deutsche angeht, so treffen beide Kriterien an der untersten Schwelle zwischen belebten und unbelebten Entitäten (bei Tierbezeichnungen) vermutlich häufig zu (*der Käfer/*in ... er/*sie, der Adler/*in ... er/ ?sie*). Bei Bezeichnungen für erwachsene Personen hält mindestens das syntagmatische Kriterium nicht stand, da bei pronominalen Exponenten referentielles Genus wirksam werden kann (*der Gast ... er/sie*). Genuine Epikoina sind vorwiegend maskulin, männliche Lesarten lassen sich morphologisch als Ausgleich von lexikalischem und referentiellem Genus beschreiben, pragmatisch handelt es sich um konversationelle Implikaturen. Eine Movierung kann, muss aber nicht damit einhergehen. Als grober Test für die Stärke der Implikatur eignen sich semantisch/pragmatische Operationen wie Lügenkontexte oder eine Überprüfung auf Tautologien (*ein männlicher Kunde/?ein männlicher Bruder*).

Es gilt zu beachten, dass die morphosyntaktischen Kriterien allein nicht für eine Einordnung ausreichen. Ein fehlendes Gegenstück kann genauso wie konsequente Kongruenz sowohl Eigenschaft überwiegend geschlechtsneutraler Ausdrücke (Typ *Käfer*) sein als auch Merkmal extremer Geschlechterstereotype (Typ *Macker*). Für das Deutsche schlage ich folgende Abstufung zwischen prototypischem Epikoinon (Typ I) und Geschlechtsspezifikum (Typ VII) vor:

Tab. 6: Mögliche Abstufungen zwischen Epikoinon und Geschlechtsspezifikum im Deutschen.

Typ	I	II	III	IV	V	VI	VII
Beispiel	*Käfer*	*Adler*	*Gast*	*Zögling*	*Kunde*	*Gemahl*	*Macker*
pronominale Anapher	Mask.	Mask./ ?Fem.	Mask./ Fem.	Mask./ Fem.	Mask./ ?Fem.	Mask.	Mask.
theoretisch movierbar	+	+	+	–	+	+	+
weibliches Gegenstück	–	–	–(/+)	–	+	+	–
Spezifikation tautologisch	–	–	–	–	–	+	+
männliche Lesart		schwache Präferenz?	pragmatisch (Implikatur)			lexikalisch	

- Typ I und Typ II: Wenn auch nur zum Teil vergleichbar, sind Tierbezeichnungen hier mitaufgeführt, um einen im Humanbereich fehlenden Prototyp, das Musterepikoinon, zu illustrieren. Die beiden Untertypen stehen für Tiere unterschiedlichen Belebtheitsgrades.[51]
- Typ III und Typ IV: Echte double-gender nouns treten im Deutschen wie in 3.1 beschrieben nur bei bestimmten Auslauten auf. Was ihnen am nächsten kommt, sind Substantive wie *Gast* oder *Zögling*, die nicht usualisiert moviert werden und je nach Referenz verschiedene Kongruenzen mindestens am Personalpronomen zulassen. Da die relativ schwachen Movierungstendenzen des Typs *Gast* (anders als bei *Zögling*) nicht morphologisch bedingt sind und in 3.2.2 mit seltener spezifischer Referenz erklärt wurden, wird für diesen Typ hier eine schwächere männliche Lesart angenommen, was allerdings zu überprüfen bleibt.
- Typ V und VI: Diese vollparadigmatischen Typen unterscheiden sich darin, dass *Kunde* einen männlichen Referenten lediglich stark implikatiert, wäh-

---

[51] Dass die wahrgenommene Menschenähnlichkeit dabei artspezifisch sowie (sprecherbezogen) interindividuell und zwischen Varietäten stark schwanken kann, ist selbstverständlich. Baumgartner et al. (2021) beobachten für deutsche Dialekte beispielsweise videoexperimentell, dass Hunde selbst bei vestimentär weiblicher Genderisierung und weiblichem Rufnamen nicht moviert und konsequent ins Maskulinum gesetzt werden. Selbst bei der Rede von schwangeren Tieren ist die Movierung gemäß den Großraumwörterbüchern unüblich (z. B. *usen H[und] hät Jongen*, Rheinisches Wörterbuch, Bd. 3, Sp. 945, auch die dort aufgeführte Spezifikation *Moderhund* ‚Mutterhund' führt nicht zu einem Genuswechsel). Das ist ein prototypisch epizöner Gebrauch, den Lind & Späth (in diesem Band) für *Hund* im Deutschen Referenzkorpus nicht beobachten.

rend *Gemahl* im neuhochdeutschen Standard (wenn als Lexem auch veraltend) tatsächlich eine lexikalische Männerbezeichnung ist. Das äußert sich nicht nur in Tautologien wie *männlicher Gemahl*, sondern auch darin, dass prädikative Konstruktionen weniger akzeptabel sein dürften: *Anna ist sein bester Kunde* vs. *?Anna war sein Gemahl*.
- Typ VII: Hier sind Geschlechterstereotyp und Begriffskonzept schließlich identisch.

Sicher epizön ist wahrscheinlich nur der Typ I, da sein Genus sogar bei spezifischer Referenz in kopflosen NPs wirksam ist. Dies ist der Fall, wenn sich bei einem Fingerzeig auf ein weibliches Exemplar bequem von *Der Kleine* sprechen lässt. Das dürfte auf die Typen III bis VII keinesfalls zutreffen, spätestens in solchen Kontexten sollte die Kongruenz wohl umschlagen. Für diese Personenbezeichnungen wird hier hingegen angenommen, dass sie sich insbesondere darin voneinander unterscheiden, wie häufig sie überhaupt zur spezifischen, singularischen Referenz verwendet werden. Wird ein Begriff nicht-referentiell bzw. in unspezifischer Referenz gebraucht, neigt er zu einem epizönen, lexikalischen Maskulinum, in referentieller Verwendung ist dagegen – aus den in 3.2.2 geschilderten Gründen – mit einer starken männlichen Implikatur zu rechnen. Diese Annahme soll nun empirisch mit zwei kleineren Fallstudien gestützt werden.

13 Fallstudien

Die folgenden Fallstudien beschäftigen sich primär mit den beiden Personenbezeichnungen *Mensch* und *Person*, da sie häufig als geschlechtsneutral gelistet werden und unterschiedlichen, morphologisch vollwertigen Genera angehören. Sie kommen gegenwartssprachlich einem lexikalischen Minimalpaar einigermaßen nah. Zu beiden vorab ein paar knappe Informationen und Forschungserkenntnisse, die sie in den bisherigen Ausführungen verorten:

Mensch ist im Prinzip mit dem Typ *Gast* vergleichbar und gehört damit zu den maskulinen Substantiven, die wahrscheinlich am geringsten mit männlichem Geschlecht verbunden sind. Trotzdem finden sich immer wieder Anekdoten und Einzelbefunde zur Geschlechtsspezifik des Lexems. Jespersen (1968: 231) beispielsweise behauptet: „[I]t is curious that grammatically *mensch* is masculine (whence Germans in some connexions hesitate to use it about a woman)." Batliner (1984) untersucht, von solchen Äußerungen veranlasst, in einer kontrastiven Studie die unterschiedliche Akzeptanz von *Mensch* und den germanischen Kognaten bei weiblicher und männlicher Referenz. Die Ergebnisse für das Deutsche fasst er wie folgt zusammen:

> We can therefore conclude that in German the facultatively sex-marking features [...] are in fact interpreted semantically, i.e. as indicators of the sex of the referent. [...] *der Mensch* [...] may sometimes be comprehended as an abstract, generic term for human beings, thus functioning as a universal quantifier, but sometimes it may be comprehended as a pseudogeneric term; in our test items, the context certainly favors a pseudogeneric interpretation. (Batliner 1984: 846–851)

In manchen Kontexten scheint *Mensch* also quasisynonym zu *Mann* verstanden zu werden.[52] Kotthoff & Nübling (2018: 119) sammeln ähnliche Befunde aus der Literatur und stellen auch selbst einige Korpusbelege zusammen, die einen geschlechtsspezifischen Gebrauch beobachten lassen. Von ihnen sollen uns zwei exemplarische genügen (Zitate folgen den Autorinnen):

(9) Auch die serbischen Menschen haben Frauen und Kinder, die um sie weinen. (Die Zeit, 06. 05. 1999)

(10) Kein gesunder Mensch kann drei oder sechs Wochen ohne Frau auskommen. (Otto Rehhagel)

Nicht vollständig klären lässt sich bei all diesen Evidenzen indes, welchen Stellenwert Genus gegenüber einer generellen Präferenz von männlichen gegenüber weiblichen Vorstellungen von Einzelpersonen in unserer Kultur einnimmt (außersprachlicher Androzentrismus). Das macht einen Direktvergleich mit einem Femininum unumgänglich.

Bei *Person* handelt es sich um eine Entlehnung (von lat. *persona*), die in allen Bedeutungen das Genus der Gebersprache bewahrt, so auch als Personenbezeichnung. Dass das Femininum hier eher ungewöhnlich ist, wurde in 3.1 erläutert. Genau wie *Mensch* lässt sich auch dieses Lexem beliebig für ein Geschlecht spezifizieren (*weibliche/männliche Person* etc.). Doch auch hier finden sich Hinweise auf eine genuskonforme Geschlechtsspezifik. Nach Ausweis des Wörterbuchs der deutschen Gegenwartssprache (1974) bezeichnet *Person* umgangs-

---

52 Dass die beiden Bezeichnungen etymologisch zusammenhängen, bedarf keiner Erklärung. Interessanter ist, dass sich auch gegenwartssprachlich gewisse formale Überlagerungen von *Mensch* und *Mann* finden. Bei der Diminution auf *-chen* hat sich (wohl aus euphonischen Gründen) *Männchen* gegenüber **Menschchen* durchgesetzt. So gehört das geschlechtslose *Marsmännchen* zur Basis *Marsmensch* (nicht zu ?*Marsmann*). Auch schematisierte Darstellungen von Menschen sind *Männchen* (*Strichmännchen*, *Männchen* als Spielfiguren). Es liegen also zu einem gewissen Grad Verhältnisse vor, die man durchaus als Allomorphie analysieren kann.

sprachlich „ein weibliches Wesen" und spezieller eine „in schlechtem Ruf stehende, nicht geachtete Frau, Weibsperson". Entsprechende Hinweise auf eine pejorativ weibliche Bedeutung finden sich ebenfalls in Großraumwörterbüchern (Rheinisches Wörterbuch, Pfälzisches Wörterbuch, Schweizerisches Idiotikon). Die häufig weibliche Lesart von *Person* beobachtet auch Christen (2013: 93) im Belegmaterial des Idiotikons (vgl. auch Kotthoff & Nübling 2018: 118). Daneben gibt es vor allem im Standard einige nicht-referierende, geschlechtsunspezifische Idiome wie *etwas in Person sein, ich für meine Person, an jemandes Person interessiert sein*. Besonders interessant ist, dass das Wörterbuch von Diefenbach & Wülcker (1873) sogar maskulines *Person* verzeichnet; das Beispiel dazu ist eine nicht-spezifische Referenz im Satzkontext.

In beiden Fällen sind also gleichermaßen geschlechtsspezifische und geschlechtsneutrale Verwendungen festzustellen. Eine feste Lexikalisierung der Spezifik ist auch nicht unbedingt zu erwarten, denn die Substantive sind semantisch sehr arm. Sie eignen sich damit kaum zur spezifischen, identifizierenden Referenz auf konkrete Personen, da sie neben Geschlecht weitere Informationen vorenthalten, die zur eindeutigen Identifikation hilfreich sind (wie Alter, Beruf, Herkunft o. Ä.). Typischerweise sind wohl all diese Merkmale unbekannt oder irrelevant, wenn *Mensch* oder *Person* verwendet wird.[53] Umso interessanter ist es, was passiert, wenn zu spezifisch referierenden Kontexten ein Geschlecht assoziiert werden soll. Eine entsprechende, quantitative Fragebogenuntersuchung bildet die erste der beiden folgenden Fallstudien. Komplementiert wird sie von einer qualitativen Korpusrecherche, die sich umgekehrt mit der Genuszuweisung bei unspezifischer Referenz beschäftigt.

14 Vergeschlechtlichung bei spezifischer Referenz

Der zugrundeliegende Online-Fragenbogen ist zugleich Grundlage für den Beitrag von Kopf (in diesem Band). Ergänzende Informationen zur Durchführung können dort eingesehen werden. Die Distribution über soziale Netzwerke fand vom 20. bis zum 26. 02. 2019 (Runde 1) statt und erzielte 804 verwertbare Bearbeitungen. Um Reliabilität und Validität der Messung zu verbessern, wurde das Design für diesen Beitrag in variierter Form ein Jahr später repliziert (Runde 2, Februar 2020). Dazu wurden Teilnehmende der ersten Runde, die Kontaktdaten

---

[53] Harweg (1971) nimmt an, dass *Mensch* gewöhnlich einen Kontrast zu *Tier* suggeriert, während *Person* höchstens mit Objekten kontrastiert.

Tab. 7: Sozialdaten der Online-Umfrage.

	Alter								Gesamt	Geschlecht		
	10–19	20–29	30–39	40–49	50–59	60–69	70–79	80–89		w	m	d
TN Runde 1	10	96	229	254	168	38	7	2	804	84 %	12 %	4 %
TN Runde 2	0	13	25	27	24	11	0	0	100	84 %	14 %	2 %

Tab. 8: Stimuli der Online-Umfrage.

Der junge Mensch mit dem Fahrrad heißt	[Freifeld]
Ich weiß da einen Menschen, der seine Termine pünktlich wahrnimmt. Er heißt	[Freifeld]
Die junge Person am Fenster heißt	[Freifeld]
Wir kennen da eine Person, die immer zuverlässig ihre Aufgaben erledigt. Sie heißt	[Freifeld]

hinterlassen hatten, befragt, bis eine Sättigung von 100 Personen für die zweite Runde erreicht war. Die Zusammensetzung der Sozialparameter wurde nicht kontrolliert. Sie ist erfreulicherweise zufällig konstant geblieben. Erwähnenswert ist, dass vor allem Frauen im Alter von ca. 40 Jahren teilgenommen haben (Tab. 7).

Das Ziel der Studie war für die Teilnehmenden nicht transparent. Vordergründig ging es um Namenstereotype. Neben dreizehn kritischen Items enthielt sie siebzehn Distraktoraufgaben unterschiedlichen Umfangs. Darin enthalten sind die Items von Kopf (in diesem Band) und fünf Namenlisten, zu denen Alterseinschätzungen abgegeben werden sollten, sowie unsystematische Lückentexte (z. B. *Unsere Sabine hatte gestern Geburtstag und ist ____ Jahre alt geworden* oder *Cindy wohnt in ____*). Die kritischen Items waren nach dem folgenden Schema konstruiert (Tab. 8).

Der Fokus der Untersuchung liegt auf diesen vier Stimuli. Für das genusmorphologische Quasiminimalpaar *Mensch/Person* wurde jeweils eine definite spezifische Referenz und eine indefinite spezifische Referenz mit nachfolgenden koreferentiellen Pronomina abgefragt. Damit sollte überprüft werden, ob die nicht-paradigmatischen Substantive allein eine weniger starke Geschlechtsspezifik hervorrufen als in der Kombination mit weiteren genusflektierbaren Exponenten. Die Geschlechtszuschreibung durch die Teilnehmenden erfolgte immer über eine Namennennung im Freifeld. Um einen Einfluss des weiteren Kontextes auszuschließen, wurden die Sätze in Runde 2 ausgetauscht, sodass der *Mensch* am Fenster stand und die *Person* mit dem Fahrrad unterwegs war. Gleiches gilt für die beiden Sätze mit spezifischer Referenz. Das Resultat fiel folgendermaßen aus (Tab. 9).

Tab. 9: Ergebnisse der Online-Umfrage zu *Mensch* und *Person*.

Kontext	Mensch				Person			
	ohne Pronomina		mit Pronomina		ohne Pronomina		mit Pronomina	
	Der junge Mensch ...		...einen Menschen ... Er		Die junge Person ...		... eine Person ... Sie	
Runde	1	2	1	2	1	2	1	2
weibl.	2 % (20)	11 % (11)	17 % (138)	17 % (17)	65 % (522)	66 % (66)	74 % (602)	83 % (83)
männl.	95 % (764)	87 % (87)	82 % (659)	82 % (82)	31 % (249)	32 % (32)	24 % (197)	17 % (17)
unisex	3 % (21)	2 % (2)	1 % (7)	1 % (1)	4 % (33)	2 % (2)	1 % (5)	0 % (0)

Tab. 10: Ergebnisse der Online-Umfrage zu weiteren Substantiven.

	Maskulina				Feminina			
	Neuzugang	Lehrling	Gast	Star	Fachkraft	Aushilfe	Bedienung	Berühmtheit
weibl.	28	8	17	46	56	79	91	52
	41	4	27	29	63	78	89	63
männl.	67	87	80	50	42	17	7	44
	58	95	71	68	34	22	10	32
unisex	4	4	3	4	2	3	1	4
	1	1	2	3	3	0	1	5

Was den maskulinen Stimulus *Mensch* angeht, könnten die Tendenzen nicht eindeutiger sein. An Frauen dachten die Teilnehmenden in aller Regel nicht. Dabei macht es keinen Unterschied, ob die NP allein referiert oder koreferentielle Pronomina, die eine Geschlechtsassoziation fördern könnten, zusätzlich wirken.[54] Das spricht dafür, dass Genus bei spezifischer Referenz auf eine Einzelperson und fehlenden anderen Anhaltspunkten für Geschlechtszuschreibungen bevorzugt referentiell interpretiert wird. Auch bei *Person* hat der pronominale Stimulus keinen verstärkenden Einfluss. Hier produzieren die Teilnehmenden in allen Kontexten mehrheitlich Frauennamen. Der Anteil männlicher Nennungen fällt dabei allerdings höher aus als der Frauenanteil bei *Mensch* (bis zu 30 Prozentpunkte Unterschied). Damit offenbart sich ein bestimmbarer außersprachlicher Androzentrismus in den Antworten der Teilnehmenden, der den Genuseffekt relativiert, aber mitnichten umkehren kann.

Dass der Effekt von Genus umso schwächer ist, je mehr Kontext mitgegeben wird, ist erwartbar und äußert sich in den Tendenzen der übrigen Testitems. Neben *Mensch* und *Person* wurden weitere, nicht-paarige Substantive getestet, allerdings nicht in einer zusätzlichen Variante mit pronominalen Anaphern. Die Abfragekontexte wurden auch in der zweiten Erhebung untereinander ausgetauscht, sodass die unterschiedlichen Tendenzen allein auf die Substantive zurückgehen müssten (Runde 1 jeweils links, Runde 2 rechts, Angaben in %).[55]

Hier zeigt sich zwar auch durchgängig ein männliches Übergewicht für Maskulina und ein weibliches für Feminina, die Tendenzen sind allerdings nicht in allen Fällen so stark wie bei den semantisch weitgehend leeren Personenbezeichnungen *Mensch* und *Person*. Massiv ist der Bias bei *Gast* und *Lehrling* einerseits, *Aushilfe* und *Bedienung* andererseits. Der Anglizismus *Star* hat immerhin einen Frauenanteil von 29–46 % ergeben und damit den höchsten unter den Maskulina. Dicht folgt die Metonymie *Neuzugang* (28–41 %), die in den gleichen Kontexten trotzdem für männlicher befunden wurde als eine feminine *Fachkraft* (56–63 % Frauenanteil).

---

54 Genaugenommen verschieben die Varianten mit konstant grammatisch kongruierenden Pronomina die Ergebnisse vordergründig sowohl bei *Mensch* wie auch bei *Person* durchweg leicht in Richtung weiblicher Assoziation (zwischen 5 und 17 Prozentpunkten). Das ist wahrscheinlich dem Kontext geschuldet, in dem zwischen *ich* bzw. *wir* und dem Referenten der NP ein Bekanntschaftsverhältnis hergestellt wird. Dies führt möglicherweise dazu, dass die Teilnehmenden reale Bekannte assoziieren. Wenn man davon ausgehen darf, dass peer groups in aller Regel noch gleichgeschlechtlich sind, könnte der große Frauenanteil unter den Teilnehmenden diesen Effekt erklären. Dafür spricht, dass diese Verschiebung nur auf Teilnehmerinnen zurückzuführen ist.
55 Assortiert wurde das Item *Majestät*, da hier der unglücklich gewählte Kontext *aus dem Nachbarland* zu einer übermäßigen Nennung des Namens *Beatrix* führte.

Im Großen und Ganzen bestätigen sich in diesem Punkt also die Überlegungen aus den vorherigen Abschnitten. Dass bei einem Satz wie *Dieser Gast hätte gerne die Rechnung* an eine Frau genauso wie an einen Mann gedacht wird, ist vermutlich eine irrige Annahme. Diese „Pseudoepikoina" beziehen ihre semantische Flexibilität vermutlich nur daher, dass sie spezifische Referenzen im natürlichen Sprachgebrauch vermeiden. Sätze, die wie in dieser Studie mit *der junge Mensch mit dem Fahrrad* beginnen, sind höchstwahrscheinlich sehr unnatürlich. Wären sie es nicht, wäre das Wort *Mensch* möglicherweise bereits männlich aufgeladen.

15 Genuskongruenz bei unspezifischer Referenz und in nicht-referentiellen Kontexten

Nun gilt es, den umgekehrten Fall zu beleuchten. Eine zentrale Annahme des Beitrags bestand darin, dass auch das lexikalische Genus von geschlechtsindefiniten Personenbezeichnungen gegenwartssprachlich nicht arbiträr, sondern per Default zunächst semantisch maskulin ist. Sollte dem tatsächlich so sein, wären bei Feminina wie *Person* in Kontexten ohne spezifische Referenz auf eine konkrete Person Hybrideffekte (wie etwa bei *Mädchen*) zu erwarten. Das heißt konkret, dass maskuline Exponenten auftreten könnten. In den Hinweisen zur Corona-Warn-App (11) liegt möglicherweise so ein Fall vor:

(11) **Die Person** erhält die Verhaltenshinweise, sich, wenn möglich, nach Hause zu begeben bzw. zu Hause zu bleiben sowie mit **seinem** Hausarzt, dem ärztlichen Bereitschaftsdienst unter 116117 oder dem Gesundheitsamt Kontakt aufzunehmen und dort das weitere Vorgehen abzustimmen.[56]

Neben wiederkehrenden Singularen wie *Nutzer*, *Teilnehmer* und *Arzt* erzeugt auch das Epikoinon *Person* mutmaßlich maskuline Kongruenz. Dieser Beleg nicht ganz eindeutig – es könnte sich auch um ein genusindifferentes Possessivum handeln.[57] Nicht wegzudiskutieren sind allerdings echte Maskulina und

---

[56] https://www.zusammengegencorona.de/informieren/praevention/#:~:text=Die%20Person%20erh%C3%A4lt%20die%20Verhaltenshinweise,dort%20das%20weitere%20Vorgehen%20abzustimmen. (archiviert auf web.archive.org am 21. 8. 2020).

[57] Dann hätte man es hier mit dem Typ *Qualität hat seinen* (statt *ihren*) *Preis* zu tun (Fleischer im Druck). Dass solche Possessiva aber eine Brücke zu eindeutigen Maskulina sein können, zeigt ein Beleg aus der Braunschweiger Zeitung vom 26. 03. 2011 (Hervorhebungen AK): „**Jede**

dahinterstehende Sprecherintuitionen, die für sukzessive (12) und abrupte Genusbrüche (13, 14) wie in den folgenden Beispielen ursächlich seien müssen:

(12) 133 Beiträge zu viel von dieser **Person, der/die** zu feige ist **seinen** Namen preiszugeben.

(13) Ungeheuer großen Dank an jeden Verantwortlichen, von der ersten **Person, der** den Fernseher einschaltete, bis hin zu Brian Henson, der es geschafft hat, alles anzupacken und in die Realität umzusetzen.

(14) Der ungenaue, ideologische besetzte Begriff „Klimaleugner" beschreibt die wissenschaftlich denkende **Person, der** die vom Menschen verursachte Klimaerwärmung anzweifelt.

Dies sind Resultate der zweiten Fallstudie. Grundlage ist das DECOW16B (Schäfer/Bildhauer 2012, Schäfer 2015), ein morphologisch annotiertes Webkorpus mit ca. 20 Mrd. Tokens (statische Aufnahme von Internetseiten aus dem Jahr 2014). Der Suchausdruck [word="Person"][word=","][word="der" & morph=".*nom.*"] zielt auf Belege, in denen auf *Person* ein adjazentes Relativpronomen im Nominativ Maskulinum folgt. Er führte zu 3015 Treffern, davon blieben nach manueller Durchsicht 201 übrig, die sich als echte Kongruenzbrüche in den Nominativ Maskulinum entpuppten. Diese Zahl allein (ohne einen Referenzwert) ist nicht aussagekräftig. Eine bereinigte Stichprobe (1000 Belege) der analogen Suche im Femininum ergab in der Hochrechnung, dass mit insgesamt ungefähr 40.000 Relativierungen im Nominativ zu rechnen ist, von denen ca. 200 eine Inkongruenz zeigen. Da aber ohnehin nicht jede Relativierung ein Kandidat für das Phänomen ist und die Texte unterschiedlich stark redigiert sind, ist auch dies keine zu bewertende Dimension, sondern nur eine Information, die 0,5 % als Mindestwert für Genusbrüche am direkt adjazenten Relativum annehmen lässt.

88 der 201 Belege lassen sich auf einen männlichen Referenten zurückverfolgen, sie fallen sicherheitshalber unter die gewöhnlichen referentiellen Kongruenzbrüche. Weitere 23 sind nicht einzuschätzen. Zu ihnen gehören beispielsweise die folgenden:

(15) „Star Wars"? Ich kenne nur eine einzige **Person, der** eine Feindschaft zwischen SW und ST sieht.

Person hat dabei **seine** ganz eigene Gefühlswelt, die reagiert entsprechend der Interessen oder des Themenbereichs, die **ihn** betreffen können." Ich danke Jürg Fleischer für diesen Fund.

(16) Andererseits würde es sich im Fall meiner **Person, der** eigentlich alle drei Spiele mag, die qualvolle Strategie des Abwartens bezahlt machen.

(17) Seit einer Woche möchte ich einer **Person, der** sich für den Islam interessiert dieses Forum empfehlen.

Man könnte annehmen, dass hier ebenfalls auf Geschlecht referiert wird. Das ist jedoch unsicher. Es finden sich auch zwei Belege, in denen eine Frau mit einem ähnlichen Gefüge auf sich selbst referiert. So entstammt die Äußerung in (18) einem Interview, das die Sängerin Lisa Wohlgemuth gegeben hat. Die Schreiberin von (19) ist zumindest laut Profilangabe weiblich. In (20) richtet sich eine Frau an die ebenfalls weibliche Community des Forums „GoFeminin":

(18) Nein, überreagiert habe ich nicht. Für meine Reaktionen gibt es meistens einen Grund. Ich bin eine **Person, der** sagt, entweder hat man mich und vergisst die anderen Mädels oder man macht es halt, hat mich dann aber weniger.

(19) Als eine **Person, der** im sozialen Bereich arbeitet, habe ich mir natürlich auch schon eine eigene Meinung über verschiedene Beiträge gebildet.

(20) ich bin im 5. Monat Schwanger [...] habe [...] besenreiser [...] will jedoch herausfinden oder hier eine **Person, der** wirklich eine Ahnung hat, ob man das nicht ohne irgendwelche Methoden wie lasern wieder wegbekommen kann.

In allen drei Fällen fungiert *Person* im Wesentlichen als Indefinitpronomen. Vor diesem Hintergrund wäre ein gewisser Anteil solcher Effekte auch für Sätze, die auf Männer rückführbar sind, anzunehmen. Weitere 88 Belege signalisieren nicht, dass Personen eines bestimmten Geschlechts von ihnen bewusst ausgeschlossen sein könnten. Es folgt eine exemplarische Zufallsauswahl:

(21) Ein Kind, oder irgendeine Person, der noch keine Erfahrungen mit dem Tod gemacht, oder davon gehört hat, besitzt demnach kein Bewusstsein.

(22) Kredite sind in der Definition Geldmittel, die für einen gewissen Zeitraum einer dritten Person, der als Kreditnehmer bezeichnet wird, überlassen werden. Hierfür trägt der Kreditnehmer die Zinskosten, die als Gebühren für die Geldleihe vom Kreditgeber berechnet werden.

(23) Die Gruppe startet im Kreis, mit einem Luftballon. Die erste Person wirft den Luftballon in die Luft und fordert den Namen der Person, der den Luftballon fangen muss.

(24) Durch dieses Gutachten bescheinigt ein Facharzt die Tauglichkeit der Person, der am Luftverkehr teilnehmen möchte.

(25) Helfer möchten in der Regel auch so ähnlich sein wie Mutter Theresa und von allen anderen Menschen so gesehen werden – eine selbstlose Person, der für das Wohl anderer Menschen oder eines anderen Menschen Opfer auf sich nimmt, zumeist ein schweres Leben hat und trotzdem durchhält.

(26) Kiara braucht als sehr aufgeweckte, wachsame und gelehrige Hündin, einen gelassenen und hundeerfahrenen Menschen, der ihr Sicherheit gibt. Bei dieser vertrauten Person, der die Hübsche auch geistig fordert, ist sie anhänglich und zeigt sich ausserhalb des Tierheim Alltags als toller Hund. Kiara wünscht sich ein Hundeleben ohne Hektik und sehnt sich danach, aus dem lauten Tierheim heraus zu kommen. Wer gibt dieser Hündin eine Chance?

In (23) und (24) ersetzt *Person* das kataphorische Demonstrativpronomen *derjenige*, das ebenfalls erwartbar besser von Geschlecht abstrahieren kann als Anaphorika. In *Person* haben solche Pronomina ein attribuierbares Funktionsäquivalent, das in (22) und (25) nutzbar gemacht wird. Interessant ist die Art und Weise, mit der in (26) unspezifisch referiert wird. Auch in diesem Fall äußert sich ein Konflikt zwischen dem formal/arbiträren Femininum und dem Maskulinum, das die lexikalische Semantik eigentlich erwarten ließe. Dieses Phänomen ist eindeutig mehr als ein bloßer Performanzfehler, denn entsprechende Belege für *Mensch* gefolgt von *die* sind nicht zu finden. Damit liefert diese Fallstudie einen weiteren Anhaltspunkt dafür, dass die grundsätzliche Schieflage von Genus im Deutschen auf das Verhältnis zwischen referentiellem und lexikalischem Genus zurückzuführen ist. Beide Teilsysteme können sich an ein und demselben Lexem bemerkbar machen. Nicht anders ist es zu erklären, dass *Person* parallel geschlechtsspezifisch weibliche Lesarten aufweist und gelegentliche Tendenzen zu maskuliner Kongruenz zeigt.

17 Fazit und Ausblick

Der vorliegende Beitrag hat in erster Linie gezeigt, dass etablierte Einteilungen des humanen Nominalbereichs in verschiedene Klassen zu hinterfragen sind. Dazu gehört insbesondere die Annahme, dass sich bestimmte Substantive genau wie die im niederen Tierreich vorhandenen Epikoina vom übrigen Genussystem absetzen. Unter den Personenbezeichnungen existieren allenfalls „Pseudoepikoina", die nicht geschlechtsneutral auf konkrete Personen referieren, sondern sich wahrscheinlich dadurch auszeichnen, dass sie solche Funktionen üblicherweise gerade nicht übernehmen. Referentialität wäre damit die zentrale Größe, die über die Eingliederung in das binäre Geschlechtersystem bestimmt. Vor diesem Hintergrund lassen sich auch andere Phänomene diskutieren. Beispielsweise beobachtet Harnisch (2016), dass die Partizipialendung *-end*, die zur Bildung geschlechtsübergreifender Plurale dient, auch im maskulinen Singular Anwendung findet, wobei sie eine Aufwertung zum Marker geschlechtergerechter Sprache erfährt. Möglicherweise erfüllen solche Bildungen tatsächlich ihre Funktion, wenn sie keine Anwendung in der spezifischen Referenz finden. Solange ein *Studierender* ungeschlechtlich lexikalisiert ist (wie noch *Mensch*, *jemand* oder *niemand* oder auch genusflektierendes *keiner*), während die Identifikation von Individuen über mit referentiellem Genus synchronisiertem *Student/Studentin* erfolgt, sind übliche Gegebenheiten des Systems hergestellt.

Es ist allerdings auch darauf hinzuweisen, dass das Gesamtsystem keinen ewigen Selbstzweck erfüllt, sondern Genus (zumindest in den indogermanischen Sprachen) Geschlechterunterscheidungen vermutlich nur als sehr attraktive, außermorphologische Stütze nutzt. Wie in Abschnitt 2 dargelegt, ist diese Stütze umso relevanter, je weniger Genusexponenten einer Sprache zur Verfügung stehen. Leiss (1994) nennt dieses Verhältnis von Geschlecht zu Genus „parasitär". Treffender ist es vielleicht, Geschlecht dabei nicht als Parasiten, sondern als Symbionten zu bezeichnen, da es den Wirt zu einem gewissen Grad bei seiner Funktion (zumindest dem *reference tracking*) unterstützt und dadurch selbst exponiert wird. Man darf allerdings nicht erwarten, dass Geschlecht unbedingt nach Genus verlangt. Verwandte des Deutschen (u. a. Englisch, Niederländisch, Schwedisch) haben (mindestens) die Unterscheidung zwischen Maskulinum und Femininum an adnominalen Wortarten längst aus innersprachlichen Gründen aufgegeben, weshalb sich genusinduzierte Probleme mit Personenbezeichnungen nicht ergeben und auch Aufspaltungen von Lexemen in geschlechtsspezifische Paare seltener sind.

Auch im Deutschen unterliegt das System einem Wandel. Die Vermeidung maskuliner Personenbezeichnungen mag dazu führen, dass zunehmend auch genuin feminine, geschlechterübergreifende Personenbezeichnungen entstehen. Schon jetzt gibt es einzelne Bildungen wie *Hilfskraft* oder *Fachkraft*, die kein unbelebtes Homonym haben. Möglicherweise bahnt sich hier die Grammatikalisierung zu einem humanen Suffix an. Schließlich ergab die Fragebogenstudie in diesem Beitrag auch, dass Feminina ebenfalls zu einem gewissen Grad dem androzentristischen Weltbild unterlagen, also insgesamt geschlechtsneutraler verstanden wurden als Maskulina, bei denen sich genusinduzierte Männlichkeit und außersprachlicher Androzentrismus gegenseitig verstärken. Es wäre wichtig, solche Effekte durch andere Untersuchungsdesigns zu überprüfen.

18 Literatur

Aikhenvald, Alexandra Y. (2016): *How gender shapes the world*. Oxford, New York: Oxford University Press.
Audring, Jenny (2006): Pronominal Gender in Spoken Dutch. *Journal of Germanic Linguistics* 18 (2), 85–116.
Audring, Jenny (2008): Gender assignment and gender agreement: Evidence from pronominal gender languages. *Morphology* 18 (2), 93–116.
Audring, Jenny (2009): *Reinventing Pronoun Gender*. Utrecht: LOT.
Audring, Jenny (2013): A pronominal view of gender agreement. *Language Sciences* 35, 32–46.
Audring, Jenny (2014): Gender as a complex feature. *Language Sciences* 43, 5–17.
Batliner, Anton (1984): The comprehension of grammatical and natural gender: a cross-linguistic experiment. *Linguistics* 22 (6), 831–856.
Baumgartner, Gerda., Simone Busley, Julia Fritzinger & Sara Martin (2021): Das Anna und ihr Hund.: Weibliche Hundenamen im Neutrum? *Linguistik Online* 107 (2), 99–124.
Becker, Thomas (2008): Zum generischen Maskulinum: Bedeutung und Gebrauch der nicht-movierten Personenbezeichnungen im Deutschen. *Linguistische Berichte* 213, 65–75.
Birkenes, Magnus Breder & Jürg Fleischer (2017): Neutrale Pronomen-Formen bei generischer Referenz. In Jürg Fleischer, Alexandra N. Lenz & Helmut Weiß (Hrsg.), *SyHD-atlas*, 360–375. Marburg: Philipps-Universität Marburg.
Bittner, Dagmar (2000): Sprachwandel durch Spracherwerb? Pluralerwerb. In Andreas Bittner, Dagmar Bittner & Klaus-Michael Köpcke (Hrsg.), *Angemessene Strukturen: Systemorganisation in Phonologie, Morphologie und Syntax*, 123–140. Hildesheim: Olms.
Braun, Friederike & Geoffrey Haig (2010): When are German 'girls' feminine? How the semantics of age influences the grammar of gender agreement. In Markus Bieswanger & Heiko Motschenbacher (Hrsg.), *Language in its socio-cultural context: New explorations in gendered, global and media uses*, 69–84. Frankfurt am Main: Lang.
Busley, Simone (2021): *Frauen im Neutrum. Empirische Studien zu mittel- und niederdeutschen Dialekten*. Hildesheim, Zürich, New York: Olms.
Cardinaletti, Anna & Michal Starke (1999): The typology of structural deficiency: A case study of the three classes of pronouns. In Henk C. van Riemsdijk (Hrsg.), *Clitics in the languages of Europe* (Empirical approaches to language typology 20: EUROTYP; 5), 145–234. Berlin, New York: De Gruyter.
Christen, Helen (2013): Tüpfi, Cheib und Obsichschnörren: Das Idiotikon als Schlüssel zum Deutschschweizer Menschenbild. In Manuela Cimeli & Astrid Gürtler (Hrsg.), *150 Jahre Schweizerisches Idiotikon: Beiträge zum Jubiläumskolloquium in Bern, 15. Juni 2012*, 81–99. Bern.
Comrie, Bernard (1989): *Language universals and linguistic typology: Syntax and morphology*, 2. Aufl. Chicago: University of Chicago Press.
Corbett, Greville G. (1979): The Agreement Hierarchy. *Journal of Linguistics* 15 (2), 203–224.
Corbett, Greville G. (1991): *Gender*. Cambridge: Cambridge University Press.
Corbett, Greville G. (2006): *Agreement*. Cambridge: Cambridge University Press.
Corbett, Greville G. & Sebastian Fedden (2016): Canonical gender. *Journal of Linguistics* 52 (3), 495–531.
Dahl, Östen (2000): Animacy and the notion of semantic gender. In Barbara Unterbeck, Matti Rissanen, Terttu Nevalainen & Mirja Saari (Hrsg.), *Gender in Grammar and Cognition*, 99–116. Berlin, New York: De Gruyter.

Dahl, Östen & Maria Koptjevskaja-Tamm (2001): Kinship in grammar. In Irène Baron, Michael Herslund & Finn Sørensen (Hrsg.), *Dimensions of possession* (Typological Studies in Language, 47), 201–225. Amsterdam, Philadelphia: John Benjamins.

Diefenbach, Lorenz & Ernst Wülcker (1873): *Hoch- und niederdeutsches Wörterbuch der mittleren und neueren Zeit*. Basel: Schwabe.

Diewald, Gabriele (2018): Zur Diskussion: Geschlechtergerechte Sprache als Thema der germanistischen Linguistik – exemplarisch exerziert am Streit um das sogenannte generische Maskulinum. *Zeitschrift für Dialektologie und Linguistik* 46, 283–299.

Doleschal, Ursula (1992): *Movierung im Deutschen: Eine Darstellung der Bildung und Verwendung weiblicher Personenbezeichnungen* (Edition Linguistik 1). Unterschleissheim, München: Lincom Europa.

Doleschal, Ursula (2002): Das generische Maskulinum im Deutschen. Ein historischer Spaziergang durch die deutsche Grammatikschreibung von der Renaissance bis zur Postmoderne. *Linguistik Online* 11 (2), 39–70.

Dudengrammatik = Wöllstein, Angelika (Hrsg.) (2016): *Duden – die Grammatik: Unentbehrlich für richtiges Deutsch*, 9. Aufl. Berlin: Dudenverlag.

Eisenberg, Peter (2018): *Das Fremdwort im Deutschen*. Berlin: De Gruyter.

Elsen, Hilke (2020): *Gender – Sprache – Stereotype: Geschlechtersensibilität in Alltag und Unterricht* (UTB 5302). Stuttgart, Tübingen: Narr.

Fleischer, Jürg (2012): Grammatische und semantische Kongruenz in der Geschichte des Deutschen: eine diachrone Studie zu den Kongruenzformen von ahd. wīb, nhd. Weib. *Beiträge zur Geschichte der deutschen Sprache und Literatur* 134, 163–203.

Fleischer, Jürg (im Druck): „Qualität hat seinen Preis": Genus-insensitives sein im Gegenwartsdeutschen.

Fraurud, Kari (1996): Cognitive Ontology and NP Form. In Thorsten Fretheim, Jeanette Gundel (Hrsg.), *Reference and Referent Accessibility*, 65–87. Amsterdam: Benjamins.

Georges, Karl E. (Hrsg.) (1998 [1913]): *Ausführliches lateinisch-deutsches Handwörterbuch*. Nachdruck der 8. Aufl. Darmstadt: WBG

Geyer, Klaus (2010): Genus und Genuskonflikte in einigen europäischen Sprachen. In Bettina Bock (Hrsg.), *Aspekte der Sprachwissenschaft – Linguistik-Tage Jena: 18. Jahrestagung der Gesellschaft für Sprache und Sprachen* (Schriftenreihe Philologia, 144), 409–422. Hamburg: Kovač.

Grimm, Jacob & Wilhelm Grimm (Hrsg.) (1854–1961): *Deutsches Wörterbuch*. Leipzig: Hirzel.

Hackstein, Olav (2012): Collective and feminine in Tocharian. In Olav Hackstein, Ronald I. Kim & Jens E. Braarvig (Hrsg.), *Linguistic developments along the silkroad: Archaism and innovation in Tocharian* (Iranische Onomastik, 12), 143–177. Wien: Verlag der Österreichischen Akademie der Wissenschaften.

Harnisch, Rüdiger (2009): Genericity as a principle of paradigmatic and pragmatic economy. The case of German wer 'who'. In Patrick O. Steinkrüger & Manfred Krifka (Hrsg.), *On Inflection* (Trends in Linguistics. Studies and Monographs [TiLSM]), 69–88. Berlin, New York: De Gruyter.

Harnisch, Rüdiger (2016): Das generische Maskulinum schleicht zurück. Zur pragmatischen Remotivierung eines grammatischen Markers. In Andreas Bittner & Constanze Spieß (Hrsg.), *Formen und Funktionen*, 159–174. Berlin, Boston: De Gruyter.

Harweg, Roland (1971): Ein Mensch, eine Person und jemand. *Deutsche Sprache* 27, 101–112.

Helbig, Gerhard (1974): Bemerkungen zu den Pronominaladverbien und zur Pronominalität. *Deutsch als Fremdsprache* 11 (5), 270–279.

Hockett, Charles F. (1958): *A course in modern linguistics*. New York: Macmillan.

Irmen, Lisa & Vera Steiger (2005): Zur Geschichte des Generischen Maskulinums: Sprachwissenschaftliche, sprachphilosophische und psychologische Aspekte im historischen Diskurs. *Zeitschrift für germanistische Linguistik* 33 (2–3), 212–235.

Jespersen, Otto (1968 [1924]): *The philosophy of grammar*. London: Allen & Unwin.

Klein, Andreas & Kristin Kopf (2019): Der s-Plural im Alemannischen. (K)ein Fremdkörper? *Linguistik Online* 98 (5), 31–49.

Klein, Thomas, Hans-Joachim Solms & Klaus-Peter Wegera (2018): *Mittelhochdeutsche Grammatik. Teil II: Flexionsmorphologie*. Berlin, Boston: De Gruyter.

Köpcke, Klaus-Michael (2000): Chaos und Ordnung: Zur semantischen Remotivierung von Deklinationsklassen. In Andreas Bittner, Dagmar Bittner & Klaus-Michael Köpcke (Hrsg.), *Angemessene Strukturen: Systemorganisation in Phonologie, Morphologie und Syntax*, 107–122. Hildesheim: Olms.

Köpcke, Klaus-Michael & David A. Zubin (1996): Prinzipien für die Genuszuweisung im Deutschen. In Ewald Lang & Gisela Zifonun (Hrsg.), *Deutsch – typologisch* (Jahrbuch / Institut für Deutsche Sprache 1995), 473–491. Berlin: De Gruyter.

Köpcke, Klaus-Michael & David A. Zubin (2003): Metonymic pathways to neuter-gender human nominals. In Klaus-Uwe Panther (Hrsg.), *Metonymy and pragmatic inferencing* (Pragmatics & beyond N.S., 113), 149–166. Amsterdam: Benjamins.

Köpcke, Klaus-Michael & David A. Zubin (2009): Genus. In Elke Hentschel & Petra M. Vogel (Hrsg.), *Deutsche Morphologie*, 132–154. Berlin, New York: De Gruyter.

Köpcke, Klaus-Michael & David A. Zubin (2017): Genusvariation: Was offenbart sie über die innere Dynamik des Systems? In Marek Konopka & Angelika Wöllstein (Hrsg.), *Grammatische Variation: Empirische Zugänge und theoretische Modellierung* (Jahrbuch des Instituts für Deutsche Sprache 2016), 203–228. Berlin, Boston: De Gruyter.

Kotthoff, Helga & Damaris Nübling (2018): *Genderlinguistik: Eine Einführung in Sprache, Gespräch und Geschlecht*. Tübingen: Narr Francke Attempto.

Krifka, Manfred (2009): Case syncretism in German feminines: typological, functional and structural aspects. In: Patrick Steinkrüger & Manfred Krifka (Hrsg.), *On Inflection*, 141–172. Berlin: De Gruyter Mouton.

Leiss, Elisabeth (1994): Genus und Sexus. Kritische Anmerkungen zur Sexualisierung von Grammatik. *Linguistische Berichte* 152, 281–300.

Liddell, Henry G., Robert Scott & Henry S. Jones (1940): *A Greek-English lexicon*, 9. Aufl. Oxford: Clarendon Press.

Litscher, Roland (2009): Die Genese des dritten Genus: ein neuer Versuch. In Rosemarie Lühr & Sabine Ziegler (Hrsg.), *Protolanguage and prehistory: Akten der XII. Fachtagung der Indogermanischen Gesellschaft, vom 11. bis 15. Oktober 2004 in Krakau* (Akten der Fachtagung der Indogermanischen Gesellschaft, 12), 271–285. Wiesbaden: Reichert.

Litscher, Roland (2014): Gender and Word Formation: The PIE Gender System in Cross-Linguistic Perspective. In Sergio Neri & Roland Schuhmann (Hrsg.), *Studies on the Collective and Feminine in Indo-European from a Diachronic and Typological Perspective* (Brill's Studies in Indo-European Languages & Linguistics), 199–232. Leiden: Brill.

Litscher, Roland (2015): *Die Entstehung des femininen Genus in den indogermanischen Sprachen*. Zürich: Universität Zürich Dissertation.

Meibauer, Jörg (2014): A truth that's told with bad intent. Lying and implicit content. *Belgian Journal of Linguistics* 28, 97–118.

Meibauer, Jörg (2015): Konzepte des Lügens. *Zeitschrift für Sprachwissenschaft* 34 (2), 175–212.

Milanova, Veronika (2019): MUNUS/fduttariiata/i- and Some Other Indo-European Maidens. In Ronald I. Kim, Jana Mynářová & Peter Pavúk (Hrsg.), *Hrozný and Hittite: The first hundred years: proceedings of the International Conference held at Charles University, Prague, 11–14 November 2015* (Culture and history of the ancient Near East, 107), 277–294. Leiden, Boston: Brill.

Montanari, Elke (2010): *Kindliche Mehrsprachigkeit: Determination und Genus* (Sprach-Vermittlungen, 7). Münster: Waxmann.

Motchenbacher, Heiko (2010): Female-as-norm (FAN): A typology of female and feminine generics. In Markus Bieswanger, Heiko Motschenbacher & Susanne Mühleisen (Hrsg.), *Language in its Socio-Cultural Context: Explorations in Gendered, Global and Media Uses*, 35–67. Frankfurt am Main: Peter Lang.

Müller, Gereon (2000): Das Pronominaladverb als Reparaturphänomen. *Linguistische Berichte* (182), 139–178.

Müller, Natascha (2000): Gender and number in acquisition. In Barbara Unterbeck, Matti Rissanen, Terttu Nevalainen & Mirja Saari (Hrsg.), *Gender in Grammar and Cognition*, 351–400. Berlin, New York: De Gruyter.

Nübling, Damaris (2008): Was tun mit Flexionsklassen? Deklinationsklassen und ihr Wandel im Deutschen und seinen Dialekten. *Zeitschrift für Dialektologie und Linguistik* 75 (3), 282–330.

Nübling, Damaris (2015): Between feminine and neuter, between semantic and pragmatic gender: hybrid names in German dialects and in Luxembourgish. In Jürg Fleischer, Elisabeth Rieken & Paul Widmer (Hrsg.), *Agreement from a Diachronic Perspective*, 235–266. Berlin, München, Boston: De Gruyter.

Nübling, Damaris (2018): Und ob das Genus mit dem Sexus. Genus verweist nicht nur auf Geschlecht, sondern auf die Geschlechterordnung. *Sprachreport* 24 (3), 44–50.

Nübling, Damaris (2019): Geschlechter(un)ordnungen in der Grammatik. Deklination, Genus, Binomiale. In Ludwig Eichinger & Albrecht Plewnia (Hrsg.), *Neues vom heutigen Deutsch*, 19–58. Berlin, Boston: De Gruyter.

Oelkers, Susanne (1996): Der Sprintstar und ihre Freundinnen. Ein empirischer Beitrag zur Diskussion um das generische Maskulinum. *Muttersprache* 106 (1), 1–15.

Okamura, Saburo (2012): Sprachliche Lösungsmöglichkeiten der Genderproblematik im Japanischen und Deutschen. In Susanne Günthner, Dagmar Hüpper & Constanze Spieß (Hrsg.), *Genderlinguistik*, 413–432. Berlin, Boston: De Gruyter.

Ott, Christine (2015): Bildungsmedien als Gegenstand linguistischer Forschung: Thesen, Methoden, Perspektiven. In Jana Kiesendahl & Christine Ott (Hrsg.), *Linguistik und Schulbuchforschung: Gegenstände – Methoden – Perspektiven*, 19–37. Göttingen: V&R Unipress.

Panther, Klaus-Uwe (2009): Grammatische versus konzeptuelle Kongruenz. Oder: Wann siegt das natürliche Geschlecht? In Rita Brdar-Szabó, Elisabeth Knipf-Komlósi & Attila Péteri (Hrsg.), *An der Grenze zwischen Grammatik und Pragmatik* (Deutsche Sprachwissenschaft international 3), 67–86. Frankfurt am Main: Peter Lang.

Pfeifer, Wolfgang (1993): *Etymologisches Wörterbuch des Deutschen*. Ergänzte Online-Version, 2. Aufl. Berlin: Akademieverlag.

Pfälzisches Wörterbuch = Christmann, Ernst & Julius Krämer (Hrsg.) (1965–1998): *Pfälzisches Wörterbuch*. Stuttgart: Steiner.

Pittner, Karin (2008): Schlecht dran oder gut drauf? Überlegungen zur Grammatikalisierung und Akzentuierung von Pronominaladverbien. *Deutsche Sprache* (1), 74–94.

Pusch, Luise F. (1990): *Alle Menschen werden Schwestern: Feministische Sprachkritik* (Edition Suhrkamp 1565 = N.F., 565). Frankfurt a. M.: Suhrkamp.

Rheinisches Wörterbuch = Müller, Josef, Karl Meisen, Heinrich Dittmaier & Matthias Zender (Hrsg.) (1928–1971): *Rheinisches Wörterbuch*. Bonn, Berlin: Klopp.

Schäfer, Roland (2015): Processing and Querying Large Web Corpora with the COW14 Architecture. *Proceedings of the 3rd Workshop on Challenges in the Management of Large Corpora* (CMLC-3), 28–34.

Schäfer, Roland & Felix Bildhauer (2012): Building Large Corpora from the Web Using a New Efficient Tool Chain. *Proceedings of the Eighth International Conference on Language Resources and Evaluation* (LREC'12), 486–493.

Schoenthal, Gisela (1989): Personenbezeichnungen im Deutschen als Gegenstand feministischer Sprachkritik. *Zeitschrift für germanistische Linguistik* 17 (3), 296–314.

Schweizerisches Idiotikon = Verein zur Herausgabe des Schweizerdeutschen Wörterbuchs (Hrsg.) (1984–): *Schweizerdeutsches Wörterbuch*. Zürich. https://www.idiotikon.ch.

Silverstein, Michael (1976): Hierarchy of Features and Ergativity. In Robert M. W. Dixon (Hrsg.), *Grammatical categories in Australian languages* (Australian Institute of Aboriginal Studies Linguistic series, 22), 112–171. Canberra: AIAS.

Szczepaniak, Renata (2014): "Die FDP als Koalitionspartnerin" – Metapher und Metonymie in der Entwicklung des geschlechtsspezifizierenden Wortbildungssuffixes -in zum Kongruenzmarker. In Michel Lefèvre (Hrsg.), *Linguistische Aspekte des Vergleichs, der Metapher und der Metonymie* (Eurogermanistik, 33), 203–217. Tübingen: Stauffenburg.

Thurmair, Maria (2006): Das Model und ihr Prinz. Kongruenz und Texteinbettung bei Genus-Sexus-Divergenz. *Deutsche Sprache* 34, 191–220.

Tichy, Eva (1993): Kollektiva, Genus femininum und relative Chronologie im Indogermanischen. *Historische Sprachforschung* 106, 1–19.

Wackernagel, Jacob (1912): *Über einige antike Anredeformen*. Göttingen: Dieterich.

Wörterbuch der deutschen Gegenwartssprache = Klappenbach, Ruth & Wolfgang Steinitz (Hrsg.) (1974): *Wörterbuch der deutschen Gegenwartssprache*, 7. Aufl. Berlin Ost: Akademieverlag.

Zweifelsfälle-Duden = Hennig, Mathilde (Hrsg.) (2016): *Das Wörterbuch der sprachlichen Zweifelsfälle: Richtiges und gutes Deutsch* (Der Duden in 12 Bänden, 9), 8. Aufl. Berlin: Dudenverlag.

Abteilung II: **Genus und Geschlecht in Syntax und Textkohärenz**

Anja Binanzer, Sarah Schimke und Silke Schunack
Syntaktische Domäne oder lineare Distanz – welcher Faktor steuert semantische Kongruenz im Kontext von Hybrid Nouns und Epikoina in stärkerem Maß?

Zusammenfassung: Im Kontext von Hybrid Nouns und Epikoina können Sprecherinnen und Sprecher entweder semantische, referentielle oder grammatische Merkmale eines Nomens für (Genus-)Kongruenzmarkierungen nutzen. Für welche der Kongruenzformen – grammatische oder semantische bzw. referentielle – sich Sprecherinnen und Sprecher entscheiden, hängt von verschiedenen Faktoren ab, u. a. von der syntaktischen Domäne, in der das genussensitive Target auftritt, und von der linearen Distanz, die zum Bezugsnomen besteht (vgl. Köpcke, Panther & Zubin 2010). Welcher dieser beiden Faktoren die Entscheidung für semantische bzw. referentielle oder grammatische (Genus-)Kongruenz stärker steuert, wird im vorliegenden Beitrag anhand zweier experimenteller Studien – einer Multiple-Choice-Studie mit kindlichen L1-Sprecherinnen und -Sprechern des Deutschen (N = 44) und einer Self-Paced-Reading-Studie mit erwachsenen L1-Sprecherinnen und -Sprechern des Deutschen (N = 24) – empirisch überprüft.

1 Das Phänomen

1.1 Semantische, referentielle und grammatische (Genus-)Kongruenz

Personenbezeichnungen des Deutschen wie *Mädchen*, *Fräulein* oder *Weib*, sog. ‚Hybrid Nouns' (vgl. Corbett 1979; 1991: 183–184; 2006: 213–218), eröffnen Sprecherinnen und Sprechern die Möglichkeit, an genussensitiven Targets wie Artikelwörtern, attributiven Adjektiven, Relativ- oder Personalpronomen entweder

---

Anmerkung: Für hilfreiche Hinweise danken wir den Herausgeberinnen dieses Bandes, Gabriele Diewald und Damaris Nübling.

∂ Open Access. © 2022 Anja Binanzer, Sarah Schimke und Silke Schunack, publiziert von De Gruyter.
(cc) BY Dieses Werk ist lizenziert unter der Creative Commons Namensnennung 4.0 International Lizenz.
https://doi.org/10.1515/9783110746396-006

grammatische Genuskongruenz oder aber semantische Kongruenz zu markieren. Es kommt zur „Konkurrenz bei der Genuskongruenz" (vgl. Köpcke 2012), vgl.

(1) a. grammatische Genuskongruenz:
Der junge Mann sah das blonde Mädchen. Es lächelte ihn an.

(1) b. semantische Kongruenz:
Der junge Mann sah das blonde Mädchen. Sie lächelte ihn an.

In (1a) referiert das Personalpronomen *es* auf die grammatische Genusklasse, der das Nomen *Mädchen* angehört (n.), während das Personalpronomen *sie* in (1b) auf das dem Referenznomen *Mädchen* inhärente semantische Merkmal [+weiblich] und damit auf das natürliche Geschlecht der Referenzperson verweist. Da weibliche Personenbezeichnungen im Deutschen gemäß Sexusprinzip i. d. R. grammatisch feminin klassifiziert werden (*die Frau, die Mutter, die Tante* etc.) und somit eine Genus-Sexus-Kongruenz gegeben ist, legen Sprecherinnen und Sprecher, die wie in (1b) mit *sie* auf *Mädchen* referieren, ihrer Entscheidung das Wissen zur Genusmarkierung nach Sexus zu Grunde.

Vergleichbar sind die Entscheidungsoptionen, die sog. ‚Epikoina' wie *Mensch* (m.), *Person* (f.) oder *Kind* (n.) eröffnen. Darunter werden Menschen- oder Tierbezeichnungen gefasst, denen – im Unterschied zu den Hybrid Nouns – lexikalisch-semantisch kein Sexus inhärent ist bzw. deren Sexus nur referentiell aus dem Kontext erschlossen werden kann (vgl. für eine ausführliche Darstellung Klein i. d. B.). Je nachdem, ob es sich in (1c) bei der Bezugsperson um ein männliches oder weibliches Kind handelt, ist eine entsprechende Formenwahl möglich.

(1) c. referentielle Kongruenz:
Das kleine Kind sah die gute Fee. Er/Sie lächelte sie an.

In Abhängigkeit davon, ob sich Sprecherinnen und Sprecher bei der Targetwahl am grammatischen Genusmerkmal (1a) oder an einem semantischen Merkmal des Bezugsnomens (1b) bzw. an referentiellen Hinweisen (1c) orientieren, unterscheiden wir im Folgenden die Kongruenzformen terminologisch systematisch nach ‚grammatischer Genuskongruenz' für die grammatisch orientierte und ‚semantische Kongruenz' zusammenfassend für die semantisch oder referentiell orientierte Targetwahl, da sich in letzteren Fällen die hergestellte Referenz gerade nicht auf das grammatische Genus des Nomens bezieht.

1.2 Steuerungsfaktor syntaktische Domäne

Die Wahrscheinlichkeit für semantisch basierte Kongruenzmarkierungen wird nach der ‚Agreement Hierarchy' von Corbett (1979; 1991: 225–260; 2006: 206–237) durch die syntaktische Domäne (SynD) gesteuert, in der ein genussensitives Target auftritt, d. h. inwieweit es morphosyntaktisch an das kongruenzauslösende Nomen gebunden ist. Corbetts Annahme zufolge wird bei nominalgruppenintern auftretenden Targets (Artikelwörtern, attributiven Adjektiven, Relativpronomen) eher grammatische Genuskongruenz, bei nominalgruppenextern auftretenden Targets (Possessiv-, Personalpronomen) eher semantische Kongruenz motiviert. Einen Überblick über die unterschiedlichen Grade der morphosyntaktischen Bindung zwischen Bezugsnomen und den verschiedenen genussensitiven Targets im Deutschen gibt Tabelle 1: Morphosyntaktische Bindung zwischen Bezugsnomen und ART, ADJ, REL, POSS, PERS nach Binanzer (2017: 16), fußend auf der Agreement Hierarchy von Corbett (1979) und den Spezifizierungen für das Deutsche nach Köpcke & Zubin (2009: 146).

Bezogen auf die Parameter syntaktische Domäne, syntaktische Funktion und syntaktische Position ergeben sich unterschiedlich starke morphosyntaktische Bindungsgrade zwischen dem kongruenzauslösenden Nomen und den angeführten Targets. Die obligatorisch pränominalen Targets Artikel und attributives Adjektiv befinden sich innerhalb der gleichen syntaktischen Domäne wie das Bezugsnomen (NGr) und nehmen deshalb mit ihm gemeinsam eine syntaktische Funktion (Subjekt bzw. Objekt) ein. Die die NGr substituierenden Possessiv- und Personalpronomen sind demgegenüber in ihrer syntaktischen Funktion unabhängig vom Bezugsnomen, weil ihnen als Stellvertreter des Bezugsnomens

Tab. 1: Morphosyntaktische Bindung zwischen Bezugsnomen und ART, ADJ, REL, POSS, PERS.

Morphosynt. Bindung	Artikel/ attr. Adj.	>	Relativ- pronomen	>	Possessiv-/ Personalpronomen
syntaktische Domäne	NGr-intern in der gleichen SynD wie das Bezugsnomen		NGr-intern in der SynD, die durch den adjazenten postnominalen Attributsatz bestimmt wird		NGr-extern in der SynD, die durch den neuen Teil- oder Matrixsatz bestimmt wird
syntaktische Funktion	mit Bezugsnomen		unabhängig vom Bezugsnomen		
syntaktische Position	obligatorisch pränominal		obligatorisch postnominal		prä- oder postnominal

in einem neuen Teil- oder Matrixsatz ihre syntaktische Funktion neu zugewiesen wird. Sie befinden sich entsprechend in einer anderen syntaktischen Domäne als das Bezugsnomen. Relativpronomen nehmen eine Mittelposition ein: einerseits substituieren sie zwar wie Possessiv- und Personalpronomen das Bezugsnomen und treten in einer anderen syntaktischen Domäne als das Bezugsnomen auf; andererseits sind sie in stärkerem Maß als Possessiv- oder Personalpronomen syntaktisch an die NGr gebunden, weil sie als nebensatzeinleitendes Bindeglied zum Matrixsatz prototypischerweise adjazent, dabei aber obligatorisch postnominal zum Bezugsnomen auftreten (vgl. andere Fälle Abschnitt 2.3). Possessiv- und Personalpronomen können dagegen prä- oder postnominal bzw. anaphorisch oder kataphorisch verwendet werden, weil ihre Position anders als jene von Relativpronomen nicht auf den gleichen Matrixsatz bzw. nicht auf eine anaphorische Verwendung beschränkt ist.

Die Anordnung der Targets in Tabelle 1 spiegelt also von links nach rechts das abnehmende Maß ihrer morphosyntaktischen Bindung an das Bezugsnomen wider. Artikel und attributive Adjektive sind stärker an das Bezugsnomen gebunden als Relativpronomen, Relativpronomen stärker als Possessiv- und Personalpronomen. Aufgrund der engen morphosyntaktischen Bindung innerhalb der NGr ist an pränominalen Targets (Artikeln, attributiven Adjektiven) im Kontext von Hybrid Nouns kaum semantische Kongruenz zu erwarten. Demgegenüber sind Pronomen aufgrund ihrer höheren syntaktischen Autonomie eher von semantischer Kongruenz betroffen, insbesondere Possessiv- und Personalpronomen.

1.3 Steuerungsfaktor lineare Distanz

Köpcke, Panther & Zubin (2010) nehmen an, dass bei der Konkurrenz zwischen grammatischen bzw. semantischen Merkmalen nicht nur die syntaktische Domäne ausschlaggebend ist, sondern auch das „Prinzip der linearen Distanz" Einfluss auf die Formenwahl nimmt (vgl. auch schon Moravcsik 1978: 342).[1] Darunter verstehen sie die lineare Entfernung von genussensitiven Targets zum Bezugsnomen. Je geringer die lineare Distanz zwischen einem Target und dem Bezugsnomen ausfällt, umso eher sollte es grammatisch kongruent markiert

---

[1] Köpcke, Panther & Zubin (2010: 182) führen außerdem „the *grammatical category* and/or *function* of the target; and its degree of *syntactic embeddedness* relative to the controler" an; Panther (2009), Braun & Haig (2010), Robinson (2010), Nübling (2015), Hübner (2021) oder Busley & Fritzinger (i. d. B.) diskutieren auch pragmatische Aspekte als Einflussfaktoren, auf die wir in der Ergebnisdiskussion eingehen.

werden. Ob ein Target eher in geringer oder eher in größerer linearer Distanz auftreten kann, ist nicht nur von seinem morphosyntaktischen Bindungsgrad an das Bezugsnomen abhängig, wenngleich in prototypischen Konstruktionen eine Korrelation zwischen den beiden Faktoren festgestellt werden kann. Geht man von prototypischen NGr des Typs [DET+NOMEN] oder von adjazenten Relativsätzen aus, implizieren diese Targets mit hoher morphosyntaktischer Bindung an das Bezugsnomen eher ein Auftreten in geringer linearer Distanz, vgl. (3) und (4).

(3) das Mädchen

(4) Das Mädchen, das ich gestern getroffen habe, ...

Bei expandierten NGr, vgl. (5), oder extraponierten Relativpronomen, denen ein weiteres Attribut vorangestellt ist, vgl. (6), kann die lineare Distanz zwischen dem kongruenzauslösenden Nomen und den Targets aber auch vergleichsweise hoch ausfallen:

(5) *Das von der vollkommen gerechtfertigten Beförderung so gar nicht überraschte Fräulein, ...*

(6) *Das Mädchen mit dem äußerst beeindruckenden Lebenslauf, das sich gestern vorgestellt hat, ...*

Auch bei Possessiv- und Personalpronomen impliziert ihr geringer morphosyntaktischer Bindungsgrad, dass sie in ausgedehnter linearer Distanz zum Bezugsnomen auftreten können, vgl. (7). Andererseits können auch diese Pronomen in einem neuen Matrixsatz in unmittelbarer linearer Nähe zum kongruenzauslösenden Nomen vorkommen, vgl. (8):

(7) *Der Mann sah eine Frau an der Straße. Bei ihrem Anblick dachte er an seine alte Chefin.*

(8) *Der junge Mann sah das sportliche Mädchen. Es schoss gerade ein Tor.*

Die morphosyntaktische Bindung der Targets an das Bezugsnomen verändert sich dadurch aber nicht: Das Artikelwort bleibt hinsichtlich seiner syntaktischen Funktion vom Bezugsnomen kontrolliert, die syntaktische Funktion des Relativpronomens wird unverändert von dem postnominal in die NGr eingebetteten Attributsatz bestimmt, Possessiv- und Personalpronomen bleiben syntaktisch autonom.

1.4 Empirische Befunde

Der Einfluss beider Faktoren wurde in verschiedenen empirischen Studien untersucht. So erörtern z. B. Oelkers (1996) und Thurmair (2006) den Einfluss der syntaktischen Domäne auf die semantisch bzw. grammatisch motivierte Formenwahl. Oelkers (1996) führte mit 74 deutschsprachigen Versuchspersonen einen Ergänzungstest durch, in dem anaphorische Relativ-, Personal- und Possessivpronomen in der Folge von verschiedenen Genus-Sexus-divergierenden Nomen (z. B. *Fräulein, Mädchen*) bzw. sexusindifferenten Epikoina (z. B. *Individuum, Star, Person* etc.) ergänzt werden mussten. Zu 70,9 % wählten die Versuchspersonen semantisch kongruierende Pronomen. Es zeigte sich aber insofern ein Unterschied zwischen Relativ- und Personalpronomen, als die in die NGr eingebundenen Relativpronomen häufiger als die Personalpronomen grammatisch kongruent gewählt wurden (Oelkers 1996: 10).

Thurmair (2006) analysierte ein Korpus gegenwartssprachlicher Texte, in denen sie insgesamt 700 Belege für Hybrid Nouns und Epikoina ausmachen konnte. Auch hier zeigte sich der Einfluss der syntaktischen Domäne auf die von den Autorinnen und Autoren gewählten genussensitiven Targets: Artikelwörter wurden ausschließlich grammatisch kongruent verwendet. Semantische Kongruenz zeigte sich dagegen bei einigen Relativpronomen,[2] in noch deutlicherem Ausmaß (80 %) an Possessiv- und Personalpronomen, die innerhalb des gleichen Matrixsatzes wie die Hybrid Nouns bzw. Epikoina auftraten. Pronomen in neuen Matrixsätzen wurden ebenfalls zu 75 % semantisch basiert gewählt.

Zusammenfassend kann für beide Studien konstatiert werden, dass Sprecherinnen und Sprecher des Deutschen an NGr-internen Targets (Artikel, attributiven Adjektiven, Relativpronomen) präferiert grammatische Genuskongruenz, bei anaphorischen Pronomen präferiert semantische Kongruenz markieren.

---

2 Für Relativpronomen stellt Thurmair (2006) fest, dass bei diesen in Abhängigkeit vom Typ des Nomens unterschiedliche Präferenzen für semantische Kongruenz oder grammatische Genuskongruenz gegeben waren: Gattungsnamen (*Teenager, Talent* etc.) wurden ausschließlich grammatisch kongruent pronominalisiert, bei auf *-chen* derivierten Märchennamen (*Schneewittchen, Dornröschen, Rotkäppchen*) und anderen Eigennamen (*Kläuschen, Mariechen*) waren Belege für semantische Kongruenz vorzufinden. Thurmair (2006: 198) führte diesen Unterschied auf die individuierbare Semantik letztgenannter Substantive zurück.

Der Einfluss der syntaktischen Domäne auf die Entscheidung für semantische bzw. grammatische (Genus-)Kongruenz kann durch beide Studien als belegt gewertet werden.

Auch für den Einfluss der linearen Distanz findet sich in der Untersuchung von Oelkers (1996) Evidenz: Pronomen, die in der zweiten oder dritten Testlücke – und damit in größerer linearer Distanz zum Bezugsnomen als Pronomen in der ersten Testlücke – eingesetzt werden mussten, wurden häufiger semantisch als grammatisch kongruent gewählt als Pronomen in geringerer linearer Distanz zum Bezugsnomen. Diesen Befund bestätigt auch eine Untersuchung von Köpcke & Zubin (2009: 141–142), die eine Zunahme von semantischer Kongruenz mit zunehmender linearer Distanz zwischen Bezugsnomen und Targets feststellten. In der diachronen Entwicklung kann dieser Effekt auch als robust bezeichnet werden, wie die Korpusstudien von Birkenes, Chroni & Fleischer (2014) sowie Birkenes & Fleischer (i. d. B.) nahelegen: Lineare Distanz zeigt sich schon in den hier untersuchten mittel- und neuhochdeutschen Texten (12., 17. und 19. Jh.) als ausschlaggebend.

Da aus der Ergebnisdarlegung dieser Studien aber nicht eindeutig hervorgeht, um welche konkreten Pronomen (Relativ-, Personal- oder Possessivpronomen) und damit um welche syntaktischen Domänen es sich jeweils handelt, kann nicht genau bestimmt werden, welcher der beiden Faktoren – die syntaktische Domäne oder die lineare Distanz – semantische Kongruenz in stärkerem Maß begünstigt.

Eine Studie, in der die Wirkung des Faktors der linearen Distanz eindeutig identifiziert wird, legt Czech (2014) vor, indem er das gleiche Target (Relativpronomen) in unterschiedlichen linearen Distanzen untersucht. Er analysiert die Variation von semantischer und grammatischer (Genus-)Kongruenz am Beispiel der Hybrid Nouns *Mädchen* und *Fräulein*. 170 Germanistikstudierende im ersten Fachsemester waren dazu angehalten, in einem Text orthographische und grammatische „Fehler" zu korrigieren. Die darin enthaltenen adjazenten und extraponierten Relativpronomen kongruierten zu den Bezugsnomen *Mädchen* und *Fräulein* semantisch und stellten somit aus grammatischer Sicht potentiell zu korrigierende „Fehler" dar. Der Einfluss der linearen Distanz zeigte sich dabei insofern, als dass die extraponierten Relativpronomen viel seltener als die adjazenten Relativpronomen zugunsten grammatisch kongruierender Relativpronomen verbessert wurden. Czech (2014: 33) deutet diesen Befund bezugnehmend auf Köpcke (2012: 40) dahingehend, dass sich die lineare Distanz auf das Arbeitsgedächtnis auswirkt und semantische Merkmale die grammatischen Merkmale des Bezugsnomens über weite lineare Distanzen dominieren.

Von den bisherigen Ausführungen lässt sich ableiten, dass die syntaktische Domäne durch den Targettyp bestimmt wird und nicht veränderbar ist (Abschnitt 1.2). Demgegenüber ist die lineare Distanz ein variabler Parameter, wenngleich dessen Variabilität auch durch den morphosyntaktischen Bindungsgrad des Targets determiniert wird (Abschnitt 1.3). In den besprochenen Studien (Abschnitt 1.4) unterscheidet aber nur Czech (2014) systematisch die Wirkung der beiden Faktoren syntaktische Domäne und lineare Distanz auf die Entscheidung für semantische Kongruenz bzw. grammatische Genuskongruenz, während in den Studien von Oelkers (1996), Thurmair (2006), Köpcke & Zubin (2009) und Birkenes & Fleischer (i. d. B.) die beiden Faktoren nicht systematisch getrennt werden. Zu fragen bleibt deshalb, welcher Faktor semantische Kongruenz in höherem Maß begünstigt, wenn die beiden Faktoren direkt miteinander kontrastiert werden. Dieser Frage wollen wir im Folgenden anhand zweier empirischer Studien mit kindlichen und erwachsenen Sprecherinnen und Sprechern nachgehen.

2 Empirische Studien

Zur Überprüfung, ob die syntaktische Domäne oder die lineare Distanz ausschlaggebender für die Entscheidung für semantische Kongruenz ist, haben wir zwei experimentelle Studien – einen Multiple-Choice-Test und eine Self-Paced-Reading-Studie – durchgeführt. In beiden Studien wird das Verhalten der Probandinnen und Probanden hinsichtlich semantischer oder grammatischer (Genus-)Kongruenz an zwei Targets überprüft, die in unterschiedlichen syntaktischen Domänen auftreten (REL vs. PERS), aber jeweils adjazent zum Bezugsnomen und somit in identischer linearer Distanz zum Bezugsnomen präsentiert werden. Die syntaktische Domäne wird in einem solchen Setting durch die Variation der genussensitiven Targets, die lineare Distanz durch ihre Nivellierung kontrolliert.

Wenn bei dem Target mit höherer syntaktischer Autonomie (PERS) semantische Kongruenz häufiger realisiert (Multiple-Choice-Studie) bzw. schneller verarbeitet (Self-Paced-Reading-Studie) wird als bei dem Target mit geringerer syntaktischer Autonomie (REL), spricht das dafür, dass die syntaktische Domäne der entscheidendere Faktor ist. Ein solches Ergebnis könnte nicht durch den Faktor lineare Distanz erklärt werden, da diese Variable in den Experimenten konstant gehalten wird.

Anhand der experimentellen Studiendesigns kann der Effekt der fraglichen Kriterien also systematisch untersucht werden, indem die sprachlichen Stimuli so gestaltet werden, dass andere Einflussfaktoren, die das Sprachverhalten außerdem steuern können, größtenteils auszuschließen sind. Die Bedingungen der Sprachverarbeitung werden durch die gezielte Manipulation des zu verarbeitenden sprachlichen Materials konstant und somit vergleichbar gehalten, wodurch wir unsere theoretischen Annahmen überprüfen können, deren Untersuchung in natürlichen Sprachverwendungssituationen nicht derart möglich wäre. Die fraglichen Mechanismen der Sprachverarbeitung können durch die spezifisch gestalteten Sprachverarbeitungsaufgaben also überhaupt erst sichtbar gemacht werden.

2.1 Multiple-Choice-Test mit monolingual deutschsprachig aufgewachsenen Kindern

2.1.1 Versuchspersonen

Die erste Untersuchung[3] wurde mit 44 Kindern im Alter von acht bis zehn Jahren durchgeführt, deren Erstsprache Deutsch war. Dass es sich um monolingual deutschsprachig aufgewachsene Kinder handelte, wurde anhand eines sprachbiographischen Fragebogens sichergestellt. Die Kinder waren alle in Deutschland geboren und besuchten Grundschulen im ländlichen Raum von Nordrhein-Westfalen.

2.1.2 Material

Das experimentelle Material bestand aus einem schriftlichen Multiple-Choice-Test, in dem die Kinder aus vorgegeben Antworten eine Auswahl treffen mussten. Es handelt sich damit um ein Aufgabendesign, mit dem Kinder dieses Alters grundsätzlich vertraut sein sollten, da solche Testformate (nicht nur) im Grammatikunterricht sehr gängig sind. Im Speziellen sollten die Kinder im Kontext der Hybrid Nouns *Mädchen*, *Fräulein* und *Weib* sowie der Epikoina *Kind* und *Baby* aus vorgegebenen Targets, variiert nach den drei Genera, eine Auswahl treffen. Hybrid Nouns wurden ausgewählt, weil sie eine Genus-Sexus-Divergenz aufweisen. Die Epikoina *Kind* und *Baby* wurden ausgewählt, weil sie ebenfalls eine Divergenz von Genus und Sexus aufweisen. Im Gegensatz zu den ausgewählten Hybrid Nouns, die einen eindeutigen weiblichen Sexus aufweisen, kann der Sexus für die Epikoina sowohl weiblich als auch männlich sein.[4] Ne-

---

[3] Diese Studie stellt einen Ausschnitt der in Binanzer (2017) erhobenen Daten zum Erwerb des deutschen Genussystems durch kindliche L2-Lernende des Deutschen dar. Die hier diskutierten und bisher noch nicht inferenzstatistisch ausgewerteten Daten stammen von der in der Untersuchung als Kontrollgruppe herangezogenen Stichprobe.
[4] Wir nehmen an dieser Stelle eine binäre Verteilung von Sexus an.

a) Im Restaurant arbeitet [eine / netter / ein] [nette / netter / nettes] Fräulein, [die / das / der] sehr höflich ist.

b) In der Küche ist [das / der / die] [netter / nettes / nette] Fräulein. [Sie / Er / Es] holt den Nachtisch.

Abb. 1: Beispiel Multiple-Choice-Test.

ben der grammatischen Genuskongruenz sind somit zwei Formen der semantischen Kongruenz, eine feminine und eine maskuline, möglich.

Die Sätze waren so konstruiert, dass Relativ- oder Personalpronomen adjazent zum Bezugsnomen folgten, sodass ihre lineare Distanz zum Bezugsnomen identisch war, vgl. beispielhaft Abbildung 1. Jedes experimentelle Item (*Mädchen, Fräulein* und *Weib; Kind* und *Baby*) kam im Multiple-Choice-Test zweimal vor, wobei die Sätze kontextuell an jedes Item angepasst wurden.[5]

Die Kinder erhielten ein Testbooklet, das auf jeder Seite nur einen Satz enthielt. Die Abfolge der auszuwählenden Targets wurde randomisiert, wodurch automatisches Antwortverhalten verhindert werden sollte. Das Testbooklet enthielt insgesamt 52 experimentelle Sätze mit weiteren 21 Nomen und weiteren Targets (Artikelwörter, attributive Adjektive), so dass die zu treffenden Entscheidungen nicht nur auf Hybrid Nouns bzw. Epikoina und Relativ- bzw. Personalpronomen beschränkt war. Enthalten waren außerdem 14 Filleraufgaben, bei denen die Kinder vorgegebene Antworten zu Sachfragen ankreuzen mussten (z. B. *Wie lange dauert ein Fußballspiel? 80 Minuten / 90 Minuten / 100 Minuten*). Der Multiple-Choice-Aufgabe war eine Aufgabe vorgeschaltet, in der die Kinder den Nomen aus dem Multiple-Choice-Test einen bestimmten Artikel zuordnen sollten. Dabei wurde jedes Nomen gemeinsam mit einem Bild der außersprachlichen Referenzperson präsentiert, um sicherzustellen, dass für jedes Nomen ein semantisches Konzept aufgerufen werden konnte, für den Fall, dass den Kindern bestimmte Nomen nicht bekannt sein sollten.[6]

Bezogen auf die hier diskutierte Fragestellung werden nachfolgend nur die Relativ- und Personalpronomen, die im Kontext der Hybrid Nouns und Epikoina angekreuzt werden mussten, diskutiert. Vor dem Hintergrund der in Binanzer (2017) gezeigten Lernerstrategien und der Erwerbsreihenfolge der unterschiedli-

---

5 Vgl. den Wortlaut aller Testsätze in Binanzer (2017: 236–237).
6 So nimmt etwa die Tokenfrequenz der Hybrid Nouns *Mädchen, Fräulein* und *Weib* im produktiven kindlichen Wortschatz (vgl. Pregel & Rickheit 1987) bzw. auch im Erwachsenenwortschatz (vgl. Ruoff 1981) in der angegebenen Reihenfolge ab, wodurch sich auch die Wahrscheinlichkeit verringert, dass den Kindern die angegebenen Nomen bekannt sind.

chen genussensitiven Targets wird davon ausgegangen, dass Kongruenzmarkierungen von Pronomen unabhängig von den im Kontext des gleichen Nomens gewählten Artikelformen direkt zum Bezugsnomen hergestellt werden. Die Ergebnisse zu den Artikelwörtern fließen demnach nicht in die Analysen ein.

2.1.3 Durchführung

Die Daten wurden im Abstand von zwei Wochen an zwei Terminen in der Grundschule der Kinder in einem Klassenraum erhoben. Die Kinder bearbeiteten die Testbooklets dabei selbstständig in Einzelarbeit. Zuvor wurde den Kindern das Testverfahren (Auswahl der zum Nomen passenden Targets) erläutert, indem zwei Beispielaufgaben an der Tafel gemeinsam gelöst wurden.

2.1.4 Analyse

In die Datenauswertung wurden alle Antworten einbezogen, bei denen die Kinder ein Relativ- oder Personalpronomen ausgewählt hatten, unabhängig davon, ob das vorangehende Artikelwort grammatisch oder semantisch kongruent gewählt worden war. Grammatische Genuskongruenz wurde kodiert bei Auswahl einer neutralen Pronomenform, semantische Kongruenz bei femininer Pronomenform für die Hybrid Nouns und bei femininer oder maskuliner Pronomenform für die Epikoina.

In sechs Fällen hatten die Kinder kein Pronomen ausgewählt und in weiteren sechs Fällen war ein maskuliner Artikel für ein Hybrid Noun gewählt worden. Diese Fälle wurden von der inferenzstatistischen Datenanalyse ausgeschlossen, wodurch sich ein Datensatz von 428 Datenpunkten ergibt, die in die Analyse eingingen.[7]

---

[7] In weiteren acht Fällen hatten die Kinder keinen Artikel ausgewählt. Die Kodierung der Kongruenz erfolgte hier allein auf der angenommenen Kongruenz basierend auf dem Genus des gewählten Pronomens. In weiteren 21 Fällen hatten die Kinder einen nicht grammatisch kongruierenden Artikel gewählt. Auch hier wurde die Kodierung der Kongruenz auf Basis der Pronomenwahl vorgenommen. Auffällig ist, dass dieses Verhalten nur im Kontext der Items *Fräulein* und *Weib* auftrat und zu einem Großteil aus der Kombination femininer Artikel mit femininem Pronomen bestand. Diese konsistente Formenwahl aus ein und demselben Genusparadigma kann als semantisch basierte (wenn auch nicht zielsprachliche) Kongruenz interpretiert werden, die gleichzeitig auch grammatische Kongruenz darstellt. Eine Analyse unter Ausschluss dieser Fälle ergab keine qualitativen Unterschiede zu der berichteten Analyse.

2.1.5 Ergebnisse

Bei deskriptiver Betrachtung des Antwortverhaltens lassen sich bereits Unterschiede in Abhängigkeit von den Testitems und den Pronomentypen erkennen (siehe Tabelle 2). Die Hybrid Nouns *Mädchen*, *Fräulein* und *Weib* weisen einen sehr viel höheren Anteil an Antworten mit semantischer Kongruenz auf als die Epikoina *Kind* und *Baby*. In Bezug auf den Pronomentyp zeigt sich, dass semantische Kongruenz insgesamt häufiger bei Personalpronomen als bei Relativpronomen auftritt. Dies zeigt sich für die Hybrid Nouns in deutlich stärkerem Maß als für die Epikoina.

Auch zwischen den einzelnen Items lassen sich Unterschiede feststellen. So zeigt das Item *Weib* im Vergleich zu *Mädchen* und *Fräulein* in der Bedingung Personalpronomen einen recht hohen Anteil an grammatischer Genuskongruenz – rund ein Viertel der Antworten entfällt auf das Pronomen *es*. Bei den Epikoina werden im Kontext von *Baby* bei beiden Pronomentypen die neutralen Formen *das* und *es* deutlich präferiert. Die hier deskriptiv festgestellten Unterschiede ließen sich in der folgenden inferenzstatistischen Analyse jedoch nicht modellieren (Tab. 3).

Für die inferenzstatistische Auswertung wurde ein gemischtes Modell (Jaeger 2008) für die Logits, d. h. den natürlichen Logarithmus der Chance von grammatischer Genuskongruenz gegenüber semantischer Kongruenz, berechnet. Unter der „Chance" des Auftretens versteht man dabei die Wahrscheinlichkeit, dass ein Ereignis auftritt, geteilt durch die Wahrscheinlichkeit, dass es nicht auftritt, bzw. dass das jeweils andere Ereignis eintritt, wenn genau zwei Alternativen gegeben sind. Für den natürlichen Logarithmus dieses Terms gilt,

Tab. 2: Anteil der Genera der Pronomenantworten je experimenteller Bedingung, grau hinterlegt sind die Fälle, die nicht in die Analyse eingehen.

Hybrid Nouns	neutral	feminin	maskulin	k. A.
Relativpronomen	52 %	44 %	2 %	2 %
(n = 132)	(n = 69)	(n = 58)	(n = 3)	(n = 2)
Personalpronomen	11 %	85 %	2 %	2 %
(n = 132)	(n = 14)	(n = 112)	(n = 3)	(n = 3)

Epikoina	neutral	feminin	maskulin	k. A.
Relativpronomen	98 %	1 %	1 %	0 %
(n = 88)	(n = 86)	(n = 1)	(n = 1)	(n = 0)
Personalpronomen	76 %	10 %	13 %	1 %
(n = 88)	(n = 67)	(n = 9)	(n = 11)	(n = 1)

Tab. 3: Anteil der grammatischen Genuskongruenz je Item.

	Relativpronomen	Personalpronomen
Mädchen	67 % (n = 42)[a]	2 % (n = 43)
Fräulein	42 % (n = 43)	5 % (n = 41)
Weib	55 % (n = 42)	26 % (n = 42)
Kind	95 % (n = 44)	63 % (n = 43)
Baby	100 % (n = 44)	91 % (n = 44)

[a] Gesamtanzahl der Antworten pro Item, die entweder grammatische Genuskongruenz oder semantische Kongruenz aufwiesen, maximale Anzahl pro Item n = 44

dass er dann bei 0 liegt, wenn die Auftretenswahrscheinlichkeit des Ereignisses ebenso groß ist wie die Wahrscheinlichkeit des Nicht-Auftretens. Positive Werte korrespondieren dann mit einer höheren Auftretenswahrscheinlichkeit, und negative Werte damit, dass das Nicht-Auftreten wahrscheinlicher ist. In den folgenden Modellierungen wird jeweils die Wahrscheinlichkeit des Auftretens von grammatischer gegenüber semantischer Kongruenz betrachtet.

Die Berechnung wurde in R Version 3.6.2. (R Core Team 2019) mit dem Paket lme4 (Bates et al. 2015) vorgenommen. Die abhängige Variable *Kongruenztyp* war binär kodiert, sodass 1 grammatischer Genuskongruenz, 0 semantischer Kongruenz entsprach.

Das beste Modell enthielt die Faktoren Nomentyp (Epikoina vs. Hybrid) und Pronomentyp (Personalpronomen vs. Relativpronomen) und ihre Interaktion als feste Effekte. Feste Effekte modellieren die Varianz basierend auf den im Experiment manipulierten Faktoren und ermöglichen also die Überprüfung, ob die manipulierten Faktoren einen Einfluss haben. Zufällige Effekte modellieren zusätzlich Varianz basierend auf nicht-kontrollierten Faktoren wie Versuchspersonen oder Items. Die Struktur der zufälligen Effekte in unserem Modell war so gewählt, dass der Kreuzungspunkt mit der y-Achse (intercept) für jede Versuchsperson variierte. Außerdem konnte die Steigung (slope) für jede Versuchsperson abhängig vom Nomentyp variieren.

Tabelle 4 zeigt die Ergebnisse des Modells mit der dazugehörigen Formel. Die Zeile *Intercept* zeigt die Berechnung des Modells für Epikoina in der Bedin-

Tab. 4: Ergebnisse und Formel des Logit Mixed Effekt Modells.

	Estimate	Std.fehler	z-Wert	p-Wert
Intercept	4.51	0.97	4.64	<.001***
Nomentyp (Hybrid)	−4.34	0.98	−4.42	<.001***
Pronomentyp (Personalpronomen)	−2.88	0.84	−3.44	<.001***
Nomentyp x Prononentyp	0.46	0.92	0.5	.62

Formel: cong_type ~ noun_type*pron_type + (1 + noun_type | ID)

gung Relativpronomen. Das Modell berechnet hier einen deutlich positiven Wert (Estimate = 4.51), der anzeigt, dass die Wahrscheinlichkeit für grammatische Genuskongruenz hoch ist. Der p-Wert zeigt an dieser Stelle an, dass sich das Estimate signifikant von 0 unterscheidet, d. h., dass es für Relativpronomen signifikant wahrscheinlicher ist, mit grammatischer als mit semantischer Kongruenz einherzugehen. Die nächste Zeile zeigt den einfachen Effekt von Nomentyp an, wenn anstelle von Epikoina Hybrid Nouns in der Bedingung Relativpronomen modelliert werden. Hier werden für das Estimate 4.34 Punkte vom Wert für das Intercept abgezogen, wodurch sich ein Logit von 0.17 ergibt, d. h. die Chance für grammatische Genuskongruenz ist vergleichbar mit der für semantische Kongruenz. Der p-Wert zeigt hierbei an, dass sich Hybrid Nouns in der Bedingung Relativpronomen signifikant von Epikoina in derselben Bedingung unterscheiden. Die nächste Zeile zeigt den einfachen Effekt von Pronomentyp an, wenn anstelle von Relativpronomen Personalpronomen für Epikoina modelliert werden. Hier werden für das Estimate 2.88 Punkte vom Wert für das Intercept abgezogen, wodurch sich ein Logit von 1.63 ergibt. Die Chance für grammatische Genuskongruenz ist höher als für semantische Kongruenz, aber signifikant niedriger im Vergleich zur Bedingung Relativpronomen. Der Interaktionsterm führte zu keinem signifikanten Ergebnis, aber einer Verbesserung des gesamten Modells. Die Ergebnisse des Modells spiegeln die Werte aus Tabelle 2 wider.

Die einfachen Effekte, die wir finden, zeigen, dass die Wahrscheinlichkeit für grammatische Genuskongruenz bei Hybrid Nouns deutlich geringer ist als bei Epikoina. Personalpronomen zeigen ebenfalls eine geringere Chance für grammatische Genuskongruenz als Relativpronomen.

Da die Kinder in der Originalstudie in Binanzer (2017) in zwei Sprachniveaus eingeteilt waren, wurde außerdem eine explorative Analyse berechnet mit Sprachniveau (niedrig vs. hoch) als zusätzlichem festen Effekt ohne Interaktionsterm im obengenannten Modell. Hierbei zeigte sich ein signifikanter Effekt von Sprachniveau ($p < .001$) mit einem generell höheren Anteil an grammatischer Genuskongruenz bei höherem Sprachniveau.

2.2 Self-Paced-Reading-Studie mit monolingual deutschsprachig aufgewachsenen Erwachsenen

2.2.1 Versuchspersonen

Die Studie zum selbstgesteuerten Lesen wurde mit 24 Germanistik-Studierenden in der Anfangsphase ihres Studiums an einer Universität in Nordrhein-Westfalen durchgeführt. Nach Selbstauskunft der Studierenden war ihre Erstsprache Deutsch.

2.2.2 Material

Für das Leseexperiment wurden die drei neutralen Hybrid Nouns *Mädchen*, *Fräulein* und *Weib* sowie die drei neutralen Epikoina *Kind*, *Baby* und *Idol* verwendet. Auf sie folgte adjazent entweder ein durch Komma abgetrennter Relativsatz mit initialem Relativpronomen oder ein neuer Matrixsatz mit satzinitialem Personalpronomen, vgl. beispielhaft Abbildung 2.

Insgesamt wurden den Studierenden 144 Sätze präsentiert, von denen für die vorliegende Studie nur die Lesezeiten der zwölf Sätze, die Hybrid Nouns und Epikoina enthielten, ausgewertet werden. Weitere zwölf Sätze waren strukturgleich zu Abbildung 2, enthielten aber Genus-Sexus-konvergierende Personenbezeichnungen (drei Feminina: *Tochter*, *Tante*, *Frau*; drei Maskulina: *Junge*, *Mann*, *Bruder*).[8] Jede Versuchsperson las jedes der Nomen zweimal, einmal mit folgendem Relativ- und einmal mit folgendem Personalpronomen. Als weitere Variation waren die Pronomen entweder maskulin, feminin oder neutral. In Abhängigkeit vom vorhergehenden Nomen ergaben sich dadurch unterschiedliche Kongruenzmöglichkeiten. Insgesamt handelt es sich um ein 2 × 2 × 3-Design mit den Faktoren Nomentyp (2 Ebenen: Hybrid Nouns, Epikoina), Pronomentyp

Segment 1	Segment 2	Segment 3	Segment 4	Segment 5	Inhaltsfrage
Im Schwimmbad	ist	das Mädchen.	Sie	heult.	Ist das Mädchen ein Musicalstar?
Im Chor	musiziert	das Mädchen,	das	singt.	Musiziert das Mädchen allein?

Abb. 2: Beispiel experimentelle Sätze Self-paced Reading-Studie.

---

8 64 Sätze anderer Struktur überprüften eine andere Fragestellung, acht weitere Sätze stellten Fillersätze dar.

(2 Ebenen: Personalpronomen, Relativpronomen) und Pronomengenus (3 Ebenen: neutral, feminin, maskulin).

Durch dieses Design kann auch in diesem Experiment systematisch überprüft werden, wie die Verarbeitung von grammatischer Genuskongruenz (neutrale Pronominalformen) bzw. semantischer Kongruenz (femininer Pronominalformen bzw. in der Folge von Epikoina auch maskuliner Pronominalformen) verläuft. Wie bei selbstgesteuerten Leseexperimenten generell gehen wir davon aus, dass erhöhte Lesezeiten auf Verarbeitungsprobleme hindeuten, in unserem Fall auf Probleme mit der Verarbeitung von Kongruenz. Für semantisch kongruierende Targets wird im Kontext von Hybrid Nouns erwartet, dass sie entweder gleich gut wie oder sogar schneller als grammatisch kongruierende, also neutrale Targets verarbeitet werden, in jedem Fall schneller als maskuline Targets, die weder semantisch noch grammatisch kongruieren. Im Kontext der von uns genutzten neutralen Epikoina könnten maskuline Targets gleich gut wie feminine Targets verarbeitet werden, da die außersprachliche Referenzperson sowohl weibliches als auch männliches Geschlecht aufweisen kann. Die Verarbeitung semantischer Kongruenz sollte bei neutralen Epikoina also gleich gut wie bei grammatischer Genuskongruenz verlaufen.[9] In Bezug auf unsere Fragestellung nach der Rolle der syntaktischen Domäne bzw. linearen Distanz ist eine bessere Verarbeitung von semantischer Kongruenz gegenüber grammatischer Inkongruenz aber in höherem Maß bei Personalpronomen als bei Relativpronomen zu erwarten, da die Personalpronomen gegenüber Relativpronomen eine höhere syntaktische Autonomie aufweisen (vgl. Abschnitt 1.2).

2.2.3 Durchführung

Die Studierenden saßen einzeln vor einem Computerbildschirm. Ihnen wurde erläutert, dass durch das Drücken einer Tastaturtaste auf dem Bildschirm nacheinander die einzelnen Segmente eines Satzes zentriert erscheinen würden, wobei jeder Klick zum Erscheinen des nächsten Segments führt und zeitgleich das zuvor gelesene Wort wieder verschwindet. Die gewählte Präsentationsform erlaubt den Versuchspersonen keine Rückschlüsse auf die Länge des präsentierten Items. Außerdem wurde erklärt, dass im Anschluss an jedes Item eine Frage zu seinem Inhalt beantwortet werden musste (durch das Klicken der Tasten „0" oder „1" für „richtig" oder „falsch"), so dass die Aufmerksamkeit der Studierenden auf eine sinnentnehmende Informationsverarbeitung gelenkt wurde. Bevor

---

9 Für eine Diskussion des Kongruenzverhaltens von Epikoina mit maskulinem oder femininem grammatischen Genus (wie *Mensch*, *Person*) siehe Klein (i. d. B.).

die experimentellen Items getestet wurden, übten sie das Testformat anhand einiger Beispiele.

Nach der Durchführung des Experiments füllten die Studierenden einen Fragebogen zu personenbezogenen Daten (Alter, Geschlecht, Erstsprache etc.) aus und wurden über das eigentliche Ziel der Studie informiert. Insgesamt dauerte das Experiment ca. 45 Minuten.

2.2.4 Analyse

Berichtet werden ausschließlich die Lesezeiten bei der Verarbeitung der Sätze, die Hybrid Nouns oder Epikoina enthielten. Wir analysieren die Lesezeiten im Segment, das die Relativ- bzw. Personalpronomen enthält (Segment 4) und im darauffolgenden Satzsegment, das das satzfinale finite Verb enthält (Segment 5), um mögliche Verzögerungen in der Reaktion auf das Pronomen an dieser Stelle noch erfassen zu können.

Als Referenz für die Reaktionszeiten wird die Lesezeit bei grammatischer Genuskongruenz angenommen, d. h. die Lesezeit für neutrale Pronomen.

Für die Datenanalyse wurde der vollständige Datensatz aller 24 Versuchspersonen genutzt. Ausgeschlossen wurden lediglich Reaktionszeiten unter 200 ms und solche, die 2.5 SD über dem Mittelwert für das jeweilige Segment lagen. Um eine Normalverteilung der Reaktionszeiten zu erreichen, wurden diese anschließend mit dem natürlichen Logarithmus transformiert.[10]

2.2.5 Ergebnisse

2.2.5.1 Segment 4 (Personal- bzw. Relativpronomen)

Für die Datenanalyse von Segment 4 wurden sechs Datenpunkte nach den obengenannten Kriterien ausgeschlossen. Die inferenzstatistische Auswertung basiert somit auf 282 Datenpunkten. Da jede Versuchsperson maximal einen Datenpunkt pro Bedingung beigetragen hat, kommt es zu verhältnismäßig großen Standardabweichungen (bis zu 270 ms, siehe Tabelle 5).

Die Daten werden in Abbildung 3 visualisiert, dabei werden 95 % Konfidenzintervalle angezeigt. Es ist zu beachten, dass die Fehlervarianz hoch ist und dass demnach insbesondere aus der Abwesenheit von Effekten keine sicheren Schlüsse gezogen werden können.

---

[10] Die Betrachtung der Antworten auf die Verständnisfragen zeigte eine durchschnittliche Genauigkeit von 92 % (SD: 23). Eine Versuchsperson hatte mit 71 % korrekten Antworten eine

Tab. 5: Untransformierte Lesezeiten in ms; M (SD).

Hybrid Nouns (Fräulein, Mädchen, Weib)	neutral	feminin	maskulin
Relativpronomen	507.25 (158.81)	512.75 (117.95)	536.29 (191.62)
Personalpronomen	536.77 (124.39)	550.78 (135.76)	609.75 (269.65)
Epikoina (Kind, Baby, Idol)	**neutral**	**feminin**	**maskulin**
Relativpronomen	510.25 (125.26)	475.21 (102.5)	491.26 (214.68)
Personalpronomen	555.96 (195.98)	533.17 (152.59)	552.34 (153.5)

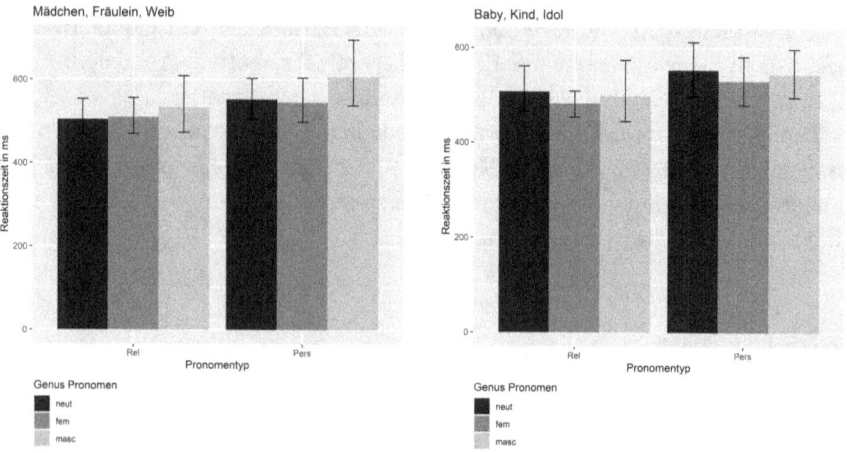

Abb. 3: Lesezeiten in ms (Segment 4), Fehlerbalken geben 95 %-Konfidenzintervalle an.

Wie in Abbildung 3 deutlich wird, gibt es zwei Tendenzen in den Daten: Zum einen werden sowohl für die Hybrid Nouns als auch für die Epikoina Relativpronomen (Rel) schneller gelesen als Personalpronomen (Pers). Zum anderen zeigt sich nur für die Personalpronomen und Hybrid Nouns eine Tendenz, maskulin markierte Pronomen langsamer zu lesen als feminin oder neutral markierte Pronomen.

---

verhältnismäßig niedrige Genauigkeit, lag aber noch deutlich über dem Rateniveau und wurde daher in der Analyse belassen.

Tab. 6: Ergebnisse des minimalen Linear Mixed Effects Models für Segment 4.

	Estimate	Std. Error	df	t-value	p-value
Intercept	6.19	0.036	27.22	169.17	< .001***
Pronomentyp (Personalpronomen)	0.088	0.032	11.48	2.733	.019*

Formel: logRT~pron_type +(1|ID) + (1|item)

Zur inferenzstatistischen Auswertung wurde ein lineares gemischtes Modell für die zuvor transformierten Lesezeiten berechnet.[11] Das Modell, das die Varianz in den Daten am besten erklärte, war ein einfaches Modell mit Pronomentyp als festem Effekt und Versuchsperson und Item als zufälligen Effekten. Hierbei wird die Varianz in den Daten durch den von uns manipulierten Faktor Pronomentyp und die Varianz zwischen Versuchspersonen und Items erklärt. Tabelle 6 zeigt die Ergebnisse des Modells. Das Intercept steht hierbei für den y-Achsenabschnitt in der Bedingung Relativpronomen. Nomentyp und Pronomengenus spielen in diesem Modell keine Rolle und sind zusammengefasst. Der p-Wert für das Intercept zeigt an, dass dieses signifikant unterschiedlich von 0 ist. Ändern wir den Pronomentyp auf Personalpronomen, sehen wir einen kleinen Zuwachs beim Estimate von 0.088, der signifikant ist. Personalpronomen werden über alle anderen Bedingungen hinweg generell langsamer gelesen als Relativpronomen. In Abbildung 3 entspricht dies einem Vergleich der drei Balken auf der jeweils linken Hälfte der Abbildungen (Rel) mit den drei Balken auf der jeweils rechten Hälfte der Abbildungen (Pers).

Umfangreichere Modelle, die auch die von uns manipulierten Faktoren Nomentyp und Pronomengenus als feste Effekte beinhalteten, konnten keine bessere Passung der Daten erreichen als das oben beschriebene einfachere Modell. In Segment 4 haben die Manipulation von Nomentyp und Pronomengenus keinen signifikanten Einfluss auf das Leseverhalten.

2.2.5.2 Segment 5

Es ist möglich, dass Effekte der Kongruenzverarbeitung verzögert auftreten. Da eine zentrierte Darstellung der Satzteile erfolgte, d. h. die Versuchspersonen keine Informationen darüber erhielten, wie lang der vollständige Satz war, ist die Form in Segment 4 in der Bedingung Relativpronomen ambig. Sie kann als Re-

---

[11] Für die Berechnung der Modelle wurde ebenfalls R mit dem Paket *lme4* genutzt wie im vorherigen Experiment beschrieben. Da für lineare gemischte Modelle die *p*-Werte nicht automatisch ausgegeben werden, wurden diese mit dem Paket *lmerTest* berechnet (vgl. Kuznetsova, Brockhoff & Christensen 2017).

lativpronomen interpretiert werden, alternativ aber auch als Definitartikel im Rahmen einer Aufzählung mehrerer Nomen. Die Disambiguierung zum Relativpronomen kann in unseren Materialien erst durch das finite Verb in Segment 5 erfolgen, wodurch auch die Kongruenzverarbeitung verzögert werden kann.

Bei Segment 5 ist außerdem zu beachten, dass es sich um das Satzende handelt. Satzverarbeitungsmodelle gehen davon aus, dass am Satzende nicht nur das gerade gelesene Wort verarbeitet wird, sondern die Satzverarbeitung als Ganzes zum Abschluss kommt und alle bisherigen Informationen zusammenfließen (sogenannte Sentence-wrap-up-Effekte). Die Beobachtung von Effekten, die sich allein auf das präsentierte Wort beziehen, wird dadurch erschwert. Für unser Material ergibt sich hier ein systematischer Unterschied zwischen den Pronomenbedingungen. In der Bedingung Relativpronomen besteht der zu verarbeitende Satz aus dem gesamten präsentierten Satzmaterial, d. h. einem Hauptsatz und einem Relativsatz, und insgesamt sieben Wörtern. In der Bedingung Personalpronomen muss an dieser Stelle nur das Material aus Segment 4 und 5 verarbeitet werden, da in dieser Bedingung zwei Hauptsätze nacheinander angezeigt werden, die nicht durch ein Komma verbunden sind. Die Verarbeitung des ersten Hauptsatzes wurde bereits vor der eigentlichen Manipulation in Segment 3 abgeschlossen.

Für die Datenanalyse von Segment 5 wurden drei Datenpunkte nach den bekannten Kriterien ausgeschlossen. Die inferenzstatistische Auswertung basiert somit auf 285 Datenpunkten. Die Mittelwerte und Standardabweichungen je Bedingung können Tabelle 7 entnommen werden, auch hier sind die hohen Standardabweichungen zu beachten (bis zu 356 ms).

Ähnlich wie für die Pronomen (Segment 4) zeigt auch die Datenvisualisierung für die finiten Verben (Segment 5) einen generellen Unterschied zwischen den Lesezeiten für Relativ- und Personalpronomen, wobei im Gegensatz zu Segment 4 hier schnellere Lesezeiten für die Personalpronomen vorzufinden sind (Abb. 4).

Zur inferenzstatistischen Auswertung wurde wie im vorherigen Segment ein lineares gemischtes Modell für die zuvor transformierten Lesezeiten berechnet. Das Modell, das die Varianz in den Daten am besten erklärte, hatte eine einfache Struktur mit Pronomentyp als festem Effekt und Versuchsperson als zufälligem Effekt. Tabelle 8 zeigt die Ergebnisse des Modells. Das Intercept steht hierbei erneut für den y-Achsenabschnitt in der Bedingung Relativpronomen. Der p-Wert für das Intercept zeigt an, dass sich dieses signifikant von 0 unterscheidet. Für den Pronomentyp Personalpronomen sehen wir eine Abnahme beim Estimate von 0.17, die signifikant ist. Das Modell bestätigt unsere vorherige visuelle Inspektion der Daten: Das satzfinale finite Verb wird in der Bedingung Personalpronomen schneller gelesen als in der Bedingung Relativpronomen.

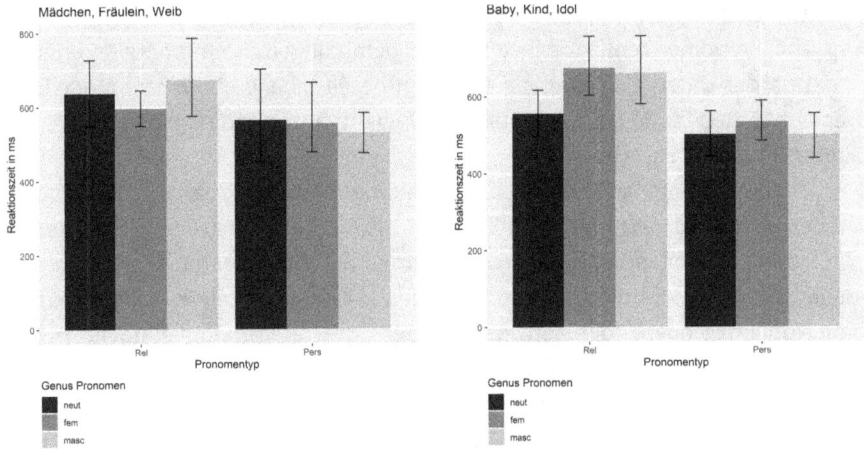

Abb. 4: Lesezeiten in ms (Segment 5), Fehlerbalken geben 95 %-Konfidenzintervalle an.

Tab. 7: Nicht-transformierte Lesezeiten in ms für Segment 5; M (SD).

Hybrid Nouns (Fräulein, Mädchen, Weib)	neutral	feminin	maskulin
Relativpronomen	637.17 (280.17)	590.83 (156.19)	675.96 (302.23)
Personalpronomen	564.54 (356.18)	555.37 (301.5)	530.37 (173.67)
Epikoina (Kind, Baby, Idol)	neutral	feminin	maskulin
Relativpronomen	556.71 (179.28)	676.04 (255.89)	656.48 (284.02)
Personalpronomen	502.62 (164.81)	535.21 (185.4)	502.25 (149)

Tab. 8: Ergebnisse des Linear Mixed Effects Modells für Segment 5.

	Estimate	Std. Error	df	t-value	p-value
Intercept	6.39	0.043	33.59	147.49	< .001***
Pronomentyp (Personalpronomen)	−0.17	0.034	261.1	−5.01	< .001***

Formel: logRT ~ pron_type + (1|ID)

Umfangreichere Modelle, die auch die von uns manipulierten Faktoren Nomentyp und Pronomengenus als feste Effekte beinhalteten, konnten keine bessere Passung der Daten erreichen als das oben beschriebene einfachere Modell. In Segment 5 haben die Manipulation von Nomentyp und Pronomengenus keinen Einfluss auf das Leseverhalten.

Da das gesamte Satzmaterial für die Bedingungen Personal- und Relativpronomen systematisch unterschiedlich war, wurden auch getrennte Modelle für die beiden Pronomenbedingungen berechnet, die die Resultate der Gesamtmodelle bestätigten: Beim Lesen der Pronomen (Segment 4) zeigte sich kein Effekt von Nomentyp oder Pronomengenus, weder für Relativpronomen noch für Personalpronomen. Beim Lesen des satzfinalen Verbs (Segment 5) gab es für die Personalpronomen ebenfalls keine Effekte von Nomentyp oder Pronomengenus. Einzig für die Relativpronomen zeigte sich ein Effekt von Pronomengenus und auch nur bei den Epikoina: Das satzfinale Verb wurde nach femininen Relativpronomen langsamer gelesen als nach neutralen Relativpronomen. Hierbei handelt es sich jedoch um eine explorative Analyse.

3 Diskussion

Die Ergebnisse der Multiple-Choice-Aufgabe der Kinder passen zu den Ergebnissen von Oelkers (1996), Thurmair (2006), Birkenes, Chroni & Fleischer (2014) und Birkenes & Fleischer (i. d. B.). Wir finden bei syntaktisch autonomen anaphorischen Personalpronomen ebenfalls eine stärkere Präferenz für semantische Kongruenz als bei NGr-intern gebundenen Relativpronomen. Da die lineare Distanz zwischen Pronomen und Antezedent identisch war, kann aus den Ergebnissen außerdem geschlossen werden, dass die syntaktische Domäne an sich, unabhängig von der Distanz, einen Effekt hat. Ob dieser durch eine Manipulation der linearen Distanz weiter moduliert werden kann, könnten zukünftige Untersuchungen zeigen.

Die explorative Analyse zum Sprachniveau der Kinder deutet auf eine Entwicklung hin, die – wie im frühen sukzessiven Zweitspracherwerb (vgl. Binanzer 2017) – von einer eher semantisch motivierten Kongruenz zu einer grammatischen Genuskongruenz hin verläuft und im getesteten Alter (acht–zehn Jahre) noch nicht abgeschlossen ist. Vergleichbare Tendenzen lassen sich auch bei Oelkers (1996: 12) finden, die einen höheren Anteil an semantischer Kongruenz bei jüngeren Sprecherinnen und Sprechern feststellt. Außerdem korrelieren mit einem solchen Verlauf auch diachrone Korpusstudien von Birkenes, Chroni &

Fleischer (2014) und Birkenes & Fleischer (i. d. B.). Die Autoren stellen im Verlauf der Zeit eine Abnahme von semantischer Kongruenz fest: Je größer die Erfahrung mit Sprache und je standardisierter die Sprache selbst, desto wahrscheinlicher wird grammatische Genuskongruenz.

Aufschlussreich sind auch die Ergebnisse zur Verteilung semantischer Kongruenz bzw. grammatischer Genuskongruenz auf die unterschiedlichen experimentellen Items. Diese spiegeln den Einfluss konzeptueller Aspekte, wie sozialer Status bzw. Alter der Referenzperson, auf die Kongruenzentscheidung bei Personalpronomen wider, wie sie auch von Zubin & Köpcke (2009) und Nübling (2015) bzw. Braun & Haig (2010) und Birkenes & Fleischer (i. d. B.) diskutiert werden. Bei den Hybrid Nouns findet sich ein Effekt von sozialem Status, da *Weib*, das nach Zubin & Köpcke (2009: 252–253) im Gegenwartsdeutschen pejorisierend für „an old unpleasant or unattractive woman" verwendet wird, einen deutlich höheren Anteil an grammatischer Genuskongruenz für Personalpronomen aufweist als *Fräulein* und *Mädchen*. Bei den Epikoina zeigt sich der Effekt von Referentenalter, da *Baby* einen höheren Anteil an grammatischer Genuskongruenz aufweist als *Kind*, was mit der Ausdifferenzierung geschlechtsspezifischer Merkmale sowohl auf behavioraler als auch auf physiologischer Ebene in der Entwicklung vom Baby zum Kind und darüber hinaus einhergeht.

Die Ergebnisse der selbstgesteuerten Lesestudie müssen mit Vorsicht betrachtet werden, da die statistische Trennschärfe hier relativ niedrig war. Es ist gut möglich, dass sich mit höherer statistischer Trennschärfe, zu erreichen durch mehr Versuchspersonen und mehr Items, deutlichere Unterschiede zwischen den einzelnen Bedingungen zeigen würden.

In den vorliegenden Daten gab es keine Effekte, die durch die Manipulation der Kongruenz hervorgerufen wurden. Es gab einzig zwei signifikante Effekte von Pronomentyp: Beim Lesen der Pronomen (Segment 4) wurden Personalpronomen langsamer gelesen als Relativpronomen, beim Lesen des satzfinalen Verbs (Segment 5) kehrte sich dieser Effekt um und Verben wurden nach Personalpronomen schneller gelesen als nach Relativpronomen. Die unterschiedlichen Lesezeiten für die beiden Pronomentypen lassen sich sehr plausibel durch bei diesen beiden Pronomentypen unterschiedlich verlaufende Prozesse der allgemeinen Satzverarbeitung erklären. Bei Segment 4 muss ein Personalpronomen als erstes Element eines neuen Satzes verarbeitet werden. Es ist syntaktisch nicht an das vorhergehende Nomen gebunden und könnte potenziell ein unbekanntes Subjekt des neuen Satzes darstellen. Das Aufbauen eines neuen Satzgebildes könnte hier schon den Ausschlag für längere Lesezeiten geben.

Für die Bedingung Relativpronomen gibt es zwei Interpretationsmöglichkeiten, die sich aus der Satzstruktur ergeben. Beispiel (9a) zeigt das Satzmaterial, das die Versuchsperson in dieser Bedingung bis einschließlich Segment 4 verarbeitet hat.

(9) a. *Im Chor musiziert das Mädchen, das*

Die Form *das* kann an dieser Stelle entweder als Relativpronomen oder als Definitartikel eines folgenden Nomens, z. B. *das Nachbarskind*, interpretiert werden. Beide Interpretationen lassen eine direkte Integration in die bisherige Satzstruktur zu, allerdings erfordert nur die Interpretation als Relativpronomen eine Kongruenz mit dem vorherigen Nomen. Es ist möglich, dass die endgültige Interpretation der Form *das* und somit auch die Kongruenz auf das folgende Segment verschoben wird, wenn die Präsentation des finiten Verbs (9b) eine Interpretation als Definitartikel ausschließt.

(9) b. *Im Chor musiziert das Mädchen, das singt.*

Die höheren Lesezeiten auf dem satzfinalen Verb für die Bedingung Relativpronomen lassen sich somit sowohl mit der Auflösung der Ambiguität erklären, als auch mit dem umfangreicheren Satzmaterial, das an dieser Stelle verarbeitet werden muss, im Gegensatz zur Bedingung Personalpronomen, die nur aus dem Pronomen und dem Verb besteht.

Ein Effekt von Kongruenz konnte nur dann gefunden werden, wenn die beiden Pronomenbedingungen getrennt voneinander analysiert wurden. Diese getrennte Analyse kann durch das unterschiedliche Satzmaterial durchaus gerechtfertigt werden. Der gefundene Kongruenzeffekt trat am satzfinalen Verb in der Bedingung Relativpronomen auf und beschränkte sich auf die Epikoina. Das Verb wurde nach einem femininen Relativpronomen signifikant langsamer gelesen als nach einem neutralen Relativpronomen (Unterschied 119 ms). Derselbe Vergleich nach maskulinen und neutralen Relativpronomen war nicht signifikant, auch wenn sich deskriptiv ein ähnlich starker numerischer Anstieg zeigte (Unterschied 99 ms). Dies könnte als eine Präferenz für grammatische Genuskongruenz gegenüber semantischer Kongruenz gewertet werden.

Deskriptiv lassen sich einige Tendenzen beobachten, die auf Unterschiede zwischen Hybrid Nouns und Epikoina hindeuten. Beim Lesen des Pronomens selbst (Segment 4) steigen die Lesezeiten für die feminine Bedingung gegenüber der neutralen Bedingung bei Hybrid Nouns an, für Epikoina fallen sie jedoch. Der gegenteilige Trend lässt sich am satzfinalen Verb beobachten, hier weisen die Epikoina längere Lesezeiten für die feminine Bedingung auf als für die neutrale und die Hybrid Nouns kürzere. Hierbei handelt es sich jedoch um numerische Trends, die mit den inferenzstatistischen Verfahren nicht bestätigt werden konnten.

Während wir bei der Kinderstudie deutliche Effekte von syntaktischer Domäne und Nomentyp finden konnten, war dies für die Erwachsenenstudie weit weniger der Fall. Die generelle starke Präferenz der Kinder für grammatische Genuskongruenz bei den Epikoina bildet sich bei den Erwachsenen ansatzweise nur in der explorativen Analyse des satzfinalen Verbs ab. Der Effekt von syntaktischer Domäne auf die Kongruenz bei Hybrid Nouns, den die Kinder zeigten, lässt sich bei den Erwachsenen mit den vorliegenden Daten nicht finden.

Um die o. g. deskriptiven Trends zu verfolgen, bieten sich weitere Studien an, die nicht nur die Anzahl der Versuchspersonen und der Items erhöhen, um eine bessere statistische Trennschärfe zu erreichen, sondern auch die Unterschiede zwischen den Pronomenbedingungen (zwei Sätze vs. ein Satz, Punkt vs. Komma) beseitigen. Außerdem sollten die Sätze verlängert werden, damit die Disambiguierung des Relativpronomens durch das Verb nicht mit dem Satzende zusammenfällt. Mit diesen Änderungen sollten einzelne Effekte von Genuskongruenz und syntaktischer Domäne deutlicher hervortreten und auch statistisch belastbar sein. Mit derart verbesserten Materialien ließe sich auch für die Erwachsenengruppe die Entwicklung von semantischer Kongruenz hin zu einer Präferenz von grammatischer Genuskongruenz überprüfen, die sich bei den Kindern verschiedener Sprachniveaus bereits andeutet.

4 Literatur

Bates, Douglas Martin Mächler, Ben Bolker & Steve Walker (2015): Fitting Linear Mixed-Effects Models Using lme4. *Journal of Statistical Software* 67(1), 1–48. doi: 10.18637/jss.v067.i01.

Binanzer, Anja (2017): *Genus – Kongruenz und Klassifikation. Evidenzen aus dem Zweitspracherwerb des Deutschen*. Berlin, Boston: De Gruyter.

Birkenes, Magnus Breder, Cleopatra Chroni & Jürg Fleischer (2014): Genus- und Sexuskongruenz im Neuhochdeutschen: Ergebnisse einer Korpusuntersuchung zur narrativen Prosa des 17. bis 19. Jahrhunderts. *Deutsche Sprache* 42, 1–24.

Braun, Friederike & Geoffrey Haig (2010): When are German 'girls' feminine? How the semantics of age influences the grammar of gender agreement. In Markus Bieswanger, Heiko Motschenbacher & Susanne Mühleisen (Hrsg.), *Language in its socio-cultural context: New explorations in global, medial and gendered uses*, 69–84. Frankfurt am Main: Peter Lang.

Corbett, Greville G. (1979): The agreement hierarchy. *Journal of Linguistics* 1, 203–224.

Corbett, Greville G. (1991): *Gender*. Cambridge: University Press.

Corbett, Greville G. (2006): *Agreement*. Cambridge: University Press.

Czech, Henning (2014): Zur Variation grammatischer und semantischer Genuskongruenz bei Personal- und Relativpronomen im Deutschen: Variablenbindung und lineare Distanz als potenzielle Einflussfaktoren. In *Tagungsband zur 55. StuTS in Greifswald* (29. 05.–01. 06. 2014).

Hübner, Julia (2021): Das Mädchen und ihr Liebhaber. Pragmatik als motivierender Faktor von Sexuskongruenz. In Anja Binanzer, Jana Gamper & Verena Wecker (Hrsg.),

Prototypen – Schemata – Konstruktionen. Untersuchungen zur deutschen Morphologie und Syntax, 31–52. Berlin, Boston: De Gruyter.

Jaeger, T. Florian (2008): Categorical data analysis: Away from ANOVAs (transformation or not) and towards logit mixed models. *Journal of Memory and Language*, 59(4), 434–446. https://doi.org/10.1016/j.jml.2007.11.007

Köpcke, Klaus-Michael & David A. Zubin (2009): Genus. In Hentschel, Elke & Petra Maria Vogel (Hrsg.), *Deutsche Morphologie*, 132–154. Berlin, New York: De Gruyter.

Köpcke, Klaus-Michael, Klaus-Uwe Panther & David A. Zubin (2010): Motivating grammatical and conceptual gender agreement in German. In Hans-Jörg Schmid & Susanne Handl (Hrsg.), *Cognitive Foundations of Linguistic Usage Patterns*, 171–194. Berlin, New York: De Gruyter Mouton.

Köpcke, Klaus-Michael (2012): Konkurrenz bei der Genuskongruenz. Überlegungen zum Grammatikunterricht in der Sekundarstufe II. *Der Deutschunterricht* 1, 36–46.

Kuznetsova, Alexandra, Per B. Brockhoff & Rune H. B. Christensen (2017): lmerTest Package: Tests in Linear Mixed Effects Models. *Journal of Statistical Software* 82, 13, 1–26. https://doi.org/10.18637/jss.v082.i13

Moravcsik, Edith A. (1978): Agreement. In Joseph H. Greenberg (Hrsg.), *Universals of Human Language*. Vol. 4 Syntax, 331–374. Stanford: Stanford University Press.

Nübling, Damaris (2015): Between feminine and neuter, between semantic and pragmatic gender: hybrid names in German dialects and in Luxembourgish. In Jürg Fleischer (Hrsg.), *Agreement from a Diachronic Perspective*, 235–266. Berlin, New York: De Gruyter Mouton.

Oelkers, Susanne (1996): Der Sprintstar und ihre Freundinnen. Ein empirischer Beitrag zur Diskussion um das generische Maskulinum. *Muttersprache* 106 (1), 1–15.

Panther, Klaus-Uwe (2009): Grammatische versus konzeptuelle Kongruenz. Oder: Wann siegt das natürliche Geschlecht? In Rita Brdar-Szabó, Elisabeth Knipf-Komlósi & Attila Péteri (Hrsg.), *An der Grenze zwischen Grammatik und Pragmatik*, 67–86. Frankfurt am Main: Peter Lang.

Pregel, Dietrich & Gert Rickheit (1987): *Der Wortschatz im Grundschulalter. Häufigkeitswörterbuch zum verbalen, substantivischen und adjektivischen Wortgebrauch*. Hildesheim: Olms.

R Core Team (2019). R: A language and environment for statistical computing. R Foundation for Statistical Computing, Vienna, Austria. https://www.R-project.org/.

Robinson, Orrin W. (2010): *Grimm language. Grammar, gender and genuineness in the fairy tales*. Amsterdam, Philadelphia: Benjamins.

Ruoff, Arno (1981): *Häufigkeitswörterbuch gesprochener Sprache*. Tübingen: Niemeyer.

Thurmair, Maria (2006): Das Model und ihr Prinz. Kongruenz und Texteinbettung bei Genus-Sexus-Divergenz. *Deutsche Sprache* 34, 191–220.

Zubin, David A. & Klaus-Michael Köpcke (2009): Gender control – lexical or conceptual? In Patrick O. Steinkrüger & Manfred Krifka (Hrsg.), *On Inflection*, 237–262. Berlin, New York: De Gruyter Mouton.

Berry Claus und Aline Willy
Inkongruenz von Genus und Geschlecht in Nominalellipsen: Akzeptabilität und Asymmetrie

Zusammenfassung: In diesem Beitrag berichten wir über ein Experiment zur Akzeptabilität von Nominalellipsen mit Nichtübereinstimmung zwischen dem Genus des Prädikatsnomens im Antezedenzsatz und dem semantischen Geschlecht des Subjekts im elliptischen Satz. Darin wurden Satzpaare mit einem Prädikatsnomen im Maskulinum (*Herr Saki ist Japaner. Frau Kobo auch.*) signifikant besser bewertet als Satzpaare mit einem movierten femininen Prädikatsnomen (*Frau Kobo ist Japanerin. Herr Saki auch.*). Dieser Befund ist konsistent mit der Annahme eines geschlechtsübergreifenden Maskulinums, aber er kann nicht als empirische Evidenz für diese Annahme betrachtet werden. Zum einen lässt der Akzeptabilitätsunterschied einen generellen Interpretationsspielraum zu. Darüber hinaus sind weitere Ergebnisse des Experiments (Akzeptabilitätsniveau, Numeruseffekt, interindividuelle Variabilität) problematisch für eine eindimensionale Erklärung im Sinne dieser Annahme.

1 Asymmetriethese

Der Ausgangspunkt der vorliegenden Untersuchung war die These, dass bestimmte Personenbezeichnungen (darunter Nationalitäts-, Berufs- und Eigenschaftsbezeichnungen) ein asymmetrisches Verhalten in Bezug auf Ellipsen zeigen (Bobaljik & Zocca 2011 für brasilianisches Portugiesisch, Deutsch, Englisch, Rumänisch, Russisch und Spanisch; vgl. auch Johnson 2014, Merchant 2014 und Sudo & Spathas 2016 für Griechisch). Nach dieser Asymmetriethese kann ein nicht-moviertes maskulines Prädikatsnomen als Antezedenz für einen elliptischen Satz mit weiblichem Subjekt fungieren (vgl. (1a)) aber ein moviertes feminines Prädikatsnomen kann nicht als Antezedenz für einen elliptischen Satz mit männlichem Subjekt fungieren (vgl. (1b)). Bobaljik & Zocca (2011) begründen die Asymmetrie mit Annahmen zur Markiertheit und Geschlechtsspezifizierung von maskulinen und femininen Formen und zur Identitätsbedingung für Ellipse und Antezedent.

(1) a. Bruno ist Lehrer. Martha auch.
    b. Martha ist Lehrerin. Bruno auch.

1.1 Markiertheit/Geschlechtsspezifizierung und Identitätsbedingung

Bobaljik & Zocca (2011) gehen in der Tradition von Jakobson (1932/1971) davon aus, dass die Asymmetrie in der morphologischen Markiertheit von nicht-movierten maskulinen Formen und movierten femininen Formen einhergeht mit einer semantischen Asymmetrie. Für nicht-movierte maskuline Formen wird angenommen, dass sie semantisch nicht geschlechtsspezifizierend, sondern geschlechtsübergreifend sind im Unterschied zu movierten femininen Formen. Zur Begründung dieser Annahme verweisen Bobaljik & Zocca (2011) auf gängige, aber umstrittene, Diagnostiken: zum einen, dass auf eine Person unbekannten Geschlechts mit einem nicht-movierten Maskulinum referiert werden könne und nicht mit einem movierten Femininum und zum anderen, dass mit maskulinen Pluralformen, anders als mit femininen Pluralformen, sowohl auf geschlechtshomogene als auch auf geschlechtsheterogene Gruppen referiert werden könne.

Zur Darstellung von semantischer Geschlechtsinformation verwenden Bobaljik & Zocca (2011) eine Präsuppositionsanalyse (vgl. Cooper 1979; Heim 2008; Sauerland 2008). Entsprechend der postulierten semantischen Asymmetrie nehmen sie an, dass maskuline Formen wie *Lehrer* keine Geschlechtspräsupposition beinhalten (vgl. (2a)), während movierte feminine Formen wie *Lehrerin* das semantische Geschlecht *weiblich* präsupponieren (vgl. (2b)).[1]

(2) a. $[\![Lehrer]\!] = \lambda x[x \text{ ist Lehrer}]$
(Geschlechtspräsupposition: [∅])

b. $[\![Lehrerin]\!] = \lambda x.x \text{ ist weiblich.}[x \text{ ist Lehrer}]$
(Geschlechtspräsupposition: [♀])

Bobaljik & Zocca (2011) setzen in ihrer Erklärung der Akzeptabilitätsasymmetrie eine Identitätsanforderung an Ellipsen voraus. Morphosyntaktische Identität mit dem Antezedenz ist zwar keine generell notwendige Bedingung an Ellipsen (z. B. Chao 1988; Merchant 2001). Bobaljik & Zocca (2011) gehen jedoch von einer derivationsmorphologischen Identitätsbedingung an Nominalellipsen aus, wonach sich ein elliptisch elidiertes Prädikatsnomen derivationsmorphologisch

---

[1] Die Alternative zur Präsuppositionsanalyse besteht darin, die Information zum semantischen Geschlecht als assertierte Information darzustellen (Autohyponymie, z. B. Becker 2008; Horn 1984), vgl. (i).

(i) a. $[\![Lehrer]\!] = \lambda x[x \text{ ist Lehrer}]$

b. $[\![Lehrerin]\!] = \lambda x[x \text{ ist Lehrer} \wedge x \text{ ist weiblich}]$

nicht vom Antezedenzprädikatsnomen unterscheiden darf. Diese Identitätsanforderung greift in Fällen wie (1), d. h. für nicht-movierte und movierte Antezedenzprädikatsnomen im Maskulinum bzw. Femininum.[2] Aufgrund der Identitätsbedingung kann die Nominalellipse in (1a) nicht mit <Lehrerin> aufgelöst werden, sondern muss mit <Lehrer> aufgelöst werden und die Nominalellipse in (1b) kann nicht mit <Lehrer> aufgelöst werden, sondern muss mit <Lehrerin> aufgelöst werden.

Aus dieser Annahme zur derivationsmorphologischen Identitätsanforderung an Ellipsen und den Annahmen zur Markiertheit/Geschlechtsspezifizierung ergeben sich die in (3) dargestellten Konsequenzen für die Auflösung der elliptischen Sätze in (1). Für den elliptischen Satz *Martha auch* muss die semantisch angemessene Auflösung (3a.i) wegen der Verletzung der Identitätsanforderung ausgeschlossen werden. Die Auflösung (3a.ii) erfüllt die Identitätsanforderung und sollte zudem semantisch akzeptabel sein, unter der Annahme, dass die nicht-movierte maskuline Form *Lehrer* keine Geschlechtspräsupposition trägt. Für den elliptischen Satz *Bruno auch* ist nur die Auflösung (3b.i) semantisch akzeptabel. Sie muss jedoch ausgeschlossen werden, da sie die Identitätsanforderung verletzt. Die Auflösung (3b.ii) ist semantisch inakzeptabel, da die Geschlechtspräsupposition des Prädikatsnomens *Lehrerin* durch das Subjekt *Bruno* nicht erfüllt ist. Entsprechend sollten sich die elliptischen Sätze in (1) in ihrer Akzeptabilität unterscheiden: *Martha auch* sollte akzeptabel sein und *Bruno auch* sollte nicht akzeptabel sein.

(3) a. Bruno ist Lehrer. Martha [ ] auch.
    Auflösung a.i: *Martha ist auch Lehrerin. (Identitätsanforderung verletzt)
    Auflösung a.ii: Martha ist auch Lehrer. (Geschlechtspräsupposition: [∅])

---

[2] Bobaljik & Zocca (2011) unterscheiden drei Klassen von Personenbezeichnungen: *actress class*, *princess class* und *médica class*. Die Annahmen zur Akzeptabilitätsasymmetrie beziehen sich auf die actress class (Herkunfts-, Berufs-, Rollen- und Eigenschaftsbezeichnungen). Für die *princess class*, die Herrschafts-, Adels- und Verwandtschaftsbezeichnungen (z. B. *König/Königin, Onkel/ Tante*) umfasst, nehmen Bobaljik & Zocca an, dass Nominalellipsen mit Diskordanz zwischen Ellipsensubjektgeschlecht und Genus des Antezedenzprädikatsnomens generell nicht akzeptabel sind. Für die *médica class* (brasilianisches Portugiesisch), die sich dadurch auszeichnet, dass Feminina und Maskulina unterschiedliche Flexionsformen sind (z. B. *médic-a/médic-o*), gehen Bobaljik & Zocca davon aus, dass Nominalellipsen mit Genus-/Geschlecht-Inkongruenz uneingeschränkt akzeptabel sind, was sie damit begründen, dass flexionsmorphologische Merkmale, anders als derivationsmorphologische Merkmale (actress class), bei der Ellipsenresolution ignoriert werden können. Wir werden in dieser Arbeit nur Personenbezeichnungen der actress class betrachten und die beiden anderen Klassen nicht berücksichtigen.

b. Martha ist Lehrerin. Bruno [ ] auch.
Auflösung b.i: *Bruno ist auch Lehrer. (Identitätsanforderung verletzt)
Auflösung b.ii: #Bruno ist auch Lehrerin. (Geschlechtspräsupposition: [♀], nicht erfüllt)

1.2 Geschlechtsübergreifende maskuline Formen

Die Annahme, dass nicht-movierte maskuline Formen keine Geschlechtspräsupposition tragen, ist eine mögliche Spezifizierung der Grundannahme der Existenz eines sogenannten generischen Maskulinums. Diese Grundannahme ist umstritten, und es gibt eine Vielfalt an Argumenten, die dagegensprechen, dass maskuline Personenbezeichnungen grundsätzlich geschlechtsübergreifend sind (vgl. Becker in diesem Band für eine kritische Analyse der Argumentationsmuster von prominenten Vertretern dieser Grundannahme; vgl. Diewald & Steinhauer 2017 und Nübling 2018 für Darstellungen der Gegenargumente). Wir werden auf Zweifel an dieser Grundannahme in Abschnitt 3 zurückkommen.

Die Sätze in (4) sind Vollformvarianten des elliptischen Satzes in (1a). In (4a) ist das Prädikatsnomen im Maskulinum, in (4b) im Femininum. Unter der Voraussetzung, dass der Eigenname *Martha* auf eine Frau referiert, wird in keinem der beiden Sätze eine Präsupposition verletzt.

(4) a. Martha ist Lehrer.
(Martha: ♀; Geschlechtspräsupposition von *Lehrer*: [∅])

b. Martha ist Lehrerin.
(Martha: ♀; Geschlechtspräsupposition von *Lehrerin*: [♀])

Die Sätze unterscheiden sich jedoch in Akzeptabilität und Verwendung. Frauen werden tendenziell häufiger mit movierten femininen Prädikatsnomen als mit maskulinen Prädikatsnomen prädiziert (vgl. Kopf in diesem Band; vgl. auch Schröter, Linke & Bubenhofer 2012). Die Präferenz für Sätze wie (4a) gegenüber Sätzen wie (4b) ist für Ansätze, die davon ausgehen, dass maskuline Personenbezeichnungen keine Geschlechtspräsupposition tragen, keine Herausforderung. Sie kann über das pragmatische Prinzip der Präsuppositionsmaximierung (Präsupponiere so viel wie möglich; Heim 1991) unmittelbar erklärt werden.[3] (4a) verstößt gegen das Präsuppositionsmaximierungsprinzip und sollte daher

---

3 In Autohyponymie-Ansätzen zum generischen Maskulinum (vgl. Fußnote 3) kann das Präferenzmuster über die Maxime der Quantität erklärt werden.

weniger akzeptabel sein und seltener verwendet werden als (4b), in dem das Prinzip eingehalten wird.

Die Auflösung des elliptisch elidierten Prädikatsnomen in (1a) mit dem maskulinen Antezedenzprädikatsnomen (hier wiederholt in (5)) verstößt nicht gegen das Prinzip der Präsuppositionsmaximierung (Bobaljik & Zocca 2011). Unter der Annahme, dass die Identitätsbedingung gilt, kann die Nominalellipse in (5) ausschließlich mit dem maskulinen Prädikatsnomen aufgelöst werden. Daher erfüllt die Auflösung mit dem maskulinen Prädikatsnomen, obwohl es keine Geschlechtspräsupposition trägt, trivialerweise das Präsuppositionsmaximierungsprinzip. Es gibt in dem Kontext der Ellipse keine grammatische Alternative, mit der mehr präsupponiert werden könnte. Insofern stellen Nominalellipsen in Prädikativkonstruktionen einen speziellen Testfall für die Annahme dar, dass maskuline Personenbezeichnungen geschlechtsübergreifend sind.

(5) Bruno ist Lehrer. Martha auch.
Auflösung: Martha ist auch Lehrer.

1.3 Evidenz für die Asymmetriethese

Bobaljik & Zocca (2011) belegen die von ihnen angenommene Akzeptabilitätsasymmetrie mit informellen Urteilen weniger Sprecher*innen der untersuchten Sprachen (brasilianisches Portugiesisch, Deutsch, Englisch, Rumänisch, Russisch und Spanisch), darunter zwei Informant*innen für das Deutsche. Das Ziel der vorliegenden Arbeit war, die empirische Validität der Asymmetriethese für das Deutsche experimentell zu überprüfen. Bevor wir das von uns durchgeführte Experiment genauer beschreiben, möchten wir auf eine Studie mit ähnlicher genereller Zielsetzung eingehen (Trutkowski 2018).[4]

Die Experimentalitems in der Untersuchung von Trutkowski (2018) bestanden aus Satzpaaren. Der erste Satz (Antezedenzsatz) war eine Kopula-Prädikativkonstruktion mit einer Berufsbezeichnung als Prädikatsnomen. Der zweite Satz war ein elliptischer Satz, in dem das finite Kopulaverb und das Prädikatsnomen elidiert waren. Von jedem Satzpaar gab es vier Versionen (vgl. das Beispiel in (6)), zwei Versionen mit Genus/Geschlecht-Kongruenz und zwei Versionen mit Genus/Geschlecht-Inkongruenz. Die Aufgabe der Teilnehmer*innen des Experiments bestand darin, die Akzeptabilität des zweiten Satzes jedes Satzpaa-

---

[4] Das in diesem Aufsatz berichtete Experiment wurde im Rahmen der Bachelorarbeit (2016) von Aline Willy durchgeführt. Im Zeitraum der Planung und Durchführung des Experiments (Mai 2016) war uns die Untersuchung von Trutkowski (2018) nicht bekannt.

res auf einer Ratingskala von 1 (völlig unakzeptabel) bis 7 (völlig akzeptabel) zu bewerten. In (6) sind die von Trutkowski berichteten Mittelwerte in der jeweiligen Bedingung angegeben.

(6) a. Anton ist Pilot. Peter auch.   (M = 5,87)
    b. Anette ist Pilotin. Maria auch.   (M = 5,88)
    c. Anton ist Pilot. Maria auch.   (M = 4,55)
    d. Anette ist Pilotin. Peter auch.   (M = 3,91)

Relevant für die Asymmetriethese ist der Vergleich der beiden Inkongruenzbedingungen. In Übereinstimmung mit dieser These waren die Akzeptabilitätsratings für elliptische Sätze mit weiblichem Subjekt und maskulinem Antezedenzprädikatsnomen (vgl. (6c)) signifikant höher als für elliptische Sätze mit männlichem Subjekt und femininem Antezedenzprädikatsnomen (vgl. (6d)).[5] Laut Trutkowski spricht dieser Befund „für die Existenz eines generischen Maskulinums (und gegen ein generisches Femininum), zumindest was Daten mit Ellipsen in Prädikativkonstruktionen anbetrifft" (Trutkowski 2018: 89). Die beobachtete Akzeptabilitätsasymmetrie rechtfertigt eine solche generelle Schlussfolgerung jedoch nicht. Wir werden auf die Frage des Interpretationspotentials der Akzeptabilitätsasymmetrie im Zuge der Diskussion unserer eigenen Ergebnisse genauer eingehen. Hier sei vorab auf einen Aspekt der Ergebnisse von Trutkowski verwiesen, der für ihre Schlussfolgerung problematisch ist. Die Akzeptabilitätsratings für elliptische Sätze mit weiblichem Subjekt und maskulinem Antezedenzprädikatsnomen (vgl. (6c)), die bei Existenz eines geschlechtsübergreifenden Maskulinums vollkommen akzeptabel sein sollten, waren signifikant niedriger als jene für elliptische Sätze ohne Inkongruenz (vgl. (6a) und (6b)).

2 Experiment

Unser Experiment zielte spezifisch darauf ab, die Asymmetriethese zu prüfen. Entsprechend haben wir in den experimentellen Bedingungen elliptische Prädi-

---

[5] In der Hälfte der 16 Experimentalitems bezeichnete das Prädikatsnomen einen stereotypisch männlichen Beruf und in der anderen Hälfte einen stereotypisch weiblichen Beruf. Dieser Faktor erwies sich in der Datenanalyse nicht als statistisch bedeutsam. Dieser Nulleffekt könnte auf die geringe Datenbasis zurückzuführen sein (n = 2 pro Experimentteilnehmer*in und Bedingung).

kativkonstruktionen mit weiblichem Subjekt und maskulinem Antezedenzprädikatsnomen (vgl. (7a)) kontrastiert mit elliptischen Prädikativkonstruktionen mit männlichem Subjekt und femininen Antezedenzprädikatsnomen (vgl. (7b)). Um den Einfluss von Genderstereotypeneffekten in den experimentellen Bedingungen zu vermeiden, wurden ausschließlich Nationalitätsbezeichnungen als Prädikatsnomen verwendet. Zusätzlich zum Inkongruenztyp haben wir Numerus als weiteren Faktor einbezogen, um Aufschluss darüber zu erhalten, inwiefern die Beurteilungen der Inkongruenzen von diesem Faktor beeinflusst werden. Das Prädikatsnomen war entweder im Singular und in der Subjektphrase wurde nur eine Person genannt (vgl. (7a/b)) oder das Prädikatsnomen war im Plural und in der Subjektphrase wurden zwei Personen genannt (vgl. (7c/d)).

(7) a. Herr Saki ist Japaner. Frau Watanabe auch.
    b. Frau Watanabe ist Japanerin. Herr Saki auch.
    c. Herr Saki und Herr Yoshimoto sind Japaner. Frau Watanabe und Frau Kobo auch.
    d. Frau Watanabe und Frau Kobo sind Japanerinnen. Herr Saki und Herr Yoshimoto auch.

Nach der Asymmetriethese sollten die Bedingungen mit weiblichem Ellipsensubjekt und maskulinem Antezedenzprädikatsnomen (vgl. (7a) und (7c)) besser bewertet werden als die Bedingungen mit männlichem Ellipsensubjekt und femininen Antezedenzprädikatsnomen (vgl. (7b) und (7d)). Der Faktor Numerus sollte nach der Asymmetriethese keinen Einfluss auf die Beurteilungen haben, da sich die postulierten Geschlechtspräsuppositionen nicht zwischen Prädikatsnomen im Singular vs. Plural unterscheiden sollten. Ausgehend von experimentellen Befunden, nach denen Singular- und Pluralformen von maskulinen Personenbezeichnungen zu unterschiedlichen geschlechtsspezifischen Assoziationen führen können (De Backer & De Cuypere 2012; Kusterle 2011; Rothermund 1998; Schröter, Linke & Bubenhofer 2012), ist jedoch für die Bedingungen mit weiblichem Ellipsensubjekt und maskulinem Antezedenzprädikatsnomen ein Numeruseffekt zu erwarten.

2.1 Methode

2.1.1 Proband*innen

An dem Experiment nahmen 40 Studierende (Erstsprache: Deutsch; Alter: 18–43 Jahre, $M = 25$; 30 Frauen) der Humboldt-Universität zu Berlin teil. Die Daten von drei weiteren Teilnehmer*innen wurden von der Analyse ausgeschlossen, weil Deutsch nicht ihre Erstsprache war ($n = 1$) bzw. weil sie die Aufgabenstellung nicht befolgt haben ($n = 2$).

2.1.2 Material

Das für das Experiment konstruierte Untersuchungsmaterial umfasste 67 Satzpaare: 24 Experimentalitems, 40 Füllitems und drei Beispielitems für die Instruktion und den Übungsdurchgang. Alle Satzpaare bestanden aus einem Antezedenzsatz und einem elliptischen Satz und enthielten Aussagen über fiktive Personen, die durch eine Phrase aus Anredeform (*Frau* bzw. *Herr*) und Nachname geschlechtsidentifizierend benannt wurden.

In allen Experimentalitems setzte sich der Antezedenzsatz aus einem Subjekt, einer Präsensform der Kopula *sein* als finites Verb und einer Nationalitätsbezeichnung als nominales Subjektsprädikativ zusammen. Im elliptischen Satz waren das finite Verb und das nominale Prädikativ ausgelassen; er bestand aus einem Subjekt und der Partikel *auch*.

Von jedem Experimentalitem gab es 2×2 Versionen. Zum einem wurde der Numerus des Prädikatsnomens und entsprechend auch die Anzahl der im Antezedenzsatz und elliptischen Satz jeweils genannten Personen variiert. In der Version Singular war das Prädikatsnomen im Singular und bezog sich im Antezedenzsatz auf eine Person und im elliptischen Satz auf eine andere Person (vgl. (7a/b) und (8a/b)). In der Version Plural war das Prädikatsnomen im Plural und bezog sich im Antezedenzsatz auf zwei Personen und im elliptischen Satz auf zwei weitere Personen (vgl. (7c/d) und (8c/d)). Das durch die Anredeform indizierte Geschlecht der im Antezedenzsatz genannten Person(en) unterschied sich in allen Experimentalitems von dem der im nachfolgenden elliptischen Satz genannten Person(en). In Antezedenzsätzen mit der Anredeform *Frau* in der Subjektphrase war das Prädikatsnomen im Femininum und in Antezedenzsätzen mit der Anredeform *Herr* in der Subjektphrase war das Prädikatsnomen im Maskulinum. In allen elliptischen Sätzen gab es eine Genusinkongruenz zwischen der Anredeform in der Subjektphrase und dem Antezedenzprädikatsnomen. Variiert wurde der Inkongruenztyp. In der Version mask_Frau X wurde in der Subjektphrase die Anredeform *Frau* verwendet und das Antezedenz für das elliptisch ausgelassene Prädikatsnomen war im Maskulinum (vgl. (7a/c) und (8a/c)), und in der Version fem_Herr Y enthielt die Subjektphrase die Anredeform *Herr* und das Antezedenz für das elidierte Prädikatsnomen war im Femininum (vgl. (7b/d) und (8b/d)).

(8) a. Herr Settergren ist Schwede.
Frau Engström auch. [Singular + mask_*Frau X*]

b. Frau Engström ist Schwedin.
Herr Settergren auch. [Singular + fem_*Herr Y*]

c. Herr Settergren und Herr Lindquvist sind Schweden.
Frau Engström und Frau Wikland auch. [Plural + mask_*Frau X*]

d. Frau Engström und Frau Wikland sind Schwedinnen.
Herr Settergren und Herr Lindquvist auch. [Plural + fem_*Herr Y*]

Die Experimentalitems unterschieden sich in der Nationalität, deren Bezeichnung als Prädikatsnomen im Antezedenzsatz verwendet wurde, und in den nationalitätsspezifischen Nachnamen in den Subjektphrasen des Antezedenzsatzes und elliptischen Satzes. In zwölf der 24 Experimentalitems endete der Stamm der verwendeten Nationalitätsbezeichnung im Maskulinum auf -*e*; in den übrigen zwölf Experimentalitems endete er auf -*er*.

Die 40 Füllitems bestanden ebenfalls aus einem Antezedenzsatz und einem elliptischen Satz mit der Partikel *auch*. Die Füllitems unterschieden sich in der Art des Prädikats (Kopula *sein* + Prädikatsnomen oder Adjektiv, Vollverb + Objekt bzw. Adverbial) und darin, ob im Antezedenzsatz und elliptischen Satz jeweils eine Person oder zwei Personen genannt wurden, ob in der Subjektphrase die Anredeform *Frau* oder *Herr* verwendet wurde und ob das sprachlich indizierte Geschlecht der genannten Personen im Antezedenzsatz und elliptischen Satz gleich oder unterschiedlich war.

In etwa der Hälfte der Füllitems (n = 22) bestand keinerlei Inkongruenz zwischen dem elliptischen Satz und dem Antezedenzsatz. In acht dieser Füllitems entsprach der Antezedenzsatz dem der Experimentalitems, insofern als dem Subjekt über ein Prädikatsnomen eine bestimmte Nationalität zugeschrieben wurde. Im Unterschied zu den Experimentalitems unterschied sich in diesen Füllitems das sprachlich indizierte Geschlecht der im Antezedenzsatz genannten Person(en) nicht von dem der im nachfolgenden elliptischen Satz genannten Person(en) (vgl. das Beispiel in (9)). In den acht Füllitems wurden acht andere Nationalitätsbezeichnungen verwendet als in den Experimentalitems. In den restlichen 14 der Füllitems ohne Inkongruenz wurden den genannten Personen keine Nationalitäten zugeschrieben, sondern Berufe, Gewohnheiten oder Eigenschaften (vgl. das Beispiel in (10)).

(9) Frau Santos ist Argentinierin. Frau Paz auch.

(10) Herr Lindberg und Herr Holgersson sind Ärzte. Herr Lund und Herr Feg auch.

In den übrigen 18 Füllitems bestand eine Inkongruenz zwischen dem elliptischen Satz und dem Antezedenzsatz. In sechs dieser Füllitems enthielt der Antezedenzsatz eine geschlechtsspezifische Verwandtschaftsbezeichnung, die nicht mit dem in der Subjektphrase des elliptischen Satzes indizierten Geschlecht übereinstimmte (vgl. das Beispiel in (11)). In weiteren sechs dieser Füllitems enthielt die Subjektphrase des elliptischen Satzes einen Possessivartikel, der inkongruent war zum Subjekt des Antezedenzsatzes (vgl. das Beispiel in (12)). In den restlichen sechs Füllitems bezog sich die Inkongruenz auf die Polarität: während der Antezedenzsatz positive Polarität hatte, lag im elliptischen Satz Satznegation vor (vgl. das Beispiel in (13)).

(11)   Frau Emre ist Großmutter. Herr Blixen auch.

(12)   Frau Palsdottir tanzt gerne. Sein Mann auch.

(13)   Herr Dobas schnarcht. Herr Pausch auch nicht.

2.1.3 Versuchsplan und -durchführung

Dem Experiment lag ein zweifaktorieller Versuchsplan mit den beiden zweistufigen Messwiederholungsfaktoren Inkongruenztyp (mask_*Frau X* vs. fem_*Herr Y*) und Numerus (Singular vs. Plural) zugrunde. Die Zuordnung von Bedingungen zu Proband*innen und Experimentalitems erfolgte nach dem von Pollatsek & Well (1995: 793) vorgeschlagenen Ausbalancierungsschema für komplexe Messwiederholungspläne. Allen Proband*innen wurden alle 24 Experimentalitems präsentiert, jeweils sechs pro Bedingung.

Das Experiment wurde als Internetexperiment durchgeführt. Die Akquise der Proband*innen erfolgte über die Mailingliste für Studierende der Humboldt-Universität zu Berlin.

Die Aufgabe der Proband*innen bestand darin, Satzpaare daraufhin zu bewerten, wie gut oder schlecht der zweite Satz zum ersten Satz passt. Ihre Bewertung sollten sie auf einer 7-stufigen Ratingskala abgeben (sehr schlecht (= 1) bis sehr gut (= 7)). In der Versuchsanleitung wurden die Proband*innen anhand von zwei Beispielsatzpaaren über ihre Aufgabe in dem Experiment informiert und instruiert, ihre Bewertung so spontan wie möglich und ohne langes Nachdenken abzugeben. Der Versuchsablauf wurde ihnen in einem Übungsdurchgang demonstriert. Im anschließenden Hauptteil des Experiments wurden die 24 Experimentalitems und 40 Füllitems vermischt und in unterschiedlichen Abfolgen präsentiert. Die Teilnahmedauer betrug etwa 20 Minuten.

2.2 Ergebnisse und Diskussion

Die Ratingdaten wurden mit einem gemischten Regressionsmodell für Ordinaldaten (CLMM: cumulative link mixed model; R package ordinal) analysiert mit Proband*innen und Items als Zufallsfaktoren und den beiden festen Faktoren Inkongruenztyp und Numerus.[6] Um Aufschluss über potentielle Effekte der Stammendung der maskulinen Form der Prädikatsnomen (-e vs. -er) zu erhalten, haben wir in einem komplexeren Modell die Stammendung als zusätzlichen festen Faktor einbezogen. Die Haupteffekte und die Interkation der experimentellen Faktoren Inkongruenztyp und Numerus waren in diesem Modell signifikant ($ps < 0{,}01$). Der Haupteffekt des Faktors Stammendung und die Interaktionen mit Inkongruenztyp und Numerus waren nicht signifikant ($ps > 0{,}41$) und ein Vergleich des Modells mit dem Faktor Stammendung (AIC = 2581; logLik = −1275,5) mit dem reduzierten Modell ohne diesen Faktor (AIC = 2574,4; logLik = −1276,2) ergab keinen signifikanten Unterschied ($p = 0{,}84$). Es zeigte sich also kein Einfluss der Stammendung auf die Ratingdaten. Die folgende Darstellung der deskriptiven und statistischen Ergebnisse ist daher auf die beiden experimentellen Faktoren Inkongruenztyp und Numerus begrenzt. Abbildung 1 zeigt die Verteilung der Ratings auf die Skalenstufen in den vier experimentellen Bedingungen.

Die Analyse für das Modell ohne den Faktor Stammendung ergab einen signifikanten Haupteffekt des Faktors Inkongruenztyp ($\beta = -1{,}92$, $SE = 0{,}14$, $z = -13{,}43$ $p < 0{,}001$), mit höheren Ratings für die Bedingung mask_Frau X als für die Bedingung fem_Herr Y. Der Haupteffekt des Faktors Numerus war ebenfalls signifikant ($\beta = 0{,}36$, $SE = 0{,}13$, $z = 2{,}80$, $p < 0{,}01$). Dieser Haupteffekt wurde jedoch qualifiziert durch eine signifikante Interaktion zwischen Inkongruenztyp und Numerus ($\beta = -0{,}79$, $SE = 0{,}26$, $z = -3{,}03$ $p < 0{,}01$). Zur Überprüfung des Interaktionseffekts wurden für die Daten der beiden Inkongruenztypbedingungen separate Analysen durchgeführt. Für den Inkongruenztyp mask_Frau X waren die Ratings in der Plural-Bedingung signifikant höher als in der Singular-Bedingung ($Median_{Plural} = 4$, $Median_{Singular} = 3$; $\beta = 0{,}85$, $SE = 0{,}18$, $z = 4{,}70$, $p < 0{,}001$). Für die Inkongruenztyp fem_Herr Y zeigte sich hingegen kein signifikanter Effekt des Faktors Numerus ($Median_{Plural} = Median_{Singular} = 2$; $\beta = -0{,}06$, $SE = 0{,}20$, $z = -0{,}28$, $p = 0{,}78$).

Dass Experimentalitems mit maskulinem Prädikatsnomen als Antezedenz und weiblichem Subjekt im elliptischen Satz (Bedingung mask_Frau X) besser

---

[6] Wir gehen dabei von einem Ordinalskalenniveau der Ratingdaten aus und berichten entsprechend als Maß der zentralen Tendenz den Median und nicht das arithmetische Mittel (vgl. Stevens 1946).

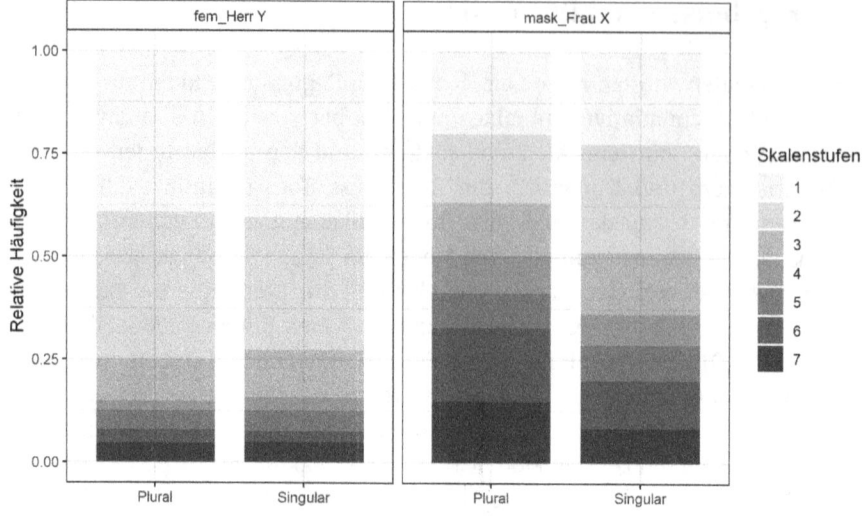

Abb. 1: Relative Häufigkeit der Skalenstufen (1 (sehr schlecht) bis 7 (sehr gut)) in den vier experimentellen Bedingungen (Inkongruenztyp × Numerus).

bewertet wurden als Experimentalitems mit femininem Prädikatsnomen als Antezedenz und männlichem Subjekt im elliptischen Satz (Bedingung fem_Herr Y), entspricht der Vorhersage der Asymmetriethese. Weitere Aspekte der Ergebnisse sind jedoch für eine Erklärung der beobachteten Asymmetrie im Sinne der Asymmetriethese, d. h. im Hinblick auf Unterschiede in der Geschlechtsspezifizierung zwischen maskulinen und femininen Formen, problematisch.

Ein problematischer Aspekt ist die zentrale Tendenz der Akzeptanzwerte in der Bedingung mask_*Frau X* (vgl. (7a/c) und (8a/c)). Nach der Asymmetriethese präsupponieren die in dieser Bedingung verwendeten maskulinen Antezedenzprädikatsnomen kein Geschlecht. Daher impliziert die Asymmetriethese für die Satzpaare in der Bedingung mask_*Frau X* die Vorhersage einer hohen Akzeptabilität. Ausgehend von der Asymmetriethese wären also Ratings im oberen Bereich der Ratingskala zu erwarten. Dem ist jedoch nicht so. Die Ratings für die Bedingung mask_*Frau X* liegen lediglich im mittleren Bereich der Skala. Dass dies nicht auf eine generelle Vermeidung der Skalenendpunkte zurückzuführen ist, zeigen die Mediane für die Füllitems in Tabelle 1. Der Median für die Füllitems ohne Inkongruenz entspricht dem höchsten Wert der Skala.

Der Interaktionseffekt zwischen den Faktoren Numerus und Inkongruenztyp ist ebenfalls problematisch für die Asymmetriethese. Während der Faktor Numerus keinen Einfluss auf die Ratings für den Inkongruenztyp fem_*Herr Y* hatte, zeigte sich für den Inkongruenztyp mask_*Frau X* ein signifikanter Effekt von Numerus, mit höheren Akzeptanzwerten in der Plural-Bedingung als in der

Singular-Bedingung. Mit den Annahmen der Asymmetriethese ist dieser Effekt nicht zu erklären; die fehlende Geschlechtspräsupposition sollte sich nicht zwischen maskulinen Prädikatsnomen im Plural und Singular unterscheiden.

Tab. 1: Vergleich der Mediane der Ratings für die Experimentalitems und Füllitems (Ratingskala: 1 (sehr schlecht) bis 7 (sehr gut)).

Experimentalitems				Füllitems	
mask_Frau X		fem_Herr Y		ohne Inkongruenz	mit Inkongruenz
Sg.	Pl.	Sg.	Pl.		
3	4	2	2	7	1

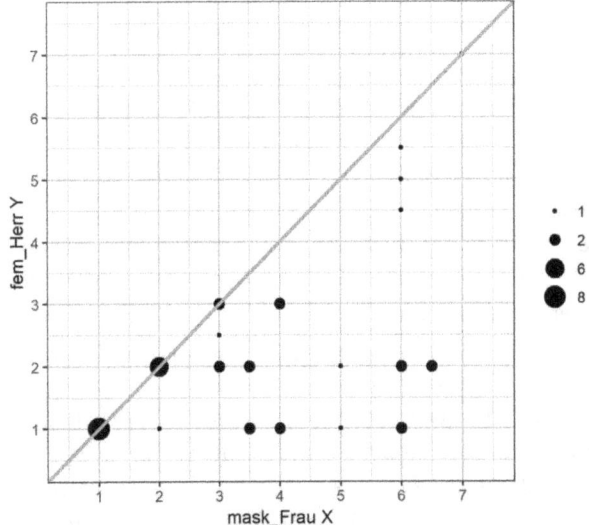

Abb. 2: Darstellung der Paare der individuellen Mediane in den Bedingungen mask_Frau X und fem_Herr Y als Koordinatenpunkte; die Größe der Punkte gibt die Anzahl der Proband*innen mit identischen Medianpaaren an.

Darüber hinaus zeigten nicht alle Proband*innen das von der Asymmetriethese vorhergesagte Ratingmuster. Für die Analyse der individuellen Ratingmuster haben wir für alle Proband*innen den individuellen Median der Ratings in der Bedingung mask_Frau X und den individuellen Median der Ratings in der Bedingung fem_Herr Y bestimmt (vgl. Abbildung 2). Für die Mehrheit der Proband*innen (57%; n = 23) waren die individuellen Mediane in der Bedingung mask_*Frau X* höher als in der Bedingung fem_*Herr Y*. Es gab jedoch eine relativ große Gruppe von Proband*innen (43%; n = 17) mit identischen Medianen in den beiden Bedingungen. In Bezug auf die erhobenen demographischen Daten (Alter, Geschlecht, Region) bestehen keine systematischen Unterschiede zwischen den beiden Gruppen.[7] Für die Identifikation von in dieser Hinsicht relevanten Faktoren wären jedoch ein größerer Umfang und höhere Heterogenität der Stichprobe erforderlich, sowie die Erfragung zusätzlicher Variablen wie Einstellungen und Medienkonsum.

3 Generelle Diskussion

Mit dem vorliegenden Experiment haben wir die Validität der Asymmetriethese für das Deutsche überprüft. Nach der Asymmetriethese kann ein nicht-moviertes maskulines Prädikatsnomen als Antezedenz für einen elliptischen Satz mit weiblichem Subjekt fungieren, aber ein moviertes feminines Prädikatsnomen kann nicht als Antezedenz für einen elliptischen Satz mit männlichem Subjekt fungieren. Der Vergleich der Akzeptabilitätsurteile in den beiden Inkongruenztypbedingungen entspricht der Asymmetriethese. Elliptische Sätze mit weiblichem Subjekt und Antezedenzprädikatsnomen im Maskulinum wurden signifikant besser bewertet als elliptische Sätze mit männlichem Subjekt und Antezedenzprädikatsnomen im Femininum. Wie in Abschnitt 1.3 dargestellt, wurde dieses Ergebnis in einem Experiment von Trutkowski (2018) repliziert. Die in den beiden Experimenten beobachtete Akzeptabilitätsasymmetrie stellt jedoch keine Evidenz für die Asymmetriethese als solche dar.

Die zentrale Grundannahme der Asymmetriethese (Bobaljik & Zocca 2011) ist, dass nicht-movierte maskuline Formen nicht semantisch geschlechtsspezifizierend sind. Die experimentelle Evidenz für die Akzeptabilitätsasymmetrie ist zwar mit dieser Grundannahme vereinbar, aber sie liefert keine unmittelbare empirische Unterstützung dafür, dass nicht-movierte maskuline Formen geschlechtsübergreifend seien. Zum einen sind Akzeptabilitätsurteile generell mit einem Interpretationsspielraum verbunden. Zum anderen sind weitere Ergeb-

---

[7] Asymmetriegruppe (n = 23): Alter: 19–31, M = 23,70; 20 Frauen; Herkunftsregionen: Baden-Württemberg, Bayern, Berlin, Brandenburg, Hessen, Mecklenburg-Vorpommern, Niedersachen, Nordrhein-Westfalen, Saarland, Sachsen, Thüringen
Symmetriegruppe: (n = 17): Alter: 18–43, M = 26,76; 10 Frauen; Herkunftsregionen: Baden-Württemberg, Bayern, Berlin, Brandenburg, Hessen, Niedersachen, Nordrhein-Westfalen, Sachsen, Thüringen.

nisse unseres Experiments (vgl. 2.2) inkonsistent zu der Grundannahme der Asymmetriethese. Im Folgenden werden wir diese Ergebnisse rekapitulieren und anschließend Interpretationsansätze skizzieren.

Die Mediane der Ratings für die Bedingungen mit weiblichem Ellipsensubjekt und maskulinem Antezedenzprädikatsnomen (vgl. (14) und (7a) und (8a)) lagen lediglich im mittleren Bereich der Beurteilungsskala. Nach der Annahme, dass nicht-movierte maskuline Personenbezeichnungen geschlechtsübergreifend sind, wären hingegen Ratings im oberen Bereich zu erwarten gewesen, vergleichbar mit den Ratings für die von uns verwendeten genuskongruenten Füllitems (vgl. (15) und (9) und (10)), deren Median dem höchsten Wert der Beurteilungsskala entsprach.

(14) Herr Mwangi ist Kenianer. Frau Odhiambo auch.

(15) Herr Hill ist Australier. Herr Upfield auch.

Auch die von Trutkowski (2018) beobachtete Akzeptabilitätsasymmetrie ist keine Evidenz für eine uneingeschränkte Akzeptanz der elliptischen Prädikation an Frauen durch Personenbezeichnungen im Maskulinum. Trutkowski hat in ihrer Untersuchung inkongruente und kongruente Bedingungen experimentell kontrastiert und berichtet, dass elliptische Sätze mit weiblichem Subjekt und maskulinem Antezedenzprädikatsnomen (vgl. (16) und (6c)) signifikant weniger akzeptabel bewertet wurden als elliptische Sätze ohne Inkongruenz (vgl. (17) und (6a/b)). Mit der Geschlechtsunspezifitätsannahme an sich ist dieser Unterschied nicht vereinbar.

(16) Thomas ist Kosmetiker. Sabine auch.

(17) Thomas ist Kosmetiker. Christoph auch.

In unserer Untersuchung haben wir Numerus als experimentellen Faktor einbezogen. Der Faktor hatte einen signifikanten Effekt, mit höheren Ratings für die Pluralvarianten der Satzpaare als für die Singularvarianten. Der Einfluss von Numerus auf die Ratings war jedoch nicht generell, sondern spezifisch für die Satzpaare mit weiblichem Ellipsensubjekt und maskulinem Antezedenzprädikatsnomen. Auch dieser Befund ist mit der Annahme eines geschlechtsübergreifenden Maskulinums unvereinbar. Die Geschlechtsunspezifität einer maskulinen Personenbezeichnung sollte nicht mit dem Numerus variieren.

Darüber hinaus ist für die Asymmetriethese problematisch, dass nicht alle Proband*innen die vorhergesagte Akzeptabilitätsasymmetrie zeigten, sondern auf Basis der individuellen Ratingmuster in zwei Gruppen aufteilbar sind, einer

Asymmetriegruppe (57 %) und einer Symmetriegruppe (43 %). Bei den Proband*innen der Asymmetriegruppe waren die individuelle Mediane der Ratings jeweils höher in der Bedingung mit maskulinen Antezedenzprädikatsnomen als in der Bedingung mit femininen Antezedenzprädikatsnomen. Bei den Proband*innen der Symmetriegruppe unterschieden sich die individuelle Mediane der Ratings nicht zwischen den beiden Bedingungen.

Die genannten, für die Asymmetriethese problematischen Aspekte der Ergebnisse (Akzeptabilitätsniveau, Numeruseffekt, Symmetriegruppe) sind zwar keine direkte Evidenz gegen die Annahme, dass Personenbezeichnungen im Maskulinum geschlechtsübergreifend sind. Sie zeigen aber, dass eine eindimensionale Erklärung rein auf Basis dieser Annahme unzulänglich ist. Wir werden im Folgenden zwei Interpretationsmöglichkeiten unserer Ergebnisse[8] mit unterschiedlichen theoretischen Ausgangspunkten und Zusatzannahmen zur Verzerrung von Akzeptabilitätsurteilen gegenüberstellen.

3.1 Interpretationsmöglichkeit 1: Geschlechtsübergreifendes Maskulinum

Der Ausgangspunkt von Interpretationsmöglichkeit 1 ist die zentrale Annahme der Asymmetriethese, dass nicht-movierte maskuline Personenbezeichnungen, anders als movierte feminine Personenbezeichnungen, nicht geschlechtsspezifizierend, sondern geschlechtsübergreifend sind. Aus dieser Annahme ergibt sich zunächst eine direkte Erklärung für den signifikanten Effekt des Faktors Inkongruenztyp in unserem Experiment. Demnach wurden die elliptischen Sätze mit weiblichem Subjekt und maskulinem Antezedenzprädikatsnomen deshalb besser beurteilt als die elliptischen Sätze mit männlichem Subjekt und femininem Antezedenzprädikatsnomen, weil die Auflösung der Nominalellipse mit einer geschlechtsübergreifenden maskulinen Nationalitätsbezeichnung nicht zu einem semantischen Konflikt führt, anders als die Auflösung mit einer geschlechtsspezifischen femininen Nationalitätsbezeichnung als Prädikat eines männlichen Subjekts. Um die zuvor dargestellten, für die Asymmetriethese problematischen Aspekte der Ergebnisse (Akzeptabilitätsniveau, Numeruseffekt, Symmetriegruppe) post-hoc erklären zu können, sind Zusatzannahmen erforderlich. Denkbar wäre eine Verzerrung der Akzeptabilitätsurteile durch Annahmen zur sozialen Erwünschtheit oder Sensibilisierung für gender-faire

---

[8] Beide Interpretationsmöglichkeiten sind grundsätzlich auch auf die Ergebnisse von Trutkowski (2018) anwendbar.

Sprache, die zu einer geringeren Bewertung in den Bedingungen mit maskulinen Antezedenzprädikatsnomen geführt haben könnte. Der Numeruseffekt müsste dann mit einer stärkeren Verzerrung für Singularformen im Vergleich zu Pluralformen erklärt werden. Die interindividuelle Variabilität (Asymmetriegruppe vs. Symmetriegruppe) ließe sich darauf zurückführen, dass sich die Proband*innen im Ausmaß ihrer Tendenz zu sozialer Erwünschtheit bzw. ihrer Sensibilisierung für gender-faire Sprache unterschieden und damit im Ausmaß der Verzerrung der Akzeptabilitätsurteile.

3.2 Interpretationsmöglichkeit 2: Geschlechtsspezifizierendes Maskulinum

Interpretationsmöglichkeit 2 geht von der alternativen Annahme aus, nämlich dass sowohl movierte feminine als auch nicht-movierte maskuline Personenbezeichnungen geschlechtsspezifizierend sind. Für diese Annahme erscheint die beobachtete Akzeptabilitätsasymmetrie problematisch. Auf Basis der Annahme an sich wäre eine Akzeptabilitätssymmetrie erwartbar gewesen, d. h. kein Unterschied in den Akzeptabilitätsurteilen zwischen den Bedingungen mit femininen vs. maskulinen Antezedenzprädikatsnomen. Ein Erklärungsansatz für die höhere Akzeptanz in den inkongruenten Bedingungen mit maskulinen Antezedenzprädikatsnomen ergibt sich einerseits aus der Evidenz von Frequenz-/Familiaritätseffekten auf Akzeptabilitätsurteile (Arppe & Järvikivi 2007; Bermel, Knittl & Russell 2017; Snyder 2000; vgl. auch Lévy, Gygax & Gabriel 2014 zum *Exposure*-Effekt) und andererseits aus der (noch) gängigen Personenbezeichnungspraktik mit geschlechtsübergreifend intendierten maskulinen Formen (Elsen 2018; Ivanov, Lange & Tiemeyer 2018; Moser & Hannover 2014; Petterson 2011; Tiemeyer & Ptok 2018; vgl. aber Kopf in diesem Band). Auf dieser Basis kann die Akzeptabilitätsasymmetrie post-hoc mit der Zusatzannahme einer positiven Verzerrung der Akzeptabilitätsurteile in den Bedingungen mit maskulinen Antezedenzprädikatsnomen durch einen Familiaritätseffekt oder Toleranz gegenüber Vertrautem erklärt werden. Der Effekt von Numerus könnte in diesem Erklärungsansatz mit einer stärkeren Verzerrung in der Pluralbedingung begründet werden, gegeben der Gebrauch maskuliner Personenbezeichnungen ist im Plural häufiger als im Singular geschlechtsübergreifend intendiert (Garnham et al. 2012; Gygax et al. 2008; Petterson 2011). Die interindividuelle Variabilität (Asymmetriegruppe vs. Symmetriegruppe) könnte auf Unterschieden im sprachlichen Input (Häufigkeit der Rezeption geschlechtsübergreifend intendierter maskuliner Formen) und/oder in der Tolerierungsbereitschaft beruhen.

3.3 Fazit und Ausblick

Beide skizzierten Interpretationsmöglichkeiten beinhalten Zusatzannahmen zur Verzerrung von Akzeptabilitätsurteilen, die sich darin unterscheiden, ob die angenommene Richtung der Verzerrung negativ ist (Ausgangspunkt: geschlechtsübergreifend) oder positiv (Ausgangspunkt: geschlechtsspezifizierend). Gegen Interpretationsmöglichkeit 1 spricht, dass die Grundannahme eines geschlechtsübergreifender Maskulinums durch eine Vielzahl von empirischen Befunden in Zweifel gezogen wird (z. B. Braun et al. 1998; Gygax et al. 2008; Heise 2000; Irmen & Roßberg 2004; Rothmund & Scheele 2004; Stahlberg & Sczesny 2001; Steiger-Loerbroks & von Stockhausen 2014; Vervecken, Hannover & Wolter 2013), die nahelegen, dass bei der Verarbeitung und Repräsentation von maskulinen Personenbezeichnungen Frauen nicht bzw. nur schwach mental inkludiert werden. Zudem sprechen sprachhistorische Befunde gegen die Annahme, dass morphologisch unmarkierte Personenbezeichnungen im Maskulinum kein Geschlecht präsupponieren (Doleschal 2002; vgl. auch Irmen & Steiger 2005). Die von Vertreter*innen der Annahme eines geschlechtsübergreifenden Maskulinums argumentierte Unabhängigkeit von Genus und Sexus trifft nicht zu; nicht nur für Personenbezeichnungen sondern auch für Tiergattungsbezeichnungen ist ein enger Nexus von Genus und Sexus belegt (z. B. Imai et al. 2014; Lind & Späth in diesem Band; vgl. auch den Beitrag von Busley & Fritzinger in diesem Band zu Genus-Sexus-Diskordanzen als vermeintliche Gegenbelege einer starken Korrelation zwischen Genus und Geschlecht). Ein weiteres Problem für Interpretationsmöglichkeit 1 ist die Frage, worauf eine stärkere negative Verzerrung der Akzeptabilitätsurteile in der Singularbedingung basieren könnte. Häufig werden Numeruseffekte mit der plausiblen Annahme einer höheren Relevanz von Geschlecht bei Einzelpersonen im Vergleich zu Gruppen begründet (Becker 2008; Doleschal 1992; Irmen & Linner 2005). Im Rahmen von Interpretationsmöglichkeit 1 scheidet diese Begründungsmöglichkeit jedoch aus, da sie die Ausgangsannahme der Asymmetriethese untergräbt, dass maskuline Personenbezeichnungen generell, also unabhängig vom Numerus, geschlechtsübergreifend sind.

Interpretationsmöglichkeit 1 ist zwar gegenüber Interpretationsmöglichkeit 2 defizitär. Das Fazit an dieser Stelle kann aber lediglich darin bestehen, dass es einen weiten Interpretationsspielraum für die Ergebnisse unserer Untersuchung gibt, von den beiden genannten Erklärungsansätzen über eine Variation der darin gemachten Zusatzannahmen bis zu einem dritten Ausgangspunkt. Die Zweiteilung der individuellen Ratingmuster (Asymmetrie vs. Symmetrie) könnte auch damit erklärt werden, dass es zwei Gruppen von Sprecher*innen mit unterschiedlichen Grammatiken in Bezug auf die Geschlechtsspezifizierung von nicht-movierten maskulinen Personenbezeichnungen gibt.

Um den Interpretationsspielraum einschränken zu können, sind weitere Untersuchungen mit geänderter Methodik und geändertem Material erforderlich. Aufschlussreich ist die Verwendung von Methoden, die eine nonreaktive Messung während der Verarbeitung ermöglichen (Messung von Verarbeitungszeiten, Blickbewegungen oder ereigniskorrelierten Potentialen) und die Erhebung potenziell relevanter Metadaten zu den Proband*innen (bspw. zu Einstellungen und zum Medienkonsum). In Bezug auf das Material ist es wünschenswert dem Einfluss der Zusammensetzung des Untersuchungsmaterials nachzugehen, um bspw. einschätzen zu können, inwiefern Akzeptabilitätsmaße bzw. Verarbeitungsmaße für Satzpaare mit weiblichem Ellipsensubjekt und maskulinen Antezedenzprädikatsnomen davon beeinflusst werden, ob das Untersuchungsmaterial Satzpaare mit männlichem Ellipsensubjekt und femininen Antezedenzprädikatsnomen enthält. Auch Untersuchungen mit Vollformvarianten der Ellipsen sind erkenntnisversprechend. Zum einen ist der direkte Vergleich von Ellipsen mit Vollformvarianten relevant. Zum anderen erscheint es instruktiv, die Akzeptabilität bzw. Verarbeitung von Vollformprädikativkonstruktionen mit der Partikel *auch* in Abhängigkeit davon zu prüfen, ob das Prädikatsnomen in Genus bzw. Numerus mit dem Antezedenzprädikatsnomen übereinstimmt (vgl. (18) und (19)[9]).

(18) a. Herr Saki ist Japaner. Frau Watanabe ist auch Japanerin.
    b. Frau Saki ist Japanerin. Frau Watanabe ist auch Japanerin.
    c. Frau Saki und Frau Kobo sind Japanerinnen. Frau Watanabe ist auch Japanerin.

(19) a. Frau Saki ist Japanerin. Herr Watanabe ist auch Japaner.
    b. Herr Saki ist Japaner. Herr Watanabe ist auch Japaner.
    c. Herr Saki und Herr Kobo sind Japaner. Herr Watanabe ist auch Japaner.

---

9 (18) und (19) sind exemplarische Illustrationen von experimentellen Bedingungen. Bei der Erstellung von konkretem Untersuchungsmaterial sollten darüber hinaus potentielle Einflussfaktoren berücksichtig werden. Hier ist insbesondere die Endung der maskulinen Formen relevant (*-er* vs. *-e*), auch wenn dieser Faktor im vorliegenden Experiment keine Effekte zeigte. Interessant wäre auch Personenbezeichnungen aus unterschiedlichen Domänen zu verwenden und Personenbezeichnungen, die sich in der Frequenz von geschlechtsübergreifend intendierten maskulinen Formen unterscheiden.

4 Literatur

Arppe, Antti & Juhani Järvikivi (2007): Every method counts: Combining corpus-based and experimental evidence in the study of synonymy. *Corpus Linguistics and Linguistic Theory* 3, 131–159.

Becker, Thomas (2008): Zum generischen Maskulinum: Bedeutung und Gebrauch der nichtmovierten Personenbezeichnungen im Deutschen. *Linguistische Berichte* 213, 65–75.

Bermel, Neil, Luděk Knittl & Jean Russell (2017): Frequency data from corpora partially explain native-speaker ratings and choices in overabundant paradigm cells. *Corpus Linguistics and Linguistic Theory* 14, 197–231.

Bobaljik, Jonathan & Cynthia Zocca (2011): Gender markedness. *Morphology* 21, 141–166.

Braun, Friederike, Anja Gottburgsen, Sabine Sczesny & Dagmar Stahlberg (1998): Können *Geophysiker* Frauen sein? Generische Personenbezeichnungen im Deutschen. *Zeitschrift für Germanistische Linguistik* 26, 265–283.

Chao, Wynn (1988): *On ellipsis*. New York: Garland Publishing.

Cooper, Robin (1979): The interpretation of pronouns. In Frank Heny & Helmut S. Schnelle (Hrsg.), *Syntax and Semantics 10: selections from the third Groningen round table*, 61–92. New York: Academic Press.

De Backer, Maarten & Ludovic De Cuypere (2012): The interpretation of masculine personal nouns in German and Dutch: a comparative experimental study. *Language Sciences* 34, 253–268.

Diewald, Gabriele & Anja Steinhauer (2017): *Richtig gendern. Wie Sie angemessen und verständlich schreiben*. Berlin: Dudenverlag.

Doleschal, Ursula (1992): *Movierung im Deutschen. Eine Darstellung der Bildung und Verwendung weiblicher Personenbezeichnungen*. Unterschleißheim: Lincom Europa.

Doleschal, Ursula (2002): Das generische Maskulinum im Deutschen. Ein historischer Spaziergang durch die deutsche Grammatikschreibung von der Renaissance bis zur Postmoderne. *Linguistik online* 11, 39–70.

Elsen, Hilke (2018): Das Tradieren von Genderstereotypen – Sprache und Medien. *Intercultural Journal* 17 (30), 45–66.

Garnham, Alan, Ute Gabriel, Oriane Sarrasin, Pascal Gygax & Jane Oakhill (2012): Gender representation in different languages and grammatical marking on pronouns: when beauticians, musicians, and mechanics remain men. *Discourse Processes* 49, 481–500.

Gygax, Pascal, Ute Gabriel, Oriane Sarrasin, Jane Oakhill & Alan Garnham (2008): Generically intended, but specifically interpreted: When beauticians, musicians, and mechanics are all men. *Language and Cognitive Processes*, 23, 464–485.

Heim, Irene (1991): Artikel und Definitheit. In Arnim von Stechow & Dieter Wunderlich (Hrsg.), *Semantik: Ein internationales Handbuch der zeitgenössischen Forschung*, 487–535. Berlin: De Gruyter.

Heim, Irene (2008): Features on bound pronouns. In Daniel Harbour, David Adger & Susana Béja (Hrsg.), *Phi theory: Phi-features across modules and interfaces*, 35–56. Oxford: Oxford University Press.

Heise, Elke (2000): Sind Frauen mitgemeint? Eine empirische Untersuchung zum Verständnis des generischen Maskulinums und seiner Alternativen. *Sprache & Kognition* 19, 3–13.

Horn, Laurence R. (1984): Toward a new taxonomy for pragmatic inference: Q-based and R-based implicature. In Deborah Schiffrin (Hrsg.), *Meaning, form, and use in context: linguistic applications*, 11–42. Washington, D. C.: Georgetown University Press.

Imai, Mutsumi, Lennart Schalk, Henrik Saalbach & Hiroyuki Okada (2014): All giraffes have female-specific properties: Influence of grammatical gender on deductive reasoning about sex-specific properties in German speakers. *Cognitive Science* 38, 514–536.

Irmen, Lisa & Nadja Roßberg (2004): Gender markedness of language: The impact of grammatical and nonlinguistic information on the mental representation of person information. *Journal of Language and Social Psychology* 23, 272–307.

Irmen, Lisa & Ute Linner (2005): Die Repräsentation generisch maskuliner Personenbezeichnungen. Eine theoretische Integration bisheriger Befunde. *Zeitschrift für Psychologie* 213, 167–175.

Irmen, Lisa & Vera Steiger (2005): Zur Geschichte des Generischen Maskulinums: Sprachwissenschaftliche, sprachphilosophische und psychologische Aspekte im historischen Diskurs. *Zeitschrift für germanistische Linguistik* 33, 212–235.

Ivanov, Christine, Maria B. Lange & Tabea Tiemeyer (2018): Geschlechtergerechte Personenbezeichnungen in deutscher Wissenschaftssprache. Von frühen feministischen Vorschlägen für geschlechtergerechte Sprache zu deren Umsetzung in wissenschaftlichen Abstracts. *Suvremena Lingvistika* 86, 261–290.

Jakobson, Roman (1932/1971): Zur Struktur des russischen Verbums. In *Selected Writings (Vol. II)*. Den Haag: Mouton.

Johnson, Kyle (2014): Commentary on gender mismatches and nominal ellipsis by Jason Merchant. *Lingua* 15, 33–42.

Kusterle, Karin (2011): *Die Macht von Sprachformen. Der Zusammenhang von Sprache, Denken und Genderwahrnehmung.* Frankfurt a. M.: Brandes & Apsel.

Lévy, Arik, Pascal Gygax & Ute Gabriel (2014): Fostering the generic interpretation of grammatically masculine forms: When my aunt could be one of the mechanics. *Journal of Cognitive Psychology* 26, 27–38.

Merchant, Jason (2001): *The syntax of silence: sluicing, islands, and identifying in ellipsis.* Oxford: Oxford University Press.

Merchant, Jason (2014): Gender mismatches under nominal ellipsis. *Lingua* 15, 9–32.

Moser, Franziska & Bettina Hannover (2014): How gender-fair are schoolbooks in Germany in the twenty-first century? An analysis of language and illustrations in schoolbooks for mathematics and German. *European Journal of Psychology of Education* 29, 387–407.

Nübling, Damaris (2018): Und ob das Genus mit dem Sexus. Genus verweist nicht nur auf Geschlecht, sondern auch auf die Geschlechterordnung. *Sprachreport* 34, 44–50.

Pettersson, Magnus (2011): *Geschlechtsübergreifende Personenbezeichnungen. Eine Referenz- und Relevanzanalyse.* Tübingen: Narr Verlag.

Pollatsek, Alexander & Arnold D. Well (1995): On the use of counterbalanced designs in cognitive research: A suggestion for a better and more powerful analysis. *Journal of Experimental Psychology: Learning, Memory, and Cognition* 21, 785–794.

Rothermund, Klaus (1998): Automatische geschlechtsspezifische Assoziationen beim Lesen von Texten mit geschlechtseindeutigen und generisch maskulinen Textsubjekten. *Sprache & Kognition* 17, 183–198.

Rothmund, Jutta & Brigitte Scheele (2004): Personenbezeichnungsmodelle auf dem Prüfstand. Lösungsmöglichkeiten für das Genus-Sexus-Problem auf Textebene. *Zeitschrift für Psychologie* 212, 40–54.

Sauerland, Uli (2008): On the semantic markedness of Phi-features. In Daniel Harbour, David Adger & Susana Béja (Hrsg.), *Phi theory: Phi-features across modules and interfaces, Phi Theory*, 57–82. Oxford: Oxford University Press.

Schröter, Juliane, Angelika Linke & Noah Bubenhofer (2012): „Ich als Linguist" – Eine empirische Studie zur Einschätzung und Verwendung des generischen Maskulinums. In Susanne Günthner, Dagmar Hüpper & Constanze Spieß (Hrsg.), *Genderlinguistik. Sprachliche Konstruktionen von Geschlechtsidentität*, 359–380. Berlin: De Gruyter.

Snyder, William (2000): An experimental investigation of syntactic satiation effects. *Linguistic Inquiry* 31, 575–582.

Stahlberg, Dagmar & Sabine Sczesny (2001): Effekte des generischen Maskulinums und alternativer Sprachformen auf den gedanklichen Einbezug von Frauen. *Psychologische Rundschau* 52, 131–140.

Steiger-Loerbroks, Vera & Lisa von Stockhausen (2014): Mental representations of gender-fair nouns in German legal language: An eye-movement and questionnaire-based study. *Linguistische Berichte* 237, 57–80.

Stevens, Stanley S. (1946): On the theory of scales of measurement. *Science* 103, 677–680.

Sudo, Yasutada & Giorgos Spathas (2016): Nominal ellipsis and the interpretation of gender in Greek. In Nadine Bade, Polina Berezovskaya & Anthea Schöller (Hrsg.), *Proceedings of Sinn und Bedeutung 20*, 712–729. Tübingen: Eberhard Karls Universität.

Tiemeyer, Tabea & Martin Ptok (2018): Gebrauch geschlechtsübergreifender Personenbezeichnungen in der „Sprache Stimme Gehör" im Jahr 2016. *Sprache Stimme Gehör* 42, 91–96.

Trutkowski, Ewa (2018): Wie generisch ist das generische Maskulinum? Über Genus und Sexus im Deutschen. In André Meinunger (Hrsg.), *Im Mittelpunkt Deutsch. ZAS Papers in Linguistics* (ZASPiL 59), 83–96. Berlin: Leibniz-Zentrum Allgemeine Sprachwissenschaft (ZAS).

Vervecken, Dries, Bettina Hannover & Ilka Wolter (2013): Changing (s)expectations: How gender fair job descriptions impact children's perceptions regarding traditionally male occupations. *Journal of Vocational Behavior* 82, 208–220.

Magnus Breder Birkenes und Jürg Fleischer
Genus- und Sexuskongruenz im Mittelhochdeutschen: eine Paralleltextanalyse zum Lexical hybrid *kint*

Zusammenfassung: Lexical hybrids sind Substantive, die ein hybrides Kongruenzmuster aufweisen. Im vorliegenden Artikel wird ein besonderer Blick auf mhd. *kint* geworfen. Dieses neutrale Substantiv, das sich im Neuhochdeutschen auf weibliche wie männliche Personen beziehen kann, zeigt im Mittelhochdeutschen häufiger Kongruenzformen, die sich nach dem Sexus richten. Als Korpus für die Untersuchung dient die vielfach überlieferte Kaiserchronik, die als „Paralleltext" analysiert werden kann. Mithilfe quantitativer Auswertungen und Stellenvergleichen werden die Kongruenzformen von mhd. *kint* in der gesamten Kaiserchronik-Überlieferung behandelt. Es zeigt sich, dass das Mittelhochdeutsche stärker zu semantischer Kongruenz neigt, als dies im Neuhochdeutschen der Fall ist. Faktoren wie Wortabstand und Alter der Referenzperson sind für das Auftreten semantisch motivierter Kongruenzformen entscheidend.

1 Einleitung

Lexical hybrids sind Substantive, bei denen Genus („grammatisches Geschlecht") und Sexus („natürliches Geschlecht", besser: Geschlechterrolle) nicht in der einzelsprachlich prototypischen Weise miteinander korrelieren (vgl. Corbett 1991: 183–184; Corbett 2006: 214–218). Für das Deutsche sind vor allem neutrale Substantive, die sich auf weibliche Personen beziehen, bekannt und zum Gegenstand sprachwissenschaftlicher Untersuchungen gemacht worden, etwa *Weib*, *Mädchen*, *Fräulein* etc. (vgl. u. a. Braun & Haig 2010; Fleischer 2012; Birkenes, Chroni & Fleischer 2014; Leser-Cronau 2018). Derartige Substantive

---

Anmerkung: Der vorliegende Artikel entstand im Rahmen des DFG-Projekts „Diachronie von Kongruenzsystemen: „Kymrisch – Bretonisch – Deutsch (und weitere germanische Sprachen)", dessen Förderung hiermit herzlich verdankt sei. Für Feedback und Hinweise bedanken wir uns bei Stephanie Leser-Cronau und Katja Daube sowie bei zwei anonymen GutachterInnen. Wie immer stehen alle Fehler in unserer Verantwortung.

Open Access. © 2022 Magnus Breder Birkenes und Jürg Fleischer, publiziert von De Gruyter. Dieses Werk ist lizenziert unter der Creative Commons Namensnennung 4.0 International Lizenz.
https://doi.org/10.1515/9783110746396-008

können hybride Kongruenzmuster aufweisen. Beispielsweise können bei anaphorischem Bezug auf *Mädchen* neutrale wie feminine Formen auftreten. Neutrale Kongruenzformen reflektieren dabei das Genus des die Kongruenz auslösenden Nomens (in der Terminologie von Corbett: „controller"), entsprechend wird von formaler oder grammatischer Kongruenz des/der die Kongruenz anzeigenden Wörter (in der Terminologie von Corbett: „target") gesprochen („constructio ad formam"). Feminine Formen reflektieren dagegen den Sexus, entsprechend ist die Rede von semantischer Kongruenz („constructio ad sensum"). Im folgenden, häufig zitierten Beispiel wird dies am Possessivpronomen und am Personalpronomen veranschaulicht (wogegen beim Artikel nur die neutrale Form angesetzt wird):

(1) Das Mädchen legt ihren/seinen Mantel ab. Sie/es trägt ein rotes Kleid.
    (Köpcke & Zubin 2009: 142)

Im vorliegenden Artikel steht ein anderer, bisher weniger stark untersuchter Typus von Genus-Sexus-Divergenz im Fokus: Das neutrale Substantiv nhd. *Kind* kann sich auf weibliche wie männliche Personen beziehen. Mit der von Corbett (1991: u. a. Kapitel 8) verwendeten Terminologie handelt es sich damit um ein „hybrid noun" (vgl. allerdings den profunden Beitrag zu epizönen Substantiven von Klein im vorliegenden Band, in dem eine Begriffsklärung vorgeschlagen und eine sehr bedenkenswerte Begriffsdifferenzierung ausgearbeitet wird). Es kann somit grundsätzlich damit gerechnet werden, dass auch hier Divergenzen zwischen Genus und Sexus – der bei diesem Substantiv allerdings aufgrund seiner lexikalischen Bedeutung nicht festgelegt ist – auftreten. Für das Mittelhochdeutsche (ca. 1050–1350), das etwa bei Kongruenzformen zu *wîp* besonders häufig semantische Kongruenz zeigt (vgl. Fleischer 2012), sind maskuline Formen, die auf *kint* bezogen sind, belegt. Das folgende Beispiel zeigt dies für die Kaiserchronik (zitiert wird hier zunächst die bis heute gängigste Edition, die im Wesentlichen den Stand der Vorauer Handschrift, des ältesten vollständigen Zeugnisses der Kaiserchronik vom Ende des 12. Jahrhunderts, wiedergibt; vgl. Abschnitt 2). Hier bezieht sich das maskuline Personalpronomen *er* auf *daz kint*:

(2) *Dô zôch man daz kint mit flîze, / jâ wuohs er agelaize* (ed. Schröder 1895: 13925–13926) ‚Da erzog man das Kind mit Eifer. Fürwahr wuchs er schnell heran'
    (Übs.: vgl. Herweg 2014: 317) [1]

---

[1] Für unsere neuhochdeutschen Übersetzungen von Belegen aus der Kaiserchronik konsultierten wir die englische, die Versaufteilung des Originals nicht aufnehmende Gesamtübersetzung von Myers (2013) und die neuhochdeutsche, die Versaufteilung des Originaltexts reflek-

Im vorliegenden Artikel sollen die Bedingungen untersucht werden, unter denen im Mittelhochdeutschen nicht-neutrale Kongruenzformen zu *kint* auftreten. Von Interesse ist hierbei unter anderem auch die Frage nach Variation und Wandel: Für das Neuhochdeutsche können zumindest attributive nicht-neutrale Kongruenzformen zu *Kind* ausgeschlossen werden (*der/*die Kind),[2] wie sich jedoch im vorliegenden Artikel zeigen wird, treten im Mittelhochdeutschen entsprechende Belege auf. Das Mittelhochdeutsche erweist sich somit, wie schon in Bezug auf Kongruenzformen zu *wīp*, als besonders offen für semantisch motivierte Kongruenzformen. Aus diesem Grund verspricht eine Untersuchung zum Mittelhochdeutschen besonders aufschlussreiche Ergebnisse.

Um in Bezug auf die Frage nach Wandel und Variation innerhalb des Mittelhochdeutschen Daten zu erhalten, führen wir eine Paralleltextanalyse durch: Diese Methode erlaubt nicht nur eine effiziente Sammlung von Daten, sondern gewährleistet auch, dass Faktoren, die sich für das Auftreten von Kongruenzformen als relevant erweisen, gut isoliert werden können.

Der Artikel ist folgendermaßen gegliedert: In Abschnitt 2 stellen wir zunächst die Kaiserchronik als Paralleltext vor. In Abschnitt 3 zeigen wir auf, wie wir unsere Daten erhoben und klassifiziert haben. Abschnitt 4 präsentiert die Resultate und zieht zunächst empirische Generalisierungen daraus. In Abschnitt 5 werden Faktoren, die für die Wahl der Kongruenzformen entscheidend sein könnten, diskutiert. In Abschnitt 6 wird aufgezeigt, dass sich bei *Kind* auch in modernen deutschen Dialekten noch semantisch motivierte Kongruenzformen sowohl in der anaphorischen als auch in der attributiven Verwendung feststellen lassen.

---

tierende Teilübersetzung von Herweg (2014). Unsere neuhochdeutschen Übersetzungen orientieren sich, wenn die entsprechende Stelle abgedeckt ist, am Wortlaut der Übersetzung von Herweg (2014), bieten jedoch eine die Struktur des Originals deutlich stärker widerspiegelnde Syntax. Wenn wir die Übersetzung von Myers (2013) oder von Herweg (2014) wörtlich zitieren, setzen wir doppelte Anführungszeichen und geben die entsprechende Seite an.
2 In der Grammatikographie des Neuhochdeutschen wird der Artikel meist nicht als Attribut klassifiziert, in Bezug auf die Positionen der Agreement Hierarchy (Corbett 1979), auf die wir uns im Folgenden beziehen (vgl. Abschnitt 3), gehört der Artikel allerdings eindeutig zur ersten Relation („attributive"). Deshalb sprechen wir im Folgenden der Einfachheit halber auch bei Artikeln von „attributiver Domäne" etc.

2 Die Kaiserchronik-Überlieferung als Paralleltext

Die Kaiserchronik ist ein bereits im späten 12. Jahrhundert und somit relativ früh bezeugter mittelhochdeutscher Verstext, in dem abendländische Geschichte im Rahmen einer Abfolge von Herrschern und deren Taten dargestellt wird. Die Kaiserchronik ist relativ breit überliefert: Laut Handschriftencensus [3] sind derzeit 20 vollständige Handschriften und 30 Fragmente bekannt. Dabei erstreckt sich die Überlieferung auf insgesamt über drei Jahrhunderte, wobei drei unterschiedliche, jedoch durchaus gleichzeitig nebeneinander bestehende und tradierte Redaktionen, d. h. sich in Bezug auf bestimmte Texteigenschaften ähnlich verhaltende Handschriften, unterschieden werden (vgl. u. a. Wolf 2008; Wolf 2017; Chinca, Hunter & Young 2019a). Es bietet sich somit die Möglichkeit, bei paralleler Überlieferung durch einen Textstellenvergleich zu untersuchen, ob Kongruenzformen über die Überlieferung hinweg in Bezug auf ihr Genus stabil sind oder Veränderungen unterliegen. Damit wird ein mittelhochdeutsches Charakteristikum, die mehrfache handschriftliche, den Text jeweils modifizierende und adaptierende Überlieferung, gezielt für grammatische Untersuchungen genutzt, wie dies bereits Gärtner (1991) mit Bezug auf einen anderen Text vorgeschlagen hat.

Eine Paralleltext-Untersuchung hat nicht nur den Vorteil, dass mit vergleichsweise wenig Aufwand Belege gesammelt werden können. Vor allem ermöglicht sie Vergleiche, die sich – wenn der Text nicht verändert wurde – in Bezug auf den Kontext nicht unterscheiden. Die parallelen Textstellen sind somit nahezu exakt vergleichbar, was etwa den generellen Kontext, aber auch Faktoren wie den Abstand zwischen Controller und Target betrifft.

Die breite Tradierung der Kaiserchronik ist für die Überlieferung mittelhochdeutscher Texte nicht untypisch. Die Kaiserchronik weist aber gegenüber den meisten anderen, ähnlich überlieferten mittelhochdeutschen Texten einen entscheidenden praktischen Vorteil auf: Die gesamte (verfügbare) Überlieferung wurde durch die UB Heidelberg mustergültig digitalisiert und digital publiziert und ist in TEI-XML kodiert (Chinca et al. 2018; vgl. Chinca et al. 2019b). Nicht nur bestehen hier die Probleme nicht, die zahlreiche „normalisierte" Editionen mittelhochdeutscher Texte mit sich bringen und die für eine sprachwissenschaftliche Auswertung eine nur mit erheblichem Aufwand zu übersteigende Hürde bilden (vgl. dazu etwa Wegera 2000). Darüber hinaus ist auch durch die

---

3 Vgl. <http://www.handschriftencensus.de/werke/189>.

Suche mit regulären Ausdrücken ein effizientes Sammeln von Belegen und ein Vergleich zwischen verschiedenen Überlieferungsträgern möglich.

3 Daten und Methode

Die diesem Artikel zugrunde liegenden Daten stammen aus der über die Digitale Bibliothek der UB Heidelberg publizierten elektronischen Kaiserchronik-Edition (Chinca et al. 2018), die im Umfeld eines Editions-Projekts entstand. Für die vorliegende Untersuchung wurden alle zwölf vorhandenen Handschriften herangezogen, die in der folgenden Tabelle mit ihren Siglen, ihrem Bibliotheksort, ihrer Tokenzahl und ihrer Datierung angeführt werden. In der Kaiserchronik-Philologie wird, wie bereits erwähnt, traditionellerweise zwischen drei verschiedenen Redaktionen (die als A-, B- und C-Redaktion bezeichnet werden) unterschieden, außerdem wird in der Wolfenbütteler Handschrift in der neuesten philologischen Forschung eine Mischredaktion A/C gesehen (vgl. etwa Chinca, Hunter & Young 2019a: 142). Die entsprechenden Zuordnungen zu einer Redaktion werden nach der Sigle ebenfalls in Klammern angeführt.

Die elektronisch durchsuchbaren Transliterationen sind in der verwendeten elektronischen Edition mit Digitalisaten der entsprechenden Handschriftenseiten verknüpft. Die vergleichbaren Textstellen sind aber nicht miteinander aligniert (zu diesem Schritt s. weiter unten).

Tab. 1: Untersuchte Kaiserchronik-Handschriften.

Sigle	Standort	Tokenzahl	Datierung (ca.)
A1 (A)	Vorau	90.142	4. Viertel 12. Jh.
H (A)	Heidelberg	88.000	2. Viertel 13. Jh
M (A)	München	84.965	2. Viertel 14. Jh.
W (A/C)	Wolfenbüttel	54.894	1. Hälfte / Mitte 14. Jh.
B1 (B)	Wien	79.859	1. Viertel 14. Jh.
VB (B)	Wien	76.027	4. Viertel 13. Jh.
P (B)	Prag	29.278	2. Viertel 13. Jh.
C1 (C)	Wien	87.898	Anfang 14. Jh.
VC (C)	Wien	89.333	14. Jh.
K (C)	Karlsruhe	89.457	2. Hälfte 14. Jh.
Z (C)	Schloss Zeil	90.777	Ende 15. Jh.
Co (C)	Köln	77.132	1. Hälfte 14. Jh.
Gesamt:		937.762	Ende 12. Jh. – Ende 15. Jh.

Insgesamt reichen die Handschriften zeitlich vom Ende des 12. bis zum Ende des 15. Jahrhunderts. Besonders Zeugnisse der B-Redaktion sind insgesamt kürzer als Zeugnisse der A-Redaktion, doch auch Zeugnisse der C-Redaktion weisen in der Regel etwas weniger Text auf (vgl. Chinca, Hunter & Young 2019a: 142). Insgesamt kommt ein beachtliches Korpus von fast einer Million Tokens zu Stande. Zum Vergleich: das „Referenzkorpus Mittelhochdeutsch" weist ca. 2,5 Millionen Tokens auf (vgl. Petran et al. 2016: 3).

Um Belege für Kongruenzformen zu *kint* zu sammeln, wurden zunächst sämtliche in Frage kommenden Controller identifiziert. Da wir unterschiedliche Schreibungen erwarten, wurde mit einem regulären Ausdruck gearbeitet, der möglichst viel Variation auffangen sollte (<k> vs. <ch>, Stammvokalismus, Auslautverhärtung etc.). Sodann wurde jedes Vorkommen manuell gesichtet und die jeweiligen Kongruenzrelationen wurden in einem Annotationsprogramm aufgenommen. Dabei werden solche Kongruenzformen als „semantisch" klassifiziert, die eine morphologisch eindeutig maskuline (oder feminine, was allerdings in der Kaiserchronik-Überlieferung nie der Fall ist) Form aufweisen, als „formal" solche, die eindeutig neutral sind. Ambige Formen wurden dabei nicht mithilfe des Kontexts disambiguiert, was anhand der folgenden Beispiele illustriert werden soll (ab nun werden Belege nicht mehr nach der Schröder-Edition, sondern nach Handschrift und dort nach Seite und Zeile zitiert; die Verszählung der Schröder-Edition wird dabei zusätzlich angegeben, um das Auffinden der entsprechenden Stelle zu erleichtern):

(3) a. *durch des chindes trute* (l_A1_052r-b.line_37; Schröder 1895: 12095) ‚wegen der Zuneigung des Kindes'
   b. *daz kint nach sinem uater uant* (l_A1_065r-a.line_4–5; Schröder 1895: 15153) ‚das Kind konnte [wtl. ‚fand'] nach seinem Vater [das Erbe antreten]'

(4) a. *daz ist daz frone chint* (l_A1_039r-b.line_17–18; Schröder 1895: 9028) ‚dies ist das heilige Kind'
   b. *diu kint sih berieten. daz si niemen sageten* (l_A1_006v-a.line_25–26, Schröder 1895: 1423) ‚die Kinder berieten sich, dass sie niemandem sagten [...]' (vgl. Myers 2013: 96)

In (3)a liegt ein Genitiv Singular des Artikels und in (3)b das anaphorisch verwendete Possessivpronomen vor: In beiden Fällen können die entsprechenden Formen sowohl als maskulin als auch als neutral aufgefasst werden. Das schwache Adjektiv *frone* in (4)a und das pluralische Personalpronomen *si* in (4)b sind sogar komplett genusindifferent. In beiden Fällen werden derartige Formen im vorliegenden Artikel als „indifferent" klassifiziert, da sie keine Entscheidung hinsichtlich der Frage, ob maskuline oder neutrale Kongruenzformen vorliegen, erlauben.

Bei den Kongruenzrelationen arbeiten wir – nach der Agreement Hierarchy (Corbett 1979) – mit einer groben Einteilung in eine attributive, relative und anaphorische Domäne (vgl. Fußnote 2). Den prädikativen Bereich als weitere Domäne der Agreement Hierarchy blenden wir aus: Verben zeigen in der bekannten Geschichte des Deutschen nie Genus-Kongruenz, bei prädikativen Adjektiven und Partizipien sind nach der althochdeutschen Zeit Belege für kongruierende Formen sehr selten (und fehlen in den von uns untersuchten Zeugnissen vollständig).

Nach der Klassifikation wurden sämtliche Controller, soweit sie parallel waren, aus den verschiedenen Handschriften miteinander manuell verknüpft bzw. aligniert. Dies erfolgte, indem die Indizes der jeweils übereinstimmenden Controller, ausgehend von den Leithandschriften der jeweiligen Redaktionen, datenbankseitig miteinander in einer Tabelle festgehalten wurden. Über eine eigene Ansicht konnten dann alle mit den alignierten Controllern verbundenen Relationen nebeneinander angezeigt werden. Die Verknüpfungen erlauben einen schnellen qualitativen Stellenvergleich über Handschriften hinweg, der mit rein manuellen Mitteln schwer zu bewältigen wäre.

4 Ergebnisse

Im folgenden Beispiel wird eine Parallelstelle, die anhand des in Abschnitt 3 beschriebenen Vorgehens identifiziert und aligniert wurde, anhand von drei Handschriften veranschaulicht:

A1 .... der kint ſagete
mir ſelbe dí rede. den ſi liezen haíme.
(vgl. ed. Schröder 1895: 2794–2795)

H   Daz kint ſagete mir die rede.
    Den ſie da liezen heíme.

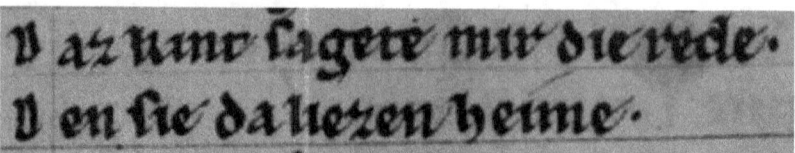

M   Daz chínt ſait mír ſelb di rede
    Daz ſi liezen haíme.

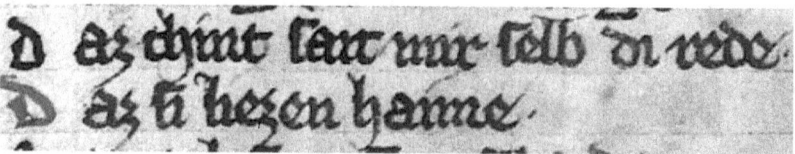

Hier liegt eine Stelle mit zwei verschiedenen Targets (ein attributiver Artikel und ein Relativpronomen) vor. In A1 sind beide Targets maskulin (*der kint ... den*), in H ist der Artikel neutral, das Relativpronomen maskulin (*Daz kint ... Den*), in M sind beide Targets neutral (*Daz kint ... Daz*). Damit ergibt sich eine über die Handschriften hinweg auftretende suggestive diachrone Verteilung (A1 ist die älteste, M die jüngste dieser drei Handschriften). Auch entspricht die Verteilung den Generalisierungen der Agreement Hierarchy (Corbett 1979): Die vierte kombinatorische Möglichkeit (maskuliner Artikel, neutrales Demonstrativpronomen) wird von der Agreement Hierarchy ausgeschlossen, sie ist dazu passend in den Parallelstellen nicht belegt.

In den folgenden Abschnitten werden die Resultate zu den drei unterschiedenen Kongruenzdomänen behandelt. Die folgende Tabelle zeigt zunächst die Anzahl klassifizierter Kongruenzformen in den zwölf Handschriften und deren Verteilung auf die drei Domänen. Insgesamt wurden für 596 Vorkommen von mhd. *kint* 1274 Kongruenzformen ermittelt.

Es fällt auf, dass die Zahl der Controller über die Handschriften hinweg verschieden ist: Der Mittelwert liegt bei 50 Controllern pro Handschrift, aber die Standardabweichung mit 18,5 weist auf eine vergleichsweise große Streuung hin, die aufgrund der unterschiedlichen Handschriftenlängen und Redaktionen zustande kommt. Innerhalb der Redaktionen, allerdings mit Ausnahme der Prager und der Kölner Handschrift, die beide fragmentarisch sind, sind die Zahlen jeweils vergleichsweise nahe beieinander. Darüber hinaus kann festgehalten werden, dass für die relative Domäne bedeutend weniger Belege vorhanden sind als für die attributive und die anaphorische.

Tab. 2: Belege von *kint* und darauf bezogene Kongruenzformen in den Kaiserchronik-Handschriften in den verschiedenen Kongruenz-Domänen.

Sigle	∑ Controller	attributiv	relativ	anaphorisch	∑ Targets
A1 (A)	42	46	1	41	88
M (A)	41	47	1	33	81
H (A)	44	50	1	37	88
W (A/C)	38	42	1	38	81
B1 (B)	51	56	3	53	112
VB (B)	51	56	2	65	123
P (B)	24	29	3	27	59
C1 (C)	75	77	3	64	144
VC (C)	58	59	1	69	129
K (C)	71	72	3	68	143
Z (C)	79	86	2	68	156
Co (C)	22	22	3	45	70
alle	596	642	24	608	1274

4.1 Attributive Domäne

Tabelle 3 zeigt für die einzelnen Handschriften, wie viele neutrale und maskuline Formen in der attributiven Domäne, die beispielsweise Artikel und attributiv verwendete Adjektive umfasst, auftreten. Wie oben diskutiert werden Formen, bei denen keine Genusdistinktion zwischen Maskulinum und Neutrum besteht, hier als „indifferent" aufgeführt.

Wie aus Tabelle 3 hervorgeht, ist der Anteil semantischer Kongruenz im attributiven Bereich mit 1,7 % insgesamt sehr niedrig. Auffällig ist allerdings, dass dieser Anteil in der Vorauer Handschrift, die zugleich das älteste untersuchte Zeugnis darstellt, mit 22,7 % deutlich höher liegt. Insgesamt 5 von 22 eindeutigen Targets weisen in dieser Handschrift maskuline Formen und somit semantische Kongruenz auf. Zwar sind diese absoluten Zahlen nicht sehr hoch, diese Tatsache ergibt sich jedoch aus der Überlieferungssituation: Da exhaustiv sämtliche Belege für *kint* (und die darauf bezogenen Kongruenzformen) einer Handschrift erfasst werden, kann weitere empirische Evidenz für das hier diskutierte Problem nur noch jenseits der Kaiserchronik-Handschriften gefunden werden – wobei dann allerdings kein direkter Vergleich mit Parallelstellen mehr möglich ist. Ein einziger weiterer Beleg findet sich in der C-Redaktion, der von den Belegen der A-Redaktion unabhängig ist. Die Belege aus der Vorauer Handschrift werden hier aufgeführt. Zum Vergleich werden auch die entsprechenden Stellen aus der Münchner Handschrift der A-Redaktion angeführt, die formale Kongruenz zeigen.

Tab. 3: Unterschiedliche Kongruenzformen in der attributiven Domäne.

Sigle	maskulin	neutral	indifferent	∑ Targets	% sem.
A1 (A)	5	17	22	44	22,7
M (A)	0	27	20	47	0
H (A)	0	24	26	50	0
W (A/C)	0	25	17	42	0
B1 (B)	0	32	24	56	0
VB (B)	0	34	18	52	0
P (B)	0	16	13	29	0
C1 (C)	1	41	34	76	2,4
VC (C)	0	39	20	59	0
K (C)	0	40	32	72	0
Z (C)	0	44	42	86	0
Co (C)	0	14	7	21	0
alle	6	353	275	634	1,7

(5) a. *herre sprac si daz ih den kint sehen muze* (l_A1_012r-a.line_35–36; ed. Schröder 1895: 2808–2809)
  b. *Herre daz ich daz chint sehen mv̂zze* (l_M_021v-a.line_5)
  ‚Herr, sprach sie, dass ich das Kind sehen muss!' (vgl. Myers 2013: 116)

(6) a. *der kint sagete mir selbe di rede. den si liezen haime*
  (l_A1_012r-a.line_24–25, ed. Schröder 1895: 2794–2795)
  b. *Daz chint sait mir selb di rede Daz si liezen haime*
  (l_M_021r-b.line_26–27)
  ‚das Kind, das sie zu Hause ließen, sagte mir dies selbst' (vgl. Myers 2013: 116)

(7) a. *Aines tages komezsus. daz der kint astrolalius. gestunt alter saine*
  (l_A1_056v-b.line_40–41, ed. Schröder 1895: 13163–13165)
  b. *Eines tages chom iz sus. Daz daz chint Astrolabius. Gestund altersseine*
  (l_M_100v-b.line_6–8)
  ‚eines Tages geschah es so, dass das Kind Astrolabius alleine stand ...' (vgl. Myers 2013: 297)

(8) a. *er mante unseren herren daz er sin selbes ere gedæhte. unt den kint wider zusinem sinne bræhte* (l_A1_057r-a.line_27–29, ed. Schröder 1895: 13202–13204)

b. *Vnd mant vnſern herren. Daz er ſin ſelbes er bedâhte. Vnd(e) daz chint wider zeſinnen brâhte* (l_M_101r-a.line_11–13)
‚er ermahnte unseren Herrn, dass er an seine Ehre denke und das Kind wieder zu seinen Sinnen bringe' (vgl. Myers 2013: 298)

(9) a. *der kint hůp ſich zewege* (l_A1_061v-a.line_42, ed. Schröder 1895: 14333)
b. *Daz chínt hub ſich zewege* (l_M_109v-b.line_18)
das Kind machte sich auf den Weg (Herweg 2014: 341: „Der junge Mann machte sich auf den Weg.")

Zusätzlich dazu findet sich in der Leithandschrift der C-Redaktion (C1) ein Beleg für das Maskulinum (Beispiel 10a), das sich in den anderen Handschriften der entsprechenden Redaktion nicht findet. Dies wird durch die folgenden Parallelstellen aller vier C-Handschriften gezeigt (Beispiele 10a–d). In der A-Redaktion liegt bei dieser Parallelstelle ein anderes Lexem, das Maskulinum *jungelinc*, vor (Beispiele 10e–h), weshalb kein direkter Vergleich in Bezug auf Kongruenzformen möglich ist.

(10) a. *der chint von Rŏme iſt gebŏrn* (l_C1_010v-b.line_44; vgl. ed. Schröder 1895: 2006)
b. *Daz chínt võ Rome iſt geborn* (l_VC_007v-c.line_3)'
c. *Diſ kínt võ Rome iſt geborn* (l_K_011v-a.line_3)
d. *Das kind von Rome iſt geporen* (l_Z_039r-a.line_23)
e. *der ívngelinch iſt uon rome geboren* (l_A1_008v-b.line_43–44)
f. *Der ivngelinch iſt võ rom geborn* (l_M_015v-b.line_1)
g. *Der iungelinc iſt uõ Rome geborn* (l_H_011v-b.line_25)
h. *der iůnglinch iſt von Rŏm gepŏrn* (l_W_037v-a.line_25–26)
‚das Kind/der Jüngling ist von Rom geboren' (Myers 2013, 105: „for this young man has come from Rome")

Das in der A-Redaktion auftretende Lexem, das einen jungen Erwachsenen bezeichnet, gibt bereits einen Hinweis auf mögliche Effekte des Faktors Alter, der in 5.3 näher diskutiert wird. Auch die Übersetzungen von Myers (2013) und Herweg (2014) zu den Beispielen (9) und (10) machen klar, dass die mit *kint* bezeichneten Personen hier schon vergleichsweise alt sind.

4.2 Relative Domäne

Tabelle 4 zeigt die Resultate für die gegenüber der attributiven und anaphorischen Domäne deutlich selteneren Relativpronomen. Wie aus dieser Tabelle hervorgeht, neigt das Relativpronomen eher zur semantischen Kongruenz als attributive Targets. Es zeichnet sich hier allerdings ab, dass deutliche Unterschiede zwischen einzelnen Zeugnissen bestehen. Insbesondere die drei Handschriften der B-Redaktion tendieren einheitlich zur formalen Kongruenz, während es bei den Handschriften der A- und C-Redaktion Schwankungen gibt. Ein deutliches Beispiel für diese Schwankung findet sich bei den Handschriften der A-Redaktion in der unter den Beispielen (6)a und (6)b zitierten Stelle. Die B-Redaktion hingegen zeigt geschlossen formale Kongruenz, wie in (11) deutlich wird (dazu existiert keine direkte Parallelstelle in den Handschriften der A-Redaktion):

(11) a. *Daz kint daz hinter deiner tûr In der erden verporgen leit Daz deinem zouber craft geit* (l_B1_009r-a.line_12–14)
    b. *Daz kint hinder díner tv̊r Daz in der erde verborgen lít Vnd kraft dínem zovber gít* (l_VB_013r-a.line_26–28)
    c. *daz kint daz hínter diner ture in der erden verborgen lit. daz dinem zovbere chraft git.* (l_P_023v-a.line_8–10)
    ,das Kind, das hinter deiner Türe in der Erde verborgen liegt, und das deinem Zauber Kraft gibt'

Tab. 4: Unterschiedliche Kongruenzformen in der relativischen Domäne.

Sigle	maskulin	neutral	indifferent	∑ Targets	% sem.
A1 (A)	1	0	0	1	100
M (A)	0	1	0	1	0
H (A)	1	0	0	1	100
W (A/C)	1	0	0	1	100
B1 (B)	0	3	0	3	0
VB (B)	0	2	0	2	0
P (B)	0	3	0	3	0
C1 (C)	1	1	1	3	50
VC (C)	1	0	0	1	100
K (C)	1	1	1	3	50
Z (C)	2	0	0	2	100
Co (C)	1	1	1	3	50
alle	9	12	3	24	42,9

Interessant an dieser Stelle ist, dass – sofern zwei Relativpronomen auftreten – beide formal kongruieren (hier scheint der Wortabstand also zunächst keine Rolle zu spielen; vgl. dazu 5.1).

4.3 Anaphorische Domäne

Die Resultate für die anaphorische Domäne zeigt Tabelle 5. Im anaphorischen Bereich weisen demnach Handschriften der C-Redaktion mehr semantische Kongruenz auf als Handschriften der A- und B-Redaktion. Die Werte schwanken zwischen der Hälfte und gut über drei Viertel aller Belege. Die folgenden Belege zeigen Variation in der A-Redaktion (Beispiele (12)a–(12)c, mit zwei maskulinen und einer neutralen Form des Personalpronomens), aber Konstanz in der C-Redaktion (Beispiele (12)d–(12)g, mit ausschließlich maskulinen Formen):

(12) a. *herre ſprac ſi daz ih den kint ſehen muze. er iſt wærlich der ſun mín*
   (l_A1_012r-a.line_35–36; 2808–2809)
   b. *Herre daz ich daz chint ſehen mv̇zze Er iſt wârlich der ſvn mein*
   (l_M_021v-a.line_5–6)
   c. *Herre ſprach ſie daz ich daz kint geſehe mu̇ze. Ez iſt werliche der ſůn min.*
   (l_H_016v-a.line_5–7)
   d. *ſi ſprach mein chint ich ſehen mv̇z. er iſt vûr war der ſvn mein.*
   (l_C1_015v-a.line_4–5)

Tab. 5: Unterschiedliche Kongruenzformen in der anaphorischen Domäne.

Sigle	maskulin	neutral	indifferent	∑ Targets	% sem.
A1 (A)	24	7	10	41	77,4
M (A)	16	9	8	33	64
H (A)	19	12	6	37	61,3
W (A/C)	21	10	7	38	67,7
B1 (B)	30	10	13	53	75
VB (B)	27	12	26	65	69,2
P (B)	12	11	4	27	52,2
C1 (C)	28	7	29	64	80
VC (C)	42	8	19	69	84
K (C)	32	6	30	68	84,2
Z (C)	38	8	22	68	82,6
Co (C)	24	6	15	45	80
alle	313	106	189	608	74,7

e. *ſi ſprach mein chínt ich ſehen mv̂z. Er iſt fvr war der ſvn mein*
(l_VC_010v-a.line_42–43)
f. *Si ſprach mín kínt ich ſehen mûz Er iſt fúr war der ſvn mín*
(l_K_016r-b.line_36–37)
g. *Sie ſprach mein kind ich ſehen mûß Er iſt fûrwar der ſun mein*
(l_Z_056r-a.line_15–16)
‚Herr, sprach sie, dass ich das Kind sehen muss! Er ist wahrlich mein Sohn!' (vgl. Myers 2013: 116)

4.4 Zusammenfassung

Das folgende Diagramm zeigt die relativen Werte für die attributive, relative und anaphorische Domäne. Auf der x-Achse werden von links nach rechts, geordnet nach der Datierung, die jeweiligen Handschriften angeführt (nach der Handschriften-Sigle wird in Klammern jeweils auch die Redaktion genannt), auf der y-Achse wird der relative Anteil maskuliner bzw. neutraler Kongruenz-Formen abgetragen. Dabei steht der Wert 1 für ausschließlich maskuline (= 100 % maskuline Kongruenzformen), der Wert 0 für ausschließlich neutrale Kongruenzformen (= 0 % maskuline Kongruenzformen), bei 0,5 halten sich also maskuline und neutrale Formen die Waage (= 50 % maskuline Kongruenzformen) (Abb.1).

Aus dieser Abbildung geht hervor, dass die Vorauer Handschrift, die Leithandschrift der A-Redaktion (A1), in allen drei Domänen besonders viel semantische Kongruenz aufweist, wobei allerdings dieser Wert im anaphorischen Bereich bei anderen Handschriften noch leicht höher ist. Spätere Handschriften

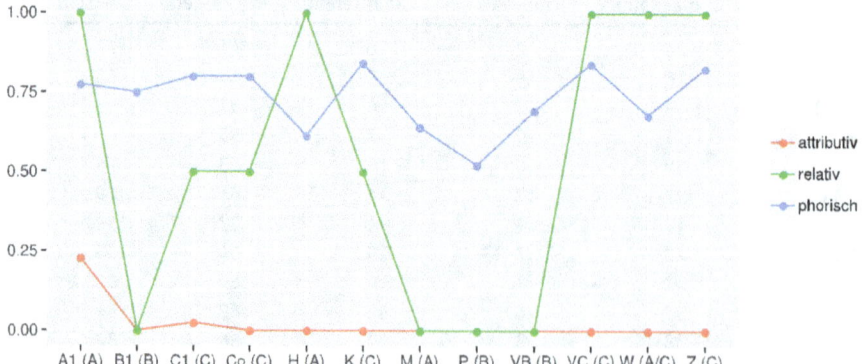

Abb. 1: Domänen in den Handschriften.

zeigen insbesondere – mit Ausnahme des oben besprochenen einen Belegs aus C1 – keine semantische Kongruenz in der attributiven Domäne mehr. Es ist also nicht die gesamte Kaiserchronik-Überlieferung, die semantische Kongruenz bei *kint* in der attributiven Domäne kennt, sondern fast ausschließlich die älteste Vorauer Handschrift.

Darüber hinaus lassen sich keine offensichtlichen diachronen Entwicklungen feststellen: Während die anaphorischen Fälle gewisse Schwankungen aufweisen, sich aber immer meist deutlich über 50 % bewegen, zeigen vor allem die (deutlich selteneren) relativischen Fällen große Fluktuationen. Die insgesamt recht geringe Anzahl an Belegen erklärt teilweise die in der Darstellung auftretenden erheblich scheinenden Unterschiede zwischen 0 % und 100 %: Diese relativen Zahlen stehen nicht selten für jeweils nur einen einzigen Beleg in einer Handschrift, bei der Interpretation dieser relativen Zahlen ist also Vorsicht geboten.

5 Diskussion

In den folgenden Abschnitten diskutieren wir in Bezug auf unsere Kaiserchronik-Daten Faktoren, die nach der bisherigen Literatur als relevant für das Auftreten semantisch bzw. formal motivierter Kongruenzformen zu gelten haben.

5.1 Wortabstand

In der Literatur wird zur Erklärung des Auftretens grammatisch bzw. semantisch motivierter Kongruenzformen häufig auf den Wortabstand verwiesen: Je größer der Abstand zwischen Controller und Target, umso höher ist die Wahrscheinlichkeit, dass semantische Kongruenz auftritt. Der Wortabstand kann auch – zumindest teilweise – eine Erklärung für die Agreement Hierarchy liefern: Attributive Targets stehen tendenziell näher an ihrem Controller als anaphorische (vgl. dazu auch die Diskussion im Beitrag von Binanzer, Schimke & Schunak in diesem Band). Die folgende Tabelle zeigt für den Wortabstand verschiedene statistische Kennzahlen, unter anderem den Durchschnitts- und den Medianwert, bei neutralen (= formale Kongruenz) und maskulinen Formen (= semantische Kongruenz).

Wie aus Tabelle 6 hervorgeht, hat der Wortabstand einen deutlichen Effekt: Bei maskulinen und damit semantisch motivierten Kongruenzformen sind sowohl der Medianwert als auch der Durchschnittswert zwischen drei- und viermal so hoch wie bei neutralen Kongruenzformen.

Tab. 6: Einfluss des Wortabstands zwischen *kint* und darauf bezogenen Kongruenzformen.

Sigle	neutral					maskulin				
	Σ	min	max	avg	med	Σ	min	max	avg	med
A1 (A)	6	3	14	9,0	9	23	1	163	32,1	15
M (A)	7	2	13	6,1	6	14	2	56	20,7	19,5
H (A)	10	1	14	7,1	7	17	2	159	30,5	15
W (A/C)	6	2	11	5,2	4	20	2	154	38,9	16
B1 (B)	7	2	12	5,6	6	27	2	34	14,3	12
VB (B)	10	2	16	7,1	6	25	2	48	17,5	16
P (B)	8	2	13	6,1	6	11	2	40	19,7	20
C1 (C)	5	3	5	4,0	4	25	2	50	15,9	13
VC (C)	6	3	5	3,8	4	39	2	68	18,9	18
K (C)	4	4	5	4,5	4,5	28	2	66	17,1	14
Z (C)	5	3	5	4,2	4	34	2	45	12,5	10
Co (C)	3	3	6	4,0	3	20	2	30	11,6	10

Interessant ist, dass Variation innerhalb einer anaphorischen Kette insgesamt selten ist. Von den insgesamt 252 Controllern, von denen eine anaphorische Relation ausgeht, gibt es nur in 15 Fällen Variation zwischen einer eindeutig maskulinen und einer eindeutig neutralen Form. Solche Wechsel innerhalb einer anaphorischen Kette begegnen in der Vorauer Handschrift (A1) nicht und sind hauptsächlich bei Handschriften der B- und C-Redaktion belegt. Anaphorische Ketten und die darin auftretenden variierenden Genus-Formen werden anhand der folgenden Gegenüberstellungen von W und C1 veranschaulicht:

(13) a. das ein maget chint gebær. vnd den dev maget hab getragen. den fvln wir ze gôt hie fagen (l_C1_047r-a.line_25–27)
 b. daz ein maget chint gepere. vnd daz diu̇ magt habe getragen. den fůlln wir ze gôt haben (l_W_060v-a.line_25–28)
 ‚dass eine Jungfrau ein Kind gebäre. Und denjenigen, den die Jungfrau getragen hat, den sollen wir hier zum Gott ernennen'

(14) a. ein maget habe ein chint getragen. man fvll in hie ze gôt fagen. der vrtail mvget ir vragen wol. wie er den got bewærn fol. (l_C1_047r-b.line_6–9)
 b. ein magt hat ein chint getragen. daz fol man ze gôt haben. Nu můgt ir wol vragen. wie er den got fůll bewern (l_W_060v-b.line_14–19)
 ‚eine Jungfrau hat ein Kind getragen, man soll es hier zum Gott ernennen. Nun könnt ihr wohl fragen, wie er den Gott bewahren soll'

Während in der älteren Handschrift C1 in der anaphorischen Kette ausschließlich semantische Kongruenz begegnet, findet sich in der jüngeren Wolfenbütteler Handschrift Variation zwischen neutralen und maskulinen Formen, wobei die neutralen Formen jeweils näher am Controller stehen.

5.2 Vergleich mit dem Lexem *wīp*: A-Redaktion

Als ein wichtiges Ergebnis konnte festgehalten werden, dass insbesondere die Vorauer Handschrift und damit das älteste hier untersuchte Zeugnis ein besonderes Gepräge zeigt, indem in dieser Handschrift in der attributiven Domäne Fälle von semantischer Kongruenz auftreten. Auch in Bezug auf das Substantiv *wīp* erwies sich die Vorauer Handschrift als besonderes affin zur semantischen Kongruenz (vgl. Fleischer 2012: 181–188), indem darin sowohl in der relativen als auch in der anaphorischen Domäne neben indifferenten ausschließlich feminine (und damit semantisch motivierte) Formen auftreten (wogegen in der attributiven Domäne ausschließlich neutrale Formen festgestellt werden konnten).

Anhand eines Vergleichs der Handschriften der A-Redaktion und damit der einander textuell besonders nahe stehenden Handschriften (inklusive der Wolfenbütteler Handschrift mit ihrer Mischredaktion A/C) kann nun allerdings gezeigt werden, dass sich – anders als bei *kint* – bei *wīp* keine signifikanten Unterschiede über die Handschriften hinweg ergeben: In allen Handschriften der A-Redaktion treten in der relativischen und anaphorischen Domäne ausschließlich bzw. fast ausschließlich feminine Kongruenzformen auf, aber in der attributiven Domäne ausschließlich neutrale. Dies veranschaulicht die folgende Abbildung 2.

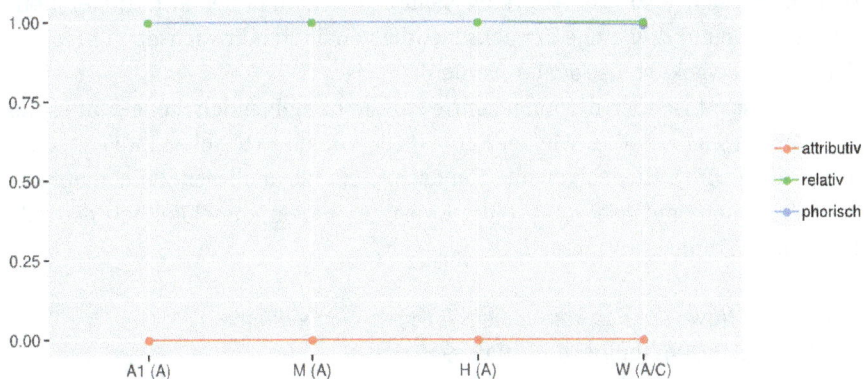

Abb. 2: Kongruenzformen zu *wīp* in den Handschriften der A-Redaktion.

Damit zeigt *kint* gegenüber *wīp* über die Handschriften hinweg ein anderes Kongruenzverhalten: Nur bei *kint* – und innerhalb der A-Redaktion nur in der Vorauer Handschrift – tritt auch in der attributiven Domäne semantische Kongruenz auf.

5.3 Alter

Aus der Diskussion mancher Belegstellen ergaben sich teilweise bereits Hinweise auf das Alter der durch *kint* bezeichneten Personen, wodurch das Auftreten semantisch motivierter Kongruenzformen teilweise begründet sein könnte. Im Folgenden wollen wir diesen Aspekt anhand der besonders auffälligen Belegstellen mit semantischer Kongruenz im attributiven Bereich näher untersuchen.

Aus der Lexikographie des Mittelhochdeutschen ist bekannt, dass mit *kint* auch durchaus bereits erwachsene Personen bezeichnet werden können (vgl. auch Benecke, Müller & Zarncke 1854: 817, DWB 5: 711):

> [...] auch nach dem ritterschlage, ja in der ehe können junge männer u. frauen noch *kint* heissen (Lexer 1872, I: 1575)

Bei allen fünf Belegen für maskuline attributive Kongruenzformen zu *kint* handelt es sich um einen jungen Erwachsenen. In (5), (6) und (10) geht es jeweils um Clemens, den Sohn Mähthilds und Faustinians, der im jeweiligen Kontext erwachsen ist. In (7) und (8) handelt es sich um den jungen Römer Astrolabius, der zwischendurch auch als *jungelinc* ‚Jüngling' bezeichnet wird. Bei (9) geht es schließlich um Karl den Großen, der davor als *junchērre* ‚junger Herr' bezeichnet (und als solcher von seinem Vater Pippin nach Rom geschickt) wird. So beschränkt sich also das Auftreten semantisch motivierter attributiver Konguenzformen auf drei junge Erwachsene (die von älteren Erwachsenen bzw. aus der Elternperspektive betrachtet werden).

Interessant ist auch der umgekehrte Fall. In der folgenden Stelle geht es um ein sehr junges Kind (das, wie der Kontext zeigt, noch so unselbständig ist, dass es getragen wird). Hier zeigen alle Handschriften, die an dieser Stelle anaphorische Kongruenz aufweisen, absolute Konstanz, indem ausschließlich neutrale Kongruenz-Formen auftreten:

(15) a. *div frŏwe ilte daz kint nemen. ſi trugez dem gefinden*
 (l_A1_004v-b.line_4–5; 948–949)
 b. *Di vrawe eilt daz chint nemen. Si trug iz dem gefinde.*
 (l_M_008r-a.line_7–8)

c. *Die urowe ilde daz kint nemen. Sie truc iz den gefinden.*
(l_H_005v-a.line_39–40)
d. *diu vrowe eilt daz chinde nemen. Si trug ez dem gefinde*
(l_W_029v-a.line_18–20)
e. *Deu vrowe eilt daz chint nemen Si trůg ez dem gefinde*
(l_B1_004v-c.line_20–21)
f. *div frowe ilete daz kint nemen. ſi trv̊c iz dem gefinde*
(l_P_009r-a.line_20)
g. *Div Frowe ilte daz chint nemen Sie trvge ez dem gefinde*
(l_VB_005v-a.line_10–11)
‚die Frau beeilte sich, das Kind zu holen. Sie trug es zu den Dienstmännern' (vgl. Myers 2013: 87)

Der Faktor Alter spielt also bei der Wahl der Kongruenzform offensichtlich eine wichtige Rolle, wobei eine gesamthafte Analyse sämtlicher Controller noch aussteht. Es handelt sich dabei um einen außersprachlichen sozio-pragmatischen Faktor, der in der Kongruenzforschung bisher u. a. von Robinson (2010), Braun & Haig (2010) und Leser-Cronau (2018) untersucht wurde. In Bezug auf *Mädchen* konnten beispielsweise Braun & Haig (2010) feststellen, dass Personen über 18 Jahre signifikant häufiger mit femininen Kongruenzformen verbunden werden als Personen von zwei oder zwölf Jahren. Unsere Daten aus der Kaiserchronik zeigen nun, dass der Faktor Alter (und wohl generell die soziale Rolle, für die Alter ein Faktor neben anderen – etwa dem sozialen Status – darstellt) im Mittelhochdeutschen auch bei der Bezeichnung männlicher Personen eine Rolle spielt – in ähnlicher Weise, wie dies auch für im Westen des deutschsprachigen Gebietes angesiedelte moderne Dialekte bei weiblichen Personenbezeichnungen, insbesondere Rufnamen, der Fall ist (vgl. den Beitrag von Busley & Fritzinger im vorliegenden Band). Die von von Busley & Fritzinger beschriebene ausschließliche Gültigkeit dieses Prinzips in Bezug auf weibliche Personenbezeichnungen gilt also für das Mittelhochdeutsche *kint* nicht.

5.4 Attributive semantische Kongruenz

In diachronen Studien zum Kongruenzsystem des Deutschen (vgl. Fleischer 2012, Birkenes & Sommer 2015) konnte festgestellt werden, dass es für das Auftreten semantisch motivierter Kongruenzformen für den attributiven Bereich eine „Schranke" zu geben scheint. Während semantische Kongruenz im prädikativen, relativen und anaphorischen Bereich in älterer Zeit sehr häufig ist, erscheint attributive semantische Kongruenz sehr selten. In dieser Hinsicht ist der Befund aus der Vorauer Handschrift besonders wichtig und in theoretischer Hinsicht bedeutsam: Bisher sind nämlich nur sehr vereinzelte Belege für semantische attributive Kongruenz aus dem Spätalthochdeutschen und Frühmittelhochdeutschen bekannt (vgl. Fleischer 2012: 177–181), neben einem Sonderfall aus dem älteren Neuhochdeutschen und modernen deutschen Dialekten, bei dem formal ein Diminutiv vorliegt *(die Fräulein,* vgl. Birkenes, Chroni & Fleischer 2014: 9–10; Leser-Cronau 2018). Im Mittelhochdeutschen (bzw. im Frühmittelhochdeutschen der Vorauer Handschrift) gilt diese Schranke offensichtlich noch nicht in der gleichen Weise, stattdessen ist auch im attributiven Bereich eine Wahl der Kongruenzformen nach semantischen Kriterien möglich. Wichtig ist der Hinweis, dass bei den attributiven Belegen für semantische Kongruenz kein Fall von „Dehybridisierung" vorliegt (dies ist etwa mit dem altfriesischen *wīf,* dem Kognat von ahd. *wīb,* nhd. *Weib,* in einem Teil der modernen friesischen Mundarten geschehen, wo es sich zu einem regulären Femininum entwickelt hat; vgl. Fleischer & Widmer 2015: 230–235): Die Mehrheit der Belege zeigt auch in der Vorauer Kaiserchronik-Handschrift formale Kongruenz, es verhält sich also nicht so, dass das Lexem generell sein Genus gewechselt hätte.

6 Ausblick: semantische Kongruenz in modernen deutschen Dialekten

Sowohl im attributiven als auch im anaphorischen Bereich besteht auch noch in neuzeitlichen deutschen Dialekten eine gewisse Variation, wie im Rahmen dieses Ausblicks aufgezeigt werden soll.[4] Allerdings gehen wir nicht auf einzelne grammatische Beschreibungen ein, sondern führen Material aus dialektologischen Projekten an, deren Daten – wie die untersuchten Handschriften der Kaiserchronik – als Paralleltexte charakterisiert werden können. Dabei geht es um Übersetzungen standarddeutscher Sätze, die im Rahmen von Georg Wenkers

---

[4] In bestimmten alemannischen Dialekten hat bei *Kind* eine Bedeutungsverengung stattgefunden, indem mit diesem Lexem nur noch weibliche Personen bezeichnet werden (vgl. Idiotikon III: 340; Badisches Wörterbuch III: 124; vgl. auch DWB 5: 713). Durch diese Entwicklung wird *Kind* zu einem Lexical hybrid wie *Mädchen,* indem es neutrales Genus aufweist, aber auf weibliche Personen bezogen wird. Davon unabhängig ist die hier diskutierte Frage der auf *Kind* bezogenen Kongruenzformen, bei denen in diesen alemannischen Dialekten von vornherein nur – neben neutralen – gegebenenfalls feminine, nicht aber maskuline Formen zu erwarten wären, wogegen bei den im Text behandelten nordniederdeutschen Dialekten gerade auch maskuline Formen belegt sind.

"Sprachatlas des Deutschen Reichs" (WA) bzw. des „Deutschen Sprachatlas" (DSA) sowie im Rahmen des „Deutschen Wortatlas" (DWA) erhoben wurden.

In Wenkersatz 14, der fast im gesamten deutschsprachigen Gebiet im Rahmen des „Sprachatlas des Deutschen Reichs" bzw. des „Deutschen Sprachatlas" (DSA) flächendeckend erhoben wurde, wurde das Lexem *Kind* in einem vokativischen Kontext, mit einem vorangehenden Possessivpronomen und einem stark flektierenden neutralen attributiven Adjektiv, erhoben („Mein liebes Kind, bleib hier unten stehn, die bösen Gänse beißen Dich todt!"). WA-Karte 178 zeigt im nordniederdeutschen Gebiet einige Formen, in denen das Adjektiv die Endung *-er* aufweist. Diese Adjektivform wird etwa bei Lindow et al. (1998: 191) als alternative Form zu dem üblicheren *-e* (im Nom. Sg. m. stark) angeführt. Die Form *-er* ist eine exklusiv maskuline Form (was sich bei der auf der Karte ebenfalls häufiger verzeichneten Form *-e*, die vielleicht ebenfalls als maskulin aufzufassen ist, unter Umständen anders verhält). [5] Die folgenden Beispiele zeigen diese Form in einigen Belegen: [6]

(16) a. *Min lever Kind* (46394 Kaltenhörn)
 b. *Min lewer Kind* (46406 Ramstedt-Wisch)
 c. *Min lēwer Kind* (46415 Hude-Süderhöft)
 d. *Min lewer Kind* (46417 Wohlde; Endung im Bogen unterstrichen)
 e. *Min lewer Kind* (46419 Norderstapel)
 f. *Min leewer Kind* (46420 Bergenhusen)
 g. *Mien leewer Kind* (46596 Jerrishoe; Endung im Bogen unterstrichen)
 h. *Mien lewer Kind* (46614 Norderbrarup)
 i. *Mien lewer Kind* (46679 Bohnert)
 j. *Mien lewer Kind* (46690 Langholz)
 k. *Min leber Kind* (48242 Berensch)
 l. *Mihn lehber Kind* (48243 Oxstedt)
 m. *Mien lewer Kind* (48395 Sievern)
 n. *Min lewer Kind* (48403 Drangstedt)
 o. *Mien lewer Kind* (48503 Ebersdorf)

---

5 Die Form auf *-e* kann nach Lindow et al. (1998: 191) sowohl maskulin als auch feminin (im Nom. Sg. st.) sein, jedoch nicht neutral.
6 Die Formulare werden zuerst mit ihrer laufenden Nummer zitiert, weil nur diese eine eineindeutige Referenzierung erlaubt (vgl. Fleischer 2017: 8). Die Formulare stehen (als Bild-Digitalisate) über folgende Seite zur Verfügung: <https://regionalsprache.de/Wenkerbogen/Catalogue.aspx>.

Im nordniederdeutschen Gebiet scheinen also in den Dialekten des späten 19. Jahrhunderts bei *Kind* attributive maskuline Formen möglich gewesen zu sein.

Auch im anaphorischen Bereich erweist sich das nördliche niederdeutsche Gebiet als besonders interessant. Im Rahmen des „Deutschen Wortatlas" (DWA) wurde nach dem Vorbild der Erhebungen Georg Wenkers ab 1939 ein 200 Punkte umfassender Fragebogen praktisch im gesamten deutschsprachigen Gebiet (ohne die Schweiz) erhoben (vgl. u. a. DWA 20: Vorwort [unpaginiert]). Dieser Fragebogen enthält vorwiegend lexikalische Einzelfragen, daneben aber auch zwölf gesamthaft zu übersetzende Sätze, unter anderem den folgenden (Nummer 196):

(17) „Das Kind ist noch so klein, es braucht noch einen Sauger"
(Mitzka 1939: 109; DWA 20 [unpaginierte Einleitung])

Der Kontext macht klar, dass das Kind, um das es hier geht, noch sehr jung ist („so klein", „braucht noch einen Sauger"), bedeutend jünger wohl, als die meisten Referenten der oben diskutierten mittelhochdeutschen *kint*-Belege, und auch jünger als das in Wenkersatz 14 angesprochene Kind, das immerhin schon so groß ist, dass es sich vor Gänsen in Acht nehmen sollte. Aufgrund des in 5.3 diskutierten Faktors Alter würden also bei diesem Kontext besonders wenig nicht-neutrale Formen erwartet. Eine flächendeckende Auswertung des DWA-Materials in Bezug auf das Personalpronomen steht bisher noch aus (und wäre angesichts der Masse des Materials – insgesamt liegen fast 50.000 Formulare vor – auch mit erheblichem Aufwand verbunden). Wie die folgenden Beispiele aber zeigen, kommen hier auch nicht-neutrale Pronomen-Formen vor.[7]

(18) a. *dat Kind ist so lütt, he brukt en Lutjer* (R_33_4 Dänschendorf-Fehmarn)
  b. *dat Kind is so lütt, hei mot noch'n Tidd hebben* (f_33_1 Setzin)
  c. *dat Kind is so lütt, hei brukt n Suger.* (f_42_6 Ludorf)
  d. *datt Kind is so lütt, he brukt 'n Suger* (g_32_3 Sückau)
  e. *dat Kind is so lütt, he brukt en Lutsch* (S_20_2 Odenbüll)
  f. *dat Kind is so lütt, he mutt noch'n Spruller hen* (R_26_3 Damp)
  g. *datt Kind is so lütt, se brukt en Sugr* (S_22_6 Hollingstedt)
  h. *dat Kind is noch so lütt, se brukt een Lutscher* (Q_22_3 Rimmelsberg)
  i. *dat Kind is so lütt, he (sei) mütt noch'n Lutscher hemm* (f_30_3 Basedow)

---

7 Wir geben zur Referenzierung der Formulare hier neben dem Ortsnamen auch die Sigle an, die auf einem Quadrantensystem beruht.

Anders als bei der Kaiserchronik ist bei diesem – den Gewährspersonen kontextlos vorgegebenen – Satz nicht ersichtlich, ob es sich um ein männliches oder um ein weibliches Kind handelt. Wie die angeführten Beispiele zeigen, haben die Gewährspersonen durchaus beide Versionen gewählt: in (18)a–(18)f das maskuline Personalpronomen, in (18)g–(18)h das feminine, und in (18)i werden beide Formen angeführt. In bisher durchgeführten Stichproben sind maskuline oder feminine Belege ausschließlich im nördlichen niederdeutschen Gebiet aufgetaucht, ansonsten überwiegen neutrale Formen. Es bleibt abzuwarten, ob sich dieser Befund bei der Berücksichtigung von deutlich mehr Material erhärten lässt. Eine systematischere Auswertung könnte hier zu interessanten Ergebnissen führen.

Vorerst festhalten lässt sich, dass gerade im nördlichen niederdeutschen Gebiet sowohl aus den Wenker- als auch aus den DWA-Materialien positive Evidenz dafür angeführt werden kann, dass bei Bezug auf *Kind* neutrale Adjektive bzw. neutrale Personalpronomen der Vorlage durch eindeutig maskuline bzw. feminine Formen wiedergegeben werden. Im nördlichen Niederdeutschen finden sich also Muster der semantischen Kongruenz, die sich in ähnlicher Weise auch im Mittelhochdeutschen, insbesondere in frühen Zeugnissen, feststellen lassen. Interessanterweise scheint allerdings das Alter des fraglichen Kindes in den nordniederdeutschen Belegen noch deutlich niedriger zu liegen als bei den oben diskutierten frühmittelhochdeutschen Belegen der Vorauer Handschrift. Untersuchungen zu diesen nordniederdeutschen Dialekten könnten deshalb besonders interessante Daten hervorbringen bzw. dabei helfen, Faktoren, die sich auf das Auftreten semantisch motivierter Kongruenzformen auswirken, genauer zu überprüfen.

7 Literatur

Badisches Wörterbuch = *Badisches Wörterbuch*. Begonnen und bearbeitet von Ernst Ochs, fortgesetzt von Karl Friedrich Müller, weitergeführt und bearbeitet von Gerhard W. Baur. Dritter Band: I, J, K, L, M. Lahr 1975–1997: Schauenburg.

Benecke, Georg Friedrich, Wilhelm Müller & Friedrich Zarncke (1854): *Mittelhochdeutsches Wörterbuch*. Mit Benutzung des Nachlasses von Georg Friedrich Benecke ausgearbeitet von Wilhelm Müller. Erster Band: A–L. Leipzig: Hirzel.

Birkenes, Magnus Breder, Kleopatra Chroni & Jürg Fleischer (2014): Genus- und Sexuskongruenz im Neuhochdeutschen: Ergebnisse einer Korpusuntersuchung zur narrativen Prosa des 17. bis 19. Jahrhunderts. *Deutsche Sprache* 42, 1–24.

Birkenes, Magnus Breder & Florian Sommer (2015): The agreement of collective nouns in the history of Ancient Greek and German. In Chiara Gianollo, Agnes Jäger & Doris Penka (Hrsg.), *Language change at the syntax-semantics interface*, 183–221. Berlin: De Gruyter.

Braun, Friederike & Geoffrey Haig (2010): When are German 'girls' feminine? How the semantics of age influences the grammar of gender agreement. In: Markus Bieswanger, Heiko Motschenbacher & Susanne Mühleisen (Hrsg.), *Language in its socio-cultural context: New explorations in gendered, global and media uses*, 69–84. Frankfurt am Main: Lang.

Chinca, Mark, Helen Hunter, Jürgen Wolf & Christopher Young (2018): *Kaiserchronik digital, elektronische Ausgabe*. Herausgegeben von Mark Chinca, Helen Hunter, Jürgen Wolf und Christopher Young. Heidelberg: Universitätsbibliothek. https://doi.org/10.11588/edition.kcd.

Chinca, Mark, Helen Hunter & Christopher Young (2019a): The 'Kaiserchronik' and its three recensions. *Zeitschrift für deutsches Altertum und deutsche Literatur* 148, 141–208.

Chinca, Mark, Helen Hunter, Jürgen Wolf & Christopher Young (2019b): Kaiserchronik digital. *Zeitschrift für deutsches Altertum und deutsche Literatur* 148, 285–288.

Corbett, Greville G. (1979): The Agreement Hierarchy. *Journal of Linguistics* 15, 203–224.

Corbett, Greville G. (1991): *Gender*. Cambridge: Cambridge University Press.

Corbett, Greville G. (2006): *Agreement*. Cambridge: Cambridge University Press.

DWA = *Deutscher Wortatlas* (1973). Mitzka, Walther & Ludwig Erich Schmitt. Band 20. Redigiert von Reiner Hildebrandt. Gießen: Schmitz.

DWB = Grimm, Jacob & Wilhelm Grimm (Hrsg.) (1854–1961): *Deutsches Wörterbuch. Fünfter Band. K.* Bearbeitet von Dr. Rudolf Hildebrand. Leipzig: Hirzel.

Fleischer, Jürg (2012): Grammatische und semantische Kongruenz in der Geschichte des Deutschen: Eine diachrone Studie zu den Kongruenzformen von ahd. *wīb*, nhd. *Weib*. *Beiträge zur Geschichte der deutschen Sprache und Literatur* 134, 163–203.

Fleischer, Jürg (2017): *Geschichte, Anlage und Durchführung der Fragebogen-Erhebungen von Georg Wenkers 40 Sätzen: Dokumentation, Entdeckungen und Neubewertungen* (Deutsche Dialektgeographie 123). Hildesheim u. a.: Olms.

Fleischer, Jürg & Paul Widmer (2015): When lexical hybrids become feminine: the declension and agreement behavior of *wīf* 'woman; wife' in Old Frisian and modern Frisian varieties. In Hanno Brand, Eric Hoekstra, Janneke Spoelstra & Hans Van de Velde (Hrsg.), *Philologia Frisica anno 2014*, 219–239. Ljouwert: Fryske Akademy.

Gärtner, Kurt (1991): Die Williram-Überlieferung als Quellengrundlage für eine neue Grammatik des Mittelhochdeutschen. *Zeitschrift für deutsche Philologie* 101, Sonderheft: Mittelhochdeutsche Grammatik als Aufgabe, 23–55.

Herweg, Mathias (2014): *Die Kaiserchronik: eine Auswahl. Mittelhochdeutsch/Neuhochdeutsch*. Übersetzt, kommentiert und mit einem Nachwort versehen von Mathias Herweg. Stuttgart: Reclam.

Idiotikon = *Schweizerisches Idiotikon: Wörterbuch der schweizerdeutschen Sprache. Dritter Band* (1895). Friedrich Staub, Ludwig Tobler, Rudolf Schoch, Albert Bachmann & Heinrich Bruppacher (Hrsg.). Frauenfeld: Huber.

Köpcke, Klaus-Michael & David Zubin (2009): Genus. In Elke Hentschel & Petra M. Vogel (Hrsg.), *Deutsche Morphologie*, 132–154. Berlin: De Gruyter.

Leser-Cronau, Stephanie (2018): Kongruenz bei Genus-Sexus-Divergenz in den deutschen Dialekten: Untersuchungen zu Lexical Hybrids, Rufnamen und Verwandtschaftsbezeichnungen. Diss. Universität Marburg.

Lexer, Matthias von (1872): *Mittelhochdeutsches Handwörterbuch. Erster Band: A–M*. Leipzig: Hirzel.

Lindow, Wolfgang, Dieter Möhn, Hermann Niebaum, Dieter Stellmacher, Hans Taubken & Jan Wirrer (1998): *Niederdeutsche Grammatik*. (Schriften des Instituts für niederdeutsche Sprache, Reihe Dokumentation 20). Leer: Schuster.

Mitzka, Walther (1939): Der Fragebogen zum Deutschen Wortatlas. *Zeitschrift für Mundartforschung* 15, 105–111.
Myers, Henry A. (Hrsg.) (2013): *The Book of Emperors: A translation of the Middle High German Kaiserchronik*. Edited and translated by Henry A. Myers. (Medieval European Studies 14). West Virginia University Press.
Petran, Florian, Marcel Bollmann, Stefanie Dipper & Thomas Klein (2016): ReM: A reference corpus of Middle High German – corpus compilation, annotation, and access. *Journal for Language Technology and Computational Linguistics* 31(2), 1–15.
REDE = *Regionalsprache.de*. Wenkerbogenkatalog.
Robinson, Orrin W. (2010): *Grimm language: grammar, gender and genuineness in the fairy tales* (Linguistic Approaches to Literature 10). Amsterdam, Philadelphia: Benjamins.
Schröder, Edward (1895): *Kaiserchronik eines Regensburger Geistlichen* (Deutsche Chroniken und andere Geschichtsbücher des Mittelalters 1). Hannover: Hahn.
Wegera, Klaus-Peter (2000): Grundlagenprobleme einer mittelhochdeutschen Grammatik. In Werner Besch, Anne Betten, Oskar Reichmann & Stefan Sonderegger (Hrsg.): *Sprachgeschichte. Ein Handbuch zur Geschichte der deutschen Sprache und ihrer Erforschung.* 2., vollständig neu bearbeitete Auflage. Handbücher zur Sprach- und Kommunikationswissenschaft 2.2, 1304–1320. Berlin: De Gruyter.
Wolf, Jürgen (2008): Die Kaiserchronikfassungen A, B und C oder Die Gleichzeitigkeit des Ungleichzeitigen. In Michael Szurawitzki & Christopher M. Schmidt (Hrsg.), *Interdisziplinäre Germanistik im Schnittpunkt der Kulturen: Festschrift für Dagmar Neuendorff zum 60. Geburtstag*, 91–108. Würzburg: Königshausen & Neumann.
Wolf, Jürgen (2017): Von der einen zu den vielen *Kaiserchroniken*. In Nine Miedema & Matthias Rein (Hrsg.), *Die Kaiserchronik: Interdisziplinäre Studien zu einem buoch gehaizzen crônicâ. Festgabe für Wolfgang Haubrichs zu seiner Emeritierung*, 9–30. St. Ingbert: Röhrig.

Anne Rosar
Mann und Frau, Damen und Herren, Mütter und Väter – Zur (Ir-)Reversibilität der Geschlechterordnung in Binomialen

Zusammenfassung: Dieser Beitrag untersucht die Reihenfolgepräferenz von Gender-Binomialen wie *Mann und Frau, Damen und Herren, Mütter und Väter*. Solche Serialisierungen spiegeln gesellschaftliche Hierarchien auf Basis der Geschlechterdifferenz wider (männliche versus weibliche Erstnennung). Auf Grundlage von Zeitungstexten aus *Der Spiegel* (1947–2018) und *Die Zeit* (1953–2018) wird erstens die Gültigkeit und gegenseitige Verstärkung von phonologischen, prosodischen und weiteren Einflussfaktoren geprüft. Es wird gezeigt, dass die (Ir-)Reversibilität eines Binomials vor allem von dessen Phraseologisierungsgrad sowie der individuellen Gebrauchshäufigkeit, Numerusausprägung, Geschlechtsinformation und Silbenzahl der Konjunkte abhängt. Die Analyse semantisch-pragmatischer Faktoren wie Alter, Klasse oder Verwandtschaft mithilfe diachroner Frequenzverläufe hat zweitens ergeben, dass die Stärke der Reihenfolgepräferenz vieler Binomiale mit männlicher Erstnennung zugunsten weiblicher abnimmt. Im Kontext von Elternschaft kippt die Abfolge *Väter und Mütter* im Zeitverlauf zu *Mütter und Väter*; formal werden movierte Berufs- und Funktionsbezeichnungen mit dem Suffix *-in(nen)* zunehmend vorangestellt, z. B. *Schülerinnen und Schüler, Bürgerinnen und Bürger*.

1 Einleitung

Binomiale bestehen aus zwei Wörtern der gleichen lexikalischen Kategorie, die durch eine koordinierende Konjunktion miteinander verbunden werden. Am frequentesten ist der Typus SUBSTANTIV + *UND/ODER* + SUBSTANTIV,[1] wie *Damen und Herren, Freund und Feind* und *Adam und Eva*.[2] Aus soziolinguistischer

---

[1] Werden mehr als zwei Wörter (dann häufig asyndetisch) miteinander verbunden, spricht man von Multinomialen. Diese sind die jedoch weitaus seltener in Korpora vertreten, z. B. *Männer, Frauen und Kinder*; *Freiheit, Gleichheit, Brüderlichkeit*.
[2] Während die Konjunkte in Binomialen ausschließlich aus einfachen Konstituenten der gleichen lexikalischen Kategorie bestehen, können diese in regulären Koordinationen auch aus komplexen Konstituenten, d. h. phrasalen Kategorien, bestehen und sind in der Anzahl ihrer Konjunkte unbegrenzt, z. B. *Otto ist geschieden, hat zwei Kinder und lebt in Berlin*.

Open Access. © 2022 Anne Rosar, publiziert von De Gruyter.
Dieses Werk ist lizenziert unter der Creative Commons Namensnennung 4.0 International Lizenz.
https://doi.org/10.1515/9783110746396-009

Perspektive sind Binomiale Sprachgebrauchsmuster (Bubenhofer 2009), die sprachliche, genauer grammatische Repräsentationen sozialer Praktiken und Institutionen darstellen und so wiederum die Wahrnehmung zwischenmenschlicher Beziehungen und gesellschaftlicher Strukturen formen (vgl. Nübling 2017: 308–309). Die interne Reihenfolge der Binomialbestandteile spiegelt gesellschaftliche Ordnungen und Hierarchien auf Basis kultureller Unterscheidungen (Humandifferenzierungen) wider, z. B. bezüglich des Geschlechts (*Mann und Frau*), des Alters und der Generation (*Frauen und Kinder*), der Nationalität/Herkunft (*Deutsche und Franzosen, Israelis und Palästinenser*) oder des sozialen Status von Berufsgruppen (*Arbeiter und Bauern, Herr und Knecht*).

Im Laufe der Zeit kann sich die Reihenfolgepräferenz jedoch ändern, d. h. an Stabilität verlieren, gewinnen oder sich umkehren. Sie wird in Anlehnung an die physikalischen Zustandsänderungen von Stoffen in diesem Beitrag auch als Aggregatzustand bezeichnet (siehe Hirschauer & Nübling 2021). Gegenstand dieses Beitrags sind sogenannte Gender-Binomiale, die aus gegengeschlechtlichen Personenbezeichnungen bestehen. Ihr Zustand kann z. B. sehr fest sein wie *Mann und Frau* mit 91 % oder fluide sein wie *Mütter und Väter* mit 57 %. Unter Berücksichtigung der zeitlichen Dimension bieten korpuslinguistische Untersuchungen von Sprachgebrauchsdaten eine Möglichkeit, Veränderungen sprachlichen und somit sozialen Handelns abzubilden. Linguistisch gilt zu prüfen: Welche weiteren Humandifferenzierungen sind in Gender-Binomialen „verschweißt" und welchen Einfluss nimmt diese Verschmelzung auf den Aggregatzustand der Reihenfolgepräferenz? Dabei gehe ich von der Hypothese aus, dass ein fester Aggregatzustand auf eine differenzverstärkende Kreuzung und ein fluider auf eine differenzabschwächende hinweist. Auch diachrone Veränderungen des Aggregatzustands sind relevant: Verfestigt sich der Aggregatzustand von weiblicher (W1) bzw. männlicher Erstnennung (M1) und wird somit die Geschlechterdifferenz konturiert? Oder wird dieser fluide? Finden sich sogar gegenläufige Tendenzen einer Rekonturierung der Geschlechterdifferenz von M1 zu W1 oder umgekehrt? Welche außersprachlichen Faktoren beeinflussen solche diachronen Veränderungen?

Datengrundlage dieses Beitrags sind Zeitungstexte aus *Der Spiegel* (1947–2018) und *Die Zeit* (1953–2018). Ziel ist die korpuslinguistisch erschlossene Identifizierung von Faktoren, die synchron und diachron die Abfolge der beiden Konjunkte beeinflussen und verändern können. Teil 1 kontrastiert die 50 häufigsten Binomiale im Spiegel-Zeit-Korpus mit Gender-Binomialen. Dabei werden quantitativ die Gültigkeit und gegenseitige Verstärkung von in der Forschung diskutierten formalen Ordnungsprinzipen geprüft (Malkiel 1959; Cooper & Ross 1975; Müller 1997). Teil 2 untersucht qualitativ anhand ausgewählter Gender-Binomiale und mithilfe des *un/doing differences*-Ansatzes (Hirschauer 2014) den

Einfluss semantisch-pragmatischer Faktoren wie Alter, Klasse oder Verwandtschaft auf die Stärke der Reihenfolgepräferenz. Diachrone Frequenzverläufe zeigen Veränderungen der Serialisierung „männlich vor weiblich" (M1).

2 Ordnungsprinzipien

> Inevitably any study in irreversible binomials culminates in an attempt to answer the primordial question: Can any specific reason be adduced for the precedence of A over B? (Malkiel 1959: 142).

Die Forschungsliteratur hat Reihenfolgebeschränkungen ausführlich analysiert und diskutiert. Zu Beginn des 20. Jahrhunderts schlagen Jespersen (1905) und Behaghel (1909) prosodische und semantische Prinzipien vor. Abraham (1950) und Malkiel (1959) ergänzen weitere semantische sowie phonologische Faktoren, die Cooper & Ross (1975) präzisieren und hierarchisieren. Zusammengefasst werden in der Forschungsliteratur folgende prosodische und phonologische Faktoren diskutiert (zu semantisch-pragmatischen siehe Kapitel 3):

1. Vokalqualität
   a. höherer vor tieferem Vokal: *Mutti und Vati, Nichten und Neffen*
   b. vorderer vor hinterem Vokal: *Mönch und Nonne, Regierung und Opposition*
2. Vokalquantität
   a. kurz vor lang: *ganz und gar, Männer und Frauen*
   b. offene vor geschlossener Silbe: *Schwule und Lesben, Leben und Tod*
3. Anlaut
   a. weniger vor mehr Konsonanten: *Feuer und Flamme, Salz und Pfeffer*
   b. sonor vor weniger sonor: *Sohn und Tochter, Art und Weise*[3]
4. Auslaut
   a. mehr vor weniger: *Mann und Frau, Kopf oder Zahl*
   b. weniger sonor vor sonor: *Onkel und Tante, Gut und Böse*
5. Prosodie
   a. A hat weniger Silben als B: *Salz und Pfeffer, Obst und Gemüse*
   b. A vor B hat weniger aufeinanderfolgende unbetonte Silben als B vor A: *'Art und 'Weise, 'Bund und 'Länder*
   c. B ist auf der Pänultima betont, A nicht: *Bürgerinnen und 'Bürger, Freundinnen und 'Freunde*

---

[3] Es wird nach Wiese (1988: 91) mit absteigender Sonorität folgende Hierarchie angenommen: nicht-hohe Vokale > hohe Vokale > /r/ > /l/ > Nasale > Frikative > Plosive.

– Als weiteres, allgemeines Kriterium kommt hinzu 6) Gebrauchshäufigkeit: A ist häufiger im Korpus belegt als B (Wortform im Nominativ)

Prosodische Faktoren fassen Benor & Levy (2006: 257) unter „metrischer Wohlgeformtheit" zusammen; kürzere Wörter haben eine einfachere Silbenstruktur und werden häufiger gebraucht. Müller (1997: 38) weist darauf hin, dass vor allem metrische Faktoren nicht konstruktionsspezifisch, sondern in der Grammatik allgemein gültig sind.

Für das Englische testen Benor & Levy (2006) empirisch alle bis dato formulierten Einflussfaktoren anhand von Hapax Legomina (411 Types/692 Tokens), Mollin (2014) an hochfrequenten Binomialen (544 Types, 85.000 Tokens). In der germanistischen Linguistik werden die Einflussfaktoren überwiegend anhand von Paarformeln untersucht (siehe Müller 1997). Das sind phraseologisierte und damit verfestigte Binomiale, z. B. *Art und Weise, Hab und Gut, Kaffee und Kuchen* (Meyer 1889; Salomon 1919; Schröter 1980; Haß-Zumkehr 2003; Müller 2009; Burger 2015; Gaweł 2017). Sie sind häufig Bestandteil größerer phraseologischer Einheiten, beispielsweise *mit jemandem durch dick und dünn gehen* (Burger 2015: 56) oder *außer Rand und Band geraten* (Fleischer 1997: 107). Historisch betrachtet haben sie sich von freien Wortverbindungen zu Phrasemen entwickelt (Hüpper, Topalović & Elspaß 2002). Die Abfolge der Konjunkte ist erstarrt, vgl. den engl. Terminus „Freezes", sie sind morphosyntaktisch eingeschränkt[4] und können Idiomatizität im Sinn von Lexikalisierung und/oder semantisch opake Glieder enthalten. „Paarformeln können in allen Ausprägungen von Idiomatizität auftreten: Nicht-idiomatisch ist z. B. *dick und fett*, teilidiomatisch ist *klipp und klar*, idiomatisch ist *gang und gäbe*" (Burger 2015: 55; siehe auch Müller 1997; Müller 2009).[5]

Einem gebrauchsbasierten Ansatz folgt Lenz (1999) mithilfe eines Korpus aus ca. 1000 Zeitungsschlagzeilen und Werbesprüchen. Innerhalb der Phonolo-

---

4 Nach Müller (2009: 18–20) stehen beispielsweise Präpositionen vor der Paarformel als ganzem Ausdruck (*in Angst und Schrecken*), Numeruskongruenz beim Verb ist aufgehoben (*Mann und Maus muss helfen*), Kasusflexion findet bei substantivischen Binomialen oft nur beim zweiten Konjunkt statt (*des Grund(*es) und Bodens*) und Artikel können entfallen, z. B. *durch (*die) Feld(*er) und (*den) Wald schweifen*.

5 Häufig stehen die Konjunkte in Binomialen in bestimmten semantischen Relationen zueinander, siehe Schröter (1980), Motschenbacher (2013), Jarosz (2009), Müller (2009), Donalies (2015), Löbner (2015). Dazu gehören Synonymie (meist partiell; *Art und Weise, Grund und Boden, Schritt und Tritt*) und Antonymie (*Krieg und Frieden, Stärke und Schwächen, Regierung und Opposition*), wozu nach Löbner (2015: 234–243) auch direktionale Opposition (*Ost und West*) sowie Heteronymie (*Kunst und Kultur*), Konversität (*Vater und Sohn, Mutter und Kind*) und semantische Komplementarität (*Männer und Frauen, Tag und Nacht*) zählen.

gie widerlegt Lenz (1999: 98) den Einfluss von Sonorität und (wie auch Müller 1997: 33) von der Anzahl von Konsonanten im Wortauslaut. Alle phonologischen Faktoren wirken äußerst schwach. Die Reihenfolge können auch externe Faktoren wie Kontext und Syntax, z. B. benachbarte Serialisierungen, beeinflussen (vgl. Benor & Levy 2006: 241).

Alle empirischen Studien bestätigen die von Cooper & Ross (1975) postulierte hierarchische Ordnung, dass semantisch-pragmatische Faktoren stärker als prosodische und diese wiederum stärker als phonologische Faktoren wirken: „semantic constraints appear to override all others" (Mollin 2014: 94). Dominant sind Serialisierungen zeitlicher (*Frühling und Sommer, Tag und Nacht, gestern und heute*) und logischer Abfolgen (*Rede und Antwort, Forschung und Entwicklung, Start und Landung*). Stärkerer Variation unterliegen kognitive Faktoren, wie aktiv vor passiv, konkret vor abstrakt, positiv vor negativ, sowie soziokulturelle Unterscheidungen (Alter, Geschlecht etc.). Müller (1997: 15–18) fasst diese Faktoren unter „Salienzbeschränkungen" mit der Annahme, dass Salientes weniger Salientem vorangeht.[6]

3 Binomiale als Spiegel außersprachlicher Wirklichkeit

Semantisch-pragmatischen Prinzipien wurde in der Forschung bisher die meiste Aufmerksamkeit gewidmet und nach Gaweł (2017: 34) als „verschiedene Arten sprachlicher Kodierung, in denen die Abfolge sprachlicher Einheiten die Struktur der außersprachlichen Wirklichkeit oder der kognitiven bzw. der soziokulturellen Kodierung widerspiegelt", definiert. Für diesen Beitrag relevant sind z. B. Geschlecht, Alter und Klasse. Binomiale transportieren in der Grammatik sedimentierte soziale Hierarchien und indizieren Normalität und Devianz. Der Bestandteil mit dem sozial höherrangigen Referenten wird zuerst genannt. Dieser Effekt wird in der englischsprachigen Literatur als „power constraint" bezeichnet (Benor & Levy 2006: 239). Mit Blick auf die Geschlechterdifferenz konstatiert Malkiel (1959: 145):

---

6 Salienz meint hier die „Bezeichnung für Eigenschaften einer Kategorie, die besonders hervorstechen, schnell wahrnehmbar und kognitiv gut verarbeitbar sind. Saliente Eigenschaften sorgen [...] für eine ökonomische Kategorisierung von Objekten bzw. für einen guten Wiedererkennungswert von Kategorienvertretern" (Schmöe 2010). Das Konzept ist jedoch anhand formaler Faktoren, kultureller Determiniertheit und Sprecheridiosynkrasien schwer greifbar. Was als salient bzw. weniger salient empfunden/wahrgenommen wird, kann von SprecherIn zu SprecherIn divergieren, vgl. Müller (1997: 19).

> Pairs of words may [...] be ordered in accordance with a hierarchy of values inherent in the structure of a given society, or alliance of societies. The originally patriarchal character of those most intimately associated with I.-E. and Semitic languages is echoed to this day by such sequences as: *Adam and Eve, boys and girls* [...].

Binomiale mit männlicher Voranstellung (M1) wie *Mann und Frau* oder *Sohn und Tochter* konservieren traditionelle Vorstellungen einer patriarchalen Geschlechterordnung.[7]

Mit Binomialen und Geschlecht im Englischen beschäftigen sich McGuire & McGuire (1992), Dant (2013) und Motschenbacher (2013); diachrone Veränderung der Reihenfolgepräferenz vom 19. bis 21. Jahrhundert untersucht Mollin (2013) mithilfe von Google Books. Motschenbacher (2013) identifiziert „domänenspezifische Machtasymmetrien": M1 greift bei Referenz auf Nachwuchs (*son/daughter*), Geschwister (*brother/sister*) und EhepartnerInnen (*Mr/Mrs, husband/wife*). Diese Serialisierungen erfahren jedoch zunehmend eine Fluidisierung. Referenz auf Brautpaare und Hinterbliebene bewirkt W1, *bride/-groom, widow/-er*. Gleiches gilt für Binomiale mit Bezug auf Eltern wie *mother/father, mom/dad, mommy/daddy*, die sich im Zeitraum von 1810 bis 2000 zunehmend verfestigen. M1 dominiert stabil jenseits der Familie bei *man/woman, sir/madam, male/female, he/she* und *him/her*, bei Adelstiteln wie *king/queen* und *prince/princess* sowie Berufsbezeichnungen, z. B. *actor/actress* und *policeman/-woman*. Hieraus schließen McGuire & McGuire (1992: 226): „The family appears to be more of a woman's world than is the broader society."

Im Deutschen behandelt einzig Ott (2017: 219–246) koordinierte Phrasen im Kontext sprachlicher Vermittlung von Geschlechterkonzepten in Schulbüchern. Gender-Binomiale bezeichnet sie im Sinne semantischer Komplementarität als Kompleonyme (Ott 2017: 99). Auch sie prüft diachrone Zu- oder Abnahmen von Reihenfolgepräferenzen und identifiziert diachron variierendes *(Un)Doing gender*, worauf Kapitel 4.3 in diesem Beitrag näher eingeht.

4 Empirische Untersuchung

4.1 Datengrundlage und Methode

Datengrundlage sind alle im Deutschen Referenzkorpus (Leibniz-Institut für Deutsche Sprache 2019) öffentlich verfügbaren Ausgaben von Der Spiegel

---

[7] Den Einfluss emotionaler Nähe und Geschlecht auf die Serialisierung von Binomialen, die aus Rufnamen bestehen, diskutieren Wright, Hay & Bent (2005), Hegarty et al. (2011) und Hegarty (2015) für das Englische.

(1947–2018; 246.956.509 Textwörter) und Die Zeit (1953–2018; 330.119.769 Textwörter), im Folgenden *SpiZeKo*. Die Datenauswertung erfolgte mit SPSS 23 (IBM Corp. 2015). Ausgehend von den häufigsten Binomialen vom Typ A UND/ODER B wurden zwei Stichproben analysiert: Das Gender-Sample enthält aus gegengeschlechtlichen Personenbezeichnungen bestehende Binomiale, das Top-50-Sample[8] die 50 häufigsten Binomiale im SpiZeKo mit mehrheitlich unbelebten Substantiven.[9] Solche mit einer Gesamtfrequenz (beide Reihenfolgen) von weniger als 10 Tokens wurden nicht berücksichtigt. Aufgrund numerusbedingt divergierender Abfolgepräferenzen wurden Singular und Plural separat untersucht, vgl. *Vater/Mutter* M1 versus *Mütter/Väter* W1. Im Gender-Sample sind insgesamt 59 Binomiale (25.961 Tokens) enthalten.

Männer/Frauen (6.869[10]), *Damen/Herren* (3.374), *Mann/Frau* (2.962), *Jungen/Mädchen* (2.010), *Brüder/Schwestern* (1.354), *Vater/Mutter* (1.213), *Mütter/Väter* (1.058), *Söhne/Töchter* (922), *Bürgerinnen/Bürger* (864), *Schülerinnen/Schüler* (661), *Herr/Frau* (444), *Studentinnen/Studenten* (360), *Mama/Papa* (339), *Hunde/Katzen* (334), *Oma/Opa* (243), *Bruder/Schwester* (228), *Sohn/Tochter* (212), *Onkel/Tanten* (187), *Hund/Katze* (162), *Mönche/Nonnen* (150), *Freundinnen/Freunde* (142), *Jungs/Mädchen* (134), *Männlein/Weiblein* (130), *Männchen/Weibchen* (116), *Mann/Weib* (112), *Nichten/Neffen* (108), *Onkel/Tante* (105), *Junge/Mädchen* (97), *Prinzen/Prinzessinnen* (95), *Buben/Mädchen* (80), *Braut/Bräutigam* (80), *Knaben/Mädchen* (65), *König/Königin* (62), *Omas/Opas* (61), *Knechte/Mägde* (59), *Jungs/Mädels* (54), *Könige/Königinnen* (53), *Jungen/Mädel* (42), *Prinz/Prinzessin* (39), *Freund/Freundin* (37), *Witwen/Witwer* (36), *Mami/Papi* (33), *Ehemänner/-frauen* (30), *Migrantinnen/Migranten* (29), *Graf/Gräfin* (29), *Großvater/-mutter* (24), *Vati/Mutti* (23), *Ehemann/-frau* (22), *Großväter/-mütter* (16), *Tanten/Onkeln* (15), *Männer/Weiber* (12), *Hengste/Stuten* (11), *Kühe/Ochsen* (11), *Mamis/Papis* (10), *Herzog/Herzogin* (10), *Hahn/Henne* (9), *Herr/Dame* (9), *Mamas/Papas* (8), *Kühe/Bullen* (7)*

Das Top-50-Sample besteht aus folgenden 50 Binomialen (112.945 Tokens), das auch einige Gender-Binomiale einschließt (Fettdruck).

Ost/West (10.565), *Anmerkungen/Anregungen* (5.809), *Freund/Feind* (5.549), **Männer/Frauen (5.527)**, *Art/Weise* (4.984), *Bund/Ländern* (3.874), *Tag/Nacht* (3.608), **Damen/**

---

[8] Weil das SpiZeKo nicht morphosyntaktisch annotiert ist, wurde nach Trigrammen bestehend aus zwei großgeschriebenen Wörtern verbunden durch *und/oder* gesucht. (Datenbasis: Spiegel 1947–2017; Zeit 1953–2017; Archiv W-gesamt 2018-I; Ergebnis ca. 2 Mio. Types). Für die aufwändige Ermittlung und Bereitstellung der Trigramme danke ich sehr Rainer Perkuhn und den MitarbeiterInnen des Programmbereichs Korpuslinguistik am Leibniz-Institut für Deutsche Sprache Mannheim.
[9] Die Top 50 Binomiale (Mittelwert $M = 2259$) sind deutlich häufiger belegt und weisen eine breitere Streuung (Standardabweichung $SD = 1726{,}1$) auf als die Gender-Binomiale ($M = 440$, $SD = 1077{,}8$).
[10] Die Angaben in Klammern beziehen sich auf die Anzahl der Tokens.

Herren (3.422), *Leben/Tod* (3.400), *Frauen/Kinder* (3.201), *Ort/Stelle* (2.865), *Hin/Her* (2.815), *Grund/Boden* (2.572), *Krieg/Frieden* (2.270), *Angebot/Nachfrage* (2.156), *Forschung/Entwicklung* (2.064), **Jungen/Mädchen (2.034)**, *Kinder/Jugendliche* (2.032), *Gut/Böse* (2.014), *Rhein/Ruhr* (1.921), *Deutschland/Frankreich* (1.800), *Politik/Wirtschaft* (1.771), *Regierung/Opposition* (1.651), *Auf/Ab* (1.617), *Löhne/Gehälter* (1.592), *Arm/Reich* (1.549), *Theorie/Praxis* (1.529), *Vater/Sohn* (1.441), *Banken/Versicherungen* (1.415), *Forschung/Lehre* (1.394), *Zeitungen/Zeitschriften* (1.387), *Länder/Gemeinden* (1.378), *Ruhe/Ordnung* (1.372), *Bundestag/Bundesrat* (1.349), **Vater/Mutter (1.282)**, *Obst/Gemüse* (1.278), *Mord/Totschlag* (1.270), *Europa/Amerika* (1.269), *Staat/Gesellschaft* (1.247), *Leib/Leben* (1.225), *Schritt/Tritt* (1.219), *Funk/Fernsehen* (1.180), *Banken/Sparkassen* (1.178), *Nord/Süd* (1.167), *Für/Wider* (1.151), *Angst/Schrecken* (1.132), *Öl/Gas* (1.118), *Arbeiter/Angestellte* (1.116), *Wochen/Monaten* (1.105), *Fleisch/Blut* (1.081)

4.2 Analyse der Faktoren

Jedes Binomial wurde im Nominativ Singular und Plural daraufhin überprüft, ob einer der oben genannten Faktoren zutrifft; falls dies nicht überprüfbar war, z. B. aufgrund gleicher Silbenzahl wie bei *Mann/Frau*, wurden entsprechende Binomiale nicht berücksichtigt. Beispielsweise mussten für die Variable *Akzent auf Pänultima von B* einsilbige Bestandteile und Binomiale mit Bestandteilen, die beide auf der Pänultima (*Mama/Papa*) oder beide nicht auf der Pänultima betont sind (*Könige/Königinnen, Ehemann/-frau*), ausgeschieden werden. Tabelle 1 zeigt, wie häufig welcher Faktor zutrifft. Solche mit mehr als 70 % fehlenden Einheiten/Werten sind nur hellgrau gedruckt.

Tab. 1: Gültigkeit der Einflussfaktoren im Gender-Sample ($n = 59$), absteigend sortiert.

Einflussfaktor	trifft zu		trifft nicht zu		n	fehlend
Prosodie: Silbenzahl	14	73,7 %	5	26,3 %	19	67,8 %
Anlaut: Konsonantenquantität	11	73,3 %	4	26,7 %	15	74,6 %
Prosodie: Unbetonte Silben	12	70,6 %	5	29,4 %	17	71,2 %
Vokalqualität: Zungenhöhe	18	69,2 %	8	30,8 %	26	55,9 %
Geschlecht: männlich vor weiblich	40	67,8 %	19	32,2 %	59	–
Anlaut: Sonorität	23	67,6 %	11	32,4 %	34	42,4 %
Individuelle Frequenz	29	65,9 %	15	34,1 %	44	25,4 %
Auslaut: Sonorität	20	62,5 %	12	37,5 %	32	45,8 %
Vokalquantität: Vokallänge	16	61,5 %	10	38,5 %	26	55,9 %
Auslaut: Konsonantenquantität	15	57,7 %	11	42,3 %	26	55,9 %
Prosodie: Akzent auf Pänultima von B	5	55,6 %	4	44,4 %	9	84,7 %
Vokalquantität: Silbenoffenheit	11	50,0 %	11	50,0 %	22	62,7 %
Vokalqualität: Zungenlage	8	34,8 %	15	65,2 %	23	61,0 %

Am häufigsten treffen prosodische Faktoren sowie Frequenz und Geschlecht zu. Es existieren also einige Ausnahmen vom soziopragmatischen Prinzip, mit denen sich Kapitel 4.3 befasst. Selten wirken phonologische Faktoren.

Die Ergebnisse des Top-50-Samples unterscheiden sich hiervon nur geringfügig.[11] Am stärksten greifen logische Serialisierungen wie *gestern und heute*, *Rede und Antwort* und kognitive, z. B. aktiv vor passiv, nah vor fern, positiv vor negativ, sowie soziokulturelle Ordnungen wie alt vor jung oder männlich vor weiblich. Danach folgen Prosodie und Wortfrequenz; phonologische Faktoren treffen selten zu. Auch im Top-50-Sample greifen logische und kognitive Faktoren zu 100 % und soziopragmatische Faktoren zu 90 %. Einzige Ausnahme ist *Damen und Herren*, siehe Kapitel 4.3.1.

Zur Beantwortung der von Malkiel formulierten Frage „Can any specific reason be adduced for the precedence of A over B?" (1959: 142) liefert die deskriptive Statistik aus Tabelle 1 erste Anhaltspunkte. Welchen Einfluss das Zusammenspiel der Faktoren auf die Stärke der Reihenfolgepräferenz hat, erfährt man so jedoch nicht. Betrachtet man die Frequenz einer Abfolge im Verhältnis zur Summe beider Reihenfolgen, werden beträchtliche Divergenzen sichtbar: Während die Abfolge *Mann/Frau* (2962) deutlich häufiger gebraucht wird als *Frau/Mann* (308), unterscheiden sich *Mütter/Väter* (1058) und *Väter/Mütter* (800) nur mäßig. Die zu erklärende Variable muss daher die Stärke der Reihenfolgepräferenz sein. Sie wird analog zur Metapher des Aggregatzustands als sprachlicher Härtegrad bezeichnet, der den relativen Anteil der frequenteren Reihenfolge *A vor B* an der Summe beider Reihenfolgen wiedergibt, vgl. den sogenannten *(Ir-)reversibility Score* bei Mollin (2014: 39–45). Die Häufigkeitsverteilung des Härtegrads beider Stichproben im Vergleich zeigt deutliche Unterschiede; insgesamt weisen die Top-50-Binomiale einen um 12 % höheren Härtegrad auf als die Gender-Binomiale.[12] Selbst die Abfolge hochfrequenter Binomiale ist nie zu 100 % fest, Gleiches trifft auch auf das Englische zu (vgl. Mollin 2014: 44–45).

Im Rahmen einer multiplen Regressionsanalyse weist Rosar (demn.) nach, dass die individuelle Wortfrequenz der Bestandteile den Härtegrad eines Binomials am stärksten beeinflusst, danach der Grad der Phraseologisierung, die Numerusausprägung, die Geschlechtsinformation und die Silbenzahl: Der Härtegrad ist um 9 % stärker, wenn die individuelle Frequenz von Konjunkt A

---

[11] Kleinere Unterschiede zwischen Gender- (M ;= 15,17; Standardfehler des Mittelwerts SEM = 1,92) und Top 50-Sample (M = 16; SEM = 2,03) sind vermutlich Resultat geringer Stichprobenumfänge und fehlender Werte, die Mittelwertdifferenz von 0,83 ist nicht signifikant, $t(11) = -0,53$, $p = 0,605$.
[12] Der Mittelwert M des Härtegrads im Gender-Sample liegt bei 0,79, $SD = 0,13$; im Top 50-Sample ist $M = 0,91$, $SD = 0,12$.

größer ist als die von B und um weitere 7 % stärker, wenn die Serialisierung phraseologisiert ist. Binomiale im Singular sind um 4 % und mit männlicher Erstnennung nochmals um 2 % fester. Ist die Silbenzahl von A kürzer als die von B, steigt der Härtegrad um 1 %.

4.3 Differenzverstärkende und -abschwächende Kreuzungen

Zur Analyse außersprachlicher gesellschaftlicher Einflüsse sind statistische Modelle unzureichend; sie müssen hermeneutisch analysiert werden. Einen geeigneten analytischen Rahmen bietet das Konzept *un/doing differences*[13] (Hirschauer 2014, 2017), das die Kontingenz sozialer Zugehörigkeiten und das komplexe empirische Zusammenspiel von Humandifferenzierungen fokussiert. Als „sprachliche Fertigbauteile" (Nübling 2017: 311) indizieren Lexeme wie *Frau*, *Papa*, *Tochter*, *Bräutigam* oder *Kuh* soziale Zugehörigkeit; im Lexem *Frau* kreuzen sich Geschlecht und Alter, in *Papa* darüber hinaus Elternschaft und familiäre Intimität. Gender-Binomiale kodieren also nicht bloß Geschlecht, sondern weitere soziale Differenzen.

> In den sozialen Typen des Alltags sind immer schon mehrere Kategorisierungen verschweißt. [...] Sie können sich gegenseitig verstärken, von anderen herabgestuft, in ihrem Geltungsbereich beschränkt werden oder ganz hinter ihnen verschwinden. Manche kommen sich ›in die Quere‹, andere beggnen sich eher folgenlos. Unter der Fragestellung des *doing* und *undoing*, des Aufbaus oder Abbaus von Humandifferenzierungen, lassen sich analytisch differenzverstärkende und -abschwächende Kreuzungen unterscheiden [...]. (Hirschauer & Boll 2017: 13)

Im Folgenden wird linguistisch überprüft, welchen Einfluss die Kreuzung von Humandifferenzierungen in Gender-Binomialen auf deren Aggregatzustand nimmt.

4.3.1 Alter und Klasse

Zu einer Verstärkung männlicher Voranstellung führt die Kreuzung mit Alter.[14] Sehr stark wirkt Alter bei erwachsenen Personen wie *Mann/Frau* mit einem Här-

---

[13] Der Ansatz geht hervor aus dem Programm der DFG-Forschungsgruppe Un/doing Differences. Praktiken der Humandifferenzierung an der Johannes Gutenberg-Universität Mainz (2013–2019), www.undoingdifferences.uni-mainz.de/ (letzter Zugriff 10. 03. 2020).
[14] Die Lexeme wurden mithilfe der Ontologie GermaNet kategorisiert, https://weblicht.sfs.uni-tuebingen.de/rover/ (letzter Zugriff 17. 08. 2021) .

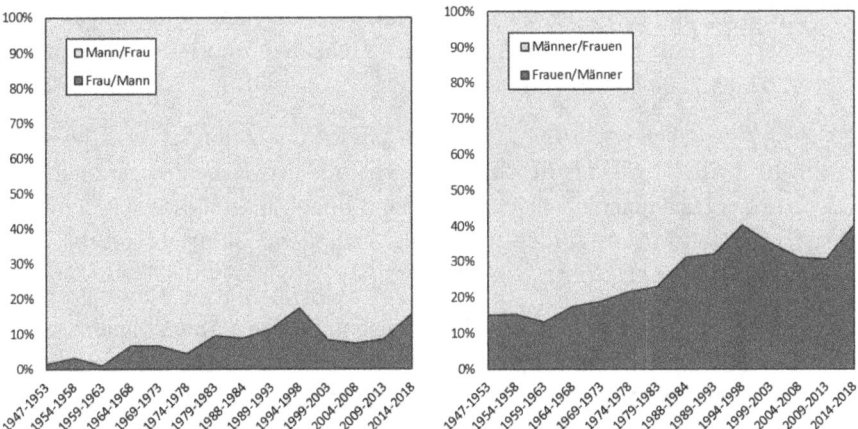

Abb. 1: Diachrone Entwicklung des Härtegrads a) im Singular (*n* = 3266), b) im Plural (*n* = 9872).

tegrad im Untersuchungszeitraum von insgesamt 90,6 %, auch bei diminuiertem *Männlein/Weiblein* zu 94,9 %.[15] Im Plural wird dieser Effekt abgemildert: *Männer/Frauen* 69,6 %, *Männer/Weiber* 75 %. Abbildung 1 visualisiert Veränderungen des Härtegrads von *Mann/Frau* und *Männer/Frauen* in den untersuchten Zeitschnitten. Im Flächendiagramm stehen sich beide Serialisierungen im a) Singular und b) Plural gegenüber. Der prozentuale Anteil von W1-Abfolgen ist dunkelgrau, der von M1 hellgrau eingefärbt.[16]

Abbildung 1a) zeigt, dass M1 im Singular über den Untersuchungszeitraum hinweg weitgehend stabil ist; W1 ist entsprechend selten.[17] Konträr zu einschneidenden Veränderungen institutioneller Rahmenbedingungen im 20. und 21. Jahrhundert, wie z. B. der gesetzlichen Gleichstellung der Geschlechter und höherer weiblicher Erwerbstätigkeit, können sprachlich nur minimale Veränderungen zugunsten von W1 identifiziert werden. Hierfür stehen folgende Kollokationen:

(1) *Gleichberechtigung von A/B*: „Diese Woche will der Rechtsausschuss des Bundestages eine endgültige Fassung des Gesetzentwurfs [...] erstellen, die

---

[15] Prozentwerte betreffen im Folgenden ausschließlich den Härtegrad, der die Gesamtdaten aller Zeitschnitte berücksichtigt.
[16] Aufgrund geringer Belegmengen sowie zur Glättung des Zeitverlaufs wurden die Jahrgänge gruppiert.
[17] Zur Entwicklung des Binomials vom Althochdeutschen bis zum Neuhochdeutschen siehe Hüpper, Topalović & Elspaß. (2002: 81) und Kochskämper (1999: 186).

den alten Streit um die Gleichberechtigung von Mann und Frau bei der Wahl des Ehenamens beilegen soll." („Lachhaft umständlich" Spiegel 01. 02. 1993: 32)[18]

(2) *Zusammenleben von A/B*: „Tatsächlich bin ich der Meinung, dass die feministische Ideologie das Geschlechterverhältnis inzwischen so vergiftet hat, dass das Zusammenleben zwischen Mann und Frau in diesem Land immer schwieriger wird." („Großartiger Text, kompletter Müll", Leserbrief, Zeit 19. 04. 2018: 56)

(3) *Rollenbilder von A/B*: „Es handelt sich also um junge Männer muslimischen Glaubens [...]. Sie kommen aus Ländern mit einem anderen Rollenverständnis von Mann und Frau – und einer anderen Sexualmoral. In ihrer Heimat ist der Mann das Familienoberhaupt." („Die Sache mit dem Sex", Zeit 14. 01. 2016: 5)

Stärkere Auflösungstendenzen der Geschlechterdifferenz zeigt Abbildung 1b). Im Plural nimmt der Härtegrad von M1 deutlich stärker ab. Ein Degendering zeigt sich vor allem in Kontexten, die gesetzliche und gesellschaftliche Veränderungen in Form statistischer Zusammenhänge thematisieren: „Rund 54.000 Frauen und Männer sind 2007 in Deutschland frühzeitig in Rente gegangen, weil sie keine Kraft mehr für die Arbeit hatten" („Stress macht krank", Spiegel 24. 11. 2008: 3).

Die einzige, jedoch starke Ausnahme von M1 innerhalb der Kreuzung von Geschlecht und Alter bildet *Damen/Herren* 94,4 %, siehe Abbildung 2a). Die Abfolge ist vor allem in Anreden wie *meine Damen und Herren, sehr geehrte/verehrte Damen und Herren* erstarrt und kreuzt neben Alter und Geschlecht auch Klasse. Kotthoff & Nübling (2018: 157) heben diesbezüglich hervor:

> Diese fest eingerastete Folge dramatisiert die Geschlechtsbinarität und transportiert alte Galanteriegebote des 19. Jhs., wonach Männer Frauen beschützen und in den Mantel helfen (die Lexeme *Dame* und *Herr* entstammen der Oberschicht, heute signalisieren sie Höflichkeit und Distanz). Diese Abfolge privilegiert Frauen.

Das Binomial markiert ein zentrales Moment im Geschlechterverhältnis: Frauen wird hier sprachliche Anerkennung zuteil, die historisch als Kompensation für ihre generelle gesellschaftliche Benachteiligung zu werten ist.[19] Im Zuge des

---

[18] Hervorhebungen anhand Unterstreichung wurden nachträglich ergänzt.
[19] Dafür spricht, dass *Damen/Herren* häufig in der Unbeteiligten-Referenz verwendet wird, z. B. „die Damen und Herren vom Justizministerium", Spiegel 06. 06. 1994; „die Damen und Herren aus der früheren DDR", Spiegel 06. 06. 1994.

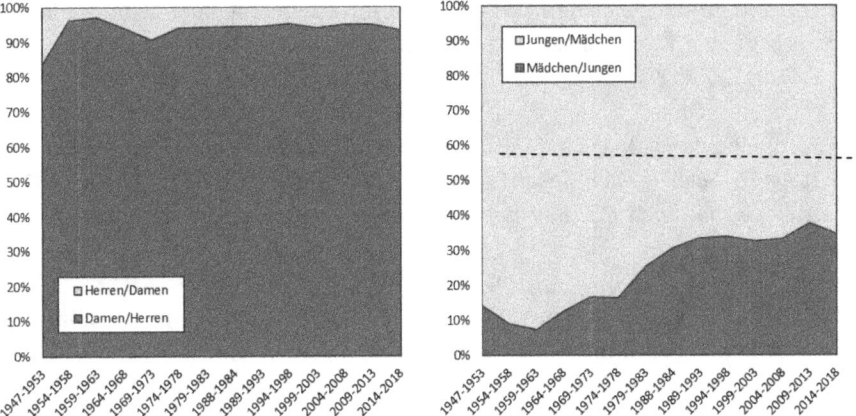

Abb. 2: Diachrone Entwicklung des Härtegrads von a) *Damen/Herren* versus *Herren/Damen* (n = 3575) und b) im Plural *Jungen/Mädchen* versus *Mädchen/Jungen* (n = 2951).

Relevanzverlusts sozialer Klassen befindet sich das Binomial im Abbau; es verflüchtigt sich und wird vermehrt durch andere Konstruktionen wie *liebes Publikum* oder *Guten Tag* ersetzt, wodurch ein abruptes Degendering stattfindet.

Bei Referenz auf Nicht-Erwachsene dominiert M1: *Junge/Mädchen* 87,4 %, *Buben/Mädchen* 82,5 %, *Knaben/Mädchen* 73 %, *Jungs/Mädels* 85,7 %. In Abbildung 2b) ist der diachrone Verlauf von *Mädchen/Jungen* und *Jungen/Mädchen* im Plural dargestellt. Das Flächendiagramm zeigt zunächst nur einen zögerlichen Anstieg von W1. Thematisiert werden im Korpus vor allem bildungspolitische Reformen zur Aufhebung der Geschlechtertrennung in Schulen: „In Düren, dessen 54.000 Einwohner zu achtzig Prozent katholisch sind, hatte es die gemeinschaftliche Erziehung von Jungen und Mädchen bislang nicht gegeben." („Beispiel Düren", Zeit 03. 04. 1970: 21). Im Zuge der Frauenbewegung nimmt W1 von ca. 1970 bis 1990 deutlich stärker zu und pendelt sich auf einen Härtegrad von ca. 35 % ein. Bestrebungen dieser Zeit, geschlechtsspezifische Leistungsunterschiede im Bildungssystem mithilfe gezielter Förderung von Mädchen auszugleichen, schlagen sich in folgenden Serialisierungen nieder:

(4) Werden Schülerinnen durch gemeinsamen Unterricht für Mädchen und Jungen benachteiligt? Feministische Lehrerinnen wollen gegen die Koedukation und für die Rückkehr der Mädchenschulen kämpfen. („Kleine Machos", Spiegel 19. 09. 1988: 105)

(5) Hartnäckig hält sich auch der Unterschied zwischen Mädchen und Jungen, was die Leistung in Mathematik und in abgeschwächter Form in den Naturwissenschaften betrifft. Was hat man nicht schon alles versucht, um Mäd-

chen dafür zu begeistern, ohne dass diesen Kampagnen der geringste Erfolg beschieden war. („Lasst die Mädchen doch mit Mathe in Ruhe", Zeit 26. 01. 2017: 29)

Im Vergleich zu lexikalischer Geschlechtsspezifikation ist der W1-Effekt bei Movierung in *Schülerinnen/Schüler* erheblich stärker, siehe dazu Kapitel 4.3.4. Hartnäckig hält sich M1 hingegen im Kontext Familie und zwischenmenschlicher Beziehungen:

(6) *Familie*: „850.000 Jungen und Mädchen leben laut einer Studie des Bundesfamilienministeriums in Stieffamilien. Wie beeinflussen Brüder und Schwestern einander? Wo liegen die Wurzeln ihrer Hassliebe?" („Rivalen fürs Leben" Spiegel 09. 01. 2006: 142)

(7) *Freundschaft und Liebe*: „In unserer Jugend waren die Beziehungen zwischen Jungen und Mädchen nicht ganz normal – Folge des nach Geschlechtern getrennten Schulwesens. Zu meiner Schulzeit galt es als ungehörig, mit einem Mädchen befreundet zu sein. In der heutigen Generation sind die Beziehungen zwischen Jungen und Mädchen einfach und freundschaftlich. Die jungen Menschen fangen etwa fünf Jahre früher an als wir, sich zu küssen." („Rußlands unbefleckte Generation" Spiegel 02. 02. 1987: 118)

Die patriarchalische Ordnung greift auch bei Bezug auf Tiere: *Männchen/Weibchen* 89,2 %, *Hengste/Stuten* 64,7 % und *Hahn/Henne* 60 %.[20] Daneben findet sich auch *Hund/Katze* 91,5 % und *Hunde/Katzen* 74,4 %.[21] Die Abfolgen drücken nach Müller (1997) die Präferenz aus, „wichtige Tiere vor unwichtigen Tieren" zu nennen. Differenzierter betrachtet, wirken verstärkend Belebtheit[22] (belebt vor unbelebt), Größe (groß vor klein) sowie die emotionale Bindung zum Tier.[23]

---

20 Zur Genus/Sexus-Korrelation bei Tierbezeichnungen siehe Lind & Späth (in diesem Band).
21 Epikoina unterschiedlicher Genuszugehörigkeit untersucht Klein (in diesem Band).
22 Nach Mollin (2014) wird die Abfolge in Binomialen auch durch die Belebtheitshierarchie festgelegt (belebt vor unbelebt). Es wird von folgender Hierarchie ausgegangen: Menschen > Tiere > Pflanzen > Gegenstände > Kollektiva > Stoffe > Abstrakta, siehe Szczepaniak (2011: 345) nach Silverstein (1976). Das belegen folgende Serialisierungen: *Mensch und Maschine, Tiere und Pflanzen, Leben und Werk, Leib und Seele*. Eine Subklassifizierung dieser Hierarchie für Tierarten entwickeln Köpke & Zubin (1996: 484): Im Belebtheitsbereich findet mit Abnahme gemeinsamer Charakteristika von Mensch und Tier ein Wechsel von maskuliner zu femininer Genuszuweisung statt: Während das Maskulinum Nähe von Tieren zum Menschen ausdrückt, signalisiert das Femininum Distanz zum Menschen, vgl. Köpke & Zubin (1996: 484–485).
23 Hunde wurden Jahrtausende vor Katzen domestiziert, vgl. Natanaelsson et al. (2006); Bild der Wissenschaft (2007) und ihnen wird weitaus mehr Empathie unterstellt, was sich in Phrasemen wie *der Hund ist des Menschen bester Freund* niederschlägt.

4.3.2 Heiratsverwandtschaft

Mithilfe der Verwandtschaftsterminologie nach Jonsson (2001) wird im Folgenden zwischen Bluts- und Heiratsverwandtschaft unterschieden. M1-stabilisierend wirkt heterosexuelle Partnerschaft in *Herr/Frau* 94,9 %, z. B. *Herr und Frau Müller*, ebenso *Ehemann/-frau* 81,5 % sowie im Plural etwas schwächer *Ehemänner/-frauen* 76,9 %. Konträr dazu stärken zukünftige und durch Tod beendete Eheverhältnisse W1 bei *Braut/Bräutigam* 93 % und *Witwen/Witwer* 61 %. Die männlichen Personenbezeichnungen *Bräutigam* und *Witwer* sind (neben *Hexer* und *Hurer*) die einzigen im Deutschen, die von einer weiblichen Basis abgeleitet sind, vgl. Breiner (1996: 50). Die Abfolgepräferenz W1 reflektiert soziale Realitäten vergangener Jahrhunderte: Braut-Sein, Heirat und Ehe markierten einschneidende Phasen, früher existentielle Stationen innerhalb der weiblichen Biographie (vgl. Kotthoff & Nübling 2018: 206–207; Hirschauer 2015).

(8) Braut und Bräutigam sind veraltet und mit albernen Erinnerungen an die Großmutter beladen. Aber dabei spielen in Deutschland auch gewisse Hemmungen eine Rolle: Bräutigam zu sein, ist beinahe Spottes wert – seht mal, der Arme, der heiratet. Oder muß er sogar heiraten? Dabei können sie es alle nicht erwarten zu heiraten, die jungen Leute, von sechzehn angefangen. („Sex ist stärker als Eros", Zeit 24. 02. 1963: 39)

Im Bürgertum des 19. Jahrhunderts stellte die Ehe die Existenz unverheirateter Frauen sicher. Ihre gesamte Erziehung und Bildung war auf die Ehe ausgerichtet; ledige Frauen blieben finanziell von ihrer Herkunftsfamilie abhängig und wurden zur *alten Jungfer* degradiert. Der soziale Status von Männern hingegen blieb von ihrem Personenstand unberührt (vgl. Rosenbaum 1996: 287, 330–340). Der Geschlechtszustandswechsel vom Mädchen zur (Ehe-)Frau wird noch heute zelebriert: Seit Ausgang des 20. Jahrhunderts ist laut Bührmann & Thiele-Manjali (2014: 10) eine „Eventisierung des Heiratens" zu verzeichnen, die die Geschlechterdifferenz dramatisiert. Bethmann (2013: 213) stellt eine Feminisierung des Heiratens und der Hochzeitsplanung im Kontrast zum männlich konnotierten Heiratsantrag fest, wovon folgende Belege zeugen:

(9) Bisher war es Tradition, dass Braut und Bräutigam gemeinsam vor den Altar schreiten. Victoria aber möchte an der Seite des Vaters gehen, um dann von ihm an Daniel übergeben zu werden. Sie macht es konservativer! („Exzess der Normalität", Spiegel 14. 06. 2010: 148)

(10) Mehrmals hat er sich mit Braut und Bräutigam vor der Hochzeit getroffen. [...] Er begreife sich in erster Linie als „Event-Pastor", sagt er, als christli-

cher Entertainer; eine Predigt sei gelungen, wenn die Zuhörer mindestens einmal lachten und einmal weinten. [...] Sie wollten für ihre Hochzeit einen feierlichen, religiösen Rahmen, sind jedoch keine Kirchenmitglieder. („Freelancer Gottes", Spiegel 03. 06. 2013: 51)

Die Serialisierung *Witwen/Witwer* kann mit der Gebrauchshäufigkeit der individuellen Lemmata im Korpus erklärt werden. In den Zeitungstexten wird 10-mal häufiger über weibliche statt männliche Hinterbliebene berichtet.[24] Dieses Ungleichgewicht spiegelt soziale Realitäten. Weibliche Hinterbliebene litten in der Vergangenheit aufgrund ihres niedrigen sozialen Standes unter prekären Lebensverhältnissen (Kruse 2007). Bis heute sind Witwen armutsgefährdet („*Armutsrisiko Geschlecht*" 2017). Eine gesetzliche Gleichstellung der Geschlechter innerhalb der Rentenversicherung, wie sie im Folgenden thematisiert wird, erfolgte erst 1986:[25]

(11) Nach ihrer Ansicht sollen die gegenwärtig am meisten diskutierten [...] für den Beginn des nächsten Jahrzehnts – die Gleichstellung von Witwen und Witwern sowie die Alterssicherung jener Frauen, die sich mehr der Erziehung ihrer Kinder als ihrem Beruf widmen – keine wesentlichen Mehrbelastungen bringen. („Ruhe vor dem Sturm", Zeit 29. 06. 1979: 18)

4.3.3 Blutsverwandtschaft und Generation

Bei Blutsverwandtschaft ist innerhalb der Seitenlinie M1 dominant. Hierzu zählen Geschwisterbeziehungen wie *Bruder/Schwester* 89,4 % und *Brüder/Schwestern* 89,2 % sowie Geschwister der Eltern, z. B. *Onkel/Tante* 82 % und *Onkel/Tanten* 78,6 %. Für *Nichten/Neffen* 57,5 % gilt hingegen W1. In gerader Linie schwächt die Kreuzung von Verwandtschaft und Generation jedoch M1 ab. Die Härtegrade innerhalb der aufsteigenden Linie in *Großvater/-mutter* 70,6 %, *Großväter/-mütter* 59,3 % und *Vater/Mutter* 72 % sind moderat. Im Plural *Mütter/Väter* 56,9 % ist W1 sogar stärker. Analog zu *Mann/Frau* ist Geschlecht innerhalb der Dyade Vater und Mutter relevanter als im Plural, wo nicht von Elternpaaren die Rede sein muss. Die zusätzliche Kreuzung mit Elternschaft bewirkt im Singular bei *Vater/Mutter* eine leichte Dekonturierung der Geschlechterdifferenz.

---

24 Da *Witwer* im Nominativ Singular und Plural formgleich ist, wurden für die Gebrauchshäufigkeit *Witwe* und *Witwen* berücksichtigt: *Witwe(n)* = 11.410 Tokens, *Witwer* = 1097 Tokens.
25 Gesetz zur Neuordnung der Hinterbliebenenrente sowie zur Anerkennung von Kindererziehungszeiten in der gesetzlichen Rentenversicherung, Deutscher Bundestag (1986).

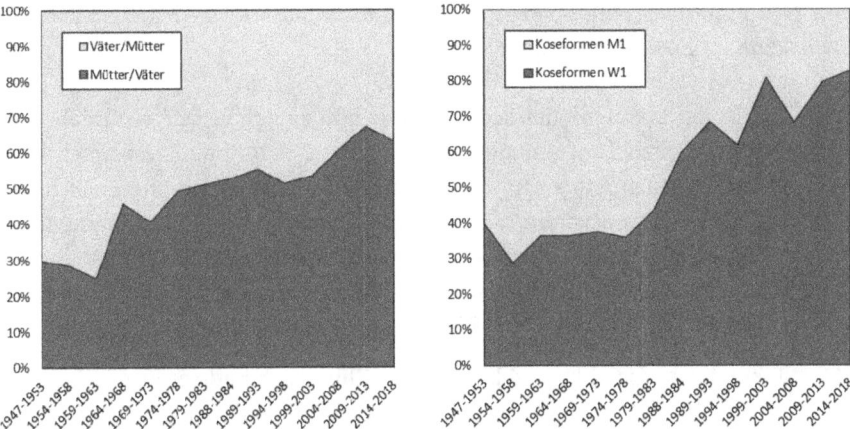

Abb. 3: Diachrone Entwicklung des Härtegrads von a) *Mütter/Väter* versus *Väter/Mütter* im Plural (*n* = 1861) und b) der Koseformen[26] im Singular und Plural (*n* = 593).

Abbildung 3a) zeigt, dass diese Dekonturierung im Plural weitaus schneller und stärker verläuft: Zu Beginn des Untersuchungszeitraums dominiert deutlich M1, ab den 1960er-Jahren nimmt W1 jedoch sukzessive zu, bis die Reihenfolgepräferenz um die Jahrtausendwende von M1 zu W1 umkippt.

(12) Ob solche starre Regel, die Familien erster und zweiter Klasse schafft, auch gerechtfertigt ist, wenn Vater und Mutter das Sorgerecht gemeinsam beantragen, soll nun das Bundesverfassungsgericht entscheiden. („Pflicht vorenthalten", Spiegel 25. 08. 1980: 70)

(13) Manche Deutsche glauben, Ausländereltern sei es egal, dass ihre Kinder in der Schule scheitern. Zu Unrecht, wie die Essener Wissenschaftler zeigen. Drei Viertel der türkischstämmigen Mütter und Väter streben für ihren Nachwuchs das Gymnasium an. („Integrationsdebatte: Türken, wie steht's?", Zeit 29. 10. 2009)

Mit Abstand am stärksten ist W1 innerhalb der Kosenamen, die neben Verwandtschaft und Generation familiäre Intimität aus der Kindsperspektive kodieren. Dies gilt vor allem für Großeltern in *Oma/Opa* 89 % und *Omas/Opas* 80,3 % und abgeschwächt für *Mamis/Papis* 76,9 %, *Mama/Papa* 73,4 %, *Mami/Papi*

---

[26] Enthalten sind Binomiale, die je aus einem der Lemmata *Mama/Mami/Mutti* und *Papa/Papi/Vati* bestehen.

64,7 % und *Mamas/Papas* 57,1 %; einzige Ausnahme ist *Vati/Mutti* 56,1 %, wo das Lexem im Kosewort anklingt.

(14) Udo L., der Mann mit der Lederjacke, gehört zu den verbürgten Erstbenutzern der Vokabel für ein sich formierendes Konzertpublikum unter fünfzehn, das ohne Mama und Papa kam. Eine Verwendung, die noch heute in Zadeks Worten wie in der Begrifflichkeit zahlreicher Musikredakteure nachklingt, wenn sie uns wissen lassen, dass „bei Gitte die Familie im Saal sitzt, bei Marius Müller-Westernhagen aber kommen die Kids. („Kid grüßt Mit-Kid", Zeit 11. 03. 1988: 97)

(15) „Wenn ich ehrlich bin", erklärt Norbert Blüm, „ich hätte es weder der Göre Katrin (Blüms Tochter, Anm. d. Red.) noch dem Teenager Katrin zugetraut, dass sie jemals eine so gute, besorgte Mutter wird. Jetzt ist sie es! Und jetzt hoffe ich, dass meine Enkelin Lilian sich auf Oma und Opa so freut, wie sich einst ihre Mutter auf Oma und Opa gefreut hat, wenn sie zu Besuch kamen." („Stolzer Opa", Zeit 12. 07. 1996: 2)

Abbildung 3b) zeigt die Entwicklung der Binomiale aus Koseformen; auch deren Härtegrad erfährt wie *Mütter/Väter* eine diachrone Umkonturierung von M1 zu W1, diese greift jedoch wesentlich stärker und früher ab Mitte der 80er-Jahre. Für engl. *father(s)/mother(s)* identifiziert Mollin (2013: 196) mithilfe von Google Books ebenfalls ab 1900 eine Dekonturierung von M1, ab 1970 eine Rekonturierung von M1 zu W1: „[...] we have witnessed an unfreezing trend to the point of reversibility, with a mild preference today to name mothers first." Die Abfolge der Kosenamen *mom and dad* ist ab den 1980er-Jahren mit einem Härtegrad über 95 % fest eingerastet. Diesen Befund interpretiert Mollin (2013: 196) folgendermaßen: „One may speculate that this is because the mother's typically more central role in child raising is now seen to be more important than the traditionally larger familial authority of the father." Binomiale mit Bezug auf (Groß-)Eltern spiegeln weibliche Dominanz innerhalb der Familiendomäne und der Eltern-Kind-Beziehung,[27] die Rolle des Vaters als Familienvorstand verliert an Relevanz. Dant (2013: 41–42) hält für das Amerikanische fest, dass bei allen Binomialen mit Referenz auf Familie bei gleicher Silbenzahl W1 überwiegt. Dieser „family relationship constraint" gilt nicht nur für die nähesprachlichen Binomiale *mama/papa, mom/dad, mommy/daddy* und *grandma/grandpa*, sondern auch die distanzsprachlichen *mother/father* und *grandmother/grandfather*. Eine Interpre-

---

[27] Weitaus häufiger wird in Zeitungstexten (SpiZeKo) die *Mutter-Kind-Beziehung* (82 Belege) statt der *Vater-Kind-Beziehung* (14 Belege) thematisiert.

tation dieses Befunds bleibt allerdings aus. Einer ausführlichen Analyse deutscher Binomiale mit Bezug auf Eltern widmet sich Rosar (demn.).

In gerader absteigender Verwandtschaftslinie erweist sich M1 wiederum als stabil. Die Serialisierungen *Söhne/Töchter* 74,2 % und *Sohn/Tochter* 75,7 % deuten auf ein altes patriarchales Muster hin, wonach Söhne als Stammhalter wichtiger sind als Töchter (vgl. Motschenbacher 2013: 226). M1 wird vor allem metaphorisch und in festen Kollokationen gebraucht:

(16) Sie aber erinnerte sich an den furchtsamen Puritanismus, der noch immer tief in der Seele auch der aufgeklärtesten Söhne und Töchter Amerikas nistet, dachte wohl auch an die taktvolle Scheu ihres gebildeten und eher bürgerlichen Publikums [...]. („Lebendiges Radio", Zeit 12. 06. 1981: 16)

(17) Aus den meisten dieser Nicht- oder Antidemokraten sind also Demokraten geworden, und das ist zweifellos eine gute Nachricht. Auch die Demokratie sollte die Heimkehr ihrer verlorenen Söhne und Töchter begrüßen. („Wahrheit ist die beste Verteidigung", Zeit 10. 01. 2001: 1)

Die Voranstellung von *Söhne* findet sich außerdem im Kontext von Fehlverhalten des Nachwuchses:

(18) Auch besser gestellten Eltern, deren Söhne oder Töchter dingfest gemacht werden, empfiehlt man [...] den sonst [...] verunreinigten Lebensweg sauber zu halten. („Lange Finger im Regal", Zeit 03. 03. 1972: 65)

(19) Rauchende Eltern verführen ihre Söhne und Töchter häufig zum Zigarettenkonsum. („Übles Vorbild: Rauchende Eltern", Spiegel 20. 08. 1979: 176)

Sind Kinder Opfer von Kriminalität, z. B. durch Misshandlung und Vergewaltigung, wird *Töchter* vorangestellt (20), ebenfalls im Kontext von Sexualität (21):

(20) Väter vergewaltigen ihre Töchter und Söhne, Mütter werfen ihre Babys in die Mülltonne – kaum ein Tag ohne solche Meldungen. („Das Buch Adorno oder der Philosoph als Spieler", Zeit 10. 05. 1996: 45)

(21) [Die Sexualpädagogin] kennt den Wunsch der Eltern, ihre Töchter und Söhne möglichst lange „in ihrer kindlichen Reinheit zu bewahren." („Nicht so schüchtern", Zeit 16. 11. 2017: 87)

Diachron ist ein Relevanzverlust von M1 zugunsten von W1 zu verzeichnen, siehe Abbildung 4. Dies zeigt sich vor allem in kontextuellem Wandel. Eine Zunah-

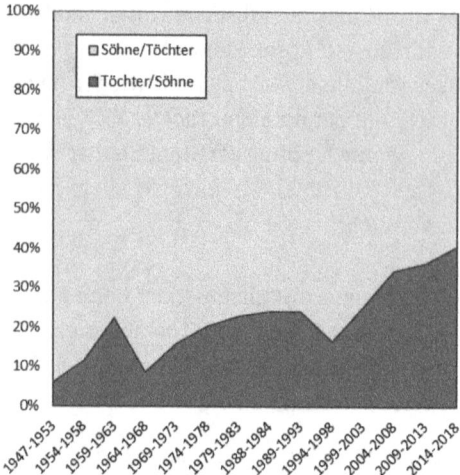

Abb. 4: Diachrone Entwicklung des Härtegrads von *Söhne/Töchter* versus *Töchter/Söhne* im Plural (*n* = 1243).

me von W1 ist vor allem im schulischen Bereich analog zu *Jungen/Mädchen* sowie *Schülerinnen/Schüler* zu verzeichnen: „Aus Sorge um die Gesundheit ihrer Kinder lassen immer mehr Eltern ihre Töchter und Söhne in andere Landesteile umschulen" („Atomfreie Kreuzfahrten", Spiegel 25. 07. 2011: 78).

4.3.4 Morphologische versus lexikalische Geschlechtsspezifikation

Anderen Prinzipien folgen Binomiale, die aus movierten Berufs- und Funktionsbezeichnungen mit dem Suffix *-in(nen)* bestehen. Im Gegensatz zu *Schülerinnen*, *Bürgerinnen* etc. sind *Bräutigam* und *Witwer* lexikalisiert und werden nicht mehr als Ableitungen wahrgenommen. Motschenbacher (2013: 230–231) beobachtet für das Englische: „The morphologically less complex form predominates in first position, independently of morphological relatedness or the semantics of the derivational base"; im Deutschen überwiegt jedoch die Voranstellung der Movierung. Dominant ist W1 bei *Bürgerinnen/Bürger* 90,8 % und *Migrantinnen/Migranten* 96,7 %, weniger fest in *Schülerinnen/Schüler* 71,9 % und *Studentinnen/Studenten* 63,4 %. Im Vergleich zu *Damen/Herren* werden im Korpus Binomiale vom Typ *Bürgerinnen/Bürger* primär in der Unbeteiligten-Referenz, z. B. *die Bürgerinnen und Bürger Europas/der DDR*, und nur selten in Anreden wie *liebe Bürgerinnen und Bürger* gebraucht. In beiden Fällen dominiert W1. Solche Movierungen sind im Plural deutlich häufiger als im Singular.

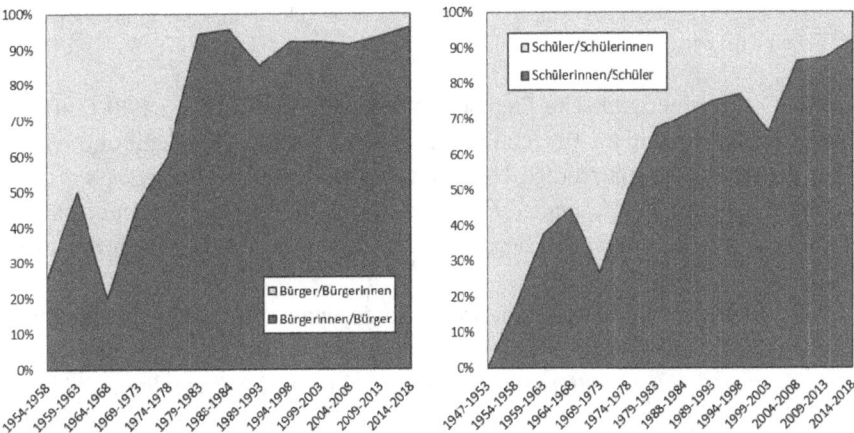

Abb. 5: Diachrone Entwicklung des Härtegrads von a) *Bürgerinnen/Bürger* versus *Bürger/-innen* (n = 952) und b) *Schülerinnen/Schüler* versus *Schüler/-innen* (n = 919) im Plural

Auch diese Voranstellung von Femininmovierungen bevorzugt Frauen. Es handelt sich jedoch nicht um eine bloße Aktualisierung von bereits erwähnten Galanteriegeboten. Im Gegensatz zu *Damen/Herren* haben *Bürgerinnen/Bürger* und *Schülerinnen/Schüler* eine Umkonturierung von M1 zu W1 erfahren. Abbildung 5a) und b) zeigen eine Fluidisierung von M1 ab den 1970er-Jahren hin zu einer Festigung von W1; heute ist die Erstnennung movierter Berufs- und Funktionsbezeichnungen auf Suffix *-in(nen)* obligatorisch. Das ist vermutlich Ergebnis institutioneller Interventionen auf Forderungen feministischer Sprachkritik, vgl. die Debatte zum so genannten generischen Maskulinum bei Trömel-Plötz (1978) und Pusch (1979). Verwaltungsvorschriften[28] zu geschlechtergerechter Rechts- und Amtssprache wie „Die weibliche Personenbezeichnung soll der männlichen vorangestellt werden" (MBl. NW 1993) enthalten somit auch sprachliche Vorschriften. Dies bestätigt Truan (2019: 206):

> In German political discourse specifically, it has become usual – or politically correct – to use both forms: among 261 occurrences of *Bürger* as a lemma in the corpus, 152 are feminine. This means that in 58 % of the cases, the noun phrase becomes *die Bürgerinnen*

---

[28] „Verwaltungsvorschriften sind keine Rechtsnormen. [Sie] sind abstrakt-generelle Regelungen innerhalb der Verwaltungsorganisation, die von übergeordneten Verwaltungsinstanzen oder Vorgesetzten an nachgeordnete Behörden oder Bedienstete ergehen", http://www.verwaltungsvorschriften-im-internet.de/ (08. 02. 2018). „Sie entfalten faktische Außenwirkung erst dann, wenn und soweit die Behörden nach ihnen verfahren.", Stelkens, Bonk & Leonhardt (2018: 212).

und Bürger, almost systematically in this word order (plural feminine form followed by the plural masculine form).[29]

Auch für das amerikanische Englisch identifiziert Mollin (2013: 198) Einflüsse der Frauenbewegung als Ursache für die Abkehr von M1: „[...] eight of the fourteen gender binomials studied (*husband and wife, man and woman, sons and daughters, male(s) and female(s), boys and girls*, and *brother(s) and sister(s)*) show unfreezing trends that become noticeably more marked from the 1970s on."

Die Referenz auf zwischenmenschliche gegengeschlechtliche Beziehungen in *Freund/Freundin* 80,4 % evoziert im Singular M1 – wie auch bei *Mann/Frau, Herr/Frau* und *Vater/Mutter*. Im Plural herrscht Parität: *Freundinnen/Freunde* 50,4 %. Im Vergleich zu morphologischer wirkt lexikalische Geschlechtsspezifikation z. B. mit Bezug auf Geistliche *Mönche/Nonnen* 74,6 % und Arbeitskräfte für niedere Arbeiten wie *Knechte/Mägde* 76,6 % verstärkend zugunsten M1.

Galanteriegebote oder das Prinzip, movierte vor unmovierte Personenbezeichnungen zu stellen, gelten nicht für die Verschränkung von Geschlecht mit Adel; sie bewirkt eine Verstärkung von M1. Protokollarische Rangordnungen und Geschlechterhierarchien des Adels spiegeln sich in den Binomialen *König/Königin* 91,2 % und *Könige/Königinnen* 94,6 %.[30] Auch die traditionell patrilinear verlaufende Thronfolge schlägt sich in *Prinz/Prinzessin* 95,1 % und *Prinzen/Prinzessinnen* 82,6 % nieder. Ähnliches gilt für *Graf/Gräfin* 90,6 % und *Herzog/Herzogin* 100 %.

5 Fazit

Dieser Beitrag bekräftigt die Notwendigkeit korpuslinguistischer Analysen zu bislang introspektiv untersuchten Phänomenen sowie die gewinnbringende Kombination quantitativer und qualitativer Forschungsansätze. Der deskriptivstatistische Teil hat erstens die Thesen der einschlägigen Forschung aus korpuslinguistischer Perspektive bestätigt und als zusätzliche neue Faktoren die Numeruswahl und den Grad der Phraseologisierung identifiziert. Anhand inferenzstatistischer Methoden wurden zweitens Wirkungsbeziehungen zwischen

---

[29] Dies wird im aktuellen Ratgeber *Richtig gendern* von Diewald & Steinhauer (2017: 39) relativiert: „In welcher Reihenfolge Sie die beiden Formen nennen, ist vollkommen variabel".
[30] Während man die protokollarisch rangniedrigere Ehepartnerin eines regierenden Königs als *Königin* bezeichnet, wird der Ehemann einer regierenden Königin (sprachlich) zum *Prinzgemahl* degradiert.

dem Härtegrad eines Binomials und seinem Phraseologisierungsgrad, der individuellen Gebrauchshäufigkeit seiner Konjunkte, des Numerus, der Silbenzahl sowie der Voranstellung männlicher Bezeichnungen ermittelt. Drittens deckt die hermeneutische Analyse Differenzkreuzungen auf, die zu einer Verfestigung oder Fluidisierung des Aggregatzustands von Binomialen führen. Männliche Voranstellung gilt stark bei Referenz auf Alter, zwischenmenschliche Beziehungen und Eheverhältnisse. Diese Ordnung wird auch auf Tiere übertragen. M1 gilt auch bei der Kreuzung von Geschlecht und Adel sowie mit Profession, sofern Geschlecht lexikalisch realisiert wird. Bei movierten Berufsbezeichnungen gilt dagegen weibliche Voranstellung. Diese gilt auch bei Bezug auf Eltern, vor allem aus der Kindsperspektive in Form von Kosenamen, sowie bei Binomialen im Kontext Schule. Formal betrachtet wirkt Singular geschlechtsprofilierend, Plural -nivellierend: Im Singular sind die Abfolgen fester, d. h. ein Geschlecht wird deutlich häufiger genannt als das andere, die Geschlechterdifferenz ist somit deutlich relevanter als im Plural, wo die Abfolgen variabler sind und keine eindeutige Geschlechtspräferenz besteht. Diachrone Frequenzverläufe decken viertens einen generellen Relevanzverlust männlicher Vorrangstellung auf. Hierzu gegenläufige Prozesse kommen in den Daten nicht vor. Fluidisierungen finden sich vor allem mit Bezug auf Verwandtschaft sowie auf Kinder. Einen Wechsel von M1 zu W1 haben Binomiale für Eltern und solche mit Movierungssuffix -*innen* erfahren.

Auf Grundlage der gewonnenen Erkenntnisse sollten Reihenfolgepräferenzen von Gender-Binomialen fernab von Zeitungstexten in anderen Textsorten und Varietäten des Deutschen untersucht werden. Hierfür böten sich vor allem das deutsche Webkorpus DECOW und die Datenbank für Gesprochenes Deutsch an. Auch über das Englische hinausgehende kontrastive Studien, beispielsweise zum Schwedischen, bergen großes Potenzial. Weiterhin bedarf es diachroner Untersuchungen vor der zweiten Hälfte des 20. Jahrhunderts, zum Beispiel mithilfe des Deutschen Textarchivs.

6 Literatur

Abraham, Richard D. (1950): Fixed Order of Coordinates. A Study in Comparative Lexicography. *Modern Language Journal* 34 (4), 276–287.

Behaghel, Otto (1909): Beziehungen zwischen Umfang und Reihenfolge von Satzgliedern. *Indogermanische Forschungen* 25, 110–142.

Benor, Sarah & Roger Levy (2006): The Chicken or the Egg? A Probabilistic Analysis of English Binomials. *Language: Journal of the Linguistic Society of America* 82 (2), 233–278.

Bethmann, Stephanie (2013): *Liebe – eine soziologische Kritik der Zweisamkeit*. Weinheim: Beltz Juventa.
Breiner, Ingeborg (1996): *Die Frau im deutschen Lexikon: Eine sprachpragmatische Untersuchung*. Wien: Edition Praesens.
Bubenhofer, Noah (2009): *Sprachgebrauchsmuster*. Berlin: De Gruyter.
Bührmann, Andrea D. & Ulrike Thiele-Manjali (2014): Hochzeiten und Heiraten als ‚rite de confirmation': Performative Herstellung geschlechtlicher Eindeutigkeiten in Zeiten des Wandels. *GENDER. Zeitschrift für Geschlecht, Kultur und Gesellschaft* 6 (2), 9–23.
Burger, Harald (2015): *Phraseologie: Eine Einführung am Beispiel des Deutschen*, 5. Aufl. Berlin: Erich Schmidt.
Cooper, William & John R. Ross (1975): World Order. In Robin E. Grossman, L. J. San & Timothy J. Vance (Hrsg.), *Papers from the Parasession on Functionalism*, 63–111. Chicago: Chicaco Linguistic Society.
Dant, Doris R. (2013): Mom and Dad but Men and Women. The Sequencing of Sex-Determined Noun Pairs in American English. In Hilde Hasselgard, Jarle Ebeling & Signe O. Ebeling (Hrsg.), *Corpus Perspectives on Patterns of Lexis*, Band 57, 35–46. Amsterdam: Benjamins.
Deutscher Bundestag (01. 01. 1986): *Gesetz zur Neuordnung der Hinterbliebenenrente sowie zur Anerkennung von Kindererziehungszeiten in der gesetzlichen Rentenversicherung*: HEZG.
Diewald, Gabriele & Anja Steinhauer (2017): *Richtig gendern: Wie Sie angemessen und verständlich schreiben*. Berlin: Duden.
Donalies, Elke (2015): Kurz und bündig. Über Mehrlingsformeln. *Sprachreport* 31 (3), 28–33.
Fleischer, Wolfgang (1997): *Phraseologie der deutschen Gegenwartssprache*, 2. Aufl. Berlin: De Gruyter.
Gaweł, Agnieszka (2017): Zur Ikonizität deutscher Zwillingsformeln. *Linguistik Online* 81 (2), 25–43.
Haß-Zumkehr, Ulrike (2003): Hat die Frauenbewegung Wortschatzgeschichte geschrieben? In Martin Wengeler (Hrsg.), *Deutsche Sprachgeschichte nach 1945: Diskurs- und kulturgeschichtliche Perspektiven. Beiträge zu einer Tagung anlässlich der Emeritierung Georg Stötzels*, 161–179. Hildesheim: Olms.
Hegarty, Peter (2015): Ladies and gentlemen: Word order and gender in English. In Greville G. Corbett (Hrsg.), *The expression of gender*, 69–86. Berlin: De Gruyter Mouton.
Hegarty, Peter, Nila Watson, Laura Fletcher & Grant McQueen (2011): When gentlemen are first and ladies are last. Effects of gender stereotypes on the order of romantic partners' names. *The British journal of social psychology* 50 (1), 21–36.
Hirschauer, Stefan (2015): *Faktoren der Gynisierung von Elternschaft*. Vortragsmanuskript.
Hirschauer, Stefan (2014): Un/doing Differences. Die Kontingenz sozialer Zugehörigkeiten. *Zeitschrift für Soziologie* 43 (3), 170–191.
Hirschauer, Stefan & Damaris Nübling (2021): Sinnschichten des Kulturellen und die Aggregatzustände der Sprache. In Dilek Dizdar, Stefan Hirschauer, Johannes Paulmann & Gabriele Schabacher (Hrsg.): *Humandifferenzierung. Disziplinäre Perspektiven und empirische Sondierungen*, 58–83. Weilerswist: Velbrück Wissenschaft.
Hirschauer, Stefan & Tobias Boll (2017): Un/doing Differences. Zur Theorie und Empirie eines Forschungsprogramms. In Stefan Hirschauer (Hrsg.), *Un/doing Differences: Praktiken der Humandifferenzierung*, 7–28. Weilerswist: Velbrück Wissenschaft.
Hüpper, Dagmar, Elvira Topalović & Stephan Elspaß (2002): Zur Entstehung und Entwicklung von Paarformeln im Deutschen. In Elisabeth Piirainen & Ilpo T. Piirainen (Hrsg.),

Phraseologie in Raum und Zeit. Akten der 10. Tagung des Westfälischen Arbeitskreises „Phraseologie/Parömiologie" Münster 2001, 77–99. Baltmannsweiler: Schneider Verlag Hohengehren.

IBM Corp. (2015): *IBM SPSS Statistics for Windows*. New York.

Jarosz, Józef (2009): Zu den strukturellen Eigenschaften der deutschen Zwillingsformeln. *Studia Germanistica* 4, 17–25.

Jespersen, Otto (1905): *Growth and structure of the English language*. Leipzig: Teubner.

Jonsson, Niklas (2001): Kin Terms in Grammar. In Martin Haspelmath (Hrsg.), *Language typology and language universals: An international handbook (Sprachtypologie und sprachliche Universalien*, 2), 1203–1214. Berlin: De Gruyter.

Kochskämper, Birgit (1999): *„Frau" und „Mann" im Althochdeutschen*. Frankfurt am Main: Lang.

Köpke, Klaus-Michael & David Zubin (1996): Prinzipien für die Genuszuweisung im Deutschen. In Ewald Lang & Gisela Zifonun (Hrsg.), *Deutsch – Typologisch*, 473–491. Berlin: De Gruyter.

Kotthoff, Helga & Damaris Nübling (2018): *Genderlinguistik: Eine Einführung in Sprache, Gespräch und Geschlecht*. Tübingen: Narr.

Kruse, Britta-Juliane (2007): *Witwen: Kulturgeschichte eines Standes in Spätmittelalter und Früher Neuzeit*. Berlin, Boston: De Gruyter.

Leibniz-Institut für Deutsche Sprache (2019): Deutsches Referenzkorpus. *Archiv der Korpora geschriebener Gegenwartssprache 2019-I*. Release vom 18. 03. 2019. PID: 00-04BB-AF28-4A4A-2801-5; www.ids-mannheim.de/digspra/kl/projekte/korpora/releases/ (letzter Zugriff 15. 02. 2019).

Lenz, Barbara (1999): Schlafsack, Schnaps und Schwebebahn. Tradierte und neue Mehrlingsformeln. *Papiere zur Linguistik* 61 (2), 93–118.

Löbner, Sebastian (2015): *Semantik: Eine Einführung*, 2. Aufl. Berlin: De Gruyter Mouton.

Malkiel, Yakov (1959): Studies in Irreversible Binomials. *Lingua: International Review of General Linguistics* 8, 113–160.

MBl. NW (1993): Gleichstellung von Frau und Mann in der Rechts- und Amtssprache. Gemeinsamer Runderlass des Justizministeriums (1030 – II A. 325), des Ministerpräsidenten und aller Landesministerien Nordrhein-Westfalens vom 24. März 1993. *Ministerialblatt für das Land Nordrhein-Westfalen* 31, 780.

McGuire, William J. & Claire V. McGuire (1992): Psychological significance of seemingly arbitrary word-order regularities: The case of kin pairs. In Gün R. Semin & Klaus Fiedler (Hrsg.), *Language, interaction and social cognition*, 214–236. London: Sage.

Meyer, Richard M. (1889): *Die altgermanische Poesie nach ihren formelhaften Elementen beschrieben*. Berlin: Hertz.

Mollin, Sandra (2014): *The (Ir)reversibility of English Binomials: Corpus, constraints, developments*. Amsterdam: Benjamins.

Mollin, Sandra (2013): Pathways of Change in the Diachronic Development of Binomial Reversibility in Late Modern American English. *Journal of English Linguistics* 41 (2), 168–203.

Motschenbacher, Heiko (2013): Gentlemen before Ladies? A Corpus-Based Study of Conjunct Order in Personal Binomials. *Journal of English linguistics* 41 (3), 212–242.

Müller, Gereon (1997): Beschränkungen für Binomialbildung im Deutschen. *Zeitschrift für Sprachwissenschaft* 16 (1), 5–51.

Müller, Hans-Georg (2009): *Adleraug und Luchsenohr: Deutsche Zwillingsformeln und ihr Gebrauch*. Frankfurt am Main: Lang.

Natanaelsson, Christian, Mattias C. R. Oskarsson, Helen Angleby, Joakim Lundeberg, Ewen Kirkness & Peter Savolainen (2006): Dog Y chromosomal DNA sequence: identification, sequencing and SNP discovery. *BMC genetics* 7, 45.

„Armutsrisiko Geschlecht" (2017): *Positionen und Forderungen der Nationalen Armutskonferenz zu Armutslagen von Frauen in Deutschland.* Berlin.

Nübling, Damaris (2017): Personennamen und Geschlechter/un/ordnung. Onymisches doing und undoing gender. In Stefan Hirschauer (Hrsg.), *Un/doing Differences: Praktiken der Humandifferenzierung*, 307–335. Weilerswist: Velbrück Wissenschaft.

Ott, Christine (2017): *Sprachlich vermittelte Geschlechterkonzepte: Eine diskurslinguistische Untersuchung von Schulbüchern der Wilhelminischen Kaiserzeit bis zur Gegenwart.* Berlin: De Gruyter.

Rosar, Anne (demn.): *Genderlinguistik korpusbasiert: Zur sprachlichen (Ent-)Differenzierung von Elternschaft und Geschlecht.* Mainz.

Rosenbaum, Heidi (1996): *Formen der Familie.* Frankfurt am Main: Suhrkamp.

Pusch, Luise (1979): Der Mensch ist ein Gewohnheitstier, doch weiter kommt man ohne ihr. Eine Antwort auf Kalverkämpers Kritik an Trömel-Plötz' Artikel über „Linguistik und Frauensprache". *Linguistische Berichte* 63, 84–102.

Salomon, Gerhard (1919): *Die Entstehung und Entwickelung der deutschen Zwillingsformeln.* Braunschweig: E. Appelhans & Comp. GmbH.

Schmöe, Friederike (2010): Salienz. In Helmut Glück (Hrsg.), *Metzler-Lexikon Sprache*, 4. Aufl. 576. Stuttgart: Metzler.

Schröter, Ulrich (1980): Paarformeln in Gegenwart und Geschichte der deutschen Sprache. Struktur, Semantik, Funktion. *Sprachpflege* 29, 193–195.

Silverstein, Michael (1976): Hierarchy of features and ergativity. In Robert M. W. Dixon (Hrsg.), *Grammatical Categories in Australian Languages* (Linguistic series, 22), 112–171. Canberra: Australian Institute of Aboriginal Studies.

Stelkens, Paul, Heinz J. Bonk & Klaus Leonhardt (2018): *Verwaltungsverfahrensgesetz: Kommentar*, 9. Aufl. München: Beck.

Szczepaniak, Renata (2011): Gemeinsame Entwicklungspfade in Spracherwerb und Sprachwandel? Kognitive Grundlagen der onto- und historiogenetischen Entwicklung der satzinternen Großschreibung. In Klaus-Michael Köpcke & Arne Ziegler (Hrsg.), *Grammatik – Lehren, Lernen, Verstehen: Zugänge zur Grammatik des Gegenwartsdeutschen*, 341–359. Berlin: De Gruyter.

Trömel-Plötz, Senta (1978): Linguistik und Frauensprache. *Linguistische Berichte* 57, 49–68.

Truan, Naomi (2019): The discursive construction of the people in European political discourse: Semantics and pragmatics of a contested concept in German, French, and British parliamentary debates. In Jan Zienkowski & Ruth Breeze (Hrsg.), *Imagining the peoples of Europe: Populist discourses across the political spectrum*, 201–228. Amsterdam: Benjamins.

Wiese, Richard (1988): *Silbische und lexikalische Phonologie: Studien zum Chinesischen und Deutschen.* Berlin: De Gruyter.

Bild der Wissenschaft (29. 06. 2007): Woher die Hauskatzen kommen. https://www.wissenschaft.de/umwelt-natur/woher-die-hauskatzen-kommen/ (letzter Zugriff 01. 03. 2020).

Wright, Saundra K., Jennifer Hay & Tessa Bent (2005): Ladies first? Phonology, frequency, and the naming conspiracy. *Linguistics* 43 (3), 531–561.

Abteilung III: **Genus und Geschlecht in Soziopragmatik und Diskurs**

Simone Busley und Julia Fritzinger

Das Emma und *der Hänsli*: Genus-Sexus-Diskordanzen in Dialekten des Deutschen als Spiegel sozialer Geschlechterrollen

Zusammenfassung: In vielen deutschen Dialekten im Luxemburgischen kongruieren Rufnamen, Verwandtschaftsbezeichnungen und Pronomen mit Bezug auf Frauen nicht nur im Femininum, sondern auch (oder sogar vor allem) im Neutrum. Das Genus ist dabei durch eine komplexe Soziopragmatik gesteuert, wobei das Femininum im Allgemeinen Distanz indiziert und auf Respektspersonen und fremde Frauen referiert, das Neutrum hingegen Nähe ausdrückt und jungen, vertrauten und verwandten Frauen und Mädchen gilt. In den betreffenden Dialekten sind die Neutra unmarkiert oder wirken sympathisch-familiär, vor standarddeutschem Hintergrund werden sie jedoch oft als degradierend bewertet. Hier setzt der vorliegende Beitrag an, indem er die historische Entstehung und Genese der Neutra beleuchtet. Es zeigt sich, dass das ältere Genussystem historische Standes- und Geschlechterordnungen reflektierte, die sich resthaft in der heutigen, primär beziehungsgesteuerten Genuswahl spiegeln.

1 Einleitung

Das „Prinzip des natürlichen Geschlechts" (Köpcke & Zubin 1984) besagt, dass Genus bei Personenbezeichnungen in einer Eins-zu-Eins-Korrelation mit dem Geschlecht steht. Es handelt sich dabei um die verlässlichste semantische Genusregel des Deutschen, die zudem von hoher Produktivität ist.[1] Besonders strikt gilt sie bei Rufnamen und Verwandtschaftsbezeichnungen (*die Lena, die Tochter, der Achim, der Bruder*) sowie bei deiktischer Personenreferenz (*Schau*

---

1 Köpcke und Zubin (vgl. Köpcke 1982, Köpcke & Zubin 1983, 1984, 1986, 1996) identifizieren in ihren Arbeiten eine Reihe formaler und semantischer Prinzipien, nach denen Nomen im Deutschen ihr Genus erhalten. Die Regeln erfassen jedoch zum einen nur einen Teil des Lexikons, zum anderen sind fast immer auch Ausnahmen zu verzeichnen.

Anmerkung: Dieser Beitrag entstand im Rahmen des trinationalen DFG-Projekts „Das Anna und ihr Hund – Weibliche Rufnamen im Neutrum. Soziopragmatische vs. semantische Genuszuweisung in Dialekten des Deutschen und Luxemburgischen" (2015–2020) an der Université du Luxembourg, der Universität Freiburg (CH) und der Johannes Gutenberg-Universität Mainz.

Open Access. © 2022 Simone Busley und Julia Fritzinger, publiziert von De Gruyter.
Dieses Werk ist lizenziert unter der Creative Commons Namensnennung 4.0 International Lizenz.
https://doi.org/10.1515/9783110746396-010

mal, die/der da!). Auch das Genus anderer geschlechtsdefiniter Personenbezeichnungen[2] ist in aller Regel sexuskongruent (*die Frau, die Braut, der Mann, der Knabe*). Lediglich das morphologische Prinzip vermag das so zugewiesene Genus zu überschreiben, indem Diminutivsuffixe wie *-chen* und *-lein* kategorisch Neutrum auslösen (*das Mariechen, das Töchterlein, das Peterchen, das Männlein*).

In Ausnahmen wie den Neutra *Mädchen* (ein lexikalisiertes Diminutiv) und *Weib* glauben einige LinguistInnen Evidenz dafür zu finden, dass Genus arbiträr zugewiesen wird, übersehen dabei jedoch, dass die Abweichungen vom natürlichen Geschlechtsprinzip bei näherer Betrachtung nicht im Widerspruch zum engen Nexus zwischen Genus und Geschlecht stehen, sondern diesen sogar noch bekräftigen (vgl. Kotthoff & Nübling 2018: 85–86, Nübling 2020: 36–37). So schreibt z. B. Löffler (1992: 43):

> Offensichtlich besteht im alltäglichen Sprachgebrauch keine zwingende Beziehung zwischen grammatischem Geschlecht und natürlichem Sexus, ja man könnte sogar den Eindruck gewinnen, dass im Alltag der soziale Geschlechtsunterschied sprachlich gar nicht wahrgenommen werden soll. Anders könnte man nicht die häufig grammatisch neutralen Personenbezeichnung[en] erklären: *das Kind* [...], *das Mädchen* [...] Das grammatische Geschlecht von Personenbezeichnungen wird jedenfalls für die Unterscheidung gesellschaftlicher Geschlechterfunktionen nicht systematisch genutzt, ohne dass deswegen die Sprache gleich als ‚patriarchalisch' angesehen werden muss.

In ähnlicher Weise argumentiert Kalverkämper (1979: 60) mit Bezug auf Trömel-Plötz (1978):

> Sie [= Trömel-Plötz] vermischt die außersprachliche Kategorie ‚Sexus' mit der sprachlichen Kategorie ‚Genus', indem sie von Gegebenheiten beim Genus auf Gegebenheiten des Sexus schließt. Dabei übersieht sie ganz, dass das Deutsche ja drei Genera besitzt; wäre das Neutrum (*das Mädchen, das Weib, das Fräulein* u. a.) mit in die Überlegungen zu Maskulin und Feminin bzw. Mann und Frau einbezogen worden, hätte sich die Verlorenheit der Gedankengänge von selbst entdeckt.

Frauen- und Männerbezeichnungen mit geschlechtsinverser Genuszuweisung machen besonders deutlich, dass Genus nicht einfach durch biologisches Geschlecht (Sexus), sondern vielmehr durch soziale Geschlechterrollen (Gender)[3] determiniert ist, vgl. hierzu Aikhenvald (2016: 108):

---

[2] Sog. Epikoina, also Bezeichnungen ohne inhärente Geschlechtsspezifik, die beide Geschlechter miteinschließen, kommen dagegen in allen drei Genera vor (*die Person, das Opfer, der Gast*). Dass aber selbst deren Genus Geschlechterassoziationen auslösen kann, zeigt Klein (in diesem Band).
[3] In Anlehnung an Kotthoff & Nübling (2018: 15) und die „Einleitung" dieses Bandes fassen wir im Folgenden biologisches (Sexus) und soziales Geschlecht (Gender) übergreifend unter den Terminus Geschlecht, der „die Koppelung von Gender an Geschlechtsorgane weder negiert

> Linguistic gender reversals highlight positive and negative associations with men and women as social constructs. Here, Linguistic Gender reflects the stereotypes of Social Gender entombed in the language.

Feminina markieren in pejorativer Weise stereotyper Männlichkeit widersprechende Eigenschaften wie Homosexualität (*die Tunte, Schwuchtel, Tucke*), Feigheit und Schwäche (*die Memme, Lusche*).[4] So bezeichnete Männer haben in ihrer Geschlechterrolle versagt. Umgekehrt bezeichnen Maskulina Frauen, die durch zu „männliches" Gebaren gegen geschlechtsspezifische Verhaltensnormen verstoßen (*der Vamp, Hausdrache*). Dies beobachtet auch Roßbach (2009: 22), die Ehesatiren des 17. und 18. Jahrhunderts auf diesen Aspekt hin untersucht hat. Dort finden sich Maskulina wie *Malus mulier, der böse Frau* und *Feminarius* zur Bezeichnung dominanter, Macht über Männer ausübender Frauen (vgl. Kotthoff & Nübling 2018: 83–89, Nübling 2020: 38–40).

Wie Köpcke & Zubin (2003) zeigen, sind auch personenreferierende Neutra hochmotiviert: Sie identifizieren ein Cluster neutraler Frauenbezeichnungen, hinter dem ein soziokulturelles Stereotyp steckt, das das Neutrum mit sexueller „Unschuld", Naivität und sozialer Abhängigkeit assoziiert. Dieser wird durch das lexikalisierte Diminutiv *Mädchen* verkörpert, das im 17./18. Jahrhundert *Magd* als Basisbegriff für junge, unverheiratete Frauen ersetzte (vgl. Nübling 2011). Ein weiteres Stereotyp betrifft die negative Evaluation von Frauen (*das Weib, Luder*), vor allem im 20. Jahrhundert kamen außerdem zahlreiche Neutra hinzu, die Frauen als (visuelle) Objekte perspektivieren, darunter viele metaphorische Bezeichnungen und Entlehnungen aus dem Englischen (*das Ding, Wesen, Pin-Up*). Dem steht das Femininum zur unmarkierten, sexuskongruenten Referenz gegenüber, es kann jedoch kontextabhängig ebenfalls markiert sein und als weiteres weibliches Stereotyp (sexuelle Erfahrenheit, soziale Reife, Unabhängigkeit) in Opposition zum Neutrum treten. Frauen werden somit innerhalb ihrer Geschlechterrolle als bivalent (feminin vs. neutral) perspektiviert. Genus verweist auch hier nicht bloß auf biologisches, sondern auf soziales Geschlecht, das mit bestimmten Rollenerwartungen und sozialer Platzanweisung einhergeht, die vor allem an den (Familien-)Stand der Frau gekoppelt ist. Auf Männer und deren Bezeichnungen trifft dies nicht zu. So finden sich kaum neutrale, ausschließlich Männer bezeichnende Lexeme (Ausnahmen sind z. B. *das*

---

noch erfordert". In Anschluss an die linguistische Genusforschung verwenden wir jedoch weiterhin die gängigen Fachtermini wie Genus-Sexus-Prinzip. Auch im Zusammenhang mit Tieren kann nur von Sexus die Rede sein.

4 Die Lexeme enden häufig auf mit dem Femininum assoziiertes Schwa. Normalerweise sind diese jedoch, wenn sie Männer bezeichnen, entgegen der phonologischen Schwa-Regel maskulin (*der Bote, Knabe*), vgl. Klein (in diesem Band).

Muttersöhnchen, Arschloch, Großmaul). Diese geschlechtsspezifische Asymmetrie zeigt sich bereits bei den Kinderbezeichnungen: Während *Mädchen* und seine dialektalen Varianten (*Mäken, Mädle, Maidili, Diandl, Mensch* (n.), *Wicht, Luit*), fast ausschließlich Neutra sind, sind Bezeichnungen für Jungen immer maskulin (*der Junge, Bube, Bursche*). Dass so viele weibliche Neutra Diminutive sind, ist dabei kein Zufall, sondern die Diminution dient der Generierung des morphologisch bedingten Neutrums als am wenigsten mit Belebtheit und Agentivität belegtes Genus (vgl. Schneider & Schneider 1991, Nübling 2019).[5] Hinzu kommt, dass Diminution typologisch gesehen häufig mit weiblichem Geschlecht assoziiert ist, was (neben Körpergrößenunterschieden) mit der hierarchischen Unterordnung von Frauen innerhalb des patriarchalen Machtgefüges begründet wird. Die zugrundeliegenden Metaphern fasst Jurafsky (1996: 545), der den Universalien der Diminutivsemantik nachgeht, mit WOMEN ARE CHILDREN/SMALL THINGS bzw. SMALL THINGS ARE CHILDREN zusammen. Daneben kann Diminution über die Metaphern POWER AND IMPORTANCE IS SIZE und CATEGORY CENTRALITY IS SIZE (or MARGINAL IS SMALL) (ebd.: 426–427) Marginalisierung und Geringschätzung signalisieren (vgl. auch Stricker 2000: 229).

Die Neutrumaffinität der Frauenbezeichnungen ist in einigen deutschen Dialekten sowie im Luxemburgischen[6] gravierend verschärft, indem selbst nicht-diminuierte weibliche Rufnamen und Verwandtschaftsbezeichnungen sowie exophorische Pronomen neutral sein können, vgl. die Beispiele (1)–(3)[7]:

(1) Do misst doch **s Paula** druf sin, weil **sei** Mann hockt jo do!
‚Da müsste doch das Paula drauf sein, weil sein Mann sitzt ja da!'
(Donsieders, Rheinfränkisch)

(2) Un deshalb fuhr jo **ming Schweste** (f.)**,** als die Raiffeisen neu jebaut wurde, fiehrt **dat** jo emmer von hönge mem Rad dürsch die Jass.
‚Und deshalb fuhr ja meine Schwester, als die Raiffeisen neu gebaut wurde, fährt das ja immer von hinten mit dem Fahrrad durch die Gasse.'
(Rheinbach, Ripuarisch)

---

5 Bei Komposita wird das Neutrum häufig über das morphologische Kopf-rechts-Prinzip generiert (*das Frauenzimmer, Klappergestell*). Auch bei den wenigen neutralen Männerbezeichnungen lösen morphologische Prinzipien das Neutrum aus (*das Arschloch, Muttersöhnchen*).
6 Das Hauptverbreitungsareal dieses Phänomens liegt im Westmitteldeutschen (Moselfränkisch, Ripuarisch) und Luxemburgischen. Nach Norden reichen die Neutra bis ins West- und Ostfälische, nach Osten über das Nordhessische bis ins Thüringische und im Süden bis ins Alemannische (inkl. Elsass und Schweiz).
7 Die Beispiele stammen aus im Forschungsprojekt durchgeführten Erhebungen.

(3) **Het** is sich kapott ant laache!
‚Es ist sich am Kaputtlachen!'
(Kerkrade, Ripuarisch)

Die Genuszuweisung ist dabei durch ein komplexes Geflecht soziopragmatischer Faktoren gesteuert, die je nach Dialekt unterschiedlich gewichtet sein können. Sie wird vor allem durch Eigenschaften der Referentin (Alter, Status) und die Beziehung zwischen ihr und dem/der SprecherIn (und ggf. weiteren GesprächsteilnehmerInnen) bestimmt (vgl. Christen 1998, Nübling, Busley & Drenda 2013, Busley & Fritzinger 2018). Im Allgemeinen indiziert das Neutrum Nähe und gilt jungen, vertrauten und verwandten Frauen und Mädchen; das Femininum markiert Distanz und referiert auf Respektspersonen und fremde Frauen. In vielen westmitteldeutschen Dialekten und im Luxemburgischen sind weibliche Vornamen sogar ausschließlich neutral. Vor dem Hintergrund der standarddeutschen Genuszuweisung werden diese Neutra von Außenstehenden oft als degradierend bewertet. In den betreffenden Dialekten selbst sind sie jedoch unmarkiert oder wirken sogar sympathisch-familiär. Nur in bestimmten Kontexten entfalten sie pejorisierende Effekte, beispielsweise in Bezug auf eine fremde Respektsperson. Historisch stehen die dialektalen Neutra in engem Zusammenhang mit der oben beschriebenen Femininum-Neutrum-Opposition im Bereich der appellativischen Frauenbezeichnungen (*Mädchen* vs. *Frau*). Während sie heute eher als Beziehungsanzeiger fungieren, markierten sie ursprünglich ebenfalls weibliche Geschlechterrollen (vgl. Busley & Fritzinger 2018).

In Abschnitt 2 werden zunächst die historischen Verwendungsregeln femininer und neutraler Appellative bzw. exophorisch gebrauchter Pronomen anhand älterer Dialektgrammatiken und -wörterbücher skizziert und vor sozialgeschichtlichem Hintergrund erklärt. Dabei liegt der Schwerpunkt auf den Referenzdomänen appellativischer Frauenbezeichnungen, die als sprachlicher Nährboden für die dialektalen Namen- und Pronominalneutra dienten (vgl. Nübling, Busley & Drenda 2013, Busley & Fritzinger 2018, Busley im Druck). In Abschnitt 3 zeigen wir Kontexte auf, in denen die historischen, durch soziale Geschlechterrollen determinierten Genusfunktionen noch heute in den von uns untersuchten Dialekten greifbar sind.

2 Historische Referenzdomänen: Genus als Statusanzeiger

Der enge Nexus von Genus und Geschlecht bei standarddeutschen Personenbezeichnungen lässt sich mit jahrhundertealten bürgerlichen Geschlechterstereotypen plausibilisieren. Seit dem späten 18. Jahrhundert attestierte das Bürgertum Männern und Frauen psychosoziale Eigenschaften, die unter dem Terminus *Geschlechtscharakter* subsummiert wurden (s. dazu Hausen 1979) und bis heute in Form von Stereotypen nachwirken. Mit ihnen wurden Geschlechterasymmetrien verschärft und geschlechtsspezifische Rollenerwartungen legitimiert: Männer wurden in die Öffentlichkeit und die Erwerbswelt, Frauen in Haus und Familienleben platziert. Evidenz dafür, dass dieses für das Bürgertum konstitutive *Doing Gender* strikte Genus-Sexus-Kongruenz erforderte, zeigt sich u. a. in der Pejorisierung des Neutrums *Weib* für die verheiratete Frau, aber auch des früher in höheren sozialen Ständen wertneutral gebrauchten *Mensch* (n.) für die Unverheiratete zu Bezeichnungen für Frauen niedriger Stände. Der Kulturhistoriker Riehl (1862: 31) begründet dies mit der „Geschlechtslosigkeit", die mit dem Neutrum assoziiert sei:

> Der gemeine Mann bezeichnet das Weib gerne geschlechtslos als ‚das Mensch' und zwar keineswegs immer im verächtlichen Sinn, sondern gerade auch dann, wenn ihm das Treue, Geduldige, Entsagende der weiblichen Natur vorschwebt. Also: ein treues, ehrliches, fleißiges Mensch. Er ahnt noch nicht die tiefe Herabsetzung, welche darin liegt, wenn man eine Person als geschlechtslos bezeichnet. [...] Mit der Logik der gebildeteren Sprache vertragen sich solche Wörter nicht mehr, weil den gebildeteren Kreisen die Scheidung zwischen Mann und Weib zum vollsten Bewußtsein gekommen ist.

Die Neutra zeigten Normabweichungen von der Bürgerfrau als Inbegriff der Weiblichkeit an, d. h. sie galten den hart arbeitenden und damit aus bürgerlicher Perspektive „unweiblichen" Bauersfrauen. Auch heute noch markieren neutrale Frauenbezeichnungen im Standarddeutschen Abweichungen von einem Frauenbild, das auf bürgerlichen Stereotypen gründet (vgl. Abs. 1). Damit war das Femininum nicht mit weiblichem Sexus per se, sondern zusätzlich mit einem bestimmten Geburtsstand assoziiert (vgl. auch Paletschek 1994: 165). Diese Verschränkung von Geschlecht und sozialem Stand galt jedoch nicht für Männer, wie Riehl (1862: 31) ausführt:

> Man würde es geradezu ‚unweiblich' nennen, wollte eine Bürgersfrau die Sitten einer Bäuerin annehmen. ‚Unmännlich' wäre der entsprechende Schritt des Mannes wenigstens nicht.

Als „unmännlich" (oder auch „weibisch") wurde vielmehr die Teilhabe an weiblichen Stereotypen bewertet, insbesondere körperliche Eigenschaften und ein als zu hoch bewertetes Maß an Empfindsamkeit (vgl. etwa Adelung Bd. 4: Sp. 1442), was sich bis heute in den femininen Pejorativen *Memme*, *Tunte* etc. spiegelt (vgl. Abs. 1).

Die ländliche Bevölkerung, der eine solche Geschlechterkultur fremd war, verwendete Neutra hingegen zwar nicht pejorativ, aber dennoch zur Markierung sozialer Zugehörigkeiten. Hier wurde das asexuierende und verkindernde Potential des Neutrums zur Anzeige des ledigen Familienstandes genutzt. Femininum und Neutrum kodierten damit verschiedene Geschlechtszustände[8] einer Frau: Das Femininum galt vollwertigem Frau-Sein als Ehefrau bzw. Hausherrin und Mutter, das Neutrum defizitärem Frau-Sein als Ledige. Auch hier sind Geschlechtslosigkeit und Kindlichkeit keine biologischen, sondern soziale Kategorien. Frau-Sein war jedoch anders als in der bürgerlichen Geschlechterkultur nicht durch Schichtzugehörigkeit definiert, sondern an Ehe und Mutterschaft geknüpft. Weibliche Geschlechtlichkeit bemaß sich damit weniger an einem bestimmten geschlechts- und damit standeskonformen Habitus (z. B. Kleidung, Sprache, Verhalten), sondern an der familiären Rolle als Mutter und Hausherrin, d. h. an der ehelichen Reproduktionsfunktion und einer gewissen familiären Autorität. Während die bürgerliche Familie seit dem 18. Jahrhundert zunehmend intimisierte, d. h. Familie und Beruf getrennt wurden und Familienmitglieder als Individuen aufgefasst wurden (vgl. Rosenbaum 1982), verstand sich die Bauernfamilie weiterhin als Produktions- und Arbeitsgemeinschaft, in der die Familienmitglieder Funktionsrollen ausübten (vgl. Sieder 1987).

Funde in Dialektgrammatiken und -wörterbüchern belegen das historische, den (familiären) Status indizierende Genuszuweisungssystem,[9] s. beispielhaft den Beleg aus der ripuarischen Grammatik von Münch (1904: 161):

> In Betreff der geschlechtigen Fürw[örter] ist zu bemerken, daß *zeī* nur von verheirateten oder doch angesehenen Frauen, von Mädchen aber, auch wenn sie schon erwachsen sind, nur *ət* gebraucht wird [...].

Da das Neutrum historisch auf die Unverheiratete referierte, galten neutrale Personalpronomen der 3. Pers. Sg. der noch im Haus lebenden Tochter und zeigten

---

8 Die soziologische Geschlechtsdifferenzierungsforschung unterscheidet bei Frauen drei Geschlechtszustände (Mädchen, Frau, Mutter): „Die Mutterschaft gilt kulturell als ein in den Frauen schlummernder Geschlechtszustand – so wie zuvor das Frausein im Mädchen (Jungfer) schlummerte. In einer reproduktiven Teleologie entpuppt sich die Mutter aus der Frau wie diese aus dem Mädchen. Auf dem Gendering weiblicher Menschen sitzt also ein M/Othering von Frauen auf. Es schiebt sie in einen dritten Geschlechtszustand, der Feminitätsanforderungen absenkt, aber ihre Fraulichkeit irreversibel zur Entfaltung bringt." (Hirschauer 2015: 8).
9 Da es sich bei den soziopragmatischen Neutra um ein dialektales und damit primär mündliches Phänomen handelt, sind ältere Sprachzeugnisse, an denen man ihre Entstehung und Genese nachvollziehen könnte, rar. Im Rahmen des Forschungsprojekts wurden ca. 500 Mundartbeschreibungen aus allen deutschen Dialektgebieten gesichtet, wobei die Neutra in 117 Werken – die ältesten stammen aus der zweiten Hälfte des 19. Jahrhunderts – ausfindig gemacht werden konnten. Einige davon dokumentieren sie nicht nur, sondern geben auch Verwendungskontexte an.

neben dem Familienstand auch die familiäre Rolle bzw. die verwandtschaftliche Relation an:

> In der Familie ist der Vater *he(r), herə*, die Frau *sei* [...], die (älteste) Tochter *et, it*; *he es net he, ävver sei es do; et es no Kölle* [...] [‚er ist nicht da, aber sie ist da; es ist nach Köln'; Übers. v. d. Verf.] (RhWB, Bd. 8: Sp. 123)

Die Passage aus dem Rheinischen Wörterbuch dokumentiert nicht nur die genusdistinkte Referenz auf Familienmitglieder, sondern auch den spezifischen Gebrauch akzentuierbarer pronominaler Vollformen.[10] In vielen Dialekten, d. h. auch in solchen, die das Neutrum für Frauen nicht kennen, sind die sexuskongruenten deiktischen Vollformen zur Bezeichnung des Ehepaares entpronominalisiert: *Er* ist der ‚Hausherr, Ehemann', *Sie* die ‚Hausfrau, Ehefrau' (vgl. auch Bellmann 1990: 184). In den Dialekten mit soziopragmatischem Neutrum wurde diese Dyade um ein neutrales Pronomen in der Bedeutung ‚(älteste) Tochter' ergänzt. Für die Konventionalisierung dieser Form muss sie hochfrequent auf die im Haus lebende Tochter referiert haben.

Eine statusindizierende Genusdichotomie bildete sich auch in der dialektalen Lexik heraus. Auf Personen weiblichen Geschlechts im Allgemeinen wurde in vielen Dialekten wertneutral mit *Fraumensch* (n.) referiert, was zeigt, dass das Neutrum mit weiblichem Sexus per se nicht im Konflikt stand. Mit Feminina wurde insbesondere auf statushöhere Frauen referiert, d. h. Bürgerfrauen und verheiratete bäuerliche Hausherrinnen. Hier ist vor allem das Lexem *Frau* zu nennen, das sowohl im Standarddeutschen als auch im Dialekt erwachsene Frauen bezeichnet. Im Mittelalter referierte es zunächst auf adelige Herrinnen, weitete sich dann aber auf niedrigere soziale Stände aus: Erst übernahm das Bürgertum die Bezeichnung, später wurde so auch auf bäuerliche Herrinnen von Höfen mit größerem Grundbesitz referiert (Grober-Glück 1994: 31), so dass feminines *Frau* hier ebenfalls das Neutrum *Weib* ersetzte.

Analog zu *Frau* wurde *Fräulein* als lexikalisiertes Diminutiv zur Bezeichnung der Unverheirateten vom Adel ins Bürgertum übernommen. Die Standesinformation ist schließlich verblasst, sodass *Fräulein*, bis es in den letzten Jahrzehnten aufgrund feministischer Sprachkritik ungebräuchlich wurde, auch im Standarddeutschen Unverheirateten galt. In den Dialekten, die das Lexem insbesondere zur Referenz und Anrede für die Lehrerin und junge Frauen aus der Stadt kennen, ist ‚Status' als semantische Komponente nicht geschwunden. Dabei ist es entgegen morphologischer Genusregeln sogar feminin (*die Fräulein*),

---

[10] Zur Genese dieser neutralen Pronomen s. Klein & Nübling (2019), zu ihrer Funktion ausführlicher Busley (2021).

was die Statusinformation des Femininums unterstreicht (vgl. Nübling, Busley & Drenda 2013: 162).

Die ledigen Frauen vom Land wiederum waren *Mädchen*. Das Lexem referierte zunächst speziell auf die unverheiratete Bauerntochter, die in der Stadt den Gesindedienst verrichtete, und setzte sich daher auf dem Land sogar weitgehend als übliche Bezeichnung für ‚Tochter' durch.[11] Somit deckt sich seine Gebrauchsdomäne mit der der oben genannten neutralen Pronominalvollform, was eine Kausalität nahelegt. Wie im vorherigen Abschnitt bereits erwähnt, sind auch sämtliche dialektale Synonyme zu *Mädchen* Neutra. Mit *Wicht*, *Mensch* und *Kind* finden sich darunter durchaus auch Formen ohne morphologischem Neutrumauslöser.[12] Dass *Kind* in einigen alemannischen Dialekten das Mädchen schlechthin bezeichnet, begründet das Schweizerische Idiotikon damit, dass im Mädchen „das allgemein Kindliche stärker ausgeprägt" sei und vermutet diese semantische Spezifizierung als Ursache für den Gebrauch neutraler Pronomen für das „mädchen im hause" (Schweizerisches Idiotikon, Bd. 3: Sp. 343). Auch hier wird die Verkinderung lediger Frauen reflektiert, die tief in der dialektalen Grammatik und Lexik verankert ist.

Die historische Relevanz des weiblichen Familienstandes, die Beer (1990) in ihrer Analyse des Allgemeinen Landrechts für die Preußischen Staaten (gültig von 1794 bis 1900) herausarbeitet, plausibilisiert das familienständische Genussystem und auch, warum es bei Männern fehlt (vgl. auch Busley & Fritzinger 2018). Sie liegt in der weiblichen Abhängigkeit von einem männlichen Hausvorstand (Vater, Dienstherr, Ehemann) begründet, die im Landrecht gesetzlich verankert war. Ledige Frauen vom Land, die als Dienstmädchen arbeiteten, unterlagen meist doppelten patriarchalen Abhängigkeiten, indem sie ihrem Vater und ihrem Dienstherrn gleichermaßen unterstanden. Die Vormundschaft des Vaters wurde bei Frauen erst durch ihre Heirat (oder den Tod des Vaters) beendet. Bei Söhnen endete die väterliche Vormachtstellung, wenn sie nach Erreichen der Volljährigkeit (24 Jahre) einen eigenen Hausstand gründeten und Erwerbsarbeit aufnahmen. Dazu war die väterliche Zustimmung nicht nötig. Die Errichtung eines eigenen Hausstands traute man Frauen nicht zu, da man sie nicht in der Lage glaubte, für sich selbst zu sorgen (Beer 1990: 170–171). Heirateten sie nicht, verblieben sie (als „alte Jungfer") zeitlebens in diesem kindlich-

---

[11] Das Femininum *Tochter* galt weiterhin in der Stadt (vgl. LWB, Bd. 3: Sp. 236a) für Bürgertöchter, aus ländlicher Perspektive klingt dieses Lexem „geziert" (RhWB, Bd. 5: Sp. 703) und „sachlich" (SHW, Bd. 1: Sp. 1550).
[12] Bei *Wicht* und *Mensch* handelt es sich um semantische Abspaltungen mit Genuswechsel vom Maskulinum zum Neutrum, die mit einer Referenzverengung auf weibliche Personen korrelierten.

abhängigen Status. Verheiratete Frauen waren zwar auch ihrem Ehemann untergeordnet, als weiblicher Hausvorstand kam ihnen jedoch zumindest der Haushalt als Machtdomäne zu. So galt ihnen etwa die Autorität über das weibliche Gesinde (vgl. z. B. Beer 1990: 172, Frevert 1986: 27, Sieder 1987: 28) und die Kinder. Die Sexualität war streng reguliert und an die Ehe gebunden, da die Versorgung von Mutter und Kind gewährleistet sein musste. Außereheliche Mutterschaft hatte gravierende soziale Folgen und wurde sanktioniert. Sie bedeutete nicht nur Ehrverlust (Gleixner 1994), weibliche Bedienstete wurden im Fall einer Schwangerschaft oft entlassen und angezeigt. Ihre Jungfräulichkeit war für eine ledige Frau von höchstem Wert. Der Familienstand definierte die familiäre bzw. soziale Funktion einer Frau und war für ihre Versorgungsfrage hochrelevant. Ledige Kindsväter dagegen mussten nicht um den Verlust ihrer Arbeit bangen. Sie wurden in der Regel lediglich dazu angehalten, die Kindsmutter zu heiraten und für den Unterhalt aufzukommen.

Neben neutralen Frauenbezeichnungen werden häufig (auch in Mundartbeschreibungen) diminuierte Rufnamen als Ursprung der weiblichen Neutra diskutiert.[13] Heute sind Diminutive Vertrautheitsindikatoren, früher waren sie eher Alters- und Statusindikatoren. Mit ihnen kann nicht auf das soziale „Nach-oben" referiert werden. In den Dialekten stellt geschlechtsspezifische Diminution darüber hinaus Geschlechterordnungen dar und her: Männliche und weibliche Rufnamendiminutive unterscheiden sich meist hinsichtlich ihrer Gebrauchsfrequenz, Pragmatik und Genuszuweisung. So beobachtet Häfner (1981: 188) für die südwestdeutschen Dialekte:

> Zu deren Bildung wird in unserer Heimat allgemein die Silbe lein [...] benützt, für weibliche Namen noch mehr als für männliche. Bei jenen wird die Verkleinerung fast bloß kosend und wird vielfach auch für Erwachsene beibehalten (Luisle, Dorle); bei diesen enthält sie nicht selten einen Tadel, namentlich wenn sie über die Bubenjahre hinaus benützt wird.

Bezeichnend ist, dass das ursprünglich kindliche Diminutiv erwachsene Männer herabsetzt, Frauen jedoch nicht. In einigen Dialektbeschreibungen werden Diminutivnamen – und hier zeigen sich Parallelen zu *Mädchen* – besonders ledigen Frauen zugeordnet, womit neben dem Neutrum auch die Semantik des (neutrumgenerierenden) Suffixes genutzt wurde, um auf deren soziale Unreife zu verweisen.

Häufig stößt man auf die Hypothese, dass die Diminutive durch ihre hohe Gebrauchsfrequenz „vom Mädchen- auch auf den verheirateten Stand übergien-

---

[13] Der Beitrag von Baumgartner & Christen (2017) widmet sich dabei speziell den schweizerdeutschen Dialekten.

gen" (Idiotikon, Bd. 1: Sp. 512). Die Inflationierung diminuierter Frauennamen führte auch dazu, dass sich diese Namen zu eigenständigen Rufnamenformen etablierten, wie z. B. Rakers (1944: 171) für die Mundart der Grafschaft Bentheim beschreibt:

> Man kann beobachten, daß vorwiegend Kinder und unter ihnen besonders die kleinen Mädchen in der Verkleinerungsform gerufen werden. Indes tragen häufig auch Frauen, die sich auch dann meist so schreiben, noch die verkleinerten Namen. Die Diminutivformen sind oft so fest, daß nicht selten Grundform und Verkleinerung als zwei verschiedene Namen empfunden oder behandelt werden [...].

So finden sich bei heutigen Frauennamen vollkonventionalisierte und standesamtlich akzeptierte Diminutive wie *Wiebke*, *Antje* oder *Trudel* (s. auch Nübling 2017). Ihre Basen sind oft intransparent, das Diminutivsuffix hat keinen Kopfstatus mehr und weist damit kein Neutrum mehr zu. Männernamen betrifft dies nur marginal.

Das Genus der Diminutivnamen zeigt in den Dialekten bereits historisch eine deutliche Geschlechtstypik. Besonders in süddeutschen Dialektgrammatiken findet sich häufig der Hinweis, dass diminuierte Männernamen entgegen der Morphologie Maskulina sind, diminuierte Frauennamen dagegen Neutra. Dieses System zeigt sich z. B. auch im Roman *Lienhard und Gertrud* des Schweizers Pestalozzi, vgl. die Bsp. (4) und (5):

(4) Während der Zeit ſpizte <u>der Heirlj</u>¹⁴ immer darauf, <u>ſeiner</u> Mutter etwas zu ſagen, aber ſie ſah' <u>ihm</u> nie ins Geſicht, daß <u>er</u> ihr winken, und ſtuhnd <u>ihm</u> nie ſo nahe, daß <u>er</u> ſie erlangen kŏnnte. – Endlich gerieth es, und <u>er</u> konnte ihr in's Ohr ſagen [...]. (Pestalozzi 1785: 92)

(5) Sie waren kaum fort, ſo hatte <u>das Mareyli</u> wieder nichts anders als den Junker im Kopf; <u>es</u> konnte ſeit dem er fort war an nichts anders denken als an ihn, ſelber da <u>es</u> ins Bett gieng, über Nacht bettete, und mit ſeinem das walt Gott der Vater, der Sohn [...] fertig war, hielt <u>es</u> noch einmal die Hånd zuſammen und bettete noch [...]. (Pestalozzi 1785: 19)

Auch die Proformen zu den weiblichen Diminutivnamen stehen bei Pestalozzi konsequent im Neutrum, das damit eindeutig weiblich referiert. Baumgartner & Christen (2017: 123) stellen diese Asymmetrie ebenfalls in historischem Volksliedgut der Schweiz fest. Die hohe Frequenz der Diminutivnamen für Frauen plausibilisiert durchaus, dass sich das Neutrum von neutrumauslösenden Dimi-

---

14 *Heirlj* ist ein Diminutiv zu *Heinrich*.

nutivsuffixen entkoppelt und zum typisch weiblichen Genus entwickelt haben könnte und sich für Männer damit zunehmend ausgeschlossen hat.

3 Soziopragmatische Steuerung: Genus als Beziehungsindikator

Wir gehen also davon aus, dass das Femininum auch in den Dialekten ursprünglich das übliche sexuskongruente Genus war. Das mit Kindlichkeit, Abhängigkeit und Geschlechtslosigkeit assoziierte Neutrum wurde später als Kontrast zum Femininum genutzt, um die verlängerte Kindheitsphase lediger Frauen anzuzeigen. Mit seiner Inflationierung und Annahme der Merkmale [+ weiblich], [+ unverheiratet] reichert sich auch das Femininum semantisch an, indem es sich auf verheiratete bzw. höhergestellte Frauen spezialisiert. Infolge gesellschaftlicher Wandelprozesse wurde das ständische Genussystem jedoch nivelliert, der (Familien-)Stand hat als sozial differenzierendes Merkmal an Bedeutung verloren (s. auch Busley & Fritzinger 2018). Bemerkenswerterweise wurde das soziopragmatische System nicht abgebaut, sondern umfunktionalisiert: Früher vorrangig sozial kategorisierend, fungieren die beiden Genera vor allem als Beziehungsindikatoren. Dabei interagiert das Genussystem mit dem Rufnamengebrauch: Das Neutrum gilt vertrauten Frauen und Mädchen, womit vorausgesetzt ist, dass auf Personen, für die das Neutrum angemessen ist, auch mit dem Rufnamen referiert werden darf. Ein Zwischenstadium der familienständischen und beziehungsindizierenden Systeme wird für die Mitte des 20. Jahrhunderts in der ostfälischen Dialektgrammatik von Hille (1939: 74) beschrieben:

> Die neutrale Pronominalform wird durchweg gebraucht bei Kindern weiblichen Geschlechts und bei jungen Mädchen. Bei verheirateten Frauen gebrauchen jüngere Leute die feminine Form, gleichaltrige und ältere dann, wenn sie ihnen ferner stehen, sonst ist das Neutrum durchweg üblich [...].

Das Rufnamenneutrum weist synchron areale Unterschiede hinsichtlich seiner Festigkeit auf (vgl. Baumgartner et al. 2020). In vielen Dialekten, insbesondere in rheinfränkischen und alemannischen, ist der Rufnamengebrauch keine hinreichende Bedingung für das Neutrum, entscheidend ist ein vertraut-familiäres Verhältnis. Befragt man die DialektsprecherInnen, wie z. B. in einer im Projekt durchgeführten Online-Erhebung, so können sie in der Regel eine Neutrumdomäne bestimmen, vgl. Bsp. (6).

(6) Die Beziehung zu der Frau spielt eine Rolle: Verwandtschaft, Freunde und gute Bekannte werden eher mit *es* oder *das* bezeichnet. Kolleginnen eher nicht. (Winnweiler, Rheinfränkisch, männl., 30–39 J., Methode: Online-Fragebogen)

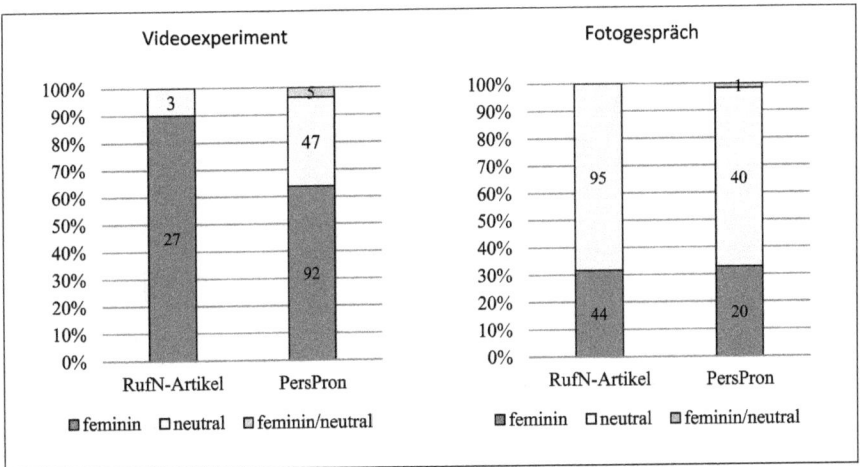

Abb. 1: Genuszuweisung weiblicher Rufnamen (Artikel, Pronomen) im Vergleich der Erhebungsmethoden Videoexperiment und Fotogespräch, Erhebungsort: Donsieders (Rheinfränkisch), n = 374.

Das Rufnamengenus ist damit variabel, was meist nicht nur für den Rufnamenartikel, sondern auch das Pronominalgenus gilt. Die beziehungsgesteuerte Genuswahl zeigt sich im Vergleich der im Forschungsprojekt verwendeten Erhebungsmethoden „Videoexperiment" und „Fotogespräch".[15] Die Methoden wurden jeweils in Kleingruppen von 2–3 Personen durchgeführt. Im Videoexperiment wurden den Gewährspersonen kurze Videosequenzen vorgespielt, in denen weibliche Personen unterschiedlichen Alters verschiedene Tätigkeiten ausüben. Das Geschehen sollte dabei simultan im Dialekt kommentiert werden. Die Videoprotagonistinnen waren den Gewährspersonen unbekannt. Im Fotogespräch unterhielten sich die Befragten dagegen über weibliche Personen aus Familie und Bekanntenkreis. Für den rheinfränkischen Ort Donsieders ergeben sich deutliche methodenspezifische Unterschiede bei der Genuszuweisung von Artikeln und anaphorischen Pronomen weiblicher Rufnamen, vgl. Abbildung 1.

Auf die unbekannten Videoprotagonistinnen wurde überwiegend im Femininum referiert.[16] Dabei weist das Personalpronomen eine etwas größere Genusvariabilität als der Rufnamenartikel auf. Wesentlich häufiger tritt das Neutrum bei der Referenz auf bekannte weibliche Personen im Fotogespräch auf.

---

[15] Für ausführlichere Beschreibungen der Methoden vgl. Baumgartner et al. (2020).
[16] Die Kategorie „feminin/neutral" resultiert aus Fällen, in denen eine eindeutige Genusanalyse nicht möglich ist, z. B. *jetzt hatsen* ‚jetzt hat ?es/sie ein'.

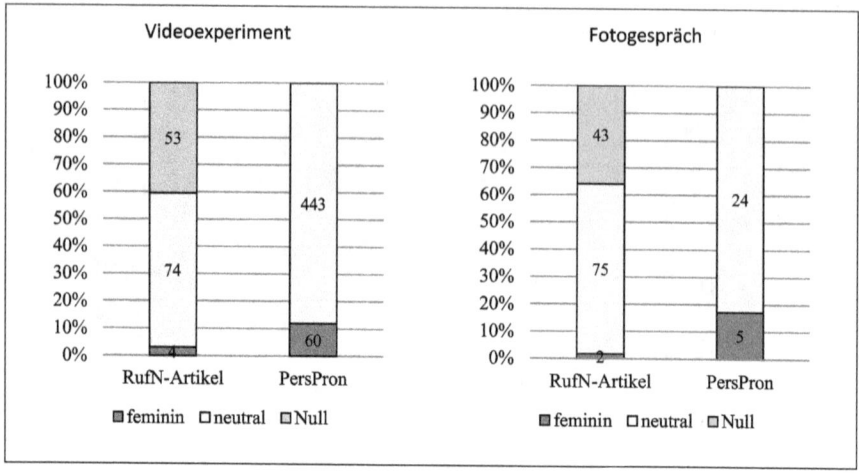

Abb. 2: Genuszuweisung weiblicher Rufnamen (Artikel, Pronomen) im Vergleich der Erhebungsmethoden Videoexperiment und Fotogespräch, Erhebungsort: Volkmarsen-Ehringen (Westfälisch), *n* = 783.

Im Hauptverbreitungsareal (Luxemburgisch, Moselfränkisch, Ripuarisch) sowie im Norden des Verbreitungsgebiets (Westfälisch, Nordhessisch) ist das Rufnamenneutrum grammatikalisiert. Wird der Rufnamenartikel gesetzt, ist er unabhängig vom Vertrautheitsgrad neutral. Dies verdeutlichen ebenfalls Kommentare aus der Online-Erhebung, vgl. Bsp. (7):

(7) Immer wenn der Vorname genutzt wird, heißt es *et/dat*.
(Köln, Ripuarisch, weibl. 40–49 J., Methode: Online-Fragebogen)

Hier reicht die reine Geschlechtsinformation als Neutrumauslöser, so dass sich methodenspezifische Unterschiede aufheben (s. die Daten aus Volkmarsen-Ehringen (Westfälisch), Abbildung 2). Das Rufnamenneutrum ist so stark konventionalisiert, dass sich eine neue Genus-Sexus-Relation herausgebildet hat. Das Personalpronomen reagiert meist sensibler auf soziopragmatische Einflüsse und weist daher einen höheren Femininumanteil auf.[17]

---

[17] Unter der Kategorie „Null" sind Fälle gefasst, in denen kein Rufnamenartikel gesetzt wurde. Während Rufnamenartikel im süddeutschen Raum sowohl in der standardnahen Umgangssprache als auch im Dialekt usualisiert und unmarkiert sind, sind sie im norddeutschen Raum und einer mitteldeutschen Übergangszone eher unüblich und erfüllen zum Teil pragmatische Funktionen (vgl. Bellmann 1990: 257–293, Glaser: 2008: 92–94, Nübling et al. 2015: 123–128).

Rufnamen und Neutrum wiesen bereits historisch eine Referenzüberschneidung auf, indem mit beidem „nach unten", d. h. auf Kinder und sozial Niedriggestellte (Unverheiratete, Gesinde) referiert wurde. Daher ist es plausibel, dass das Neutrum stark mit dem Rufnamengebrauch assoziiert ist. Heute sind Rufnamen ebenfalls Vertrautheitsindikatoren. Asymmetrien bei der Rufnamenreferenz und -anrede finden sich jedoch noch zwischen Kindern und Erwachsenen: Erwachsene dürfen Kinder beim Rufnamen nennen, wenn sie nicht gut bekannt sind, umgekehrt müssen Kinder für Erwachsene die respektvollere Kombination aus Anredenomen und Familienname nehmen (z. B. beim Schüler-Lehrer-Verhältnis).

4 Reflexe des historischen Systems als Spiegel sozialer Geschlechterrollen

Trotz des im vorhergehenden Abschnitt erwähnten Funktionswandels der dialektalen Genussysteme hin zur Beziehungsanzeige lassen sich noch Reste einer früheren Statusindikation ausmachen. Eine Domäne, in der Genus historisch wie gegenwärtig soziale Hierarchien reflektiert, ist die Familie (vgl. Mitterauer & Sieder 1991: 124). Auch hier interferiert die Soziopragmatik von Genuszuweisung und Rufnamengebrauch. Früher wie heute werden Eltern und Großeltern mit Verwandtschaftsnamen (*Mama/Papa*, *Oma/Opa*) bezeichnet, die die familiäre Funktion kodieren. Rufnamen, die zwar soziale Nähe implizieren, aber keinen genauen Aufschluss über die persönliche Beziehung (Bekanntschaft, Freundschaft, Verwandtschaft) bieten, referieren auf gleichaltrige oder jüngere Verwandte.[18] Ausschließlich für die gleichaltrige und jüngere Familiengeneration ist auch das Neutrum möglich oder – in Varietäten mit stark grammatikalisiertem Neutrum – sogar die Regel. Tabelle 1 illustriert dies mit Daten zum Luxemburgischen, die über eine Spracherhebungsapp und einen Online-Fragebogen erhoben wurden (vgl. Martin 2019, Baumgartner et al. 2020). Sie zeigt das Pronominalgenus zu den Verwandtschaftsbezeichnungen *Boma* ‚Oma', *Mamm* ‚Mama', *Cousine* (jeweils Übersetzungsaufgaben) und *Schwëster* ‚Schwester' (Lückentext-Aufgabe).

---

[18] Bellmann (1990: 147) schreibt zur Rufnamenverwendung, sie habe „[...] nach oben hin eine ziemlich genau abgemessene soziale Reichweite und Gültigkeit, jenseits deren die Namenverwendung als plump bis dreist bewertet wird. Als angemessene, respektive Substitute dienen dann Verwandtschaftsbezeichnungen (*Vater*), titelähnliche Ausdrücke und Titel [...]. Die referentielle Titelverwendung ist beziehungsexplikativ, indem sie den Rangunterschied definiert."

Tab. 1: Pronominalgenus in Bezug auf weibliche Verwandtschaftsbezeichnungen im Luxemburgischen (Multiple-Choice-Aufgabe, Lückentexte, Übersetzungsaufgabe, *n* = 6145).

	feminin	neutral	feminin/neutral[19]
Boma ('Oma') *Colette*	99,2 % (2268)	0,8 % (18)	0 % (0)
Mamm ('Mama')	98,8 % (2240)	1,2 % (27)	0 % (0)
Cousine	17,3 % (58)	82,7 % (277)	0 % (0)
Schwëster	7 % (88)	92,7 % (1165)	0,3 % (4)

Bei den im Projekt durchgeführten Interviews zum Genusgebrauch gaben Gewährspersonen an, das Neutrum für die Mutter „nähert sich einer Beleidigung" oder sei „abschätzig" und werde daher nicht gebraucht. Sie begründen das Neutrumverbot mit der Autorität, die (Groß-)Eltern in der Familie auch heute noch haben.

Dass das abwertende Potential des Neutrums für die Mutter darin begründet liegt, dass es weiterhin Assoziationen mit sozialer Unreife in sich birgt, entschlüsselt sich, wenn man die Genuszuweisung bei der Referenz auf unbekannte Frauen untersucht. Kennt man den Rufnamen einer weiblichen Person nicht, treten Mutterschaft oder soziale Reife als Aspekte der historischen Soziopragmatik bei der Genussteuerung in den Vordergrund. Dass diese sozialen Faktoren auch heute für Frauen noch einen sozialen Aufstieg bedeuten können, der durch Genuswechsel markiert wird, zeigt folgender Interviewausschnitt:

(8) INT: wie ist das denn eigentlich bei fremden jungen frauen oder mädchen? ähm, bis zu welchem alter ungefähr würde man denn auf ne junge frau, die man gar nicht kennt, mit *et* referieren? wenn sie jetz auf der straße – oder ginge das auch bei ner älteren frau?
RHEw57: also, fremd kannste – da bin ich auch so richtung zwanzich noch unterwegs.
RHEw52: ja, ich würd so, so junge erwachsene. bis junge erwachsene, awer –
RHEw57: aber sobald jemand mit, mit, äh, mann und kindern kommt –
RHEw52: ich wollt grad sagen. wenn sie, äh, en kind geboren hat oder dann ne gestandene frau ist –
RHEw52: genau. dann, äh, steigt sie auf ins – und dann wirds *sei*.
(Rheinbach, Ripuarisch, Methode: qualitatives Interview)

---

19 In wenigen Fällen wurden beide Genera eingetragen.

Aus einem weiteren Interviewausschnitt (Erhebungsort: Kerkrade, Niederlande) geht hervor, dass soziale Reife anders als früher dabei nicht zwingend aus dem Familienstand, sondern vielmehr (neben Mutterschaft) aus dem Alter der Referentin abgeleitet wird, vgl. Ausschnitt (9):

(9) KERm77: wenn ich die leute nicht kenne, ja, dann sin et *sie* for mich. da sach ich nit: „et hou do mann in ärm". „SIE hou do mann in ärm". ich kenne die leute überhaupt gar nicht. das sin keine, äh, verwandte, oder weiß ich. oder ganz gute bekannte. ich seh die zwei vorbeimarschieren. da sach ich: „ach, sie hat ihren mann im arm". da sach ich nicht: „ET hat dr mann." nää.
INT1: und was ist, wenn die frau so alt ist wie ich ungefähr? also noch relativ jung?
KERm77: wenn et jung is. ja. dann is dat wieder ne andere sache. dann is et keine *sie*, dann is et. ja. [...] is en junges mädel, ja. und über dreißig das is wieder... ((lacht))
(Kerkrade, Ripuarisch, Methode: qualitatives Interview)

Die Genera weisen damit Parallelen zu den Lexemen *Mädchen* und *Frau* auf, die weibliche Personen ebenfalls früher nach dem Familienstand differenzierten, heute nach Alter. Besonders deutlich zeigt sich die altersgesteuerte Genuswahl bei quantitativen Auswertungen der Sprachdaten. Vergleicht man etwa das Pronominalgenus für die jüngste („Emma", ca. 4 Jahre) und die älteste („Maria", ca. 75 Jahre) Videoprotagonistin, ergibt sich ein erheblicher Unterschied (Abbildung 3).[20]

Auch die deiktischen pronominalen Vollformen (vgl. Abs. 2) können ihre historische Semantik (Neutrum = Tochter, Femininum = Ehefrau/Mutter) entfalten, wenn sie eingesetzt werden, um Familienmitglieder zu kontrastieren. Die Beispiele (10) und (11) aus dem Videoexperiment veranschaulichen dies.

(10) [...] jetz sin se anschiend druten up der strooße do. ick nemme an, dad et de motter is. tüt de jacke to. **ÄT** hät no sin ies. gitt der motter en küsschen. [...]
‚Jetzt sind sie anscheinend draußen auf der Straße da. Ich nehme an, dass es die Mutter ist. Macht die Jacke zu. És [= die Tochter] hat noch sein Eis. Gibt der Mutter ein Küsschen.'
(Volkmarsen-Ehringen, Westfälisch, männl., 71 J., Methode: Videoexperiment „Emma")

---

20 Wie Braun & Haig (2010) zeigen, wird auch bei der Pronominalisierung des Lexems *Mädchen* Sexuskongruenz mit zunehmendem Alter der Referentin wahrscheinlicher. Hübner (2021) weist darüber hinaus eine Korrelation mit ihrer Sexuiertheit im jeweiligen Kontext fest.

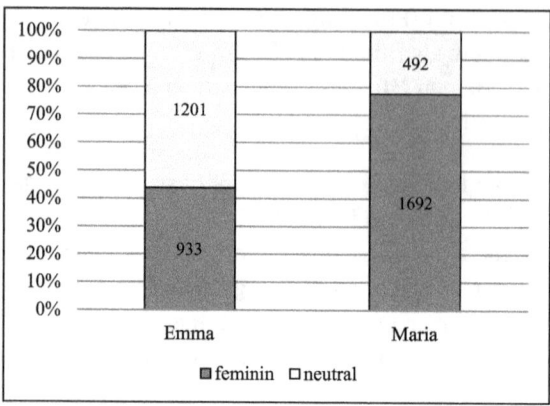

Abb. 3: Pronominalgenus für ein junges Mädchen (Emma) und eine alte Frau (Maria) im Vergleich, alle Erhebungsorte, Methode: Videoexperiment (*n* = 4318).

(11) [...] de doachte schött de mama de kaffe in on **SIE** luurt in ne zeidung. [...]
‚Die Tochter schüttet der Mama den Kaffee ein und síe [= die Mutter] schaut in die Zeitung.'
(Rheinbach, Ripuarisch, weibl., 71 J., Methode: Videoexperiment „Annette")

In Beispiel (10) referiert das emphatische *ät* ‚es' auch ohne nominales Antezedens eindeutig auf Emma, indem es zu *Mutter* in Kontrast gesetzt wird. Das Genus ist hier invariabel, betontes *sie* könnte sich nicht auf Emma, sondern nur auf ihre Mutter beziehen. Umgekehrt kann das emphatische *sie* in Beispiel (11) nur auf die Videoprotagonistin Annette, die hier als Mutter (*Mama*) perspektiviert wird, referieren, nicht aber auf die Tochter. Ein Bezug auf die Tochter wäre im Femininum nur ohne Emphase oder im Neutrum möglich. Aus den Ergebnissen geht hervor, dass das Neutrum in den Dialekten auch gegenwärtig stark mit Kindlichkeit bzw. mit kindlichem Status assoziiert ist.

Auch wenn ein formaler Neutrumauslöser (z. B. Diminutiv) vorliegt, ergeben sich in den Dialekten gravierende geschlechtsspezifische Unterschiede. Wie die Interviews aufdecken, sind diminuierte Rufnamen auch heute noch für erwachsene (selbst hochbetagte) Frauen üblich, während sie bei Männern (wenn überhaupt) nur bis zu einem gewissen Alter (maximal bis zu Beginn der Pubertät) vorkommen. Folgender Interviewausschnitt (Erhebungsort: Leiselheim) illustriert dies:

(12) INT: haben sie ein gefühl dafür, wie alt ein junge maximal sein kann und noch *s peterli* genannt werden kann?
LEIw78: so lang er so e klei kind isch. später nimmi.

LEIw45:	bis drizeh. zwölf, drizeh oder so.
LEIw78:	ender noch weniger. [...] bis zeh. [...]
INT:	und wie ist das bei frauennamen? [...]
LEIw45:	ziemlich sich würde man *s liesli* länger noch *s liesli* nennen. [...]
LEIw78:	also *s liesel* zum beispiel blibts ewig, nid? [...]
LEIw45:	bi de fräue machsch bis achzig nuf oder so bald.

(Leiselheim, Niederalemannisch, Methode: qualitatives Interview)

Bei erwachsenen Männern werden diminuierte Rufnamen meist mit der geringen Körpergröße des Namenträgers begründet, womit anders als bei Frauen semantisch-pragmatische Aspekte durchscheinen. Hier bestätigt sich abermals, dass Diminutive typisch weibliche Namenformen sind. Auch Daten zum Genus diminuierter Rufnamen aus der Lückentext-Methode zeigen, was sich bereits historisch abzeichnet (vgl. Abs. 2). Den Gewährspersonen wurden dialektalisierte Kurztexte vorgelegt, in denen Targets (Artikel, Pronomen, Possessivartikel) zu unterschiedlichen Controllern (bes. Ruf- und Verwandtschaftsnamen) eingetragen werden sollten. Diminuierte Frauennamen wurden zu 78 % (245) neutral und nur zu 22 % (69) feminin pronominalisiert. Auf diminuierte Männernamen hingegen folgen nur zu 18 % (60) neutrale und zu 82 % (274) maskuline Pronomen. Damit löst das bei männlicher Referenz für das Neutrum obligatorische Diminutivsuffix in der Mehrheit der Fälle gar kein Neutrum aus. In den niederalemannischen Daten betrifft dies auch den Rufnamenartikel. Hier zeigt sich jedoch zusätzlich eine Alterssteuerung, vgl. Abbildung 4.

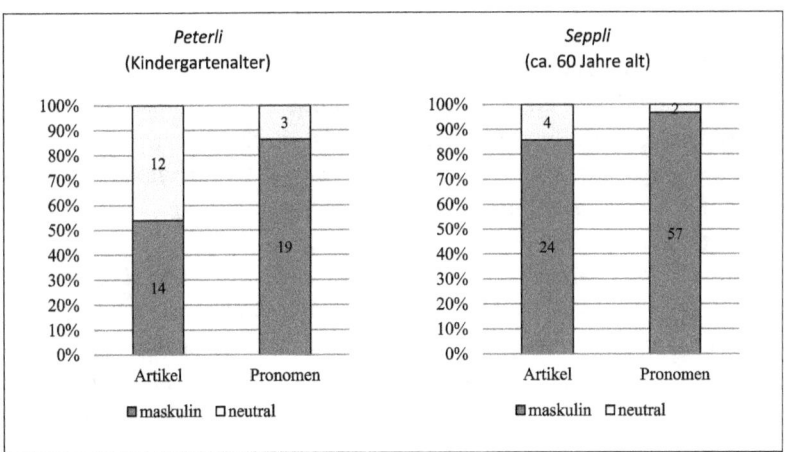

Abb. 4: Artikel- und Pronominalgenus zu männlichen Diminutivnamen für einen kleinen Jungen (Peterli) und einen älteren Mann (Seppli) im Vergleich, niederalemannische Erhebungsorte, *n* = 135.

Das geschlechtskongruente Maskulinum kann bereits am Artikel das morphologische Neutrum überschreiben. Dies geschieht jedoch häufiger bei erwachsenen Männern als bei kleinen Jungen.[21] Am Pronomen wird aber auch bei kleinen Jungen in aller Regel Sexuskongruenz hergestellt. Kindlich-weibliche Assoziationen werden damit abgewehrt: Männlichkeit verträgt sich weder mit dem Neutrum selbst, noch mit der neutrumauslösenden Diminution.

5 Fazit

Der Beitrag hat bestätigt, dass sowohl die vermeintlichen Ausnahmen *Mädchen* und *Weib* als auch die exklusiv dialektalen Neutra (*das Emma*) nur bei oberflächlicher Betrachtung die enge Verbindung zwischen Genus und Geschlecht widerlegen.

Wie wir gezeigt haben, hat sich die Korrelation zwischen Genus und sozialer Geschlechtszugehörigkeit insbesondere seit der Herausbildung bürgerlicher Geschlechtscharaktere verschärft. In der standarddeutschen Lexik zeigen abweichende Genera bis heute Verstöße gegen bürgerliche Vorstellungen von Männlichkeit und Weiblichkeit an (*die Tunte, Schwuchtel; der Hausdrache*). Weiblichkeit war historisch an die bürgerliche Standeszugehörigkeit gekoppelt: Das Femininum (*Frau*) referierte auf die Bürgerfrau, das Neutrum (*Weib, Mensch*) auf die Bauersfrau, die die bürgerlichen Anforderungen an Weiblichkeit nicht erfüllen konnte. Männlichkeit hingegen bemaß sich an körperlichen und psychosozialen Eigenschaften, die standesübergreifend galten.

Anhand von Dialektgrammatiken und -wörterbüchern konnte die historische Pragmatik der dialektalen Neutra – die nicht nur die Lexik, sondern alle Referenzen auf weibliche Personen betreffen können (z. B. Rufnamen, Pronomen) – rekonstruiert werden. Sie kodierten historisch ebenfalls defizitäres Frau-Sein, das sich jedoch nicht über den „falschen" Geburtsstand, sondern den ledigen Familienstand definierte. Der Familienstand war hochrelevant und bestimmte familiäre Aufgaben, soziale Rollen, wirtschaftliche Abhängigkeiten und den Status weiblicher Personen in der ländlichen Gesellschaft. Das verkindernde, deagentivierende Neutrum galt unverheirateten Frauen, für das geschlechtskongruente Femininum qualifizierten sich als sozial vollwertige Frauen dagegen nur Ehefrauen und Mütter. Für Männer, deren Familienstand für ihre Existenz von geringer Relevanz war, galt und gilt das Maskulinum.

---

21 Für das Mittelhochdeutsche belegen Birkenes & Fleischer (in diesem Band) sogar adnominale maskuline Kongruenz bei männlich referierendem *kint* ‚Kind', die insbesondere bei Bezug auf ältere Referenten auftritt.

Wie aktuelle Sprachdaten zeigen, haben die untersuchten dialektalen Genussysteme einen Funktionswandel erfahren: Ob eine Frau ins Femininum oder Neutrum gerät, hängt in erster Linie von der individuellen Beziehung zwischen ihr und dem/der SprecherIn ab. Dennoch lassen sich noch Reflexe des alten, vertikal verweisenden Systems greifen. So indiziert das Femininum heute noch soziale Reife und intrafamiliäre Autorität, indem es zwingend für Mütter, Groß- und Schwiegermütter gilt. Dass soziale Reife heute nicht mehr am Familienstand, sondern am Alter (und ggf. an Mutterschaft, die heute keine Ehe mehr voraussetzt) bemessen wird, zeigt sich bei der Referenz auf fremde Frauen und Mädchen: Hier ist das Neutrum mit Kindlichkeit und Unmündigkeit verknüpft. Für erwachsene Frauen wird das Femininum präferiert. Zudem offenbart sich eine gravierende Geschlechtstypik hinsichtlich der Rufnamendiminution: Während Frauennamen frequent und oft bis ins hohe Alter ihrer Trägerinnen diminuiert werden, sind diminuierte Männernamen allenfalls für kleine Jungen gebräuchlich, in seltenen Fällen und dann degradierend bei erwachsenen Namenträgern, die sich durch „unmännliche" Eigenschaften (z. B. geringe Körpergröße) auszeichnen. Doch selbst dann wird das (morphologisch eigentlich obligatorische) Neutrum in manchen Dialekten durch das sexuskongruente Maskulinum überschrieben (*der Hänsli*).

All dies zeigt, dass das abweichende Genus – im Gegensatz zu weit verbreiteten Annahmen – keinesfalls arbiträr zugewiesen wird, sondern über an Geschlecht gekoppelte Rollenerwartungen und Stereotype informiert. Es bestätigt damit umso mehr die enge Verflechtung beider Kategorien, indem es die verengte Genus-Sexus-Perspektive überwindet und um die soziale Kategorie Gender ergänzt.

6 Literatur

Adelung = Johann Christoph Adelung (1793–1801): *Grammatisch-kritisches Wörterbuch der Hochdeutschen Mundart mit beständiger Vergleichung der übrigen Mundarten, besonders aber der oberdeutschen*. 4 Bände. Leipzig: Breitkopf, Breitkopf & Härtl.

Aikhenvald, Alexandra Y. (2016): *How gender shapes the world*. Oxford: Oxford University Press.

Baumgartner, Gerda & Helen Christen (2017): *Dr Hansjakobli* und *ds Babettli* – Über die Geschlechtstypik diminuierter Rufnamen in der Deutschschweiz. In Martin Reisig & Constanze Spieß (Hrsg.), *Sprache und Geschlecht*, Band 2 (Osnabrücker Beiträge zur Sprachtheorie, 91), 111–145. Duisburg: Universitätsverlag Rhein-Ruhr KG.

Baumgartner, Gerda, Simone Busley, Julia Fritzinger & Sara Martin (2020): *Dat Anna, et Charlotte* und *s Heidi*. Neutrale Genuszuweisung bei Referenz auf Frauen als überregionales Phänomen. In Helen Christen, Brigitte Ganswindt, Joachim Herrgen & Jürgen Erich Schmidt (Hrsg.), *Regiolekt – Der neue Dialekt? Akten des 6. Kongresses der*

Internationalen Gesellschaft für Dialektologie des Deutschen (IGDD), 175–192. Stuttgart: Steiner.

Beer, Ursula (1990): *Geschlecht, Struktur, Geschichte. Soziale Konstituierung des Geschlechterverhältnisses.* Frankfurt, New York: Campus.

Braun, Friederike & Geoffrey Haig (2010): When are German 'girls' feminine? How the semantics of age influences the grammar of gender agreement. In Markus Bieswanger, Heiko Motschenbacher & Susanne Mühleisen (Hrsg.), *Language in its Socio-Cultural Context. New Explorations in Gendered, Global and Media Uses*, 69–84. Frankfurt: Peter Lang.

Busley, Simone (2021): *Frauen im Neutrum. Empirische Studien zu mittel- und niederdeutschen Dialekten* (Germanistische Linguistik – Monographien, 33). Hildesheim u. a.: Olms.

Busley, Simone & Julia Fritzinger (2018): *Em Stefanie sei Mann* – Frauen im Neutrum. In Stefan Hirschauer & Damaris Nübling (Hrsg.), *Namen und Geschlechter. Studien zum onymischen Un/doing Gender* (Linguistik – Impulse & Tendenzen, 76), 191–212. Berlin, Boston: De Gruyter.

Bellmann, Günter (1990): *Pronomen und Korrektur. Zur Pragmalinguistik der persönlichen Referenzformen.* Berlin, New York: De Gruyter.

Christen, Helen (1998): Die Mutti oder das Mutti, die Rita oder das Rita? Über Besonderheiten der Genuszuweisung bei Personen- und Verwandtschaftsnamen in Schweizerdeutschen Dialekten. In André Schnyder & Karl-Ernst Geith (Hrsg.), *„Ist mir getroumet mîn leben"? Vom Träumen und Anderssein; Festschrift für Karl-Ernst Geith zum 65. Geburtstag*, 267–281. Göppingen: Kümmerle.

Frevert, Ute (1986): *Frauen-Geschichte. Zwischen Bürgerlicher Verbesserung und Neuer Weiblichkeit* (Neue historische Bibliothek, N. F. 284), 1. Aufl. Frankfurt am Main: Suhrkamp.

Gleixner, Ulrike (1994): *»Das Mensch« und »der Kerl«. Die Konstruktion von Geschlecht in Unzuchtsverfahren der Frühen Neuzeit (1700–1760)* (Geschichte und Geschlechter, 8). Frankfurt am Main: Campus.

Grober-Glück, Gerda (1994): *Die Anrede des Bauern und seiner Frau durch das Gesinde in Deutschland um 1930 unter volkskundlichen und soziolinguistischen Aspekten nach Materialien des Atlas der deutschen Volkskunde* (Germanistische Arbeiten zu Sprache und Kulturgeschichte, 28). Frankfurt am Main: Peter Lang.

Häfner, Karl (1981): *Heimatsprache. Eine Mundartenkunde Südwestdeutschlands.* Reutlingen: Knödler.

Hausen, Karin (1979): Die Polarisierung der „Geschlechtscharaktere" – eine Spiegelung der Dissoziation von Erwerbs- und Familienleben. In Werner Conze (Hrsg.), *Sozialgeschichte der Familie in der Neuzeit Europas*, 363–393. Stuttgart: Klett.

Hille, Hermann (1939): *Die Mundart des nördlichen Harzvorlandes, insbesondere des Huygebietes* (Forschungen zur Geschichte des Harzgebietes, 7). Wernigerode.

Hirschauer, Stefan (2015): *Faktoren der Gynisierung von Elternschaft.* (Vortrag auf der Tagung „Rätsel Retraditionalisierung. Zur Persistenz familialer Arbeitsteilung", 11. 12. 2015. Universität Trier.

Hübner, Julia (2021): Genus und Sexus im Konflikt. Kongruenzformen hybrider Nomina im Sprachproduktionsprozess. In: *Linguistik online* 107/2, 9–19.

Idiotikon = Staub, Friedrich et al. (Hrsg.) (1881ff.): *Schweizerisches Idiotikon.* Wörterbuch der schweizerdeutschen Sprache. 17 Bände. Frauenfeld: Huber.

Jurafsky, Daniel (1996): Universals in the semantics of the diminutives. *Language* 72 (3), 533–578.

Kalverkämper, Hartwig (1979): Die Frauen und die Sprache. *Linguistische Berichte* 62, 55–71.
Klein, Andreas & Damaris Nübling (2019): ‚Was ist es mit diesem grammatisch ungeheuerlichen „ihns"?' Zu Form und Funktion von alem. ääs, ihns und lux. hatt. *Linguistik Online* 98 (5), 51–76.
Köpcke, Klaus-Michael (1982): *Untersuchungen zum Genussystem der deutschen Gegenwartssprache* (Linguistische Arbeiten, 122). Tübingen: Niemeyer.
Köpcke, Klaus-Michael & David A. Zubin (1983): Die kognitive Organisation der Genuszuweisung zu den einsilbigen Nomen der deutschen Gegenwartssprache. *Zeitschrift für germanistische Linguistik* 11, 166–182.
Köpcke, Klaus-Michael & David A. Zubin (1984): Sechs Prinzipien für die Genuszuweisung im Deutschen: Ein Beitrag zur natürlichen Klassifikation. *Linguistische Berichte* 93, 26–49.
Köpcke, Klaus-Michael & David A. Zubin (1986): Gender and Folk Taxonomy: The Indexical Relation Between Grammatical and Lexical Categorization. In Colette G. Craig (Hrsg.), *Noun Classification and Categorization* (Typological Studies in Language, 7), 139–180. Philadelphia: Benjamins.
Köpcke, Klaus-Michael & David A. Zubin (1996): Prinzipien für die Genuszuweisung im Deutschen. In Ewald Lang & Gisela Zifonun (Hrsg.), *Deutsch – typologisch*, 473–491. Berlin u. a.: De Gruyter.
Köpcke, Klaus-Michael & David A. Zubin (2003): Metonymic pathways to neuter-gender human nominals. In Klaus-Uwe Panther & Linda L. Thornburg (Hrsg.), *Metonomy and Pragmatic Inferencing* (Pragmatics & Beyond New Series, 113), 149–166. Amsterdam: John Benjamins.
Kotthoff, Helga & Damaris Nübling (2018): *Genderlinguistik. Eine Einführung in Sprache, Gespräch und Geschlecht*. Unter Mitarbeit von Claudia Schmidt. Tübingen: Narr.
Löffler, Heinrich (1992): „Persönliche Kollektiva" und andere Personenbezeichnungen im Alt- und Neuhochdeutschen. In Harald Burger, Alois M. Haas & von Peter Matt (Hrsg.), *Verborum Amor. Studien zur Geschichte und Kunst der deutschen Sprache*, 33–46. Berlin, New York: De Gruyter.
LWB = Wörterbuchkommission (Hrsg.) (1954–1997): *Luxemburger Wörterbuch*. 5 Bände. Luxemburg: Linden.
Martin, Sara (2019): *Hatt* or *si*? Neuter and feminine gender assignment in reference to female persons in Luxembourgish. In Antje Dammel & Corinna Handschuh (Hrsg.), Special Issue: Grammar of names. *STUF – Language Typology and Universals. Sprachtypologie und Universalienforschung*. 72 (4), 573–602. Berlin, New York: De Gruyter.
Mitterauer, Michael & Reinhard Sieder (1991): *Vom Patriarchat zur Partnerschaft. Zum Strukturwandel der Familie* (Beck'sche Reihe, 158), 4. Aufl. München: Beck.
Münch, Ferdinand (1904): *Grammatik der ripuarisch-fränkischen Mundart*. Bonn.
Nübling, Damaris (2011): Von der ‚Jungfrau' zur ‚Magd', vom ‚Mädchen' zur ‚Prostituierten': Die Pejorisierung der Frauenbezeichnungen als Zerrspiegel der Kultur und als Effekt männlicher Galanterie? In Jörg Riecke (Hrsg.), *Historische Semantik* (Jahrbuch für germanistische Sprachgeschichte, 2), 344–362. Berlin, Boston: De Gruyter.
Nübling, Damaris (2017): Beziehung überschreibt Geschlecht. Zu einem Genderindex von Ruf- und von Kosenamen. In Angelika Linke & Juliane Schröter (Hrsg.), *Sprache und Beziehung*, 99–118. Berlin, Boston: De Gruyter.
Nübling, Damaris (2019): Geschlechter(un)ordnungen in der Grammatik: Deklination, Genus, Binomiale. In Ludwig Eichinger & Albrecht Plewnia (Hrsg.), *Neues vom heutigen Deutsch. Empirisch – methodisch – theoretisch*, 19–58. Berlin, Boston: De Gruyter.

Nübling, Damaris (2020): Geschlecht in der Grammatik: Was Genus, Deklination und Binomiale uns über Geschlechter(un)ordnungen berichten. *Muttersprache* 130 (1), 17–33.

Nübling, Damaris, Simone Busley & Juliane Drenda (2013): *Dat Anna* und *s Eva* – Neutrale Frauenrufnamen in deutschen Dialekten und im Luxemburgischen zwischen pragmatischer und semantischer Genuszuweisung. *Zeitschrift für Dialektologie und Linguistik* 80 (2), 152–196.

Nübling, Damaris, Fabian Fahlbusch & Rita Heuser (2015): *Namen. Eine Einführung in die Onomastik*, 2. überarbeitete und erweiterte Aufl. Tübingen: Narr.

Paletschek, Sylvia (1994): Adelige und bürgerliche Frauen (1770–1870). In Elisabeth Fehrenbach (Hrsg.), *Adel und Bürgertum in Deutschland 1770–1848* (Schriften des Historischen Kollegs. Kolloquien, 31), 159–185. München, Oldenburg: De Gruyter.

Pestalozzi, Johann Heinrich (1785): *Lienhard und Gertrud. Ein Buch für's Volk.* Dritter Theil. Frankfurt am Main, Leipzig: Decker.

Rakers, Arnold (1944): *Die Mundarten der alten Grafschaft Bentheim und ihrer reichsdeutschen und niederländischen Umgebung. Auf dialektgeographisch-geschichtlicher Grundlage* (Veröffentlichungen des Provinzial-Instituts für Landesplanung und niedersächsische Landesforschung Hannover-Göttingen, 16). Oldenburg: Stalling.

RhWB = Müller, Josef, Karl Meisen, Heinrich Dittmaier & Matthias Zender (Hrsg.) (1928–1971): *Rheinisches Wörterbuch*. 9 Bände. Bonn, Berlin: Klopp.

Riehl, Wilhelm Heinrich (1862): *Die Familie*, 6. Aufl. Stuttgart: Cotta.

SHW = Friedrich Maurer, Friedrich Stroh, Rudolf Mulch & Roland Mulch (1965–2010): *Südhessisches Wörterbuch*. Begr. von Friedrich Maurer. Nach den Vorarbeiten von Friedrich Maurer, Friedrich Stroh und Rudolf Mulch bearb. von. Roland Mulch. 6 Bände. Marburg: Elwert.

Sieder, Reinhard (1987): *Sozialgeschichte der Familie* (Neue historische Bibliothek, N.F. 276), 1. Aufl. Frankfurt am Main: Suhrkamp.

Rosenbaum, Heidi (1982): *Formen der Familie. Untersuchungen zum Zusammenhang von Familienverhältnissen, Sozialstruktur und sozialem Wandel in der deutschen Gesellschaft des 19. Jahrhunderts* (Suhrkamp-Taschenbuch Wissenschaft, 374). Frankfurt am Main: Suhrkamp.

Roßbach, Nikola (2009): *Der böse Frau. Wissenspoetik und Geschlecht in der Frühen Neuzeit.* Sulzbach, Taunus: Ulrike Helmer.

Schneider, Iris & Klaus P. Schneider (1991): „Ach Kindchen, davon verstehen Sie nichts!" – Über den sexistischen Gebrauch deutscher Diminutivformen. In Elisabeth Feldbusch, Reiner Pogarell & Cornelia Weiß (Hrsg.), *Neue Fragen der Linguistik. Akten des 25. Linguistischen Kolloquiums, Paderborn 1990. Band 2: Innovation und Anwendung*, 169–174. Berlin, New York: De Gruyter.

Stricker, Stefanie (2000): *Substantivbildung durch Suffixableitung um 1800*. Heidelberg: Winter.

Trömel-Plötz, Senta (1978): Linguistik und Frauensprache. *Linguistische Berichte* 57, 49–68.

Lidia Becker

Ideologeme und Argumentationsmuster gegen genderneutrale Sprache in der spanischsprachigen und deutschen Linguistik

Zusammenfassung: Der Beitrag bietet eine sprachtheoretische und diskurslinguistische Analyse der Argumentation gegen genderneutrale Sprache (vgl. die inzwischen „klassische" Studie von Cameron 1995: 139–165 und zuletzt Vergoossen et al. 2020), insbesondere gegen den Ersatz des ‚generischen' Maskulinums, durch drei Schlüsselfiguren in den Debatten über den Sprachsexismus in spanischsprachigen Ländern und Deutschland: Ignacio Bosque, Concepción Company und Peter Eisenberg. Anhand eines Korpus von Artikeln und Interviews in der digitalen Presse Spaniens, Mexikos, Argentiniens und Deutschlands werden die Argumentationstopoi und Metaphern zusammengestellt, die die beiden grundlegenden Ideologeme für die Position von Bosque, Company und Eisenberg zum Ausdruck bringen: das Ideologem der Sprache als ‚Naturgegebenheit' und das Ideologem, das die AnhängerInnen der genderneutralen Sprache als ‚radikale' GegnerInnen konstruiert. Im Laufe der Analyse wird eine Übereinstimmung dieser konservativen Ideologeme mit laienlinguistischen Repräsentationen festgestellt, die in verschiedenen Bereichen der Gesellschaft verbreitet sind. Darüber hinaus werden die systemlinguistischen Argumente der drei GrammatikerInnen gegen genderneutrale Neuerungen behandelt.

1 Einleitung

Das Phänomen der sogenannten genderneutralen Sprache lässt sich in den größeren Kontext der politisch korrekten Sprache einordnen und kann folgendermaßen definiert werden: Es handelt sich um die von bestimmten gesellschaftlichen Gruppen getragene, bewusste Gestaltung von Sprachmustern, welche die Durchsetzung der Gleichstellung von Personen unterschiedlicher Geschlechts- bzw. Genderzugehörigkeit im Sprachgebrauch zum Ziel haben (vgl. Diewald & Steinhauer 2017: 5). Das Thema der genderneutralen Sprache ist politisch brisant: Im Jahr 2018 bezogen die Herausgeberinnen und ein Autor des vorliegenden Sammelbandes (Lobin & Nübling 2018 und Diewald 2018) Position und sprachen sich in der Presse für die genderneutrale Sprache aus, vor allem in

Opposition zu deren prominentem Gegner, Peter Eisenberg, der seit 2015 mit mehreren Presseartikeln die öffentliche Diskussion weitgehend unwidersprochen dominiert hat. Bemerkenswerterweise kommt der Ablehnung der genderneutralen Sprache nicht nur in der Presse, sondern in der Gesellschaft ganz allgemein ein größeres Gewicht als deren Befürwortung zu. Laut einer repräsentativen Umfrage im Auftrag der Deutschen Presse-Agentur von 2017 lehnen 42 % der Befragten die genderneutrale Sprache ab, während 37 % diese befürworten. 32 % der Befragten geben an, „nie" genderneutrale Sprachmittel bewusst zu verwenden, 37 % tun es „selten" und nur 14 % „häufig" (o. A. 2017).

Auch in den spanischsprachigen Ländern wird die Debatte um die genderneutrale Sprache kontrovers und emotional geführt. Und auch in der spanischsprachigen Öffentlichkeit konnte bisher vor allem ablehnende Kritik wahrgenommen werden. Eine auf der Ersten Internationalen Feministischen Konferenz (I *Jornadas Internacionales Feministas*) im Jahr 2018 im spanischen Zaragoza vorgestellte Umfrage zeigt beispielsweise, dass in Spanien zwar das Bewusstsein und der Wille zur Umsetzung der Gleichstellung von Frauen und Männern zunehmen, dass aber die Verwendung der genderneutralen Sprache mit 42 % der Stimmen am wenigsten unter den dafür vorgeschlagenen Maßnahmen gewählt wird, weit hinter dem Gesetz zur Lohngleichheit zwischen Frauen und Männern, der gendersensiblen Ausbildung von RichterInnen und der Gleichstellung von Müttern und Vätern in Bezug auf die Elternzeit, Maßnahmen, die alle mehr als 80 % der Stimmen erhalten (Izquieta 2018).

Folglich ist es wichtig, die Gegenargumente in der Debatte um die genderneutrale Sprache und ihre ideologischen Grundlagen aus der sprachtheoretischen und diskurslinguistischen Sicht zu analysieren. Mit diesem Ziel werden im Folgenden ausgewählte öffentliche Aussagen bekannter spanischsprachiger und deutscher LinguistInnen im Hinblick auf die wichtigsten Ideologeme, Argumentationsmuster und den Metapherngebrauch untersucht. Dabei fokussiert sich die Analyse u. a. auf das Verhältnis zwischen der grammatischen Kategorie Genus und den Konzepten ‚Geschlecht' bzw. ‚Sexus' sowie ‚Gender', das diese LinguistInnen herstellen, um den Gebrauch des ‚generischen' Maskulinums zu rechtfertigen.

2 Ignacio Bosque und Concepción Company als Sprachrohre der Königlichen Spanischen Akademie

Die Debatte über genderneutrale oder nicht-sexistische Sprache setzt in spanischsprachigen Ländern in den 1980er Jahren ein (für Spanien vgl. Bengoechea 2008: 38 und Ossenkop 2014: 58). Die Königliche Spanische Akademie (*Real Academia Española*, im Folgenden RAE) hat seit dem Beginn der Debatte eine zentrale Rolle in den transatlantischen Auseinandersetzungen über Sprachsexismus gespielt. Die RAE, eine prinzipbedingt konservative Institution, wurde 1713 nach dem Vorbild der französischen Akademie gegründet, ihr Motto lautet „[Die Akademie] reinigt, legt fest und verleiht Glanz" („Limpia, fija y da esplendor"). Im Jahr 1870 wurden die Akademien in lateinamerikanischen Ländern ins Leben gerufen, es handelte sich dabei um direkte Dependenzen im Dienst einer kulturellen Hegemonie Spaniens. Obwohl seit der Mitte des 20. Jh. eine programmatische Anerkennung nationaler Standardvarietäten im Sinne der Plurizentrik stattgefunden hat, zeichnet sich die RAE bis heute durch eine eurozentristische Haltung aus (vgl. Del Valle 2007: 34–41; Arnoux 2013: 262–267). Anders als in Frankreich, wo die Sprachakademie nur für einen engen Adressatenkreis meinungsbildend sein dürfte, kann das spanische Pendant als sehr einflussreich in fast allen spanischsprachigen Ländern gelten.

In den Diskussionen um die genderneutrale Sprache hat sich die RAE seit 2001 wiederholt zugunsten des ‚generischen' Maskulinums ausgesprochen (Bengoechea 2008: 64), wie z. B. in ihrem Bericht für die Parlamentarische Kommission Andalusiens, die im Februar 2006 mit der Ausarbeitung des andalusischen Autonomiestatuts beauftragt war (Bengoechea 2008: 39). Zu Beginn des Jahrzehnts 2010 unternahm die RAE mit dem Bericht „Sprachlicher Sexismus und Sichtbarkeit von Frauen" (IB-RAE-2012) einen weiteren Vorstoß in der Debatte. Im Bericht wird das Fehlen von Alternativen für das ‚generische' Maskulinum mehrfach thematisiert, ein Thema, das sich zum neuralgischen Punkt der Polemik entwickelt hat. Das von Ignacio Bosque verfasste Dokument wurde von den 26 vollen und 7 korrespondierenden Akademiemitgliedern unterzeichnet, die auf der Plenarsitzung der RAE am 1. März 2012 anwesend waren. Unmittelbar nach seiner Veröffentlichung in der auflagenstärksten und einflussreichsten Tageszeitung Spaniens *El País* am 4. März 2012 löste der Bericht eine Welle von kritischen Reaktionen auf der einen Seite und Solidaritätsbekundungen auf der anderen Seite in mehreren spanischsprachigen Ländern aus. In ihrem neuesten Werk, dem „Stilbuch der spanischen Sprache nach der panhispanischen Norm", das 2018 veröffentlicht wurde, bekräftigten die VertreterInnen der RAE, dass „im Spanischen das männliche Geschlecht, weil es nicht markiert ist, das weibliche Geschlecht in bestimmten Kontexten einbeziehen kann"[1] (RAE & ASALE 2018: 7). Der vom spanischen Ministerpräsidenten Pedro Sánchez bei der RAE in Auftrag gegebene Bericht über die genderneutrale Sprache in der Verfassung ist zum Zeit-

---

1 Alle Übersetzungen aus dem Spanischen, Russischen und Französischen ins Deutsche im vorliegenden Beitrag sind von L. B.

punkt der Publikationsvorbereitung noch nicht veröffentlicht worden (Camps 2019). Es bleibt abzuwarten, ob die Aussage des 2018 neu gewählten RAE-Direktors Santiago Muñoz Machado auf dem 8. Internationalen Kongress der Spanischen Sprache in Córdoba, Argentinien, „Wir sind bereit, die Sichtbarkeit des weiblichen Geschlechts zu verbessern" (o. A. 2019), eine Öffnung gegenüber einigen genderneutralen Sprachformen bedeutet.

Die Argumente gegen genderneutrale Sprache im spanischsprachigen Teil des Korpus von journalistischen Artikeln, das im Folgenden analysiert wird, stammen von zwei LinguistInnen spanischer Herkunft. Der erste ist Autor des oben erwähnten Berichts zum Sprachsexismus, Mitglied der RAE und Professor für Hispanische Philologie an der Madrider Universität Complutense, Ignacio Bosque Muñoz. Die zweite Linguistin ist Mitglied der mexikanischen Sprachakademie und der bedeutenden Lehrinstitution für Geisteswissenschaften *Colegio Nacional*, emeritierte Professorin der Nationalen Autonomen Universität von Mexiko (UNAM), Concepción Company Company.

Ignacio Bosque ist Spezialist für spanische Grammatik und Grammatiktheorie, insbesondere Syntax. Im Jahr 1999 gab er zusammen mit Violeta Demonte das dreibändige Referenzwerk „Deskriptive Grammatik der spanischen Sprache" (*Gramática descriptiva de la lengua española*) im Verlag Espasa-Calpe heraus. Darüber hinaus war er Herausgeber der „Neuen Grammatik der spanischen Sprache" (*Nueva gramática de la lengua española*) der RAE & ASALE (2009–2011). Nach der Veröffentlichung des RAE-Berichts zum Sprachsexismus im Jahr 2012 wurde Bosque mehrmals interviewt und in zahlreichen journalistischen Artikeln zum Thema der genderneutralen Sprache auf beiden Seiten des Atlantiks zitiert (vgl. Llamas Sáiz 2015). Nur zwei Tage nach der Erscheinung des Berichts in *El País* veröffentlichten die vier SprachwissenschaftlerInnen Antonio Fábregas, María Carmen Horno Chéliz, Silvia Gumiel Molina und Luisa Martí das Manifest „Über die Diskriminierung von Frauen und Sprachwissenschaftlern in der Gesellschaft: Manifest zur Unterstützung von Ignacio Bosque" (Fábregas et al. 2012), das derzeit 1159 UnterzeichnerInnen hat. Das Manifest provozierte wiederum offene Kritik von Juan Carlos Moreno Cabrera (Moreno Cabrera o. J.), einem Linguisten, der durch seine kritische Haltung gegenüber der RAE bei anderen Gelegenheiten aufgefallen ist (s. Moreno Cabrera 2011).

Concepción Company ist wie Bosque Spezialistin für Grammatik, insbesondere Syntax, aber auch für Lexikographie. Sie ist Herausgeberin des dreibändigen Handbuchs „Historische Syntax der spanischen Sprache" (*Sintaxis histórica de la lengua española*) (Mexiko-Stadt 2006–2014). Das von ihr koordinierte und 2010 von der mexikanischen Akademie und dem Verlag *Siglo XXI Editores* veröffentlichte Wörterbuch von Mexikanismen (*Diccionario de mexicanismos*) war Gegenstand zahlreicher Kritiken (vgl. Zaid 2011; Lara 2011a; Lara 2011b; Zimmermann 2012; Del Valle 2014: 105–107). Wie Bosque wurde Company mehrmals interviewt und ihre Aussagen zur genderneutralen Sprache wurden in diversen Zeitungen in Spanien und in Lateinamerika thematisiert. Ihr Vortrag „Ist die spanische Sprache sexistisch?" („¿Es sexista la lengua española?") auf der 31. Buchmesse von Guadalajara, Mexiko (25. 11.–03. 12. 2017) (s. Elcolegionacionalmx 2017) löste eine Welle von Reaktionen in den digitalen Medien aus. Zu beachten ist, dass Company eine der acht Frauen von insgesamt 34 Mitgliedern der Mexikanischen Akademie ist (AML o. J.), während die RAE ebenfalls acht Frauen unter den 46 derzeitigen Vollmitgliedern zählt (RAE o. J. a). Das erste weibliche Mitglied der RAE, Carmen Conde, hielt 1979 ihre Antrittsrede (RAE o. J. b). Bisher wurden nur elf Frauen zu Mitgliedern der RAE gewählt. Die Stimme von Company als Frau ist von besonderem Interesse in der Debatte über die genderneutrale Sprache.

3 Ideologeme der Argumentation von Bosque, Company und Eisenberg gegen genderneutrale Sprache

Das Korpus der vorliegenden Studie setzt sich aus 8 Interviews mit Ignacio Bosque und Concepción Company zusammen, die in der Online-Presse Spaniens, Mexikos und Argentiniens zwischen den Jahren 2012 und 2018 veröffentlicht wurden. Der von Bosque verfasste und in der Online-Version von *El País* veröffentlichte RAE-Bericht, der in den meisten Interviews als Referenz diente, wurde ebenfalls berücksichtigt. Das spanischsprachige Korpus (s. Becker 2019) wird um 5 Artikel bzw. Interviews mit dem bekannten deutschen Grammatiker Peter Eisenberg ergänzt, um eine vergleichende Perspektive zu ermöglichen.

Für die Analyse der Argumente im Korpus wird zunächst auf das Konzept des ‚Ideologems' zurückgegriffen, das zum ersten Mal im Kreis um Michail Bachtin im Sinne der Repräsentation einer Ideologie, die sich im sprachlichen Zeichen materialisiert, verwendet wurde (Vološinov 1993 [1928]: 39;[2] Bachtin

---

2 „[...] ein Ideologem auf der Stufe der inneren Entwicklung, die nicht im äußeren ideologischen Material verkörpert ist, ist ein vages Ideologem; es kann nur im Prozess der ideologischen Verkörperung verstanden, differenziert und fixiert werden." („[...] идеологема на стадии внутреннего развития, невоплощенная во внешнем идеологическом материале, – смутная идеологема; уясняться, дифференцироваться, закрепляться она может лишь в процессе идеологического воплощения").

1975 [1934/1935]: 146³). Angenot (1977: 24) operationalisiert den Begriff des Ideologems als eine übergeordnete Maxime, z. B. in Form einer Nominalgruppe, die einer Äußerung zugrundeliegt: „jede einer Aussage zugrundeliegende Maxime, deren Gegenstand ein bestimmtes Relevanzfeld umschreibt (sei es ‚moralischer Wert‘, ‚der Jude‘, ‚die Mission Frankreichs‘ oder ‚der mütterliche Instinkt‘)".[4] Arnoux & Del Valle (2010) reflektieren den Prozess der Auferlegung einer Ideologie durch ihre Naturalisierung aus der glottopolitischen Perspektive[5]:

> Die Auferlegung eines neuen Ideologems wird erreicht, wenn sie das, was sie beinhaltet, durch Verallgemeinerung ihrer Akzeptanz so weit naturalisiert, dass die Möglichkeit ihrer kritischen Lektüre oder Problematisierung blockiert wird. Um diese Art der Naturalisierung durchzusetzen, greift man im Allgemeinen auf emotionale Repräsentationen zurück, die in früheren Situationen erzeugt wurden und nun auf die neue projiziert werden.[6]
> (Arnoux & Del Valle 2010: 13)

Im Folgenden werden die wichtigsten Ideologeme im Korpus vorgestellt, die durch eine Reihe von Argumentationstopoi[7] und Metaphern[8] zum Ausdruck gebracht werden.

---

3 „Die Person, die in einem Roman spricht, ist in gewisser Weise immer ein Ideologe, und ihre Worte sind immer ideologisch." („Говорящий человек в романе – всегда в той или иной степени идеолог, а его слова всегда идеологема").
4 „[...] toute maxime, sous-jacente à un énoncé, dont le sujet circonscrit un champ de pertinence particulier (que ce soit ‚la valeur morale‘, ‚le Juif‘, ‚la mission de la France‘ ou ‚l'instinct maternel‘)".
5 Die Glottopolitik untersucht „die unterschiedlichen Formen der Beteiligung sprachlicher Aktionen an der Reproduktion oder Transformation von Machtverhältnissen" („las distintas formas en que las acciones sobre el lenguaje participan en la reproducción o transformación de las relaciones de poder", Arnoux 2000: 98), vgl. Guespin & Marcellesi 1986; Arnoux 2014 und Del Valle 2017.
6 „La imposición de un nuevo ideologema se logra cuando naturaliza lo que enuncia generalizando su aceptación hasta el punto de bloquear la posibilidad de su lectura crítica o problematización. Para llevar a cabo este tipo de naturalización, se recurre, en general, a representaciones emocionales generadas en situaciones anteriores que se proyectan sobre la nueva".
7 Ein Argumentationstopos kann als ein wiederkehrendes Element der Argumentation definiert werden, das die obligatorische Prämisse (‚warrant‘ im Toulmin'schen Modell, z. B. „in unsicheren Zeiten muss man annehmen, was angeboten wird") bildet und das Argument (‚data‘, „die Zeiten sind unsicher") mit der Konklusion („man muss die Arbeit annehmen") verbindet (Kienpointer 1992: 179; Reisigl 2014).
8 Eine Metapher ist die Bezeichnung eines Konzepts oder eines konkreten Referenten mit einem Wort, dessen angestammtes Konzept einem anderen Bereich des Weltwissens angehört. Dabei wird eine meist periphere Similarität der beiden Konzeptbereiche in den Fokus gerückt. Gängige Metaphern lassen sich zu „Metaphernverbänden" bzw. konzeptuellen Metaphern (nach Lakoff & Johnson 1980) zusammenfassen (Blank 2001: 75–76). Die Vorstellung von Sprache (Zieldomäne: Effekte und Erzeugnisse menschlicher Tätigkeiten) als Naturobjekt (Quelldo-

3.1 Ideologem der ‚Objektivität' und ‚Naturgegebenheit' von Sprache

Die meisten Argumentationstopoi in den untersuchten Artikeln, die sich gegen die genderneutrale Sprache, vor allem gegen die Substitution des sogenannten ‚generischen' Maskulinums richten, lassen sich auf ein einziges Ideologem zurückführen, und zwar auf die naturalistische Sprachvorstellung der ‚objektivistischen Linguistik' (Becker 2019: 9–12). Lakoff und Johnson sprechen in ihrem Buch *Metaphors We Live By* (1980, Chicago) von „the myth of objectivism in Western philosophy and linguistics", der zuletzt von Noam Chomsky propagiert wurde. Unter den grundlegenden Elementen des ‚objektivistischen Mythos' nennen Lakoff & Johnson (1980: 198–209) die ‚Objektivität' und die ‚Entkörperlichung' (‚disembodiment') von Bedeutung, die als unabhängig von Sprachgebrauch, Wahrnehmung und menschlicher Interaktion begriffen wird:

> In the objectivist view, objective meaning is not meaning *to* anyone. Expressions in a natural language can be said to have objective meaning only if that meaning is independent of anything human beings do, either in speaking or in acting. That is, meaning must be disembodied. (Lakoff & Johnson 1980: 199; Hervorhebung im Original)

Das Ideologem der ‚Objektivität' und ‚Naturgegebenheit' von Sprache drückt sich in mehreren Annahmen von Bosque, Company und Eisenberg aus. Ihren Kern bildet die Vorstellung der Sprache als ‚Naturobjekt'. Bosque verwendet in seiner Argumentation wiederholt eine Antithese zwischen ‚natürlich / gewöhnlich / wirklich' (d. h. unpolitisch, nach seiner Interpretation) und ‚künstlich / offiziell' (d. h. ‚ideologisch'), wobei er offenbar ‚natürlich' mit ‚naturalisiert' verwechselt:

> Glauben Sie, jemand würde auf *natürliche*[9] Art und Weise sagen: ‚Ich war gestern Abend mit ein paar Freunden und Freundinnen auf einen Drink'? (eine Phrase, die sicherlich gleichberechtigt und inklusiv ist); Kennen Sie jemanden, der Ausdrücke wie „Morgen esse ich bei meinen Eltern" [‚padres', wörtlich ‚Väter'] vermeidet, um stattdessen „bei meiner Mutter und meinem Vater" zu sagen? Diskriminiert die maskuline Pluralform „wütend" [‚enfadados'], weil sie nicht das Feminine in „Juan und María sind wütend" widerspiegelt? Schließt man seine Töchter auf sexistische Weise aus, wenn man sagt: „Ich muss weg, weil ich meine Kinder [‚hijos', ‚Söhne' und ‚Kinder'] in der Schule abholen mus"?

---

mäne: unbelebte Natur) kann in diesem Sinne auch als eine konzeptuelle Metapher bzw. ein metaphorisches Ideologem aufgefasst werden.
9 Die kursive Hervorhebung in allen Zitaten aus dem Korpus ist von L. B. Die Hervorhebungen im Original wurden weggelassen, Sprachbeispiele werden in einfache Anführungszeichen gesetzt.

[...] Beachten Sie, dass die Sätze, die ich Ihnen gerade vorgestellt habe, absolut *natürlich* sind. Sie werden von allen spanischsprachigen Personen verwendet, auch von Personen, die sie als diskriminierend gegenüber Frauen betrachten würden, was mehr als paradox ist. Die Schlussfolgerung erscheint mir offensichtlich: Diese Sätze sind nicht diskriminierend.[10] (IB-LaOpiniónMálaga-2016)

„Vielleicht glauben sie" – so Ignacio Bosque gegenüber [der Zeitung] ABC – „dass die Sprache ein direktes Spiegelbild der Welt sein sollte. Ich finde es beunruhigend, dass in diesen Leitfäden Frauen, die sich durch den generischen oder unmarkierten Gebrauch des Maskulinums mitgemeint fühlen (die Mehrheit der Frauen im Übrigen), indirekt zensiert werden; dass die Idee propagiert wird, das *gewöhnliche* Sprechen sei mit der Akzeptanz von Diskriminierung gleichzusetzen."[11] (IB-ABC-2012)

Und er [Bosque] hält es für bedeutsam, dass die Politiker darauf bestehen, die *offizielle* Sprache von der *wirklichen* zu entfernen und damit „indirekt anerkennen, dass erstere *künstlich* ist, ein erfundener Code, der sehr wenig mit dem Volk und seiner Sprache zu tun hat".[12] (IB-DiarioSur-2016)

Ähnlich argumentiert Eisenberg, indem er das ‚Sprachsystem' mit dem ‚Gensystem' und folglich sprachpolitische Interventionen mit Eingriffen in das Erbgut gleichsetzt, wobei der Vergleich von „Gentechnik" mit „natürlicher Sprache" missverständlich ausfällt:

So wenig wie in der Gentechnik kann man in einer *natürlichen* Sprache überblicken, was passiert, wenn man irgendwo ins System hineingreift. (PE-SZ-2017)

Besonders plastisch wirkt die abstrakte Repräsentation von Sprache als ein von den SprecherInnen unabhängiges ‚Naturobjekt' oder ‚System' anhand der Ablagerungs- bzw. Versteinerungsmetaphern:

---

10 „¿Cree usted que alguien diría con *naturalidad* ‚Ayer por la noche estuve tomando copas con unos amigos y unas amigas'? (frase sin duda igualitaria e inclusiva); ¿Sabe usted de alguien que evite frases como ‚Mañana comeré en casa de mis padres' para decir en su lugar ‚? [sic] en casa de mi madre y de mi padre'? ¿Hay discriminación en el masculino plural ‚enfadados' por el hecho de que no refleje el femenino en ‚Juan y María están enfadados'? ¿Está uno excluyendo a sus hijas de forma sexista cuando dice ‚Me voy corriendo porque tengo que recoger a mis hijos, que salen del colegio'? [...] Observe que las frases que le acabo de proponer son absolutamente *naturales*. Las usan todos los hispanohablantes, incluidas las personas que las considerarían discriminatorias para la mujer, lo que resulta más que paradójico. La conclusión me parece evidente: esas frases no son discriminatorias [...]".
11 „‚Tal vez creen – relata Ignacio Bosque a ABC – que la lengua ha de ser un reflejo directo del mundo. Me parece preocupante que en estas guías se censure indirectamente a las mujeres que se sienten abarcadas por el uso genérico o no marcado del masculino (la mayor parte, por lo demás); que se propague la idea de que hablar *comúnmente* es aceptar la discriminación'".
12 „Y considera significativo el que los políticos insistan en distanciar el lenguaje *oficial* y el *real*, con lo que ‚indirectamente reconocen que el primero es *artificial*, un código inventado que tiene que ver muy poco con la gente y con su lengua'".

> Das deutsche Indefinitpronomen ‚man' wird wie das Substantiv ‚Mann' ausgesprochen und es unterschied sich in älteren Sprachstufen nicht von diesem. Jeder Deutsche, ob Mann oder Frau, erkennt, dass es eine Beziehung zwischen ‚man' und ‚Mann' gibt, wenn er z. B. ‚Das sagt man' sagt. [...] Diese Form der *Fossilisierung* wird unter Linguisten als Grammatikalisierung bezeichnet.[13] (IB-RAE-2012: § 10)

> „Diejenigen von uns, die Sprache untersuchen, haben beobachtet, dass eine Sprache Identität verleiht, dass die Grammatik eine tausendjährige historische *Ablagerung* darstellt und dass sie sich verändert, aber zuerst verändern sich Kultur und Gesellschaft, danach verändert sich die Sprache in etwa drei Jahrzehnten", sagte die Forscherin spanischer Herkunft.[14] (CCC-ElUniversal-2017)

Der folgende Topos, der ‚Grammatik / Syntax' von ‚Diskurs / Sprachgebrauch' trennt, wird im Korpus mehrfach wiederholt und kann wie folgt zusammengefasst werden: „Da die Grammatik neutral ist und autonom existiert, können die SprecherInnen nur diskriminieren, indem sie diese im Diskurs anwenden":

> Eine weitere Option, die einige von uns vorziehen, wäre zu verstehen, dass die Unregelmäßigkeit dieses Satzes [‚Nadie estaba contenta', ‚Niemand [von den Frauen] war glücklich'] nicht in der Gesellschaft, sondern in der *Syntax* liegt. Uns erscheint ‚¿Quién estaba contenta?' [‚Wer [von den Frauen] war glücklich?'] natürlich, weil wir ein partitives Komplement darin sehen (‚Wer von ihnen?'), während wir ‚Nadie estaba contenta' ablehnen, weil dieses Komplement in diesem Fall verneint wird (das heißt, wir sagen nicht, ‚Nadie de ellas' [‚Niemand von ihnen [= den Frauen]']).[15] (IB-RAE-2012: § 7)

Company metaphorisiert diesen Topos durch den Vergleich von Grammatik mit einem „bloßen Behälter":

> Was hat also die Grammatik mit sexistischer Diskriminierung zu tun? „Nichts", sagt Concepción Company, an der UNAM promovierte Philologin, „denn die *Grammatik* ist neutral, sie ist ein bloßer Behälter. Wir Menschen sind es, die diskriminieren, aber nicht mit der

---

13 „El indefinido alemán ‚man' (‚alguien, uno') se pronuncia como el sustantivo ‚Mann' (‚hombre'), y no se diferenciaba de él en la lengua antigua. Cualquier alemán, hombre o mujer, reconoce que hay relación entre ‚man' y ‚Mann' cuando dice, por ejemplo, ‚Das sagt man' (‚Eso dicen'). [...] Esta forma de *fosilización* recibe entre los lingüistas el nombre de gramaticalización".

14 „‚Quienes estudiamos el lenguaje hemos observado que una lengua otorga identidad, que la gramática es una *sedimentación* histórica milenaria y que cambia, pero la cultura y la sociedad cambia primero, después, el lenguaje se modifica en escasas tres décadas', planteó la investigadora, de origen español".

15 „Otra opción, que algunos consideramos preferible, sería entender que la irregularidad de esta frase [‚Nadie estaba contenta'] no está en la sociedad, sino en la *sintaxis*. Nos parece natural, en efecto, ‚¿Quién estaba contenta?' porque interpretamos un complemento partitivo tácito (‚¿Quién de ellas?'), mientras que rechazamos ‚Nadie estaba contenta' porque este complemento se rechaza igualmente en ese caso (es decir, no decimos ‚Nadie de ellas')".

Grammatik, sondern mit dem *Diskurs*, den wir mittels dieser führen." Mit anderen Worten, was Sie betrunken macht, ist nicht die Flasche, sondern der Whisky in der Flasche.[16] (CCC-ElPaís-2017)

Eine andere Metapher der mexikanischen Linguistin beschreibt die Grammatik als ‚aseptisch', indem sie die Domäne der Sprache mit der Domäne der Medizin verbindet. Dieser Logik folgend müsste der Diskurs als eine Menge ‚kontaminierter' sprachlicher Einheiten interpretiert werden:

– Ist die sprache sexistisch?

– Ich denke nicht, dass *Grammatik* sexistisch oder unsexistisch ist. Es ist kein Konzept, das sich auf die *Grammatik* anwenden lässt, aber es lässt sich auf *Sprache* und *Diskurs* anwenden.

– Dann kann sprache also doch sexistisch sein?

– Das kann vom *Gebrauch* der *Grammatik* oder der Art und Weise, wie wir den *Diskurs* konstruieren, gesagt werden. Das kann in der Tat sein, und es ist tatsächlich oft so. Die *Grammatik* ist völlig *aseptisch*, sie ist da, weil sie für eine Gemeinschaft funktioniert, aber der *Sprachgebrauch* kann tatsächlich sexistisch sein. [...]

Es ist wie im Fall von Maria Moliner, einer großartigen Lexikographin, von der alle sagen, sie habe fünf Kinder gehabt und die Socken ihres Mannes gestopft. Das ist diskriminierend, deshalb sage ich ihnen, dass der *Diskurs* es sein kann, aber die *Grammatik* erfasst lediglich historische Bestände von Jahrhunderten und Jahrtausenden, und eine Gemeinschaft arbeitet damit.[17] (CCC-LaVozGalicia-2018)

Ein weiterer Topos in der gleichen Argumentationslinie suggeriert, dass „es wichtiger ist, für die tatsächliche Gleichstellung in der Gesellschaft, statt gegen die Sprachstruktur zu kämpfen". Auf diese Weise wird die ‚Grammatik' als ‚Naturobjekt' erneut von der ‚Gesellschaft' getrennt:

---

16 „Entonces, ¿qué tiene que ver la gramática con la discriminación sexista? ‚Nada – responde Concepción Company, doctora en filología por la UNAM – porque la *gramática* es neutral, es un mero recipiente. Somos los humanos los que discriminamos, pero no con la *gramática*, sino con el *discurso* que hacemos valiéndonos de ella'. Es decir, lo te que emborracha no es la botella, sino el whisky que contiene la botella."

17 „–¿Es sexista el lenguaje? –Creo que la *gramática* no es sexista ni deja de serlo. No es un concepto que pueda ser aplicado a la *gramática*, pero sí al *lenguaje* y al *discurso*. –¿Entonces sí puede serlo el lenguaje? –Puede serlo el *uso* que hagamos de la *gramática* o cómo construyamos el *discurso*. Eso sí puede serlo, y de hecho muchas veces lo es. La *gramática* es totalmente *aséptica*, está ahí porque le funciona a una comunidad, pero el *uso* sí puede ser sexista. [...] Es como María Moliner, una gran lexicógrafa de quien todo el mundo dice que tenía cinco hijos y le zurcía los calcetines al marido. Eso sí es discriminatorio, por eso le digo que el *discurso* sí puede serlo, pero la *gramática* únicamente recoge repositorios históricos de siglos y milenios, y una comunidad funciona con ella."

Jedenfalls ist es die *Gesellschaft*, die wir verändern müssen. [...] Ich kann „Hey, du" genannt werden oder auch gar nicht; Gleichheit bedeutet, dass ich gleich bezahlt werde, gleich eingestellt werde und die gleichen sozialen Chancen bekomme. Im Colegio Nacional, wo ich tätig bin, fließen Ströme von Tinte, weil es dort nur wenige Frauen gibt, aber ich möchte nicht einbezogen werden, nur weil ich eine Frau bin, genauso wenig wie ich deswegen ausgeschlossen werden möchte. Und dieser Kampf findet nicht in der *Grammatik* statt, sondern in der *Gesellschaft*. Wenn Gesellschaften egalitär sind, bin ich sehr sicher, dass sich die grammatikalischen Gewohnheiten ändern werden.[18] (CCC-LaVozGalicia-2018)

„Hier an der UNAM gab es kürzlich eine Kampagne, deren Slogan ‚Gleichheit bedeutet, dass du Architektin genannt wirst' lautete. Ich sage nein, Gleichheit ist das nicht. Gleichheit ist, dass sie mir für die gleiche Aufgabe dasselbe bezahlen, es ist mir egal, ob sie mich als Architektin bezeichnen oder ob sie mich überhaupt nicht nennen", fügte sie [Company] hinzu.[19] (CCC-Infobae-2018)

Anstatt gegen die *Sprachstruktur* zu kämpfen (was keine Akademie, weder heute noch in der Vergangenheit, jemals durchsetzen könnte), erscheint es mir wichtiger, für gleiche Bezahlung, für den Zugang von Frauen zu verantwortungsvollen Positionen zu kämpfen oder die vielen anderen Situationen der Diskriminierung zu beenden, die zweifellos in unserer *Gesellschaft* bestehen (z. B. Elternzeit für Mütter und Väter).[20] (IB-LaOpiniónMálaga-2016)

Wenn wir dafür sorgen, dass es in Zukunft mehr Dirigentinnen, Richterinnen, Pfarrerinnen und Filmemacherinnen gibt als jetzt, tun wir etwas für die Gleichstellung aller in der *Gesellschaft*. Das soziale Geschlecht vieler Personengruppen wird sich dann verändern, und falsch bewertete Assoziationstests werden überflüssig. Über einen Krieg gegen das generische Maskulinum erreichen wir das mit Sicherheit nicht. (PE-DerTagesspiegel-2018)

Eine weitere logische Konsequenz der Trennung zwischen der ‚naturgegebenen' Grammatik und der Gesellschaft stellt die Gleichsetzung einer ‚offiziellen'

---

18 „En fin, lo que tenemos que modificar es la *sociedad*. [...] A mí me pueden llamar ‚oye, tú', o no llamarme de ningún modo; igualdad es que me paguen igual, me contraten igual y que tenga las mismas oportunidades sociales. En el Colegio Nacional al que pertenezco corren ríos de tinta por el escaso número de mujeres que hay, pero yo no quiero que me incluyan por ser mujer, como no quiero que me excluyan por ello. Y esta batalla no se da en la *gramática*, se da en la *sociedad*. Cuando las sociedades sean igualitarias estoy segurísima de que los hábitos gramaticales se van a modificar".
19 „‚Aquí en la UNAM hubo una campaña hace poco cuya consigna era ‚Igualdad es que te llamen arquitecta'. Yo digo que no, que igualdad no es eso. Igualdad es que me paguen lo mismo por la misma tarea, no me importa que me llamen arquitecta, o que directamente no me llamen', agregó".
20 „En lugar de luchar contra la *estructura del idioma* (que ninguna Academia, presente o pasada, podría establecer jamás), a mí me parece más importante luchar por la igualdad de salarios, por el acceso de la mujer a puestos de responsabilidad o por acabar con otras muchas situaciones de discriminación que sin duda existen en nuestra *sociedad* (los permisos de maternidad y paternidad, sin ir más lejos)".

Sprachänderung mit ‚Zwang' oder dem Angriff auf die ‚Freiheit' der SprecherInnen dar: „da nur der natürliche Sprachwandel legitim ist, bedeutet die Durchsetzung der genderneutralen Sprachpolitik, die Sprachstrukturen zu erzwingen und die SprecherInnen der Freiheit zu berauben":

> Ich spüre, dass viele von uns – Männern und Frauen – der Meinung sind, dass der eigentliche Kampf für die Gleichstellung darin besteht, sicherzustellen, dass er vollständig auf die sozialen Praktiken und die Mentalität der Bürger ausgedehnt wird. Wir halten es nicht für sinnvoll, *Sprachstrukturen zu erzwingen*, damit diese die Realität abbilden, normative Politiken zu fördern, die die Amtssprache von der wirklichen Sprache trennen, sich in Etymologien zu vertiefen, um den gegenwärtigen Gebrauch bereits fossilisierter Ausdrücke aufzugeben, oder zu denken, dass grammatikalische Konventionen uns daran hindern, unsere Gedanken *frei* auszudrücken oder die anderer zu interpretieren.[21] (IB-RAE-2012: § 11)

Bei Peter Eisenberg ist dieser Argumentationstopos auffällig dominant: Der ‚Naturgegebenheit' der Sprache setzt er „mechanisch[e]" (PE-BPB-2018) „Eingriff[e] in unsere Grammatik" (PE-SZ-2017), „Zwang" (PE-BPB-2018), „sprachpolizeiliche Allüren" (PE-SZ-2017), „Misshandlung" (PE-DerTagesspiegel-2018) und „Missbrauch" der Sprache[22] (PE-DieTagespost-2018), „Jagd auf die unschuldige grammatische Kategorie generisches Maskulinum" (PE-DerTagesspiegel-2018) oder „Manipulationen am Genussystem" (PE-SZ-2017) entgegen. Im folgenden Beispiel aus einem ZDF-Interview widersprechen sich bemerkenswerterweise im gleichen Satz die Vorstellung der Unantastbarkeit der ‚natürlichen' Sprache und das Primat der Sprachgemeinschaft, offenbar weil Eisenberg sich selbst für einen Vertreter der für das ‚Richtige' kämpfenden Sprechergruppen und somit für einen legitimen ‚Herrn der Sprache' hält:

> Ich bin dagegen, dass in dieser Hinsicht *Zwang* ausgeübt wird. [...] Ich bin dagegen, dass man sich zu Herrinnen der Sprache erhebt und die Sprache verändert. Die Sprache gehört der Sprachgemeinschaft und wenn man Geschlechtergerechtigkeit herstellen will, dann hat man sich an das zu halten, was die Sprache hergibt. (PE-ZDF-2018)

---

21 „Intuyo que somos muchos –y muchas– los que pensamos que la verdadera lucha por la igualdad consiste en tratar de que esta se extienda por completo en las prácticas sociales y en la mentalidad de los ciudadanos. No creemos que tenga sentido *forzar las estructuras lingüísticas* para que constituyan un espejo de la realidad, impulsar políticas normativas que separen el lenguaje oficial del real, ahondar en las etimologías para descartar el uso actual de expresiones ya fosilizadas o pensar que las convenciones gramaticales nos impiden expresar en *libertad* nuestros pensamientos o interpretar los de los demás".
22 Damit nähert sich Eisenberg der Vorstellung von der „Vergewaltigung der deutschen Sprache" (AfD 2018), die eine Personifizierung der Sprache als einer ‚schwachen' Dame darstellt, die (männlichen) Schutzes bedarf. Diese Vorstellung kann als ein weiteres Ideologem aufgefasst werden.

3.2 Ideologem der ‚radikalen' GegnerInnen

Wie bereits an einigen Beispielen oben aufgezeigt, inszenieren sich Bosque, Company und Eisenberg stets als objektive VertreterInnen der Sprachgemeinschaft mit Expertenstatus, die sich für den Erhalt der ‚natürlichen' und ‚wirklichen' Sprache einsetzen und fernab der Politik und jeglicher Ideologie agieren. Auf der anderen Seite werden die VerfechterInnen der genderneutralen Sprache zu ‚radikalen' und zugleich Macht innehabenden ‚IdeologInnen' und ignoranten ‚SprachverderberInnen' stilisiert:

> Statt zu akzeptieren, dass unsere Sprache alles hat, was man zur Vermeidung von Diskriminierung durch das Geschlecht braucht, wird von Ideolog*innen in Machtposition ein Stellvertreterkrieg entfacht, der die Sprache verhunzt. (PE-BPB-2018)

> Das sind Gruppen, die politisch vernetzt sind und ihre politische Macht missbrauchen, um etwas zu manipulieren, von dem sie nichts wissen, über das sie aber weitreichende Behauptungen aufstellen – etwa die Behauptung, dass man durch Veränderung am grammatischen Geschlecht etwas am Status der Frauen in unserer Gesellschaft ändern könne. (PE-DieTagespost-2018)

Der Kontrast zwischen der eigenen ‚apolitischen' und der gegnerischen ‚ideologischen' Position bildet das zweite grundlegende Ideologem der Argumentation gegen genderneutrale Sprache im Korpus (Becker 2019: 12–14). Auf der Ebene der zu kritisierenden Gegenbeispiele werden die Schuldzuweisungen für den ‚Sprachverderb' mit konkreten politischen Parteien und Gruppen in Verbindung gebracht. Bosque stellt zu Beginn seines RAE-Berichts fest, dass in Spanien zahlreiche Leitfäden für genderneutrale Sprache von „Universitäten, Autonomen Gemeinschaften, Gewerkschaften, Stadträten und anderen Institutionen" veröffentlicht wurden (IB-RAE-2012: §1). Er berücksichtigt anschließend neun Leitfäden, die von mehreren für die Umsetzung der Geschlechtergleichstellung zuständigen Institutionen publiziert wurden (Ministerium für Gleichstellung, Frauenbereich der Stadtverwaltung von Málaga, Einheit für die Gleichstellung von Frauen und Männern der Universität Murcia, Frauensekretariat des Gewerkschaftsbundes der Arbeiterkommissionen usw.). Nach dem Verfassungsgesetz 3/2007 sind staatliche Institutionen u. a. dazu verpflichtet, „die Einführung einer nicht-sexistischen Sprache im Verwaltungsbereich und ihre Förderung in allen sozialen, kulturellen und künstlerischen Beziehungen" zu gewährleisten (Artikel 14, Gobierno de España & Ministerio de la Presidencia, Relaciones con las Cortes e Igualdad 2007). Bosque als Vertreter der RAE lehnt jedoch die von diesen Organisationen gemäß dem Gesetz und/oder ihren Gründungsprinzipien vorgeschlagenen Maßnahmen ab, wie es insbesondere bei der Allgemeinen Arbeitergewerkschaft und dem Gewerkschaftsbund der Arbeiterkommissionen der Fall ist. Die Ablehnung und eine lange Liste von z. T. despektierlichen Kritikpunkten werden durch die Abweichungen der genderneutralen Vorschläge von der RAE-Norm sowie von verschiedenen normativen Grammatiken und Stilbüchern gerechtfertigt. Ironischerweise werden die Anforderungen des Verfassungsgesetzes 3/2007 durch das royalistisch anmutende Zugeständnis konterkariert, dass „die in diesen Leitfäden vorgeschlagenen Sprachmaßnahmen natürlich nicht rechtswidrig sind" (IB-RAE-2012: § 2). Die nach Meinung des RAE-Mitglieds ‚radikalsten' Vorschläge, wie das At-Zeichen (z. B. in der Pluralform des Pronomens *tod@s* ‚alle' oder des Substantivs *expert@s* ‚ExpertInnen', um die maskulinen Formen *todos* und *expertos* zu vermeiden), wurden ausgerechnet von den beiden oben erwähnten Gewerkschaftsorganisationen gemacht.

Ein weiterer ‚radikaler' Gegner wird anhand eines Beispiels von Doppelformen identifiziert, es handelt sich um Fragmente der Verfassung der Bolivarischen Republik Venezuela:

> „Die Ämter des Präsidenten oder der Präsidentin der Republik, des exekutiven Vizepräsidenten oder der exekutiven Vizepräsidentin, der Richter oder Richterinnen des Obersten Gerichtshofes, des Präsidenten oder der Präsidentin und der Vizepräsidenten oder Vizepräsidentinnen der Nationalversammlung [...] können nur Venezolaner und Venezolanerinnen von Geburt an und ohne andere Staatsangehörigkeit bekleiden."[23] (zit. nach IB-RAE-2012: § 7)

Company benutzt ebenfalls das Beispiel der venezolanischen Verfassung, um einen „Mangel an Kohärenz" der BefürworterInnen einer genderneutralen Sprache anzuprangern:

> Im Interesse einer solchen Gleichberechtigung der Geschlechter wurden Verfassungen geändert, um sexuelle Vorgaben zu machen, wie: ‚Bürgerinnen und Bürger, Venezolaner und Venezolanerinnen, Vizepräsidentinnen und Vizepräsidenten', aber der Geschlechtsunterschied, den sie machen, hat nichts mit dem grammatischen Genus zu tun. „Allerdings wird diese Tendenz nicht auf alle Worte angewandt, nur auf jene, die Frauen als ‚Präsidentinnen' ermächtigen, aber warum nicht auf ‚Sänger' und ‚Sängerin' oder ‚Zeuge' und ‚Zeugin'? Dies spiegelt einen Mangel an Kohärenz wider", sagte die Expertin, die Mitglied der mexikanischen Sprachakademie ist [...].[24] (CCC-DiarioYucatán-2017)

---

23 „Sólo los venezolanos y venezolanas por nacimiento y sin otra nacionalidad podrán ejercer los cargos de Presidente o Presidenta de la República, Vicepresidente Ejecutivo o Vicepresidenta Ejecutiva, Presidente o Presidenta y Vicepresidentes o Vicepresidentas de la Asamblea Nacional, magistrados o magistradas del Tribunal Supremo de Justicia [...]".

24 „En aras de esa igualdad de sexo, se han modificado constituciones para hacer especificaciones sexuales como: ‚ciudadanas y ciudadanos, venezolanos y venezolanas, vicepresidentas y vicepresidentes', pero la diferencia de sexo que hacen no tiene nada que ver con el género en la gramática. ‚Sin embargo, esta tendencia no la aplican a todas las palabras, solo a aquellas que empoderan a las mujeres como ‚presidente' o ‚presidenta', pero ¿por qué no las

Die Kritik an der Verfassung eines souveränen Staates von einer angeblich kulturellen Institution aus und auf der gleichen Ebene mit Sprachleitfäden offenbart mit dieser grotesken Schieflage ein hegemoniales und neokolonialistisches Verhalten (Bentivegna 2019: 1:34:10–1:37:30).

Eisenberg richtet seine Kritik in ähnlicher Weise gegen die SPD und die Grünen. Während er die genderneutrale Binnen-I-Form bereits für „das normale Gendern" hält, identifiziert er das Gendersternchen, das insbesondere von den Grünen unterstützt wird, als ‚radikal' und lehnt es entschieden ab:

> Im Berliner Koalitionsvertrag ist von ‚Berliner*innen', ‚Bürger*innen', ‚Senator*innen', aber nur von jugendlichen ‚Straftätern' und ‚Intensivtätern' die Rede. Auch hören wir täglich etwas über ‚Gefährder', nicht aber über ‚Gefährder*innen' oder ‚Gefährdende'. Aus Sicht des Genderns doch wohl eine haarsträubende Diskriminierung. Und auf Vorschlag der SPD-Fraktion in den Bezirksparlamenten von Mitte und Lichtenberg sollen Drucksachen nur noch auf der Tagesordnung erscheinen, wenn sie in gegenderter Sprache abgefasst sind. (PE-SZ-2017)

> Die Grünen haben ja auf ihrem Parteitag 2015 das normale Gendern – also ‚Bäckerin' und ‚Bäcker' oder großes I oder so etwas – als unzureichend bezeichnet. Und haben sich ganz bewusst auf die Seite derer gestellt, die das Geschlecht letzten Endes abschaffen oder beliebig machen wollen. Das ist diese Transrichtung, die von uns verlangt, dass wir bei der Verwendung des Gendersternchens jedem auch noch so absurden subjektiv fundierten Anspruch nach Bestätigung des Geschlechts zustimmen müssen – auch jeder Kombination der 53 Geschlechter, die augenblicklich gefordert werden. Es hat also keine sprachliche Bedeutung, sondern es ist eine Geste. Es wird von einem verlangt, dass man mit diesem Sternchen jedes Mal erklärt: Ich bin mit all dem einverstanden. Für mich ist das ganz klar eine Unterwerfungsgeste. Schon deshalb lehne ich so etwas ab. (PE-DieTagespost-2018)

4 Systemlinguistische Argumente von Bosque, Company und Eisenberg gegen genderneutrale Vorschläge

Die von den drei GrammatikerInnen vertretenen systemlinguistischen Argumente im Diskurs gegen die genderneutrale Sprache leiten sich aus den beiden oben vorgestellten Ideologemen ab. Als bestimmend kann insbesondere die objektivistische Trennung der ‚naturgegebenen' Grammatik von der Gesellschaft identifiziert werden, vgl. das oben zitierte ‚ungrammatische' Beispiel „Nadie es-

---

aplican a ‚cantante' y ‚cantanta' o ‚testigo' y ‚testiga'? Esto refleja una falta de coherencia', dijo la experta, quien es integrante de la Academia Mexicana de la Lengua [...]".

taba contenta" („Niemand [von den Frauen] war glücklich'), wo das Genus des prädikativischen Adjektivs mit dem Indefinitpronomen *nadie* ‚niemand' im Femininum kongruiert und die „Unregelmäßigkeit dieses Satzes" laut Bosque allein durch syntaktische Regeln bestimmt sein soll. Die meisten Aussagen im Korpus lassen sich in diesem Zusammenhang auf zwei Argumentationstopoi zurückführen:

> Dabei geht es im Wesentlichen um zwei Punkte: Genus hat, erstens, nichts mit Sexus zu tun, also das grammatische nichts mit dem biologischen Geschlecht. Zweitens beziehen sich Personenbezeichnungen im Maskulinum nicht nur auf Männer, sondern auf beide Geschlechter gleichermaßen. Dies nennt man das ‚generische' Maskulinum. (Lobin & Nübling 2018)

Company verwendet beide Argumentationstopoi im folgenden Zitat, wobei sie das Maskulinum als ‚geschlechtsneutral' bzw. ‚inklusiv' und das Femininum als ‚diskriminierend' bzw. ‚exklusiv' definiert:

> „Das Maskulinum in der spanischen Grammatik ist geschlechtsneutral, während das Femininum dasjenige ist, das diskriminiert", bekräftigte die Linguistin Concepción Company über die Verwendung der so genannten inklusiven Sprache, indem sie abschließend sagte: „Es gibt keinen Zusammenhang zwischen den Sprachen, die kein Genus haben, und der Gleichstellung von Männern und Frauen. So schließt beispielsweise der Satz ‚todos tenemos sentimientos' [‚wir alle haben Gefühle'] Frauen nicht aus, während der Satz ‚todas tenemos sentimientos' [‚wir alle [Frauen] haben Gefühle'] tatsächlich Männer ausschließt".[25] (CCC-ElUniversal-2017)

Eisenberg folgt in seinen Ausführungen der gleichen Logik und reklamiert mit der Zurechtweisung „so ist das im Deutschen" den Wahrheitsanspruch für sich:

> ‚Bäcker' als Maskulinum bezeichnet ebenso wenig ausschließlich Männer wie ‚Person' als Femininum ausschließlich Frauen bezeichnet. So ist das im Deutschen. Es gibt hier ein Wort, das ausschließlich Frauen bezeichnet (‚Bäckerin'), aber keins, das ausschließlich Männer bezeichnet. Frauen sind sprachlich zweimal, Männer einmal sichtbar. (PE-SZ-2017)

Einen weiteren Beweis für die Geschlechtsneutralität bzw. Unmarkiertheit des ‚generischen' Maskulinums sollen die deverbalen Sachbezeichnungen mit dem Substantivierungssuffix {er} wie ‚Raucher' (‚ein Abteil, in dem geraucht werden

---

[25] „‚El masculino en la gramática española es indiferente al género, mientras que el femenino es el que discrimina', afirmó la lingüista Concepción Company sobre el uso del llamado lenguaje incluyente por lo que, concluyó, ‚no hay una correlación entre los lenguajes que no tienen género y la igualdad entre hombres y mujeres'. Por ejemplo, indicó, la frase „‚todos tenemos sentimientos' no excluye a las mujeres, mientras que la frase ‚todas tenemos sentimientos' sí excluye a los hombres".

darf'), ‚Seufzer' (‚Lautäußerung'), ‚Gepäckträger', ‚Hosenträger' usw. liefern (PE-DerTagesspiegel-2018). Bosque erlaubt sich im RAE-Bericht eine Abschweifung zur Diskriminierung von Tieren weiblichen Geschlechts, um gleichermaßen die These der Geschlechtsneutralität des Maskulinums zu untermauern:

> Betrachten wir als Beispiel den Fall der Tiere: Sollen wir vielleicht verstehen, dass es richtig ist, weibliche Tiere in so gebräuchlichen Ausdrücken wie ‚los perros'[26] [‚die Hunde'], ‚los gatos' [‚die Katzen'], ‚los lobos' [‚die Wölfe'] oder ‚los jabalíes' [‚die Wildschweine'] zu diskriminieren, oder sollen wir im Gegenteil interpretieren, dass das Genus hier nicht dem Sexus entsprechen muss? Sollten diejenigen, die sich für die letztere Option entscheiden, vielleicht argumentieren, dass Tiere keine Würde haben, und dass dies der Faktor ist, der die morphologische Sichtbarkeit bestimmt? Nochmals, was ist die Grenze?[27] (IB-RAE-2012: § 7)

Dabei ist die Grenze auf der aktuellen Entwicklungsstufe der genderneutralen Sprache klar definiert: Die sprachpolitische Debatte um das ‚generische' Maskulinum konzentriert sich ausschließlich auf die geschlechtsdifferenzierenden Personenbezeichnungen (Diewald & Steinhauer 2017: 26) sowie auf abgeleitete Sachbezeichnungen, die sich auf Personengruppen beziehen (Diewald & Steinhauer 2017: 65).

Im folgenden Zitat aus dem RAE-Bericht präsentiert Bosque die Bildung der Pluralformen vom Singular des Maskulinums im Spanischen als vollkommen alternativlos:

> Sobald der Leser all diese Anweisungen verinnerlicht hat, wird er sich wahrscheinlich fragen, ob es sexistisch ist oder nicht, das Adjektiv ‚juntos' [‚zusammen'], im Maskulinum Plural, im Satz ‚Juan y María viven juntos' [‚Juan und María leben zusammen'] zu verwenden. Da dieses Adjektiv „das Weibliche nicht sichtbar macht", in diesem Fall das Genus des Nomens ‚María', ist davon auszugehen, dass dieser Satz sexistisch ist. Vielleicht hätte derjenige, der es gebaut hat, sagen sollen ‚[...] viven en compañía' [‚[...] leben in Gesellschaft'], um Frauen nicht zu diskriminieren. Aber was ist, wenn das Prädikat ‚[...] están contentos' [‚[...] sind glücklich'], ‚[...] están cansados' [‚[...] sind müde'] oder ‚[...] viven solos' [‚[...] leben allein'] ist? Sollten sie in diesen Kontexten vielleicht Adjektive verwen-

---

26 Die Pluralform der Determinanten (Artikel und Pronomina) sowie eines Großteils der Substantive sowie der adjektivischen und prädikativen Attribute (Adjektive und Partizipien) wird im Spanischen nach der aktuellen Norm vom Singular des Maskulinums gebildet (*los*; *ellos*, *estos*, *algunos*, *todos*; *trabajadores*, *chicos*; *buenos*, *altos*, *rojos*; *cansados*, *seleccionados* usw.).
27 „Consideremos, a título de ejemplo, el caso de los animales. ¿Debemos entender tal vez que es correcto discriminar a las hembras en expresiones tan comunes como ‚los perros', ‚los gatos', ‚los lobos' o ‚los jabalíes', o hemos de interpretar, por el contrario, que no es preciso que el género tenga aquí correspondencia con el sexo? Los que elijan esta última opción ¿habrían de argumentar tal vez que los animales no tienen dignidad, y que este es el factor que determina la visibilidad morfológica? De nuevo, ¿cuál es el límite?".

> den, die bei der Genuskongruenz keinen Unterschied machen, wie z. B. ‚alegres' [,glücklich'] oder ‚felices' [,freudig'], oder Phrasen, die diese nicht erfordern, wie z. B. ‚en soledad' [,in der Einsamkeit']? Wieder keine Antwort.[28] (IB-RAE-2012: §7)

Genderneutrale Lösungen wie *lxs, todxs, chicxs, buenxs* bzw. *l@s, tod@s, chic@s, buen@s* in der Schriftsprache oder zuletzt die orthographisch unauffällige und aussprechbare Form mit *-e- les, todes, chiques, buenes*[29] sind sehr wohl vorhanden, allerdings werden sie von der Akademie entschieden abgelehnt.

Eine weitere Besonderheit der spanischen Sprache, die Bosque im RAE-Bericht thematisiert, ist die lexikalisierte ‚generische' Personenbezeichnung *los padres* (,Eltern', wörtlich ,Väter'):

> Wenn einem Mann oder einer Frau der Satz ‚Ayer estuvimos comiendo en casa de mis padres' [,Gestern haben wir bei meinen Eltern gegessen'] ausrutscht, ist er oder sie dann sexistisch? Sicherlich, das wird man sagen, denn das Substantiv ‚padres' bezeichnet hier den Vater und die Mutter zusammen.[30] (IB-RAE-2012: §7)

Wie Guil (2006: 154) zu Recht anmerkt, vgl. auch Diewald & Steinhauer (2017: 19–21, 26–30), handelt es sich in diesem Fall nicht um eine genuin generische und somit genderneutrale Bezeichnung bzw. ein Epikoinon, weil *los padres*, anders als etwa *las personas* (,die Personen'), nicht zugleich 1) auf Gruppen aus Männern und Frauen, 2) ausschließlich aus Männern und 3) ausschließlich aus Frauen referieren kann. Für die Gruppen, die ausschließlich aus Frauen bestehen, kommt nur die Bezeichnung *las madres* in Frage. Als Ersatzlösung wird in Leitfäden für genderneutrale Sprache folglich häufig die Doppelform *madre y padre* (,Mutter und Vater') genannt. Blank (2001: 19–20) schlägt vor, im Fall solcher ‚generischer' Bezeichnungen, vgl. frz. *homme* / it. *uomo* / sp. *hombre*

---

28 „Una vez que haya asimilado todas estas directrices, el lector se preguntará probablemente si es o no sexista usar el adjetivo ‚juntos', masculino plural, en la oración ‚Juan y María viven juntos'. Como este adjetivo ‚no visibiliza el femenino', en este caso el género del sustantivo ‚María', es de suponer que esta frase es sexista. Tal vez el que la construyó debería haber dicho ‚[...] viven en compañía' para no ser discriminatorio con las mujeres. Pero, ¿qué hacer si el predicado fuera ‚[...] están contentos', ‚[...] están cansados' o ‚[...] viven solos'? ¿Deberían tal vez usarse en estos contextos adjetivos que no hagan distinción en la concordancia de género, como ‚alegres' o ‚felices', o locuciones que no la requieran, como ‚en soledad'? De nuevo, ninguna respuesta".
29 Becker 2019 verwendet diese Pluralform, die offenbar von den geschlechtsindifferenten Adjektiven, vgl. *inteligentes* bzw. *fáciles* von *inteligente* (,klug') bzw. *fácil* (,einfach') (beides Maskulinum bzw. Femininum Singular), inspiriert wurde, im wissenschaftlichen Diskurs.
30 „Si a un hombre o una mujer se le escapa la frase ‚Ayer estuvimos comiendo en casa de mis padres', ¿estará siendo sexista? Seguramente sí, se dirá, puesto que el sustantivo ‚padres' designa aquí al padre y a la madre conjuntamente".

‚Mensch', ‚Mann' vs. frz. *femme* / it. *donna* / sp. *mujer* ‚Frau', die „sprachhistorisch der Ausfluss eines patriarchalischen Weltbildes" sind, bei *homme* / *uomo* / *hombre* zwischen einer unmarkierten (‚menschliches Wesen') und einer markierten (‚männliches menschliches Wesen') Bedeutung zu unterscheiden, im Sinne einer „vertikalen Polysemie" (Gévaudan 1997, zit. nach Blank 2001: 19). Diese Darstellung

> [...] entspricht nicht nur einer modernen politischen Korrektheit, nach der man die Frau nicht als „markierten Fall" des Mannes betrachten sollte, sie hat neben den Wörterbüchern, die bei ‚homme', ‚uomo', ‚hombre' mindestens die beiden genannten Einträge unterscheiden, auch die Sprache selbst auf ihrer Seite: Nach der [monosemischen] Interpretation [...] müssten Äußerungen wie fr. ‚une femme est un homme', it. ‚una donna è un uomo' oder sp. ‚una mujer es un hombre' völlig korrekt sein, während wir sie doch als semantisch zumindest fragwürdig, wenn nicht falsch einstufen würden. Dies liegt in der Tat an der „störenden Polysemie" von übergeordneter Bedeutung ‚menschliches Wesen' und untergeordneter Bedeutung ‚Mann'. Nicht zuletzt zur Vermeidung dieser störenden Polysemie verfügen diese Sprachen über die komplexen Lexien fr. ‚être humain', it. ‚essere umano', sp. ‚ser humano'. (Blank 2001: 20)

5 Analyse der Ideologeme im Korpus

Das Ideologem der Sprache als ‚Naturgegebenheit', das sich in den Ablagerungs- und Versteinerungsmetaphern oder in den Topoi, die auf der Unterscheidung zwischen ‚Grammatik' und ‚Diskurs' bzw. ‚Gesellschaft' oder ‚natürlicher' und ‚künstlicher Sprache' beruhen, ausdrückt, kann bereits durch die aristotelische Dichotomie von Ergon und Energeia widerlegt werden, die von Wilhelm von Humboldt für die Sprachwissenschaft adaptiert wurde. Nach Humboldt ist Sprache kein Ergon, also ein statisches Endprodukt, sondern Energeia, die einer Tätigkeit, einem dynamischen Prozess entspricht. Der deutsche Sprachwissenschaftler stellt ferner fest: „Das Zerschlagen in Wörter und Regeln ist nur ein totes Machwerk wissenschaftlicher Zergliederung" (Humboldt 2014: 37).[31] Ähnlich argumentieren VertreterInnen der jungen sowjetischen Sprachsoziologie bzw. Soziolinguistik in den 20er Jahren des 20. Jh., die sich um ein neues, sozi-

---

[31] Wilhelm von Humboldt gilt als Begründer des „individualistischen Subjektivismus", der die individuelle Psyche als „die Quelle der Sprache" betrachtet (Vološinov 1993 [1928]: 53–54). Trabant (2012: 313) bestätigt, dass Humboldt konsequent eine kognitivistische Sichtweise einnimmt, dabei aber gleichzeitig nicht aus den Augen verliert, dass „das Kommunikative [...] in das Kognitive integriert" ist (Trabant 2012: 315). Die ungerechtfertigte Aneignung Humboldts durch VertreterInnen des Sprachrelativismus und Noam Chomsky wird in Trabant (2012: 308 und 267–286) kritisiert.

alhistorisch-materialistisches Verständnis von Sprache bemüht haben. So schreibt die möglicherweise erste Soziolinguistin überhaupt, Rosaliâ Šor, im Buch „Sprache und Gesellschaft" von 1926: „Sprache ist keine natürliche biologische Funktion des menschlichen Organismus, sondern ein traditionelles Kulturgut des Kollektivs"[32] (Šor 2010 [1926]: 43). Valentin Vološinov argumentiert, „Sprache lebt und wird historisch hier, in der konkreten Sprachkommunikation, nicht im abstrakten linguistischen System der Sprachformen und nicht in der individuellen Psyche der Sprechenden"[33] (Vološinov 1993 [1928]: 105). Derselbe Autor erläutert die Defizite des ‚abstrakten Objektivismus', aber auch des ‚individualistischen Subjektivismus':

> Wenn wir von dem subjektiven individuellen Bewusstsein absehen, das sich der Sprache als einem System von aus seiner Sicht unbestreitbaren Normen entgegenstellt, wenn wir die Sprache sozusagen wirklich objektiv von außen betrachten, genauer gesagt, über der Sprache stehen, dann finden wir kein festes System von gleichbleibenden Normen. Im Gegenteil, wir werden uns mit der kontinuierlichen Entwicklung der sprachlichen Normen konfrontiert sehen.[34] (Vološinov 1993 [1928]: 71)

Coseriu (1988: 150) setzt diesen Gedankengang folgendermaßen fort: „In the right perspective, languages are not continually changing: they are continually being produced, being done". In diesem Sinne verneint Bochmann (2005: 23–24) die Frage nach der Existenz von ‚natürlichen' Sprachen. Dieser Autor ist der Ansicht, dass die in der Linguistik praktizierte Unterscheidung zwischen ‚natürlichen' und ‚künstlichen' Sprachen[35] falsch ist. Alle Sprachen sind historisch ‚geschaffene' (nicht einfach ‚entstandene') Produkte der menschlichen Kultur und nicht der Natur. Sogar Esperanto, ein typisches Beispiel für eine ‚künstliche' Sprache, hat bereits eine internationale SprecherInnengemeinschaft und kann als historische Sprache betrachtet werden. Jede Standardsprache ist ‚künstlich', weil der Prozess ihrer Entstehung eine Reihe von geplanten Interventionen darstellt (Bochmann 2005: 23).

---

32 „[...] язык – не естественная биологическая функция человеческого организма, но традиционное культурное достояние коллектива".

33 „Язык живет и исторически становится именно здесь, в конкретном речевом общении, а не в абстрактной лингвистической системе форм языка и не в индивидуальной психике говорящих".

34 „[...] если мы отвлечемся от субъективного индивидуального сознания, противостоящего языку как системе непререкаемых для него норм, если мы взглянем на язык действительно объективно, так сказать, со стороны, или, точнее, стоя над языком, – то никакой неподвижной системы себетождественных норм мы не найдем. Наоборот, мы окажемся перед непрерывным становлением норм языка".

35 Man beachte, wie z. B. selbst Lakoff & Johnson (1980: 199) von „natural language" sprechen.

Mit den Ablagerungs- und Versteinerungsmetaphern reproduzieren Company und Bosque unwissentlich einen alten und widersprüchlichen Mythos des konservativen Sprachdenkens. Obwohl bestimmte Sprachformen festem Sedimentgestein gleichen sollen, sehen die Akademiemitglieder ihre Unantastbarkeit als bedroht an:

> As so often in conservative discourse, traditional wisdom is presented here as both rock solid, in that it embodies the tried-and-tested perceptions of countless generations, and extremely fragile, so that the slightest challenge threatens to destroy it. (Cameron 1995: 152)

Die Annahme, dass sich „die Gesellschaft zuerst verändert", hält Cameron für:

> [...] the over-simple assumption [...] that ‚language reflects society'. Thus movements for linguistic change are common-sensically represented as merely parasitic on movements for social change; at the same time they are felt to be a superfluous embarrassment to those movements, since any social change will ‚naturally' produce linguistic change. (Cameron 1995: 119)

Eine diskursive Strategie von Bosque, Company und Eisenberg besteht darin, die Tatsache zu verschleiern, dass ihre energischen Bemühungen um die Konservierung eines veralteten Sprachzustands mindestens ebenso gut in die Kategorien ‚Ideologie' und ‚Radikalismus' fallen wie die von ihnen kritisierten Vorstöße. Bei der Auseinandersetzung um die genderneutrale Sprache geht es ganz klar um normative Diskurse in einem Kampf zwischen VertreterInnen von progressiven und konservativen Ideologien. Selbstverständlich ist es kein Zufall, dass Bosque im RAE-Bericht die Vorschläge der spanischen Gewerkschaften und der Bolivarischen Republik Venezuela kritisiert, während Eisenberg die Grünen zu ignoranten SprachschänderInnen stilisiert. Die politische Dimension ihrer Argumentation ist offensichtlich, ungeachtet dessen, dass sie ihre eigene, konservative Position[36] als ‚unpolitisch', ‚neutral' und ‚normal' tarnen:

> [...] der Bruch liegt in der Bejahung der Unvereinbarkeit beider Projekte, in der Artikulation eines Antagonismus, der die hegemonialen Spielregeln des panhispanischen Diskurses nicht akzeptiert und die Institutionen, die ihn produzieren, zwingt, den politischen Aspekt ihrer Beschaffenheit, ihre notwendige Verankerung in den Verfahren der Ausgrenzung zu enthüllen.[37] (Del Valle 2014: 108)

---

[36] Bengoechea (2008: 57–58) definiert als „normativen Widerstand" „die eindeutig ideologische Position der RAE, den Transformationsprozess hin zur Feminisierung des Spanischen aufzuhalten und ihre androzentrische Vision von Sprache durchzusetzen".

[37] „[...] la ruptura está en la afirmación de la inconmensurabilidad de ambos proyectos, en la articulación de un antagonismo que no acepta las reglas del juego hegemónicas del discurso panhispánico y fuerza a las instituciones que lo producen a desvelar lo político de su condición, su necesario anclaje en operaciones de exclusión."

Um auf die Frage nach der Akzeptanz genderneutraler Sprache zurückzukommen, sei angemerkt, dass die beiden konservativen Ideologeme, die in dieser Studie identifiziert wurden, die Sprachrepräsentationen eines Großteils der Sprecherinnen und Sprecher prägen. Nicht selten geht eine konservative Sprachhaltung mit progressiven politischen Ansichten einher. Bosque weist im RAE-Bericht z. B. auf feministische Schriftstellerinnen hin, die genderneutrale Vorschläge nicht beachten oder ablehnen (IB-RAE-2012: §5). Wie Cameron hervorhebt, ist der Widerstand gegen neue Sprachformen in der Tat nicht auf VertreterInnen konservativer Ideologien beschränkt:

> Opposition to politically motivated language change is not fuelled only by hostility to feminism or multiculturalism or whatever, but in many cases reflects a second and deeper level of disturbance to people's common-sense notions of language. (Cameron 1995: 121)

Der scheinbare Widerspruch zwischen einer progressiven politischen Haltung und konservativen Sprachrepräsentationen erklärt sich aus den Prozessen der Einschärfung, Aneignung, Einverleibung und Naturalisierung sprachlicher Normen im Laufe der Sozialisation, die zur Herausbildung eines ‚Habitus' führen (Bourdieu 1980, Kapitel 3). José del Valle schreibt diesbezüglich:

> Es ist eine leicht nachprüfbare Tatsache, dass Veränderungen des Habitus eine körperliche Wirkung haben (was die stärkere Ausscheidung von Adrenalin, die Erhöhung des Herzrhythmus, die Intensivierung der Atmung, der Schwindel sein kann). Und, wie ich bereits erwähnt habe, sind die Regeln oder Normen der Grammatik in den Körper eingeschrieben und deshalb klingt ihre Änderung für unsere Ohren ‚schlecht'. [...] In dieser Körperlichkeit liegt die Grundlage der ideologischen Naturalisierungsprozesse einer Norm, die in Wirklichkeit in ihrem Ursprung sozial ist; und in der argumentativen Logik der RAE ist es das autonome grammatikalische System, das den Platz der durch die ungrammatische oder unnatürliche Innovation gestörten natürlichen Gegebenheit einnimmt.[38] (Del Valle 2018: 17)

Die Naturalisierung der Sprachnormen bedingt also den von AutorInnen wie Šor und Coseriu beobachteten sprachlichen Konservatismus der allgemeinen Bevölkerung:

---

[38] „Es un hecho fácilmente constatable que las alteraciones de un hábito tienen un efecto corporal (que puede ser la mayor segregación de adrenalina, el aumento del ritmo cardíaco, la intensificación de la respiración, el mareo). Y, como señalé arriba, las reglas o normas de la gramática están inscritas en el cuerpo y por ello su alteración nos ‚suena mal'. [...] Es en esta corporalidad donde está la base de los procesos ideológicos de naturalización de una norma que en realidad es social en su origen; y en la lógica argumentativa de la RAE es el sistema gramatical autónomo el que ocupa el lugar del hecho natural perturbado por la innovación agramatical o contranatura."

> [...] von allen sozialen Institutionen, nur die Sprache ist nicht das Eigentum eines Teils, sondern aller Individuen in der Gemeinschaft. „Von allen sozialen Institutionen gibt die Sprache der Initiative am wenigsten Raum. Sie verschmilzt mit dem Leben eines sozialen Kollektivs, das von ihrer Natur her träge ist und vor allem ein konservativer Faktor für die Sprache ist".[39] (Šor 2010 [1926]: 142)

> The speakers of a language are normally convinced that they do not change the language, but only realize it; they do not even recognize objectively „new" facts which they themselves created as new facts, but consider them as already „existing" or view them at least as a mere continuation and application of their language tradition. This fact is certainly connected in the first place with the weight and the status of tradition in language as contrasted with other forms of culture, forms in which creativity and the originality of individual creation is most striking. (Coseriu 1988: 154).

Jüngste Studien über laienlinguistische Sprachrepräsentationen bestätigen deren signifikante Übereinstimmung mit den Ideologemen gegen die genderneutrale Sprache, eine Tatsache, die eine hohe Akzeptanz der konservativen Interventionen durch einen großen Teil der Gesellschaft garantiert. So betrachten die Befragten in Spanien und Italien die Sprache als „eine objektive Einheit, eine externe Realität" (Borrego Nieto im Druck), „als eine statische und ‚monumentale' Realität, fast ein Gut, das geschützt, unveränderlich bewahrt und vor Vandalismus verteidigt werden soll" (Fiorentino im Druck).

6 Schlussfolgerungen und Ausblick

Obwohl das Ideologem der Sprache als ‚Naturgegebenheit' in den am weitesten vom sozio-historischen Verständnis entfernten Bereichen der Sprachwissenschaften weiter tradiert wird, haben zahlreiche ForscherInnen dargelegt, dass die ideologische Grundlage der Opposition gegen die genderneutrale Sprache aus Sicht der Sprachtheorie und Sprachsoziologie nicht tragfähig ist. Sowohl die Trennung der Sprache von der sprechenden Gemeinschaft als auch die Konstruktion der ‚radikalen' Gegenposition aus der konservativen ‚Normalität' heraus sind Strategien, die von populären Sprachmythen genährt werden. Da die Aufgabe der Wissenschaft u. a. darin besteht, kollektive Mythen zu dekons-

---

39 Das Zitat in Anführungszeichen mit fehlender Quellenangabe kann Saussure (2001: 86) zugeordnet werden. „[...] из всех социальных учреждений только язык является достоянием не части, но всех индивидов данной общины. ‚Из всех социальных учреждений язык дает наименьшее место инициативе. Он сливается с жизнью общественного коллектива, который, будучи по природе своей инертным, является прежде всего консервативным фактором для языка'".

truieren, ist es wichtig, Aufklärungsarbeit zu leisten und neue Repräsentationen zu schaffen, die dem aktuellen sprachtheoretischen Forschungsstand entsprechen. In diesem Sinne ist die Metapher des „Gewässers", die Lobin & Nübling (2018) im Gegensatz zu den Ablagerungs- und Versteinerungsmetaphern evozieren, sicherlich ein sehr begrüßenswerter Vorstoß:

> Das Gerüst von Regeln ist nur eine Abstraktion des Gebrauchs, und ein Bild der Sprache, das zu diesem Befund viel besser passt, ist das eines Gewässers, dessen Lauf, Strömungsgeschwindigkeit und Wasserzusammensetzung sich immer wieder den Umgebungsbedingungen anpasst. (Lobin & Nübling 2018)

Diese Interpretation steht im Einklang mit den Bemühungen von George Lakoff, der seit Jahrzehnten für die Schaffung neuer Sprachbilder plädiert, um die Demokratie zu fördern: „Progressives need to learn to communicate using frames that they really believe, frames that express what their moral views really are" (Lakoff 2006). Als Folge der Aufklärung über das Wesen der Sprache und die ideologischen Grundlagen der sprachlichen Normativität werden informierte SprecherInnen in der Lage sein, die Entscheidung zwischen der einen oder anderen Sprachform zu treffen und auf der Grundlage „einer dialektischen Verbindung zwischen Notwendigkeit und Freiheit" „sprachliche Verantwortung" zu übernehmen (Vološinov 1993 [1928]: 89). Mit dieser Forderung nach einer aktiven Einbindung des „sprechenden Bewusstseins" „in den Prozess der historischen Entwicklung" mutet Vološinov (1993 [1928]: 89) der SprecherInnengemeinschaft deutlich mehr zu als Eisenberg mit der folgenden Vorstellung einer ‚Sprachanarchie', die gleichzeitig im Widerspruch zu dem von ihm propagierten notwendigen Festhalten an der veralteten Sprachnorm steht:

> Wo die Normalsprecherin und der Normalsprecher nicht mehr reden und schreiben können, wie ihnen Hand, Kopf und Schnabel gewachsen sind, vergehen wir uns an ihnen und an der Sprache. (PE-DerTagesspiegel-2018)

Es steht zu hoffen, dass in absehbarer Zukunft nicht nur Eisenberg mit seinen Argumenten gegen die genderneutrale Sprache in der Minderheit bleiben wird, sondern dass auch die harte antifeministische Front der RAE ihre Position abschwächen wird, da immer mehr Frauen in die Akademie eintreten und die Netzwerke der ‚alten Männer' auflösen. Die ‚Hardliner' werden derzeit vom Schriftsteller Arturo Pérez-Reverte, dem Autor der Alatriste-Reihe, angeführt, der seiner Institution vorwarf, sich „durch radikales ultrafeministisches Mobbing" einschüchtern zu lassen (o. A. 2016). Auf der anderen Seite äußert sich Inés Fernández-Ordóñez, das jüngste RAE-Mitglied und Spezialistin für Dialektologie und Philologie (RAE o. J. c), differenziert und selbstkritisch über die genderneutrale Sprache:

Es ist schwierig. In Sprachen ist eine einmal versteinerte Struktur nicht leicht umkehrbar. In bestimmten Zusammenhängen würde ich die Unterscheidung ‚Kandidaten und Kandidatinnen' nicht verwenden, aber das bedeutet nicht, dass wir von der RAE aus sie zensieren sollten. [...] Sprachstrukturen sind vererbt und können nicht per Dekret geändert werden. Diesen Gruppen hat man aufgezeigt, dass die Struktur unserer Sprache so funktioniert, aber sie schlagen vor, sie zu ändern, und, was mehr ist, sie tun es auch. Sie müssen respektiert werden. Sprache bedeutet permanente Veränderung, und so wie früher das Zusammenleben außerhalb der Ehe nicht möglich war und heute nur noch 20 % der Bevölkerung heiraten, müssen wir uns offen zeigen.[40] (Fernández-Ordóñez, zit. nach Ruiz Mantilla 2016)

7 Bibliographie

7.1 Korpusquellen

CCC-DiarioYucatán-2017 = o. A. (2017): La gramática no discrimina, pero los discursos sí. *Yucatán.com.mx* (03. 12. 2017). http://yucatan.com.mx/imagen/la-gramatica-no-discrimina-los-discursos (letzter Zugriff 01. 07. 2019).

CCC-ElPaís-2017 = Pérez, David Marcial (2017): ¿Es sexista la lengua española? *ElPaís.com* (03. 12. 2017). https://elpais.com/cultura/2017/12/03/actualidad/1512259900_135421.html (letzter Zugriff 15. 01. 2020).

CCC-ElUniversal-2017 = o. A. (2017): ¿Es sexista la lengua española? *ElUniversal.com.mx* (04. 12. 2017). https://www.eluniversal.com.mx/cultura/es-sexista-la-lengua-espanola (letzter Zugriff 15. 01. 2020).

CCC-Infobae-2018 = Benavides, Sofía (2018): ¿Es machista el idioma español?: el debate sobre arrobas, equis y términos sexistas. *Infobae.es* (28. 01. 2018). https://www.infobae.com/america/cultura-america/2018/01/27/es-machista-el-idioma-espanol-el-debate-sobre-arrobas-equis-y-terminos-sexistas/ (letzter Zugriff 15. 01. 2020).

CCC-LaVozGalicia-2018 = Álvarez, Elisa (2018): Concepción Company: „El lenguaje inclusivo es una tontería". *LaVozDeGalicia.es* (05. 01. 2018). https://www.lavozdegalicia.es/noticia/cultura/2018/01/05/lenguaje-inclusivo-tonteria/0003_201801G5P34991.htm (letzter Zugriff 15. 01. 2020).

IB-ABC-2012 = Astorga, Antonio (2012): Ignacio Bosque: „Hablar comúnmente no es aceptar la discriminación". *ABC.es* (06. 03. 2012). https://www.abc.es/cultura/arte/abcp-

---

[40] „Es difícil. En las lenguas, una vez que una estructura se fosiliza no es fácilmente reversible. En ciertos contextos, yo no usaría la diferenciación ‚candidatos y candidatas', pero no por eso desde la RAE debemos censurarlo". [...] „Las estructuras lingüísticas son heredadas y no se pueden cambiar por decreto. A dichos colectivos se les ha hecho ver que la estructura de nuestra lengua funciona así, pero proponen cambiarla y, es más, lo practican. Deben ser respetados. La lengua supone cambio permanente y lo mismo que si antes no se podía convivir fuera del matrimonio y hoy solo el 20 % de la población se casa, debemos mostrarnos abiertos".

ignacio-bosque-hablar-comunmente-201203060000_noticia.html (letzter Zugriff 15. 01. 2020).

IB-DiarioSur-2016 = Gutiérrez, Francisco (2016): Ignacio Bosque: „Los políticos insisten en distanciar el leguaje oficial y el real". *DiarioSur.es* (03. 04. 2016). https://www.diariosur.es/malaga/201604/03/ignacio-bosque-politicos-insisten-20160402211753.html (letzter Zugriff 15. 01. 2020).

IB-LaOpiniónMálaga-2016 = Vaquero, Natalia (2016): „Creemos que el masculino genérico no es discriminatorio". *LaOpiniónDeMalaga.es* (27. 11. 2016). https://www.laopiniondemalaga.es/sociedad/2016/11/27/creemos-masculino-generico-discriminatorio/892842.html (letzter Zugriff 15. 01. 2020).

IB-RAE-2012 = Bosque, Ignacio (2012): Sexismo lingüístico y visibilidad de la mujer. *ElPaís.com* (04. 03. 2012). https://elpais.com/cultura/2012/03/02/actualidad/1330717685_771121.html (letzter Zugriff 15. 01. 2020).

PE-BPB-2018 = Eisenberg, Peter (2018): Das Deutsche ist eine geschlechtergerechte Sprache – ohne Zwang und ohne Manipulation. *Bundeszentrale für politische Bildung* (08. 08. 2018). http://www.bpb.de/gesellschaft/gender/geschlechtliche-vielfalt-trans/269909/peter-eisenberg-das-deutsche-ist-eine-geschlechtergerechte-sprache-ohne-zwang-und-ohne-manipulation (letzter Zugriff 15. 01. 2020).

PE-DerTagesspiegel-2018 = Eisenberg, Peter (2018): Finger weg vom generischen Maskulinum! *Der Tagesspiegel* (08. 08. 2018). https://www.tagesspiegel.de/wissen/debatte-um-den-gender-stern-finger-weg-vom-generischen-maskulinum/22881808.html (letzter Zugriff 15. 01. 2020).

PE-DieTagespost-2018 = Krips-Schmidt, Katrin (2018): „Für mich ist das eine Unterwerfungsgeste." Der Linguist Peter Eisenberg über die Veränderung der Sprache durch politisch einflussreiche Gruppen. *Die Tagespost* (07. 02. 2018). https://www.die-tagespost.de/gesellschaft/feuilleton/Fuer-mich-ist-das-eine-Unterwerfungsgeste;art310,185737 (letzter Zugriff 15. 01. 2020).

PE-SZ-2017 = Eisenberg, Peter (2017): Das missbrauchte Geschlecht. *Süddeutsche Zeitung* (02. 03. 2017). https://www.sueddeutsche.de/kultur/essay-das-missbrauchte-geschlecht-1.3402438 (letzter Zugriff 15. 01. 2020).

PE-ZDF-2018, ZDF-Morgenmagazin (Hrsg.) (2018): *Streitgespräch: Gendergerechte Sprache* (13. 03. 2018). https://www.zdf.de/nachrichten/zdf-morgenmagazin/videos/streitgespraech-zur-gendergerechten-sprache-100.html (letzter Zugriff 06. 03. 2019, verfügbar bis 14. 03. 2019).

7.2 Andere Quellen

AfD (Alternative für Deutschland) (Hrsg.) (2018): Jörg Meuthen: Vergewaltigung der deutschen Sprache verhindern! https://www.afd.de/joerg-meuthen-vergewaltigung-der-deutschen-sprache-verhindern/ (letzter Zugriff 30. 09. 2020).

AML (Academia Mexicana de la Lengua) (Hrsg.) (2010): *Diccionario de Mexicanismos*. México D. F.: Siglo XXI.

AML (Hrsg.) (o. J.): Académicos. https://www.academia.org.mx/academicos-seccion-2019 (letzter Zugriff 15. 01. 2020).

Angenot, Marc (1977): Présupposé, topos, idéologème. *Études françaises* 13 (1/2), 11–34.

Arnoux, Elvira Narvaja de (2000): La Glotopolítica: transformaciones de un campo disciplinario. In Alfredo Rubione (Hrsg.), *Lenguajes, teorías y prácticas*, 95–109. Buenos

Aires: Gobierno de la Ciudad de Buenos Aires und Instituto Superior del Profesorado „Dr. Joaquín V. González".

Arnoux, Elvira Narvaja de (2013): En torno a la Nueva gramática de la lengua española (Real Academia Española y Asociación de Academias de la Lengua Española). In Elvira Narvaja de Arnoux & Susana Nothstein (Hrsg.), *Temas de glotopolítica. Integración regional sudamericana y panhispanismo*, 245–270. Buenos Aires: Biblos.

Arnoux, Elvira Narvaja de (2014): Glotopolítica: delimitación del campo y discusiones actuales con particular referencia a Sudamérica. In Lenka Zajícová & Radim Zámec (Hrsg.), *Lengua y política en América Latina: Perspectivas actuales*, 19–43. Olomouc: Univerzita Palackého v Olomouci.

Arnoux, Elvira & José Del Valle (2010): Las representaciones ideológicas del lenguaje: Discurso glotopolítico y panhispanismo. *Spanish in Context* 7 (1), 1–24.

Bachtin, Michail (1975 [1934/1935]): Slovo v romane [Слово в романе, ‚Das Wort im Roman']. In Michail Bachtin, *Voprosi literaturi i estetiki. Issledovaniya raznih let* [Вопросы литературы и эстетики. Исследования разных лет, ‚Fragestellungen der Literatur und Ästhetik. Sammlung von Studien'], 71–171. Moskwa: Hudozhestvennaja literatura.

Becker, Lidia (2019): Glotopolítica del sexismo: ideologemas de la argumentación de Ignacio Bosque y Concepción Company Company contra el lenguaje inclusivo de género, *Theory Now* 2 (2), 4–25. http://dx.doi.org/10.30827/TNJ.v2i2.9827 (letzter Zugriff 15. 01. 2020).

Bengoechea, Mercedes (2008): Lo femenino en la lengua: sociedad, cambio y resistencia normativa. Estado de la cuestión. *Lenguaje y textos* 27, 37–68.

Bentivegna, Diego (2019): Lenguaje inclusivo: intervención discursiva y praxis glotopolítica (11. 12. 2018). *Flowcasts Leibniz Universität Hannover*. https://flowcasts.uni-hannover.de/nodes/RKYbZ (letzter Zugriff 15. 01. 2020).

Blank, Andreas (2001): *Einführung in die lexikalische Semantik für Romanisten*. Tübingen: Niemeyer.

Bochmann, Klaus (2005): *Wie Sprachen gemacht werden. Zur Entstehung neuer romanischer Sprachen im 20. Jahrhundert.* (Sitzungsberichte der Sächsischen Akademie der Wissenschaften zu Leipzig, Philologisch-historische Klasse 134.4). Stuttgart/Leipzig: Verlag der Sächsischen Akademie der Wissenschaften zu Leipzig.

Borrego Nieto, Julio (im Druck): Linguistique populaire appliquée aux langues romanes: Espagnol en Europe. In Becker, Lidia, Sandra Herling & Holger Wochele (Hrsg.), *Manuel de linguistique populaire*. Berlin/New York: De Gruyter.

Bosque, Ignacio & Violeta Demonte (Hrsg.): *Gramática descriptiva de la lengua española*, 3 Bde. Madrid: Espasa Calpe.

Bourdieu, Pierre (1980): *Le sens pratique*. Paris: Éditions de Minuit.

Cameron, Deborah (1995): *Verbal Hygiene*. London/New York: Routledge.

Camps, Magí (2019): Los ‚ciudadanos' somos los hombres y las mujeres, no solo los hombres, según las autoridades lingüísticas", *LaVanguardia.com* (06. 03. 2019). https://www.lavanguardia.com/cultura/20190305/46828569487/lenguaje-inclusivo-rae-instituto-cervantes.html (letzter Zugriff 15. 01. 2020).

Company Company, Concepción (Hrsg.) (2006–2014): *Sintaxis histórica de la lengua española*, 3 Bde. México D. F.: FCE, UNAM.

Coseriu, Eugenio (1988): Linguistic change does not exist. In Jörn Albrecht (Hrsg.), *Energeia und Ergon*. Bd. 1. Schriften von Eugenio Coseriu *(1965–1987)*, 147–157. Tübingen: Narr.

Del Valle, José (2007): La lengua, patria común: la hispanofonía y el nacionalismo panhispánico. In José del Valle (Hrsg.), *La lengua, ¿patria común? Ideas e ideologías del español*, 31–56. Frankfurt a. M./Madrid: Iberoamericana Vervuert.

Del Valle, José (2014): Lo político del lenguaje y los límites de la política lingüística panhispánica. *Boletín de Filología* 49 (2), 87–112.
Del Valle, José (2017): La perspectiva glotopolítica y la normatividad. *Anuario de Glotopolítica* 1, 17–39. https://glotopolitica.com/2018/04/19/anuario-2017-1/ (letzter Zugriff 15. 01. 2020).
Del Valle, José (2018): La política de la incomodidad. Notas sobre gramática y lenguaje inclusivo. *Anuario de Glotopolítica* 2, 13–19. https://glotopolitica.com/2019/03/26/2017-1/ (letzter Zugriff 15. 01. 2020).
Diewald, Gabriele (2018): Mitgemeint, aber ausgeschlossen. *Tagesspiegel.de* (17. 09. 2018). https://www.tagesspiegel.de/wissen/streit-um-das-generische-maskulinum-mitgemeint-aber-ausgeschlossen/23077686.html (letzter Zugriff 15. 01. 2020).
Diewald, Gabriele & Anja Steinhauer (2017): *Richtig gendern. Wie Sie angemessen und verständlich schreiben*. Berlin: Duden.
Elcolegionacionalmx (Hrsg.) (2017): ¿Es sexista la lengua española? ECN en la FIL Guadalajara. Concepción Company Company. *YouTube.com* (14. 12. 2017). https://www.youtube.com/watch?v=mJVlyKkNWtI (letzter Zugriff 15. 01. 2020).
Fábregas, Antonio, Maria Carmen Horno Chéliz, Silvia Gumiel Molina & Luisa Martí (2012): *Acerca de la discriminación de la mujer y de los lingüistas en la sociedad: manifiesto de apoyo a D. Ignacio Bosque* (06. 03. 2012). https://manifiestolinguistica.weebly.com/index.html (letzter Zugriff 15. 01. 2020).
Fiorentino, Giuliana (im Druck): Linguistique populaire appliquée aux langues romanes: Italien. In Becker, Lidia, Sandra Herling & Holger Wochele (Hrsg.), *Manuel de linguistique populaire*. Berlin/New York: De Gruyter.
Gévaudan, Paul (1997): La polysémie verticale: hypothèses, analyses et interprétations. *PhiN – Philologie im Netz* 2, 1–22.
Gobierno de España & Ministerio de la Presidencia, Relaciones con las Cortes e Igualdad (2007):
Guespin, Louis & Jean-Baptiste Marcellesi (1986): Pour la glottopolitique. *Langages* 83, 5–31. https://www.persee.fr/doc/lgge_0458-726x_1986_num_21_83_2493 (letzter Zugriff 15. 01. 2020).
Guil, Pura (2006): Word's Spanish Thesaurus: some limits of automaticity. In Eva-Maria Thüne, Simona Leonardi & Carla Bazzanella (Hrsg.), *Gender, Language and New Literacy*, 153–168. New York: Continuum.
Humboldt, Wilhelm von (2014): *Schriften zur Sprache*. Michael Böhler (Hrsg.). Stuttgart: Reclam.
Izquieta, Miren (2018): La desigualdad es evidente para el 82 % de la ciudadanía española. *Diariosur.es* (08. 11. 2018). https://www.diariosur.es/sociedad/desigualdad-espana-feminismo-20181108140441-ntrc.html (letzter Zugriff 15. 01. 2020).
Kienpointer, Manfred (1992): *Alltagslogik. Struktur und Funktion von Argumentationsmustern*. Stuttgart/Bad Cannstatt: frommann-holzboog.
Lakoff, George & Mark Johnson (1980): *Metaphors we live by*. Chicago/London: The University of Chicago Press.
Lakoff, George (2006): *When Cognitive Science Enters Politics*. https://web.archive.org/web/20080517092902/http://www.rockridgeinstitute.org/research/lakoff/whencognitivescienceenterspolitics (letzter Zugriff 15. 01. 2020).
Lara, Luis Fernando (2011a): Diccionario de Mexicanismos. *Letras Libres* (28. 02. 2011). https://www.letraslibres.com/mexico/libros/diccionario-mexicanismos (letzter Zugriff 15. 01. 2020).

Lara, Luis Fernando (2011b): Un diccionario a debate. *Letras Libres* (30. 04. 2011). https://www.letraslibres.com/mexico/un-diccionario-debate-0 (letzter Zugriff 15. 01. 2020).

Ley Orgánica 3/2007, de 22 de marzo, para la igualdad efectiva de mujeres y hombres. *Boletín Oficial del Estado* 71 (23. 03. 2007). https://www.boe.es/buscar/act.php?id=BOE-A-2007-6115 (letzter Zugriff 15. 01. 2020).

Llamas Sáiz, Carmen (2015): Academia y hablantes frente al sexismo lingüístico: ideologías lingüísticas en la prensa española. *Circula* 1, 196–215. http://circula.recherche.usherbrooke.ca/wp-content/uploads/2015/10/2015_01_Llamas_Saiz1.pdf (letzter Zugriff 15. 01. 2020).

Lobin, Henning & Damaris Nübling (2018): Tief in der Sprache lebt die alte Geschlechterordnung fort. *Süddeutsche.de* (07. 06. 2018). https://www.sueddeutsche.de/kultur/genderdebatte-tief-in-der-sprache-lebt-die-alte-geschlechterordnung-fort-1.4003975 (letzter Zugriff 15. 01. 2020).

Moreno Cabrera, Juan Carlos (2011): ‚Unifica, limpia y fija.' La RAE y los mitos del nacionalismo lingüístico español. In Silvia Senz & Montserrat Alberte (Hrsg.), *El dardo en la academia: Esencia y vigencia de las academias de la lengua española*, Bd. 1, 157–314. Barcelona: Melusina.

Moreno Cabrera, Juan Carlos (o. J.): „Acerca de la discriminación de la mujer y de los lingüistas en la sociedad" Reflexiones críticas. https://infoling.org/repositorio/MORENOSEXISMO.pdf (letzter Zugriff 01. 07. 2019).

o. A. (2016): Duelo a garrotazos en la Academia entre Arturo Pérez-Reverte y Francisco Rico. *ElDiario.es* (18. 10. 2016). https://www.eldiario.es/cultura/duelo-Perez-Reverte-Francisco-Rico_0_570793155.html (letzter Zugriff 15. 01. 2020).

o. A. (2017): Mehrheit lehnt geschlechtergerechte Sprache ab. *FAZ.net* (11. 09. 2017). https://www.faz.net/aktuell/gesellschaft/menschen/mehrheit-lehnt-geschlechtergerechte-sprache-ab-15193266.html (letzter Zugriff 15. 01. 2020).

o. A. (2019): La RAE ahora apoya el lenguaje inclusivo: ‚Estamos dispuestos a mejorar la visibilidad del sexo feminino'. *Minutouno.com* (27. 03. 2019). https://www.minutouno.com/notas/5023074-la-rae-ahora-apoya-el-lenguaje-inclusivo-estamos-dispuestos-mejorar-la-visibilidad-del-sexo-femenino (letzter Zugriff 15. 01. 2020).

Ossenkop, Christina (2014): Sprachpolitisch induzierter Sprachwandel und präskriptive Normen: Das Beispiel der Feminisierung von Titeln, Amts-, Funktions- und Berufsbezeichnungen in Frankreich und Spanien. In Georgia Veldre-Gerner & Sylvia Thiele (Hrsg.): *Sprachen und Normen im Wandel*, 57–76. Stuttgart: ibidem.

RAE (Hrsg.) (o. J. a): *Académicos de número: Relación actual*. http://www.rae.es/la-institucion/los-academicos/academicos-de-numero/relacion-actual (letzter Zugriff 15. 01. 2020).

RAE (Hrsg.) (o. J. b): *Académicos de número: Listado histórico: Carmen Conde Abellán*. http://www.rae.es/academicos/carmen-conde-abellan (letzter Zugriff 15. 01. 2020).

RAE (Hrsg.) (o. J. c): *Académicos de número: Inés Fernández-Ordóñez*. http://www.rae.es/academicos/ines-fernandez-ordonez-0 (letzter Zugriff 15. 01. 2020).

RAE & ASALE (Asociación de Academias de la Lengua Española) (2009–2011): *Nueva gramática de la lengua española*, 2 Bde. Madrid, Espasa.

RAE & ASALE (2018): *Libro de estilo de la lengua española según la norma panhispánica*. Madrid: Espasa.

Reisigl, Martin (2014): Topos. In Daniel Wrana, Alexander Ziem, Martin Reisigl, Martin Nonhoff & Johannes Angermuller (Hrsg.), *DiskursNetz. Wörterbuch der interdisziplinären Diskursforschung*, 416–417. Berlin: Suhrkamp.

Ruiz Mantilla, Jesús (2016): Los académicos y las académicas discuten sobre sexismo lingüístico. *ElPaís.com* (19. 10. 2016). https://elpais.com/cultura/2016/10/11/actualidad/1476204624_012306.html (letzter Zugriff 15. 01. 2020).

Saussure, Ferdinand de (^{3}2001): *Grundfragen der allgemeinen Sprachwissenschaft*, herausgegeben von Charles Bally & Albert Sechehaye, übersetzt von Herman Lommel. Berlin/New York: De Gruyter.

Šor, Rosaliâ O. (^{3}2010 [1926]): *Âzyk i obŝestvo* [Язык и общество, ‚Sprache und Gesellschaft'], Moskva: Librokom.

Trabant, Jürgen (2012): *Weltansichten. Wilhelm von Humboldts Sprachprojekt*. München: Beck.

Vergoossen, Hellen Petronella, Emma Aurora Renström, Anna Lindqvist & Marie Gustafsson Sendén (2020): Four Dimensions of Criticism Against Gender-Fair Language. *Sex Roles* 83, 328–337, https://link.springer.com/article/10.1007/s11199-019-01108-x (letzter Zugriff 29. 09. 2020).

Vološinov, Valentin (M. M. Bachtin) (1993 [1928]): *Marksism i filosofiâ âzyka. Osnovnye problemy sociologičeskogo metoda v nauke o âzyke* [Марксизм и философия языка. Основные проблемы социологического метода в науке о языке, ‚Marxismus und Sprachphilosophie. Grundlegende Probleme der soziologischen Methode in der Sprachwissenschaft']. Moskwa: Labirint. [Übersetzung ins Französische: Valentin N. Voloshinov (2010): *Marxisme et philosophie du langage. Les problèmes fondamentaux de la méthode sociologique dans la science du langage*, übersetzt von Patrick Sériot & Inna Tylkowski-Ageeva. Limoges: Lambert-Lucas].

Zaid, Gabriel (2011): La mala suerte. *Letras Libres* (11. 04. 2011). https://www.letraslibres.com/mexico-espana/la-mala-suerte (letzter Zugriff 15. 01. 2020).

Zimmermann, Klaus (2012): Diccionarios, identidad e ideología lingüística. Una reseña y evaluación comparativa del ‚Diccionario del español de México' y del ‚Diccionario de mexicanismos'. *Revista Internacional de Lingüística Iberoamericana* 10 (1), 167–181.

Ronja Löhr

„Ich denke, es ist sehr wichtig, dass sich so viele Menschen wie möglich repräsentiert fühlen"

Gendergerechte Sprache aus der Sicht nicht-binärer Personen

Zusammenfassung: Dieser Beitrag betrachtet gendergerechte Sprache aus der noch kaum erforschten Perspektive von Menschen, die sich nicht (vollständig) in den Kategorien „Mann" oder „Frau" repräsentiert sehen. Die Ergebnisse einer Online-Umfrage, an der 324 Personen aus der Zielgruppe teilgenommen haben, zeigen, dass ein Großteil die sprachliche Repräsentation von nicht-binären Personen als wichtig empfindet. In mehrerlei Hinsicht schneiden neutrale Formen, gefolgt von Schreibweisen mit Genderstern, insgesamt besonders gut ab, während sich die Befragten am wenigsten durch Beidnennungen und die Variante mit Binnen-I repräsentiert fühlen. Die Ergebnisse werden in Anlehnung an Konfliktpunkte zwischen Forderungen der traditionellen feministischen Sprachkritik und queerfeministischen Ansätzen diskutiert.

1 Einleitung

Obwohl die Diskussion um gendergerechte Sprache bereits seit Jahrzehnten geführt wird, ist noch nicht abschließend geklärt, was „gendergerecht" überhaupt bedeutet und ob ein inklusiver Sprachgebrauch im Sinne einer Berücksichtigung von Frauen und Männern zu verstehen ist oder eine angemessene Repräsentation vielfältiger Geschlechter erfordert. Während es bei den Forderungen der feministischen Sprachkritik ursprünglich primär um die sprachliche Sichtbarmachung von Frauen ging (vgl. z. B. Pusch 1984a, Trömel-Plötz 2008), spielt seit den 1990ern die Kritik an der binären Unterscheidung von Geschlechtern zunehmend eine Rolle (Motschenbacher 2012). Die damit einhergehende Suche nach inklusiveren sprachlichen Mitteln hat Schreibweisen mit Genderstern (z. B. *Sportler*innen*) oder Gendergap (z. B. *Politiker_innen*) hervorgebracht, die darauf hinweisen sollen, dass mehr als nur zwei mögliche Geschlechtsidentitäten existieren (AG Feministisches Sprachhandeln 2014/2015, Hermann 2003, Hornscheidt 2012). Diese Varianten sind heute in vielen Empfehlungen für eine gendergerechte Sprache vertreten (vgl. z. B. Bahnik et al. 2020, Bündnis 90/Die Grünen 2015, Gäckle 2017, Rosenstreich 2019). Ob es nötig bzw. möglich ist, durch

Open Access. © 2022 Ronja Löhr, publiziert von De Gruyter.
Dieses Werk ist lizenziert unter der Creative Commons Namensnennung 4.0 International Lizenz.
https://doi.org/10.1515/9783110746396-012

bestimmte Schreibweisen auf weitere Genderidentitäten aufmerksam zu machen, bleibt dabei allerdings umstritten (Kotthoff 2020, Zifonun 2018).

Die Forderungen der traditionellen feministischen Sprachkritik und die queerfeministischen Ansätze stehen teilweise im Konflikt. Die neueren Vorschläge für die Gestaltung eines inklusiven Sprachgebrauchs konkurrieren mit schon vorher vorhandenen Varianten wie der Schreibweise mit Binnen-I (z. B. *LeserInnen*) oder der Paarform (z. B. *Hörer und Hörerinnen*). Während queerfeministische Autor*innen bemängeln, dass die traditionelleren Formen binäre Strukturen reproduzieren und keinen Platz für Vielfalt eröffnen (AG Feministisches Sprachhandeln 2014/2015, Hermann 2003, Hornscheidt 2012), stellen einige Befürworter*innen der älteren Forderungen den Nutzen von Schreibweisen mit Stern oder Gap in Frage (Kotthoff 2017, Pusch 2014). Unter den Personengruppen, die sich für einen geschlechtergerechten Sprachgebrauch einsetzen, herrscht offenbar keine Einigkeit.

Dass die Debatte noch immer lebhaft geführt wird, ergibt sich nicht nur aus den Auseinandersetzungen, die Sprachkritiker*innen seit dem Aufkommen der queerfeministischen Position erleben. Laut Diewald (2018: 189) hängt das große öffentliche Interesse mit der aktuell verstärkt geführten Diskussion um politisch korrekte Sprache und mit dem Widerstand rechter Gruppen gegen moderne gleichstellungspolitische Ansätze zusammen. Die 2018 verabschiedete Änderung des Personenstandsrechts (BGBl. I: 2635), die es bei intersexuellen Menschen in Deutschland erlaubt, im Geburtenregister den Eintrag „divers" zu wählen, hat ebenfalls Aufsehen erregt und eine öffentliche Debatte um die sprachliche Behandlung von Personen jenseits des binären Geschlechtermodells ausgelöst (Klaus 2019, Kühne 2018). Während diese Regelung nur Menschen betrifft, die sich nach biologischen Kriterien nicht eindeutig in die Kategorien männlich bzw. weiblich einordnen lassen, geht es bei der queerfeministischen Sprachkritik um Personen, die sich aus allen möglichen Gründen nicht vollständig in den Kategorien „Mann" bzw. „Frau" vertreten sehen (Baumgartinger 2008, Hermann 2003).

Die Forderung, nicht-binäre Personen sprachlich zu repräsentieren, hat längt Einfluss auf die Gestaltung von gendergerechter Sprache genommen. Obwohl die Diskussion um den Nutzen queerfeministischer Vorschläge schon lange geführt wird, wurde die Sichtweise nicht-binärer Menschen auf das Thema bisher kaum erforscht. Um diese Perspektive zu untersuchen, wurde eine Online-Umfrage erstellt, an der 324 Personen aus der Zielgruppe teilgenommen haben. Die Ergebnisse liefern Einsichten in Bezug auf die Frage, inwiefern sich die Teilnehmenden durch bestimmte Bezeichnungsvarianten repräsentiert sehen. Außerdem wird ersichtlich, welche sprachlichen Mittel die Befragten selbst nutzen. Die Antworten deuten darauf hin, dass nicht-binäre Menschen sich am ehesten durch neutrale Formen und Schreibweisen mit Stern und am wenigsten durch Beidnennungen und Bezeichnungen mit Binnen-I repräsentiert sehen.

2 Gendergerechte Sprache im Wandel

In Deutschland ist die feministische Sprachkritik Anfang der 1980er Jahre aufgekommen, als Linguist*innen mit Beiträgen über einen sexistischen Sprachgebrauch (Guentherodt et al. 1981, Pusch 1984b, Trömel-Plötz 1978) eine Debatte über die Notwendigkeit einer sprachlichen Gleichbehandlung von Frauen auslösten, die bis heute andauert (Diewald 2018, Lobin & Nübling 2018, Zifonun 2018). Die Frage, ob Personenbezeichnungen mit maskulinem Genus in einem geschlechtsübergreifenden Sinne generisch verwendet werden sollten, spielt dabei von Anfang an eine zentrale Rolle (Kalverkämper 1979, Pusch 1984b). Die sprachkritischen Forderungen basieren auf einer Kritik an der Behauptung, Personenbezeichnungen mit maskulinem Genus könnten generisch, d. h. mit Bezug auf beide Geschlechter, verwendet werden. Ein Begriff wie *Studenten* wäre demnach ein treffender Oberbegriff für männliche und weibliche Studierende. Pusch macht darauf aufmerksam, dass Frauen sich bei dieser Verwendungsweise nie sicher sein können, ob sie mitgemeint sind: „Man kann also unser deutsches Sprachsystem mit einer Lotterie vergleichen, in dem Männer mit jedem Los gewinnen (bei beiden Lesarten gemeint sind), Frauen aber nur mit jedem zweiten" (Pusch 1984b: 27). Fest steht, dass als Oberbegriff gedachte maskuline Formen in vielen Fällen für Zweideutigkeit sorgen.

Ein wesentliches Problem besteht darin, dass ein Mitmeinen für die Interpretation der Formulierung nicht entscheidend ist. Viele psycholinguistische Studien deuten darauf hin, dass Frauen bei maskulinen Personenbezeichnungen von Rezipient*innen (gleich welchen Geschlechts) gedanklich nicht oder kaum miteinbezogen werden (vgl. z. B. Braun et al. 1998, Gygax et al. 2008, Kusterle 2011, Stahlberg, Sczesny & Braun 2001). Außerdem geht es, wie Schoenthal (1989:309) klarstellt, nicht darum, ob Sprechende Personengruppen absichtlich ausschließen, sondern darum, dass Frauen sich diskriminiert fühlen und einen eindeutigen Sprachgebrauch wünschen. Die Vermeidung von maskulinen Personenbezeichnungen als Oberbegriffe hängt in dem Sinne auch mit Höflichkeit zusammen (Schoenthal 1989: 309). Aus zahlreichen Gründen, die hier nur angeschnitten werden,[1] gilt eine vermeintlich geschlechtsübergreifen-

---

[1] Für weitere Einwände gegen die Verwendung des generischen Maskulinums siehe: Braun et al. (2007), Doleschal (2002), Grabrucker (1988), Irmen & Steiger (2005), Pusch (1985).

de Verwendung von maskulinen Personenbezeichnungen im Sinne einer geschlechtergerechten, klaren Sprache heute als unangemessen (Diewald & Steinhauer 2019: 16–18).

Als Folge der feministischen Sprachkritik sind zahlreiche Empfehlungen erschienen, die sich mit den geäußerten Forderungen beschäftigen (vgl. z. B. Braun 2000, Diewald & Steinhauer 2017, Gesellschaft für deutsche Sprache e. V. 2020, Guentherodt et al. 1981, Hellinger & Bierbach 1993). Die Paarform bzw. Beidnennung gilt als hilfreiche Strategie, da Frauen darin anders als bei neutralen Ausdrücken explizit sichtbar sind (Braun 2000: 9). Aus ökonomischen Gründen sind nach und nach verschiedene Sparschreibweisen hinzugekommen. Der Vorschlag, die movierte Endung in Klammern zu ergänzen wie in *Autofahrer(in)*, gilt inzwischen als untauglich, da Klammern Verzichtbarkeit ausdrücken (Gautherot 2017: 46). Auch der recht verbreiteten Variante mit Schrägstrichen (z. B. *Lehrer/innen*) wurde vorgeworfen, sie ließe Frauen wie einen abtrennbaren Anhang erscheinen (Reisigl 2013: 32). Dieses Problem erübrigt sich bei der Schreibweise mit Binnen-I (z. B. *LehrerInnen)*, bei der kein Sonderzeichen vor dem movierten Teil steht.

In den 1990er Jahren ist eine neue Form der Sprachkritik aufgekommen, die als queer- bzw. postfeministisch bezeichnet wird. Zu dieser Zeit geraten (de)konstruktivistische Gendertheorien in den Vordergrund. Ein gewandeltes Verständnis von Gender veranlasste eine Kritik an vorherigen feministischen sprachkritischen Ansätzen, insbesondere an der Annahme binärer Geschlechterkategorien (Reisigl & Spieß 2017: 14–15). Das führte zu der Suche nach noch inklusiveren sprachlichen Mitteln (AG Feministisches Sprachhandeln 2014/2015, Hermann 2003, Hornscheidt 2012). Motschenbacher (2012: 87) versteht die Queere Linguistik als eine Übernahme zentraler Punkte aus der Queer Theory in die Sprachwissenschaft. Heute bezieht sich Queer Theory auf die kritische Auseinandersetzung mit der Beziehung von Geschlecht, Gender und Sexualität, die eine Reihe von wissenschaftlichen Disziplinen betrifft (Spargo 1999: 9). Als zentrale Figur gilt Michel Foucault, der Sexualität nicht als natürlich gegebene Eigenschaft, sondern als konstruierte Kategorie begreift, die eher soziale, historische und kulturelle Ursprünge hat als biologische (Foucault 1990). Butler erweitert diese Sichtweise in ihrem berühmten Werk „Das Unbehagen der Geschlechter" (1991) und argumentiert, dass auch Geschlecht sozial hergestellt wird. Die Dekonstruktion der Vorstellung von Geschlecht als biologische Gegebenheit gilt als wichtiger Anstoß für den Feminismus der dritten Welle (Frey & Dingler 2002: 17).

Bei der queeren Linguistik spielt die Kritik an Heteronormativität eine zentrale Rolle (Motschenbacher 2014: 244). Dieser Begriff bezieht sich auf die Annahme einer binären Geschlechterordnung, die nur Männer und Frauen kennt und in der Heterosexualität als Norm gilt – eine Ansicht, die in Institutionen tief verankert ist und unsere alltägliche Wahrnehmung von Personen und der Umgebung stark beeinflusst (Degele 2005: 19). Bei der queertheoretisch orientierten Linguistik geht es laut Motschenbacher (2012: 87) folglich darum, kritisch zu analysieren, wie Sprache dazu beiträgt, Heterosexualität und die binäre Geschlechterkonstruktion als Normen zu verfestigen. Außerdem gehen queere Ansätze bei der Analyse von Sprache davon aus, dass sowohl sexuelle als auch geschlechtliche Identitäten erst während des Sprechens oder Schreibens sozial konstruiert werden (Motschenbacher 2012: 102). Identitäten werden also nach dieser sprachkonstruktivistischen Auffassung, die auch Hornscheidt (2012: 149) einnimmt, erst diskursiv hergestellt. Die queerfeministische Linguistik deckt auf, dass Sprache nicht nur für Frauen, sondern auch und vor allem für Personen, die sich nicht innerhalb der binären Kategorien verorten, diskriminierend ist. Sylvain & Balzer (2008: 40) erkennen, dass die deutsche Grammatik solche Personen ausgrenzt und unsichtbar macht. Laut Baumgartinger (2008: 28) ergibt sich ein Dilemma für TransInterQueer Personen, da sie eine Sprache verwenden müssen, die nur zwei Geschlechter berücksichtigt.

Um nicht-binäre Personen im Sprachgebrauch zu berücksichtigen, gibt es verschiedene Möglichkeiten. Zum einen kann die Kategorie Geschlecht durch Neutralisierungen in den Hintergrund rücken. Dafür kommen verschiedene Methoden in Frage, die Diewald & Steinhauer (2017: 54–63) als „Ersatzformen und Umformulierungen" bezeichnen. Dazu zählen Substantivierungen wie *Studierende* oder *Gewählte*, geschlechtsneutrale Ausdrücke wie *Mensch* oder *Person* sowie Sach- bzw. Abstraktbezeichnungen (z. B. *Leitung* statt *Leiter* oder *Leiterin*). Außerdem können Relativsätze gebildet werden, z. B. *Personen, die gewonnen haben* anstelle von *Gewinner* bzw. *Gewinnerinnen*. Des Weiteren können neue Strategien genutzt werden, um Vielfalt sichtbar zu machen (Baumgartinger 2008: 28). Für die Umsetzung des letzteren Ansatzes wurden inzwischen einige Vorschläge gemacht, wobei der sog. Gendergap (*Leser_in*) zu den bekanntesten zählt. Um der sprachlichen Unsichtbarkeit vielfältiger Geschlechter entgegenzuwirken, soll der Gap laut Hermann (2003: o. S.) einen eigenen Ort für Personen außerhalb der binären Struktur schaffen. Der Unterstrich kann sowohl fixiert bzw. statisch, d. h. vor dem Suffix platziert (*Arbeiter_in*), als auch dynamisch, also an einer beliebigen Stelle im Wort (z. B. *Arb_eiterin*), auftreten. Hornscheidt (2012: 306–311) betrachtet es als Vorteil, dass die binäre Aufteilung bei der dynamischen Platzierung nicht reproduziert, sondern deutlicher unterbrochen wird.

Eine weitere Option bietet der sog. Genderstern, der wie der Gap auf graphostilistische Störung setzt, d. h. durch visuell auffallende Zeichen sollen Rezipient*innen bewusst irritiert und zu einer Auseinandersetzung mit der Bedeutung der Schreibweise animiert werden (Gautherot 2017: 48). Der Asterisk kann ebenfalls sowohl statisch als auch dynamisch eingesetzt werden. Darüber hinaus kann er am Ende eines Wortes stehen wie etwa in *Schüler**. Letztere Variante stellt laut Baumgartinger (2008: 29) einen Versuch dar, auf die sprachliche Markierung von Geschlecht zu verzichten. Beide Schreibweisen werden inzwischen in zahlreichen Empfehlungen vorgestellt (vgl. z. B. AG Feministisch Sprachhandeln 2014/2015, Diewald & Steinhauer 2019, Gäckle 2017).

Neben diesen zwei bekanntesten Strategien gibt es noch viele weitere Vorschläge für die Umsetzung queerfeministischer Forderungen. Dazu zählt die sog. X-Form, mit der Hornscheidt (2012: 294) ein Durchkreuzen der binären Ordnung verdeutlichen möchte. Sie kann in Personenbezeichnungen verwendet werden, wie etwa in *Studierx*, aber auch als Pronomen fungieren (Hornscheidt 2012:294), wie in *x macht gerade xes Hausaufgaben*. Zwischenzeitlich galt die Schreibweise mit *-ecs* wie in *Studierecs* als geeigneter, da die ursprüngliche Variante an die antirassistische Methode von Malcolm X erinnert, der mit diesem Buchstaben auf seinen ihm entwendeten Namen aufmerksam machte, und eine Vereinnahmung dieser Strategie kritisiert wurde (Kotthoff & Nübling 2018: 221). Seit Kurzem wird stattdessen zu *-ens* geraten (vgl. Bender & Eppelsheim 2021).

Bei der sprachlichen Diskriminierung von Personen, die sich außerhalb der binären Geschlechterkategorien verorten, spielen Pronomen eine wesentliche Rolle (Heger 2013, Sylvain & Balzer 2008). Losty & O'Connor (2018) haben sechs englischsprachige nicht-binäre Personen zu ihren Erfahrungen mit der Verwendung von Pronomen befragt. Es wurde von negativen Erfahrungen mit dem Gefühl, *misgendered* zu werden, berichtet. Dieser Begriff bezieht sich auf Situationen, in denen das Gender der Personen falsch eingeschätzt oder bezeichnet wurde, was zum Beispiel passieren kann, wenn mit *he/she* auf sie referiert wird. Die Teilnehmenden der Studie berichten, dass sich diese Erfahrungen negativ auf ihr Wohlbefinden, ihre Beziehungen und ihr soziales Leben auswirken (Losty & O'Connor 2018: 50). Im Deutschen wird bei Pronomen der dritten Person Singular zwischen maskulinen und femininen Formen unterschieden (z. B. *er/sie, sein/ihr, ihm/ihr*), was den Bezug auf Menschen unbestimmten Geschlechts erschwert (Heger 2013: 5). Gegen die Eignung des Pronomens *es* für den Bezug auf nicht-binäre Personen wird vorgebracht, dass die Verwendung eine dehumanisierende Wirkung habe (Hornscheidt 2012: 327). Aus diesem Grund wurden bereits Alternativen vorgeschlagen, etwa die Personalpronomen *xieser* (Heger 2013:8–15) oder *nin* (Sylvain & Balzer 2008). Als Inspiration dienen zudem geschlechtsneutrale Pronomen aus anderen Sprachen, etwa schwedisch *hen* (Hornscheidt 2012: 332–33) oder die Verwendung von *they* aus dem Englischen für den Bezug auf Personen unbestimmten Geschlechts (Heger 2013: 12).

Die queerfeministische Sprachkritik hat kreative Lösungsvorschläge hervorgebracht, die verschiedene Vor- und Nachteile mit sich bringen. Einige Vertreter*innen der traditionellen feministischen Sprachkritik sehen sich durch die Hinweise der queerfeministischen Ansätze angegriffen, teilweise erachten sie die damit einhergehenden Forderungen nicht als notwendig und äußern Kritik an den neuen sprachlichen Methoden (Kotthoff 2017: 106–107, Pusch 2014: 62, Pusch 2016: 44). Die hinzugekommenen Varianten machen den alten Konkurrenz, und das Beharren auf bekannten Methoden erschwert die Durchsetzung queerer Strategien. Dieses Dilemma führt aktuell zu einer Pluralisierung von Schreibweisen (Kotthoff & Nübling 2018:222). Die Debatte zeigt, dass schon viel über sprachliche Mittel für die Repräsentation von Menschen, die sich nicht (vollständig) in den binären Kategorien vertreten sehen, diskutiert wurde, ohne dass bekannt ist, ob sich Nicht-binäre selbst durch diese Vorschläge repräsentiert sehen. Diese Perspektive steht im Zentrum queerfeministischer Sprachkritik und ist somit für die gesamte Thematik relevant.

3 Methode: Online-Umfrage für nicht-binäre Personen

Um die Sichtweise nicht-binärer Menschen auf das Thema gendergerechte Sprache zu untersuchen, wurde eine Online Umfrage erstellt, welche sich gezielt an Personen richtet, die sich nicht oder nicht vollständig in den Kategorien „Mann" oder „Frau" repräsentiert sehen. In diesem Kapitel werden unter 3.1 zunächst Forschungsschwerpunkte der Studie vorgestellt. Abschnitt 3.2 behandelt die Vorbereitung, den Aufbau und die Verbreitung des Fragebogens. Abschnitt 3.3 befasst sich mit der Auswertung der Daten. Abschnitt 4.4 geht auf soziodemografische Eigenschaften der Befragten ein und arbeitet heraus, inwiefern die Zusammensetzung der Teilnehmenden für die Interpretation der Daten relevant ist.

3.1 Forschungsschwerpunkte

Um das facettenreiche Untersuchungsthema auf einen Fragebogen zu übertragen, mussten Schwerpunkte gesetzt werden. Der Fokus dieser Studie liegt auf der Schriftsprache. Wie Baumgartinger (2008: 29) bemerkt, ist dieser Bereich gut zugänglich, und außerdem wurden für die schriftliche Kommunikation bisher am meisten Strategien entwickelt, die der sprachlichen Verfestigung von binären Geschlechternormen entgegenwirken sollen. Es ist nicht nur aufschlussreich zu erfahren, inwiefern Befragte die für nicht-binäre Personen entwickelten Vorschläge als geeignet empfinden, sondern auch von Interesse, inwieweit sie Methoden, die von queerfeministischen Sprachkritiker*innen bemängelt werden, wie etwa Beidnennungen, für (un)geeignet halten. Solche Einschätzungen nicht-binärer Personen könnten die Debatte um angemessene Forderungen an gerechte Sprache und um den Nutzen von verschiedenen sprachlichen Mitteln bereichern. Die angeführten Forschungsfragen dienten als Orientierung beim Erstellen des Fragebogens. Die übergeordneten Themenbereiche werden bei der Datenanalyse wieder aufgegriffen. Die Abkürzung FF steht im Folgenden für Forschungsfragen.

Übersicht der Forschungsfragen

Relevanz des Themas
FF1 Wie wichtig finden nicht-binäre Personen ...
FF1-a die sprachliche Repräsentation von nicht-binären Personen?
FF1-b die explizite Sichtbarmachung von nicht-binären Genderidentitäten?
FF1-c ein Bemühen um Neutralisierungen?

Eignung von sprachlichen Mitteln
FF2 Welche Schreibweisen eignen sich aus der Sicht nicht-binärer Personen für ihre Repräsentation?

Empfundene Repräsentation und Diskriminierung durch Bezeichnungsvarianten
FF3 Inwiefern fühlen sich nicht-binäre Personen durch bestimmte Schreibweisen repräsentiert?
FF4 Inwiefern fühlen sich nicht-binäre Personen durch bestimmte Schreibweisen diskriminiert?

Verwendung von sprachlichen Mitteln
FF5 Welche sprachlichen Mittel verwenden nicht-binäre Personen bei Personenbezeichnungen?

Einschätzung und Verwendung von Pronomen
FF6 Verwenden die Teilnehmenden alternative Pronomen? Wenn ja, welche?
FF7 Inwiefern wünschen sie sich die Einführung eines neuen allgemeingültigen geschlechtsneutralen Pronomens?

3.2 Vorbereitung, Aufbau und Verbreitung des Fragebogens

Beim Erstellen der Umfrage mit der Software SoScie Survey wurden zunächst Schwerpunkte gesetzt. Die Fokussierung auf bestimmte Aspekte kann Teilnehmende bei der Beantwortung beeinflussen. Eine kritische Reflexion darüber, wie sich der eigene Standpunkt auf die Studie auswirkt, ist bei sozialwissenschaftlichen Befragungen grundsätzlich angebracht und besonders wichtig, wenn Außenstehende die Sichtweise einer marginalisierten Gruppe in den Blick nehmen bzw. wenn wie hier eine Cisgender-Forschende[2] die Perspektive von TransInterQueer-Personen untersuchen möchte (Galupo 2017, Thym 2019). Die Cisgender-Identität kann mit einer Voreingenommenheit der Untersuchenden einhergehen und sich, wie Galupo (2017: 1) erklärt, auf den gesamten Ablauf der Studie auswirken: sie beeinflusst die Einschätzung von Schwerpunkten, das Formulieren von Fragen, die Art, wie Befragte die Forschenden wahrnehmen, das Vertrauensverhältnis zwischen ihnen sowie die Weise, auf die die Ergebnisse dargestellt und interpretiert werden. Aus diesem Grund ist es laut Thym (2019: 11–13) wichtig, sich über den Standort der Befragten zu informieren. Wie Hale (1997: 1) bemerkt, ist es beim Schreiben über Themenbereiche, die Transgenderpersonen[3] betreffen, essentiell zu berücksichtigen, dass nicht die Forschenden, sondern Transpersonen die Expert*innen sind. Um nicht als Expertin aufzutreten und den Befragten die Möglichkeit zu eröffnen, Aspekte zu thematisieren, die ihnen persönlich wichtig sind, wurden viele offene Fragen gestellt. Auch bei offenen Formaten besteht allerdings die Gefahr, Teilnehmende durch Formulierungen bei der Fragestellung in eine Richtung zu lenken.

Bei geschlossenen Fragen ergibt sich das Problem der Vorauswahl von bestimmten Antwortkategorien (Porst 2014: 63). Bei der Beurteilung von verschiedenen Bezeichnungsvarianten gab es zwar immer die Möglichkeit, weitere Strategien zu nennen, aber dadurch, dass die Optionen Genderstern, Gendergap, maskuline Form, Binnen-I, X- bzw. ecs-Form und neutrale Bezeichnungen immer vorgegeben waren, wurde ihnen von vornherein eine besondere Relevanz zugeschrieben. Um die Komplexität gering zu halten, wurde die Kategorie der neutralen Bezeichnungen nicht weiter ausdifferenziert. Partizipialformen wie *Studierende* wurden häufig als Beispiel angegeben, wodurch Probleme, die sich

---

[2] Der Begriff Cisgender-Personen bezeichnet Menschen, deren Geschlechtsidentität mit dem Geschlecht übereinstimmt, das ihnen bei der Geburt zugewiesen wurde.
[3] Die Hinweise von Galupo (2017) und Hale (1997) beziehen sich primär auf die Transcommunity, es lässt sich aber davon ausgehen, dass sie auch für Studien mit nicht-binären Personen hilfreich sind, da sich ihre Position in ähnlicher Hinsicht von der Cisgender Perspektive unterscheidet.

im Singular möglicherweise ergeben, ausgeblendet wurden. Denn in Fällen wie *ein Studierender/eine Studierende* ist von einer geringeren Zustimmung auszugehen, da sich für nicht-binäre Personen der Nachteil ergibt, dass die Bezeichnungen genusmarkiert sind (Baumgartinger 2008: 33). Außerdem wurde die maskuline Form als Annäherung zur Alltagssprache als „männliche Form" bezeichnet, um die Umfrage nicht mit zu viel Grammatik zu befrachten. Allerdings impliziert der Ausdruck „männlich" eine nicht-generische Lesart, was Befragte zu einer Ablehnung dieser Option verleiten könnte, und bei der Auswertung der Daten berücksichtigt werden muss. Die dadurch intendierte Reduktion von Komplexität und Fachsprachlichkeit birgt immer das Risiko der Unschärfe. Diese Maßnahmen wurden im Voraus als wichtig erachtet, da Unsicherheit darüber herrschte, ob sich ausreichend nicht-binäre Personen finden lassen würden, die bereit sind, an einer zeitintensiven Umfrage teilzunehmen.

Tebbe & Budge (2016: 1011) erklären, dass die Suche nach Teilnehmenden im Internet hilfreich ist, um mit schwer erreichbaren Gruppen wie der Transcommunity in Kontakt zu treten. Der Fragebogen wurde über verschiedene Internetplattformen wie Facebook und Tumblr, das Inter_Trans_Wissenschaftsnetzwerk und über einige Organisationen, die der TransInterQueer-Community nahestehen, verbreitet. Häufig wurden Posts von Mitgliedern der Gruppen weitergeleitet, was vor allem auf Tumblr zu einer schnellen Verbreitung der Umfrage innerhalb der angesprochenen Community beigetragen hat.

3.3 Auswertung der Daten

Durch den Ausschluss ungültiger Fälle ergibt sich ein Datensatz mit 324 Interviews. Antworten auf offene Fragen wurden inspiriert von Prinzipien der Grounded Theory (Strauss & Corbin 1996, Strauss 1994) kodiert. Dabei wurden alle Einträge mehrfach gelesen und mit Stichworten bzw. Codes versehen. Aus häufig verwendeten Codes ergaben sich Kategorien. Die Antwort „Wenn es möglich ist, sollte man meiner Meinung nach versuchen, neutral zu sein. Aber die deutsche Sprache funktioniert teilweise nicht so, also kann man recht wenig machen" (R705) auf die Frage nach der Meinung zu gendergerechter Sprache führte beispielsweise zu folgenden Codes: geschlechtsneutrale Ausdrücke erwünscht, Herausforderung speziell im Deutschen, Resignation. Bei der Auswertung aller Antworten auf diese Einstiegsfrage ergaben sich insgesamt fünfzehn Kategorien mit Aspekten, die wiederholt aufgegriffen wurden:
1. Vorbild Englisch
2. Herausforderung speziell im Deutschen
3. Umsetzung schwierig

4. Wichtiges Thema
5. Sprachkonstruktivismus („Sprache schafft Wirklichkeit")
6. Akzeptanz des generischen Maskulinums
7. Kritik am generischen Maskulinum
8. Inklusion & Sichtbarkeit
9. Kritik an Beidnennungen
10. Kritik an Sparschreibweisen
11. Geschlechtsneutrale Ausdrücke erwünscht
12. Aufmerksamkeit erregen/ Bewusstsein schaffen
13. Wertschätzung der Verwendung
14. Bemühen um Verwendung
15. Sprache ist nicht alles

Bei der Zuschreibung von Codes und Kategorien ließ sich der Einfluss subjektiver Einschätzungen nicht gänzlich verhindern.

3.4 Zusammensetzung der Teilnehmenden

Um zu entscheiden, ob die Teilnehmenden in die Zielgruppe passen, wurden ihre Genderangaben näher analysiert. Ansara & Hegarty (2014: 7–8) empfehlen, Befragte ihr Geschlecht selbst beschreiben zu lassen, um zu vermeiden, dass sie durch vorgegebene Optionen *misgendered* werden. Daher wurde offen gefragt: „Wie würdest du dein Gender beschreiben?". Zusätzlich konnten Befragte angeben, ob sie sich durch den Oberbegriff „nicht-binär" eingeschlossen fühlen und ihre Einschätzung (*ja, nein* oder *weiß nicht*) erläutern. Insgesamt geben 88 Prozent der insgesamt 324 Befragten an, sich durch den Oberbegriff „nicht-binär" eingeschlossen zu sehen.

Bei Personen, die sich nicht vollständig durch diesen Oberbegriff repräsentiert sehen, wurde einzeln geprüft, ob sie trotzdem in die Zielgruppe passen. Insgesamt wurden zehn Fälle ausgeschlossen, von denen der Großteil wegen Angaben wie „weiblich", „männlich" oder „Cis weiblich" eindeutig aus der gesuchten Kategorie herausfällt. Beim Einbezug der anderen Teilnehmenden, die „nicht-binär" nicht als treffende Bezeichnung für sich empfinden, wurde berücksichtigt, dass die queere Community vielfältig ist und eindeutigen Labels kritisch gegenübersteht. Eine detaillierte Darstellung darüber, welche Genderbezeichnungen insgesamt vertreten sind, gestaltet sich schwierig, da viele dies ausführlicher beschreiben oder mehrere Oberbegriffe nutzen, z. B. „Immer noch in der Findungsphase. Mögliche Bezeichnungen wären Genderqueer/non-binary. Eventuell genderfluid" (C250). Unter den gewählten Begriffen dominieren die Ausdrücke nicht-binär bzw. non-binary, queer, fluid und agender. Um die Erläuterungen nicht nachträglich in eindeutigere Labels verwandeln zu müssen, wird auf eine prozentuale Darstellung der Genderangaben verzichtet.

Es stellt sich die Frage, inwiefern die Gesamtheit der Teilnehmenden repräsentativ für die ausgeschriebene Zielgruppe ist. Die Selbstrekrutierung der Befragten sorgt diesbezüglich für Einschränkungen. Es ist davon auszugehen, dass die Umfrage vor allem Personen anspricht, die sich für das untersuchte Thema interessieren. Interessierte könnten eher geneigt sein, die Relevanz von gendergerechter Sprache hoch einzustufen, bestimmte Formen wie das generische Maskulinum abzulehnen oder Widerstandsstrategien wie die Schreibweise mit Genderstern zu nutzen als Personen, die gendergerechte Sprache als weniger wichtig empfinden und daher nicht bei der Umfrage mitmachen wollten. Bei Online-Umfragen ergibt sich zusätzlich das Problem, dass ausschließlich Personen mit Computer- und Internetzugang erreicht werden (Wagner & Hering 2014: 663). Die Verbreitung der Studie über das Internet ist dennoch von Vorteil, weil ein hohes Maß an Anonymität gegeben ist. Auf Tumblr ist es beispielsweise üblich, unter Pseudonym zu bloggen, sodass Nutzer*innen in Netzwerken der nicht-binären Community aktiv sein können, ohne ihre wahre Identität bekannt geben zu müssen. Daher sind Menschen, die sich noch nicht geoutet haben, nicht zwangsläufig unterrepräsentiert.

Wie Bora (2012: 7) in Bezug auf eine Studie über die Situation von intersexuellen Menschen in Deutschland festhält, lässt sich die Repräsentativität von Befragten schwer einschätzen, wenn über die Verteilung soziodemografischer Eigenschaften innerhalb der gesuchten Gruppe wenig bekannt ist. Bei der Betrachtung von soziodemografischen Merkmalen der Teilnehmenden dieser Studie fällt auf, dass der Großteil eher jung ist. Ca. 60 Prozent der Befragten sind zwischen 20 und 29 Jahre alt. Ca. 14 Prozent der Teilnehmenden sind zwischen 15 und 19 Jahre alt. Nur vereinzelt vertreten sind die Altersgruppen unter 15 oder über 44 Jahren. Inwiefern nicht-binäre Personen häufiger in den hier herausstechenden Altersgruppen vertreten sind oder die Verteilung mit der Rekrutierung über das Internet und soziale Medien zusammenhängt, lässt sich nicht klären. In Bezug auf den Bildungsstand der Teilnehmenden fällt auf, dass viele als höchsten Abschluss einen Schulabschluss angeben. Das könnte daran liegen, dass mehr als die Hälfte noch unter 25 Jahre alt sind. 6,5 Prozent der Befragten gehen noch zur Schule. Ca. 30 Prozent haben einen Fachhochschul- oder Hochschulabschluss. Wird der geringe Altersdurchschnitt berücksichtigt, erscheint der Bildungsgrad durch den hohen Anteil an Personen mit Abitur oder Hochschulabschluss insgesamt hoch.

Mit einem Anteil von über 90 Prozent finden sich unter den Teilnehmenden fast ausschließlich Personen, die ihre politische Haltung als links (ca. 67 Prozent) oder eher links (ca. 28 Prozent) einordnen. Rechte oder eher rechte Parteien bieten wenig Raum für Geschlechtervielfalt und wenden sich teilweise gezielt gegen antiheteronormative Maßnahmen, etwa das Thematisieren von Transsexualität im Unterricht. In dieser Hinsicht ist es denkbar, dass eine eher linke politische Einstellung in der Zielgruppe ähnlich stark verbreitet ist wie unter den Teilnehmenden der Studie. Zu berücksichtigen ist allerdings, dass gendergerechte Sprache eher von linken Kreisen thematisiert bzw. umgesetzt wird (Bündnis 90/Die Grünen 2015, Die Linke o. J.). Der Untersuchungsgegenstand könnte demnach zusätzlich dazu beigetragen haben, dass fast alle Befragten links bzw. eher links eingestellt sind. Ob die Zusammensetzung der Teilnehmenden, die zum Großteil eher jung, gebildet und links eingestellt sind, repräsentativ für die Zielgruppe ist, lässt sich schwer beurteilen und muss kritisch hinterfragt werden.

4 Datenanalyse

4.1 Die Relevanz des Themas aus der Sicht nicht-binärer Personen

In Bezug auf die Relevanz des Themas (FF1) zeigt sich eine eindeutige Tendenz. Wie Abb. 1 veranschaulicht, empfindet ein Großteil der Teilnehmenden den sprachlichen Einbezug nicht-binärer Genderidentitäten als sehr wichtig oder wichtig (vgl. lila Balken). Knapp über 80 Prozent der Befragten entscheiden sich in Bezug auf Frage 1 (F1) für eine der beiden höchsten Stufen der Skala; 51,5 Prozent davon betrachten den Einbezug als eindeutig sehr wichtig. Die niedrigsten Stufen 1 und 2, die für eine geringe Relevanz stehen, sind insgesamt nur mit 2,5 Prozent besetzt.

Die Ausprägung der gelben Balken in Abb. 1 zeigt, dass viele Befragte eine explizite sprachliche Sichtbarmachung von nicht-binären Genderidentitäten als wichtig erachten. Die Verteilung auf der Skala unterscheidet sich dennoch merklich von der eindeutigeren Tendenz in Bezug auf den sprachlichen Einbezug nicht-binärer Genderidentitäten im Allgemeinen (F1). Das Mittelfeld und die niedrigen Stufen der Skala sind bei der expliziten sprachlichen Sichtbarmachung (F2) etwas stärker vertreten. Offenbar halten es nicht alle, die großen Wert auf einen sprachlichen Einbezug legen, für ebenso wichtig, dass nicht-binäre Genderidentitäten explizit benannt werden.

In Bezug auf ein Bemühen um geschlechtsneutrale Formulierungen (F3) ergibt sich, wie die grünen Balken in Abb. 1 zeigen, wiederum eine klare Tendenz:

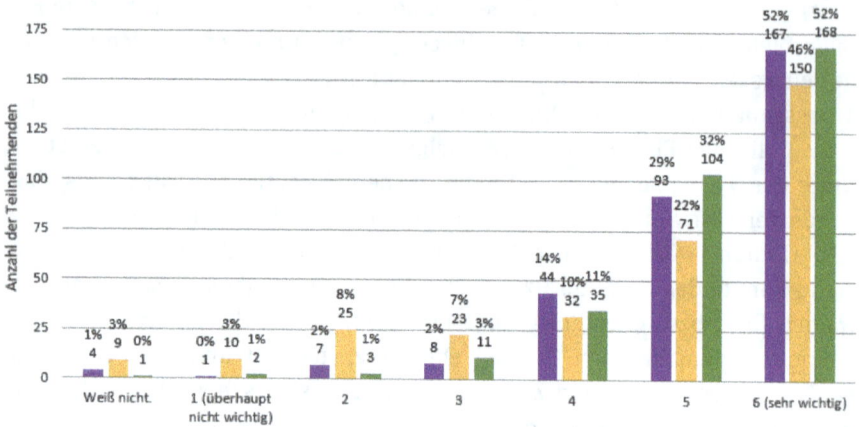

Abb. 1: Die Relevanz des Themas aus der Sicht nicht-binärer Personen, $n = 324$.

der Großteil schätzt es als sehr wichtig oder wichtig ein, die Wenigsten empfinden diesen Aspekt als unwichtig. Auch in den Antworten auf eine offene, generelle Frage zur Meinung über gendergerechte Sprache äußern viele ein Bedürfnis nach geschlechtsneutralen Ausdrücken. Häufig wird über einen Mangel an neutralen Begriffen im Deutschen geklagt. Außerdem erklären sehr viele, dass sie ein Bemühen um die Verwendung gendergerechter Ausdrücke schätzen. Mehrfach werden sprachkonstruktivistische Argumente vorgebracht – die Auswirkung von Sprachhandlungen auf die Realität scheint für viele eine wesentliche Rolle zu spielen. Das Bedürfnis nach (sprachlicher) Inklusion wird ebenfalls häufig betont, wie etwa in A1:

> **A1:** „Ist für mich ein super wichtiges Thema – Sprache gestaltet Welt, Sprache ist Handeln und kann so ein- und ausschließen." (C424)

Die frei formulierten Meinungsäußerungen zeigen eine ähnliche Tendenz wie die in Abb. 1 präsentierten Relevanz-Einstufungen: Der Großteil der Befragten schildert, dass der sprachliche Einbezug nicht-binärer Genderidentitäten für sie eine wichtige Rolle spielt. Dennoch zeigt sich kein gänzlich homogenes Bild. Teilweise wurde angemerkt, dass das generische Maskulinum als ausreichend empfunden wird oder dass Sprache bei dem Thema Inklusion nicht die größte Rolle spielt. Einige Befragte empfinden die Umsetzung als sehr schwierig und sehen besonders im Deutschen viele Herausforderungen.

4.2 Die Eignung von sprachlichen Mitteln für die Repräsentation der Befragten

Abb. 2 zeigt, welche Schreibweisen sich in den Augen der Teilnehmenden für die Repräsentation von nicht-binären Personen eignen (FF2). Ca. 92 Prozent halten Neutralisierungen für geeignet. Somit wurde diese Option bei der Frage mit möglicher Mehrfachauswahl mit Abstand am häufigsten gewählt. Darauf folgt mit knappen 74 Prozent der Genderstern, der von 239 Personen ausgewählt wurde. 180 der 324 Befragten, d. h. 55,6 Prozent, empfinden die Schreibweise mit Gendergap als geeignet. Im Sinne einer Reduktion des Umfangs und der Komplexität der Umfrage wurden hier nur Varianten berücksichtigt, die bisher für die Repräsentation nicht-binärer Geschlechter in Erwägung gezogen wurden. Daher wurden Beidnennungen nicht genannt, was die Vergleichbarkeit mit Abb. 3 und Abb. 4 einschränkt.

Alle weiteren aufgeführten Optionen wurden von deutlich weniger als der Hälfte ausgewählt. Die Endung *-x* bzw. *-ecs* halten 33,3 Prozent für geeignet. Obwohl die Bezeichnung „männliche Form" eine einseitige Referenz auf Männer impliziert, wählen immerhin 17 Prozent diese Variante mit Beispiel im Plural. 39 Teilnehmende nennen sonstige Optionen, darunter dominiert die Schreibweise mit Doppelpunkt (z. B. *Student:innen*), wobei mehrfach der Vorteil angeführt wird, dass dieses Zeichen für Screenreader geeignet und somit barrierefrei ist. Vereinzelt wurden zudem die Schreibung mit Apostroph (z. B. *Stu-*

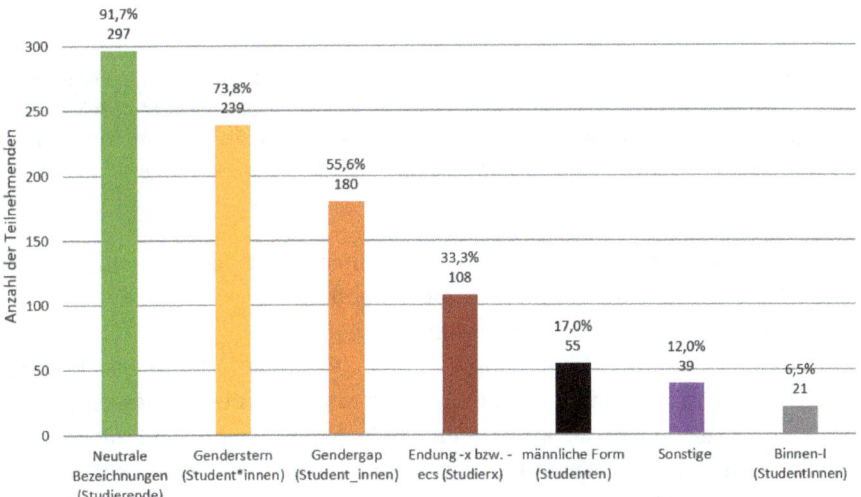

Abb. 2: Die Eignung sprachlicher Mittel, F: Welche Schreibweisen eignen sich deiner Meinung nach für die Repräsentation nicht-binärer Personen? *n* = 324.

dent'innen) und Diminutive (z. B. *Studis*) genannt. Das Binnen-I wird am seltensten ausgewählt und nur von 6,5 Prozent der Teilnehmenden als geeignet erachtet.

4.3 Empfundene Repräsentation durch Bezeichnungsvarianten

Um zu ermitteln, inwiefern sich nicht-binäre Personen durch bestimmte Schreibweisen repräsentiert fühlen (FF3), wurden den Befragten Aussagen der Form „Durch die Schreibweise XY fühle ich mich repräsentiert" vorgelegt. Ihre Zustimmung konnten sie auf einer 6-Punkte-Skala einordnen. Abb. 3 vergleicht, wie die Repräsentation durch verschiedene Schreibweisen bewertet wurde. Sind die Schreibweisen stärker auf der rechten Seite der Skala vertreten, fühlen sich die Teilnehmenden insgesamt eher repräsentiert als bei den Formen auf der linken Seite. Dabei wird sichtbar, dass sich die Befragten am ehesten durch neutrale Bezeichnungen repräsentiert sehen. Die Mehrheit fühlt sich durch Schreibweisen mit Stern oder Gap repräsentiert, wobei die zustimmende Tendenz für das Sternchen klarer ausfällt. Mit deutlichem Abstand folgt die Form mit der Endung *-x* oder *-ecs* und schließlich – mit einer noch deutlicheren Tendenz zur Ablehnung – die maskuline Form. Noch klarer ist diese Tendenz beim Binnen-I. Durch Beidnennungen fühlen sich die wenigsten Teilnehmenden repräsentiert. Mehrfach wird Kritik an diesen beiden Varianten geäußert, wie etwa in A2:

> **A2:** „Für nicht-binäre Geschlechter ist es aber nochmal ein etwas anderes Problem, wenn die Beidnennung ‚Männer und Frauen' oder z. B. Binnen-I genutzt werden oder Formulierungen [wie] egal ob ‚Mann oder Frau'. [Dadurch] werden wir nicht bloß zur Abweichung von der Norm herabgesetzt, sondern es wird ausgedrückt, dass wir gar nicht existieren" (C108)

Auch bei den schlecht abschneidenden Varianten ergibt sich kein einheitliches Bild. Dennoch sieht sich ein Großteil der Befragten durch Schreibweisen mit Binnen-I und Beidnennungen nicht repräsentiert.

Zusätzlich wurde gefragt, inwiefern sich die Personen durch verschiedene Varianten diskriminiert fühlen (FF4). Dabei grenzen sich die drei Formen, durch die sich die Teilnehmenden am ehesten repräsentiert fühlen – neutrale Bezeichnungen und Schreibweisen mit Stern und Gap – noch deutlicher von den anderen Optionen ab, da sich die Befragten durch sie eindeutig am wenigsten diskriminiert fühlen. Obwohl die Einstufungen dem Bild ähneln, das sich bei der empfundenen Repräsentation ergibt, wird dabei zusätzlich sichtbar, dass das

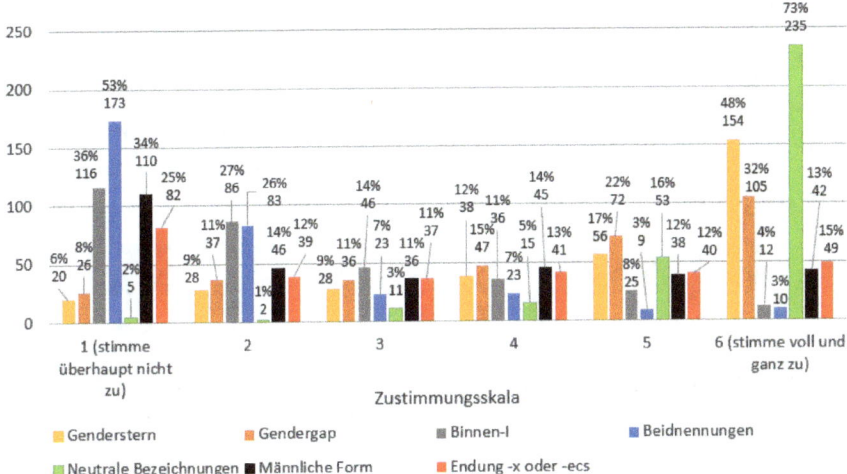

Abb. 3: Empfundene Repräsentation, Aussage: Durch die Schreibweise XY fühle ich mich repräsentiert. *n* = 324.

Gefühl, nicht repräsentiert zu sein, nicht zwangsläufig mit einer empfundenen Diskriminierung einhergeht. Während sich ca. 53 Prozent der 324 Teilnehmenden überhaupt nicht durch Beidnennungen repräsentiert sehen, geben nur ca. 25 Prozent an, sich durch diese Form voll und ganz diskriminiert zu fühlen, und immerhin 12 Prozent sehen sich dadurch überhaupt nicht diskriminiert.

4.4 Die Verwendung sprachlicher Mittel

In Bezug auf die Verwendung sprachlicher Mittel (FF5) muss bedacht werden, dass die Teilnehmenden ihren Gebrauch selbst einschätzen und dass nicht etwa durch ein Experiment geprüft wurde, welche Formen sie in verschiedenen Situationen tatsächlich nutzen. Abb. 4 zeigt die Auswahl von Varianten bei der Frage, welche Formen verwendet werden, wenn nicht bekannt ist, ob unter den Bezeichneten nicht-binäre Personen sind. Dabei waren Mehrfachangaben möglich. Nach den bisher analysierten Einschätzungen ist es nicht verwunderlich, dass neutrale Bezeichnungen und Umschreibungen am häufigsten verwendet werden. Mehrere Personen merken in Bezug auf die Befürwortung von neutralen Varianten an, dass sie es schätzen, damit weniger (negativ) aufzufallen als bei Formen mit Sonderzeichen, die für Irritation sorgen, was etwa in A3 artikuliert wird:

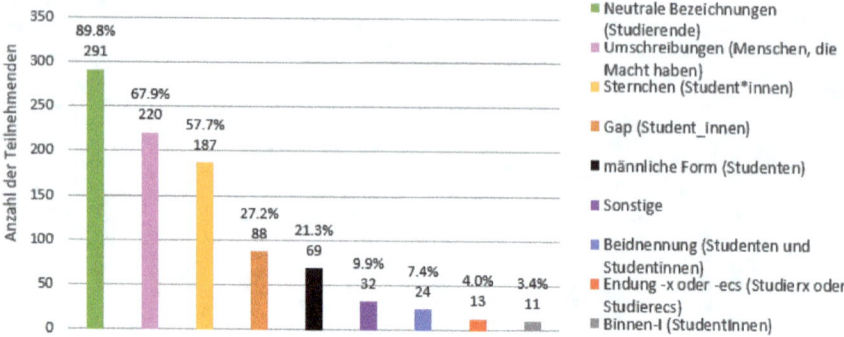

Abb. 4: Die Verwendung sprachlicher Mittel. F: Welche Schreibweisen verwendest Du selbst bei Personenbezeichnungen, wenn Dir nicht bekannt ist, ob unter den Bezeichneten nicht-binäre Personen sind oder nicht? n = 324.

A3: „ich bin noch etwas schüchtern bei der Verwendung von * in direkter schriftlicher Kommunikation (bspw. WhatsApp), aus Angst vor schlechten Reaktionen. Deshalb nutze ich eher neutrale Formen und Umschreibungen, da ich sie für weniger aufmerksamkeitserweckend halte." (C1208)

Zusätzlich wird es vereinzelt als positiv gesehen, dass die Kategorie Geschlecht durch die Nutzung neutraler Ausdrücke in den Hintergrund rückt.

Knapp 60 Prozent der Befragten verwenden das Sternchen. Diese Form wird mehr als doppelt so häufig genutzt wie der Gap, den ca. 27 Prozent wählen. Darauf folgt mit immerhin 21,3 Prozent die maskuline Form im Plural. Unter den Schreibweisen, die in der Rubrik „Sonstige" genannt wurden, dominiert der Doppelpunkt (wie in *Lehrer:innen*), auf den 6 Personen verweisen. Nur ein geringer Anteil von 7,4 Prozent gibt an, Beidnennungen zu verwenden. Noch deutlich weniger Personen nutzen die X-Form. Nur 11 der insgesamt 324 Befragten nutzen das Binnen-I. Von denjenigen, die Sonderzeichen einsetzen, geben nur 12 Personen an, dass sie diese manchmal auch dynamisch (wie in *Les*erinnen*) verwenden.

4.5 Die Einschätzung und Verwendung von Pronomen

Ein Abschnitt der Umfrage befasst sich mit Personalpronomen der 3. Person Singular, für die das Deutsche traditionell drei Varianten kennt, wobei die Eignung der Optionen *er*, *sie* und *es* für die Repräsentation von nicht-binären Personen umstritten ist (vgl. z. B. Heger 2013, Hornscheidt 2012, Sylvain & Balzer 2008). Dazu wurden mehrere Fragen gestellt, etwa ob alternative Varianten genutzt werden (FF6) und inwiefern die Einführung eines neuen geschlechtsübergreifenden Pronomens im Deutschen erwünscht ist (FF7). Mehrere Befragte schildern Erklärungsnöte, die sich durch das Fehlen eines geeigneten Personalpronomens ergeben, was etwa aus A4 hervorgeht.

> **A4:** „alle werden sprachlich ständig in eine von zwei (oft falsche) Kategorien eingeordnet und es ist immer kompliziert und mit viel Erklär-/Bildungsarbeit und Rechtfertigungen verbunden das nicht zu wollen." (C258)

Offenbar empfinden es mehrere Befragte als schwierig, ihre Identität sichtbar zu machen. Darüber hinaus vermissen einige eine geeignete Variante, weil sie durch die Nutzung der traditionellen Formen häufig *misgendered* werden oder sich sogar dazu gezwungen fühlen, es selbst zu tun.

Häufig wird über eine Alternativlosigkeit geklagt. Für mehrere Teilnehmende bieten Neopronomen wie etwa *xier* oder *nin* keine handhabbare Lösung. Dabei ist für einige die Unbekanntheit der Varianten ausschlaggebend, da sie in ihren Augen ihre Durchsetzung erschwert. In diesem Kontext spielt auch die Angst vor Widerstand eine Rolle. Es wird häufig angemerkt, dass alternative Pronomen vermieden werden, um negativen Reaktionen zu entgehen. Andere empfinden Neopronomen als unästhetisch oder unnatürlich. Sehr viele nennen das englische Pronomen *they* als Beispiel für eine gute Lösung und bedauern, dass es keine Entsprechung im Deutschen gibt. Die Einführung eines neuen Pronomens wird von einer Mehrheit (ca. 73 %) klar befürwortet, wobei auch mehrere Befragte auf Nachteile aufmerksam machen, etwa dass es schwierig sei, eine geeignete Form zu finden, die alle zufriedenstellt. Außerdem äußern einige Kritik an der Herangehensweise, Sprachwandel durch Vorschriften durchzusetzen. Hier wird befürchtet, der Widerstand könnte größer ausfallen, wenn die Nutzung eines Pronomens zur Pflicht wird.

Obwohl sich kein homogenes Bild ergibt und es auch einige Teilnehmende gibt, die die Nutzung der üblichen Personalpronomen unproblematisch finden, wird insgesamt deutlich, dass es hier zu Schwierigkeiten kommt. Das manifestiert sich auch darin, dass die Befragten Änderungswünsche äußern und verschiedene Umgehungsstrategien oder Alternativen entwickelt haben, wie etwa das Ersetzen von Pronomen durch Vornamen.

5 Diskussion der Ergebnisse

In diesem Kapitel werden Vor- und Nachteile der behandelten Bezeichnungsvarianten diskutiert, mögliche Erklärungen für die Einschätzungen der Befragten thematisiert und Überlegungen über die Durchsetzbarkeit der untersuchten Varianten angestellt. **Neutrale Formen** schneiden insgesamt besonders gut ab. Laut Diewald & Steinhauer (2017: 53–54) bringen Ersatzformen und Umformulierungen sowohl aus feministischer als auch aus postfeministischer Perspektive wertvolle Vorteile mit sich. Sie können einerseits helfen, weniger ästhetische Kurzformen oder ausführliche Beidnennungen zu umgehen. Zusätzlich „wird mit ihnen die Festlegung auf genau zwei Geschlechter vermieden, sodass sie auch dem Wunsch nach der Berücksichtigung verschiedener Geschlechtsidentitäten gerecht werden", so Diewald & Steinhauer (2017: 54). Allerdings ergeben sich bei neutralen Formen auch aus beiden Blickwinkeln Nachteile.

Die Frage, ob Neutralisierung oder Sichtbarmachung die bessere Strategie ist, durchzieht schon lange die Debatte um gendergerechte Sprache. Neutrale Formen werden in Leitfäden von Anfang an aufgegriffen. Allerdings werden sie nur teilweise als geeignete Strategie präsentiert (Bahnik et al. 2020, Gleichstellungsbüro der RWTH Aachen 2019, Hellinger & Bierbach 1993), wohingegen andere Handreichungen sie kritisieren (AG Feministisch Sprachhandeln 2014/ 2015, Fischer & Wolf 2009, Gäckle 2017). In den von der Universität zu Köln erstellten Richtlinien werden neutrale Formen beispielsweise als Ausnahmelösung präsentiert, die nur bei beschränktem Platz und zur Vermeidung häufiger Wiederholungen genutzt werden sollten (Gäckle 2017: 10). Die Einstufung als zweitrangige Lösung ergibt sich in erster Linie daraus, dass dadurch zwar vermeintlich generische maskuline Formen vermieden, aber Frauen nicht explizit sichtbar gemacht werden (Elmiger 2011: 165). Fischer und Wolf (2009: 7) machen zusätzlich auf die fehlende Sichtbarmachung weiterer Geschlechter aufmerksam.

Dass weitere Geschlechter nicht explizit genannt sind, ist problematisch, da durch Bezeichnungen wie pluralische *Studierende* überwiegend männliche Vorstellungen hervorgerufen werden (AG Feministisch Sprachhandeln 2014/2015: 39). Dieses Problem wurde in mehreren psycholinguistischen Experimenten nachgewiesen (Braun et al. 1998, Heise 2000, Kusterle 2011). Bei einer Studie von Braun et al. (1998), in der der Frauenanteil nach dem Lesen verschiedener Texte mit unterschiedlichen Formen (Beidnennungen, neutralen Personenbezeichnungen und generischem Maskulinum) geschätzt werden sollte, hat sich beispielsweise gezeigt, dass die Paarform zu einem höheren Anteil beiträgt, während neutrale Formulierungen kaum zu einer gesteigerten Assoziation von Frauen geführt haben (Braun et al. 1998: 281). Befunde dieser Art lassen vermuten, dass Formen, die Frauen nicht explizit nennen, eher männlich gelesen werden, wobei das sog. Male-As-Norm-Prinzip – der prototypische Mensch wird als Mann konzipiert – wirkt (Kotthoff & Nübling 2018: 104).

Anders als beim generischen Maskulinum weisen bei neutralen Formen allerdings nicht alle psycholinguistischen Experimente in dieselbe Richtung. In einem Experiment von Stahlberg, Sczesny & Braun (2001), bei dem Versuchspersonen ihre durch verschiedene Schreibweisen bezeichneten Lieblingsfiguren unterschiedlicher Bereiche nennen sollten, haben sich neutrale Ausdrücke im Vergleich zur Paarform kaum nachteiliger auf die Verteilung männlicher und weiblicher Assoziationen ausgewirkt. Trotzdem wurde der male bias bei neutralen Formen mehrfach belegt (Braun et al. 1998, Heise 2000, Rothmund & Scheele 2004). Die Richtlinien der AG Feministisch Sprachhandeln (2014/2015), die dem Anspruch folgen, alle Geschlechter sprachlich angemessen zu berücksichtigen, bezeichnen Partizipialformen daher als pseudo-antidiskriminierend. Es wird bemängelt, dass Bezeichnungen dieser Art die bestehende Geschlechterordnung nicht irritieren (AG Feministisch Sprachhandeln 2014/2015: 39). Aus diesen Gründen lehnt auch Hornscheidt (2012: 320–321) die Verwendung von Partizipialformen ab. Offenbar sind diese Kontraargumente aus der sprachkritischen Theorie für viele Befragte nicht ausschlaggebend. Laut Gautherot (2017: 51) stellen Neutralisierungen aus postfeministischer Sicht eine respektvollere Variante als etwa die Paarform dar, weil Diskriminierung durch Bi-Kategorisierung umgangen werden kann. Dass die Kategorie Geschlecht in den Hintergrund rückt und die binäre Aufteilung nicht reproduziert wird, geben mehrere Teilnehmende als Begründung für die Wahl neutraler Bezeichnungen an. Darüber hinaus fallen diese Varianten kaum auf, was einige schätzen. Wie Ivanov et al. (2019: 14) bemerken, werden Neutralisierungen anders als Kurzformen (wie Binnen-I oder Sternchen) weniger mit politischen oder ideologischen Überzeugungen assoziiert. Daher können sie sich auch in Kreisen etablieren, die sich nicht als feministisch oder links darstellen möchten.

Neben Neutralisierungen erfahren auch Strategien der Sichtbarmachung von Vielfalt Zustimmung. Die mehrheitlich positive Bewertung von Varianten, die mit graphostilistischer Störung arbeiten, könnte damit zusammenhängen, dass unter den Teilnehmenden, bedingt durch die Selbstrekrutierung, fast ausschließlich Befürwortende gendergerechter Sprache sind. Die Ergebnisse der Umfrage widersprechen den Einschätzungen von Kotthoff (2017) und Pusch (2014), dass queerfeministische graphostilistische Varianten wie der **Gap** und der **Stern** ihren Zweck nicht erfüllen können. Kotthoff (2017) äußert bei ihrer Kritik am Nutzen der Formen Zweifel an einem verstärkten gedanklichen Einbezug von weiteren Genderidentitäten durch andere: „Davon auszugehen, dass nun bei der Lektüre vor dem inneren Auge zwangsläufig ein Transgender-Typus auftaucht, scheint mir weit entfernt zu sein von Zusammenhängen zwischen Sprache und Kognition" (Kotthoff 2017: 105). Um zu testen, ob Rezipient*innen im Allgemeinen bei diesen Bezeichnungsvarianten eher an nicht-binäre Personen denken, wären psycholinguistische Experimente nötig. Aber allein durch die erhöhte empfundene Repräsentation, die in Abschnitt 4.3 sichtbar wird, erfüllen die beiden Formen eine Funktion.

Ein weiterer wesentlicher Zweck dieser Schreibweisen ist die Irritation binärer Strukturen. In den Kommentaren wird an mehreren Stellen deutlich, dass die Befragten es schätzen, wenn Schreibweisen ein Bewusstsein für die Existenz vielfältiger Genderidentitäten schaffen. Einige gehen davon aus, dass diese Formen zum Nachdenken anregen. Dadurch ergibt sich ein weiterer Zweifel an Kotthoffs Argumentation. Kotthoff (2017: 100) begründet ihre Bedenken in Bezug auf die Wirkung von Schreibweisen mit Gap damit, dass Sonderzeichen keine Vorstellungen hervorrufen können, die uns aus dem Alltag kaum geläufig sind. Allerdings zielen queerfeministische Strategien genau auf dieses Problem ab und versuchen, durch Brüche mit gewohnten Bezeichnungsvarianten auf die Existenz weiterer Geschlechter aufmerksam zu machen (Hermann 2003, Hornscheidt 2012). Viele Teilnehmende betrachten diesen bewussten Effekt von Stern oder Gap als wünschenswert. Trotzdem darf nicht außer Acht gelassen werden, dass einige darin keine ideale Lösung sehen und andere Varianten bevorzugen. In kritischen Kommentaren wird häufig über einen beeinträchtigten Lesefluss oder über Schwierigkeiten bei der Übertragung dieser Schreibweisen in die Mündlichkeit geklagt.

Die Bevorzugung des Sterns im Vergleich zum Gap steht im Einklang mit den Ergebnissen einer Umfrage von Ivanov et al. (2019), bei der Wissenschaftler*innen aus dem Bereich der Geschlechterforschung und der Medizin zum Gebrauch von gendergerechter Sprache und ihren Einstellungen dazu befragt wurden. Dabei geben Teilnehmende an, der Stern wirke positiver als der Gap (Ivanov et al. 2019: 11) – ein Eindruck, der auch in der vorliegenden Umfrage mehrfach geäußert wurde. Diesbezüglich bemerken viele, dass sie den Gap mit einer Leere verbinden und die Symbolkraft des Sterns favorisieren. Die Bevorzugung des Sterns kann auf Dauer zu einer Verdrängung ähnlicher Mittel wie dem Gap führen, wobei immerhin mehr als die Hälfte der Befragten den Unterstrich für geeignet hält. Unter der Berücksichtigung, dass jede Verwendung einer Form mit dem Versuch einhergeht, diese durchzusetzen (Acke 2019: 314), ist eine stärkere Verbreitung des Sterns, der etwa doppelt so häufig genutzt wird, und eine Verdrängung des Gaps dennoch wahrscheinlich. Die Tatsache, dass das Sternchen bei derjenigen Community, die dadurch repräsentiert werden soll, beliebter ist, könnte seine Durchsetzung begünstigen, da die Bedürfnisse dieser Gruppe bei Empfehlungen der Variante häufig betont werden (vgl. z. B. AG Feministisch Sprachhandeln 2014/2015, Bündnis 90/Die Grünen 2015, Diewald & Steinhauer 2019).

Um die Durchsetzung der **X-Form** steht es hingegen schlecht. Sie erfährt von den Teilnehmenden vergleichsweise wenig Zustimmung und wird kaum verwendet. Reisigl & Spieß (2017: 23) halten die Verbreitung der X-Form aufgrund erschwerter Les- und Sprechbarkeit für unwahrscheinlich. Kotthoff &

Nübling (2018: 221) stellen die Durchsetzbarkeit aufgrund des tiefen Eingriffs in Grammatik, Aussprache und Schriftbild ebenfalls in Frage. Die X-Form hat bisher deutlich weniger Aufmerksamkeit erfahren als andere Methoden und wird in den meisten Empfehlungen, darunter dem *Gender-Duden* (Diewald & Steinhauer 2019), gar nicht erst vorgestellt. Von den queerfeministischen Vorschlägen, die in der Umfrage konkret abgefragt wurden, scheint die X-Form das geringste Potenzial für eine breite Durchsetzung zu haben.

In Bezug auf Schreibweisen mit Sonderzeichen lässt sich festhalten, dass diese nur sehr selten dynamisch verwendet werden. Dieser Befund steht im Einklang mit Ängsals Vermutung, fixierte Varianten könnten wegen ihrer systematischen Bildungsart beliebter sein (Ängsal 2015: 83) und mit der Einschätzung von Reisigl & Spieß (2017: 23), die die Durchsetzung dynamischer Verwendungsweisen durch eine erschwerte Les- und Sprechbarkeit behindert sehen. Da sogar Personen, die den sprachlichen Einbezug von nicht-binären Menschen zum Großteil als wichtig erachten, eindeutig zu einer statischen Nutzung tendieren, erscheint es sehr unwahrscheinlich, dass Sonderzeichen in Zukunft häufig dynamisch verwendet werden.

Bei der Beurteilung der **maskulinen Form** fällt auf, dass diese Variante weniger entschieden abgelehnt wird als Beidnennungen oder Schreibweisen mit Binnen-I. Obwohl die gewählte Bezeichnung „männliche Form" eine einseitige Referenz auf Männer impliziert, betrachten immerhin 17 Prozent diese Variante als geeignet. Es ist es nicht verwunderlich, dass diese Option nicht am schlechtesten abschneidet, da insbesondere pluralische Bezeichnungen wie *Studenten*, anders als die Paarform (z. B. *Studenten und Studentinnen*), keine binäre Aufteilung der Geschlechter explizieren. Wenn davon ausgegangen wird, dass die Schreibweise mit Binnen-I als Kurzform der Beidnennung zu verstehen ist, was teilweise geäußert wurde, ist die positivere Einschätzung von maskulinen Formen auch in dieser Hinsicht nicht überraschend. Nichtsdestotrotz halten die meisten Befragten eine generische Verwendung der maskulinen Form für ungeeignet. Wie in Kapitel 2 beschrieben, ist sie für die Bezeichnung von nicht männlichen Personen problematisch.

Die Erkenntnis, dass ein Großteil sich nicht oder kaum durch **Beidnennungen** und Schreibweisen mit **Binnen-I** repräsentiert sieht, steht im Einklang mit Äußerungen einiger Sprachkritiker*innen, die an der Eignung dieser Ausdrucksweisen für die Repräsentation vielfältiger Geschlechter zweifeln. Hermann (2003: o. S.) betrachtet Beidnennungen als sprachliche Schranken, die nicht-binären Geschlechtern keinen Platz lassen. Die Anregungen der AG Feministisch Sprachhandeln (2014/2015: 28) machen darauf aufmerksam, dass sowohl die Paarform als auch Schreibweisen mit Binnen-I mit der Vorstellung von ausschließlich zwei Geschlechtern verknüpft sind. Laut Hornscheidt (2012: 317) trägt die Nutzung des Binnen-I zur Reproduktion von Zweigenderung bei. Nach Motschenbacher (2014: 255) hebt die ausführliche Paarform die Binarität noch klarer hervor als Schreibweisen mit Binnen-I, da die Trennung der Wörter als Ausdruck der Unvereinbarkeit der beiden Geschlechterkategorien gelesen werden kann. Das Argument, dass Beidnennungen Binarität betonen, greifen die von mir Befragten mehrfach auf. Eine Person betrachtet die Paarform beispielsweise als „explizite Nicht-Nennung nicht-binärer Identitäten" (C378). Die Einschätzung der Teilnehmenden widerspricht der Darstellung von Diewald & Steinhauer, die Beidnennungen als die „höflichste und eindeutigste Variante der sprachlichen Gleichstellung" bezeichnen, mit der Begründung, dass dabei „explizit die weiblichen und männlichen Personen genannt" werden (Diewald & Steinhauer 2019: 20).

Für einen verstärkten gedanklichen Einbezug von Frauen haben sich die Paarform und das Binnen-I in psycholinguistischen Experimenten allerdings als besonders geeignet erwiesen (Braun et al. 1998, Stahlberg & Sczesny 2001). Somit bestätigt sich ein Konfliktpunkt mit den Strategien der traditionellen feministischen Sprachkritik, die beide Optionen als Errungenschaften feiert. Trömel-Plötz (2008:751) betrachtet das Binnen-I beispielsweise als kreativen Einfall, der die Paarform auf gelungene Weise verkürzt und durch die explizite Bezeichnung von Frauen ein politisches Zeichen setzt. Da das Binnen-I von der befragten Community so gut wie gar nicht verwendet und kaum als geeignet betrachtet wird, könnte die Verwendung zukünftig zurückgehen. Diese Vermutung stimmt mit der Bemerkung von Diewald & Steinhauer (2019: 29) über eine bereits stattfindende Verdrängung des Binnen-I durch den Stern überein. Er tritt nicht mehr nur in Kontexten auf, in denen Geschlechtervielfalt im Vordergrund steht (Diewald & Steinhauer 2019: 29), und wird etwa vom Deutschen Frauenrat (2019) sowohl für die Repräsentation von vielfältigen Geschlechtern als auch für die Sichtbarmachung von Frauen empfohlen. Diese Studie bestätigt den offenbar bereits verbreiteten Eindruck, dass das Binnen-I weniger zeitgemäß ist als der Genderstern (Diewald & Steinhauer 2019: 29).

Spannend ist die Zukunft der **Pronomen**, da diese Studie auf dringenden Änderungs- bzw. Ergänzungsbedarf hinweist. Wie bei den Interviews mit sechs englischsprachigen nicht-binären Personen von Losty & O'Connor (2018: 50) hat sich gezeigt, dass unpassende Pronomen für viele Befragte ein Problem darstellen, das sich auf ihr Wohlbefinden auswirkt und negative Erfahrungen mit dem Gefühl, *misgendered* zu werden, evoziert. Die Ergebnisse deuten darauf hin, dass sich neben dem Weglassen von Pronomen und dem Ausweichen auf Eigennamen am ehesten Umschreibungen mit *Mensch* bzw. *Person*[4] durchsetzen kön-

---

4 Inwieweit Begriffe wie *Mensch* und *Person* tatsächlich geschlechtsneutral sind, diskutiert Klein (in diesem Band).

nen, die vergleichsweise häufig genannt werden und sich für alle Rezipient*innen von selbst erklären. Es ist allerdings davon auszugehen, dass weniger sensibilisierte Menschen weiterhin auf traditionelle Pronomen zurückgreifen. Das Thema Pronominalisierung wird in Ratgebern über gendergerechte Sprache bisher nur selten aufgegriffen, was damit zusammenhängen könnte, dass dieser Aspekt nur für nicht-binäre Personen, doch nicht für Frauen, die nach wie vor im Vordergrund der Debatte stehen,[5] relevant ist.

6 Fazit und Ausblick

Die Ergebnisse der Online-Umfrage mit 324 Teilnehmenden weisen darauf hin, dass die Wahl einer Bezeichnungsvariante einen entscheidenden Einfluss darauf hat, ob Personen sich repräsentiert sehen. Neutrale Formen tragen, gefolgt von Schreibweisen mit Genderstern, am ehesten zur wahrgenommenen Repräsentation der nicht-binären Befragten bei. Am drittbesten schneidet der Gendergap ab. Somit erfahren sowohl Neutralisierungsmaßnahmen als auch Strategien der Sichtbarmachung viel Zustimmung. Bei der X-Form und maskulinen Bezeichnungen fällt die empfundene Repräsentation insgesamt deutlich geringer aus. Durch binarisierende Schreibweisen sehen sich die wenigsten Teilnehmenden repräsentiert. Eine ähnliche Tendenz ergibt sich in Bezug auf die Verwendung der sprachlichen Mittel, da neutrale Formen am häufigsten, der Stern am zweithäufigsten und am dritthäufigsten der Gap – Binnen-I und Beidnennungen hingegen kaum – genutzt werden, wobei die X-Form ähnlich selten verwendet wird wie das Binnen-I.

Insgesamt unterstützen die Ergebnisse die queerfeministische Ansicht, dass die durch die traditionelle Sprachkritik hervorgebrachten Vorschläge nicht ausreichen, um den Bedürfnissen vielfältiger Geschlechter gerecht zu werden. Die Überlegungen zur zukünftigen Gestaltung gendergerechter Sprache zeigen, dass die Berücksichtigung aller Geschlechter eine Herausforderung darstellt. So ist nicht verwunderlich, dass viele Befragte Ratlosigkeit in Bezug auf eine angemessene Umsetzung ausdrücken, eine nicht-heteronormative Sprachgestaltung im Deutschen – einer Sprache, in der Genus und Geschlecht eng zusammenhän-

---

5 Im *Gender-Duden* liegt der Fokus beispielsweise eindeutig auf der Berücksichtigung von Männern und Frauen, was laut Diewald & Steinhauer (2019:7–8) damit zusammenhängt, dass die binäre Unterteilung die Gesellschaft und somit die deutsche Sprache und ihre Strukturen seit Langem prägt. Dadurch stehen bisher viele sprachliche Möglichkeiten zur expliziten Benennung von Frauen, aber noch kaum Optionen für die Bezugnahme auf nicht-binäre Personen, zur Verfügung.

gen (vgl. z. B. Busley & Fritzinger, Lind & Späth in diesem Band) – als schwierig empfinden und Vorteile im Englischen sehen, wo etwa das häufig genannte Pronomen *they* für den Bezug auf nicht-binäre Personen zur Verfügung steht.

Zukünftige Studien könnten Beispiele im Singular und weitere Formen von Personenbezeichnungen mit aufnehmen. Es wäre spannend zu erfahren, ob nicht-binäre Personen sich durch das generische Femininum repräsentiert fühlen. So könnte getestet werden, inwiefern sich diese Variante, die binäre Kategorien nicht hervorhebt und Frauen zugleich sichtbar macht, als Lösung eignet. Außerdem wären Beurteilungen der von mehreren Befragten erwähnten Variante mit Doppelpunkt (z. B. *Leser:innen*), die kürzlich von der Frankfurter Rundschau (Kaspar 2020) vorgeschlagen wurde, von Interesse. Da der Genderstern und in geringerem Maße der Gap hier mit am besten abschneiden, aber ihre Angemessenheit für die Bezeichnung von Frauen von Seiten der feministischen Sprachkritik in Frage gestellt wird (Pusch 2014, Kotthoff 2017), wäre es aufschlussreich zu erforschen, inwieweit sich Frauen durch diese Formen repräsentiert sehen. So könnte ermittelt werden, inwiefern das Sternchen unter den Schreibweisen mit Sonderzeichen die beste Option für den Bezug auf alle Geschlechter bietet.

Die Repräsentativität der befragten Personengruppe lässt sich nur schwer einschätzen. In jedem Fall wären mehr Daten wünschenswert, um die Aussagekraft der vorliegenden Ergebnisse zu testen. Um die Eignung verschiedener Methoden für die Repräsentation nicht-binärer Personen weiter zu ergründen, wäre es aufschlussreich zu erfragen, ob es ihnen primär um die Benennung der „Nicht-Zugehörigkeit" zu einer der binären Kategorien geht oder um die explizite Bezeichnung einer bestimmten Ausprägung der festgestellten Vielfalt. Bei der Durchführung dieser Umfrage hat sich gezeigt, dass die Teilnahmebereitschaft unter den Mitgliedern der befragten Community groß ist. Wie im Feedback zur Umfrage deutlich wird, schätzen es viele, dass zu diesem Thema geforscht und dass ihre Sichtweise erfragt wird. Das könnte Forschende ermutigen, diese bisher noch kaum bekannte Perspektive weiter zu untersuchen.

7 Literatur

Acke, Hanna (2019): Sprachwandel durch feministische Sprachkritik. Geschlechtergerechter Sprachgebrauch an den Berliner Universitäten. *Zeitschrift für Literaturwissenschaft und Linguistik* 49 (2), 303–320.

AG Feministisch Sprachhandeln der Humboldt-Universität zu Berlin (2014/2015): *Was tun? Sprachhandeln – aber wie? W_ortungen statt Tatenlosigkeit! Anregungen zum antidiskriminierenden Sprachhandeln*, 2. Aufl. Berlin.

Ängsal, Magnus P. (2015): Personenbezeichnungen mit Unterstrich und geschlechtsneutrale Pronomen: Zur queerfeministischen Sprachkritik in Deutschland und Schweden. In Jörg Bücker, Elke Diedrichsen & Constanze Spieß (Hrsg.), *Perspektiven linguistischer Sprachkritik*, 75–100. Stuttgart: Ibidem.

Ansara, Gavriel Y. & Peter Hegarty (2014): Methodologies of misgendering: Recommendations for reducing cisgenderism in psychological research. *Feminism & Psychology* 24 (2), 259–270.

Bahnik, Antje et al. (2020): *Geschlechtersensible Sprache – Ein Leitfaden*, 2. Aufl. Koordinationsbüro für Frauenförderung und Gleichstellung der Technischen Universität, Berlin.

Baumgartinger, Persson Perry (2008): Lieb[schtean] Les[schtean], [schtean] du das gerade liest… Von Emanzipation und Pathologisierung, Ermächtigung und Sprachveränderungen. *Liminalis* 2, 24–39.

Bender, Justus & Philip Eppelsheim (2021): Krieg der Stern*innen. Müssen wir bald alle gendern? *F. A. Z. Online*. https://www.faz.net/aktuell/politik/inland/gendern-geschlechtergerechte-sprache-kommt-in-mode-17183146.html (letzter Zugriff 13. 02. 2021).

Bora, Alfons (2012): *Zur Situation intersexueller Menschen: Bericht über die Online-Umfrage des Deutscher Ethikrates*. Deutscher Ethikrat, Berlin.

Braun, Friederike, Anja Gottburgsen, Sabine Sczesny & Dagmar Stahlberg (1998): Können Geophysiker Frauen sein? Generische Personenbezeichnungen im Deutschen. *Zeitschrift für germanistische Linguistik* 26, 265–283.

Braun, Friederike (2000): *Mehr Frauen in die Sprache. Leitfaden zur geschlechtergerechten Formulierung*. Ministerium für Justiz, Frauen, Jugend und Familie des Landes Schleswig-Holstein, Kiel.

Braun, Friederike, Susanne Oelkers, Karin Rogalski, Janine Bosak & Sabine Sczesny (2007): „Aus Gründen der Verständlichkeit…": Der Einfluss generisch maskuliner und alternativer Personenbezeichnungen auf die kognitive Verarbeitung von Texten. *Psychologische Rundschau* 58 (3), 183–189.

Bundesministerium der Justiz und für Verbraucherschutz (Hrsg.) (2018): Gesetz zur Änderung der in das Geburtenregister einzutragenden Angaben. *Bundesgesetzblatt*, Teil I, Nr. 48. Bonn, 2635–2636.

Bündnis 90/Die Grünen (2015*): Beschluss. Gendergerechte Sprache in den Anträgen an die BDK*. Halle.

Butler, Judith (1991): *Das Unbehagen der Geschlechter*. Frankfurt am Main: Suhrkamp.

Degele, Nina (2005). Heteronormativität entselbstverständlichen: Zum verunsichernden Potenzial von Queer Studies. *Freiburger Frauen Studien* 17, 15–39.

Deutscher Frauenrat (2019): *GENDER-STERN (*) FÜR ALLE*. https://www.frauenrat.de/gender-stern-fuer-alle/ (letzter Zugriff 02. 02. 2020)

Die Linke (o. J.): Wir sprechen alle Menschen an – Geschlechtergerechte Ansprache der Partei DIE LINKE. https://archiv2017.die-linke.de/fileadmin/frauennewsletter/2011/12/Leitfaden_Geschlechtergerechte_Ansprache.pdf (letzter Zugriff 02. 02. 2020).

Diewald, Gabriele (2018): Zur Diskussion: Geschlechtergerechte Sprache als Thema der germanistischen Linguistik – exemplarisch exerziert am Streit um das sogenannte generische Maskulinum. *Zeitschrift für germanistische Linguistik* 46 (2), 283–299.

Diewald, Gabriele & Anja Steinhauer (2017): *Richtig Gendern. Wie Sie angemessen und verständlich schreiben*. Berlin: Duden.

Diewald, Gabriele & Anja Steinhauer (2019): *Gendern – ganz einfach!* Berlin: Duden.

Doleschal, Ursula (2002): Das generische Maskulinum im Deutschen. Ein historischer Spaziergang durch die deutsche Grammatikschreibung von der Renaissance bis zur Postmoderne. *Linguistik online* 11 (2), 39–70.

Elmiger, Daniel (2011): Von Dozierenden und Emeritierenden: substantivierte Partizip-I-Formen im heutigen Deutsch. *Travaux Neuchâtelois de Linguistique (TRANEL)* 55, 163–179.

Fischer, Beatrice & Michaela Wolf (2009): *Leitfaden zum geschlechtergerechten Sprachgebrauch. Zur Verwendung in Lehrveranstaltungen und in wissenschaftlichen Arbeiten.* Zentrum für Translationswissenschaft, Universität Wien.

Foucault, Michel (1990): *The History of Sexuality*, Bd. I: An Introduction. London: Penguin.

Frey, Regina & Johannes Dingler (2002): Wie Theorien Geschlechter konstruieren. In Heinrich-Böll-Stiftung (Hrsg.), *Alles Gender? Oder was? Theoretische Ansätze zur Konstruktion von Geschlecht(ern) und ihre Relevanz für die Praxis in Bildung, Beratung und Politik*, 7–25. Berlin.

Gäckle, Annelene (2017): *ÜberzeuGENDERe Sprache. Leitfaden für eine geschlechtersensible und inklusive Sprache*. http://gedim.uni-koeln.de/sites/genderqm/user_upload/Leitfaden_geschlechtersensible_Sprache_5.Auflage_2017.pdf (letzter Zugriff 10. 01. 2020).

Galupo, M. Paz (2017): Researching while cisgender: Identity considerations for transgender research. *International Journal of Transgenderism*, 1–2.

Gautherot, Laure (2017): Vom Sprachfeminismus zum gendergerechten Sprachgebrauch in der BRD. *Kwartalnik Neofilologiczny* LXIV(1), 39–53.

Gesellschaft für deutsche Sprache e. V. (2020): Leitlinien der GfdS zu den Möglichkeiten des Genderings. *Der Sprachdienst* 64, 51–62. https://gfds.de/standpunkt-der-gfds-zu-einer-geschlechtergerechten-sprache/. (letzter Zugriff 19. 09. 2020)

Gleichstellungsbüro der RWTH Aachen (Hrsg.) (2019): *Geschlechtergerechte Sprache. Handreichung*. Aachen.

Grabrucker, Marianne (1988): Die Rechtssprache ist männlich. *Zeitschrift für Rechtspolitik* 21 (1), 12–14.

Guentherodt, Ingrid, Marlis Hellinger, Luise F. Pusch & Senta Trömel-Plötz (1981): Richtlinien zur Vermeidung sexistischen Sprachgebrauchs. *Linguistische Berichte* 71, 1–7.

Gygax, Pascal, Ute Gabriel, Oriane Sarrasin, Jane Oakhill & Alan Garnham (2008): Generically intended, but specifically interpreted: When beauticians, musicians and mechanics are all men. *Language and Cognitive Processes* 23, 464–485.

Hale, Jacob (1997): Suggested Rules for Non-Transsexuals Writing about Transsexuals, Transsexuality, Transsexualism, or Trans ___. Modified for service providers. https://hivdatf.files.wordpress.com/2010/09/suggested-rules-for-non-modifiHrsg.pdf (letzter Zugriff 15. 09. 2019).

Heger, Anna (2013): Xier packt xiesen Koffer. Pronomen ohne Geschlecht 3.2. http://www.annaheger.de/pronomen32/ (letzter Zugriff 08. 01. 2020).

Heise, Elke (2000): Sind Frauen mitgemeint? Eine empirische Untersuchung zum Verständnis des generischen Maskulinums und seiner Alternativen. *Sprache & Kognition* 19, 3–13.

Hellinger, Marlis & Christine Bierbach (1993): *Eine Sprache für beide Geschlechter. Richtlinien für einen nicht-sexistischen Sprachgebrauch*. Bonn.

Hermann, Steffen Kitty (2003): Performing the Gap – Queere Gestalten und geschlechtliche Aneignung. *Arranca!* 28, 22–26 (online o. S.). https://arranca.org/archive?path=%2Fausgabe%2F28%2Fperforming-the-gap (letzter Zugriff 12. 11. 2019).

Hornscheidt, Lann (2012): *Feministische W_orte. Ein Lern-, Denk und Handlungsbuch zu Sprache und Diskriminierung, Gender Studies und feministischer Linguistik.* Frankfurt am Main: Brandes & Apsel.
Irmen, Lisa & Vera Steiger (2005): Zur Geschichte des Generischen Maskulinums: Sprachwissenschaftliche, sprachphilosophische und psychologische Aspekte im historischen Diskurs. *Zeitschrift für germanistische Linguistik 33*, 212–235.
Ivanov, Christine, Maria B. Lange, Tabea Tiemeyer, Martin Ptok (2019): Geschlechtergerechte Sprache in der Wissenschaft. Gebrauch und Motivation. In Julia Gruhlich, Solveig Lena Hansen, Susanne Hofmann & Christoph Behrens (Hrsg.), *gender<ed> thoughts. New Perspectives in Gender Research* (Working Paper Series, 2). 1–14. Göttingen.
Kalverkämper, Hartwig (1979): Die Frauen und die Sprache. *Linguistische Berichte 62*, 55–71.
Kaspar, Thomas (2020): Wie gendern? *Frankfurter Rundschau Online.* https://www.fr.de/politik/wie-gendern-sprache-editorial-frankfurter-rundschau-90037079.html (letzter Zugriff 19. 09. 2020).
Klaus, Julia (2019): Was sich durch „divers" ändert. *Zeit Online.* https://www.zeit.de/gesellschaft/2019-01/drittes-geschlecht-identitaet-zuordnung-auswirkungen-gesetz-faq (letzter Zugriff 04. 03. 2020).
Kotthoff, Helga (2017): Von Syrx, Sternchen, großem I und bedeutungsschweren Strichen. Über geschlechtergerechte Personenbezeichnungen in Texten und die Kreation eines schrägen Registers. In *OBST 90*, Bd. 1: Sprachpolitiken und Grammatik, 91–115.
Kotthoff, Helga & Damaris Nübling (2018): *Genderlinguistik. Eine Einführung in Sprache, Gespräch und Geschlecht.* Tübingen: Narr.
Kotthoff, Helga (2020): Gender-Sternchen, Binnen-I oder generisches Maskulinum, … (Akademische) Textstile oder Personenreferenz als Registrierungen? In: *Linguistik online* 103 (3), 105–127.
Kühne, Anja (2018): Männlich, weiblich, divers. Wie das dritte Geschlecht die Berufswelt ändert. *Der Tagesspiegel Online.* https://www.tagesspiegel.de/gesellschaft/queerspiegel/maennlich-weiblich-divers-wie-das-dritte-geschlecht-die-berufswelt-aendert/23660088.html (letzter Zugriff 04. 03. 2020).
Kusterle, Karin (2011): *Die Macht von Sprachformen. Der Zusammenhang von Sprache, Denken und Genderwahrnehmung.* Frankfurt am Main: Brandes & Apsel.
Lobin, Henning & Damaris Nübling (2018): Tief in der Sprache lebt die alte Geschlechterordnung fort. *Süddeutsche Zeitung.* https://www.sueddeutsche.de/kultur/genderdebatte-tief-in-der-sprache-lebt-die-alte-geschlechterordnung-fort-1.4003975 (letzter Zugriff 27. 12. 2019).
Losty, Mairéad & John O'Connor (2018): Falling outside the 'nice little binary box': a psychoanalytic exploration of the non-binary gender identity. *Psychoanalytic Psychotherapy* 32 (1), 40–60.
Motschenbacher, Heiko (2012): Queere Linguistik: Theoretische und methodologische Überlegungen zu einer heteronormativitätskritischen Sprachwissenschaft. In Susanne Günther, Dagmar Hüpper & Constanze Spieß (Hrsg.), *Genderlinguistik: Sprachliche Konstruktion von Geschlechtsidentität.* Bd. 45. 87–125. Berlin, Boston: De Gruyter.
Motschenbacher, Heiko (2014): Grammatical gender as a challenge for language policy: The (im)possibility of non-heteronormative language use in German versus English. *Lang Policy* 13, 243–261.
Porst, Rolf (2014): *Fragebogen. Ein Arbeitsbuch*, 4. Aufl. Wiesbaden: Springer.
Pusch, Luise (1984a): Das Deutsche als Männersprache. Diagnose und Therapievorschläge. In Luise Pusch (Hrsg.), *Das Deutsche als Männersprache*, 46–66. Frankfurt am Main: Suhrkamp.

Pusch, Luise (1984b): Der Mensch ist ein Gewohnheitstier, doch weiter kommt man ohne ihr. Eine Antwort auf Kalverkämpers Kritik an Trömel-Plötz' Artikel über „Linguistik und Frauensprache". In Luise Pusch (Hrsg.), *Das Deutsche als Männersprache*, 20–40. Frankfurt am Main: Suhrkamp.

Pusch, Luise (1985): Frauen entpatrifizieren die Sprache: Feminisierungstendenzen im heutigen Deutsch. In Marlis Hellinger (Hrsg.), *Sprachwandel und feministische Sprachpolitik: Internationale Perspektiven*, 23–47. Opladen: Springer.

Pusch, Luise (2014): Feministische Linguistik und Queer Theory. In Luise Pusch (Hrsg.), *Gerecht und Geschlecht. Neue sprachkritische Glossen*, 60–86. Göttingen: Wallstein.

Pusch, Luise (2016): The P!nk solution: Mit Ausrufezeichen für gerechte Sprache. In Luise Pusch (Hrsg.), *Die Sprache der Eroberinnen und andere Glossen*, 44–45. Göttingen: Wallstein.

Reisigl, Martin (2013): Sind Schweizer tüchtige Hausfrauen? Möglichkeiten eines geschlechtergerechten Sprachgebrauchs. In Abteilung für die Gleichstellung von Frauen und Männern der Universität Bern (Hrsg.), *Chancengleichheit. Aktionsplan Gleichstellung*, 32–33. Bern.

Reisigl, Martin & Constanze Spieß (2017): Sprache und Geschlecht als Gegenstand der Linguistik. In *OBST* 90, Bd. 1: Sprachpolitiken und Grammatik, 7–32.

Rosenstreich, Gabi (2019): *Hinweise und Empfehlungen für geschlechtergerechte Sprache an der ASH Berlin*. Berlin.

Rothmund, Jutta & Brigitte Scheele (2004): Personenbezeichnungsmodelle auf dem Prüfstand. Lösungsmöglichkeiten für das Genus-Sexus Problem auf Textebene. *Zeitschrift für Psychologie* 212 (1), 40–54.

Schoenthal, Gisela (1989): Personenbezeichnungen im Deutschen als Gegenstand feministischer Sprachkritik. *Zeitschrift für germanistische Linguistik* 17, 296–314.

Spargo, Tamsin (1999): *Foucault and Queer Theory*. New York: Totem.

Stahlberg, Dagmar & Sabine Sczesny (2001): Effekte des generischen Maskulinums und alternativer Sprachformen auf den gedanklichen Einbezug von Frauen. *Psychologische Rundschau* 52 (3), 131–140.

Stahlberg, Dagmar, Sabine Sczesny & Friederike Braun (2001): Name your favorite musician. Effects of masculine generics and their alternatives in German. *Journal of Language and Social Psychology* 20 (4), 464–469.

Strauss, Anselm L. (1994): Grundlegende Verfahren. In Anselm Strauss (Hrsg.), *Grundlagen qualitativer Sozialforschung. Datenanalyse und Theoriebildung in der empirischen soziologischen Forschung*, 54–71. München: Fink.

Strauss, Anselm & Juliet Corbin (1996): *Grounded Theory. Grundlagen Qualitativer Sozialforschung*. 75–117. Weinheim: Beltz.

Sylvain, Cabala de & Carsten Balzer (2008): Die SYLVAIN-Konventionen – Versuch einer „geschlechtergerechten" Grammatik-Transformation der deutschen Sprache. *Liminalis* 2, 40–53.

Tebbe, Elliot A. & Stephanie L. Budge (2016): Research With Trans Communities: Applying a Process-Oriented Approach to Methodological Considerations and Research Recommendations. *The Counseling Psychologist* 44 (7), 996–1024.

Thym, Anika (2019): Herrschaftskritik privilegierter Personen: Das Potential multidimensionaler Hegemonieselbstkritik. *Open Gender Journal*, 1–20.

Trömel-Plötz, Senta (1978): Linguistik und Frauensprache. *Linguistische Berichte* 57, 49–68.

Trömel-Plötz, Senta (2008): Sprache: Von Frauensprache zu frauengerechter Sprache. In Ruth Becker & Beate Kortendiek (Hrsg.), *Handbuch Frauen und Geschlechterforschung*.

Theorie, Methoden, Empirie. Geschlecht & Gesellschaft, Band 35, 748–751. Wiesbaden: Springer.

Wagner, Pia & Linda Hering (2014): Online Befragung. In Nina Baur & Jörg Blasius (Hrsg.), *Handbuch Methoden der empirischen Sozialforschung*, 661–673. Wiesbaden: Springer.

Zifonun, Gisela (2018): Die demokratische Pflicht und das Sprachsystem: Erneute Diskussion um einen geschlechtergerechten Sprachgebrauch. *Sprachreport* 34, 44–56.

Stichwortregister

Agensrolle 22, 105, 107, 111
Agentitivität 108–109, 115, 298
Agreement Hierarchy 24–25, 195, 243, 247–248, 255
Akzeptabilität 24–25, 76, 219–224, 230, 232, 237
Akzeptabilitätsasymmetrie 221, 223–224, 232–233, 235
anaphorisch 25, 196, 198, 214–243, 246–249, 252–262, 307
Animatizität 107–108, 116–124, 127–132
Anglizismus 20–22, 65–71, 82–92, 95–97, 157, 162, 179
Antezedenz(satz) 24, 148, 219–223, 226–232
Argumentationsmuster 27, 222, 319–320
Asymmetriethese 24–25, 219, 223–225, 230–236
Akzeptabilitätsrating 24, 76, 224, 232, 234–236

Beidnennung 12, 17, 27, 74–75, 91, 349–352, 356, 359, 363–366, 368, 371–373
Belebtheit 107–108, 115–117, 120–125, 131, 137, 139, 142, 151, 154, 157, 173, 280, 298
belletristische Texte 22, 35, 47, 50–53
Berufsbezeichnung 24, 37, 67, 78–81, 223, 272, 289
Binnen-I 27, 333, 349–352, 357, 364, 366, 369–373
Binomial 25–26, 28, 267–289

Constructio ad formam 141–242
Constructio ad sensum 141–242
Controller 242–244, 246–249, 255–259, 313

Degendering 278–279,
Dialekt 6, 26, 28, 149, 151, 157, 167–173, 243, 259–263, 295–308, 312, 315
Diminution 71, 163, 175, 298, 304, 314
Diminutiv 126, 260, 296–298, 302, 304–305, 312–313, 364
- -suffix 126, 149, 296, 305, 313
- -semantik 298

- -namen 304–305, 313
- -formen 305
Diskurs 11, 14, 19, 21, 23, 26–28, 55, 105, 114, 136, 167, 293, 327–328, 333, 336–339
diskurslinguistisch 27, 319–320
Doing Gender 4, 22,37–42, 55, 268, 272, 276, 300

Ellipse 24, 77, 219–224, 237
Ellipsensubjekt 225, 233, 237
Entlehnung 15, 28, 65, 67, 70, 77, 90, 92, 153, 155–157, 175, 297
Epikoinon 12, 25, 135–137, 142–159, 167, 171–173, 180, 183, 193–194, 198, 201–210, 213–217, 280, 296, 336
Epizön 23, 105, 110, 114, 116, 136, 144, 148–150, 156, 159, 167–174, 242

Füllitem 226–233

Gattungsbezeichnung 18, 105–106, 236
Gebrauchsstandard 35, 44–46
generisches Maskulinum (s. a. geschlechtsübergreifendes Maskulinum) 8–13, 19, 22–23, 27, 65–66, 72, 76, 78, 105, 136–137, 142, 144, 159, 167, 222, 224, 287, 319–321, 325, 329–330, 334–335, 351, 359–362, 368
Gender 3–6, 14–15, 20–21, 26, 105, 138, 142, 154, 296–297, 315, 320, 352, 354, 359
Gendergap 349, 353, 357, 363, 373
gendergerechte Sprache 27, 58, 349–351, 355, 358–362, 368–370, 373
Genderinszenierung 36
genderneutrale Sprache 27, 319–323, 325, 330–333, 335–336, 339–342
Genderstern 19, 27, 79, 333, 350, 353, 357, 360, 363, 372–374
Genus 3–9, 13–27, 77, 96, 105–124, 127–132, 135–146, 149–153, 155–171, 174–175, 179, 183–184, 194, 201, 203,

208, 219, 221, 236–237, 241–242, 244, 260, 295–299, 305–306, 309, 312–315, 320, 332, 334–335, 351, 373
– lexikalisches Genus 23, 108, 135, 137, 139, 144–151, 154, 157, 166, 172, 180, 183
– referentielles Genus 23, 135, 137, 143–151, 154, 157–161, 164, 166, 172, 180, 183–184
Genuseffekt 179
Genusinkongruenz 107, 219–223, 226
Genuskongruenz 107, 161, 180, 193–195, 198–209, 214–217, 247, 336
Genus-Sexus-Diskordanz 6, 26, 122, 236
Genus-Sexus-Kongruenz 25, 111, 113–114, 118, 124–125, 129, 194, 242, 300
Genus-Sexus-Korrelation 22, 105, 107, 109
Genus-Sexus-Prinzip 6, 16, 20–21, 27, 297
Genus-Sexus-Relation 107–108, 114, 308
Genussystem 28, 110, 136–144, 161, 183, 201, 295, 330
– dialektales 309, 315
– dreidimensionales 137
– mehrdimensionales 23, 137, 141
– ständisches 296, 303, 306
– (vierdimensionales) partiell pronominales 139–140
Geschlechterdifferenz 56, 267–271, 278, 281–283, 289
Geschlechterrolle 26, 41, 154, 170, 241, 295–299, 309
Geschlechtspräsupposition 220–225, 231
geschlechtsübergreifendes Maskulinum (s. a. generisches Maskulinum) 9, 13, 22, 65–66, 72–77, 93, 96, 159, 219, 222, 224, 233–234, 236

Hybrid / Hybrides Nomen 5, 24–25, 137, 142, 144–148, 151, 193–194, 196, 198, 201–210, 213–217, 241–242
Hybridität
– lexikalische Hybride 145–148
– lexikalische Hybridität 146
Humandifferenzierung 110, 268, 276

Identitätsbedingung 219–223
Ideologem 27, 319–320, 323–325, 330–333, 337, 340–341

in-Derivat 66, 68, 71, 161
Intercept 97, 100, 205–206, 211, 213
interindividuelle Variabilität 25, 219, 235
Irreversibilität 25, 267, 269, 275

Kind 11, 24–25, 109, 139, 149, 151, 154, 194, 201–207, 210, 213, 215, 242–243, 260–263, 303
Kollokation 35, 40, 43, 47, 53–54, 277, 285
Kollokationspartner 42
Kollokationsset 35, 42–43, 46–55
Kongruenzeffekt 216
Kongruenzmarkierung 193, 195, 203
Kookkurrenz 48, 50–53
Korpusanalyse 57, 92, 95, 135
Korpusstudie 25, 117, 127, 129, 131, 199, 214

Lexikografie 45, 258, 322
lexikografisch 35, 37–44, 47, 48, 53, 55, 58–59
lineare Distanz 24, 141, 193, 196–202, 214
Luxemburgisch 26, 295, 298–299, 308–310

Mädchen 5–6, 24–25, 37, 145–151, 168, 180, 193–207, 210, 213–216, 241–242, 259–260, 273–274, 279, 286, 296–299, 303–304, 311, 314
Mittelhochdeutsch 25, 157, 161, 241, 242, 243, 244, 246, 258, 259, 260, 262, 263, 314
monolingual 24, 201, 207
Movierbarkeit 66, 68, 70–71, 88, 90, 95, 124
Movierung 22, 65–66, 67, 70–71, 74–75, 77–78, 81–82, 84, 86–96, 100, 105, 107, 123, 129, 159, 161–164, 166, 172–173, 280, 286
Multiple-Choice-Studie 24, 193, 200–202, 214, 310

Naturalisierung 18–20, 324, 340, 353, 356, 363, 368–369, 373
Naturgegebenheit 27, 320, 325, 330, 337, 341
Neopronomen 367
Neutrum 5, 15–16, 19, 26–27, 113, 116, 118, 124, 126, 128–129, 139–140, 145–156, 167–171, 249, 295–315

nicht-binär 27, 28, 81, 349–350, 353–366, 369, 371–374
Nominalellipse 24, 220–234
Norm 7, 157, 321, 332, 335, 338, 340, 342, 353, 364, 368
Normativität 342, 352
Numeruseffekt 12, 219, 225, 234–236

Panhispanisch 321, 339
Paralleltext(analyse) 25, 241, 243, 244, 260
Patiensrolle 40, 42, 49, 51, 54
Personalpronomen 141, 147, 168, 173, 193–198, 202–216, 242, 246, 253, 262–263, 301, 307–308, 354, 366–367
Phraseologisierung 267, 275, 288–289
Prädikatsnomen 24, 77, 219–237
Präsupposition 220–223, 225, 231
Produktivität 66–67, 155–157, 295
Pronomen 24, 27, 74–75, 78–79, 108, 141, 147–148, 196–199, 203–204, 209–210, 214–216, 295, 298–299, 302–303, 307–308, 313–314, 332, 354, 356, 366, 367, 372–374
– geschlechtsübergreifendes 367
– geschlechtsneutrales 27, 354, 356
Pronominalgenus 307, 309–313
Prosodie 269, 274–275

queerfeministisch 349–350, 353–356, 369–373

Reaktionszeit 209
Regendering 26
Referentialität 166, 184
Regressionsanalyse 82–88, 90, 97, 100, 229, 275
Relativpronomen 141, 181 ,195–199, 204–217, 248, 252–253
Reversibilität 25, 267
Rufnamendiminutiv 304

Säugetiere 22–23, 107, 109, 111, 117, 119, 121, 124, 127, 154
Schriftsprache 47, 336, 355
Self-paced-Reading-Studie 24, 193, 200, 207
semantisches Geschlecht 4–6, 14, 220

Sexus 4–9, 13–20, 28, 105–114, 117–124, 127, 129, 131, 194, 201, 236, 241–242, 296–297, 300, 302, 320, 334–335
sexistische Ausdrücke 38, 320, 323, 328, 331, 351
sexusindifferent 10, 106, 198
Sexusmarkierung 122–123, 132
Sichtbarkeit 109, 321–322, 335, 359
Sichtbarmachung 19–20, 28, 127, 349, 356, 361, 368–369, 372–373
Spanisch 27, 219, 223, 320–321, 335, 339
Sprachgebrauchsmuster 268
Sprachkritik 161, 287, 302, 349–352, 354–355, 372–374
Soziopragmatik 21, 26, 296, 309–310
soziopragmatisch 25–26, 275, 295, 299, 301–302, 306, 308
Stereotyp(e) 21–22, 35–36, 55–56, 144, 155, 163, 172, 297, 299–300, 315
Stereotypisierung 36, 40
syntaktische Autonomie 196, 200, 208
syntaktische Domäne 24, 141, 193–200, 208, 214, 216–217

Target 24, 140, 193, 195–203, 208, 242, 244, 248–255, 313
– genussensitives 24, 193–200, 203
Tierbezeichnung 5–6, 21–22, 106–107, 110–113, 116–129, 143, 150, 160, 171–173, 194, 280
TransInterQueer 353, 357–358

Undoing Gender 8–9, 18–20, 37

Verwandtschaftsbezeichnung 108, 131, 160–161, 166, 221, 228, 295, 298, 309–310

Weib 5–6, 24, 109, 149, 152, 168, 193, 201–207, 210, 213, 215, 241, 260, 273, 296–297, 300, 302, 314
Wörterbuch 8, 13, 22, 36–42, 44, 46, 53, 56, 120, 163, 171, 173, 175–176, 302, 322

Zeitungstexte 21, 35, 39–40, 44– 46, 55–57, 60, 268, 282, 284, 289
Zweitspracherwerb 214

www.ingramcontent.com/pod-product-compliance
Lightning Source LLC
Chambersburg PA
CBHW061928220426
43662CB00012B/1838